최신개정판

파고다 토익 보카 VOCA

파고다 토익 보카
최신개정판 VOCA

초　판　1쇄 발행　2016년 12월 16일
개 정 판　1쇄 인쇄　2020년　1월　2일
개 정 판　1쇄 발행　2020년　1월　2일
개 정 판　9쇄 발행　2024년 12월 24일

지 은 이 | 파고다교육그룹 언어교육연구소
펴 낸 이 | 박경실
펴 낸 곳 | **PAGODA Books** 파고다북스
출판등록 | 2005년 5월 27일 제 300-2005-90호
주　　소 | 06614 서울특별시 서초구 강남대로 419, 19층(서초동, 파고다타워)
전　　화 | (02) 6940-4070
팩　　스 | (02) 536-0660
홈페이지 | www.pagodabook.com

저작권자 | ⓒ 2020 파고다아카데미

ISBN 978-89-6281-836-9 (13740)

파고다북스　　www.pagodabook.com
파고다 어학원　www.pagoda21.com
파고다 인강　　www.pagodastar.com
테스트 클리닉　www.testclinic.com

Ⅰ 낙장 및 파본은 구매처에서 교환해 드립니다.

최신개정판

파고다 토익 보카 VOCA

PAGODA Books

파트별 어휘 문제 출제 경향 및 전략

▶ 파트 1 어휘

파트 1의 인물 사진에서는 사람의 동작이나 상태, 자세를 나타내는 동사 표현들이 핵심이다. 사물 사진에서는 특정 사물의 이름들, 사물의 위치나 상태를 나타내는 동사 표현이 핵심이다.

(A) People are swimming in the river.
사람들이 강에서 수영하고 있다.

(B) A ferry boat is full of tourists.
여객선이 관광객으로 가득 차 있다.

(C) A bridge spans a body of water.
다리가 강에 걸쳐 있다.

(D) Waves are crashing against the dock.
파도가 부두에 부딪치고 있다.

이런 문제에서는 span, a body of water, crash, dock라는 어휘들이 생소하게 들릴 수 있다. 하지만 이 어휘들은 토익 공부를 하다 보면 빈출 단어로 항상 접하는 단어들이기 때문에 평소에 반복해서 외워 두어서 파트 1 시험에 대비해야 한다.

정답 (C)
어휘 span 걸치다 | a body of water 수역(강, 호수, 바다 등) | crash 부딪히다 | dock 부두

▶ 파트 2 어휘

파트 2는 각 질문 유형별로 출제되는 문제 패턴과 정답 패턴을 익히는 것도 중요하지만, 회사 업무와 관련된 어휘를 모르면 풀 수 없는 것들이 많다. 업무 관련 어휘들, 직급명이나 부서명 등을 필히 알아 두어야 한다.

Could you make sure I email the maintenance team on Friday?
(A) To set up the new copy machine.
(B) Right across the hall.
(C) Well, I'll be out of the office.

금요일에 제가 관리팀에게 이메일을 꼭 보내도록 해주시겠어요?
(A) 새 복사기를 설치하려고요.
(B) 복도 바로 건너편이요.
(C) 글쎄요, 전 사무실에 없을 거예요.

부서명이나, '외근 중, 출장 중' 등의 파트 2에서 많이 나오는 어휘와 표현을 익혀 두어야 한다.

정답 (C)
어휘 make sure 반드시 (~하도록) 하다 | maintenance team 관리팀 | set up 설치하다 | be out of the office 외근 중(출장 중)이다

▶ 파트 3 어휘

파트 3에서는 기본적으로 파트 3에서 등장하는 주제와 관련된 어휘도 알아두어야 하겠지만, 정답이 대화 내용과 패러프레이징(바꿔 말하기)되어 나오는 경우가 많기 때문에 패러프레이징 될 수 있는 유사 어휘 및 표현들을 항상 정리해서 외워 두어야 한다.

M: Do you have any other questions? W: Yes, where can I get some refreshments? I'm a little thirsty. M: We have a convenience store that sells drinks right by the elevator. W: Thanks! I'll drop by there right now.	남: 질문 있으신가요? 여: 네, 어디서 음료를 살 수 있나요? 목이 좀 마르거든요. 남: 엘리베이터 바로 옆에 음료수를 파는 편의점이 있습니다. 여: 감사합니다! 지금 바로 거기에 들를게요.
Q. What will the woman probably do next? 　(A) Purchase a beverage 　(B) Request a refund 　(C) Modify a booking 　(D) Visit a fitness center	Q. 여자는 다음에 무엇을 할 것 같은가? 　(A) 음료를 구입한다 　(B) 환불을 요청한다 　(C) 예약을 수정한다 　(D) 피트니스 센터를 방문한다

이 문제에서는 대화 내용의 refreshment, drink라는 단어가 정답에서는 beverage라는 단어로 패러프레이징 되었다. beverage라는 단어를 모르면 풀 수 없는 문제이다. 평소에 refreshment / drink / beverage 이렇게 패러프레이징 될 수 있는 유의어 묶음으로 외워두면 편하다.

정답　(A)
어휘　refreshment 다과, 음료 | drink 음료수 | drop by 들르다 | beverage 음료수

▶ 파트 4 어휘

파트 4도 마찬가지로 정답이 담화 내용과 패러프레이징(바꿔 말하기)되어 나오는 경우가 많기 때문에 패러프레이징 될 수 있는 유사 어휘 및 표현들을 항상 정리해서 외워 두어야 한다.

One more thing—remember that your supervisor needs to approve your brochures before your trip. Talk to you soon.	한 가지 더. 출장 전에 당신의 상사가 안내 책자를 승인해야 한다는 점 기억해주세요. 조만간 이야기해요.
Q. What requires a supervisor's approval? 　(A) A room booking 　(B) A repair request 　(C) Some contract terms 　(D) Some conference materials	무엇이 상사의 승인을 필요로 하는가? 　(A) 객실 예약 　(B) 수리 요청 　(C) 계약 조건 　(D) 콘퍼런스 자료

이 문제에서는 담화 내용에 나온 brochure라는 단어가 정답에서는 material이라는 단어로 패러프레이징 되어 나왔다. trip과 같은 단어도 대부분의 학습자들이 '여행'이라는 뜻으로만 알고 있는데, 토익 시험에서는 travel이나 trip과 같은 단어는 대부분 '출장'의 의미로 쓰인다.

정답　(D)
어휘　brochure 안내책자 | trip 출장 | contract terms 계약 조건 | material 자료

▶ 파트 5 어휘

파트 5의 어휘 문제는 점점 어려워지는 추세에 있다. 단순히 해석을 통해서 단어를 고르는 문제가 아니라, 한 단어의 정확한 용법을 구분하는 문제가 주를 이룬다. 같은 의미의 단어이지만 뒤에 붙는 전치사에 따라 답이 정해지기도 하고, 가산 명사인지 불가산 명사인지를 구분하는 문제와 같이 문법 사항이 합쳐진 어휘 문제도 점점 많이 출제되고 있다.

Your Southern Airways reservation can be upgraded to business class for an additional -------.

(A) money　　　　　(B) charge
(C) interest　　　　(D) pay

당신의 Southern Airways의 예약은 추가 요금에 비즈니스 클래스로 승급될 수 있다.

이 문제의 정답은 charge(요금)이다. 그러나 많은 학생들이 pay를 골라서 틀리기도 하고 money는 왜 안 되는지 명확하게 모르고 넘어간다. pay를 답으로 고르는 학생들은 pay를 단지 '지불하다'라는 의미로만 외워 두어서 '추가로 지불하면 비즈니스 클래스로 승급될 수 있다'라고 해석하여 틀리게 된다. 그러나 이 문제에서 빈칸은 명사 자리이고 pay는 명사로는 '지불'이라는 뜻이 아니라 '보수'라는 뜻이고 '지불'이라는 명사는 payment라는 걸 알아야 이 문제에서 함정을 비켜 갈 수 있다. 또한 money는 불가산 명사이기 때문에 앞에 an과 함께 쓸 수 없어 정답이 될 수 없다.

정답　(B)
어휘　charge 요금 | interest 관심, 흥미; 이자 | pay v. 지불하다 n. 보수

▶ 파트 6 어휘

파트 6의 어휘 문제는 전체적인 맥락을 파악해야만 풀 수 있는 문제들이 대부분이다. 빈칸이 있는 문장만 봐서는 보기에 있는 단어들이 다 말이 되기 때문에 전체 지문을 읽고 힌트를 찾아야 하는 문제들이기 때문에 난이도가 상당히 높은 문제들이 출제된다.

This year's festival includes various family-friendly activities and a delicious picnic lunch to be served at 1 P.M. A per person fee of twenty pounds will be collected. The proceeds will ------- go towards the maintenance of the local parks. A landscaping company will be hired for this project. In addition, a smaller portion will be spent on a marketing campaign.

(A) entirely
(B) often
(C) primarily
(D) together

올해 페스티벌은 다양한 가족들이 함께 할 수 있는 활동들과 오후 1시에 제공되는 맛있는 야유회 점심 식사를 포함하고 있다. 인당 20 파운드의 요금이 걷힐 것이다. 수익금은 가장 첫째로 지역 공원들의 유지보수를 위해 사용될 것이다. 이 프로젝트를 위해 조경 회사가 고용될 것이다. 추가로, 더 적긴 하지만 일부분은 마케팅 광고를 위해 쓰일 것이다.

(A) 완전히
(B) 자주
(C) 가장 첫째로
(D) 함께

이 문제에서는 대부분 학생들이 (A) entirely(완전히)를 골라서 틀린다. '수익금 전체가 공원 유지 보수를 위해 사용된다'로 이 문장만 봐서는 답이 될 수 있을 것 같지만, 뒷부분에 a smaller portion will be spent on a marketing campaign (더 적긴 하지만 일부분은 마케팅 광고를 위해 쓰일 것이다)라는 문장이 있기 때문에 전체가 다 유지 보수를 위해 쓰인다는 것은 답이 될 수 없다. 따라서 정답은 (C) primarily (가장 첫째로)가 된다.

정답　(C)
어휘　various 다양한 | proceeds 수익금 | landscaping 조경 | portion 부분

▶ 파트 7 어휘

파트 7에서도 정답이 지문에 나와 있는 내용과 패러프레이징(바꿔 말하기)되어 나오기 때문에 패러프레이징된 유사 표현을 찾아내는 것이 관건이 되며, 또한 동의어 찾는 문제가 반드시 3개가 출제되는데, 이는 꼭 사전적인 동의어를 찾는 문제가 아니라 문맥상 대체 가능한 표현을 찾는 문제이기 때문에 전체적인 맥락을 이해하는 것이 중요하다.

Welton Software has its head office in London with an R&D lab in Manchester and a software development team in Birmingham. We develop mobile apps and Web sites for companies all around the world. Since first launching six years ago, we've seen continuous growth. Now, we're looking for people to help us reach more businesses. All applicants should have a strong grasp of software engineering principles for the positions listed below.

Q1. What is indicated about Welton Software?
(A) Its clients are mostly small businesses.
(B) It has job openings in only one city.
(C) It has been in business for six years.
(D) Its programs have won awards.

Q2. In the advertisement, the word "grasp" in paragraph 1, line 9, is closest in meaning to
(A) embrace
(B) reach
(C) agreement
(D) understanding

Welton Software는 런던에 본사가 있고 맨체스터에 R&D 연구소와 버밍엄에 소프트웨어 개발팀을 두고 있습니다. 저희는 전 세계 회사들을 위한 모바일 앱과 웹 사이트를 개발합니다. 6년 전 처음 시작한 이래, 저희는 지속적인 성장을 보아 왔습니다. 이제 저희가 더 많은 사업체들에게 뻗어갈 수 있게 저희를 도울 사람들을 찾고 있습니다. 모든 지원자는 아래 나열된 직책에 대한 소프트웨어 엔지니어링 원리를 잘 이해해야 합니다.

Q1. Welton Software에 관하여 알 수 있는 것은?
(A) 고객은 대부분 소규모 업체들이다.
(B) 한 도시에서만 공석이 있다.
(C) 6년간 사업을 해왔다.
(D) 프로그램들이 상을 받았다.

Q2. 광고에서 첫 번째 단락, 아홉 번째 줄의 단어 "grasp"과 의미상 가장 가까운 것은?
(A) 포옹
(B) 거리
(C) 동의
(D) 이해

첫 번째 문제는 비교적 쉬운 문제이다. 지문에서 Since first launching six years ago(6년 전 처음 시작한 이래)라는 표현이 정답에서는 It has been in business for six years. (6년간 사업을 해오다.)라는 표현으로 패러프레이징 되었다. launch나 in business와 같은 표현을 알고 있어야 풀 수 있는 문제이다.

파트 7에서 가장 가까운 의미의 단어를 고르는 문제는 반드시 사전적인 동의어를 고르라는 문제가 아니고 지문에 나온 단어와 바꿔 써도 의미가 통하는 대체어를 고르는 문제이다.

또한 파트 7의 동의어 문제에서는 흔히 알고 있는 사전의 맨 처음 의미는 거의 출제되지 않고 두 세 번째의 어려운 의미가 출제되는 경우가 많기 때문에 한 단어를 외울 때 한가지 뜻만이 아니라 여러 개의 뜻을 같이 외워 두어야 한다. 이 문제에서는 grasp을 파트 1에서 자주 출제되는 '꽉 잡다'라는 의미만 외워 두었다면 풀기 어렵다. grasp이 '이해하다, 이해'라는 뜻도 있다는 걸 알아야 이와 유사한 의미로 (D) understanding 선택할 수 있다.

정답 Q1. (C) Q2. (D)
어휘 **launch** 시작하다, 출시하다 | **in business** 사업을 하는 | **grasp** 꽉 잡다; 이해하다, 파악하다

이 책의 100% 활용법

▶ 만화로 보는 핵심 단어 용법

어휘 학습에 앞서 그날 배울 단어 중 핵심이 되는 단어들의 용법을 만화를 통해 재미있게 익힐 수 있습니다.

만화에 나오는 한글 예문은 실제 토익에서 출제되는 문장과 유사한 문장이므로 출제 유형을 익히는데 도움이 됩니다. 재미있는 만화로 그날 단어 공부를 시작해 보세요.

▶ 표제어 공부 방법 음성 단어장 제공

①표제어: 최상 빈출 1500개의 표제어를 확인합니다.

②발음기호: 교재에 나와 있는 발음기호는 대표 품사의 미국식 발음을 기준으로 나와 있습니다. 영국식 발음은 귀로 듣는 음성 단어장을 통해 직접 확인해 보세요.

③출제 빈도: 실제 시험에서 어휘문제의 정답으로 출제되었던 빈도를 별 7개로 표시하였습니다. 빈도도가 낮다고 해서 외우지 않아도 되는 단어라는 뜻은 아니며, 이 단어를 모르면 다른 구조문제, 다른 파트 문제 풀이가 곤란한 단어들이므로 반드시 숙지해 두어야 합니다.

④빈출 파트: 실제 그 단어가 자주 출제되었던 파트가 번호로 표기되어 있습니다.

⑤목표 점수대: 이 교재는 600점대의 필수 단어부터 900점대의 고득점용 단어까지 점수대별로 정리가 되어 있습니다.

⑥품사: 1,500개의 명사, 동사, 형용사, 부사 어휘들을 각기 다른 색으로 표기해 두었고, 한 단어가 여러 가지 품사로 사용되는 경우도 많기 때문에 품사별로 모두 외워야 합니다.

⑦뜻: 한 단어는 여러 가지 뜻이 있지만, 이 교재는 토익에 자주 출제되는 뜻을 우선적으로 기재해 두었습니다.

⑧예문과 해석: 실제 시험에 출제되었던 문장과 유사한 예문이 수록되어 있고, 그 단어의 용법을 쉽게 알기 위해 해석에 영어 단어를 그대로 표기해 두었습니다.

▶ 관련 어휘 및 핵심 기출 표현 익히기

> ▶ **관련 어휘**
> meeting ⑱ 회의
>
> ▶ **핵심 기출 표현**
> call a meeting 회의를 소집하다
> meet customer demand 소비자의 요구를 충족시키다
> meet one's needs ~의 요구를 충족시키다
> meet a requirement 요건을 충족시키다
>
> ▶ **파트 7 대체어 기출 표현: meet (필요 품을) 충족시키다 → fulfill (조건 품을) 충족하다**
> meet[fulfill] a fund-raising goal 모금 활동 목표를 meet[fulfill]하다
>
> ▶ **혼동 어휘 노트: meet sb vs. meet with sb**
> meet 뒤에 바로 사람이 오면 대개 별 뜻 없이 만난다는 의미이지만, meet with 뒤에 사람이 오면 논의할 게 있어서 만난다는 의미를 갖는다.

① **관련어휘:** 표제어의 파생어, 동의어, 반의어들을 정리해 두었습니다. 중요한 단어들은 예문도 수록해 두었으니 용법을 꼭 익히고 가세요.

② **핵심 기출 표현:** 항상 짝으로 쓰이는 collocation 표현 등 시험에 실제 출제되었던 표제어와 관련된 표현들이 정리되어 있습니다.

③ **파트 7 대체어 기출표현:** 파트 7에서 세 문제씩 출제되는 동의어 문제로 출제되었던 단어들이 정리되어 있습니다. 파트 7에서 동의어라 함은 반드시 사전적인 동의어를 말하는 것은 아니고, 대체해서 써도 의미가 통하는 문맥상 대체어를 고르는 문제입니다.

④ **혼동 어휘 노트:** 유사한 단어들의 정확한 용법의 차이를 명쾌하게 설명해 두었습니다.

▶ Speed Check-up 문제

외운 어휘를 바로 바로 확인할 수 있는 퀴즈 문제들입니다.

① 한글 뜻에 해당하는 단어 고르기

② 문장의 해석을 보고 문맥상 알맞은 단어 고르기

③ 스스로 해석하여 빈칸에 들어갈 알맞은 단어 고르기

위와 같이 3가지 유형의 연습 문제를 통해서 그날 외운 단어를 잊지 않도록 확인하는 테스트입니다. 꼭 풀고 넘어가고 못 외운 단어들은 반복 학습을 통해 꼭 외우기 바랍니다.

▶ 필수 기출 영숙어 300

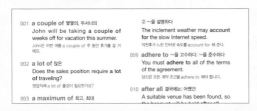

토익 시험에서 자주 등장하는 반드시 외워야 할 숙어적인 표현 200개가 정리되어 있습니다. 숙어적인 표현까지 완전 정복해서 고득점에 도전해 보세요.

▶ 필수 기출 연결어 200

토익 파트 5에서 가장 많이 출제되는 부분 중 하나인 연결어 부분입니다. 200개의 연결어가 정리되어 있습니다. 이 부분에서 가장 중요한 것은 품사 표시입니다. 표제어 옆에 표시된 품사를 반드시 익히고 넘어가야 합니다. 연결어는 특히, 전치사와 접속사, 부사 이 세 개를 구분하는 것이 매우 중요합니다.

▶ 필수 기출 구어체 표현 100

토익 LC 파트 2, 3, 4와 파트 7의 대화문에서 자주 등장하는 구어체 표현 100개가 정리되어 있습니다. 구어체 표현은 직독직해를 하려면 해석이 잘 안 되는 경우가 많기 때문에 한 단어처럼 통째로 외우 두는 것이 좋습니다.

▶ [휴대용 미니 단어장] 별책 부록

본 교재의 표제어와 그와 관련된 파생어, 연결어 등 7,000개 이상의 단어를 알파벳 순으로 정리한 휴대용 미니 단어장이 별책 부록 제공됩니다. 휴대하면서 언제 어디서나 간편하게 단어 공부 하세요.

▶ 단어 색인 파일 온라인 제공

원하는 단어를 찾아서 용법을 학습하고, 예문을 익힐 수 있도록 색인 (인덱스)이 PDF 파일로 제공됩니다.

색인 다운로드: www.pagodabook.com

▶ 유명 토익 강사의 유튜브 강의

영어 회화, 토익, 중국어 회화, HSK, 일본어 등 매주 새로운 컨텐츠로 업데이트 되는 파고다 컨텐츠 팩토리의 유튜브 채널을 구독하세요.

친절한 유튜브 강의
前 신촌 파고다 오정석 선생님

유튜브 강의를 통해 토익 어휘를 훨씬 더 효율적으로 외워 보세요. 유명 토익 선생님의 단어 암기에 도움이 되는 어원 설명과 실제 시험에 출제되는 예문을 쉽게 풀이한 무료 유튜브 강의를 통해 학습효과 200배 달성!

▶ 컨텐츠팩토리 🔍

이 책의 200% 활용법

파고다 토익 VOCA의 다양한 부가 서비스로 토익 어휘 30일 단기간에 끝내세요!

1타 선생님들의 음성 강의
파고다 어학원의 1타 토익 선생님들의 상세한 음성강의를 언제 어디서나 들을 수 있습니다. 단순한 단어 암기가 아니라, 시험에 출제되는 유형을 베테랑 선생님들이 자세히 설명해 줍니다.

상세한 단어 설명의 유튜브 강의
유튜브 강의를 통해 토익 어휘를 훨씬 더 효율적으로 외워 보세요. 유명 토익 선생님의 단어 암기에 도움이 되는 어원 설명과 실제 시험에 출제되는 예문을 통해 쉽게 풀이한 무료 유튜브 강의를 통해 학습효과 200배 달성!

귀로 듣는 음성 단어장 <www.pagodabook.com>
지하철에서 버스에서 무겁고 눈 아프게 책 들고 단어 외우지 말고 들으면서 외우세요. 모든 표제어의 미국식 발음과 영국식 발음이 녹음되어 있고, 한국어 뜻까지 녹음되어 있어 듣기만 해도 단어가 술술 암기됩니다.

토익에 관한 모든 질문! 파고다 토익 카페 <cafe.naver.com/pagodatoeicbooks>
혼자 공부하는 혼공족들! 더 이상 외로운 혼공족이 아닙니다! 모르는 게 있어도, 해설지를 봐도 도저히 이해가 안가는 경우, 누구한테 질문할 수 있을까요? 파고다 토익 카페에 오시면 현직 토익 강사와 R&D 전문가들의 실시간 답변을 들을 수 있습니다.

LC/RC 파트별, 유형별 문제 무료 다운로드
<파고다 토익 - 부가자료→ 공용 LC 자료실/공용 RC 자료실>
토익 어휘만 공부하실 건가요! 토익 시험의 파트별 연습 문제를 무료로 다운로드 받아 연습해 보세요. 토익 전문가들이 파트별 문제 유형을 분석하여 만든 엄청난 양의 문제를 다운로드 받으세요.

토익 모의고사 2회분 무료 다운로드 <www.pagodabook.com>
<파고다 토익 - 부가자료→ 온라인 실전 모의고사>
토익 전문가들이 만든 실제 시험과 유사한 토익 모의고사 2회분을 무료로 다운로드 받을 수 있습니다. 문제지, 해설지, 무료 동영상 강의까지! 토익 시험 전 마무리 모의고사 놓치지 마세요!

자동 단어 시험지 생성기
단어를 외우기만 할 건가요? 외우고 나서 테스트를 해봐야죠. 파고타 토익 VOCA의 자동 단어 시험지 생성기로 시험지를 만들어 테스트 해 보세요. 그룹 스터디 하는 학생들도 유용하게 활용할 수 있답니다.

목차 (교재+음성 강의)

파고다 토익 VOCA 교재의 모든 어휘를 파고다 어학원 1타 토익 선생님들의 음성 강의와 함께 학습하세요. 음성 강의를 복습용으로 활용하면 학습 효과가 배가 됩니다.

인천 파고다 강한성 선생님

前 종로 파고다 유예진 선생님

▶ 목차 (교재+음성 강의)

단어를 외울 때 주의할 점, 한 단어가 토익 시험에 출제되는 포인트를 파고다의 대표 토익 선생님들이 자세히 설명해 줍니다. 무조건 외우지 말고 선생님들의 어휘 족보 강의를 통해 효율적으로 외우세요.

파고다 인강 주지후 선생님

신촌 파고다 Jamie 오 선생님

700점~800점 목표 어휘		700점~800점 목표 어휘	
Day 11 우선순위 영단어 0501-0550	212	**Day 16** 우선순위 영단어 0751-0800	302
Day 12 우선순위 영단어 0551-0600	230	**Day 17** 우선순위 영단어 0801-0850	318
Day 13 우선순위 영단어 0601-0650	248	**Day 18** 우선순위 영단어 0851-0900	334
Day 14 우선순위 영단어 0651-0700	266	**Day 19** 우선순위 영단어 0901-0950	350
Day 15 우선순위 영단어 0701-0750	284	**Day 20** 우선순위 영단어 0951-1000	366

▶ 목차 (교재+음성 강의)

어디서도 들을 수 없는 토익 어휘 팁! 파트별로 자주 출제되는 단어, 정답으로 출제되었던 횟수 등 철저한 통계 분석에 의한 우선 순위 단어들을 이제 혼자가 아닌 파고다의 대표 선생님들과 함께 외우세요.

파고다 인강 천성배 선생님

파고다 인강 라수진 선생님

과유불급

👑600+ RANK 0001 — work [wɜːrk] ★☆☆☆☆☆ ①-②-③-④-⑤-⑥-⑦

1 통 일하다

⋯▸ work as: ~로 일하다

Franklin Peterson **works as** a tour guide at Yosemite Park.

Franklin Peterson은 Yosemite 공원에서 여행 가이드로 work한다.

2 통 (기계가) 작동하다

One of the manufacturing machines is not **working**.

제조 기계 중 한 대가 work하지 않는다.

3 명 업무, 작업; 직업, 직장

Construction **work** on the new headquarters building will begin next week.

새 본사 건물의 공사 work가 다음 주에 시작된다.

4 명 작품

Felix Hammond's renowned **works** of art are currently on display at Silva Gallery.

Felix Hammond의 유명 미술 works가 현재 Silva 갤러리에 전시 중이다.

▶ **관련 어휘**

worker 명 근로자

workload 명 업무량, 작업량

　Ms. Taylor requested that her **workload** be reduced due to her medical condition.

　Ms. Taylor는 질병으로 인해 자신의 workload를 줄여달라고 요청했다.

workforce 명 1. (모든) 직원, 노동자 2. 노동력

▶ **핵심 기출 표현**

work from home 재택 근무하다　　　　　　**get to work** 일하러 가다; 일에 착수하다

work properly 제대로 작동하다　　　　　　**work ethic** 직업 윤리; 근면

work crew 작업반

▶ **파트 7 대체어 기출 표현: work 일하다 → serve 근무하다**

work[serve] as the executive director 전무이사로 work[serve]하다

👑600+ RANK 0002 — document ['dɒkjumənt] ★☆☆☆☆☆ ①-②-③-④-⑤-⑥-⑦

1 명 서류, 문서

A woman is distributing **documents**. 파트1

한 여자가 document들을 나눠주고 있다.

2 통 (내용을 상세히) 기록하다

Ms. Starling's most recent report was detailed and quite well-**documented**.

Ms. Starling의 가장 최근의 보고서는 상세했고 아주 잘 document되어 있다.

▶ **관련 어휘**

documentation 명 증빙 서류

　Please submit the proper **documentation** to receive your business permit.

　영업 허가증을 받으시려면 적절한 **documentation**을 제출해 주세요.

documentary 명 다큐멘터리, 기록물

> **혼동 어휘 노트: a document vs. documentation**
> document는 어떤 정보가 담긴 일반적인 '서류'라는 뜻으로 가산명사인 데 반해, documentation은 주민등록등본이나 인감증명서 등 기관 제출용이나 증빙이 필요한 서류들을 가리키는 '증빙 서류'라는 뜻이며 불가산명사이다.

offer [ˈɒfə(r)] ★★☆☆☆☆☆

①-②-③-④-⑤-⑥-⑦

1 图 제공하다; 제의하다

Our firm **offers** a variety of legal services to business owners.
우리 회사는 기업주들에게 다양한 법률 서비스를 offer합니다.

2 閏 제의, 제안   ┈▶ job offer: 일자리 제의

It is Indel Superstore's policy to make a job **offer** without delay once a suitable candidate has been found.
적당한 후보자가 물색 되면 지체 없이 일자리 offer를 하는 것이 Indel Superstore의 정책이다.

3 閏 (짧은 기간의) 할인   ┈▶ special offer: 특별 할인, 특가 판매

I'd like to take advantage of your special **offer**.
저는 당신의 특별 offer의 혜택을 받고 싶습니다.

> **▶ 관련 어휘**
> **offering** 閏 (이용하도록) 제공된 것
> **counteroffer** 閏 (더 나은 방향의) 수정 제안, 대안
>   After hours of discussion, the seller decided to make a **counteroffer**.
>   논의 몇 시간 후에, 판매자가 **counteroffer**를 하기로 결정했다.
>
> **▶ 핵심 기출 표현**
> **offer A B [B to A]** A에게 B를 제공하다   **promotional offers** 판촉 할인 상품

place [pleɪs] ★☆☆☆☆☆☆

①-②-③-④-⑤-⑥-⑦

1 閏 장소; 자리

Bailey's would be a good **place** for Erica's birthday party.
Bailey's는 Erica의 생일파티를 하기 좋은 place이다.

2 图 놓다, 두다

A newspaper is **placed** on the table. 파트1
테이블 위에 신문이 place되어 있다.

3 图 (주문, 지시 등을) 하다 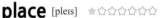 ┈▶ place an order: 주문하다

Ms. Reno **placed** an order for extra forms to process new customers.
Ms. Reno는 신규 고객을 처리하기 위해 추가 양식에 대한 주문을 place했다.

> **▶ 관련 어휘**
> **placement** 閏 취업 알선; 배치

▶ **핵심 기출 표현**

place an emphasis on ~에 중점을 두다   place A on standby A를 대기 상태로 두다
in place of ~을 대신해서   out of place 제자리에 없는; 부적절한
job placement 취업 알선   in place ~을 위한 준비가 되어 있는

▶ **파트 7 대체어 기출 표현: place 놓다, 두다 → put 놓다, 두다**

place[put] five copies in every public library 모든 공공 도서관에 다섯 부씩 place[put]하다

---

contact [ˈkɒntækt] ★☆☆☆☆☆☆   ①-②-③-④-⑤-⑥-⑦

1 통 **연락하다**

We'll **contact** the job applicant if we think he might be a good fit.
그 구직자가 적임자라고 생각되면 우리가 contact할 것이다.

2 명 **연락, 접촉**

 ┈┈▶ stay/keep in contact with: ~와 연락을 유지하다

Employees who travel for business should **stay in contact** with the HR Department.
업무상 여행하는 직원들은 인사부와 contact를 유지해야 한다.

▶ **핵심 기출 표현**

contact information 연락처   contact person 연락할 수 있는 사람, 담당 직원
business contacts 사업상 도움이 되는 사람들이나 회사

---

submit [səbˈmɪt] ★★★★☆☆☆   ①-②-③-④-⑤-⑥-⑦

통 **제출하다**

Expense reports must be **submitted** on the last day of the month.
경비 보고서는 해당 월의 마지막 날에 submit되어야 한다.

▶ **관련 어휘**

submission 명 제출(물)

▶ **핵심 기출 표현**

submit A to B A를 B에게 제출하다(→ A be submitted to B)

▶ **파트 7 대체어 기출 표현: submit 제출하다 → place (주문을) 하다**

submit[place] an order online 온라인으로 주문을 submit[place]하다

---

attend [əˈtend] ★★☆☆☆☆☆   ①-②-③-④-⑤-⑥-⑦

1 통 **참석하다**

 ┈┈▶ attend+장소: ~에 참석하다

All employees are encouraged to **attend** the company banquet.
모든 직원들은 회사 연회에 attend하도록 권장된다.

2 圄 **주의를 기울이다**　　　;---▸ attend to: ~에 주의를 기울이다, 돌보다

I would appreciate it if you **attended** to reviewing this membership information.

이 회원권 정보를 검토하는 데 attend해 주시면 감사하겠습니다.

▷ **관련 어휘**
- **attendance** 圐 참석; 참석률, 참석자 수
- **attendant** 圐 종업원, 안내원
- **attendee** 圐 참석자
- **attention** 圐 주의, 주목 圖 (안내 방송에서) 알립니다, 주목하세요

▷ **핵심 기출 표현**
- **be in attendance** 참석하다 (= attend)
- **attendance record** 출석 기록

▷ **혼동 어휘 노트**

attend vs. **attend to**
attend가 '참석하다'의 의미일 때는 자동사/타동사로 모두 쓰이지만, '주의를 기울이다'일 때는 자동사로서 전치사 to를 동반한다.

attend vs. **participate in**
동사 attend와 participate는 모두 '~에 참가하다'의 의미이지만 attend는 장소명사를 바로 취할 수 있는 타동사인 데 비해 participate는 전치사 in을 동반하는 자동사임에 주의한다.

600+
RANK
0008

change [tʃeɪndʒ] ★★★★★★☆　　①-②-③-④-⑤-⑥-⑦

1 圄 **변하다; 변경하다**

LF Motors **changed** the meeting time because of a scheduling conflict.

LF 자동차는 일정이 겹쳐서 회의 시간을 change했다.

2 圐 **변화; 변경 (사항)**　　　;---▸ change in: ~의 변화

There has been a slight **change** in the processing of budget requests.

예산요청 절차에 약간의 change가 생겼다.

600+
RANK
0009

complete [kəmˈpliːt] ★★★★☆☆☆　　①-②-③-④-⑤-⑥-⑦

1 圄 **완료하다, 끝내다 (= finish)**

The sales proposal appears **completed**, but we must consider it only a draft.

영업 제안서가 complete되어 있는 것처럼 보이지만, 우리는 그것을 초안으로만 고려해야 한다.

2 圄 **(서식을) 작성하다 (= fill out)**

Gourmet Café asked its patrons to **complete** a short survey.

Gourmet 카페는 고객들에게 짧은 설문지를 complete해 달라고 요청했다.

3 圐 **완벽한; 완료된**

The e-mail includes a **complete** itinerary for your three-day trip to Guam.

이 이메일은 고객님의 사흘 간의 괌 여행을 위한 complete한 여행 일정표를 포함하고 있습니다.

▷ **관련 어휘**
- **completely** 圐 완전히, 전적으로
- **completion** 圐 완성, 완료

Perry's Garage offers new customers a car wash coupon **completely** free of charge.

Perry's 차량 정비소는 새로운 고객들에게 **completely** 무료인 세차 쿠폰을 제공한다.

DAY 01
DAY 02
DAY 03
DAY 04
DAY 05
DAY 06
DAY 07
DAY 08
DAY 09
DAY 10

▶ **핵심 기출 표현**

complete a questionnaire 설문을 작성하다   complete with ~이 완비된[갖춰진]
upon completion (of ~) (~이) 완료되면, 완료되는 대로

▶ **파트 7 대체어 기출 표현**

① complete 완료하다 → carry out 수행하다
  be scheduled to be completed[carried out] next month 다음 달에 completed[carried out]될 예정이다

② complete 작성하다 → fill out 작성하다
  complete[fill out] the home furnishings survey 가정용 가구류 설문을 complete[fill out]하다

RANK 0010   **provide** [prə'vaɪd]   ★★★☆☆☆   ①·②·③·④·⑤·⑥·⑦

圄 **제공하다**

One major task for the new governor is to **provide** welfare benefits for the elderly.
새로운 주지사의 주된 업무 한가지는 노인들을 위한 복지 혜택을 provide하는 것이다.

▶ **관련 어휘**

provider 圆 공급자, 공급업체
provision 圆 1. 공급, 제공 2. (법률 문서 등의) 조항, 단서
provided [providing] (that) 圙 (만약) ~라면

▶ **핵심 기출 표현**

provide A with B A에게 B를 제공하다 (↔ A be provided with B)
provide B for/to A A에게 B를 제공하다 (↔ B be provided for/to A)
provide for ~에 대비하다
Internet provider 인터넷 서비스 공급 업체

RANK 0011   **sale** [seɪl]   ☆☆☆☆☆☆   ①·②·③·④·⑤·⑥·⑦

1 圆 **판매; 세일[할인 판매]**   ;··▶ on sale: 할인[세일] 중인

The Newford Jazz Show sold out just two days after tickets went on **sale**.
Newford 재즈 쇼는 표가 sale에 들어가기 시작한 지 단 이틀 만에 매진되었다.

2 圆 (-s) **매출액, 판매량**   ;··▶ sales goal: 매출 목표

The president congratulated the employees for achieving their annual **sales** goal.
그 대표는 직원들이 연례 sales 목표를 달성한 것에 대해 축하했다.

3 圆 (-s) **영업(부)**   ;··▶ sales team: 영업팀

Apply to Moore Pharmaceuticals to join our world-class **sales** team.
저희 세계 정상급 sales 팀 합류를 위해 Moore 제약에 지원하세요.

▶ **핵심 기출 표현**

sales figures 매출액   sales performance[result] 매출 실적
sales report 영업 보고서   (up) for sale 팔려고 내놓은

RANK 0012 600+ · market [ˈmɑːrkɪt] ★☆☆☆☆☆☆ ①-②-③-④-⑤-⑥-⑦

1 몝 시장

Analysts predict that there will be a sizable **market** for Helion's upcoming vehicle.
분석가들은 Helion에서 곧 출시될 차량에 대해 규모가 큰 market이 있을 것으로 예상한다.

2 통 (상품을) 내놓다, 광고하다

GRC Tech intends to **market** its newest smartphone on various social media sites.
GRC Tech는 여러 소셜미디어 사이트에 최신 스마트폰을 market할 계획이다.

▶ **관련 어휘**
marketing 몝 마케팅   marketable 웹 시장성이 있는, 잘 팔리는
marketability 몝 시장성

▶ **핵심 기출 표현**
market performance 시장(에서의) 성과   secondary market 제2시장, 유통시장
market stall 노점(상)

▶ **파트 7 대체어 기출 표현: market 시장 → buyer 구매자**
identify the intended **market[buyer]** 목표 market[buyer]를 정하다

RANK 0013 600+ · fee [fiː] ☆☆☆☆☆☆☆ ①-②-③-④-⑤-⑥-⑦

몝 **수수료; 요금** ···▶ additional fee: 추가 요금

An additional **fee** will be charged if you select the express service.
속달 서비스를 선택하시면 추가 fee가 청구됩니다.

▶ **파트 7 대체어 기출 표현: fee 수수료 → commission 수수료**
pay a 20 percent **commission[fee]** 20%의 commission[fee]를 지불하다

RANK 0014 600+ · advertisement [ˌædvərˈtaɪzmənt] ☆☆☆☆☆☆☆ ①-②-③-④-⑤-⑥-⑦

몝 **광고 (= ad)** ···▶ place an advertisement in: ~에 광고를 싣다

Feldman Shoes placed an **advertisement** in a local newspaper.
Feldman 제화는 지역 신문에 advertisement를 실었다.

▶ **관련 어휘**
advertise 통 광고하다   advertising 몝 광고 (행위); 광고업
advertiser 몝 광고주

▶ **핵심 기출 표현**
print ad 지면 광고   classified ad 항목별 광고
commercial advertisement 상업 광고

RANK 0015 — delivery [dɪˈlɪvəri] ★★☆☆☆☆☆   ①-②-③-④-⑤-⑥-⑦

1 명 배달(품)

Borderless Books offers next-day **delivery** to anywhere in the country.
Borderless Books는 전국 어디든지 익일 delivery를 제공한다.

2 명 (연설 등의) 전달, 발표

The board was impressed with Mr. Phan's **delivery** of the sales presentation.
이사회는 Mr. Phan의 영업 발표의 delivery에 감명을 받았다.

▶ **관련 어휘**
deliver 동 1. 배달하다 2. (연설, 강연 등을) 하다
He is **delivering** a package. 파트 1
남자가 소포를 deliver하고 있다.

▶ **핵심 기출 표현**
delivery / shipping service 배송 서비스   overnight delivery 익일 배송

▶ **파트 7 대체어 기출 표현:** delivery (연설 등의) 전달, 발표 → speech 연설
attend the conference to hear the **delivery[speech]** delivery[speech]를 들으러 학회에 참석하다

RANK 0016 — quality [ˈkwɑːl əti] ★★☆☆☆☆☆   ①-②-③-④-⑤-⑥-⑦

1 명 (품)질; 양질

Best Price Office Supplies is known for the **quality** of its products.
Best Price 사무용품은 제품의 quality로 알려져 있다.

2 형 고급의, 양질의

The outlet offers **quality** items at low prices.
그 아울렛은 quality한 물건들을 저가에 제공한다.

▶ **관련 어휘** high-quality 형 고급의
▶ **핵심 기출 표현**
quality control 품질 관리   quality work 양질의 작업

RANK 0017 — available [əˈveɪləbl] ★★★★★★☆   ①-②-③-④-⑤-⑥-⑦

1 형 (사물이) 이용할 수 있는

A 20 percent discount on select merchandise is **available** exclusively to our members.
선택 상품의 20% 할인은 저희 회원들만 available할 수 있습니다.

2 형 (사람이) 시간이 되는   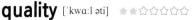 ┈▶ be available to do: ~할 시간이 있다

Customer service representatives will **be available** to answer your calls 24 hours a day.
고객 서비스 담당자들은 24시간 내내 고객님의 전화에 응대하기 위해 available할 것입니다.

▶ 관련 어휘
🔄 **unavailable** 휑 1. (사물이) 이용할 수 없는 2. (사람이) 시간이 안 되는

HKT Telecommunication services will be **unavailable** between the hours of 2 A.M. and 4 A.M.
HKT 텔레커뮤니케이션의 서비스는 새벽 2시에서 4시 사이에 **unavailable**할 것이다.
Dr. Clemens is **unavailable** from Wednesday to Friday due to urgent business.
Dr. Clemens는 긴급한 용무로 수요일부터 금요일까지 **unavailable**하다.
availability 휑 이용 가능성; 유효성

▶ 핵심 기출 표현
be available for ~이 이용 가능하다   **become available** (정보 등이) 제공되다

---

park [pɑːrk] ☆☆☆☆☆☆☆ ①-②-③-④-⑤-⑥-⑦

1 통 주차하다
The car is **parked** at the bottom of the hill. 파트1
차량이 언덕 아래에 park되어 있다.

2 명 공원
A pavilion is being built in a **park**. 파트1
가설 건물이 park에 지어지고 있다.

▶ 관련 어휘
parking 명 주차 (공간)

▶ 핵심 기출 표현
parking lot[garage] 주차장   **parking permit** 주차 허가증
parking attendant 주차 요원   **parking regulations** 주차 규정
park ranger 공원 경비원

---

access ['ækses] ★★★★★☆☆ ①-②-③-④-⑤-⑥-⑦

1 명 입장, 접근; 접근 권한; 접속
              ;--▶ access to: ~에의 접근(권한)
The business consultants will be given temporary **access** to the confidential documents.
경영 컨설턴트들은 기밀문서들에 대한 임시 access를 받을 것이다.

2 통 접근하다, 들어가다; 이용하다
How do I **access** the electronic files? 파트2
전자 파일에 어떻게 access하나요?

▶ 관련 어휘
accessible 휑 접근[이용] 가능한 🔄 **inaccessible** 휑 접근[이용]하기 어려운
Grynn City has developed a traffic status application, which is **accessible** via smartphones.
Grynn 시는 스마트폰으로 **accessible**한 교통 상황 애플리케이션을 개발했다.
accessibility 명 접근[이용] 가능성

▶ 핵심 기출 표현

access code 접속 코드　　　　　　　　　　have access to ~을 이용[출입]할 수 있다
easily / readily accessible to ~에 쉽게/바로 접근할 수 있는

▶ 혼동 어휘 노트: access vs. approach

둘 다 '접근'을 의미하지만, access는 '이용 권한, 접속'의 의미로 불가산명사이므로 부정관사 a(n) 없이 쓸 수 있으며, approach는
주로 '(학문에서의) 접근법'을 의미하며, 가산명사이므로 단수로 쓸 때 부정관사 a(n)이 필요하다.

600+
RANK
0020

develop [dɪˈveləp] ★☆☆☆☆☆☆ ①-②-③-④-⑤-⑥-⑦

동 개발하다; 발전시키다

The company will talk about how they will **develop** this product.
회사는 이 제품을 어떻게 develop할 지에 대해 논의할 것이다.

▶ 관련 어휘

development 명 개발; 발전　　　　　　　　developer 명 개발재[업체]
redevelop 동 재개발하다

▶ 핵심 기출 표현

product development 제품 개발　　　　　　development in ~의 발전
under development 개발 중인

600+
RANK
0021

additional [əˈdɪʃənl] ★★★★☆☆☆ ①-②-③-④-⑤-⑥-⑦

형 추가의

We must hire **additional** staff to finish the job on time.
그 일을 제시간에 끝내기 위해 additional의 직원을 고용해야 한다.

▶ 관련 어휘

add 동 추가하다, 더하다
　　Could you **add** my name to the staff directory? 파트 2
　　회사 명부에 제 이름을 add해 주시겠어요?
addition 명 추가(된 것)　　　　　　　　additionally 부 추가로

▶ 핵심 기출 표현

additional information 추가 정보
add A to B A를 B에 추가하다 (→ A be added to B)

600+
RANK
0022

contract [ˈkɑːntrækt] ☆☆☆☆☆☆☆ ①-②-③-④-⑤-⑥-⑦

명 계약(서)

;--▶ secure/win a contract: 계약을 따내다

Sado & Endo Law Firm recently secured a two-year **contract** with Basco Enterprise.
Sado & Endo 법무법인은 최근 Basco Enterprise와의 2년짜리 contract를 따냈다.

sign a contract 계약을 맺다
enter into a contract 계약을 체결하다
breach of contract 계약의 위반

break a contract 계약을 파기하다
employment contract 고용 계약
contract out A to B A를 B에게 하청 주다

▷ **파트 7 대체어 기출 표현: contract** 계약(서) → **agreement** 계약(서), 합의(서)
draft a one-year contract[agreement] 1년 contract[agreement]의 초안을 작성하다

---

order [ˈɔːrdər] ★★☆☆☆☆☆ ①-②-③-④-⑤-⑥-⑦

1 명 **주문(품); 지시**
We have recently received more **orders** for our slim gray jeans.
우리는 최근에 슬림한 회색 청바지 order들을 더 많이 받았다.

2 통 **주문하다**
What are you **ordering** for lunch? 파트2
점심으로 무엇을 order할 건가요?

3 명 **순서**
All client files are organized in alphabetical **order**.
;--▶ in alphabetical/numerical order: 알파벳/번호 순으로
모든 고객 파일들은 알파벳 order로 정리된다.

▶ 핵심 기출 표현
out of order 고장 난
in order 제대로 된, 적법한
made-to-order 맞춤의, 주문품의

working order (기계 등이) 정상적인 상태
place an order 주문하다
back order (재고가 없어) 지연된 주문; 이월 주문하다

---

notice [ˈnoʊtɪs] ★★★★☆☆☆ ①-②-③-④-⑤-⑥-⑦

1 명 **통지; 안내문**
The company sent a **notice** to employees about the upcoming anniversary event.
회사는 직원들에게 다가올 창립기념행사에 관해 notice를 보냈다.

2 통 **주목하다, 알아차리다**
I've **noticed** we have more customers during lunch than dinner time.
저녁 시간보다는 점심시간에 손님이 더 많다는 것을 notice했다.

▶ 관련 어휘
noticeable 형 뚜렷한, 분명한
   Many users claimed that there were no **noticeable** changes to the new version of the program.
   많은 사용자는 그 프로그램의 새 버전에 **noticeable**한 변화들이 없었다고 주장했다.
noticeably 부 두드러지게, 현저히

▶ 핵심 기출 표현
advance notice 사전 공지
give 5 days' notice 5일 전에 통보하다

until further notice 추후 통지가 있을 때까지

👑600+ RANK 0025 — **chance** [tʃæns] ☆☆☆☆☆☆☆ ①-②-③-④-⑤-⑥-⑦

1 명 **가능성** (= possibility)

┈┈▸ chance of ~ing: ~할 가능성

Relevant experience increases an applicant's **chance** of getting an interview.

관련 업무 경험은 지원자가 면접을 볼 chance를 높인다.

2 명 **기회** (= opportunity)

┈┈▸ chance to do: ~할 수 있는 기회

The library visitors will get a **chance** to meet the famous author.

도서관 방문객들은 그 유명한 작가를 만날 수 있는 chance를 얻게 될 것이다.

👑600+ RANK 0026 — **store** [stɔː(r)] ★★★☆☆☆☆ ①-②-③-④-⑤-⑥-⑦

1 동 **저장하다, 보관하다**

Patients are advised to **store** this medicine in a cool, dry place after opening the bottle.

환자들은 개봉 후에는 이 약을 서늘하고 건조한 장소에 store하라고 권고받는다.

2 명 **상점**

All Chemlo **stores** will carry sweaters throughout the season.

Chemlo의 모든 store는 시즌 내내 스웨터를 취급할 것이다.

▶ **관련 어휘**

storage 명 저장, 보관

　The warehouse expansion resulted in a 15 percent increase in **storage** capacity.

　창고의 확장은 storage 용량에 15% 증가를 이끌었다.

▶ **핵심 기출 표현**

storage rack 저장대, 선반　　　　　　　　　storage space 저장 공간

flagship store (체인점의) 본점, 주력 상점

👑600+ RANK 0027 — **announce** [əˈnaʊns] ★★☆☆☆☆☆ ①-②-③-④-⑤-⑥-⑦

동 **발표하다, 알리다**

Harrison Group officially **announced** that it will add a new line of vehicles.

Harrison 그룹은 새로운 자동차 라인을 추가할 것이라고 공식적으로 announce했다.

▶ **관련 어휘**

announcement 명 발표, 안내

▶ **핵심 기출 표현**

announce (to 사람) that절 (~에게) that 이하를 발표하다　make an announcement 공표하다

600+
RANK 0028 · list [lɪst] ★☆☆☆☆☆☆ ①·②·③·④·⑤·⑥·⑦

1 圆 목록, 명단

The following is a **list** of suggestions received from customers.
다음은 고객들에게 받은 제안사항들의 list입니다.

2 图 목록을 작성하다, 열거하다

Each of the items in the shipment will be **listed** individually on the invoice.
배송품에 들어 있는 각각의 물건들은 개별적으로 청구서에 list될 것이다.

▷ **관련 어휘** listing 圆 목록, 명단

▷ **파트 7 대체어 기출 표현: listed 명단에 있는 → provided 제공된**
the price listed[provided] for the handbag in the catalog
카탈로그에서 그 핸드백에 대해 listed[provided]된 가격

600+
RANK 0029 · satisfaction [ˌsætɪsˈfækʃn] ★☆☆☆☆☆☆ ①·②·③·④·⑤·⑥·⑦

圆 만족

 customer satisfaction: 고객 만족

The results obtained from the survey on customer **satisfaction** were considered statistically significant.
고객 satisfaction에 관한 설문 조사로부터 얻은 결과는 통계상 중요한 것으로 여겨졌다.

▷ **관련 어휘**
圏 dissatisfaction 圆 불만　　　　　　　　　satisfy 图 만족하게 하다
satisfied 圈 만족스러워하는 图 dissatisfied 圈 불만스러워하는
satisfactory 圈 만족스러운 图 unsatisfactory 圈 불만인

▷ **핵심 기출 표현**
to one's satisfaction ~가 마음에 들도록　　　　be satisfied with ~에 만족하다

600+
RANK 0030 · result [rɪˈzʌlt] ★★☆☆☆☆☆ ①·②·③·④·⑤·⑥·⑦

1 圆 결과

 result of: ~의 결과

Didn't you create a chart showing the **results** of your data analysis?
당신의 데이터 분석 results들을 보여주는 차트를 만들지 않았나요?

2 图 초래하다; 발생하다

 result in: ~을 초래하다

The lack of interest in the seminar topics **resulted** in low attendance.
세미나 주제에 대한 관심 부족이 낮은 출석률을 result했다.

▷ **핵심 기출 표현**
result from ~로부터 비롯되다　　　　　　　　as a result of ~의 결과로
as a result 결과적으로　　　　　　　　　　　in result 그 결과, 결과적으로

RANK 0031 · recently [ˈriːsntli] ★★★★★★☆ ①-②-③-④-⑤-⑥-⑦

📖 최근에

RTCA Manufacturers has **recently** implemented a new vacation policy.
RTCA 제조사는 recently 새로운 휴가 정책을 시행했다.

▶ **관련 어휘** recent 형 최근의

▶ **파트 7 대체어 기출 표현: recently 최근에 → just 이제 막**
Blooming Café, which **recently[just]** opened on Danver Street
Danver 가에 **recently[just]** 문을 연 Blooming 카페

▶ **혼동 어휘 노트: recently vs. lately**
시간 부사 recently와 lately 모두 '최근에'라는 의미이지만 recently는 과거 시제와 현재 완료 시제에 모두 쓸 수 있는 데 비해 lately는 현재 완료 시제에만 쓴다.

RANK 0032 · conveniently [kənvíːnjəntli] ★★★★☆☆☆ ①-②-③-④-⑤-⑥-⑦

📖 편리하게, 편리한 곳에 ┈┈┈▶ conveniently located: 편리한 곳에 위치해 있는

The hotel is **conveniently** located between the convention center and the subway station.
그 호텔은 컨벤션 센터와 지하철역 사이에 conveniently 위치해 있다.

▶ **관련 어휘**
convenient 형 편리한; 가까운
convenience 명 편의, 편리 ┈┈┈▶ at one's earliest convenience: 형편 닿는 대로, 되도록 빨리
Please fill out the attached form and return it at your earliest **convenience**.
첨부된 양식을 작성해서 되도록 일찍 convenience할 때 돌려보내 주시기 바랍니다.

▶ **핵심 기출 표현**
at one's convenience ~가 편할 때에　　　　for your convenience 당신의 편의를 위해

RANK 0033 · safety [ˈseɪfti] ★☆☆☆☆☆ ①-②-③-④-⑤-⑥-⑦

📖 안전 ┈┈▶ safety rules/regulations: 안전 수칙/규정

I'll go over some basic **safety** rules for boaters.
제가 보트 탑승객들을 위한 몇 가지 기본 safety 수칙들을 검토할게요.

▶ **관련 어휘**
safe 형 안전한　　　　　　　　　　　safely 부 안전하게

▶ **핵심 기출 표현**
safety gloves 보호 장갑　　　　　　　safety vest 보호 조끼
safety helmet 안전모　　　　　　　　safety gear[equipment] 안전 장비
safety standards 안전 기준　　　　　　safety precautions 안전 예방 조치
workplace safety 작업장 안전

600+
RANK 0034

locate [ˈloʊkeɪt] ☆☆☆☆☆☆☆   ①-②-③-④-⑤-⑥-⑦

1 图 ~의 위치를 찾아내다
The conference administrators are pleased to help participants **locate** the seminar halls.
회의 관리자들은 참가자들이 세미나장을 locate하는 일을 기꺼이 도울 것이다.

2 图 (보통 수동태로) 위치해 있다
The stairway is **located** near a fountain. 파트1
계단이 분수 근처에 locate해 있다.

> ▷ **관련 어휘**
> **location** 图 장소, 위치; 지점
>   The conference has been moved to a new **location**.
>   학회가 새로운 location으로 옮겨졌다.
> **located** 图 (~에) 위치한
>
> ▷ **핵심 기출 표현**
> **convenient location** 편리한 위치   **perfect location** 완벽한 위치
> **strategic location** 전략적 위치
>
> ▷ **파트 7 대체어 기출 표현: locate ~의 위치를 찾아내다 → find 찾다**
> **locate[find]** people who travel for leisure 여가를 위해 여행하는 사람들을 **locate[find]**하다

600+
RANK 0035

choice [tʃɔɪs] ★☆☆☆☆☆☆   ①-②-③-④-⑤-⑥-⑦

图 선택; 선택권   ┆--▶ of one's choice: ~가 선택한
Your purchase comes with a gift of your **choice** from our catalog.
구매하시면 저희 카탈로그에서 고객님이 choice한 선물을 함께 드립니다.

> ▷ **관련 어휘**
> **choose** 图 선택하다, 고르다
>   Can I **choose** to go to any concert on the schedule? 파트2
>   일정에 있는 콘서트는 어느 것이든 가기로 **choose**해도 되나요?

600+
RANK 0036

manufacturer [ˌmænjuˈfæktʃərə(r)] ☆☆☆☆☆☆☆   ①-②-③-④-⑤-⑥-⑦

图 제조업체
Unauthorized modifications will violate the terms of the **manufacturer's** warranty.
승인되지 않은 개조는 manufacturer의 보증 규약에 위반된다.

▶ **관련 어휘**
manufacture 통 제조하다
The company **manufactures** office equipment. 그 회사는 사무용 기기를 **manufacture**한다.
manufacturing 명 제조; 제조업 형 제조의

delay [dɪ'leɪ] ★★★☆☆☆☆ ①-②-③-④-⑤-⑥-⑦

1 통 **지연시키다; 연기하다**
Why is the flight to London **delayed**? 런던 행 비행편이 왜 delay됐나요? 파트 2

2 명 **지연; 연기**
;--▶ delay in: ~의 지연
The sales promotion will be rescheduled for tomorrow because of a **delay** in shipping.
배송 상의 delay로 인해 판촉 행사 일정이 내일로 변경될 것이다.

▶ **핵심 기출 표현** **without delay** 지체 없이, 곧바로

continue [kən'tɪnjuː] ★☆☆☆☆☆☆ ①-②-③-④-⑤-⑥-⑦

통 **계속되다**
;--▶ continue to do: 계속 ~하다
Will you **continue** to work here or move to the head office? 파트 2
여기서 일하는 걸 continue할 건가요, 아니면 본사로 옮길 건가요?

▶ **관련 어휘**
continuity 명 지속성; 연속성　　　　　　　　**continual** 형 1. (거듭) 반복되는 2. 끊임없는 (= continuous)
continually 부 계속해서 (= continuously); 되풀이해서
Barista Corner **continually** works to improve the quality of its coffee.
Barista Corner는 커피의 품질을 향상하기 위해 **continually** 노력한다.

performance [pər'fɔːrməns] ★☆☆☆☆☆☆ ①-②-③-④-⑤-⑥-⑦

1 명 **실적, 성과**
Academic **performance** is a primary factor in the college admission process.
학업 performance는 대입 과정에 있어 가장 중요한 요소이다.

2 명 **공연; 연기, 연주**
Some tourists are watching a **performance**. 파트 1
몇몇 관광객들이 performance를 보고 있다.

3 명 **(기기 등의) 성능**
The new smartphone model is known for its outstanding **performance**.
새로운 스마트폰 모델은 뛰어난 performance로 알려져 있다.

perform 통 1. (일, 과제 등을) 수행하다 2. 공연하다
　Musicians are **performing** on a sidewalk. 파트1
　음악가들이 보도에서 **perform**하고 있다.
performer 명 연기자, 연주자

▶ **핵심 기출 표현**

performance evaluations 성과 평가	**performance review** 인사 고과
musical performance 음악 공연	**performance of a product** 제품의 성능

▶ **파트 7 대체어 기출 표현**

① **performance** 공연 → **presentation** 발표
　a special **performance**[**presentation**] by local artists 지역 예술가들의 특별 performance[presentation]
② **perform** 공연하다 → **play** 연주하다
　the bands that will be **performing**[**playing**] in the morning 오전에 perform[play]할 밴드들

👑600+ RANK 0040 　concern [kənˈsɜːrn] ★★☆☆☆☆☆ 　　①-②-③-④-⑤-⑥-⑦

1 명 우려, 걱정 　┄┄▶ concern about/over: ~에 대한 우려[걱정]
Despite **concerns** about her lack of experience, the company hired Ms. McMann.
그녀의 경험 부족에 관한 concern에도 불구하고, 회사는 Ms. McMann을 고용했다.

2 통 ~을 걱정스럽게 하다
It certainly **concerns** me to find out about the poor service you received on your last visit.
고객님이 지난번 방문하셨을 때 좋지 않은 서비스를 받으셨음을 알게 되어 정말 concern이 있습니다.

3 통 관련이 있다
The company announcement only **concerns** the managers.
회사 공지 사항은 관리자들만 concern한다.

▶ **관련 어휘**

concerned 형 걱정하는, 염려하는
　I am **concerned** about the decline in sales. 매출 감소에 대해 concerned된다.
concerning 전 ~에 관한
　You were going to send me some information **concerning** the project.
　당신이 프로젝트에 concerning한 정보를 내게 보내주기로 했었어요.

▶ **핵심 기출 표현**

customer concerns 고객이 갖는 우려	**be concerned with** ~와 관련이 있다

▶ **파트 7 대체어 기출 표현**

① **concern** 관련 짓다 → **involve** 연루시키다
　an issue that **concerns**[**involves**] the staff 직원들을 concerns[involves]한 사안
② **concerning** ~에 관하여 → **regarding** ~에 관하여
　an issue **concerning**[**regarding**] healthcare 보건에 concerning[regarding]한 사안

👑600+ RANK 0041 　qualified [ˈkwɑːlɪfaɪd] ★★★☆☆☆☆☆　①·2·③·4·⑤·⑥·7

웹 자격이 있는 ┈▸ highly qualified: 충분히 자격을 갖춘

Mr. Paulson is highly **qualified** to manage the gallery due to his experience in the industry.

Mr. Paulson은 업계에서의 그의 경력 덕분에 미술관을 운영하는 데 충분히 qualified하다.

▶ 관련 어휘 ┈▸ qualify for: ~의 자격을 얻다

qualify 图 자격(증)을 얻다; 자격이 있다

To **qualify** for the position, applicants must have management experience in a related field.

이 자리에 qualify하기 위하여, 지원자들은 반드시 관련 분야의 관리 경험을 가지고 있어야 한다.

qualification 웹 자격(증)

▶ 핵심 기출 표현

qualified for ~에 자격이 있는　　　　　　　　**qualified to do** ~할 자격이 있는

qualifications for ~에 대한 자격

👑600+ RANK 0042 　review [rɪˈvjuː] ★★☆☆☆☆☆☆　①·②·3·4·5·6·7

1 图 검토하다

The supervisor **reviews** all reports before submitting them to the head office.

그 관리자는 본사에 제출하기 전에 모든 보고서를 review한다.

2 图 논평[비평]하다, 평가하다

Ms. Kelly has experience **reviewing** science fiction novels.

Ms. Kelly는 공상과학소설을 review한 경험이 있다.

3 웹 검토; 논평[비평], 평가 ┈▸ performance review: 인사 고과

Mr. Doan will give employees a week's notice when scheduling **performance reviews**.

Mr. Doan은 직원들에게 성과 review 일정을 잡기 일주일 전에 통지할 것이다.

▶ 관련 어휘

reviewer 웹 논평[비평]하는 사람　　　　　　**reviewable** 웹 논평[비평]할 수 있는

▶ 파트 7 대체어 기출 표현: review 검토 → examination 조사, 검토

our office's **review[examination]** of the records 우리 사무실에서 한 그 기록들의 review[examination]

👑600+ RANK 0043 　position [pəˈzɪʃn] ★★★☆☆☆☆☆　①·2·3·4·⑤·⑥·7

1 웹 자리, 직책 ┈▸ permanent position: 정규직

Interns who pass the final exam will be eligible to apply for a **permanent position**.

마지막 시험을 통과한 인턴들은 정규직 position에 지원할 자격이 될 것이다.

2 통 (~에) 두다, 배치하다

She is **positioning** a sign on the window. 파트1 여자가 창문에 간판을 position하고 있다.

> ▶ **핵심 기출 표현**
> **temporary position** 비정규직, 계약직

experienced [ɪkˈspɪriənst] ★★☆☆☆☆☆ ①-②-③-④-⑤-⑥-⑦

형 경험이 많은

;--▶ experienced worker: 숙련된 근로자[직원]

With his 20 years in sales, Mr. Enunwa is the most **experienced** worker on my team.
영업에서 20년 경력을 가진 Mr. Enunwa는 우리 팀에서 가장 experienced한 직원이다.

> ▶ **관련 어휘**
> **experience** 명 경험, 경력 동 겪다, 경험하다
>   This position requires management **experience**. 이 자리는 관리직 experience를 요구한다.
> **inexperienced** 형 경험이 부족한, 미숙한

> ▶ **핵심 기출 표현**
> **seek an experienced administrator** 경험 많은 관리자를 찾다
> **experience in** ~에서의 경험   **work experience** 근무 경력
> **previous experience** 이전의 경험[경력]   **on-the-job experience** 실무 경력

check [tʃek] ☆☆☆☆☆☆☆ ①-②-③-④-⑤-⑥-⑦

1 동 확인하다, 점검하다

News editors should **check** the facts in an article before the anchors present it.
뉴스 편집자들은 앵커들이 뉴스를 전달하기 전에 기사의 사실을 반드시 check해야 한다.

2 명 확인, 점검

;--▶ routine check: 정기 점검

The building supervisor conducts a routine **check** of the offices every week.
건물 관리인은 사무실을 매주 정기 check한다.

3 명 수표

Mr. Larson wrote a **check** for $100 to the Federal Postal Service.
Mr. Larson이 연방 체신청에 100달러의 check를 발행했다.

> ▶ **관련 어휘**
> **double-check** 동 재확인하다   **checkup** 명 (신체 등의) 검사, 건강 진단
>   Professionals recommend that you get eye **checkups** at least every two years.
>   전문가들은 적어도 2년 마다 시력 checkup을 받으라고 권한다.

> ▶ **핵심 기출 표현**
> **check in** 체크인하다, (호텔/공항에서) 투숙/탑승 수속을 밟다 **check out** 확인하다, 조사하다; (도서관에서 책을) 대출받다
> **check-in counter** 수속 창구

01

DAY 02

DAY 03

DAY 04

DAY 05

DAY 06

DAY 07

DAY 08

DAY 09

DAY 10

highly [ˈhaɪli] ★★★☆☆☆☆ ①·2·③·4·⑤·⑥·7

분 매우, 크게, 대단히 ┈┈▶ highly respected: 매우 존경 받는

Mr. Peabody is a **highly** respected architect for his creative designs.
Mr. Peabody는 창의적인 디자인으로 highly 존경받는 건축가이다.

▶ 관련 어휘
high 형 높은 부 높이   height 명 (사물의) 높이; (사람의) 키, 신장

▶ 핵심 기출 표현
highly recommended 적극적으로 추천되는   highly paid 고액의 급여를 받는
highly regarded 매우 높이 평가받는   highly competitive 매우 경쟁이 심한
high-end 고급의   highest priority 최우선 순위
all-time high 사상 최고치 ㈜ all-time low 사상 최저치 speak highly of ~를 칭찬하다

previous [ˈpriːviəs] ★★★★★★☆ ①·2·③·4·⑤·⑥·7

형 이전의; 바로 전의

It is surprising that the **previous** model is significantly more popular than the current one.
현재의 것보다 previous 모델이 훨씬 더 인기가 많다는 것은 놀라운 일이다.

▶ 관련 어휘 previously 부 이전에

▶ 파트 7 대체어 기출 표현: previous 이전의 → last 지난
previous[last] year's sales report previous[last] 해의 영업 보고서

▶ 혼동 어휘 노트: previous vs. former
형용사 previous와 former 모두 '이전의'로 해석되지만, previous가 '직전의, 바로 전의' 것 또는 사람을 의미하는 데 비해 former 는 '이전의 여럿 중 하나'를 의미한다. 즉, previous supervisor는 바로 이전의 상급자를 의미하는 반면, former supervisor는 '이전의 상급자 중 한 명'을 의미한다.

reserve [rɪˈzɜːrv] ★☆☆☆☆☆☆ ①·2·③·4·⑤·⑥·7

1 통 (자리 등을) 예약하다 ┈┈▶ reserve a table: 테이블을 예약하다
I **reserved** a table for eight at the restaurant across the street for our lunch meeting.
점심식사 회의를 위해 길 건너에 있는 식당에 여덟 명 자리를 reserve했다.

2 통 (권한 등을) 갖다, 보유하다 ┈┈▶ reserve the right to do: ~할 권리를 갖다
The restaurant **reserves** the right to refuse service.
식당은 서비스 거부권을 reserve하고 있다.

3 통 (판단 등을) 보류하다, 유보하다 ┈┈▶ reserve judgment: 판단을 보류하다
The company **reserves** its judgment about the issue until further notice.
회사는 추후 공지가 있을 때까지 그 문제에 관한 판단을 reserve한다.

▷ 관련 어휘

reservation 몝 1. 예약 2. 의구심, 거리낌 ╶╴▶ make a reservation: 예약하다
 It is not easy to make a **reservation** at a five-star restaurant.
 별 다섯 개짜리 식당은 reservation을 하기가 쉽지 않다. ╶╴▶ have no reservation about: ~에 관해 어떠한 의구심/이의도 없다.
 I have no **reservation** about hiring Ms. Jung.
 나는 Ms. Jung을 고용하는 데에 어떠한 reservation도 없다.
reserved 몝 예약된; 지정된

▷ 핵심 기출 표현

reserved parking 지정 주차   **without reservation** 주저 없이

▷ 파트 7 대체어 기출 표현: reserve 예약하다 → arrange to use 사용하도록 준비하다

conference rooms that you can reserve[arrange to use] by the hour
당신이 시간별로 reserve[arrange to use]할 수 있는 회의실

RANK 0049 **business** [ˈbɪznəs] ☆☆☆☆☆☆☆   ①-②-③-④-⑤-⑥-⑦

1 몝 **사업, 비즈니스**
 Staff members can download **business** expense reimbursement forms from the company's Web site. 직원들은 business 경비 상환 양식을 회사 웹 사이트에서 다운로드받을 수 있다.

2 몝 **사업체(회사, 가게 등)**
 Joanna Fox works at a firm that offers consultations to small **businesses**.
 Joanna Fox는 소규모 business들에 자문을 제공하는 회사에서 근무한다.

▷ 핵심 기출 표현

run a business 사업을 하다	**do business with** ~와 거래하다
within five business days 5영업일 이내에	**business trip** 출장
business hours 영업시간	**business day** 영업일
daily business 일상 업무	

RANK 0050 **staff** [stæf] ☆☆☆☆☆☆☆   ①-②-③-④-⑤-⑥-⑦

1 몝 **직원**
 Dan's Diner improved customer satisfaction by increasing its waiting **staff**.
 Dan's 식당은 웨이터 staff를 늘려서 고객 만족도를 개선했다.

2 몝 **직원을 제공하다, 직원으로 일하다**
 The toll booths should be fully **staffed** at all times. 통행요금소는 항상 완전히 staff되어 있어야 한다.

▷ 관련 어휘

staffing 몝 직원 채용   **overstaffed** 몝 인원 과잉의
understaffed 몝 인원이 부족한 (= short-staffed)
 I will ask management to hire more workers because our department is **understaffed**.
 나는 우리 부서가 understaffed하기 때문에 경영진에 더 많은 직원을 뽑으라고 요청할 것이다.

Speed Check-up

정답 p.579

다음의 한글 의미를 단서로 삼아 보기에서 알맞은 단어를 골라 넣으세요.

ⓐ delay   ⓑ highly   ⓒ locate   ⓓ complete   ⓔ change

01 The conference administrators are pleased to help participants _____ the
seminar halls.   위치를 찾아내다

02 The sales promotion will be rescheduled for tomorrow because of a _____ in
shipping.   지연

03 Mr. Peabody is a _____ respected architect for his creative designs.
대단히

04 Gourmet Café asked its patrons to _____ a short survey.
작성하다

05 There has been a slight _____ in the processing of budget requests.
변화

다음의 한글 해석과 의미가 같아지도록 보기에서 알맞은 단어를 골라 넣으세요.

ⓐ position   ⓑ store   ⓒ reserves   ⓓ available   ⓔ fee

06 An additional _____ will be charged if you select the express service.
속달 서비스를 선택하시면 추가 요금이 청구됩니다.

07 The company _____ its judgment about the issue until further notice.
회사는 추후 공지가 있을 때까지 그 문제에 관한 판단을 보류한다.

08 Interns who pass the final exam will be eligible to apply for a permanent _____.
마지막 시험을 통과한 인턴들이 정규직에 지원할 자격이 될 것이다.

09 Patients are advised to _____ this medicine in a cool, dry place after opening
the bottle. 환자들은 개봉 후에는 이 약을 서늘하고 건조한 장소에 보관하라고 권고 받는다.

10 A 20 percent discount on select merchandise is _____ exclusively to our
members. 선택 상품의 20% 할인은 저희 회원들만 이용할 수 있습니다.

문맥에 어울리는 단어를 보기에서 골라 넣으세요.

ⓐ recently   ⓑ access   ⓒ reviews   ⓓ placed   ⓔ concerns

11 Ms. Reno _____ an order for extra forms to process new customers.

12 Despite _____ about her lack of experience, the company hired Ms. McMann.

13 RTCA Manufacturers has _____ implemented a new vacation policy.

14 How do I _____ the electronic files?

15 Mr. Doan will give employees a week's notice when scheduling performance
_____.

DAY 02

👑 600+
우선 순위 영단어
0051~0100

다이어트는 어려워

600+ RANK 0051

run [rʌn] ☆☆☆☆☆☆☆

①·②·③·④·⑤·⑥·⑦

1 통 운영하다, 경영하다
The Jenkins' family has been **running** the restaurant for over 20 years.
Jenkins 가는 그 식당을 20년 넘게 run해오고 있다.

2 통 (교통편이) 운행하다, 다니다
The hotel's shuttle bus **runs** every 15 minutes.
호텔 셔틀버스는 15분마다 run한다.

▶ **관련 어휘**
runner 명 (경주에 참가한) 주자

▶ **핵심 기출 표현**
run out of ~이 떨어지다   **run short of** ~이 부족하다
run low (자금 등이) 고갈되다, 떨어져 가다

▶ **파트 7 대체어 기출 표현**
① **run** 운영하다 → **operate** 영업하다
the restaurant **running[operating]** for many years 오랫동안 run[operate]한 그 식당
② **run** 운영하다 → **be shown** 보이다, 전시되다
the exhibition that **runs[is shown]** during the same dates 같은 날짜들에 run[be shown]할 전시회
③ **run** 운영하다 → **continue** 계속되다
the club that **runs[continues]** all year round 일 년 내내 run[continue]하는 클럽
④ **run** 운영하다, 다니다 → **pass** 지나가다, 통과하다
several lines that **run[pass]** through the Hilmann Station Hilmann 역을 통과해서 run[pass]하는 여러 노선

600+ RANK 0052

file [faɪl] ☆☆☆☆☆☆☆

①·②·③·④·⑤·⑥·⑦

1 명 파일, 서류철
One of the women is putting some **files** in a drawer. 파트1
여자 중 한 명이 서랍 안에 file들을 넣고 있다.

2 통 (문서 등을) 보관하다, 철하다
The woman is **filing** some folders. 파트1
여자가 몇몇 폴더들을 file하고 있다.

3 통 (소송, 불만 등을) 제기하다, 제출하다
·····▶ file a complaint: 불만을 제기하다
Quite a few complaints about our new car's audio system had been **filed**.
우리 회사 신차 오디오 시스템에 대해 상당히 많은 불만이 file되었다.

▶ **핵심 기출 표현**
file[filing] cabinet 문서 보관함   **file a lawsuit** 소송을 걸다, 고소하다

RANK 0053 · increase [ɪnˈkris] ★★★★★☆☆ ①-②-③-④-⑤-⑥-⑦

1 🔵 증가하다; 증가[인상] 시키다
Due to customer demand, the production volume has **increased** dramatically.
고객의 수요로 인해, 생산량이 크게 increase했다.

2 🔵 증가, 인상　·--▶ increase in: ~의 증가
Given the **increase** in property values, DRE Realtors will revise their marketing strategies.
부동산 가치의 increase를 고려할 때, DRE Realtors는 마케팅 전략을 수정할 것이다.

▶ **관련 어휘**
increasing 🔷 증가하는　　　　　　　　increasingly 🔷 점점 더
　Tronheim Hotel has become an **increasingly** popular venue for business events.
　Tronheim 호텔은 기업 행사를 위한 **increasingly** 인기 있는 장소가 되고 있다.

▶ **핵심 기출 표현**
increasing market pressure 커지는 시장 압력　　increasingly popular 인기가 날로 높아지는

RANK 0054 · expand [ɪkˈspænd] ★☆☆☆☆☆☆ ①-②-③-④-⑤-⑥-⑦

🔵 확대하다, 확장하다　　　　　　　·--▶ expand into: ~로 확대하다
Holidays Hotels chain is looking to **expand** into the Asian market.
Holidays 호텔 체인은 아시아 시장으로 expand하는 것을 고려하고 있다.

▶ **관련 어휘**
expansion 🔷 확대, 확장　　　　　　　　expansive 🔷 포괄적인, 광범위한

▶ **핵심 기출 표현**
expansion project 확장 계획　　　　　　building expansion 건물 확장

RANK 0055 · interested [ˈɪntrəstɪd] ☆☆☆☆☆☆☆ ①-②-③-④-⑤-⑥-⑦

🔷 관심이 있는　　　·--▶ interested in: ~에 관심이 있는
Anyone who is **interested** in attending the workshop should contact Mr. Murray.
워크숍 참석에 interested한 분들은 누구나 Mr. Murray에게 연락하시면 됩니다.

▶ **관련 어휘**
interest 🔷 1. 관심; 이자 2. 이해관계　　　　interesting 🔷 재미있는, 흥미로운
　Do you have **interesting** plans for this weekend? 파트2
　이번 주말에 **interesting**한 계획이 있나요?

▶ **핵심 기출 표현**
interest in ~에 대한 관심[흥미]　　　　　a vested interest 기득권
interest rate 이자율

600+
RANK 0056

free [fri] ★☆☆☆☆☆☆

①-②-③-④-5-6-⑦

1 혱 무료의

┈┈▸ free shipping/delivery: 무료 배송

Ronka Hardware Store's **free** shipping offer extends from June 10 until July 10.
Ronka 공구점의 free 배송은 6월 10일부터 7월 10일까지 이어진다.

2 혱 ~이 없는

The reporter wrote an outstanding, mistake-**free** article.
그 기자는 멋지고, 실수가 free한 기사를 썼다.

▶ **관련 어휘**
freely 閉 1. 자유롭게 2. 기꺼이   **freedom** 혱 자유

▶ **핵심 기출 표현**
be free of ~이 없다; ~에서 자유롭다   **free of charge** 무료로 (= at no cost)
duty[tax]-free 면세의

600+
RANK 0057

question [ˈkwestʃən] ☆☆☆☆☆☆☆

①-②-③-④-5-6-⑦

1 몡 질문 (= query); 문제

Any **questions** about the new guidelines may be directed to the HR Department.
새로운 지침에 관한 question은 인사부로 문의하시기 바랍니다.

2 통 이의를 제기하다

Many employees **questioned** the company's new vacation policy.
많은 직원들이 회사의 새로운 휴가 정책에 question했다.

▶ **관련 어휘**
questionable 혱 의심스러운, 미심쩍은

600+
RANK 0058

expect [ɪkˈspekt] ★★☆☆☆☆☆

①-②-③-④-⑤-⑥-⑦

통 예상하다, 기대하다

┈┈▸ expect A to do: A가 ~할 것을 예상하다 (→ A be expected to do)

The author's new book **is expected** to be released in the spring.
그 작가의 새로운 책은 봄에 출간될 것으로 expect된다.

▶ **관련 어휘**
expectation 혱 예상, 기대
  The company hired Mr. Cruz with high **expectations**.
  회사는 많은 expectation을 안고 Mr. Cruz를 고용했다.

DAY 01
DAY 02
DAY 03
DAY 04
DAY 05
DAY 06
DAY 07
DAY 08
DAY 09
DAY 10

▶ 핵심 기출 표현
salary expectation 희망 급여   meet one's expectations ~의 기대를 충족시키다
above/beyond one's expectations ~의 기대 이상으로

600+ RANK 0059   project [ˈprɑdʒekt] ★★☆☆☆☆☆   ①-②-③-④-⑤-⑥-⑦

1 몡 과제, 프로젝트

The **project** to build the Charter Bridge will be in cooperation with Cordon and Partners.
Charter 다리 건설 project는 Cordon and Partners와 협력할 것이다.

2 통 (규모, 비용 등을) 예상하다, 추정하다

The road improvements made to Twain Avenue cost less than **projected**.
Twain대로에 진행되었던 도로 개선 작업이 project했던 것보다 비용이 덜 들었다.

▶ **관련 어휘**

projection 몡 (비용, 규모, 양 등의) 예상, 추정
    The company failed to achieve last year's sales **projections** by 30 percent.
    그 회사는 작년의 판매 projection을 30% 정도 달성하지 못했다.
projector 몡 영사기, 프로젝터   projected 톙 예상된

600+ RANK 0060   discount [ˈdɪsˌkaʊnt] ★★☆☆☆☆☆   ①-②-③-④-⑤-⑥-⑦

1 몡 할인
                     ;--▶ discount on: ~에 대한 할인

Alberto's Mexicana provides **discounts** on different menu items every other day.
Alberto's Mexicana는 이틀에 한 번씩 서로 다른 메뉴의 discount를 해준다.

2 통 할인하다, 할인해서 팔다

Elkor Apparel is **discounting** all of its summer clothing items.
Elkor Apparel은 여름 의류 전 상품을 discount하고 있다.

▶ **관련 어휘** discounted 톙 할인된

    Try our weekend wine tour package with **discounted** room rates.
    discounted한 객실 요금과 함께 저희가 준비한 주말 와인 투어 패키지에 참여해 보세요.

▶ **핵심 기출 표현** at a discount 할인하여

600+ RANK 0061   annual [ˈænjuəl] ★★☆☆☆☆☆   ①-②-③-④-⑤-⑥-⑦

톙 연례의, 매년의

The Stanley Art Museum helped us put together this **annual** event.
Stanley 미술관이 우리가 이 annual한 행사를 조직할 수 있도록 도와줬다.

DAY 01
02
DAY 03
DAY 04
DAY 05
DAY 06
DAY 07
DAY 08
DAY 09
DAY 10

▶ 관련 어휘
annually 뷔 일 년에 한 번

▶ 핵심 기출 표현
annual checkup 연례 건강검진　　　　　　　　**annual salary** 연봉

👑600+
RANK
0062

recommend [ˌrekəˈmend] ★★★☆☆☆☆　①·②·③·④·⑤·⑥·⑦

동 **권하다; 추천하다** ┄┄▸ recommend ~ing: ~할 것을 추천하다
We **recommend** asking questions about anything that isn't clear to you.
우리는 당신에게 명확하지 않은 어떠한 것이라도 질문하기를 recommend한다.

▶ 관련 어휘
recommendation 명 권고; 추천(서)　　┄┄▸ make a recommendation: 추천하다
Academic advisors make **recommendations** about which courses to take.
지도 교수들이 어느 수업을 들어야 하는지에 대해 **recommendation**을 한다.

▶ 핵심 기출 표현
highly / strongly recommend 강력히 추천하다　　　**recommendation letter** 추천서
on the recommendation of ~의 추천에 따라

👑600+
RANK
0063

seat [sit] ★☆☆☆☆☆☆　①·②·③·④·⑤·⑥·⑦

1 동 **앉다, 앉히다**　┄┄▸ be seated across from each other: 마주 보고 앉다
Some people **are seated** across from each other. 파트 1
사람들이 마주 보며 seat해 있다.

2 명 **자리, 좌석**
The **seats** are all occupied. 파트 1
seat들이 모두 차 있다.

▶ 관련 어휘
seating 명 자리, 좌석

▶ 핵심 기출 표현
be seated next to each other 나란히 앉아 있다　　　**assigned seating** 지정석
seating plan 좌석 배치도

▶ 혼동 어휘 노트: seat vs. sit
둘 다 동사로 '앉다'라는 의미이지만, seat는 목적어가 필요한 타동사이며, sit는 목적어 없이 쓸 수 있는 자동사이므로 'Some people **are seated** across from each other. = Some people **are sitting** across from each other.'이지만, 'Some people **are seating** across from each other.'는 잘못된 표현이다.

600+
RANK 0064

notify [ˈnoʊtəfaɪ] ☆☆☆☆☆☆☆ ①-②-③-④-⑤-⑥-⑦

동 (~에게) 알리다, 통지하다 ;--▶ notify + A + of 명사/that절: A에게 ...을 통지하다
In January, employees **notify** the HR Department of their vacation preferences for the year.
1월에, 직원들은 그해의 휴가 계획을 인사부에 notify한다.

▶ 관련 어휘
notification **명** 알림, 통지

▶ 혼동 어휘 노트: notify vs. announce
타동사인 notify와 announce 둘 다 '알리다'라는 기본 의미는 같지만, notify는 〈notify 사람 of 사물: ~에게 ~을 알리다〉,
announce는 〈announce 사물 to 사람〉의 패턴을 취하므로 목적어와 전치사의 쓰임 차이를 구별해서 외워 두어야 한다.

600+
RANK 0065

hold [hoʊld] ★☆☆☆☆☆☆ ①-②-③-④-⑤-⑥-⑦

1 동 (행사 등을) 열다, 개최하다
The city council will **hold** a community forum to address construction issues.
시의회는 공사 문제들을 논의하기 위해 지역 공동체 포럼을 hold할 것이다.

2 동 쥐다, 잡다
She is **holding** a paper cup. 파트1
여자가 종이컵을 hold하고 있다.

3 동 수용하다; 견디다, 지탱하다
Our new event hall can **hold** up to 300 guests.
저희 새로운 행사장은 300명까지 hold할 수 있습니다.

▶ 관련 어휘
holder **명** 소유자, 소지자

▶ 핵심 기출 표현
hold onto a railing 난간을 잡다   on hold 기다리게 하는; 보류된
put on hold 보류하다   ticket holder 티켓 소지자
policy holder 보험 계약자

▶ 혼동 어휘 노트: hold vs. take place
둘 다 '(행사 등을) 개최하다, 열다'라는 기본 의미는 같지만, hold는 타동사이고, take place는 자동사이므로 〈The event will be
held. = The event will take place. 행사가 개최될 것이다.〉와 같이 쓴다.

600+
RANK 0066

temporary [ˈtempəreri] ★☆☆☆☆☆☆ ①-②-③-④-⑤-⑥-⑦

형 임시의, 일시적인 ;--▶ temporary position: 비정규직, 계약직
Temporary positions at PDS Corporation will be posted on the company's Web site.
PDS 주식회사의 temporary한 자리가 회사의 웹 사이트에 게시될 것이다.

DAY 01
DAY 02
DAY 03
DAY 04
DAY 05
DAY 06
DAY 07
DAY 08
DAY 09
DAY 10

▶ **관련 어휘**
　temporarily 🔳 임시로, 일시적으로

▶ **핵심 기출 표현**
　temporary worker 임시[계약] 직원　　　　**temporarily out of stock** 일시 품절인

material [məˈtɪriəl] ★★★☆☆☆☆　

1 🔳 **재료**
Genro Textiles' products are made from top quality **material**.
Genro Textiles의 제품은 최고 품질의 material로 만들어진다.

2 🔳 **자료**
The instructor will post **materials** for each lesson on the class Web site.
강사는 매 강의의 material을 웹 사이트에 올릴 것이다.

▶ **핵심 기출 표현**
　training material 교육 자료　　　　　　　**raw material** 원자재, 원료
　building material 건축 자재　　　　　　　**filling material** 충전재 (= filler)

confirm [kənˈfɜːm] ★☆☆☆☆☆☆　

🔳 **확인해 주다; 확정하다, 공식화하다**　⋯▶ confirm a reservation: 예약을 확인하다
Mr. Hermes called to **confirm** your reservation at the Oracle Hotel for next weekend.
Mr. Hermes가 다음 주말 당신의 Oracle 호텔 예약을 confirm하기 위해 전화했다.

▶ **관련 어휘**
　confirmation 🔳 확인, 확증　　　　　　　**confirmative** 🔳 확증적인

explain [ɪkˈspleɪn] ☆☆☆☆☆☆☆　

🔳 **설명하다**　　　⋯▶ explain A to B: A를 B에게 설명하다
Ms. Ogura tried to **explain** our proposals to the client in clear terms.
Ms. Ogura는 고객에게 우리의 제안을 명료한 용어 사용을 통해 explain하려고 노력했다.

▶ **관련 어휘**
　explanation 🔳 해명; 설명

600+
RANK
0070

directly [dɪˈrektli] ★☆☆☆☆☆☆

①-②-③-④-⑤-⑥-⑦

부 곧장; 바로

→ directly after: ~한 직후에

Dr. Evans will be giving the keynote speech **directly** after lunch.

Dr. Evans는 점심식사 후 directly 기조연설을 할 것이다.

관련 어휘

direct 형 1. 직접적인 2. 직행의

핵심 기출 표현

directly across from ~바로 맞은 편에

direct flight (항공기) 직항편

600+
RANK
0071

excited [ɪkˈsaɪtɪd] ☆☆☆☆☆☆☆

①-②-③-④-⑤-⑥-⑦

형 신이 난, 들뜬, 흥분한

The museum guide leaves visitors quite **excited** about seeing the exhibits.

그 박물관 가이드는 방문객들이 전시 관람에 대해 상당히 excited하게 만든다.

관련 어휘

exciting 형 신나는, 흥미진진한

excitement 명 흥분, 신남

핵심 기출 표현

get excited 기뻐하다, 신이 나다

in one's excitement ~가 흥분하여

700+
RANK
0072

feature [ˈfiːtʃɚ] ★★☆☆☆☆☆

①-②-③-④-⑤-⑥-⑦

1 동 ~을 특징으로 삼다, ~를 특별히 포함하다; ~을 특집으로 다루다

The art show held at Dohi Gallery **featured** paintings from more than 50 artists.

Dohi 갤러리에서 개최된 전시회는 50여 명의 예술가의 그림들을 feature 했다.

2 명 특징; (신문, TV 등의) 특집

What are the new **features** of this machine? 파트 2

이 기계의 새로운 feature들은 무엇인가요?

파트 7 대체어 기출 표현

① **feature 특징 → touch 손질; 솜씨**

preserve the classic **features[touches]** of the old museum

오래된 박물관의 클래식한 **features[touch]**를 보존하다

② **feature 특집 기사 → story 이야기**

the glowing **feature[story]** in the *Washington Weekly* Washington 위클리에 실린 극찬하는 **feature[story]**

600+ RANK 0073

community [kəˈmjuːnəti]

①-②-③-④-⑤-⑥-⑦

명 주민, 지역 사회

┈┈▸ community center: 주민 센터

This year's fundraising banquet will be held at the **community** center.
올해의 기금마련 연회는 community 센터에서 개최될 것이다.

▶ **핵심 기출 표현**

community park 근린공원
local community 지역 사회

community festival 지역 축제

600+ RANK 0074

enough [əˈnʌf]

①-②-③-④-⑤-⑥-⑦

1 형 충분한

Mr. Zhang extended the deadline, so we have **enough** time to complete the assignment.
Mr. Zhang이 마감일을 연장해 줘서, 우리가 그 일을 완료할 enough한 시간이 있다.

2 부 충분히

Would the conference room be big **enough**? 파트 2
회의실이 enough하게 클까요?

▶ **핵심 기출 표현**

large enough 충분히 큰

more than enough 너무 많은

▶ **혼동 어휘 노트: enough time vs. big enough**

enough는 형용사일 때 명사 앞에 위치하며, 부사일 때는 형용사 뒤에 위치한다는 점에 주의한다.

600+ RANK 0075

successful [səkˈsesfəl]

①-②-③-④-⑤-⑥-⑦

형 성공적인

Before becoming the editor-in-chief, I had a **successful** career as an author.
편집장이 되기 전에, 나는 작가로서 successful한 경력을 쌓았다.

▶ **관련 어휘**

successfully 부 성공적으로
succeed 동 1. 성공하다 2. 뒤를 잇다┈┈▸ succeed in ~ing: ~하는 데 성공하다
　　TY Motors **succeeded** in resolving the issue of poor safety standards.
　　TY 자동차는 문제 있는 안전 기준 문제를 해결하는 데 succeed했다.
success 명 성공, 성공작

▶ **핵심 기출 표현**

successful candidate[applicant] 합격자

700+ RANK 0076 — upcoming [ˈʌpˌkʌmɪŋ] ★★★☆☆☆☆ ①·②·③·④·⑤·⑥·⑦

휑 다가오는, 곧 있을 (= forthcoming)

Both companies expect employees to work cooperatively after the **upcoming** merger.

두 회사는 upcoming하는 합병 후에 직원들이 협력적으로 일하기를 기대한다.

> **▶ 관련 어휘**
> coming 휑 다가오는; 다음의

> **▶ 핵심 기출 표현**
> upcoming event 다가오는 행사

600+ RANK 0077 — training [ˈtreɪnɪŋ] ★☆☆☆☆☆☆ ①·②·③·④·⑤·⑥·⑦

멱 교육, 훈련

·····▶ training session: 교육 (과정), 연수회

All managers are required to take part in the upcoming **training** session.

모든 관리자들은 다가오는 training 과정에 참가하도록 요구된다.

> **▶ 관련 어휘**
> train 통 교육하다, 훈련하다   trainer 멱 훈련하는 사람, 트레이너

> **▶ 핵심 기출 표현**
> training seminar 교육 세미나

600+ RANK 0078 — effective [əˈfektɪv] ★★★☆☆☆☆ ①·②·③·④·⑤·⑥·⑦

1 휑 효과적인

The postal service was an **effective** means of communication in the past.

우편 제도는 과거에 effective한 통신수단이었다.

2 휑 (법률, 규정이) 시행되는, 발효되는

The new traffic law will be **effective** starting March 1.

새로운 교통법규는 3월 1일부터 effective할 것이다.

> **▶ 관련 어휘**
> effect 멱 영향, 효과   ·····▶ have an effect on: ~에 영향을 미치다
>   Criticizing a competitor can actually have a negative **effect** on your company's image.
>   경쟁자를 비난하는 것은 사실 기업 이미지에 부정적인 effect를 미칠 수 있다.
> effectively 뷔 효과적으로; 실질적으로
>   Since partnering with Satelop Inc., we have been able to track our deliveries more **effectively**.
>   Satelop사와 제휴한 이래 우리는 배송을 더욱 effectively 추적하는 것이 가능해졌다.
> effectiveness 멱 유효성

▶ **핵심 기출 표현**
in effect (법, 규정 등이) 시행 중인　　　**take effect** 시행되다, 발효되다
come[go] into effect 시행되다, 발효되다

RANK
0079
eligible [ˈelədʒəbəl] ★★★★☆☆☆　　1·2·3·4·⑤·⑥·7

형 자격이 있는　　┈▶ eligible for: ~에 자격이 있는
Students who are **eligible** for the scholarship should contact Ms. Palmer.
장학금에 eligible한 학생들은 Ms. Palmer에게 연락해야 합니다.

▶ **관련 어휘**
eligibility 명 적임, 적격
▶ **핵심 기출 표현**
be eligible to do ~할 자격이 있다
▶ **혼동 어휘 노트: eligible vs. qualified**
둘 다 '자격이 있는'으로 해석되지만, eligible은 법률이나 규정 등의 조건에 충족이 되어 무언가를 할 수 있는 자격이 주어진다는 의미이지만, qualified는 지식이나 기량, 경력 등 무언가를 할 수 있는 능력이 있다는 의미이다.

RANK
0080
approximately [əˈprɑːksəmətli] ☆☆☆☆☆☆☆　1·2·3·4·⑤·⑥·7

부 대략
If you send a package by regular mail, it will take **approximately** a week to arrive.
당신이 일반 우편으로 소포를 보내면, 도착하는 데 approximately 일주일이 걸릴 것이다.

▶ **파트 7 대체어 기출 표현: approximately 대략 → roughly 대략, 대강**
an increase of **roughly[approximately]** 10 percent roughly[approximately] 10%의 증가

RANK
0081
manual [ˈmænjuəl] ☆☆☆☆☆☆☆　①·②·3·4·5·6·⑦

1 명 설명서
Read the operating **manual** before using the machine.
기계를 사용하기 전 사용 manual을 읽으세요.

2 형 수동의; 손으로 하는
Famous author Bran Lin still writes his stories with a **manual** typewriter.
유명작가 Bran Lin은 여전히 manual 타자기로 자신의 이야기를 쓴다.

관련 어휘
manually (부) 손으로, 수동으로

핵심 기출 표현
instruction[user's] manual 사용 설명서   product manual 제품 설명서

👑700+
RANK 0082 — **candidate** [ˈkændɪdeɪt] ★☆☆☆☆☆ ①-②-③-④-⑤-⑥-⑦

(명) **후보자, 지원자**
A recent poll indicates that the political **candidate**'s popularity has increased.
최근 여론 조사는 그 정치 candidate의 인기가 증가했다는 것을 보여준다.

핵심 기출 표현
successful candidate 합격자, 당선자   potential candidate 잠재적 후보자

👑600+
RANK 0083 — **ceremony** [ˈserəməni] ☆☆☆☆☆☆ ①-②-③-④-⑤-⑥-⑦

(명) **식, 의식**
The wedding rehearsal will be held one day before the actual **ceremony**.
결혼식 리허설은 실제 ceremony 전날에 열릴 것이다.

핵심 기출 표현
awards ceremony 시상식   opening ceremony 개업식[개회식]
ground breaking ceremony 기공식, 착공식

👑600+
RANK 0084 — **equipment** [ɪˈkwɪpmənt] ☆☆☆☆☆☆ ①-②-③-④-⑤-⑥-⑦

(명) **장비; 설비**
┌--▶ audiovisual equipment: 시청각 장비
You've requested that we provide some audiovisual **equipment** for your talk.
당신은 우리가 당신의 연설을 위해 시청각 equipment 몇 대를 제공할 것을 요청했습니다.

관련 어휘
equip (동) 장비를 갖추다   ┌--▶ be equipped with: ~을 갖추고 있다

Every apartment is **equipped** with a fire extinguisher.
모든 아파트에는 소화기가 equip되어 있다.

핵심 기출 표현
laboratory equipment 실험실 장비   exercise equipment 운동 장비
heavy equipment 중장비

DAY 01
DAY 02
DAY 03
DAY 04
DAY 05
DAY 06
DAY 07
DAY 08
DAY 09
DAY 10

RANK 0085 600+

quickly [ˈkwɪkli] ★★☆☆☆☆☆ ①·②·③·④·⑤·⑥·⑦

目 빨리, 곧

The video game is expected to sell out **quickly**.

그 비디오 게임은 quickly 매진될 것으로 예상된다.

> **관련 어휘**
> quick ⑱ 빠른, 신속한

> **핵심 기출 표현**
> more quickly than ever 어느 때보다 더 빨리

RANK 0086 600+

celebration [ˌseləˈbreɪʃən] ★★☆☆☆☆☆ ①·②·③·④·⑤·⑥·⑦

똉 기념[축하]행사; 기념[축하]

Ms. Moser organized tonight's **celebration**.

Ms. Moser가 오늘 밤 celebration을 준비했다.

> **관련 어휘**
> celebrate ⑧ 기념하다, 축하하다   celebrity ⑱ 유명 인사

> **핵심 기출 표현**
> in celebration of ~를 축하하여
> celebrate one's accomplishments ~의 업적을 축하하다

RANK 0087 600+

facility [fəˈsɪləti] ★☆☆☆☆☆☆ ①·②·③·④·⑤·⑥·⑦

똉 시설, 기관

The Montpelier branch of Summit Hotels is the chain's largest **facility**.

Summit 호텔의 Montpelier 지점이 그 체인의 가장 큰 facility이다.

RANK 0088 600+

plan [plæn] ★★☆☆☆☆☆ ①·②·③·④·⑤·⑥·⑦

1 ⑧ 계획하다, 계획을 세우다 plan to do: ~할 계획을 세우다

The tour group **plans** to meet at the lobby tomorrow at 8 A.M.

그 투어 그룹은 내일 오전 8시에 로비에서 만날 것을 plan한다.

2 똉 계획

We need to present a **plan** for the company awards ceremony by next week.

우리는 다음 주까지 회사 시상식을 위한 plan을 제출해야 한다.

51

3 📋 설계도, 도면

The chief architect approved of the revised construction **plan**.

수석 건축가는 수정된 건설 plan을 승인했다.

▶ **관련 어휘**
planning 📋 기획

▶ **핵심 기출 표현**
seating plan 좌석 배치도　　　　　　　　　floor plan (건물의) 평면도

stay [steɪ] ★☆☆☆☆☆☆　　　①·②·③·④·⑤·⑥·⑦

1 📋 머물다; 계속 남아 있다

We **stayed** at a small hotel in Augustine for two weeks.

우리는 Augustine에서 작은 호텔에 2주 동안 stay했다.

2 📋 방문

Mr. Terrence remarked that he did not enjoy his **stay** at the Exmont Resort.

Mr. Terrence는 Exmont 리조트에서의 stay가 즐겁지 않았다고 언급했다.

▶ **파트 7 대체어 기출 표현: stay 계속 남아 있다 → remain 계속 남아 있다**
stay[remain] on-site until the completions of the project
공사가 완료될 때까지 현장에 stay[remain]하다

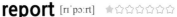

report [rɪˈpɔːrt] ★☆☆☆☆☆☆　　　①·②·③·④·⑤·⑥·⑦

1 📋 보고서

Ms. Cortez will complete most of the evaluation **reports** herself.

Ms. Cortez는 평가 report 대부분을 직접 작성할 것이다.

2 📋 보고하다; 발표하다

The company **reported** significantly higher earnings in the fourth quarter.

회사는 4분기에 상당히 높은 수익을 report했다.

▶ **관련 어휘**
reporter 📋 기자, 리포터　　　　　　　　　reportedly 📋 보도에 따르면, 알려진 바에 따르면

▶ **핵심 기출 표현**
report directly to ~에게 직접 보고하다　　　report to 사람 ~의 지시를 받다

DAY 01
DAY 02
DAY 03
DAY 04
DAY 05
DAY 06
DAY 07
DAY 08
DAY 09
DAY 10

600+
RANK 0091

respond [rɪˈspɑːnd] ☆☆☆☆☆☆☆

①-②-③-④-⑤-⑥-⑦

⑤ 응답하다, 반응하다

;--▶ respond to: ~에 답하다/반응하다

Consultants for Tarley Bank will **respond** to questions regarding the potential merger transactions.

Tarley 은행의 컨설턴트들은 잠재적인 합병에 관한 질문에 respond할 것이다.

▶ 관련 어휘
response 몡 응답, 회신
respondent 몡 응답자
　Respondents were told not to put their names on the survey.
　respondent들은 설문조사에 자신의 이름을 밝히지 않을 것을 당부 받았다.
responsive 휑 반응하는; 호응하는

▶ 핵심 기출 표현
in response to ~에 반응하여　　　　　　　**be responsive to** ~에 반응하다

600+
RANK 0092

instead [ɪnˈsted] ★★☆☆☆☆☆

①-②-③-④-⑤-⑥-⑦

⑨ 그 대신

Since there were no rooms at the Grand Lane Hotel, we stayed at Amonte Inn **instead**.

Grand Lane 호텔에 객실이 없었기 때문에, 우리는 instead, Amonte Inn에 머물렀다.

▶ 관련 어휘
instead of 젠 ~대신에

600+
RANK 0093

condition [kənˈdɪʃən] ☆☆☆☆☆☆☆

①-②-③-④-⑤-⑥-⑦

1 몡 상태; 건강 상태

;--▶ in good condition: 좋은 상태인

Most of our antiques are still in good **condition**.

골동품들 대부분이 아직 condition이 좋다.

2 몡 (요구/전제) 조건

;--▶ terms and conditions: 계약 조건

After reviewing the terms and **conditions**, please sign the enclosed contract.

계약 조건들과 condition들을 검토한 후에, 동봉된 계약서에 서명해 주세요.

3 몡 (-s) 환경; 날씨

Today's event was canceled due to poor weather **conditions**.

오늘 행사는 안 좋은 기상 conditions으로 취소되었습니다.

▣ 관련 어휘
conditional 혱 조건부의

The admission is **conditional** until all documents have been received and checked.

입학은 모든 서류가 제출되어 확인될 때까지 **conditional**이다.

▣ 핵심 기출 표현
unused condition 미사용 상태   **working conditions** 근로 조건

medical condition 질병

▣ 파트 7 대체어 기출 표현: condition 상태 → state 상태
ensure that the apartment is in the same **condition[state]**

아파트가 같은 **condition[state]**에 있는지를 확인하다

 RANK 0094 **600+**

express [ɪkˈspres] ☆☆☆☆☆☆☆ ①·②·③·④·⑤·⑥·⑦

1 통 표현하다
 ···▶ express one's gratitude: 감사를 표하다

The supervisor **expressed** his gratitude to the employees who worked on the project.

그 관리자는 프로젝트에 대해 일한 직원들에게 감사를 express했다.

2 혱 급행의; 신속한
Unless the **express** mail is labeled correctly, Poole Couriers cannot guarantee overnight delivery.

express 우편 라벨이 정확히 붙어 있지 않으면, Poole 택배사는 익일 배송을 보장할 수 없다.

▣ 관련 어휘
expressly 閚 분명히, 명확히

▣ 핵심 기출 표현
express concern 우려를 표하다   **express interest** 관심을 표하다

express delivery 빠른 배송   **express mail service** 속달 우편 서비스

 RANK 0095 **600+**

attract [əˈtrækt] ★★★☆☆☆☆ ①·②·③·④·⑤·⑥·⑦

통 (어디로) 끌어들이다; (마음을) 끌다
The Gainesville Marathon Committee hopes to **attract** more participants this year.

Gainesville 마라톤 위원회는 올해 더 많은 참가자를 attract하기를 희망한다.

▣ 관련 어휘
attraction 혱 1. (관광) 명소 2. 매력

The hotel receptionist recommended some local tourist **attractions** for the guests.

호텔 접수 담당자가 투숙객들에게 지역 관광 **attraction** 몇 군데를 추천했다.

attractive 혱 매력적인

Don't you think this poster could be more **attractive**? 파트 2

이 광고가 더 **attractive**할 수 있다고 생각하지 않아요?

DAY 01
02
DAY 03
DAY 04
DAY 05
DAY 06
DAY 07
DAY 08
DAY 09
DAY 10

▶ 핵심 기출 표현
tourist attraction 관광 명소

▶ 파트 7 대체어 기출 표현: **attract** 끌어들이다 → **draw** (관심 등을) 끌다
The event **attracted[drew]** many visitors. 그 행사는 많은 방문객을 attract[draw]했다.

👑600+
RANK
0096

raise [reɪz] ☆☆☆☆☆☆☆

1 동 올리다, 인상하다
McNall Auto Rental Agency will **raise** its service rates next month.
McNall 렌터카 회사는 다음 달에 요금을 raise할 것이다.

2 동 (자금, 사람을) 모으다
The Helena Foundation **raised** over $50,000 thanks to the sponsors involved.
Helena 재단은 관련 후원자들의 덕분에, 5만 달러 이상을 raise했다.

3 명 임금 인상 (= rise) ¦- - ▶ salary raise: 급여 인상
BMP, Inc. staff members are eligible for salary **raises** every year.
BMP사 직원들은 매년 급여 raise를 받을 자격이 있다.

👑600+
RANK
0097

last [læst] ★☆☆☆☆☆☆

1 동 지속되다
How long will this battery **last**? 파트2
이 배터리는 얼마나 last할까요?

2 형 마지막의; 지난
The team finished as the **last** place team in the tournament.
그 팀은 대회에서 last 팀으로 경기를 마쳤다.

3 부 마지막으로
After **last** winning the award in 2015, Ridgewood Company received the Adkins Innovation Award again this year.
2015년도에 last로 수상한 후, Ridgewood사는 올해 Adkins 혁신상을 다시 받았다.

▶ 관련 어휘
lasting 형 지속적인
The mayor blamed his predecessor for the **lasting** economic downturn.
시장은 **lasting**한 경기 침체를 그의 전임자 탓으로 돌렸다.
last-minute 형 마지막 순간의, 막판의
How did you manage to get a **last-minute** reservation at such a popular restaurant? 파트2
그렇게 인기 있는 식당에 어떻게 **last-minute** 예약을 할 수 있었나요?

▶ 핵심 기출 표현
at the last minute 막바지에, 임박해서　　　　**long-lasting** 오래 가는
longer-lasting batteries 더 오래가는 배터리　　**make a last-minute change to** ~을 막판에 변경하다

client [ˈklaɪənt] ☆☆☆☆☆☆☆ ①-②-③-④-⑤-⑥-⑦

600+ RANK 0098

명 고객; 의뢰인

;--▸ client/customer base: 고객층

I will talk to you about the different ways you can increase your **client** base.
저는 여러분께 client층을 넓힐 수 있는 다양한 방법들에 대해서 얘기할 것입니다.

▶ 관련 어휘
clientele 명 모든 고객들[의뢰인들]

▶ 혼동 어휘 노트: client vs. customer
client는 전문가나 전문 기관의 서비스를 이용하는 고객을 말하며, customer는 상점에서 물건을 구매하거나 서비스를 받는 고객을 말한다.

division [dɪˈvɪʒən] ☆☆☆☆☆☆☆ ①-②-③-④-⑤-⑥-⑦

600+ RANK 0099

1 명 (조직의) 부서, 부문
Riviet Group's semiconductor **division** suffered severe budget cuts this year.
Riviet 그룹의 반도체 division이 올해 극심한 예산 삭감을 겪었다.

2 명 분할; 분배
Several managers complained that the **division** of quarterly funds is unfair.
몇몇 매니저들이 분기별 자금 division이 불공평하다고 불평했다.

further [ˈfɜːðər] ★☆☆☆☆☆☆ ①-②-③-④-⑤-⑥-⑦

700+ RANK 0100

1 형 더 이상의, 추가의 ;--▸ further information: 자세한 정보
For **further** information, visit the Employment Opportunities page on our Web site.
further한 정보를 원하시면, 저희 웹 사이트의 채용 기회 페이지를 방문해 주세요.

2 부 더 (멀리/나아가)
The post office is a little **further** ahead.
우체국은 약간 further 앞쪽에 있습니다.

▶ 핵심 기출 표현
for further details 더 자세한 내용을 위해   **until further notice** 추후 공지가 있을 때까지

Speed Check-up

정답 p.579

다음의 한글 의미를 단서로 삼아 보기에서 알맞은 단어를 골라 넣으세요.

ⓐ attract　　ⓑ last　　ⓒ filed　　ⓓ condition　　ⓔ featured

01　Most of our antiques are still in good _____.
　　상태

02　The art show held at Dohi Gallery _____ paintings from more than 50 artists.
　　특징으로 하다

03　The Gainesville Marathon Committee hopes to _____ more participants this year.
　　끌어들이다

04　How long will this battery _____ ?
　　지속되다

05　Quite a few complaints about our new car's audio system had been _____.
　　제기하다

다음의 한글 해석과 의미가 같아지도록 보기에서 알맞은 단어를 골라 넣으세요.

ⓐ notify　　ⓑ eligible　　ⓒ further　　ⓓ increase　　ⓔ questioned

06　Many employees _____ the company's new vacation policy.
　　많은 직원이 회사의 새로운 휴가 정책에 이의를 제기했다.

07　Given the _____ in property values, DRE Realtors will revise their marketing strategies. 부동산 가치의 증가를 고려할 때, DRE Realtors는 마케팅 전략을 수정할 것이다.

08　In January, employees _____ the HR Department of their vacation preferences for the year. 1월에, 직원들은 그해의 휴가 계획을 인사부에 알린다.

09　For _____ information, visit the Employment Opportunities page on our Web site. 추가 정보를 원하시면, 저희 웹 사이트의 채용 기회 페이지를 방문해 주세요.

10　Students who are _____ for the scholarship should contact Ms. Palmer.
　　장학금을 받을 자격이 되는 학생들은 Ms. Palmer에게 연락해야 합니다.

문맥에 어울리는 단어를 보기에서 골라 넣으세요.

ⓐ enough　　ⓑ expand　　ⓒ plans　　ⓓ runs　　ⓔ material

11　The hotel's shuttle bus _____ every 15 minutes.

12　Genro Textiles' products are made from top quality _____.

13　Mr. Zhang extended the deadline, so we have _____ time to complete the assignment.

14　Holidays Hotels chain is looking to _____ into the Asian market.

15　The tour group _____ to meet at the lobby tomorrow at 8 A.M.

어울려야 말이지

👑600+
RANK 0101

responsible [rɪˈspɑnsəbəl] ★★★☆☆☆☆   ①-②-③-④-⑤-⑥-⑦

🔷 **담당하는, 책임이 있는**   ┄┄▶ be responsible for: ~을 담당하다
Mr. Kim was **responsible** for the completion of the hotel renovation.
Mr. Kim은 호텔 수리 완성을 responsible했었다.

▶ **관련 어휘**
responsibly 🔷 책임감 있게   **responsibility** 🔷 책임; 직무
Can you tell me what my **responsibilities** will be? 파트 2
제 **responsibility**들이 무엇인지 말해줄 수 있나요?

▶ **핵심 기출 표현**
be responsible to ~에게 보고할 의무가 있는

👑600+
RANK 0102

apply [əˈplaɪ] ★★☆☆☆☆☆   ①-②-③-④-⑤-⑥-⑦

1 🔷 **지원하다, 신청하다**
                                        ┄┄▶ apply for: ~에 지원하다
Candidates with three years' experience may **apply** for the position.
3년의 경력을 가진 후보자들이 이 직위에 apply할 수 있다.

2 🔷 **적용하다, 적용되다**
                                        ┄┄▶ apply to: ~에 적용하다
The discounts advertised in today's *Daleton Daily* do not **apply** to electronics.
오늘 자 〈Daleton Daily〉지에 광고된 할인은 전자기기에는 apply되지 않는다.

3 🔷 **바르다**
Please **apply** the medicine to the affected area two to three times a day.
하루 2~3번 아픈 부위에 이 약을 apply해주세요.

▶ **관련 어휘**
application 🔷 1. 신청(서); 지원(서) 2. 응용 (프로그램), 애플리케이션
The council finished reviewing all the **applications** for approval.
위원회는 모든 **application**을 승인하기 위한 검토 업무를 끝냈다.
The new mobile phone **application** will be launched this summer.
새 휴대폰 **application**이 올여름 출시될 것이다.
applicant 🔷 지원자, 신청자
How many other **applicants** are there for the position? 파트 2
이 직무에 지원한 다른 **applicant**들이 몇 명이나 되나요?
applicable 🔷 해당되는, 적용되는

▶ **핵심 기출 표현**
application form 지원서, 신청서   **application materials** 지원 서류
job applicant 구직자   **qualified applicant** 자격을 갖춘 지원자
successful applicant 선발된 지원자, 합격자

▶ **혼동 어휘 노트: application vs. applicant**
사물명사 application과 사람명사 applicant는 유사명사 문제로 자주 출제되는데, 과거에는 해석 없이 관사나, 수일치 등으로 풀 수 있는 문제가 주로 출제되었지만 최근에는 해석을 해야 정확히 알 수 있는 문제로 출제된다. (Your [application / ~~applicant~~] must be received by May 1. 귀하의 신청서는 5월 1일까지 접수되어야 합니다.)

RANK 0103 — need [nid] ★☆☆☆☆☆☆ (1)-(2)-(3)-④-(5)-(6)-(7)

1 圆 (-s) 요구, 필요

Enclosed is a list of companies whose services can meet your business **needs**.

당신의 사업 needs에 응할 수 있는 서비스 제공 업체들의 명단을 동봉하였습니다.

2 屠 필요로 하다

Repairs were **needed** to properly run the equipment.

기기를 제대로 작동시키기 위해 수리가 need했다.

> ▶ 핵심 기출 표현
> need to do ~할 필요가 있다, ~해야 한다   suit the needs 요구를 만족시키다
> in (dire) need of ~을 (절실히) 필요로 하는

RANK 0104 — meet [mit] ★★☆☆☆☆☆ (1)-(2)-(3)-(4)-(5)-(6)-(7)

1 屠 만나다

Rather than **meeting** each candidate separately, the company is going to hold a group interview.

그 회사는 각각의 지원자들을 따로 meet하기보다는, 그룹 면접을 할 것이다.

2 屠 (필요 등을) 충족시키다; (기한 등을) 지키다  ····▶ meet the deadline: 기한을 맞추다

Please make sure to **meet** the application **deadline**.

반드시 지원 마감일을 meet하시기 바랍니다.

> ▶ 관련 어휘
> meeting 圆 회의
>
> ▶ 핵심 기출 표현
> call a meeting 회의를 소집하다   meet one's needs ~의 요구를 충족시키다
> meet customer demand 소비자의 요구를 충족시키다   meet a requirement 요건을 충족시키다
>
> ▶ 파트 7 대체어 기출 표현: meet (필요 등을) 충족시키다 → fulfill (조건 등을) 충족하다
> meet[fulfill] a fund-raising goal 모금 활동 목표를 meet[fulfill]하다
>
> ▶ 혼동 어휘 노트: meet sb vs. meet with sb
> meet 뒤에 바로 사람이 오면 대개 별 뜻 없이 만난다는 의미이지만, meet with 뒤에 사람이 오면 논의할 게 있어서 만난다는 의미를 갖는다.

limited [ˈlɪmɪ·tɪd] ★☆☆☆☆☆☆　　1 - 2 - 3 - ④ - ⑤ - ⑥ - 7

형 제한된, 한정된

Some customers have complained that the restaurant's parking is too **limited**.

일부 고객은 식당의 주차공간이 너무 limited되어 있다는 점을 지적했다.

▶ **관련 어휘**

limit 명 제한; 한계; (장소의) 경계 통 제한하다

This article exceeds the magazine's word **limit**.

이 기사는 잡지의 글자 수 limit을 초과한다.

limitation 명 제한(하는 행위나 과정)

▶ **핵심 기출 표현**

limited time 제한 시간　　　　　　　　**limited space** 제한된 공간

be limited to ~로 제한되다

▶ **파트 7 대체어 기출 표현: limited 제한된, 한정된 → restricted 제한된**

a view that is **limited[restricted]** limited[restricted]한 시야

demand [dɪˈmænd] ★★★☆☆☆☆　　① - 2 - ③ - 4 - ⑤ - ⑥ - 7

1 명 수요; 요구

;--▶ demand for: ~에 대한 수요[요구]

It is anticipated that the **demand** for customized furniture will increase this year.

올해 맞춤형 가구에 대한 demand가 늘 것으로 예상된다.

2 통 요구하다
;--▶ demand that 주어 + (should) + 동사원형: ~가 ..할 것을 요구하다

Many workers have **demanded** that the company **provide** more breaks.

많은 직원이 회사에서 더 많은 휴식 시간을 제공해 줄 것을 demand해왔다.

▶ **핵심 기출 표현**

competing demand 경쟁적인 수요

▶ **파트 7 대체어 기출 표현: demand 요구하다 → charge (벌금 등을) 부과하다**

demand[charge] a cancellation fee 해약금을 demand[charge]하다

renew [rɪˈnuː] ☆☆☆☆☆☆☆　　① - ② - 3 - 4 - ⑤ - ⑥ - 7

통 갱신하다, 연장하다; 다시 새롭게 하다

Fantastic Gym reminds its members to **renew** their membership two months before it expires.

Fantastic 헬스클럽은 회원들에게 기존 회원권이 만료되기 두 달 전에 회원 자격을 renew하도록 알려준다.

▶ 관련 어휘
renewal ᴮ 1. 갱신, 기한 연장 2. 재개(발)
renewable ᴮ 1. 갱신[연장] 가능한 2. 재생 가능한; --▶ renewable energy: 태양열, 풍력 등의 재생 가능한 에너지
　　The session was about **renewable** energy.
　　그 세션은 **renewable** 에너지에 관한 것이었어요.

▶ 핵심 기출 표현
renew a subscription 구독을 갱신하다 　　　　　　　**renew** a contract 계약을 갱신하다
renewal project 재개발 프로젝트

▶ 파트 7 대체어 기출 표현: renew 다시 새롭게 하다 → refresh (기억을) 되살리다
renew[**refresh**] your understanding of financial accounting
당신의 재무 회계에 대한 이해를 **renew**[**refresh**]하다

---

 cost [kɑːst] ☆☆☆☆☆☆ ①-②-③-④-⑤-⑥-⑦

1 🄜 비용
Check the exact **cost** of the item before using the corporate card.
법인카드를 사용하기 전에 물건의 정확한 cost를 확인하세요.

2 🄥 (~의 비용이) 들다
Why don't we ask how much this suit **costs**? 파트 2
이 정장이 얼마나 cost한지 물어보는 게 어때요?

▶ 관련 어휘
costly ᴮ 큰 비용이 드는

▶ 핵심 기출 표현
cost overrun 비용 초과 　　　　　　　　　　　**cost** reduction 비용 절감
cost less 비용이 덜 들다 　　　　　　　　　　　**costly** project 큰 비용이 드는 프로젝트
at the **cost** of ~의 비용을 지불하다

---

 opening [ˈoʊpnɪŋ] ★★☆☆☆☆☆ ①-②-③-④-⑤-⑥-⑦

1 🄜 빈자리, 공석
Ms. Robertson applied to be transferred to our branch, but we have no **openings**.
Ms. Robertson은 우리 지점으로 전근 신청했지만, 우리는 opening이 없다.

2 🄜 개점, 개장
Sanatoria's Restaurant is pleased to announce the **opening** of its second location.
Sanatoria 레스토랑은 두 번째 지점의 opening을 알리게 되어 기쁘게 생각합니다.

 관련 어휘

open 형 열려 있는 동 열다
  A man is **opening** a folder. 파트1
  남자가 폴더를 **open**하고 있다.
openly 부 터놓고, 솔직하게 **openness** 명 솔직함, 열린 마음

 핵심 기출 표현

job opening 공석 (= job vacancy) **grand opening** 개장, 개점
soon-to-open 곧 개점할 **open-air market** 야외 시장

 600+
RANK
0110 **organization** [ˌɔːrɡənəˈzeɪʃən] ★☆☆☆☆☆☆1-②-3-④-5-6-7

명 조직, 기관, 단체
At Ropiko, Inc., we offer the opportunity to work in a world-class **organization**.
Ropiko 주식회사에서는 세계적인 organization에서 일할 기회를 제공합니다.

 관련 어휘

organize 동 1. 준비하다, 조직하다 2. 정리하다
  He is **organizing** some books on a shelf. 파트1
  남자가 선반 위의 책들을 **organize**하고 있다.
organizational 형 조직의 **organized** 형 정리된, 조직화된

 핵심 기출 표현

organize an event 행사를 준비하다 **organize one's thoughts** 생각을 정리하다

 700+
RANK
0111 **agreement** [əˈɡriːmənt] ★★☆☆☆☆☆ (1)-②-3-4-⑤-6-⑦

1 명 **계약(서) (= contract)**
When will the **agreement** be signed? 파트2
그 agreement는 언제 체결될 건가요?

2 명 **동의, 합의** ┈▶ be in agreement: 동의하다
Ms. Lam and Mr. Bennett are in **agreement** about the need to replace the old computers.
Ms. Lam과 Mr. Bennett은 오래된 컴퓨터 교체가 필요하다는 것에 agreement한다.

 관련 어휘

agree 동 동의하다 ┈▶ agree on/to + 사물, agree with + 사람: ~에 동의하다
  The legislators were able to **agree** on a plan to implement the proposed policy.
  국회의원들은 제안된 정책의 시행 계획에 **agree**할 수 있었다.
  반 **disagree** 동 의견이 다르다, 동의하지 않다

 핵심 기출 표현

reach[come to] an agreement 합의에 이르다

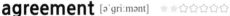

DAY 01
DAY 02
03
DAY 04
DAY 05
DAY 06
DAY 07
DAY 08
DAY 09
DAY 10

interview [ˈɪntəˌvjuː] ★★☆☆☆☆☆ ①-②-③-④-⑤-⑥-⑦

1 📖 **면접, 인터뷰**
Director Sylvia King will attend **interviews** with applicants for top positions.
Sylvia King 이사는 최고 자리들에 지원한 지원자들의 interview에 참석할 것이다.

2 🔵 **면접을 보다, 인터뷰하다**
During the job fair, companies will **interview** many potential employees.
직업 박람회 동안, 회사들은 많은 잠재 직원들을 interview할 것이다.

▶ **관련 어휘**
interviewer 📖 면접관　　　　　　　　　interviewee 📖 면접자

handle [ˈhændəl] ★☆☆☆☆☆☆ ①-②-③-④-⑤-⑥-⑦

1 🔵 **다루다, 처리하다**
Ms. Falkor will **handle** the matter regarding the missing package.
Ms. Falkor가 분실된 소포와 관련된 문제를 handle할 것입니다.

2 🔵 **(상품을) 취급하다**
Technicians are required to **handle** the sensors with great care since they are so fragile.
기술자들은 센서가 손상되기 쉽기 때문에 매우 주의 깊게 handle해야 한다.

3 📖 **조작, 처리**
He has a good **handle** of the new accounting system.
그는 새로운 회계 시스템을 잘 handle한다.

4 📖 **손잡이**
A man is reaching for a **handle.** 파트1
한 남자가 handle을 잡으려고 손을 뻗고 있다.

▶ **관련 어휘**
handling 📖 취급, 처리

ensure [ɪnˈʃʊr] ★★☆☆☆☆☆ ①-②-③-④-⑤-⑥-⑦

 ······▶ ensure (that)절: that 이하를 확실히 하다
🔵 **보장하다, 반드시 ~하게 하다, 확실히 하다**
Tahea Resort **ensures** that its guests receive excellent service during their stay.
Tahea 리조트는 손님들이 머무는 동안 훌륭한 서비스를 받도록 ensure한다.

RANK 0115 — **area** [ˈeriə] ☆☆☆☆☆☆☆

1 명 **지역; (특정) 구역**

We offer the **area**'s largest selection of furniture in all styles and sizes.

우리는 모든 스타일과 크기의 가구를 이 **area**에서 가장 많이 제공한다.

2 명 **(특정) 분야, 부문**   ;--▸ area of expertise: 전문 분야

Internet security is Mr. Montey's **area** of expertise.

인터넷 보안은 Mr. Montey의 전문 **area**이다.

▶ **파트 7 대체어 기출 표현: area 분야 → subject 주제**

a workshop on an **area[subject]** of interest 관심 **area[subject]**에 대한 워크숍

RANK 0116 — **schedule** [ˈskedʒuːl] ★☆☆☆☆☆☆

1 동 **일정을 세우다**

Should I **schedule** the interview for the morning or the afternoon? 파트 2

면접을 오전으로 **schedule**할까요, 아니면 오후로 할까요?

2 명 **일정, 스케줄**   ;--▸ ahead of schedule: 일정보다 빨리

The project is ahead of **schedule**, and it may also finish under budget.

그 프로젝트는 **schedule**에 앞서 있고, 예산 이하로도 끝낼 수 있을 것 같다.

▶ **관련 어휘**

scheduled 형 예정된
reschedule 동 일정을 변경하다
　　Mr. Reed's speech has been **rescheduled** for 4:30.
　　Mr. Reed의 연설은 4시 30분으로 **reschedule**되었다.

▶ **핵심 기출 표현**

be scheduled for ~로 예정되어 있다   **be scheduled to do** ~할 예정이다
as scheduled 예정대로, 계획대로   **on schedule** 일정에 맞춰, 예정대로
behind schedule 일정보다 늦게   **production schedule** 생산 일정
reschedule the appointment 약속 날짜를 변경하다

▶ **파트 7 대체어 기출 표현**

① **scheduled** 일정이 잡힌, 예정된 → **set** 정해진

　　The opening is now **scheduled[set]** for Tuesday, 5 November.
　　개점이 이제 11월 5일, 화요일로 **scheduled[set]**되었다.

② **schedule** 일정을 잡다 → **set up** (일정을) 마련하다

　　schedule[set up] a specific day and time 특정일과 시간을 **schedule[set up]**하다

👑700+ RANK 0117 — exhibition [ˌeksəˈbɪʃən] ☆☆☆☆☆☆ ①-②-③-④-⑤-⑥-⑦

명 전시; 전시회

Art Co. helps customers buy tickets for art **exhibitions** at reasonable prices.
Art사는 고객들이 예술 exhibition들에 대한 티켓을 적절한 가격에 살 수 있도록 돕는다.

▶ **관련 어휘**
exhibit 통 전시하다 명 전시품
　Sculptures are **exhibited** inside. 파트1
　조각품들이 내부에 exhibit되어 있다.

▶ **핵심 기출 표현**
exhibition hall 전시회장

👑600+ RANK 0118 — profit [ˈprɑːfɪt] ☆☆☆☆☆☆ ①-②-③-④-⑤-⑥-⑦

1 명 수익, 이윤
⟶ record profit: 기록적인 수익
Berrik Manufacturing generated **record profits** this year after winning a large contract.
Berrik 제조사는 큰 계약을 따낸 후 올해 기록적인 profit들을 발생시켰다.

2 통 이익을 내다
⟶ profit from: ~에서 이익을 내다
The grocery chain is **profiting** greatly from newly launched canned foods.
그 식품점 체인은 새로 출시된 통조림 식품에서 대단히 수익을 얻고 있다.

▶ **관련 어휘**
profitable 형 수익성이 있는
　These stores were located too far away from downtown to ever become **profitable**.
　이 가게들은 profitable한 상태가 되기에는 시내에서 너무 멀리 떨어져 있었다.
profitability 명 수익성

▶ **핵심 기출 표현**
net profit 순이익
non-profit 비영리적인
profit margin 순이익, 이윤 폭
remain profitable 여전히 수익성이 있다

👑600+ RANK 0119 — currently [ˈkɝːəntli] ★☆☆☆☆☆ ①-②-③-④-⑤-⑥-⑦

부 현재, 지금

The color you are looking for is **currently** out of stock.
당신이 찾고 있는 색상은 currently 재고가 없습니다.

▶ **관련 어휘**
current 형 현재의, 지금의
　Professor Blake is going to talk about **current** trends in digital marketing.
　Blake 교수는 디지털 마케팅의 current 동향에 관해 이야기할 것이다.

▶ 파트 7 대체어 기출 표현: current 현재의 → contemporary 현대의, 동시대의
public opinion polls on **current[contemporary] issues** current[contemporary] 사안들에 대한 여론 조사

👑600+
RANK
0120 **visit** [ˈvɪzɪt] ⭐☆☆☆☆☆☆ ①-②-③-④-⑤-⑥-⑦

1 🔵 방문하다
You can **visit** our Web site for more details on the seasonal sale.
계절 세일에 대한 더 자세한 사항들은 저희 웹 사이트를 visit하셔서 보실 수 있습니다.

2 🔵 방문
We need to start making arrangements for Mr. Klein's **visit** next week.
우리는 다음 주 Mr. Klein의 visit에 대비해 준비를 시작해야 한다.

▶ 관련 어휘
visitor 몡 방문객　　　　　　　　　　**visitation** 몡 1. 방문 2. 시찰, 감찰

▶ 혼동 어휘 노트: visit vs. visitation
둘 다 명사로 '방문'의 의미가 있으나, visit가 일반적인 '방문'을 의미할 때 두루 쓰이는 데 비해, visitation은 '공식적인 방문' 또는 '시찰이나 감찰을 위한 방문'을 의미한다.

👑600+
RANK
0121 **session** [ˈseʃən] ⭐☆☆☆☆☆☆ ①-②-③-④-⑤-⑥-⑦

🔵 (특정 활동을 위한) 시간, 세션　　　┈▶ training session: 연수, 교육 시간
Those who wish to attend the sales training **session** tomorrow should inform Mr. Carrick.
영업 교육 session에 참석하길 희망하는 사람들은 Mr. Carrick에게 알려야 한다.

▶ 핵심 기출 표현
information session 설명회　　　　　**orientation session** 오리엔테이션(예비 교육) 시간

👑700+
RANK
0122 **transaction** [trænˈzækʃən] ⭐☆☆☆☆☆☆ ①-②-③-④-⑤-⑥-⑦

1 🔵 거래, 매매
The **transaction** cannot be completed because the credit card has expired.
신용카드의 유효기간이 만료되어 transaction이 완료될 수 없습니다.

2 🔵 (업무) 활동
BVA Bank can address all your business needs from daily **transactions** to commercial loans.
BVA 은행은 일일 transaction부터 상업 대출에 이르기까지 당신의 모든 사업과 관련된 요구사항들을 처리할 수 있습니다.

> ▶ 관련 어휘 transact 통 거래하다

> ▶ 핵심 기출 표현
> transaction record 거래 내역   transaction type 거래 유형

👑600+
RANK
0123 — **purchase** [ˈpɝːtʃəs] ★★☆☆☆☆☆   ①-②-③-④-⑤-⑥-⑦

1 통 구매하다
Some customers are **purchasing** tickets. 파트1
몇몇 고객들이 티켓을 purchase하고 있다.

2 명 구매(품)
Most online stores provide free delivery for **purchases** over $30.
대부분의 온라인 상점들은 30달러 이상의 purchase들을 대상으로 무료 배송을 제공한다.

> ▶ 관련 어휘
> purchasing 명 구매 (행위)

> ▶ 핵심 기출 표현
> make a purchase 구매하다   exchange a purchase 구매품을 교환하다
> within five days of purchase 구매 후 5일 이내에

👑600+
RANK
0124 — **cancel** [ˈkænsəl] ★☆☆☆☆☆☆   ①-②-③-④-⑤-⑥-⑦

통 취소하다, 무효로 하다
Due to the storm, all ferry crossings have been **canceled** until further notice.
폭풍 때문에, 모든 페리호 횡단이 추후 공지가 있을 때까지 cancel되었다.

> ▶ 관련 어휘
> cancellation 명 취소, 무효
> Ticket **cancellations** must be made more than 48 hours prior to departure.
> 티켓 cancellation들은 출발하기 최소 48시간 이전에 이루어져야 한다.

👑600+
RANK
0125 — **arrange** [əˈreɪndʒ] ★☆☆☆☆☆☆   ①-②-③-④-⑤-⑥-⑦

1 통 마련하다, (일을) 처리하다

⤷ arrange transportation: 교통편을 마련하다
The workshop coordinators will **arrange** transportation for participants upon request.
요청 시 워크숍 준비자들은 참가자들에게 교통편을 arrange해줄 것이다.

2 통 정리하다, 배열하다
Dishes are **arranged** on a table. 파트1
접시들이 테이블 위에 arrange되어 있다.

▶ **관련 어휘**
arrangement 펭 준비, 마련; 배열, 배치

▶ **핵심 기출 표현**
floral arrangement 꽃꽂이
make arrangement to do[for] ~할[~에 대한] 준비를 하다
arrange a meeting 회의 일정을 잡다　　　　arrange an interview 면접 일정을 잡다

▶ **파트 7 대체어 기출 표현: arrange 준비하다, 마련하다 → plan 계획하다**
arrange[plan] a special meal 특별한 식사를 arrange[plan]하다

service ['sɜːvɪs] ☆☆☆☆☆☆☆　　①·②·③·④·⑤·⑥·⑦

1 펭 서비스
Matsop & Lebos Law Firm offers a free consultation **service** over the phone.
Matsop & Lebos 법무법인은 전화로 무료 상담 service를 제공한다.

2 펭 (오랜 기간의) 근무
After 20 years of **service**, Dr. Parker will retire on November 15.
20년간 service한 후에, Dr. Parker는 11월 15일에 은퇴할 것이다.

3 됭 (차량, 기계를) 점검하다, 정비하다
Technicians are unable to **service** the ET400 photocopier since its parts are no longer being manufactured.
부품들이 더 이상 생산되지 않기 때문에 기술자들이 ET400 복사기를 service할 수 없다.

▶ **관련 어휘**
servicing 펭 (차량, 기계의) 정비

▶ **핵심 기출 표현**
length of service 근무 기간　　　　concierge service 안내원 서비스; 심부름 대행업
be of service to ~에게 유용하다[도움이 되다]

payment ['peɪmənt] ☆☆☆☆☆☆☆　　①·②·③·④·⑤·⑥·⑦

펭 결제, 지불(금)
It usually takes approximately 10 minutes for your credit card **payment** to be approved.
신용 카드 payment가 승인되기까지 보통 약 10분이 걸린다.

▶ **관련 어휘**
pay 됭 지불하다 펭 급료, 보수　　　　payable 펭 지불해야 하는
paycheck 펭 급료 (지불 수표)　　　　payroll 펭 급여 지급, 급여 대상자 명단
pay stub 펭 급여 명세서 (= pay slip)

▶ 핵심 기출 표현

payment for ~에 대한 지불	**make a payment** 돈을 지불하다
payment plan 요금제	**payment option** 결제 방식
form of payment 지불 방식	**late payment** 체납
down payment 계약금, 착수금	**account payable** 지급 계정, 외상 매입금
pay for 대금을 지불하다	**pay raise** 임금 인상

 600+
RANK
0128

book [bʊk] ★☆☆☆☆☆☆   ①-②-③-④-⑤-⑥-⑦

图 예약하다

Please inform your event organizer of any special requests before **booking** a catering service.

출장 요리 서비스를 book하기 전에 당신의 행사담당자에게 특별한 요청 사항들을 알려주세요.

▶ 관련 어휘

booking 명 예약

Please provide your hotel **booking** confirmation number to receive a discount.

할인을 받으시려면 호텔 booking 확인 번호를 제공해주세요.

overbooking 명 초과 예약

 700+
RANK
0129

remodel [ˌriːˈmɑːdəl] ★☆☆☆☆☆☆   ①-②-③-④-⑤-⑥-⑦

图 개보수하다, 리모델링하다

The board of directors rejected the plan to **remodel** the employee lounge.

이사회는 직원 휴게실을 remodel하기 위한 계획을 기각했다.

▶ 관련 어휘

remodeling 명 주택 개보수, 리모델링

 700+
RANK
0130

whole [hoʊl] ☆☆☆☆☆☆☆   ①-②-③-④-⑤-⑥-⑦

1 형 전체의, 모든

⌐··▶ the/소유격 + whole: 전체의

The storm disrupted the power supply to the **whole** building.

폭풍으로 whole 건물의 전력 공급이 중단되었다.

2 명 ~의 전체[전부]

We plan to rent the **whole** of the third floor during the duration of the project.

저희는 프로젝트 기간 동안 3층 whole을 빌릴 계획입니다.

👑600+ RANK 0131 **process** [ˈprɑːses] ★★☆☆☆☆☆ ①-②-③-④-⑤-⑥-⑦

1 명 과정, 절차
Using the DRM Tracking System, customers can quickly locate their order at any stage of the delivery **process**.
고객들은 DRM 추적 시스템을 이용하여, 배송 process의 어느 단계에서든 주문품의 위치를 빠르게 알아낼 수 있다.

2 동 처리하다; 가공하다
How long will it take to **process** my order? 파트2
제 주문을 process하는 데 얼마나 걸리나요?

▶ 관련 어휘 processing 명 처리; 가공

▶ 핵심 기출 표현
assembly process 조립 공정
food processing 식품 가공

in the process of ~하는 과정에서

👑700+ RANK 0132 **inform** [ɪnˈfɔːrm] ★★☆☆☆☆☆ ①-②-③-④-⑤-⑥-⑦

동 (~에게) 알리다, 통지하다  inform 사람 of 명사/that절: ~에게 ...을 알리다
Thank you for **informing** us of the delivery problem you experienced.
고객님이 겪으신 배송 문제에 관해 inform해 주셔서 감사합니다.

▶ 관련 어휘
information 명 정보, 안내
informative 형 유용한 정보를 주는, 유익한
   The technical support team found the software training very **informative**.
   기술 지원팀은 소프트웨어 교육이 매우 informative하다고 여겼다.
informed 형 잘[많이] 아는

informational 형 정보의, 정보를 제공하는

▶ 핵심 기출 표현
information packet 안내집(자료 묶음)
additional information 추가 정보
informed decision 잘 알고 내린 결정

information booth 안내소
further information 자세한 정보

👑700+ RANK 0133 **indicate** [ˈɪndəkeɪt] ☆☆☆☆☆☆☆ ①-②-③-④-⑤-⑥-⑦

1 동 나타내다  indicate (that)절: that 이하를 나타내다
The survey **indicates** that the younger population prefers smaller apartments.
최근의 설문은 젊은이들이 작은 아파트를 선호한다는 것을 indicate한다.

2 동 가리키다, 표시하다
Shipping charges are clearly **indicated** on Handers Courier Services' invoices.
배송 수수료는 Handers 택배사 청구서에 명확히 indicate되어 있습니다.

> 관련 어휘
indication 명 암시, 조짐   indicative 형 ~을 나타내는
indicator 명 1. 지표, 지수 2. 계기, 장치   ;--▶ indicator of: ~의 지표
    Customer satisfaction is an important **indicator** of product quality.
    고객 만족도는 제품 품질의 중요한 **indicator**이다.

> 핵심 기출 표현
be indicative of ~을 나타내다

> 파트 7 대체어 기출 표현: indicate 나타내다 → reflect 반영하다
indicate[reflect] the hours worked 일한 시간을 indicate[reflect]하다

advance [əd'væns] ★★☆☆☆☆☆   ①-②-③-④-⑤-⑥-⑦

1 명 진전, 발전   ;--▶ advance in: ~의 발전
We have witnessed rapid **advances** in technology in the last two decades.
우리는 지난 20년간 기술의 급속한 advance를 목격해왔다.

2 통 진보하다; 증진하다
Our courses are designed to help workers **advance** their careers.
저희 과정은 직원들이 경력을 advance하는 것을 돕기 위해 고안되었습니다.

3 형 사전의   ;--▶ advance ticket: 예매권
The theater announced that **advance** tickets will go on sale this weekend.
극장은 advance 티켓이 이번 주말에 판매될 것이라고 발표했다.

> 관련 어휘
advanced 형 선진의; 고급의   ;--▶ advanced degree: (석사/박사의) 고급 학위
    Daya Chakravarti has an **advanced** degree in architecture from Norton University.
    Daya Chakravarti는 Norton 대학교에서 건축학 **advanced** 학위를 받았다.
advancement 명 승진, 출세

> 핵심 기출 표현
in advance 미리, 사전에   **in advance of** ~보다 앞서
advance reservation 사전 예약   **advance notice** 사전 통지, 예고
be advanced to ~로 승진하다   **advanced technology** 첨단 기술

main [meɪn] ☆☆☆☆☆☆☆   ①-②-③-④-⑤-⑥-⑦

형 주된, 주요한
The **main** topic of the lecture will be online advertising.
그 강의의 main 주제는 온라인 광고일 것이다.

> 관련 어휘
mainly 부 주로, 대개

👑600+ RANK 0136 form [fɔːrm] ☆☆☆☆☆☆☆   ①-②-③-④-⑤-⑥-⑦

1 🅝 서식

Those attending the seminar in Boston will be required to provide two **forms** of identification.

Boston 세미나에 참석하는 사람들은 두 가지 신분증 form을 제출해야 한다.

2 🅝 방식, 형태

Our personal trainers teach students the proper **forms** of weightlifting.

저희 개인 트레이너들이 수강생에게 제대로 된 웨이트 리프팅의 form들을 가르쳐드립니다.

3 🅥 구성하다, 형성시키다

Since small retailers can benefit from cooperating, they **form** local business associations.

영세 소매업체들은 협력함으로써 이득을 볼 수 있기 때문에, 그들은 지역 업체 협회를 form한다.

👑600+ RANK 0137 part [pɑːrt] ☆☆☆☆☆☆☆   ①-②-③-④-⑤-⑥-⑦

1 🅝 일부; 부분   ┈▸ as part of: ~의 일환으로

Free samples will be offered **as part** of the promotional event.

무료 샘플이 홍보 행사의 part로 제공될 것이다.

2 🅝 (-s) 부품   ┈▸ replacement parts: 교체 부품

Where should we ship these replacement **parts**?

이 교체 parts들을 어디로 출하하면 되나요?

▶ **관련 어휘**
　partly 🅟 부분적으로, 어느 정도　　　　　　　**partial** 🅐 부분적인; 불완전한
　partially 🅟 부분적으로; 불완전하게
　　Freelancers will be paid **partially** if the project is canceled.
　　프로젝트가 취소되면 프리랜서들은 돈을 **partially**하게 지불받을 것이다.

▶ **핵심 기출 표현**
　in part 부분적으로는, 어느 정도는　　　　　　**part of** ~의 부분/일부

👑700+ RANK 0138 confident [ˈkɑːnfədənt] ★★☆☆☆☆☆   ①-②-③-④-⑤-⑥-⑦

🅐 자신감 있는; 확신하는   ┈▸ be confident that절: that 이하를 확신하다

The project manager is **confident** that his team will meet the deadline.

프로젝트 매니저는 자신의 팀이 기한을 맞출 것이라고 confident하다.

▶ **관련 어휘** **confidence** 🅝 자신감, 신뢰

▶ **핵심 기출 표현**
　confident about ~에 대해 확신하는　　　　　**confidence in** ~에 대한 확신[자신감]

👑700+
RANK
0139

personnel [ˌpɝːsənˈel] ★☆☆☆☆☆☆   ①-②-③-④-⑤-⑥-⑦

1 📖 인사과
;--▶ Personnel Department: 인사부
Until the renovations are finished, the **Personnel** Department cannot use their office.
수리작업이 끝날 때까지, personnel 부서는 그들의 사무실을 사용할 수 없다.

2 📖 직원들
Mount Industries is training its **personnel** for the upcoming product launch.
Mount 산업은 다가오는 신제품 출시를 위해 personnel을 교육하고 있다.

▶ **핵심 기출 표현**
medical personnel 의료진

👑600+
RANK
0140

mail [meɪl] ★☆☆☆☆☆☆   ①-②-③-④-⑤-⑥-⑦

1 📖 우편물; 우편 제도[서비스]
;--▶ surface mail: (항공 우편이 아닌) 보통 우편
Would you like to ship your package via surface **mail** or air **mail**?
소포를 보통 mail로 배송해 드릴까요, 아니면 항공 mail로 배송해 드릴까요?

2 📖 우편으로 보내다
Your newly issued credit card will be **mailed** to your work address.
귀하의 새로 발급된 신용카드는 직장 주소로 mail될 것입니다.

▶ **관련 어휘**
mailing 📖 (우편물) 발송

▶ **핵심 기출 표현**
express mail 특급 우편   air mail 항공 우편
junk mail 정크 메일 (광고물 등)

▶ **혼동 어휘 노트: mail vs. mailing**
mail은 명사일 때, '우편물' 또는 '우편 제도/서비스'를 뜻하지만, mailing은 우편물을 보내는 행위 즉, '발송'을 뜻한다는 점에서 의미상 차이가 있다.

👑600+
RANK
0141

signature [ˈsɪɡnətʃɚ] ★☆☆☆☆☆☆   ①-②-③-④-⑤-⑥-⑦

1 📖 서명
The bank requires a customer's **signature** for each of the loan documents.
그 은행은 대출서류 각각에 고객의 signature를 요구한다.

2 형 대표적인

Aileen Cho's **signature** cosmetics line will go on sale next month.
Aileen Cho의 signature 화장품 라인은 다음 달 세일에 들어간다.

▶ **관련 어휘**
sign 동 1. 서명하다 2. 계약하다

▶ **핵심 기출 표현**
signature dish 대표 요리　　　　　　　　sign an agreement 계약하다

secure [səˈkjʊr]　★☆☆☆☆☆☆

1 형 안전한; 안정감 있는

Vanium Bank is equipped with a reliable and **secure** computer network.
Vanium 은행은 믿을 만하고 secure한 컴퓨터 네트워크를 갖추고 있다.

2 동 획득하다, 확보하다 ┄▶ secure a contract: 계약을 따내다

Ms. Lin was able to successfully **secure** the contract with ML Motors.
Ms. Lin은 ML Motors와의 계약을 성공적으로 secure할 수 있었다.

3 동 (단단히) 고정하다, 잡아매다

A man is **securing** a box with tape. 파트1
남자가 박스를 테이프로 secure하고 있다.

▶ **관련 어휘**
securely 부 안전하게, 단단히
　　Please make sure the items in the overhead compartment are **securely** stored.
　　머리 위 짐칸의 물품들을 꼭 securely하게 보관해 주세요.
security 명 보안, 경비
　　The new **security** system will be installed over the weekend.
　　새 security 시스템은 주말 동안 설치될 것이다.

▶ **핵심 기출 표현**
security code 보안 코드　　　　　　　　securely fastened 단단히 묶인

later [ˈleɪtər]　★★☆☆☆☆☆

1 부 나중에, 후에 ┄▶ later + 특정 시점: 특정 시점 말에[끝 무렵에]

The department heads will meet **later** this week to discuss the new branch.
부서장들은 이번 주 later에 만나 새로운 지점을 의논할 것이다.

2 형 뒤의, 나중의 ┄▶ to a later date: 후일로

Please inform Ms. Chang that my trip to Taiwan has been postponed to a **later** date.
저의 대만 여행이 later 날짜로 연기되었다는 것을 Ms. Chang에게 알려주세요.

▷ **관련 어휘**

late 웹 늦은 뷔 늦게
Penny works the **late** night shift at the airport.
Penny는 공항에서 **late**한 야간 근무를 한다.
The chef decided to keep the restaurant open **late** for the holidays.
요리사는 휴일에 식당을 **late**하게 까지 열기로 결정했다.

lately 뷔 최근에, 얼마 전에
There have been rumors circulating **lately** about an organizational shift in the company.
사내 조직 변동에 관하여 **lately** 소문이 돌고 있었다.

latest 웹 최신의, 최근의
The photography exhibit displayed the **latest** works from the renowned artist Carol Gardner.
사진전은 유명 작가 Carol Gardner의 **latest**한 작품을 전시하였다.

▷ **핵심 기출 표현**

later today 오늘 늦게[오후 무렵에]   no later than 늦어도 ~까지는
late fee 연체료

👑600+
RANK
0144

mention [ˈmenʃən] ☆☆☆☆☆☆☆

툉 (간단히) 말하다, 언급하다
To get the special discount, make sure to **mention** this advertisement when ordering.
특별 할인을 받으시려면, 주문 시 이 광고를 꼭 mention하시길 바랍니다.

▷ **핵심 기출 표현**

mention (that)절 that 이하를 말하다   mention A to B A를 B에게 말하다
mentioned above[below] 위에(아래에) 언급된

👑600+
RANK
0145

cover [ˈkʌvər] ★☆☆☆☆☆☆

1 툉 덮다, 씌우다   ⋯▶ be covered with: ~으로 덮여 있다
A car's roof is **covered** with leaves. 파트 1
차량 지붕이 나뭇잎으로 cover되어 있다.

2 툉 (충분한 돈을) 대다; (보험으로) 보장하다
The company's medical insurance policy **covers** the cost of yearly physical exams.
회사 의료보험정책은 연례 건강검진 비용을 cover한다.

3 툉 (자리를 비운 사람의 일을) 대신하다
Can someone **cover** my shift tomorrow? 파트 2
누가 내일 제 근무시간을 cover해 줄 수 있나요?

4 툉 취재하다, 보도하다, 방송하다
News at 10 will **cover** the new free trade agreement between the two countries.
〈10시 뉴스〉는 두 국가 사이의 자유 무역 협정을 cover 할 것이다.

DAY 01
DAY 02
DAY 03
DAY 04
DAY 05
DAY 06
DAY 07
DAY 08
DAY 09
DAY 10

▷ **관련 어휘**
covering 뗑 덮개, ~을 덮는 막

▷ **파트 7 대체어 기출 표현: cover (돈을) 대다 → pay 지불하다**
fully **covered[paid]** flights and accommodations 모두 covered[paid]된 항공편과 숙박 시설

700+
RANK
0146

donation [doʊˈneɪʃən] ☆☆☆☆☆☆☆

뗑 **기부(금), 기증**

Our environmental organization collects **donations** to protect rainforests.
우리 환경 단체는 열대우림을 보호하기 위한 donation들을 모으고 있다.

▷ **관련 어휘**
donate 图 기부하다   **donor** 뗑 기부자, 기증자

▷ **핵심 기출 표현**
monetary donation 금전적 기부

600+
RANK
0147

individual [ˌɪndəˈvɪdʒuəl] ☆☆☆☆☆☆☆

1 뗑 **개개의; 1인용의**

All staff will be issued with an **individual** keycard to access the building.
모든 직원들은 그 건물에 들어가기 위해 individual한 키 카드를 발급받을 것이다.

2 뗑 **개인**

We would like to recognize exceptional **individuals** who have made contributions to
local business development.
우리는 지역 사업 개발에 공헌한 뛰어난 individual들을 표창하고자 합니다.

▷ **관련 어휘**
individually 凰 개별적으로   **individualize** 图 개개의 요구에 맞추다

700+
RANK
0148

promote [prəˈmoʊt] ★☆☆☆☆☆☆

1 图 **홍보하다; 촉진하다**

X-Way Outdoor will **promote** its newest line of hiking gear at tomorrow's convention.
X-way 아웃도어는 내일 있을 컨벤션에서 최신 등산용 장비 라인을 promote할 것이다.

2 图 **승진시키다**   ┈▶ be promoted to: ~로 승진하다

Mr. Wicks will be **promoted** to Vice President of Marketing next month.
Mr. Wicks는 다음 달 마케팅 부사장으로 promote될 것이다.

promotion 뗑 1. 홍보 (활동) 2. 승진   promotional 뒝 홍보의

Customers are invited to take advantage of the sales **promotions** during our anniversary month.
고객꼐께서는 저희 기념을 위한 한 달간 판매 promotion의 혜택을 이용하시기 바랍니다.
You need a minimum of five years' experience to be eligible for **promotion** to Sales Manager.
영업 매니저로 promotion할 자격을 갖기 위해 최소 5년의 경력이 필요합니다.

▷ 핵심 기출 표현
promotional code 할인 코드, 쿠폰 번호

▷ 파트 7 대체어 기출 표현: promote 홍보하다, 촉진하다 → support 지지하다, 후원하다
those who have **promoted[supported]** the project 그 프로젝트를 promote[support]했던 사람들

👑700+
RANK
0149 | **strict** [strɪkt] ★☆☆☆☆☆   ①-②-③-④-⑤-⑥-⑦

뒝 엄격한
The revised company dress code is very **strict**. 개정된 회사 복장 규정은 매우 strict하다.

▷ 관련 어휘
strictly 뷘 엄격하게
▷ 핵심 기출 표현
strictly prohibited 엄격히 금지된   **strict with** ~에 엄격한

👑600+
RANK
0150 | **mind** [maɪnd] ★☆☆☆☆☆   ①-②-③-④-⑤-⑥-⑦

1 뗑 마음, 정신
The new line of office furniture was designed with comfort in **mind**.
새로운 종류의 사무실 가구는 편의를 mind에 두고 디자인되었다.

2 뎡 언짢아하다, 꺼리다 ···▶ would you mind ~ing: ~해도 될까요?
Would you **mind** turning off the air conditioner? 파트2
에어컨을 끄는 것에 mind하시나요?

▷ 관련 어휘 **mindful** 뒝 ~을 염두에 두는, ~에 유념하는
▷ 핵심 기출 표현
keep / bear ~ in mind ~을 명심하다   **have ~ in mind** ~을 염두에 두다
be mindful of 명사/that절 ~을 염두에 두다

Speed Check-up

정답 p.579

다음의 한글 의미를 단서로 삼아 보기에서 알맞은 단어를 골라 넣으세요.

ⓐ process　　ⓑ arrange　　ⓒ confident　　ⓓ covers　　ⓔ advances

01 The project manager is _____ that his team will meet the deadline.
　　　확신하는

02 The workshop coordinators will _____ transportation for participants upon request.
　　　마련하다

03 How long will it take to _____ my order?
　　　처리하다

04 The company's medical insurance policy _____ the cost of yearly physical exams.
　　　돈을 대다

05 We have witnessed rapid _____ in technology in the last two decades.
　　　발전

다음의 한글 해석과 의미가 같아지도록 보기에서 알맞은 단어를 골라 넣으세요.

ⓐ apply　　ⓑ indicates　　ⓒ purchases　　ⓓ promote　　ⓔ meet

06 The survey _____ that the younger population prefers smaller apartment.
설문은 젊은이들이 작은 아파트를 선호한다는 것을 보여준다.

07 The discounts advertised in today's *Daleton Daily* do not _____ to electronics.
오늘 자 〈Daleton Daily〉지에 광고된 할인은 전자기기에는 적용되지 않는다.

08 Please make sure to _____ the application deadline.
반드시 지원 마감일을 지켜주시기 바랍니다.

09 X-Way Outdoor will _____ its newest line of hiking gear at tomorrow's convention. X-way 아웃도어는 내일 있을 컨벤션에서 최신 등산용 장비 라인을 홍보할 것이다.

10 Most online stores provide free delivery for _____ over $30.
대부분의 온라인 상점들은 30달러 이상의 구매를 대상으로 무료 배송을 제공한다.

문맥에 어울리는 단어를 보기에서 골라 넣으세요.

ⓐ ensures　　ⓑ demand　　ⓒ area　　ⓓ secure　　ⓔ handle

11 Ms. Falkor will _____ the matter regarding the missing package.

12 Tahea Resort _____ that its guests receive excellent service during their stay.

13 Internet security is Mr. Montey's _____ of expertise.

14 It is anticipated that the _____ for customized furniture will increase this year.

15 Vanium Bank is equipped with a reliable and _____ computer network.

DAY 04

600+
우선 순위 영단어
0151~0200

1타강사 음성강의

귀로 듣는 단어장

뜻 밖의 성공

의학 conference가 곧 열리네 deadline이 멀지 않았어
음…
신약 발표는 postpone해야……
potential 문제라도 있나?
애석하게도 부작용이 좀… intend하지 않은 결과를 obtain했습니다
신약 복용 후, promptly 피실험자들의 모발이 증가했습니다!
anticipate하지 못한 결과로군 실패인가…
크음
탈모 치료제 전격 출시
어쨌든
aim 달성!

600+
RANK 0151

conference [ˈkɒnfərəns] ☆☆☆☆☆☆☆

圓 (며칠간 진행되는 대규모) 회의, 학회

The keynote speaker for this year's management **conference** is President Terry Han.
올해 경영 conference의 기조연설자는 Terry Han 회장이다.

600+
RANK 0152

postpone [pəʊstˈpəʊn] ★☆☆☆☆☆☆

圄 연기하다, 미루다

Due to poor weather conditions, the fundraising event has been **postponed**.
좋지 않은 날씨로 인해 기금모금 행사가 postpone되었다.

▶ **관련 어휘**
postponement 圓 연기

600+
RANK 0153

support [səˈpɔːt] ★★★★☆☆☆

1 圄 지지하다, 지원하다

I think it's important to **support** community projects.
나는 지역사회 프로젝트를 support하는 일이 중요하다고 생각한다.

2 圓 지지, 지원   ;--▶ provide support: 지지하다, 지원하다

The service center provides **support** for any technical issues customers may experience.
서비스센터는 고객들이 겪을 수 있는 모든 기술적 문제들을 support한다.

▶ **관련 어휘**
supporter 圓 지지자, 후원자

▶ **핵심 기출 표현**
technical support 기술 지원(팀)   for one's continued support ~의 지속적인 성원에 대해

▶ **파트 7 대체어 기출 표현: support 지지하다, 지원하다 → back up 지지하다, 도와주다**
a consumer report that supports[backs up] the director's decision
그 이사의 결정을 support[back up]하는 소비자 보고서

700+
RANK 0154

unlimited [ʌnˈlɪmɪtɪd] ☆☆☆☆☆☆☆

圓 무제한의

Prices quoted in your car rental agreement include **unlimited** miles for two weeks.
귀하의 차량 대여 계약서에 적힌 견적 가격은 2주간 unlimited한 거리를 포함합니다.

81

▶ 핵심 기출 표현
unlimited access 무제한 이용

👑600+
RANK
0155

join [dʒɔɪn] ★★☆☆☆☆☆
①-②-③-④-⑤-⑥-⑦

图 함께하다; 입사하다; 가입하다
;--▶ join a company: 회사에 입사하다
Mr. Polk quit Vimacio Advertising to **join** Hopaz Marketing Company.
Mr. Polk는 Hopaz 마케팅 회사에 join하기 위해 Vimacio 광고사를 그만두었다.

▶ 관련 어휘
joint 園 공동의, 합동의
jointly 閉 공동으로
The Brush Smart campaign was led **jointly** by the Local Dentists Association and city officials.
Brush Smart 캠페인은 지역 치과 협회와 시 관계자들에 의해 **jointly**로 이끌어졌다.

▶ 핵심 기출 표현
join a club 동호회에 가입하다　　　　　　　　join venture 합작 투자 사업

👑700+
RANK
0156

proposal [prə'pəʊzəl] ★☆☆☆☆☆☆
①-②-③-④-⑤-⑥-⑦

图 제안, 제안서
;--▶ review a proposal: 제안서를 검토하다
A government committee is reviewing the **proposal** for cleaner drinking water.
정부 위원회는 더 깨끗한 식수를 위한 proposal을 검토하고 있다.

▶ 관련 어휘
proposed 園 제안된, ~안　　　　　　　　propose 图 제안하다

▶ 핵심 기출 표현
submit a proposal 제안서를 제출하다　　　　　proposed merger 합병안
propose doing ~할 것을 제안하다

▶ 파트 7 대체어 기출 표현: propose 제안하다 → put forth 제시하다, 제안하다
propose[put forth] a final list for the council to discuss
위원회가 논의할 수 있도록 최종 명단을 propose[put forth]하다

👑600+
RANK
0157

factor ['fæktər] ★★★☆☆☆☆
①-②-③-④-⑤-⑥-⑦

1 图 요인, (조건이 되는) 요소
Many **factors** should be taken into consideration when recruiting new employees.
새로운 직원을 고용할 때, 많은 factor를 고려해야 한다.

---

2 통 고려하다, 감안하다　　　　　;··▶ factor A into B: B에 A를 고려하다
Please **factor** time differences into your travel plans for Europe.
당신의 유럽 여행 계획에 시차를 factor해주세요.

▶ **핵심 기출 표현**
　key factor 주요인

DAY 01
DAY 02
DAY 03
DAY 04
DAY 05
DAY 06
DAY 07
DAY 08
DAY 09
DAY 10

👑700+
**RANK
0158** ╱ **direct** [daɪˈrekt]　☆☆☆☆☆☆☆　　　①·②·③·④·⑤·⑥·⑦

1 통 지시하다, 감독하다　　　　;··▶ direct A to do: A에게 ~하도록 지시하다 (→ A be directed to do)
The safety inspector **directed** his staff to check the old apartments.
안전 검사관은 직원들에게 오래된 아파트들을 점검하라고 direct했다.

2 통 (길 등을) 알려 주다, 안내하다; 교통 정리하다　;··▶ direct A to B: A를 B로 안내하다
　　　　　　　　　　　　　　　　　　(→ A be directed to B)
Volunteers will **direct** guests to the appropriate parking lot.
자원봉사자들이 고객들을 적절한 주차장으로 direct할 것이다.

▶ **파트 7 대체어 기출 표현: direct 알려주다, 안내하다 → address (~앞으로) 보내다**
　Please **direct[address]** any questions to Customer Support.
　어떠한 질문이든 고객 지원부로 direct[address]해 주세요.

👑600+
**RANK
0159** ╱ **feedback** [ˈfiːdbæk]　★★★☆☆☆☆　　　①·②·③·④·⑤·⑥·⑦

명 피드백, 반응
What **feedback** did the director give regarding the environmental campaign?
그 환경 캠페인에 대해 이사가 어떤 feedback을 줬나요?

▶ **핵심 기출 표현**
　give/provide feedback 피드백을 주다　　　　**get feedback** 피드백을 받다
　feedback on ~에 대한 피드백　　　　　　　　**feedback from** ~에게 받은 피드백
　positive/negative feedback 긍정적인/부정적인 피드백

👑600+
**RANK
0160** ╱ **register** [ˈredʒɪstər]　★☆☆☆☆☆☆　　　①·②·③·④·⑤·⑥·⑦

1 통 등록하다; 신청하다　;··▶ register for: ~에 등록하다
Students may **register** for classes from February 2 until the first day of classes.
학생들은 2월 2일부터 강의 첫날까지 register할 수 있다.

2 🆂 (계기가 특정 정보를) 기록하다, 나타내다
The barcode on the product was too blurry for the scanner to **register**.
그 제품의 바코드가 너무 흐려서 스캐너로 register 할 수 없었다.

3 🅼 계산대
;---▶ cash register: 계산대
A woman is making a payment at a cash **register**. 파트1
여자가 register에서 지불하고 있다.

▶ **관련 어휘**
　registration 🅼 등록, 접수　　　　　　　　　registered 🅷 등록한; 등기의

▶ **핵심 기출 표현**
　registration form 신청서　　　　　　　　　registration fee 등록비
　registration rate 등록률

▶ **파트 7 대체어 기출 표현: register 기록하다, 나타내다 → record 기록하다**
　register[record] the usage incorrectly 사용량을 부정확하게 register[record]하다

RANK 0161 600+ **spend** [spend] ★★☆☆☆☆☆　①-②-③-④-⑤-⑥-⑦

🆂 (돈을) 쓰다; (시간을) 보내다; (에너지, 노력 등을) 들이다
How much did we **spend** on advertising last quarter? 파트2
우리가 지난 분기에 광고에 얼마를 spend했나요?

▶ **관련 어휘**
　spending 🅼 지출, 소비

▶ **핵심 기출 표현**
　spend A(시간, 돈, 에너지) on B B에 A를 쓰다　　　spend A doing B B하는 데 A를 쓰다

RANK 0162 600+ **distance** [ˈdɪstəns] ☆☆☆☆☆☆☆　①-②-③-④-⑤-⑥-⑦

🅼 거리
;---▶ within walking distance: 걸어갈 만한 거리에 있는
I live within walking **distance** to the city center.
나는 시내까지 걸어갈 만한 distance에서 살고 있다.

▶ **핵심 기출 표현**
　from a distance 멀리서

potential [pəˈtenʃəl] ★★☆☆☆☆☆   ①·2·③·4·5·⑥·7

1 웹 잠재적인 ;--▶ potential risk: 잠재적인 위험 요인

The **potential** risks are too high to invest in the property market today.
요즘 부동산 시장에 투자하기에는 potential한 위험 요인들이 너무 크다.

2 웹 잠재력; 가능성

Mr. Shah has **potential** to become a great reporter.
Mr. Shah는 훌륭한 기자가 될 potential을 가지고 있다.

▶ **관련 어휘**
   potentially 閉 잠재적으로; 어쩌면

▶ **핵심 기출 표현**
   potential client 잠재 고객

extend [ɪkˈstend] ★★★★☆☆☆   ①·②·3·4·⑤·⑥·7

1 屠 (더 길게, 크게) 연장하다

The store is **extending** its hours during the holidays to accommodate more customers.
그 상점은 더 많은 고객을 수용하기 위해 휴가기간 동안 영업시간을 extend할 것이다.

2 屠 (사업 등을) 확대하다, 확장하다

Gilbox Media is **extending** its business operations to China.
Gilbox Media는 사업 운영을 중국으로 extend하고 있다.

3 屠 (초대, 환영 등을) 하다, 베풀다 ;--▶ extend an invitation: 초대하다, 초대장을 보내다

We would like to **extend** an invitation to all alumni to the career fair.
저희는 취업 박람회에 전체 졸업생을 대상으로 초대를 extend하고 싶습니다.

▶ **관련 어휘**
   extension 웹 1. 연장; 확대 2. 내선, 구내전화
     What's the **extension** for technical support? 파트 2
     기술지원팀 extension이 뭔가요?
   extensive 웹 대규모의; 폭넓은   ;--▶ extensive experience in: ~에서의 폭넓은 경험
     All applicants must have **extensive** experience in the field of Web development.
     모든 지원자들은 웹 개발 분야에서의 extensive한 경력을 가지고 있어야 한다.

▶ **핵심 기출 표현**
extension code 연장 코드	**extension number** 내선 번호
extensive knowledge of ~에 대한 폭넓은 지식	**work extended hours** 연장 근무하다

▶ **파트 7 대체어 기출 표현: extend (초대, 환영 등을) 하다, 베풀다 → offer 제의하다, 제안하다**
   extend[offer] an invitation to join us 우리와 함께하자는 초대를 extend[offer]하다

600+
RANK
0165

deadline [ˈdedlaɪn] ★☆☆☆☆☆☆ ①-②-③-④-⑤-⑥-⑦

명 기한, 마감 일자

⋯▸ deadline for: ~의 마감일

Mr. Anderson worked over the weekend to meet the **deadline** for the proposal.

Mr. Anderson은 제안서의 deadline을 맞추기 위해 주말 동안 일을 했다.

▷ **핵심 기출 표현** meet a deadline 기한을 맞추다

600+
RANK
0166

recognize [ˈrekəgnaɪz] ★★★★★☆☆ ①-②-③-④-⑤-⑥-⑦

1 동 (공로 등을) 인정하다

Awards are given out yearly to **recognize** employee achievements.

매년 직원의 성과를 recognize하기 위해 상을 준다.

2 동 알아보다

Professor Jorah **recognized** his former students even though he had not seen them in decades.

Jorah교수는 수십년 간 보지 못했지만, 그의 과거 제자들을 recognize했다.

▷ **관련 어휘**

recognized 형 인정된, 알려진　　　　　　　recognition 명 인정; 인식

▷ **핵심 기출 표현**

in recognition of ~을 인정하여

▷ **파트 7 대체어 기출 표현: recognize (공로 등을) 인정하다 → acknowledge (사실로) 인정하다**

recognize[acknowledge] the employee's hard work 직원의 노고를 recognize[acknowledge]하다

700+
RANK
0167

aim [eɪm] ★☆☆☆☆☆☆ ①-②-③-④-⑤-⑥-⑦

1 명 목표, 목적　　⋯▸ aim of: ~의 목표[목적]

One of the **aims** of the annual shareholders' meeting is to nominate a chairman.

연례 주주 회의의 aim들 중 하나는 의장을 임명하는 것이다.

2 동 목표하다　　⋯▸ be aimed at: ~을 겨냥하다

The advertisement is **aimed** at young people.

그 광고는 젊은 사람들을 aim으로 한다.

▷ **핵심 기출 표현**

aim to do ~할 작정이다　　　　　　　　with the aim of ~을 목표로

▷ **파트 7 대체어 기출 표현: aim 목표 → intention 의도**

our aim[intention] to provide the best service 최상의 서비스를 제공하려는 우리의 aim[intention]

👑600+
RANK
0168

intend [ɪnˈtend] ★★★☆☆☆☆

(1)·(2)·(3)·(4)·(5)·(6)·(7)

동 의도하다, (~하려고) 생각하다 ┈┈▶ intend to do: ~할 생각이다

Woodland Company **intends** to revise its marketing technique to attract global customers.
Woodland사는 전 세계의 고객들을 끌어들이기 위해 그들의 마케팅 기법을 변경하려고 intend한다.

▶ **관련 어휘**

　intention 명 의도; 목적 ┈┈▶ have every intention of doing: ~할 의향이 충분히 있다

　　Thermo Appliances has every **intention** of reimbursing customers for recalled products.
　　Thermo 가전제품은 회수된 제품에 대해 고객들에게 배상할 **intention**이 분명하다.

　intentional 형 의도적인

　intentionally 부 의도적으로

　　The auditors were **intentionally** chosen.
　　그 감사관들은 **intentionally**하게 선택되었다.

▶ **핵심 기출 표현**

　be intended for ~을 위해 의도되다

　have no intention of doing ~할 의향이 전혀 없다

▶ **파트 7 대체어 기출 표현: intend 의도하다 → plan 계획하다**

　intend[plan] to expand overseas 해외로 진출하는 것을 intend[plan]하다

👑600+
RANK
0169

expense [ɪkˈspens] ★★☆☆☆☆☆

(1)·2·(3)·4·5·6·(7)

명 비용

┈┈▶ expense report: 경비 보고서

Employees must fill out travel **expense** reports to get reimbursed for meals and car rental.
직원들은 식사와 렌터카 비용을 돌려받기 위해 반드시 출장 expense 보고서를 작성해야 한다.

▶ **관련 어휘**

　expensive 형 비싼

▶ **핵심 기출 표현**

　travel expense 여행 경비　　　　　　　　　　**at one's expense** ~의 부담으로

▶ **혼동 어휘 노트: expense vs. cost**

　둘 다 '비용'을 뜻하는 명사로, expense가 주로 공과금(utilities)이나 급여(payroll), 대여료(rent) 등 정기적으로 지불되어야 하는 비용에 쓰는 데 비해, cost는 주로 차량 구입(purchase)이나 벌금(penalty), 여행(travel) 등 일회성 비용을 나타낼 때 쓴다는 점에서 차이가 있다.

👑700+
RANK
0170

remind [rɪˈmaɪnd] ☆☆☆☆☆☆☆

(1)·2·(3)·④·5·6·(7)

동 상기시키다, 다시 한번 알려주다 ┈┈▶ remind + 사람 + to do: ~에게 ...하라고 알려주다

The manager **reminded** his team to submit their expense reports.
매니저는 팀원들에게 경비 보고서를 제출하라고 remind시켰다.

관련 어휘
reminder 명 상기시키는 것, 메모
A **reminder** about next week's workshop has been emailed to all participants.
다음 주에 있을 워크숍에 대한 reminder가 모든 참가자에게 이메일로 발송되었다.
remind + 사람 + of 명사/that절 ~에게 ...을 상기시키다
be reminded to do ~할 것을 잊지 않도록 주의받다

700+ RANK 0171 **inconvenience** [ˌɪnkənˈviːniəns] ★★☆☆☆☆ ①-②-③-④-⑤-⑥-⑦

1 명 불편, 애로
We apologize in advance for any **inconvenience** the construction work may cause.
공사로 인해 일어날 inconvenience에 대해 미리 사과드립니다.

2 동 불편하게 하다
The road closure **inconvenienced** many residents in Walnut Creek.
도로 폐쇄는 Walnut Creek의 많은 주민을 inconvenience하게 했다.

600+ RANK 0172 **view** [vjuː] ★★★☆☆☆ ①-②-③-④-⑤-⑥-⑦

1 동 보다
Tourist will get a chance to **view** various historical sites.
여행객들은 다양한 유적지들을 view할 기회를 가질 것입니다.

2 동 (~라고) 여기다, 생각하다 ┊--▶ view A as B: A를 B로 여기다 (→ A be viewed as B)
Employee benefits can be **viewed** as beneficial to employers as well.
직원 복지는 고용주에게도 유익한 것으로 view될 수 있다.

3 명 경관, 전망, 시야 ┊--▶ scenic view: 아름다운 경치
Heaumont Inn is known for its scenic **view** overlooking the river.
Heaumont Inn은 강이 내려다보이는 아름다운 view로 유명하다.

4 명 견해, 의견
Mayor Winn will offer his **views** on the election at the meeting.
Winn시장은 회의에서 선거에 대한 그의 view들을 밝힐 것이다.

관련 어휘
viewer 명 1. 시청자 2. 뷰어(슬라이드 장치)　　**viewpoint** 명 관점, 시각

핵심 기출 표현
breathtaking view 숨이 멎을 듯한 광경　　**in view of** ~을 고려하여, ~때문에
with a view to ~할 목적으로

파트 7 대체어 기출 표현: view 경관 → sight 광경
panoramic views[sights] of the Hong Kong skyline 홍콩 스카이라인 전체의 파노라마 view[sight]

promptly [ˈprɑːmptli] ★★★☆☆☆☆ ①-②-③-④-⑤-⑥-⑦

1 ■ 신속히, 지체 없이

I appreciate your returning my call **promptly**.

제 전화에 promptly 답해 주셔서 감사드립니다.

2 ■ 정각에

> promptly at + 시각: ~시 정각에

Everyone in the panel discussion must get to the conference hall **promptly** at 7:00 A.M.

공개 토론회에 모든 사람은 오전 7시에 promptly하게 회의장에 도착해야 한다.

▣ **관련 어휘**

prompt 휑 즉각적인; 신속한 통 촉발하다; 유도하다

▣ **핵심 기출 표현**

promptly after ~한 직후에 **promptly before** ~하기 직전에

prompt attention to ~에 대한 즉각적인 관심

transfer [trænsˈfɜːr] ☆☆☆☆☆☆☆ ①-②-③-④-⑤-⑥-⑦

1 통 전근 가다

> transfer to: ~로 전근 가다

Why did Aiden **transfer** to the Istanbul branch? 파트 2

Aiden은 왜 이스탄불 지사로 transfer했나요?

2 통 옮기다, 이전하다

> transfer A to B: A를 B로 옮기다 (→ A be transferred to B)

Ms. Selleck decided to **transfer** all of her accounts to Corena Bank.

Ms. Selleck은 자신의 모든 계좌를 Corena 은행으로 transfer하기로 결정했다.

3 몡 이동; 이체; 전근; 환승

Zapa Bank's policy handbook specifies the amount of funds permitted for overseas **transfers**.

Zapa 은행의 규정집은 해외 transfer에 허용되는 금액을 명시하고 있다.

standard [ˈstændəd] ★☆☆☆☆☆☆ ①-②-③-④-⑤-⑥-⑦

1 몡 기준, 표준

> safety standards: 안전기준

The factory is inspected monthly to ensure the equipment meets safety **standards**.

장비가 안전 standard에 부합하는지 확실히 하기 위해 공장은 매달 검사를 받는다.

2 형 보통의; 표준 규격에 맞춘

The **standard** contract for a Klenease scanner includes a 12-month service warranty.
Klenease 스캐너를 위한 standard 계약은 12개월의 서비스 보증을 포함하고 있다.

▶ 관련 어휘
standardize 동 표준화하다   standardized 형 표준화된
nonstandard 형 비표준적인, 규격 외의

▶ 핵심 기출 표현
standard of/for ~의 기준   quality standards 품질 기준
by any standard(s) 누가 보아도, 어떤 기준으로 봐도

RANK 0176   anticipate [ænˈtɪsəpeɪt] ★☆☆☆☆☆☆   ①·②·③·④·⑤·⑥·⑦

동 예상하다; 기대하다   ⤏ anticipate (that)절: that 이하를 예상하다

Management **anticipates** that this year's budget will be sufficient to cover all expenses.
경영진은 예산이 모든 지출을 충당하기에 충분할 것으로 anticipate한다.

▶ 관련 어휘
anticipation 명 예상, 기대   anticipated 형 기대하던

▶ 핵심 기출 표현
take longer than anticipated 예상보다 오래 걸리다   anticipated result/outcome 예상되는 결과
in anticipation of ~을 예상하고

▶ 파트 7 대체어 기출 표현: anticipate 예상하다 → expect 예상하다, 기대하다
anticipate[expect] the signing of the agreement 계약서의 서명을 anticipate[expect]하다

RANK 0177   leading [ˈliːdɪŋ] ★☆☆☆☆☆☆   ①·②·③·④·⑤·⑥·⑦

형 선두의; 가장 중요한   ⤏ leading company: 선두 기업

Mildo Consulting is a **leading** company in the financial advisory industry.
Mildo 컨설팅은 금융 자문 업계의 leading 업체이다.

▶ 관련 어휘
lead 동 이끌다, 안내하다 명 선두; 우세
Would you like to **lead** the finance committee? 파트 2
재정 위원회를 lead해 주시겠어요?

▶ 핵심 기출 표현
lead to ~로 이어지다, ~를 초래하다

▶ 파트 7 대체어 기출 표현: leading 선두의, 가장 중요한 → prominent 저명한
a leading[prominent] pharmaceutical company leading[prominent]한 제약회사

RANK 0178 600+

appointment [əˈpɔɪntmənt] ★☆☆☆☆☆☆ ①-②-③-④-⑤-⑥-⑦

··▶ appointment with:
~와의 약속

1 명 약속, 예약

Dr. Lee is so famous that his patients have to wait over a month for an **appointment** with him.

Dr. Lee는 너무 유명하여, 환자들이 appointment를 위해 한 달 넘게 대기해야 한다.

2 명 임명, 지명

BXG, Inc. announced the **appointment** of Linda Edwards as Regional Coordinator.

BXG사는 Linda Edwards의 지역 조정관 appointment를 발표했다.

▷ **관련 어휘**

appoint 동 임명하다, 지명하다 ··▶ appoint A as B: A를 B로 임명하다 (→ A be appointed as B)

Ms. Chang **was appointed as** director of the Tokyo office last month.

Ms. Chang이 지난달 Tokyo 사무소 책임자로 **appoint**되었다.

RANK 0179 700+

lease [liːs] ★☆☆☆☆☆ ①-②-③-④-⑤-⑥-⑦

1 명 임대차 계약

What office space is available for **lease**? 파트2

어느 사무실 공간이 lease용으로 이용 가능한가요?

2 동 임대하다, 임차하다

Elwell Law Firm plans to **lease** the entire Palmont office building.

Elwell 법무법인은 Palmont 사무실 건물 전체를 lease할 계획이다.

RANK 0180 600+

invite [ɪnˈvaɪt] ☆☆☆☆☆☆ ①-②-③-④-⑤-⑥-⑦

1 동 초대하다 ··▶ be cordially invited to: 당신을 ~에 진심 어린 마음으로 초대합니다

You are cordially **invited** to the 30th Annual Charity Gala.

당신을 30번째 연례 자선행사에 진심 어린 마음으로 invite합니다.

2 동 (정식으로) 요청하다 ··▶ invite A to do: A가 ~하도록 요청하다 (→ A be invited to do)

All new employees are **invited** to apply for a 6-month mentoring program.

모든 신입사원은 6개월간 진행되는 멘토링 프로그램에 지원하도록 invite받는다.

▷ **관련 어휘**

invitation 명 초대(장)

To receive an **invitation** to the convention, please confirm your mailing address by May 15.

회의 invitation을 받기 위해, 5월 15일까지 귀하의 우편물 발송 주소를 확인해주세요.

▷ **핵심 기출 표현** **official invitation** 공식 초대장

700+
RANK 0181

due [duː] ★☆☆☆☆☆☆

①-②-③-④-⑤-⑥-⑦

1 혱 ~하기로 되어 있는
:--▸ due for: ~하기로 되어 있는, ~할 예정인
The conference room **due** for renovation work must be emptied by this Friday.
수리 작업으로 due한 회의실은 금요일까지 비워져야 한다.

2 혱 지불 기일이 된, 만기가 된
Your rent is **due** on the first business day of each month.
귀하의 임대료는 매월 첫 번째 영업일이 due입니다.

3 몡 (-s) 회비, 내야 할 돈
:--▸ membership dues: 회비
We have increased the annual membership **dues**.
우리는 연간 멤버십 dues를 올렸다.

❱ **관련 어휘**
due to 젠 ~때문에

❱ **핵심 기출 표현**
be due to do ~할 예정이다 　　　　　　　　**due date** 만기일
amount due 지불해야 할 금액

❱ **혼동 어휘 노트: be due to do vs. due to**
〈be due to부정사〉는 '~할 예정이다'라는 뜻의 관용표현이며, 〈due to〉는 '~때문에'라는 뜻의 전치사이므로 to 뒤에 동사원형이 오는지, 명사가 오는지에 따라 의미를 구별하면 된다.

600+
RANK 0182

serve [sɜːv] ★★★☆☆☆☆

①-②-③-④-⑤-⑥-⑦

1 통 (음식을) 제공하다, 차리다
A worker is **serving** a customer. 파트1
한 직원이 고객에게 serve하고 있다.

2 통 근무하다
:--▸ serve as: ~로 근무하다
Mr. Park **served** as a police officer for nearly 15 years.
Mr. Park은 거의 15년 간 경찰관으로 serve했다.

❱ **관련 어휘**
server 몡 (식당에서) 서빙하는 사람; (컴퓨터의) 서버 　　　　**serving** 몡 1인분

❱ **핵심 기출 표현**
amount per serving 1회 제공량

❱ **파트 7 대체어 기출 표현: serve as ~의 역할을 하다 → be used for ~으로 사용되다**
The museum **served as[was used for]** a set for the documentary film.
그 박물관은 다큐멘터리 영화를 위한 촬영장으로 serve as[be used for]했다.

function [ˈfʌŋkʃən] ☆☆☆☆☆☆☆ ①-②-③-④-⑤-⑥-⑦

1 통 (제대로) 기능하다, 작동하다

function properly: 제대로 작동하다

Unless the paper is securely loaded, the printer may not **function** properly.
종이가 올바르게 넣어지지 않으면, 프린터가 제대로 function하지 않을 수 있다.

2 명 기능

The most popular **function** of the LPX smartphone is its foldable screen.
LPX 스마트폰의 가장 인기 있는 function은 접히는 화면이다.

3 명 행사, 의식

The company will be holding a **function** to honor retiring employees.
회사는 퇴직하는 직원을 기리는 function을 개최할 것이다.

> ▶ 관련 어휘
> functional 형 1. 기능적인 2. 작동하는 ┈▶ fully functional: 제 기능을 다 하는
> The photocopier should be fully **functional** after the repairs are made.
> 수리 작업이 끝나면 그 복사기는 완전하게 functional할 것이다.
> functionality 명 기능성

customized [ˈkʌstəmaɪzd] ☆☆☆☆☆☆☆ ①-②-③-④-⑤-⑥-⑦

형 개개인의 요구에 맞춘 (=custom)

Renée's Bakery specializes in creating **customized** cakes.
Renée 베이커리는 customized한 케이크 제작을 전문으로 한다.

> ▶ 관련 어휘
> customer 명 고객, 손님
> ▶ 파트 7 대체어 기출 표현: customized 개개인의 요구에 맞춘 → personalized 개인의 필요에 맞춘
> provide customized[personalized] experiences customized[personalized]한 경험을 제공하다

obtain [əbˈteɪn] ★☆☆☆☆☆☆ ①-②-③-④-⑤-⑥-⑦

통 얻다, 구하다

Museum visitors can **obtain** an exhibition guide at the information desk.
박물관 방문객들은 안내 데스크에서 전시회 가이드를 obtain할 수 있다.

> ▶ 파트 7 대체어 기출 표현: obtain 얻다 → secure 확보하다
> secure[obtain] written permission 서면 허가를 secure[obtain]하다

rising [ˈraɪzɪŋ] ★★☆☆☆☆☆   ①-②-③-④-⑤-⑥-⑦

웹 오르는, 증가하는

Rising costs have greatly affected clothing sales in Marose this year.

rising하는 원가가 올해 Marose의 의류 매출액에 크게 영향을 끼쳤다.

▷ **관련 어휘**

rise 통 오르다, 증가하다 명 증가, 상승   **rise in** ~의 증가

decorate [ˈdekəreɪt] ☆☆☆☆☆☆☆   ①-②-③-④-⑤-⑥-⑦

통 꾸미다, 장식하다

They are **decorating** the walls. 파트1

사람들이 벽을 decorate하고 있다.

▷ **관련 어휘**

decoration 명 장식(품)   **decorative** 형 장식용의

▷ **핵심 기출 표현**

decorate A with B A를 B로 장식하다 (→ A be decorated with B)

value [ˈvæljuː] ★★☆☆☆☆☆   ①-②-③-④-⑤-⑥-⑦

1 명 가치; 중요성

Many areas are seeing a decrease in property **value** due to the slowing economy.

많은 지역이 경기 침체로 인해 부동산 value의 감소를 보이고 있다.

2 통 소중하게 여기다

Ms. Potts **values** all of her antique artwork.

Ms. Potts는 자신의 고미술품 전체를 value한다.

3 통 (가치를) 평가하다   ;--▶ value A at B: A를 B(의 가치)로 평가하다 (→ A be valued at B)

The old mansion on Mulberry Avenue is **valued** at over $1.5 million.

Mulberry로에 있는 오래된 저택은 150만 달러가 넘는 것으로 value된다.

▷ **관련 어휘**

valuable 형 소중한, 가치가 큰   **valued** 형 1. 평가된 2. 소중한

valuables 명 귀중품

Please take care of your luggage and other **valuables** when traveling to other countries.

다른 나라로 여행할 때, 수하물과 다른 valuables를 잘 다뤄 주세요.

deserve [dɪˈzɜːv] ☆☆☆☆☆☆☆ ①-②-③-④-⑤-⑥-⑦

RANK 0189 700+

툉 ~을 받을 만하다, ~할 자격이 있다

Jean Davis **deserved** the Employee of the Year Award for her excellent sales performance.
Jean Davis는 탁월한 판매 성적으로 올해의 직원상을 deserve했다.

> **▶ 관련 어휘**
> **deserved** 톙 (상, 벌, 보상 등이) 응당한

> **▶ 핵심 기출 표현**
> **well-deserved** 충분한 자격이 있는

estimate [ˈestəmeɪt] ★★★☆☆☆☆ ①-②-③-④-⑤-⑥-⑦

RANK 0190 700+

1 톙 견적서

Could you send me the repair **estimates** by the end of the week? 파트2
이번 주말까지 수리 estimate를 보내주시겠어요?

2 톙 추정(치), 추산

The times on the schedule are only **estimates** and are therefore subject to change.
일정표의 시간은 estimate일 뿐이므로 변동될 수도 있다.
┈┈▶ estimate (that)절: that 이하를 추정[추산]하다

3 톔 추정하다, 추산하다

We **estimate** that the renovation project will take three weeks.
우리는 개조보수 프로젝트가 3주 걸릴 것이라고 estimate합니다.

> **▶ 관련 어휘 estimated** 톙 견적의; 추정된

> **▶ 핵심 기출 표현**
> **cost estimate** 비용 견적서   **overestimate** 과대평가하다
> **estimated date** 추정일

extra [ˈekstrə] ★☆☆☆☆☆☆ ①-②-③-④-⑤-⑥-⑦

RANK 0191 600+

톙 추가의 (= additional)

Although no **extra** workers were hired, the inventory inspection was completed more rapidly than anticipated.
extra 작업자들이 고용되지 않았음에도 불구하고, 재고 조사는 예상보다 더 빨리 완료되었다.

return [rɪˈtɜːn] ★★☆☆☆☆☆

1-②-③-④-⑤-⑥-⑦

1 圄 **돌아오다**

┈┈▸ return from: ~에서 돌아오다 (return to: ~로 돌아오다)

Until Mr. Bennett **returns** from the Global Finance Conference, Ms. Chang will handle all accounting duties.

Mr. Bennett이 국제 금융 학회에서 return할 때까지, Ms. Chang이 모든 회계 업무를 처리할 것이다.

2 圄 **반납하다, 반품하다**

You may **return** your purchase within 30 days for a full refund.

전액 환불을 위해서 30일 이내에 물품을 return하실 수 있습니다.

3 圀 **귀환; 반납; 수익**

People who engage in stocks expect **returns** from their investments.

주식에 종사하는 사람들은 투자 return을 기대한다.

▶ **핵심 기출 표현** return policy 반품 정책

policy [ˈpɑːləsi] ★☆☆☆☆☆☆

①-②-③-④-⑤-⑥-⑦

1 圀 **정책, 방침**

The **policy** in the contract does not refer to the tenant's rights.

계약서상의 policy는 임차인의 권리에 대해 언급하고 있지 않다.

2 圀 **보험 증권**

┈┈▸ insurance policy: 보험 증권[증서]

Our standard vehicle insurance **policy** covers basic repair costs.

우리의 표준 자동차 보험 policy는 기본 수리 비용을 포함한다.

▶ **관련 어휘**

policyholder 圀 보험 계약자　　　　　　**policymaker** 圀 정책 입안자

convention [kənˈvenʃən] ☆☆☆☆☆☆☆

①-②-③-④-⑤-⑥-⑦

圀 **대회, 협의회**

The University of Galta will be holding its first book **convention** this week.

Galta 대학은 이번 주에 첫 도서 convention을 개최할 것이다.

▶ **관련 어휘**

conventional 휑 관습적인, 관례적인

Some creative architects designed works that challenge **conventional** ways of thinking.

몇몇 창의적인 건축가들이 conventional한 사고방식에 도전하는 작품들을 설계했다.

favorable [ˈfeɪvərəbəl] ★☆☆☆☆☆☆

RANK 0195 700+

①-②-③-④-⑤-⑥-⑦

1 형 호의적인; 찬성하는

→ favorable review: 호평

The recently released movie received **favorable** reviews from film critics.
최근에 개봉한 영화는 영화 비평가들에게 favorable한 평을 받았다.

2 형 유리한

→ gain a favorable position: 유리한 위치를 점하다

The company gained a **favorable** position in the market by releasing an affordable line of products. 회사는 저렴한 가격의 제품 라인을 출시하여 시장에서 favorable한 위치를 차지했다.

▶ 관련 어휘
  unfavorable 형 호의적이 아닌; 불리한   favorably 부 1. 호의적으로 2. 유리하게

purpose [ˈpɜːrpəs] ★☆☆☆☆☆☆

RANK 0196 600+

①-②-③-④-⑤-⑥-⑦

명 목적, 의도 → purpose of: ~의 목적
The **purpose** of this meeting is to determine the best venue for the awards ceremony.
이 회의의 purpose는 시상식에 가장 적합한 장소를 결정하는 것이다.

▶ 관련 어휘
  purposely 부 고의로, 일부러

▶ 핵심 기출 표현
  on purpose 고의로, 일부러   for the purpose of ~의 목적으로, ~를 위해

employ [ɪmˈplɔɪ] ★☆☆☆☆☆☆

RANK 0197 700+

①-②-③-④-⑤-⑥-⑦

1 동 고용하다

Our resort **employs** only the most professional and polite staff.
저희 리조트는 가장 전문적이고 예의 바른 직원들만을 employ합니다.

2 동 (기술, 정보 등을) 쓰다, 이용하다

Our customer service agents are expected to **employ** effective communication skills.
우리의 고객 서비스 직원들은 효과적인 의사소통기술을 employ하도록 요구받는다.

▶ 관련 어휘
  employee 명 직원   employer 명 고용주
  employment 명 고용; 취업
    The annual job fair provided valuable resources for people seeking **employment**.
    연례 직업 박람회는 employment를 원하는 사람들에게 귀중한 자료를 제공했다.

▶ 핵심 기출 표현
  employment rate 취업률   employment offer 고용 제의
  full-time employment 상근, 정규직   lifetime employment 종신 고용

▶ 파트 7 대체어 기출 표현: employ (기술, 정보 등을) 쓰다, 이용하다 → use 이용하다
employ[use] the information immediately 그 정보를 즉시 employ[use]하다

600+
RANK 0198 | own [oʊn] ☆☆☆☆☆☆☆ ①-②-❸-④-⑤-⑥-⑦

1 동 소유하다
This parking garage is not **owned** by the hotel, but guests can still park here for free.
호텔이 이 주차장을 own하지 않지만, 투숙객들은 이곳에 무료로 주차할 수 있다.

2 형 자신의
Ms. Hurst started the business to become her **own** boss.
Ms. Hurst는 자기 own 사장이 되기 위해 사업체를 시작했다.

> ▶ 관련 어휘
> **owner** 명 소유주
> One of Woodston Trade Association helps local business **owners** connect with regional suppliers.
> Woodston 무역협회는 지역 owner들이 지역 공급업체들과 연결되도록 돕는다.
> **ownership** 명 소유(권)
>
> ▶ 핵심 기출 표현
> **on one's own** 혼자, 혼자 힘으로   **family-owned** 가족 경영의

600+
RANK 0199 | colleague [ˈkɑːliːg] ★☆☆☆☆☆☆ ①-②-❸-④-⑤-⑥-⑦

명 동료
Ms. Casey's **colleagues** organized a dinner party to celebrate her retirement.
Ms. Casey의 colleague들은 그녀의 은퇴를 기념하기 위해 만찬회를 준비했다.

700+
RANK 0200 | spare [sper] ★☆☆☆☆☆☆ ①-②-❸-④-⑤-⑥-⑦

1 형 남는, 여분의
Sam devotes his **spare** time to volunteer at a local library.
Sam은 spare 시간을 지역 도서관에서 자원봉사 하는 데 쏟는다.

2 동 (시간, 돈 등을) 할애하다, 내다
Please **spare** a few minutes to fill out this survey.
이 설문지 작성에 몇 분만 spare해 주세요.

> ▶ 파트 7 대체어 기출 표현: spare (시간, 돈 등을) 할애하다 → give 주다
> **spare[give]** five minutes to fill out a survey 설문 작성을 위해 5분을 spare[give]하다

Speed Check-up

정답 p.579

다음의 한글 의미를 단서로 삼아 보기에서 알맞은 단어를 골라 넣으세요.

ⓐ employ   ⓑ promptly   ⓒ favorable   ⓓ served   ⓔ estimates

01 The company gained a _____ position in the market by releasing an
     유리한
afforadble line of products.

02 Could you send me the repair _____ by the end of the week?
                                   견적서

03 Mr. Park _____ as a police officer for nearly 15 years.
        근무하다

04 Our customer service agents are expected to _____ effective communication
skills.   이용하다

05 I appreciate your returning my call so _____.
                                            신속히

다음의 한글 해석과 의미가 같아지도록 보기에서 알맞은 단어를 골라 넣으세요.

ⓐ function   ⓑ spare   ⓒ deserved   ⓓ support   ⓔ customized

06 Jean Davis _____ the Employee of the Year Award for her excellent sales
performance. Jean Davis는 탁월한 판매 성적으로 올해의 직원상을 받을 만했다.

07 Unless the paper is securely loaded, the printer may not _____ properly.
종이가 올바르게 넣어지지 않으면, 프린터가 제대로 작동하지 않을 수 있다.

08 Sam devotes his _____ time to volunteer at a local library.
Sam은 남는 시간을 지역 도서관에서 자원봉사 하는 데 쏟는다.

09 Renee's Bakery specializes in creating _____ cakes.
Renee 베이커리는 맞춤 케이크 제작을 전문으로 한다.

10 The service center provides _____ for any issues customers may experience.
서비스센터는 고객들이 겪을 수 있는 모든 문제를 지원한다.

문맥에 어울리는 단어를 보기에서 골라 넣으세요.

ⓐ leading   ⓑ directed   ⓒ recognize   ⓓ extending   ⓔ due

11 Awards are given out yearly to _____ employee achievements.

12 The store is _____ its hours during the holidays to accommodate more
customers.

13 Your rent is _____ on the first business day of each month.

14 The safety inspector _____ his staff to check the old apartments.

15 Mildo Consulting is a _____ company in the financial advisory industry.

RANK 0201 · ☆700+

replace [rɪˈpleɪs] ★☆☆☆☆☆ ①·②·③·④·⑤·⑥·⑦

⑧ 교체하다; 대신하다
Who will **replace** Mr. Lopez as president? 파트 2
사장으로 누가 Mr. Lopez를 replace할 건가요?

▶ 관련 어휘
replacement ⑲ 1. 교체(품) 2. 후임자
Send back your defective merchandise, and we will provide a **replacement** free of charge.
결함이 있는 상품을 보내주시면 저희가 무료로 **replacement**를 제공해 드리겠습니다.

▶ 핵심 기출 표현
replacement unit / part 교체 부품
replace A with B A를 B로 교체하다 (→ A be replaced with B)

RANK 0202 · ☆600+

opportunity [ˌɑːpɚˈtuːnəti] ★★☆☆☆☆ ①·②·③·④·⑤·⑥·⑦

⑲ 기회

⌐··▶ opportunity to do: ~할 기회
Pidus Group is excited about the **opportunity** to expand into the European market.
Pidus 그룹은 유럽 시장에서의 확장 opportunity에 대해 기대하고 있다.

▶ 핵심 기출 표현
opportunity for ~의 기회

▶ 파트 7 대체어 기출 표현: opportunity 기회 → prospect 전망, 가능성
job prospects[opportunities] for college graduates 대학 졸업자들의 취업 prospect[opportunity]

RANK 0203 · ☆600+

benefit [ˈbenəfɪt] ☆☆☆☆☆☆ ①·②·③·④·⑤·⑥·⑦

1 ⑲ 혜택, 이득
The change in employee **benefits** will only affect full-time staff members.
직원 benefit의 변경은 오직 정규직 직원들에게만 영향을 줄 것이다.

2 ⑧ 혜택을 주다[받다] ⌐··▶ benefit from: ~로부터 혜택을 얻다
Local businesses can **benefit** greatly from cooperating with one another.
지역 업체들은 서로 협력하여 크게 benefit할 수 있다.

▶ 관련 어휘
beneficial ⑲ 유익한, 이로운
Dieting with our DietPlus method is **beneficial** to long-term weight management.
자사의 DietPlus 방법으로 다이어트를 하면 장기적인 체중 관리에 **beneficial**합니다.
beneficiary ⑲ 수혜자

▶ 핵심 기출 표현
company benefits (급여 이외의) 혜택, 복리후생, 수당   **beneficial to** ~에 이로운

▷ 파트 7 대체어 기출 표현: benefit 이득 → plus 이점
The ability to assist in marketing is a **benefit[plus]**. 마케팅을 지원할 수 있는 능력은 benefit[plus]가 된다.

▷ 혼동 어휘 노트: benefit from vs. benefit
동사 benefit은 자/타동사가 모두 가능한데, 자동사 benefit은 전치사 from을 동반하여 '~로부터 혜택을 받다'는 의미이며, 타동사 benefit은 혜택받는 대상을 목적어로 취하여 '~에게 혜택을 주다'는 의미이다.

600+
RANK
0204

requirement [rɪˈkwaɪrmənt] ★★★★★☆☆ ①-②-③-④-⑤-⑥-⑦

멤 필요조건, 요건
;--▶ requirement for: ~의 요건
Although customer service experience would be helpful, it is not a **requirement** for the advertised position.
고객 서비스 경력이 유용하기는 하겠지만, 구인 광고된 자리의 requirement는 아니다.

▷ 관련 어휘
required 혱 필수의
require 통 요구하다, 필요로 하다 ;------▶ require A to do: A가 ~할 것을 요구하다 (→ A be required to do)
Salespeople are **required** to obtain consent before they call clients at home.
영업직원들은 고객의 자택에 전화하기 이전에 동의를 얻을 것이 require된다.

▷ 핵심 기출 표현
production requirements 생산 요건　　　　　　be required for ~에 필수적이다

▷ 파트 7 대체어 기출 표현: require 요구하다, 필요로 하다 → take (시간이) 걸리다, 소요되다
It requires[takes] at least three hours to complete. 그것이 완료되는 데는 최소 3시간을 require[take]한다.

700+
RANK
0205

considerable [kənˈsɪdərəbəl] ★★★★☆☆☆ ①-②-③-④-⑤-⑥-⑦

혱 상당한, 많은
;--▶ considerable effort: 상당한 노력
The business has expanded quickly as a result of **considerable** effort.
considerable한 노력의 결과로 사업이 빠르게 확장되었다.

▷ 관련 어휘
considerably 뿐 상당히, 많이
Our sales rose **considerably** since the first quarter.
우리의 매출은 1/4분기 이후에 **considerably**하게 증가했다.

700+
RANK
0206

duty [ˈduːti] ★☆☆☆☆☆☆ ①-②-③-④-⑤-⑥-⑦

1 멤 직무, 업무; 의무
;--▶ while on duty
: 근무 중에
Security officers should refrain from using their personal phones while on **duty**.
보안 담당자들은 duty 중에 개인 전화기 사용을 삼가야 한다.

2 圆 (주로 수입품에 매기는) 세금 · · ·▶ duty-free: 면세의

You can buy goods for cheaper prices at **duty**-free shops in the airport.
공항 내 duty 면제 상점에서 더 싼 가격에 상품을 구매할 수 있습니다.

> ▶ **핵심 기출 표현**
> **on duty** 근무 중인 (↔ **off duty** 비번인)　　　　**duty roster** 업무 배정표

repair [rɪˈper] ★☆☆☆☆☆☆ ①-②-③-④-⑤-⑥-⑦

1 圄 수리하다, 보수하다

Technicians **repaired** the tracks by replacing the damaged rails.
기술자들은 손상된 레일을 교체함으로써 선로를 repair했다.

2 圆 수리, 보수

The air conditioner **repair** is scheduled for 10 A.M. this morning.
에어컨 repair가 오늘 오전 10시에 예정되어 있다.

> ▶ **핵심 기출 표현**
> **beyond repair** 수리할 수 없는　　　　**under repair** 수리 중인
> **repair works** 보수 공사

examine [ɪgˈzæmɪn] ☆☆☆☆☆☆☆ -

1 圄 조사하다, 검토하다

Please take a few minutes to **examine** the attached document before the meeting.
회의 전에 잠깐 시간을 내서 첨부된 서류를 examine해 주시기 바랍니다.

2 圄 검사하다, 진찰하다

Doctors recommend getting an annual checkup to **examine** your overall health.
의사들은 전반적인 건강을 examine하기 위해 매년 정기 검진을 받을 것을 권장한다.

> ▶ **관련 어휘**
> **examination** 圆 조사, 검토

share [ʃer] ★☆☆☆☆☆☆ ①-②-③-④-⑤-⑥-⑦

1 圄 공유하다, 나누다

Do you want to **share** a taxi to the airport? 파트 2
공항에 가는 택시를 share하시겠어요?

2 명 몫, 지분; 주식

Employees must complete their **share** of the work before the end of the week.
직원들은 한 주가 끝나기 전에 그들의 업무 share를 완료해야 한다.

▶ 핵심 기출 표현
  market share 시장 점유율

▶ 파트 7 대체어 기출 표현: **share** 공유하다 → **give** 주다
  Thank you for **sharing[giving]** your opinion. 당신의 의견을 share[give]한 것에 감사드립니다.

700+
RANK
0210

maintenance [ˈmeɪntənəns] ★★☆☆☆☆☆ ①-②-③-④-⑤-⑥-⑦

명 (점검, 보수 등의) 유지   ┊╌╌▶ routine maintenance: 정기 점검

Our mail server will be shut down for routine **maintenance** for a few hours tomorrow.
내일 우리 메일 서버는 정기 maintenance로 인해 몇 시간 동안 차단될 것이다.

▶ 관련 어휘
  maintain 동 유지하다
  Gordon will be repairing and **maintaining** the assembly machine.
  Gordon이 조립 기계를 수리하고 maintain할 것이다.

▶ 핵심 기출 표현
  maintenance crew 정비팀

▶ 파트 7 대체어 기출 표현: **maintain** 유지하다 → **keep** 유지하다
  maintain[keep] the temperature at a steady 20°C 온도를 20도로 꾸준히 maintain[keep]하다

700+
RANK
0211

competitive [kəmˈpetətɪv] ★★☆☆☆☆☆ ①-②-③-④-⑤-⑥-⑦

형 경쟁력 있는; 경쟁하는   at a competitive price: 경쟁력 있는 가격으로, 저렴한 가격으로 ◀╌╌┊

Kramben Fashion takes pride in offering top-quality garments at **competitive** prices.
Kramben 패션은 최상의 품질의 옷을 competitive한 가격으로 제공하는 것에 자부심을 느낀다.

▶ 관련 어휘
  competitor 명 경쟁자, 경쟁업체   **compete** 동 경쟁하다
  competition 명 경쟁; 대회   ┊╌╌▶ stay ahead of the competition: 경쟁에서 우위에 서다
  Timparo Distributors lowered its prices to stay ahead of the **competition**.
  Timparo 배급사는 competition에서 우위에 서기 위해 가격을 낮추었다.

▶ 핵심 기출 표현
  competitive edge/advantage 경쟁 우위   **compete with** ~와 경쟁하다
  compete against ~에 맞서 경쟁하다   **compete for** ~을 위해 경쟁하다
  competing firm 경쟁사

600+ RANK 0212 **firm** [fɜːm] ☆☆☆☆☆☆ ①-②-③-④-⑤-⑥-⑦

1 뗑 **회사**

┈┈▸ law firm: 법률 회사

Korabut Legal is an international law **firm**, with over 20 offices across Europe and Asia.
Korabut 법률 회사는 유럽과 아시아 전역에 20개 이상의 사무실을 보유하고 있는 국제적인 법률 firm이다.

2 톙 **단단한; 확고한**

The landlord is **firm** on the monthly rate of the apartment.
집주인은 아파트의 월세에 대해 firm하다.

▶ 관련 어휘

firmly 톙 단호히, 확고히

600+ RANK 0213 **complaint** [kəmˈpleɪnt] ★☆☆☆☆☆☆ ①-②-③-④-⑤-⑥-⑦

뗑 **불만, 항의**

┈┈▸ complaint about: ~에 대한 불만

Our technicians deal with **complaints** about various computer issues.
우리 기술자들은 다양한 컴퓨터 문제들에 관한 complaint들을 처리한다.

▶ 관련 어휘

complain 톔 불평하다, 항의하다

▶ 핵심 기출 표현

complain about ~에 대해 불평하다
file a complaint 불만을 제기하다
complaint form 불만 신고서

make a complaint 불평하다
customer complaints 고객 불만

700+ RANK 0214 **brief** [briːf] ★☆☆☆☆☆☆ ①-②-③-④-⑤-⑥-⑦

1 톙 **(말, 글이) 간단한**

The CEO asked the manager to be **brief** with his weekly presentation.
최고 경영자는 관리자에게 주간 발표를 brief하게 해달라고 요청했다.

2 톙 **(시간이) 짧은, 잠깐의**

You are welcome to stay for a **brief** question-and-answer session after the lecture.
강의가 끝나고 brief한 질의응답 시간을 위해 남아 계셔도 좋습니다.

3 톔 **~에게 간단히 보고하다**

The director has been **briefed** about the status of the project.
감독관은 프로젝트의 상황에 대해 brief 받았다.

> 관련 어휘
briefly 🖼 잠시; 간단히
   We at Soto Manufacturing, Inc. explain our business proposals to clients **briefly** and clearly.
   우리 Soto Manufacturing사는 우리의 사업 제안을 고객들에게 **briefly**하고 명확하게 설명해 준다.

> 핵심 기출 표현
brief A on B A에게 B에 대해 보고하다 (→ A be briefed on B)
in brief 간단히 말해서

☆700+ RANK 0215

budget [ˈbʌdʒɪt] ☆☆☆☆☆☆☆   ①-②-③-④-⑤-⑥-⑦

1 🖼 **예산**
The director keeps track of the department's monthly **budget**.
부서장은 부서의 월별 budget을 계속 파악한다.

2 🖼 **예산을 세우다**
Please **budget** for the event accordingly, as funds are limited this year.
올해 자금이 한정되어 있으므로, 행사에 맞게 budget하시기 바랍니다.

> 관련 어휘
budgetary 🖼 예산의

> 핵심 기출 표현
annual budget 연간 예산   **proposed budget** 예산안 (= budget plan)
cut the budget 예산을 삭감하다   **stay within budget** 예산 범위 내에서 하다

☆600+ RANK 0216

branch [bræntʃ] ☆☆☆☆☆☆☆   ①-②-③-④-⑤-⑥-⑦

1 🖼 **지사, 분점**
Which **branches** need more employees? 파트2
어느 branch에서 직원이 더 필요한가요?

2 🖼 **나뭇가지**
A man is trimming the **branches** of a tree. 파트1
한 남자가 나무의 branch들을 다듬고 있다.

> 관련 어휘
branch manager 지점장   **branch (office)** 지점, 지사

700+
RANK
0217

charge [tʃɑːrdʒ] ☆☆☆☆☆☆☆

①-②-③-④-⑤-⑥-⑦

1 동 (요금을) 부과하다, 청구하다

The new Italian restaurant **charges** too much for its dishes.
새 이탈리안 레스토랑은 요리에 너무 많은 요금을 charge한다.

2 명 요금

By signing up as a member, you can access our database free of **charge**.
회원으로 등록하시면, charge을 내지 않고 저희 데이터베이스에 접속할 수 있습니다.

3 명 책임, 담당 ;--▸ in charge of: ~을 책임지는[담당하는]

Ralph Brown is in **charge** of the Waxford landscaping project.
Ralph Brown은 Waxford 조경 프로젝트를 charge하고 있다.

▶ **관련 어휘**
  undercharge 동 (실수로) 과소 청구하다

▶ **핵심 기출 표현**
  take charge of ~을 떠맡다; ~의 책임을 지다   at no extra charge 추가 요금 없이

▶ **파트 7 대체어 기출 표현: charge 청구하다 → demand 요구하다**
  charge[demand] a cancellation fee 해약금을 charge[demand]하다

700+
RANK
0218

appropriate [əˈproʊpriət] ★★★☆☆☆☆

①-②-③-④-⑤-⑥-⑦

형 **적절한**

It takes longer to find an **appropriate** job for a highly-specialized candidate.
고도로 전문화된 지원자들을 위해 appropriate한 직업을 찾는 데 시간이 더 오래 걸린다.

▶ **관련 어휘**
  appropriately 부 적절하게, 알맞게
  Please listen carefully to the following options so that we can **appropriately** direct your call.
  우리가 당신의 전화를 appropriately하게 돌려줄 수 있도록, 다음 옵션들을 주의해서 들어주세요.

▶ **핵심 기출 표현**
  appropriate for ~에 적절한

600+
RANK
0219

unable [ʌnˈeɪbəl] ★☆☆☆☆☆☆

①-②-③-④-⑤-⑥-⑦

형 **~할 수 없는** ;--▸ be unable to do: ~할 수 없다

Small supermarkets are sometimes **unable** to compete with large chains.
소규모 슈퍼마켓들은 종종 큰 체인점들과 경쟁하기가 unable하다.

> **핵심 기출 표현**
> be able to do ~할 수 있다

inquire [ɪnˈkwaɪr] ☆☆☆☆☆☆☆

①-②-③-④-**⑤**-**⑥**-⑦

⑤ 문의하다, 알아보다 ---▶ inquire about: ~에 대해 문의하다

Waihu Industries **inquired** about the price of PG Stationery's shipping envelopes.
Waihu 산업은 PG 문구의 발송용 봉투의 가격에 관해 inquire했다.

> **관련 어휘**
> **inquiry** ⑱ 문의, 질문 ---▶ inquiry about: ~에 관한 문의
> For **inquiries** about scheduling an event with us, please contact Linda Smith.
> 저희와 행사 일정을 잡는 것에 관한 **inquiry**들은 Linda Smith에게 연락하세요.

> **핵심 기출 표현**
> scores of inquiries 수십 건의 문의

regularly [ˈreɡjələli] ★☆☆☆☆☆☆

①-②-③-④-**⑤**-**⑥**-⑦

⑨ 정기적으로, 규칙적으로

Fitness trainers check the exercise equipment **regularly** to ensure they function properly.
체력 단련 트레이너들은 기구가 제대로 작동하는지 확실히 하기 위해 regularly하게 운동 기구를 점검한다.

> **관련 어휘**
> **regularity** ⑱ 규칙성
> **regular** ⑱ 정기적인, 규칙적인 ---▶ regular meeting: 정기회의/모임
> If you would like to know more about our club, please join us for one of our **regular** meetings.
> 우리 클럽에 대해 더 알고 싶으시면, 우리의 **regular** 회의에 한 번 참석하세요.

> **핵심 기출 표현**
> regular maintenance 정기 유지보수   regular working hours 정규 근무 시간
> on a regular basis 정기적으로   regular customer 단골 고객
> regular delivery 일반 배송

arrive [əˈraɪv] ☆☆☆☆☆☆☆

①-**②**-③-④-**⑤**-**⑥**-⑦

⑤ 도착하다

When can I expect my order to **arrive**? 파트 2
제 주문이 언제 arrive하나요?

> ▶ 관련 어휘
> arrival 명 도착

> ▶ 핵심 기출 표현
> arrive on time 제 시간에 도착하다　　　　　　　　on/upon arrival 도착하자마자

> ▶ 파트 7 대체어 기출 표현: arrive 도착하다 → turn up 나타나다, 도착하다
> The representative **arrived[turned up]** with a new unit that meets my needs.
> 그 담당자는 내 요구를 충족시키는 새로운 장치를 가지고 arrive[turn up] 했다.

👑600+
RANK 0224 ⟩ **variety** [vəˈraɪəti] ★★★★☆☆☆　　　　①·②·③·④·⑤·⑥·⑦

1 명 여러 가지
　　　　　　　　　　　　　　　　　　　　┈┈▶ a wide variety of: 매우 다양한
Every store is fully stocked with **a wide variety** of packing materials.
모든 매장은 매우 variety한 포장 재료로 가득 갖춰져 있다.

2 명 다양성
The manager at Stove Diner wants to add more **variety** to the restaurant's menu.
Stove Diner의 매니저는 식당 메뉴에 더 많은 variety를 추가하고 싶어한다.

3 명 품종, 종류
Livrou Farm sells more than 30 **varieties** of in-season fruits.
Livrou Farm은 30여 variety의 제철 과일을 판매한다.

> ▶ 관련 어휘
> various 형 여러 가지의, 다양한　　　　　　　　variable 형 1. 변동이 심한 2. 변화를 줄 수 있는
> vary 통 서로 다르다; 다양하다　　　　　　　┈┈▶ vary from A to B: A에서 B까지 다양하다
> The rules for obtaining a driver's license **vary** from state to state.
> 운전 면허 취득에 대한 규칙은 주마다 vary하다.

> ▶ 핵심 기출 표현
> a variety of 다양한, 여러 가지의

👑600+
RANK 0224 ⟩ **identification** [aɪˌdentəfəˈkeɪʃən] ★★☆☆☆☆☆　　①·②·③·④·⑤·⑥·⑦

명 신분 증명(서), 신원 확인
Test takers must present an official form of **identification** such as a passport.
시험 응시자들은 반드시 여권과 같은 공식 identification을 제시해야 한다.

> ▶ 관련 어휘
> identify 통 (신원 등을) 확인하다　　　　　　　identity 명 신원, 정체

> ▶ 핵심 기출 표현
> identification card 신분증　　　　　　　　　photo identification 사진이 부착된 신분증

RANK 0225 outstanding [ˌaʊtˈstændɪŋ] ★★☆☆☆☆☆ ①-②-③-④-⑤-⑥-⑦

1 쥉 **뛰어난, 두드러진**
Dr. Talbert was honored for his **outstanding** contributions to the medical field.
Dr. Talbert는 의학 분야에서의 outstanding한 공헌으로 상을 받았다.

2 쥉 **미지불된, 아직 처리되지 않은**
The Marketing Department still has several **outstanding** expenses.
마케팅 부서에는 여전히 outstanding한 비용들이 있다.

▶ **핵심 기출 표현**
outstanding performance 탁월한 실적   outstanding balance 미지불 잔액

▶ **파트 7 대체어 기출 표현: outstanding 뛰어난 → superior 우월한**
renowned for its outstanding[superior] service outstanding[superior]한 서비스로 명성이 높은

RANK 0226 negotiation [nəˌɡoʊʃiˈeɪʃən] ★☆☆☆☆☆☆ ①-②-③-④-⑤-⑥-⑦

쥉 **협상, 교섭**
Bripa Co. has agreed on merger terms after months of **negotiation** with Betaid, Inc.
Bripa사는 Betaid사와 수개월의 negotiation 끝에 합병 조건에 동의했다.

▶ **관련 어휘**
negotiate 동 협상하다, 교섭하다   negotiator 명 협상가, 교섭자

RANK 0227 independent [ˌɪndɪˈpendənt] ★☆☆☆☆☆☆ ①-②-③-④-⑤-⑥-⑦

쥉 **독립된, 독자적인**
The **independent** experts verified the company's scientific breakthrough.
independent한 전문가들이 그 회사의 과학적 약진을 확인했다

▶ **관련 어휘**
independently 뮈 독립하여, 자주적으로

RANK 0228 connect [kəˈnekt] ★☆☆☆☆☆☆ ①-②-③-④-⑤-⑥-⑦

1 동 **잇다, 연결하다**
He is **connecting** a cord. 파트1
남자가 코드를 connect하고 있다.

2 통 (온라인에) 접속하다

We were unable to **connect** to the company network for several hours.
우리는 몇 시간 동안 회사 네트워크에 connect할 수 없었다.

▶ **관련 어휘**

connecting 형 연결하는　　　　　　　　　　connected 형 관련이 있는
connection 명 1. 관련성 2. 연결, 접속 3. 인맥
　　Customers can get faster Internet **connection** when they sign up for our premium GTE plan.
　　고객들은 우리의 프리미엄 GTE 요금제에 가입하면 더 빠른 인터넷 connection을 얻을 수 있다.

▶ **핵심 기출 표현**

connecting flight 연결 항공편 (경유지에서 갈아타는 항공기)
be connected with ~와 관련이 있다

RANK
0229

agent [ˈeɪdʒənt]　☆☆☆☆☆☆　　① · ② · ③ · ④ · ⑤ · ⑥ · ⑦

명 대리인, 에이전트
 travel agent: 여행사 직원
All travel documents can be obtained from your travel **agent**.
모든 여행 서류는 귀하의 여행 agent로부터 받을 수 있습니다.

▶ **관련 어휘**

agency 명 대행사, 대리점

▶ **핵심 기출 표현**

real estate agent 부동산 중개인　　　　　　travel agency 여행사
real estate agency 부동산 중개소　　　　　　advertising agency 광고 대행사
employment agency 직업소개소

RANK
0230

publish [ˈpʌblɪʃ]　★☆☆☆☆☆　　① · ② · ③ · ④ · ⑤ · ⑥ · ⑦

통 출판하다
When did she **publish** her last book? 파트 2
그녀는 마지막 책을 언제 publish했나요?

▶ **관련 어휘**

publication 명 출판, 발행, 출판물
　　I'm afraid we are going to miss the **publication** deadline.
　　우리는 publication 기한을 맞추지 못할 것 같다.

advantage [ədˈvæntɪdʒ] ☆☆☆☆☆☆☆   ①-②-**③**-④-⑤-⑥-⑦

명 이점, 장점   ·--▶ take advantage of: ~을 이용하다

To take **advantage** of the restaurant's special offer, customers need to make a reservation before July 1.

레스토랑의 특가 제공의 advantage를 이용하려면, 고객들은 7월 1일 전까지 예약을 해야 한다.

> ▶ **핵심 기출 표현**
>
> **advantage over** ~보다 유리한 점/위치   **be at an advantage** 유리한 위치에 있다

extremely [ɪkˈstriːmli] ☆☆☆☆☆☆☆   ①-②-③-④-**⑤**-**⑥**-⑦

부 매우, 극도로

Accountants are usually **extremely** busy during tax season.

회계사들은 보통 납세 기간에 extremely하게 바쁘다.

> ▶ **관련 어휘**
>
> **extreme** 형 극도의; 심각한
>
> ▶ **핵심 기출 표현**
>
> **extremely successful** 대단히 성공적인

claim [kleɪm] ★☆☆☆☆☆☆   ①-②-③-④-**⑤**-**⑥**-⑦

1 동 주장하다; 요구하다   ·--▶ claim (that)절: that 이하를 주장하다

Mr. Fuller **claims** that he shouldn't have to pay for the charges.

Mr. Fuller는 그 청구 명세들을 지불할 필요가 없다고 claim한다.

2 명 (보상금 등의) 청구서; 주장   ·--▶ travel expense claim: 출장비 청구서

The accounting manager requests that all travel expense **claims** be submitted by 4 P.M.

회계 관리자는 모든 출장비 claim들이 오후 4시 이전에 제출될 것을 요청한다.

> ▶ **핵심 기출 표현**
>
> **baggage claim** (공항의) 수하물 찾는 곳

👑700+
RANK
0234

distribute [dɪˈstrɪbjuːt] ☆☆☆☆☆☆☆   ①-②-③-④-⑤-⑥-⑦

1 통 **배부하다 (= hand out)**   distribute A to B: A를 B에게 배부하다 (→ A be distributed to B)
Staff salary information should not be **distributed** to unauthorized personnel.
직원 급여 정보는 권한이 없는 직원에게 distribute되어서는 안 된다.

2 통 **(상품을) 유통하다**
Our shipping company **distributes** goods for various businesses.
우리 운송회사는 다양한 업체들을 위해 상품을 distribute한다.

▶ **관련 어휘**
  distribution 명 1. 배부, 배포 2. 유통   **distributor** 명 배급 업자[회사], 유통회사

👑700+
RANK
0235

statement [ˈsteɪtmənt] ★☆☆☆☆☆☆   ①-②-③-④-⑤-⑥-⑦

1 명 **입출금 명세서**   monthly statement: 월별 명세서
Customers will receive a monthly **statement** showing all account activity.
고객들은 모든 계좌 명세를 보여주는 statement를 매달 받게 될 것이다.

2 명 **성명(서), 진술(서)**
Please sign this **statement** to acknowledge that you understand our library's rules.
당신이 도서관 규칙을 이해했음을 인정하는 이 statement에 서명해 주세요.

▶ **관련 어휘**
  state 통 진술하다 명 1. 상태 2. 나라; 주(州)

▶ **핵심 기출 표현**
  issue a statement 성명서를 발표하다   **joint statement** 공동 성명
  billing statement 대금 청구서   **credit card statement** 신용카드 명세서
  financial statement 재무제표

👑600+
RANK
0236

ability [əˈbɪləti] ★☆☆☆☆☆☆   ①-②-③-④-⑤-⑥-⑦

명 **능력**   leadership ability: 지도력, 통솔력
Penelope was recently promoted to head nurse due to her impressive leadership **ability**.
Penelope는 최근 인상 깊은 리더십 ability로 인해 수간호사로 승진했다.

▶ **관련 어휘**
  able 형 ~할 수 있는; 능력 있는

▶ **핵심 기출 표현**
  ability to do ~할 수 있는 능력

RANK 0237 guarantee [ˌgærənˈti] ☆☆☆☆☆☆☆ ①-②-③-④-⑤-⑥-⑦

1 🔲 보장하다; 품질을 보증하다

Woody's Home Décor **guarantees** safe delivery of furniture to its customers.

Woody's 홈데코는 고객들에게 가구의 안전한 배송을 guarantee한다.

2 🔲 품질 보증서

We provide a **guarantee** that any defective products will be exchanged for free.

저희는 결함이 있는 상품을 무료로 교환해 드리는 guarantee를 제공합니다.

▶ **핵심 기출 표현**

money-back guarantee 환불 보증   guarantee of ~에 대한 보장

RANK 0238 react [riˈækt] ☆☆☆☆☆☆☆ ①-②-③-④-⑤-⑥-⑦

🔲 반응하다, 반응을 보이다   ┈▶ react to: ~에 반응하다

The HR director **reacted** promptly to employees' concerns regarding the new policy.

인사부 부장은 새로운 정책에 관한 직원들의 염려에 즉각적으로 react했다.

▶ **관련 어휘**

reaction 🔲 반응

▶ **핵심 기출 표현**

reaction to ~에 대한 반응   allergic reaction 알레르기 반응

RANK 0239 trouble [ˈtrʌbəl] ☆☆☆☆☆☆☆ ①-②-③-④-⑤-⑥-⑦

1 🔲 문제, 곤란; (기계 등의) 고장 ┈▶ have trouble doing: ~하는 데 어려움을 겪다

The intern had **trouble** adjusting to her new work schedule, but she managed to cope.

그 인턴사원은 자신의 새로운 업무 일정에 적응하느라 trouble을 겪었지만, 가까스로 대처해냈다.

2 🔲 애먹이다, 귀찮게 하다

Mr. Renmore felt bad for **troubling** his supervisor with so many questions.

Mr. Renmore는 너무 많은 질문으로 자신의 상사를 trouble한 것에 마음이 불편했다.

▶ **핵심 기출 표현**

have trouble with ~으로 애를 먹다

protective [prəˈtektɪv] ★☆☆☆☆☆☆ ①·②·③·④·⑤·⑥·⑦

형 보호하는, 보호용의
Protective goggles must be worn when operating manufacturing equipment.
제조 장비를 작동할 때에는 반드시 protective한 안경을 써야 한다.

> ▶ **관련 어휘**
> protect 통 보호하다 protection 명 보호

> ▶ **핵심 기출 표현**
> protective gear[equipment] 보호 장비

prior [praɪr] ☆☆☆☆☆☆☆ ①·②·③·④·⑤·⑥·⑦

형 이전의, (~보다) 우선하는
┈┈▶ prior experience:
이전 경험[경력]
Mr. Kraichek was nominated to head the negotiation team due to his **prior** experiences.
Mr. Kraichek은 그의 prior 경험 덕분에 협상팀을 이끌기 위해 지명되었다.

> ▶ **관련 어휘**
> prior to 전 ~하기 전에

retailer [ˈriːteɪl] ☆☆☆☆☆☆☆ ①·②·③·④·⑤·⑥·⑦

명 소매상, 소매업자
Thanks to higher customer demand, online **retailers** are generating more revenue.
더 많은 고객 수요 덕분에, 온라인 retailer들은 더 많은 수익을 창출하고 있다.

> ▶ **관련 어휘**
> retail 명 소매 통 소매하다 ┈┈▶ retail price: 소매 가격
> If you order a pair of contact lenses today, you'll receive 20 percent off the **retail price**.
> 만약 오늘 콘택트렌즈를 주문하면, retail 가격의 20%를 할인받을 것이다.

revise [rɪˈvaɪz] ★★★★☆☆☆ ①·②·③·④·⑤·⑥·⑦

통 변경하다, 수정하다
The Chief Financial Officer asked the Accounting Department to **revise** next year's budget.
CFO는 회계 부서에 내년도 예산을 revise할 것을 요청했다.

> **관련 어휘**
> **revised** 혱 수정된, 개정된   **revision** 혱 수정, 변경
>
> **핵심 기출 표현**
> **revised work schedule** 수정된 업무 일정   **revised edition** 개정판
> **make revisions to a contract** 계약서를 수정하다

fine [faɪn] ☆☆☆☆☆☆☆ ①-②-③-④-⑤-⑥-⑦

1 몡 **벌금**
There's a **fine** of 40 cents for each day the book is overdue.
책이 연체되는 하루당 40센트의 fine이 있다.

2 혱 **좋은**
Many critics praised Jean Liu's painting as a **fine** piece of artwork.
많은 비평가들은 Jean Liu의 그림을 fine한 예술 작품이라고 칭찬했다.

3 혱 **섬세한; 미세한**
                  ⤑ fine dust: 미세 먼지
South Korea is constantly facing problems with **fine** dust particles.
한국은 계속해서 fine 먼지 입자들에 대한 문제에 직면해 있습니다.

welcome [ˈwelkəm] ☆☆☆☆☆☆☆ ①-②-③-④-⑤-⑥-⑦

1 동 **환영하다**
Each year, Dakota Springs **welcomes** tour groups from over 50 countries.
매해, Dakota Springs는 50개 이상의 국가에서 온 단체 여행객들을 welcome한다.

2 혱 **환영받는**
        ⤑ welcome party: 환영회
There will be a **welcome** party for new employees this Friday.
이번 주 금요일 신입사원들을 위한 welcome 파티가 있을 것이다.

3 몡 **환영**
        ⤑ a warm/hospitable welcome: 따뜻한 환영
Please be sure to give a warm **welcome** to customers as they come into the store.
손님들이 매장에 들어올 때, 그들에게 따뜻한 welcome을 보내주시기 바랍니다.

> **핵심 기출 표현**
> **a welcome addition to** ~에 환영받는 것[사람]   **welcome reception** 환영식

👑700+
RANK
0246

classify [ˈklæsəfaɪ] ★☆☆☆☆☆☆ ①-2-③-4-⑤-6-⑦

···▶ classify A as B: A를 B로 분류하다
(→ A be classified as B)

통 분류하다, 구분하다

PuraSky Cosmetics only uses ingredients that **are classified** as environmentally safe.

PuraSky 화장품은 환경에 안전한 것으로 classify된 재료만을 사용한다.

▶ **관련 어휘**
classified 웹 1. 주제별로 분류된 2. 기밀의　　　　classification 웹 분류; 유형, 범주

👑700+
RANK
0247

capable [ˈkeɪpəbəl] ☆☆☆☆☆☆☆ ①-②-③-④-⑤-⑥-⑦

1 웹 (~을) 할 수 있는　　　;··▶ cabpable of: ~을 할 수 있는

Modern digital cameras are **capable** of recording videos in full high definition.

현대의 디지털카메라는 완전한 고화질로 동영상 촬영을 capable한다.

2 웹 유능한

Cindy is a **capable** employee who can handle this responsibility.

Cindy는 이 업무를 감당할 수 있는 capable한 직원이다.

▶ **관련 어휘**
capability 웹 능력, 역량

👑600+
RANK
0248

educational [ˌedʒəˈkeɪʃənəl] ☆☆☆☆☆☆☆ ①-②-③-④-⑤-⑥-⑦

웹 교육의, 교육적인　　　;··▶ educational material: 교육 자료

NXDesign, Inc. develops **educational** materials for people studying fine arts.

NXDesign사는 미술을 공부하는 사람들을 위한 educational 자료를 개발한다.

▶ **관련 어휘**
education 웹 교육

▶ **핵심 기출 표현**
educational background 학력

proud [praʊd] ★☆☆☆☆☆ ①·②·③·④·⑤·⑥·⑦

혱 자랑스러워하는 ┌--▶ be proud to do: ~하게 되어 자랑스럽다

WRTS Radio is **proud** to sponsor the October Music Festival this weekend.
WRTS 라디오는 이번 주말에 10월 음악 축제를 후원하게 되어 proud하다.

▶ **관련 어휘**
proudly 匣 자랑스럽게   pride 혱 자랑스러움, 자부심

▶ **핵심 기출 표현**
be proud of ~을 자랑스러워하다   take pride in ~을 자랑하다
with pride 자랑스럽게

accurate [ˈækjəət] ★★★☆☆☆ ①·②·③·④·⑤·⑥·⑦

혱 정확한; 정밀한

The catalog is not completely **accurate** because some manufacturers have raised their prices.
일부 제조사들이 가격을 인상했기 때문에 카탈로그가 완전히 accurate하지는 않다.

▶ **관련 어휘**
⑪ inaccurate 혱 부정확한, 오류가 있는
accurately 匣 정확히, 정밀하게
　Accurately entering the research data into the program is very important.
　프로그램에 조사 자료를 accurately하게 입력하는 것이 매우 중요하다.
accuracy 혱 정확(도)

118

Speed Check-up

정답 p.580

다음의 한글 의미를 단서로 삼아 보기에서 알맞은 단어를 골라 넣으세요.

ⓐ budget　　ⓑ opportunity　　ⓒ competitive　　ⓓ revise　　ⓔ firm

01 The landlord is _____ on the monthly rate of the apartment.
확고한

02 The Chief Financial Officer asked the Accounting Department to _____ next year's budget.
수정하다

03 Pidus Group is excited about the _____ to expand into the European market.
기회

04 The director keeps track of the department's monthly _____.
예산

05 Kramben Fashion takes pride in offering top-quality garments at _____ prices.
경쟁력 있는

다음의 한글 해석과 의미가 같아지도록 보기에서 알맞은 단어를 골라 넣으세요.

ⓐ examine　　ⓑ charge　　ⓒ appropriate　　ⓓ requirement　　ⓔ fine

06 Please take a few minutes to _____ the attached document before the meeting. 회의 전에 잠깐 시간을 내서 첨부된 서류를 검토해 주시기 바랍니다.

07 Many critics praised Jean Liu's painting as a _____ piece of artwork.
많은 비평가들은 Jean Liu의 그림을 훌륭한 예술 작품이라고 칭찬했다.

08 Although customer service experience would be helpful, it is not a _____ for the advertised position. 고객서비스 경력이 유용하기는 하겠지만, 구인 광고된 자리의 요건은 아니다.

09 By signing up as a member, you can access our database free of _____.
회원으로 등록하시면, 요금을 내지 않고 저희 데이터베이스에 접속할 수 있습니다.

10 It takes longer to find an _____ job for a highly-specialized candidate.
고도로 전문화된 지원자들을 위해 적절한 직업을 찾는 데 시간이 더 오래 걸린다.

문맥에 어울리는 단어를 보기에서 골라 넣으세요.

ⓐ considerable　　ⓑ outstanding　　ⓒ benefit　　ⓓ capable　　ⓔ guarantees

11 Dr. Talbert was honored for his _____ contributions to the medical field.

12 The business has expanded quickly as a result of _____ effort.

13 Local businesses can _____ greatly from cooperating with one another.

14 Woody's Home Décor _____ speedy and safe delivery of furniture to its customers.

15 Modern digital cameras are _____ of recording videos in full high definition.

한끗 차

나는 한 연예인의 안티팬이다

왜 이리 frequently 나와? 짜증나게

나의 하루는 그녀의 기사를 monitor하며 시작한다

흥!

신곡 발표에 대한 official한 뉴스가 떴군!

그녀가 출연한 드라마를 concentrate 해서 보고

impressive한 연기도 아니구만!

그녀의 일거수일투족을 closely 감시한다

쉬면서 volunteer로 활동한다고? 가식적이야!

detailed한 안티활동을 위해 그녀의 컴백을 기다리는 나

신곡발표 D-10···

finally 인정할 수 밖에 없었다

나 안티팬 아니고

그냥 팬인가봐······

600+ RANK 0251

detailed [ˈdiː·teɪld] ★☆☆☆☆☆☆

(1)·(2)·③·(4)·(5)·⑥·(7)

📖 상세한

The documents contain **detailed** descriptions of the project.

그 서류는 그 프로젝트에 대한 detailed한 설명을 포함한다.

▶ **관련 어휘**

detail 📖 세부, 세부 사항 📖 상세히 열거하다

detailing 📖 세부 장식

The glasses are black with gold **detailing** on the sides.

그 안경은 검은색이고 양쪽 옆에 금색 **detailing**이 있다.

▶ **핵심 기출 표현**

detailed information 상세한 정보 in (more) detail (더) 상세히

600+ RANK 0252

environment [ɪnˈvaɪə·rən·mənt] ★★☆☆☆☆☆

(1)·(2)·③·(4)· (5)·⑥·(7)

📖 환경

 ⤑ work environment: 작업 환경

Felraz Group provides a pleasant work **environment** for all employees.

Felraz 그룹은 직원들에게 쾌적한 작업 environment를 제공한다.

▶ **관련 어휘**

environmental 📖 환경의, 환경과 관련된 environmentally 📖 환경적으로

▶ **핵심 기출 표현**

environmental pollution 환경 오염 environmentally friendly 친환경적인
environmentally responsible 환경에 책임감을 갖는 eco-friendly 친환경적인

▶ **파트 7 대체어 기출 표현: environment 환경, 분위기 → atmosphere 분위기**

comfortable work environment[atmosphere] 편안한 업무 environment[atmosphere]

700+ RANK 0253

procedure [prəˈsi·dʒər] ★☆☆☆☆☆☆

(1)·(2)·③·(4)·⑤·⑥·(7)

📖 절차, 방법

The Marketing Department has come up with innovative **procedures** for promoting products and services.

마케팅 부서는 제품과 서비스 홍보를 위한 혁신적인 procedure를 제안했다.

▶ **관련 어휘**

procedural 📖 절차상의

▶ **핵심 기출 표현**

clinical procedure 임상 절차

121

account [əˈkaʊnt] ★☆☆☆☆☆☆ ①-②-③-④-⑤-⑥-⑦

1 閺 **(은행) 계좌; (이용) 계정**

⋯▶ account information: 계좌 정보

Online banking customers have access to their **account** information 24 hours a day.

온라인 뱅킹 이용 고객들은 그들의 account 정보에 하루 24시간 접속할 수 있다.

2 閺 **설명, 기술**

Since Ms. Sims was out of the office, Harold gave her a brief **account** of the meeting.

Ms. Sims가 외부에 있었으므로, Harold가 짧은 회의 account를 전달했다.

▶ **관련 어휘**

accounting 閺 회계 (업무)　　　　　　　　　accountant 閺 회계사, 회계 담당자

▶ **핵심 기출 표현**

bank account 은행 계좌　　　　　　　　　　savings account 보통 예금 계좌
in account with ~에 계좌가 있는, ~와 신용 거래가 있는　　take ~ into account ~을 고려하다
accounting responsibilities 회계 직무

▶ **파트 7 대체어 기출 표현: account 설명, 기술 → description 서술, 기술**

a detailed **account[description]** of the activities 활동들에 대한 자세한 account[description]

management [ˈmæn·ɪdʒ·mənt] ☆☆☆☆☆☆☆ ①-②-③-④-⑤-⑥-⑦

1 閺 **경영진**

Open communication between **management** and employees is important for the company's growth.

management와 직원들 간의 개방된 의사소통은 기업의 성장에 있어서 중요하다.

2 閺 **경영, 관리**

Mr. Kobayashi is an expert on **management** techniques.

Mr. Kobayashi는 management 기법의 전문가이다.

▶ **관련 어휘**

manage 閺 관리하다; 용케 해내다
　　Who **manages** the call center in Kolkara? 파트 2
　　Kolkara에 있는 콜센터를 누가 manage하나요?

managerial 閺 관리의, 경영의

⋯▶ managerial position: 관리직

　　This job requires applicants to have five years' experience in a **managerial** position.
　　이 일은 5년의 managerial직 경력을 요구한다.

▶ **핵심 기출 표현**

time management 시간 관리　　　　　　　　manage to do ~을 겨우 해내다
managerial experience 관리 경험

▶ **파트 7 대체어 기출 표현: manage 관리하다 → handle 처리하다, 다루다**

the capacity to **manage[handle]** air traffic 항공 교통량을 manage[handle]할 수 있는 수용력

RANK 0256

healthy [ˈhel·θi] ★☆☆☆☆☆☆   ①-②-③-④-⑤-⑥-⑦

휑 건강한; 건강에 좋은
According to research, those who sleep before 10 P.M. are more likely to be **healthy**.
연구에 따르면, 저녁 10시 전에 잠드는 사람들은 healthy할 가능성이 더 크다.

▶ **관련 어휘**
healthful 휑 건강에 좋은   **healthcare** 몡 건강 관리; 의료
health 몡 건강; 건전성
　　Receptionists in the doctor's office are asked to keep **health** brochures in an accessible location.
　　병원의 접수 담당자들은 **health** 책자들을 접근하기 쉬운 곳에 비치하도록 요구받는다.

▶ **핵심 기출 표현**
health insurance 건강 보험   **financial health** 재정 건전성

RANK 0257

retire [rɪˈtaɪər] ☆☆☆☆☆☆☆   ①-②-③-④-⑤-⑥-⑦

툉 은퇴하다, 퇴직하다
 ┈▶ retire from: ~에서 은퇴하다/퇴직하다
People should save money early to prepare for when they **retire** from the workforce.
사람들은 retire할 때를 대비해서 일찍부터 저축해야 한다.

▶ **관련 어휘**
retirement 몡 은퇴, 퇴직   **retiree** 몡 은퇴자, 퇴직자

▶ **핵심 기출 표현**
retirement party[celebration, ceremony] 은퇴 행사
early retirement 조기 퇴직   **retirement plan** 퇴직자 연금 제도

RANK 0258

impressive [imˈpres·ɪv] ☆☆☆☆☆☆☆   ①-②-③-④-⑤-⑥-⑦

휑 인상적인, 감명 깊은
Thanks to its **impressive** art collection, the number of visitors to gallery has grown significantly.
impressive한 예술품 컬렉션 덕분에, Ojakuru 미술관의 방문객 수가 상당히 증가했다.

▶ **관련 어휘**
impression 몡 인상, 느낌; 감동   **impress** 툉 깊은 인상을 주다
impressed 휑 감명 받은 ┈▶ be impressed with: ~으로 감명받다
　　I'm very **impressed** with your sales record this year.
　　저는 올해 당신의 매출 실적에 매우 **impressed**했어요.

▶ 핵심 기출 표현

make a good impression on ~에게 좋은 인상을 주다

▶ 파트 7 대체어 기출 표현: impression 인상, 느낌 → idea 생각, 느낌

get an impression[idea] impression[idea]를 받다

▶ 혼동 어휘 노트: impressive vs. impressed

impressive는 감정을 일으키는 대상을 나타낼 때 사용하므로 사람과 사물 명사 모두를 수식/서술할 수 있지만, impressed는 사람의 감정을 나타낼 때 사용하기 때문에 사람 명사만을 수식/서술할 수 있다.

600+
RANK
0259

productive [prəˈdʌk·tɪv] ★★★★☆☆ ①-②-③-④-⑤-⑥-⑦

휑 생산적인

To be **productive**, employees should take regular breaks throughout the day.

productive이기 위해, 직원들은 하루 종일 규칙적인 휴식 시간을 취해야 한다.

▶ 관련 어휘

produce 통 생산하다 명 농산물   product 명 제품
production 명 생산(량)
productivity 명 생산성   ╎--▶ employee productivity: 직원 생산성
  In order to maximize employee **productivity**, occasional breaks are needed.
  직원 productivity를 최대화하기 위해, 이따금의 휴식은 필요하다.
  Can we discuss the **production** quota now? 파트 2
  production 할당량에 대해 지금 얘기 나눌 수 있나요?

▶ 핵심 기출 표현

production cost 생산 비용   product line 상품군

600+
RANK
0260

concentrate [ˈkɑn·sənˌtreɪt] ★☆☆☆☆☆ ①-②-③-④-⑤-⑥-⑦

통 집중하다, 전념하다   ╎--▶ concentrate on: ~에 집중하다

Allow us to handle your data processing so that you can **concentrate** on your business.

귀하가 사업에 concentrate할 수 있도록 데이터 처리는 저희에게 맡겨 주십시오.

▶ 관련 어휘

concentration 명 집중, 농도   concentrated 휑 집중적인, 결연한

▶ 핵심 기출 표현

concentrated effort 집중적인 노력

600+
RANK 0261

efficient [ɪˈfɪʃ·ənt] ★★★☆☆☆☆　　①-②-③-④-⑤-⑥-⑦

형 **효율적인; 능률적인**

Working in groups is very **efficient**.
팀으로 일하는 것은 매우 efficient하다.

▶ 관련 어휘

efficiency 명 효율(성), 능률
The Quality Control Department implemented several new policies to improve production **efficiency**.
품질 관리부는 생산 efficiency를 향상시키기 위해 몇 가지 새로운 정책들을 시행했다.

efficiently 부 효율적으로, 능률적으로
The manager informed the employees about using energy more **efficiently** in the office.
관리자는 직원들에게 사무실에서 에너지를 더 efficiently하게 사용하는 것에 관해 알렸다.

▶ 핵심 기출 표현

energy-efficient 에너지 효율이 좋은　　**fuel-efficient** 저연비의, 연료 효율이 좋은
energy efficiency 에너지 효율성

600+
RANK 0262

approach [əˈproʊtʃ] ★★☆☆☆☆☆　　①-②-③-④-⑤-⑥-⑦

1 명 **접근, 접근법**

The company needs to take a different **approach** to solve the problem.
그 회사는 문제를 해결하기 위해 다른 approach를 취할 필요가 있다.

2 동 **다가가다, 접근하다**

People are **approaching** a bus. 파트1
사람들이 버스에 approach하고 있다.

700+
RANK 0263

reasonable [ˈriːzə·nə·bəl] ★★☆☆☆☆☆　　①-②-③-④-⑤-⑥-⑦

형 **합리적인, 합당한**

The restaurant's food is delicious, and its prices are **reasonable**.
그 식당의 음식은 맛있고, 가격이 reasonable하다.

▶ 관련 어휘

reasonably 부 상당히, 꽤; 합리적으로

▶ 핵심 기출 표현

at a reasonable price 적당한 가격으로　　**reasonably priced** 합리적인 가격의

600+
RANK 0264

popular [ˈpɑ·pjə·lər] ★★★★☆☆ ①-②-③-④-⑤-⑥-⑦

옝 인기 있는

The new smartphones are very **popular** among college students.

그 새 스마트폰은 대학생들 사이에 매우 popular하다.

▶ **관련 어휘**
popularity 옝 인기

▶ **핵심 기출 표현**
popular with ~에게 인기 있는

700+
RANK 0265

volunteer [ˌvɑ·lən·ˈtɪər] ☆☆☆☆☆☆ ①-②-③-④-⑤-⑥-⑦

옝 자원봉사자

Volunteers at the convention will be required to work in shifts.

컨벤션의 volunteer들은 교대로 일해야 할 것이다.

통 자원하다 ┌--▶ volunteer to do: ~하려고 자원하다
Mr. Sharma has **volunteered** to work at the food stand.

Mr. Sharma는 음식 가판에서 일하려고 volunteer했다.

▶ **관련 어휘**
voluntary 옝 자발적인; 자원해서 하는 involuntarily 튄 본의 아니게, 부지불식간에
voluntarily 튄 자발적으로, 자진해서
Many participants **voluntarily** stayed behind to help clean up the office.
많은 참가자가 사무실 청소를 돕기 위해 **voluntarily** 남았다.

700+
RANK 0266

issue [ˈɪʃ·u] ★☆☆☆☆☆ ①-②-③-④-⑤-⑥-⑦

1 옝 사안; 문제
The elevator cannot be used today due to **issues** with its electrical system.
이 엘리베이터는 전기 시스템 issue들로 인하여 금일은 사용하실 수 없습니다.

2 옝 (정기 간행물의) 호; 발행
Dr. Wilson's article will be in the April **issue**.
Dr. Wilson의 기사가 4월 issue에 실릴 것이다.

3 통 발표하다; 발급하다 ┌--▶ issue a statement: 성명을 발표하다
The president will **issue a statement** later today regarding the signing of the merger.
회장은 오늘 늦게 합병 서명에 관한 성명을 issue할 것이다.

▶ **관련 어휘**

issuance 명 지급, 발행

▶ **핵심 기출 표현**

common issue 흔히 일어나는 문제　　　　　　　　**address an issue** 쟁점을 거론하다

▶ **파트 7 대체어 기출 표현**

① **issue** 사안; 문제 → **conflict** 갈등, 분쟁

finish the meeting without any **issues[conflicts]** 아무런 issue[conflict] 없이 회의를 마치다

② **issue** 발급하다, 발행하다 → **provide** 제공하다

issue[provide] a new parking permit 새 주차 허가증을 issue[provide]하다

---

official [əˈfiʃ·əl] ☆☆☆☆☆☆☆

1 형 공(식)적인; 공무상의

The **official** opening of Rexicorp Bank's fifth branch will take place this Friday.

Rexicorp 은행의 다섯 번째 지점의 official한 개점이 이번 주 금요일에 열릴 것이다.

2 명 (고위) 공무원, 관리

A city **official** will inspect our facility soon.

시 official은 조만간 우리 시설을 점검할 것이다.

▶ **관련 어휘**

officially 부 공식적으로

▶ **핵심 기출 표현**

government/city officials 정부/시 관계자[공무원]

---

allow [əˈlaʊ] ★☆☆☆☆☆☆

명동 허락하다, 허용하다　　　　　·‑‑▶ allow A to do: A가 ~하도록 허용하다 (→ A be allowed to do)

Mr. Smith **allows** nonprofit organizations to use his photographs free of charge.

Mr. Smith는 비영리 기구가 자신의 사진을 무료로 사용하는 것을 allow한다.

▶ **관련 어휘**

allowance 명 1. 수당, 지급액 2. 허용량

Every employee will receive an **allowance** for working on weekends.

모든 직원이 주말에 한 근무에 대해 **allowance**를 받을 것이다.

▶ **핵심 기출 표현**

allow for ~을 감안하다[참작하다]　　　　　　**baggage allowance** 수하물 허용 한도

overtime allowance 초과 근무 수당

RANK 0269 · 700+

merger [ˈmɝː.dʒɚ] ☆☆☆☆☆☆☆

①-②-③-④-⑤-⑥-⑦

명 (업체 간) 합병

⌐--▶ merger with: ~와의 합병

The board approved the **merger** with Hascon Co. on Monday.
이사회는 월요일에 Hascon사와의 merger를 승인했다.

▶ **관련 어휘** merge ⑧ 합병하다

▶ **핵심 기출 표현**
mergers and acquisitions 기업 인수 합병 (= M&A)
merge with ~와 합병하다
merge A with B A와 B를 합병시키다 (→ A be merged with B)
merge A and B A와 B를 합치다

RANK 0270 · 700+

reveal [rɪˈviːl] ☆☆☆☆☆☆☆

①-②-③-④-⑤-⑥-⑦

동 드러내다, 밝히다

⌐--▶ reveal (that)절: that 이하를 밝히다

An analyst **revealed** that the housing market will improve soon.
한 분석가는 주택 시장이 곧 개선될 것이라고 reveal했다.

▶ **핵심 기출 표현**
reveal A (to B) A를 (B에게) 누설하다 (→ A be revealed to B)

RANK 0271 · 700+

frequently [ˈfriː.kwənt.li] ★★★☆☆☆☆

①-②-③-④-⑤-⑥-⑦

부 자주, 흔히

Please save your documents **frequently** to ensure proper file management.
적절한 파일관리를 위해 여러분의 파일을 frequently하게 저장해 주세요.

▶ **관련 어휘**
frequency ⑲ 1. 빈도 2. 주파수
frequent ⑱ 잦은, 빈번한
　　Do you have a **frequent** shopper's card for our supermarket?
　　저희 슈퍼마켓의 frequent 고객 카드가 있으신가요?

▶ **핵심 기출 표현**
frequently asked questions 자주 묻는 질문 (= FAQ)　**frequent flyer** (비행기의) 단골 고객

128

RANK 0272 — lower [ˈloʊ.ɚ] ★☆☆☆☆☆ ①-②-③-④-⑤-⑥-⑦

1 🔳 낮추다, 내리다

Lowering overhead costs does not necessarily lead to higher returns.
고정비를 lower하는 것이 반드시 더 높은 수익을 가져오는 것은 아니다.

2 🔳 더 낮은 (low의 비교급)

Boyle Prints provides its services for **lower** prices than its competition.
Boyle 인쇄소는 경쟁사보다 lower한 가격에 서비스를 제공한다.

▶ **관련 어휘**

low 🔳 낮은
The local market attracts customers with **low** prices.
지역 시장은 low한 가격으로 손님들을 끌어들인다.

▶ **핵심 기출 표현**

lower the pressure 압력을 낮추다   the lower pressure 더 낮은 압력

RANK 0273 — closely [ˈkloʊs.li] ★★☆☆☆☆

🔳 면밀하게, 주의 깊게

Staff training is **closely** monitored to ensure employees are aware of industry regulations.
직원 교육은 직원들이 산업 규정을 확실히 숙지할 수 있도록 하기 위해 closely하게 모니터 된다.

▶ **관련 어휘**

close 🔳 가까운; 친밀한 🔳 (문 등을) 닫다

▶ **핵심 기출 표현**

get close 가까워지다   close to ~가까이에
closely examine 면밀하게 조사하다

RANK 0274 — double [ˈdʌb.əl] ☆☆☆☆☆☆ ①-②-③-④-⑤-⑥-⑦

1 🔳 두 배로 되다[만들다]

Corehall Corporation's stock value has **doubled** from $40 to more than $80 per share.
Corehall사의 주가가 주당 40달러에서 80달러 이상으로 올라 double이 되었다.

2 🔳 두 배의

We will need a **double** order of office supplies this month.
우리는 이번 달 사무용품을 double로 주문해야 할 것이다.

3 명 두 배

After her interview, the company offered Ms. Kim **double** her previous salary.

면접이 끝난 후, 회사는 Ms. Kim에게 그녀의 이전 월급의 double을 제공했다.

▶ **핵심 기출 표현**

double the size of ~의 규모를 두 배로 늘리다   **double in size** 규모 면에서 두 배가 되다

headquarter [ˈhedˌkwɔːr.t̬ɚ] ☆☆☆☆☆☆☆ ①-②-③-④-⑤-⑥-⑦

1 명 (-s) 본사

This place is perfect for the company's new **headquarters**.

이 장소는 회사의 새 headquarters로 완벽하다.

2 형 (-ed) ~에 본부[본사]를 두고 있는   ····▶ be headquartered in: ~에 본사[본부]를 두다

Cohen Incorporated is **headquartered** in Tel Aviv.

Cohen 기업은 Tel Aviv에 headquarter하고 있다.

reply [rɪˈplaɪ] ★☆☆☆☆☆ ①-②-③-④-⑤-⑥-⑦

     ·····▶ reply to: ~에 회신하다

1 통 대답하다; 답장을 보내다

Please **reply to** this message to confirm your attendance to the conference.

당신의 학회 출석 여부를 확인하기 위한 이 메시지에 reply해 주시길 바랍니다.

2 명 대답; 답장

Our customer support center will send a **reply** within one day of receiving the inquiry.

저희 고객 지원 센터는 문의 접수 후 하루 이내 reply를 드릴 것입니다.

skill [skɪl] ★☆☆☆☆☆ ①-②-③-④-⑤-⑥-⑦

명 솜씨, 기량

Creative thinking is an important **skill** for this job position.

창의적인 생각은 이 직책을 위한 중요한 skill이다.

▶ **관련 어휘**

skillfully 부 솜씨 있게, 교묘하게
skilled 형 숙련된, 노련한

Fashion Monthly is seeking a **skilled** photographer with three years of professional experience.

〈월간 패션〉은 3년의 전문 경력을 가진 skilled한 사진작가를 구하고 있다.

▶ **핵심 기출 표현**

interpersonal skills 대인 관계 능력   **be skilled in/at** ~에 능숙하다
highly skilled 고도로 숙련된

RANK 0278 committee [kəˈmɪt̬.i] ★☆☆☆☆☆☆

명 위원회

One member of the **committee** will be selected as a chairperson to lead meetings.
committee 멤버 중 한 명이 회의를 주재할 의장으로 선출될 것이다.

▶ 핵심 기출 표현

organizing committee 조직 위원회　　　　judging committee 심사위원단

RANK 0279 alternative [ɑːlˈtɜː.nə.t̬ɪv] ★☆☆☆☆☆☆ ①-②-③-④-⑤-⑥-⑦

1 명 대안; 대체품

Kalopa Co. is considering several other vendors to find a cheaper **alternative**.
Kalopa 주식회사는 더 저렴한 alternative를 찾기 위해 몇 개의 다른 판매업체를 고려 중이다.

2 형 대체 가능한, 대안이 되는

We must have an **alternative** location for the concert in case of rain.
우리는 우천 시를 대비해 alternative 콘서트 장소가 있어야 한다.

▶ 관련 어휘

alternatively 부 그 대신에, 그렇지 않으면　　　alternate 형 번갈아 나오는 동 번갈아 나오다

▶ 핵심 기출 표현

alternative to ~에 대한 대안　　　alternative flight 대체 항공편
alternative venue 대체할 장소

RANK 0280 admission [ədˈmɪʃ.ən] ☆☆☆☆☆☆☆ ①-②-③-④-⑤-⑥-⑦

명 입장; 입학　　　⋯▸ admission to: ~로의 입장

The ticket includes **admission** to all of the park's attractions.
이 티켓은 공원에 있는 모든 명소들의 admission을 포함한다.

▶ 핵심 기출 표현

admission fee 입장료　　　free admission 무료입장

RANK 0281 achieve [əˈtʃiːv] ☆☆☆☆☆☆☆ ①-②-③-④-⑤-⑥-⑦

동 달성하다, 성취하다

Ticrone Corporation **achieved** its sales target for the year.
Ticrone 주식회사는 한해 판매목표를 achieve했다.

131

RANK 0282 finally [ˈfaɪ.nəl.i] ★★☆☆☆☆☆   ①·②·③·④·⑤·⑥·⑦

부 마침내; (순서상) 마지막으로

After several months of delays, renovation of the building lobby has **finally** been completed.
수 개월 간의 지연 후에, 건물 로비의 수리가 finally 완성되었다.

▶ 관련 어휘
final 형 마지막의, 최종의 명 결승전

RANK 0283 carefully [ˈker.fəl.i] ★★☆☆☆☆☆   ①·②·③·④·⑤·⑥·⑦

부 주의하여, 신중히   ┈▶ carefully examine: 면밀히 조사하다

Architects will **carefully** examine the site for the new factory and make recommendations.
건축가들은 새 공장부지를 carefully하게 조사한 후 추천할 것이다.

▶ 관련 어휘
care 명 1. 돌봄 2. 주의   careful 형 조심하는, 주의 깊은

▶ 핵심 기출 표현
take care of ~을 처리하다, 돌보다   care for ~을 좋아하다, 돌보다
with (the utmost) care (극도로) 주의하여   handle with care 취급 주의

RANK 0284 campaign [kæmˈpeɪn] ★☆☆☆☆☆☆   ①·②·③·④·⑤·⑥·⑦

1 명 캠페인, 운동   ┈▶ advertising campaign: 광고 캠페인

Thank you for submitting a proposal for the advertising **campaign**.
광고 campaign에 대한 제안서를 제출해 주셔서 감사합니다.

2 동 캠페인을 벌이다

No one at Fleming Investments **campaigned** more eagerly for market expansion than Penny Bradford.
Fleming 투자사의 누구도 Penny Bradford보다 더 열심히 시장 확장을 위해 campaign하지 않았다.

host [hoʊst] ☆☆☆☆☆☆☆

RANK 0285 ♔600+

①-②-③-④-⑤-⑥-⑦

1 통 (행사를) 주최하다; (프로그램을) 진행하다

John **hosted** a successful fund-raiser for wildfire victims.

John은 들불 피해자들을 위해 성공적인 모금행사를 host했다.

2 명 (행사의) 주최자; (프로그램) 진행자

Tex-PC will be the **host** for this year's community race.

Tex-PC가 올해 지역 사회 경주의 host가 될 것이다.

> ▶ 핵심 기출 표현
> **host an event** 행사를 주최하다

initial [ɪˈnɪʃ·əl] ★★★☆☆☆☆

RANK 0286 ♔700+

①-②-③-④-⑤-⑥-⑦

형 처음의, 초기의

The **initial** shipment of the new laptops was delivered this morning.

새 노트북의 initial 배송이 오늘 아침에 배달되었다.

명 이름의 첫 글자

Please sign your **initials** here to acknowledge your understanding of the agreement.

이곳에 계약 내용의 이해를 인정하는 initial을 서명해 주십시오.

> ▶ 관련 어휘
> **initially** 뿐 처음에

search [sɜrtʃ] ☆☆☆☆☆☆☆

RANK 0287 ♔600+

①-②-③-④-⑤-⑥-⑦

1 통 검색하다, 살펴보다 ·--▶ search for: ~을 찾다

Many students begin **searching** for a job before they graduate from university.

많은 학생이 졸업도 하기 전에 직업을 search하기 시작한다.

2 명 검색 ·--▶ conduct a search: 검색하다, 찾다

The hiring committee is conducting a **search** for a new marketing manager.

채용 위원회에서 새로운 마케팅 관리자를 search하고 있다.

gather [ˈɡæð·ər] ☆☆☆☆☆☆☆

①-②-③-④-⑤-⑥-⑦

1 图 (정보를) 모으다, 수집하다

····▶ gather information: 정보를 수집하다

Surveys are the most common way to **gather** information about customer opinions.

설문조사는 고객 의견에 대한 정보를 gather할 수 있는 가장 흔한 방법이다.

2 图 (사람들이[을]) 모이다[모으다]

A crowd has **gathered** around a musician. 파트 1

사람들이 음악가 주위에 gather해 있다.

▶ **관련 어휘** gathering 图 1. 모임 2. 수집

▶ **핵심 기출 표현**
farewell gathering 송별회

act [ækt] ☆☆☆☆☆☆☆

①-②-③-④-⑤-⑥-⑦

····▶ act as: ~로서의 역할을 하다

1 图 (특정한) 행동을 하다; 역할을 하다

FitBod's fitness tracker **acts** as a heart rate monitor as well as a calorie counter.

FitBod 피트니스 트래커는 심박수 측정기와 열량 계산기로 act한다.

2 图 (특정한) 행동, 행위

Donating money to charity is an **act** of good will.

자선 단체에 돈을 기부하는 것은 선의의 act이다.

3 图 법률; (연극 등의) 막

In accordance with the private information **act**, customers' data will not be disclosed to third parties.

개인 정보 act에 따라, 고객 정보는 제 3자에게 공개되지 않을 것이다.

present [ˈprez·ənt] ★★★☆☆☆☆

①-②-③-④-⑤-⑥-⑦

1 图 제시하다

Visitors to the museum must **present** valid tickets at the entrance.

박물관 방문객들은 반드시 입구에서 유효한 입장권을 present해야 한다.

2 图 발표하다; (프로그램을) 진행하다

She is **presenting** some information. 파트 1

여자가 어떤 정보를 present하고 있다.

3 图 출석한, 참석한; 현재의

There were many guests **present** at the store's opening party.

매장 개장식에 많은 사람들이 present했다.

▶ **관련 어휘**

presentation 명 발표, 프레젠테이션
Ms. Gonzales will not take questions during her **presentation** today.
Ms. Gonzales는 오늘 **presentation** 중에는 질문을 받지 않을 것이다.

presently 부 현재, 지금
Nexwen Corporation is **presently** interviewing candidates for the sales manager position.
Nexwen사는 **presently** 영업 관리직을 위한 지원자들을 인터뷰하고 있다.

▶ **핵심 기출 표현**

present A with B [B to A] A에게 B를 제공하다
at present 현재는, 지금은

present an award 상을 수여하다
give a presentation 발표하다

▶ **파트 7 대체어 기출 표현: present (프로그램을) 진행하다 → deliver (연설, 강연 등을) 하다**

deliver[present] a series of workshop 일련의 워크숍을 deliver[present]하다

 600+
RANK 0291

downtown [ˌdaʊnˈtaʊn] ☆☆☆☆☆☆☆

1 형 시내의
⋯▶ downtown area: 도심 지역
Lo and Partners will be relocating to the **downtown** area.
Lo and Partners사는 downtown 지역으로 이전할 계획이다.

2 부 시내에(로)
Courteney commutes **downtown** for work.
Courteney는 회사로 가기 위해 downtown으로 출퇴근한다.

 600+
RANK 0292

structure [ˈstrʌk·tʃər] ☆☆☆☆☆☆☆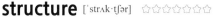

명 구조(물), 건축물
Ripobella Manor is the most famous historical **structure** in town.
Ripobella 저택은 도시에서 가장 유명한 역사적 structure이다.

 600+
RANK 0293

local [ˈloʊ·kəl] ★☆☆☆☆☆☆

1 형 (특정) 지역의, 현지의
Supermarkets do business with **local** farms to get the freshest produce.
슈퍼마켓들은 가장 신선한 농산물을 얻기 위해 local 농장들과 거래를 한다.

2 명 (-s) 주민, 현지인
The article included interviews with Starmont City **locals**.
기사는 Starmont시 local들의 인터뷰를 포함했다.

▶ **관련 어휘**

locally 부 위치상으로

locale 명 (사건 등의) 현장

electronic [ɪˌlekˈtrɑ·nɪk] ★☆☆☆☆☆ ①·②·③·④·⑤·⑥·⑦

RANK 0294 👑600+

혱 (장치가) 전자의; 온라인상의

In response to customer demand, we have decided to produce more **electronic** readers.
고객들의 요구에 응하여, 우리는 더 많은 electronic 리더기를 생산하기로 결정했다.

▶ **관련 어휘**
electronically 🕮 전자적으로; 온라인으로   electronics 혱 1. 전자 공학[기술] 2. 전자 제품

specialize [ˈspeʃ·əˌlaɪz] ☆☆☆☆☆☆ ①·②·③·④·⑤·⑥·⑦

RANK 0295 👑700+

툍 ~을 전문으로 하다; ~을 전공하다 ⤙ specialize in: ~을 전문으로 하다, ~을 전공하다

Wattora Travel Agency **specializes** in tours for low-budget travelers.
Wattora 여행사는 적은 예산의 여행객들을 위한 여행 상품을 specialize하고 있다.

▶ **관련 어휘**
specialist 혱 전문가
  Our **specialists** will inspect your heating system.
  우리의 specialist들이 당신의 난방 시스템을 점검할 것입니다.
specialty 혱 1. 전문, 전공 2. 특선; 특산품
  Express deliveries are our **specialty**.
  특급 배송은 우리의 specialty이다.
  The tour group enjoyed shopping for local **specialties**.
  여행 그룹은 지역 specialty 쇼핑을 즐겼다.
specialization 혱 전문화   specialized 혱 전문화된, 전문적인

▶ **핵심 기출 표현**
local specialty 지역 특산물

monitor [ˈmɑ·nɪ·tər] ★★☆☆☆☆ ①·②·③·④·⑤·⑥·⑦

RANK 0296 👑600+

1 툍 추적 관찰하다; 감시하다

Please **monitor** your division's budget as carefully as possible.
귀하의 부서의 예산을 최대한 주의 깊게 monitor해 주세요.

2 혱 화면, 모니터 (= screen)

Two **monitors** have been positioned side by side. 파트1
2개의 monitor가 나란히 놓여 있다.

▶ **핵심 기출 표현**
closely monitor 면밀하게 감시하다

▶ **파트 7 대체어 기출 표현: monitor 추적 관찰하다 → observe 관찰하다**
managers who **monitor[observe]** employees 직원들을 monitor[observe]하는 관리자들

RANK 0297

clear [klɪər] ★☆☆☆☆☆ ①-②-③-④-⑤-⑥-⑦

1 图 (깨끗이) 치우다

Make sure you **clear** everything out of the meeting room before you leave.

퇴근하기 전에 모든 것을 회의실 밖으로 확실히 clear하도록 하세요.

2 图 승인하다; 승인을 얻다

You must get your vacation request **cleared** by your manager one week in advance.

일주일 전에 미리 관리자에게 휴가 신청서를 clear받아야 한다.

3 图 분명한, 명확한; (날씨가) 맑은

The company has a **clear** set of guidelines regarding equipment rentals.

회사는 장비 대여에 관하여 clear한 지침을 가지고 있다.

▶ **관련 어휘**

clearly 图 분명히, 알기 쉽게; 또렷하게

The manual **clearly** explains the procedures for ordering office supplies.

안내서는 사무용품을 주문하는 절차에 대해 clearly하게 설명하고 있다.

clearance 图 1. (재고) 정리 2. 승인, 허가

▶ **핵심 기출 표현**

speak clearly 분명히 말하다   **clearly visible** 또렷하게 보이는

on clearance 점포 정리 세일 중인   **clearance sale** 창고 정리 세일

▶ **파트 7 대체어 기출 표현: clear 승인하다 → approve 승인하다**

the additional expense that the manager **cleared[approved]**

매니저가 clear[approve]했던 추가 경비

RANK 0298

early [ˈɜr·li] ★★☆☆☆☆ ①-②-③-④-⑤-⑥-⑦

1 图 (시간상) 이른, 조기의

┄┄▸ early booking discount: 조기 예약 할인

We should purchase our tickets soon to take advantage of the **early** booking discount.

early 예약 할인을 이용하기 위해 티켓을 빨리 구매해야 한다.

2 图 (시간상) 일찍, 조기에

Let's leave **early** for our dinner with the director. 파트 2

이사님과의 저녁 식사를 위해 early 퇴근합시다.

▶ **핵심 기출 표현**

earlier than expected 예상보다 일찍

DAY 01
DAY 02
DAY 03
DAY 04
DAY 05
DAY 06
DAY 07
DAY 08
DAY 09
DAY 10

700+
RANK
0299

decline [dɪˈklaɪn] ★★☆☆☆☆☆   ①·②·③·④·⑤·⑥·⑦

1 명 **감소, 하락**   ---▸ decline in ~의 감소
The recent **decline** in sales of printed newspapers has caused concern among *Zimmer News'* investors.
종이 신문의 최근 매출액 decline은 〈Zimmer 뉴스〉의 투자자들 사이에 우려를 자아냈다.

2 통 **감소하다**
Due to increase in competition, sales at Shomayu Cosmetics have **declined** considerably.
경쟁의 증가로 인해, Shomayu 화장품의 판매가 크게 decline했다.

3 통 **거절하다**   ---▸ decline the invitation: 초대를 거절하다
Dr. Dagasi respectfully **declined** the invitation because of a prior engagement.
Dr. Dagasi는 선약 때문에 초대를 정중히 decline했다.

▶ **관련 어휘**
  declining 형 기우는, 쇠퇴하는

▶ **파트 7 대체어 기출 표현: decline 거절하다 → reject 거절하다**
  decline[reject] an offer 제안을 decline[reject]하다

600+
RANK
0300

international [ˌɪn·tərˈnæʃ·ə·nəl] ☆☆☆☆☆☆☆   ①·②·③·④·⑤·⑥·⑦

형 **국제적인**
Due to the lack of **international** visitors, many local tour companies are experiencing reduced sales.
international 방문객들의 부족으로 많은 지역 여행사들이 매출액 감소를 겪고 있다.

▶ **관련 어휘**
  internationally 부 국제적으로

▶ **핵심 기출 표현**
  international flight 국제선

Speed Check-up

정답 p.580

다음의 한글 의미를 단서로 삼아 보기에서 알맞은 단어를 골라 넣으세요.

ⓐ lowering　　ⓑ initial　　ⓒ alternative　　ⓓ reasonable　　ⓔ specializes

01　The _____ shipment of the new laptops was delivered this morning.
　　처음의

02　Wattora Travel Agency _____ in tours for low-budget travelers.
　　전문으로 하다

03　Kalopa Co. is considering several other vendors to find a cheaper _____.
　　대안

04　The restaurant's food is delicious, and its prices are _____.
　　합리적인

05　_____ overhead costs does not necessarily lead to higher returns.
　　낮추다

다음의 한글 해석과 의미가 같아지도록 보기에서 알맞은 단어를 골라 넣으세요.

ⓐ declined　　ⓑ revealed　　ⓒ efficient　　ⓓ frequently　　ⓔ detailed

06　Working in groups is very _____. 팀으로 일하는 것은 매우 능률적이다.

07　The documents contain _____ descriptions of the project.
　　그 서류는 그 프로젝트에 대한 상세한 설명을 포함한다.

08　Dr. Dagasi respectfully _____ the invitation because of a prior engagement.
　　Dr. Dagasi는 선약 때문에 초대를 정중히 거절했다.

09　Please save your documents _____ to ensure proper file management.
　　적절한 파일 관리를 위해 여러분의 파일을 자주 저장해 주세요.

10　An analyst _____ that the housing market will improve soon.
　　한 분석가는 주택 시장이 곧 개선될 것이라고 밝혔다.

문맥에 어울리는 단어를 보기에서 골라 넣으세요.

ⓐ present　　ⓑ clear　　ⓒ volunteered　　ⓓ achieved　　ⓔ productive

11　To be _____, employees should take regular breaks throughout the day.

12　Visitors to the museum must _____ valid tickets at the entrance.

13　Mr. Sharma has _____ to work at the food stand.

14　Make sure you _____ everything out of the meeting room before you leave.

15　Ticrone Corporation _____ its sales target for the year.

DAY 07

스마트폰의 비밀 기능

improve [ɪmˈpruv] ★★★★☆☆☆ ①-②-③-④-⑤-⑥-⑦

⑧ 개선되다, 개선하다

How are you planning to **improve** our operations? 파트 2
우리 사업을 어떻게 improve하려고 계획하고 있나요?

▶ **관련 어휘**

improved ⑱ 개선된, 향상된
improvement ⑲ 개선, 향상; 개선 공사 ┆--▶ improvement in: ~의 개선[향상]
There has not been much **improvement** in traffic congestion despite the new subway line.
신설 지하철 라인에도 불구하고, 교통 체증에 많은 **improvement**가 없었다.

updated [ˈʌpˌdeɪtɪd] ★★★☆☆☆☆ ①-②-③-④-⑤-⑥-⑦

⑱ 최신의, 업데이트된

The company's **updated** customer database will include client feedback.
회사의 updated된 고객 데이터베이스는 고객 피드백을 포함하게 될 것이다.

▶ **관련 어휘**

update ⑧ 업데이트하다, 갱신하다 ⑲ 최신판
Please **update** me on my order status as soon as possible.
가급적 빨리 저의 주문 상태를 **update**해 주세요.
up-to-date ⑱ 최신의, 최신식의
Claire's personnel file is **up-to-date**.
Claire의 인사 파일은 **up-to-date**이다.

▶ **핵심 기출 표현**
updated version 최신 버전

research [ˈrisɜrtʃ] ☆☆☆☆☆☆☆ ①-②-③-④-⑤-⑥-⑦

⑲ (연구) 조사

┆--▶ research on: ~에 대한 연구
New features were added after extensive **research** on consumer preference.
고객 선호도에 대한 광범위한 research 후에 새로운 기능들이 추가되었다.

▶ **핵심 기출 표현**
carry out research 연구를 수행하다   **research and development (= R&D)** 연구 개발

RANK 0304 600+

innovative [ˈɪnəˌveɪtɪv] ★★☆☆☆☆☆   ①-②-③-④-⑤-⑥-⑦

혱 혁신적인

Kalooni Group's design won an award for displaying the most **innovative** use of color.

Kalooni 그룹의 디자인이 가장 innovative한 색채의 사용을 보여줘서 상을 받았다.

> **관련 어휘**
> innovation 몡 혁신   innovate 툥 혁신하다
> **핵심 기출 표현** industrial innovation 산업 기술 혁신

RANK 0305 700+

warranty [ˈwɔːrənti] ☆☆☆☆☆☆☆   ①-②-③-④-⑤-⑥-⑦

몡 품질 보증서

Damage caused by the customer is not covered by this **warranty**.

고객에 의해 발생한 파손은 이 warranty로 보상되지 않는다.

> **관련 어휘** warrant 툥 정당하게[타당하게] 만들다
> **핵심 기출 표현**
> under warranty 보증 기간 중인   extended warranty 연장 보증
> lifetime warranty 평생 보증   warranty service 보증 서비스

RANK 0306 700+

approval [əˈpruːvəl] ★★☆☆☆☆☆   ①-②-③-④-⑤-⑥-⑦

몡 (계획, 요청에 대한) 승인

Once the building's blueprints receive **approval** from the city, construction work can begin.

건물 설계도가 시의 approval을 얻으면, 공사가 시작될 수 있다.

> **관련 어휘**
> 뺜 disapproval 몡 반대
> approve 툥 1. 승인하다 2. 찬성하다
>   Did Ms. Park **approve** the proposal? 파트 2
>   Ms. Park가 그 제안을 **approve**했나요?
> **핵심 기출 표현** give an approval for ~에 대해 승인해 주다

RANK 0307 600+

key [kiː] ☆☆☆☆☆☆☆   ①-②-③-④-⑤-⑥-⑦

1 몡 열쇠; 비결, 실마리

You can get a replacement room **key** at the hotel's front desk.

호텔 프런트 데스크에서 교체용 객실 key를 받을 수 있습니다.

2 휑 가장 중요한

Dr. Geri Hauser will introduce **key** management skills at the seminar.

Dr. Geri Hauser는 세미나에서 key 경영 기술들을 소개할 것이다.

▶ **핵심 기출 표현 key to** ~의 열쇠[비결]

RANK 0308 700+

reliable [rɪˈlaɪəbəl] ★☆☆☆☆☆☆

휑 **믿을 만한; 신뢰할 수 있는**

Olympia Bank does its best to provide **reliable** protection of clients' personal information.

Olympia 은행은 reliable한 고객 개인 정보 보호를 제공해 드리기 위해 최선을 다합니다.

▶ **관련 어휘**

rely 동 의존하다; 신뢰하다   　;·─▶ rely on: ~에 의존하다

For international orders, we **rely on** an outside shipping company.

우리는 국제 주문은 외부 배송사에 **rely on**한다.

reliant 휑 의존하는, 의지하는　　　　　　　　**reliability** 명 신뢰성

▶ **핵심 기출 표현**

reliable service 믿을 수 있는 서비스　　　　**reliable source** 믿을 수 있는 소식통

reliant on/upon ~에 의존하는

RANK 0309 700+

participate [pɑːrˈtɪsəpeɪt] ☆☆☆☆☆☆☆

동 **참가하다**　　　;·─▶ participate in: ~에 참가하다 (= take part in)

Those who wish to **participate** in the workshop need to submit a registration form.

워크숍에 participate하길 원하는 사람들은 신청서를 제출해야 한다.

▶ **관련 어휘**

participation 명 참가　　　　　　　　　　　**participant** 명 참가자

RANK 0310 700+

authorization [ˌɑːθəˈzeɪʃən] ★☆☆☆☆☆☆

명 **(공식적인) 허가, 인가**

Only staff members with A-level **authorization** can enter the restricted area.

A등급의 authorization이 있는 직원들만이 그 제한 구역에 들어갈 수 있다.

▶ **관련 어휘**

authorize 동 인가하다, 권한을 부여하다

The accounting manager can **authorize** reimbursement for business travel expenses.

회계 관리자는 출장 경비에 대한 상환을 **authorize**할 수 있다.

authorized 휑 1. 공인된, 인정받은 2. 권한을 부여받은　휑 **unauthorized** 휑 권한이 없는, 인가받지 않은

▶ 핵심 기출 표현
without prior authorization 사전 승인 없이　　authorized service center 공인 서비스 센터
authorized dealership 공식 대리점　　unauthorized use 무단 사용

 600+
RANK
0311

collection [kəˈlekʃən] ☆☆☆☆☆☆☆　　

1 뗑 수집, 수집품　　···▶ a collection of: ~의 수집품[소장품]
Reva Teahouse displays a **collection** of antique teacups its customers can choose from.
Reva 찻집은 고객들이 선택할 수 있는 골동품 찻잔 collection을 전시한다.

2 뗑 (사람, 물건들의) 무리, 더미
The Riverdale Library has one of the largest **collections** of books in the country.
Riverdale 도서관은 전국에서 가장 큰 collection의 도서들을 소장하고 있다.

3 뗑 신상품들, 컬렉션
When should I order the fabric for the winter **collection**? 파트2
겨울 collection에 쓸 천을 언제 주문해야 하나요?

▶ 관련 어휘
collect 뗑 모으다, 수집하다
　A man is **collecting** some documents. 파트1
　남자가 서류를 collect하고 있다.
collective 뗑 집단의; 공동의

▶ 핵심 기출 표현
toll collection 통행료 징수　　private collection 개인 소장품
collect A from B B로부터 A를 수집하다 (→ A be collected from B)
collective effort 공동의 노력

 700+
RANK
0312

acceptable [əkˈseptəbəl] ★★★★☆☆　　

뗑 수용할 수 있는, 용인되는
Unfortunately, checks are not an **acceptable** form of payment in this store.
유감스럽게도, 이 상점에서 수표는 acceptable한 지불 형태가 아닙니다.

▶ 관련 어휘
accept 뗑 수용하다, 받아들이다
　Is Dr. Hopkins **accepting** new patients? 파트2
　Dr. Hopkins가 새 환자들을 accept하나요?
acceptance 뗑 수락; 승인

▶ 핵심 기출 표현
accept a position 직책을 수락하다　　accept responsibility for ~에 대한 책임을 인정하다

▶ 파트 7 대체어 기출 표현: acceptable 수용할 수 있는, 그런대로 괜찮은 → fine (품질 등이) 괜찮은
a performance that is **acceptable**[fine] acceptable[fine]한 공연

144

700+ RANK 0313

insurance [ɪnˈʃʊrəns] ☆☆☆☆☆☆☆　①·②·③·④·⑤·⑥·⑦

명 보험; 보험료; 보험금　;--▸ insurance company: 보험사

Mr. Cadena called his **insurance** company to verify a change to his policy.

Mr. Cadena는 자신의 보험 약관 변경을 확인하기 위해 insurance 회사에 전화를 걸었다.

▷ 관련 어휘

insure 통 보험에 들다　　　　　insured 형 보험에 가입된

▷ 핵심 기출 표현

insurance policy 보험 증권　　　insurance claim 보험금 청구

600+ RANK 0314

range [reɪndʒ] ★★★★☆☆☆　①·②·③·④·⑤·⑥·⑦

1 　명 **범위; 다양성**　;--▸ a broad[wide, diverse] range of: 아주 다양한

Penjat Corporation sells a broad **range** of industrial and household cleaning products.

Penjat사는 아주 range한 산업용 및 가정용 세제제를 판매한다.

2 　동 **(범위가 ~에) 이르다**　;--▸ range from A to B: 범위가 A에서 B에 이르다

The attendees at the trade show **ranged** from students to industry professionals.

무역 박람회 참석자들은 학생들부터 산업 전문가까지 range한다.

▷ 핵심 기출 표현

a range of 다양한　　　　　　　a full range of 폭넓은
price range 가격대

700+ RANK 0315

roughly [ˈrʌfli] ★☆☆☆☆☆☆　①·②·③·④·⑤·⑥·⑦

부 대략, 거의 (= approximately)

The city attracts **roughly** five million visitors each year with its beautiful historic sites.

그 도시는 아름다운 역사적 장소들로 매년 roughly 5백만 명의 관광객을 끌어들인다.

▷ 관련 어휘

rough 형 1. 개략적인 2. 거친; 고르지 않은

700+ RANK 0316

existing [ɪgˈzɪstɪŋ] ★★☆☆☆☆☆　①·②·③·④·⑤·⑥·⑦

형 기존의; 현재 사용되는

Any construction, including renovation of **existing** buildings, requires a valid permit.

existing한 건물들의 보수를 포함하여, 어떠한 공사도 유효한 허가증을 요구한다.

▶ 관련 어휘
exist 통 존재하다   existence 명 존재, 실재

▶ 핵심 기출 표현
existing products 기존의 제품들   existing customers 기존의 고객들

👑600+
RANK 0317 · note [noʊt] ★★☆☆☆☆☆   ①-②-③-④-⑤-⑥-⑦

1 명 메모, 쪽지   ┌--▶ make a note of: ~을 노트에 적다[써 놓다]
Be sure to make a **note** of the training session dates.
교육 과정 날짜를 note해 두십시오.

2 동 주목하다, 주의하다; 언급하다
Please **note** the new starting time for the seminar.
새로운 세미나 시작 시간을 note해 주세요.

▶ 파트 7 대체어 기출 표현: note 언급하다 → state 진술하다
the company noted[stated] note[state]된 회사

👑600+
RANK 0318 · discussion [dɪ'skʌʃən] ★★☆☆☆☆☆   ①-②-③-④-⑤-⑥-⑦

명 논의, 상의   ┌--▶ lengthy discussion: 장시간의 논의
After a lengthy **discussion**, Mr. Lim decided to revise the annual budget.
긴 discussion 후에, Mr. Lim은 연간 예산을 수정하기로 결정했다.

▶ 관련 어휘
discuss 동 논의하다, 토론하다
They are **discussing** a menu. 파트1
사람들이 메뉴에 대해 discuss하고 있다.

▶ 핵심 기출 표현
discussion on / about ~에 대한 논의

👑700+
RANK 0319 · regulation [ˌreɡjə'leɪʃən] ★★☆☆☆☆☆   ①-②-③-④-⑤-⑥-⑦

명 규정; 규제
The employee manual explains what the staff needs to know regarding company **regulations**.
사규집은 직원들이 회사 regulation들에 관해 알고 있어야 하는 것을 설명한다.

DAY 01
DAY 02
DAY 03
DAY 04
DAY 05
DAY 06
DAY 07
DAY 08
DAY 09
DAY 10

▶ 관련 어휘
regulate 통 규제하다, 단속하다

▶ 핵심 기출 표현
safety regulations 안전 규정

600+ RANK 0320 introduce [ˌɪntrəˈduːs] ☆☆☆☆☆☆☆   1 · 2 · 3 · ④ · 5 · 6 · 7

통 소개하다; 도입하다
We are ready to **introduce** our new line of laptop computers this June.
우린 이번 6월에 새로운 노트북 컴퓨터 라인을 introduce할 준비가 되어 있다.

▶ 관련 어휘
introduction 명 1. 소개 2. 도입
introductory 명 1. 소개용의, 출시 기념을 위한 2. 입문자들을 위한

▶ 파트 7 대체어 기출 표현: introduce 소개하다, 도입하다 → roll out (신상품을) 출시하다
technicians **introducing[rolling out]** the updated software
업데이트된 소프트웨어를 introduce[roll out]하는 기술자들

600+ RANK 0321 broken [ˈbroʊkən] ☆☆☆☆☆☆☆   1 · 2 · ③ · 4 · 5 · 6 · 7

형 고장 난, 깨진
Mr. Schmidt asked for an exchange because the calculator he purchased was **broken**.
Mr. Schmidt는 구매한 계산기가 broken했기 때문에 교환을 요구했다.

700+ RANK 0322 exceed [ɪkˈsid] ★★★☆☆☆☆   1 · 2 · 3 · 4 · ⑤ · ⑥ · 7

통 넘다, 초과하다
The growth of Nature Story Cosmetics over the past 10 years has **exceeded** shareholders' expectations.
지난 10년 동안의 Nature Story 화장품의 성장은 주주들의 기대치를 exceed했다.

▶ 관련 어휘
excess 명 1. 과도, 과잉 2. 초과(량)   ┈▶ in excess of: ~을 초과하여
　The Photon-4A earned profits **in excess of** one million dollars in the last quarter alone.
　그 Photon-4A는 저번 분기만 놓고 봐도 백만 달러를 excess하는 수익을 벌어들였다.
excessive 형 지나친, 과도한   **excessively** 부 지나치게

▶ 핵심 기출 표현
exceed a budget 예산을 초과하다

follow [ˈfɑloʊ] ★☆☆☆☆☆☆ ①-②-③-④-⑤-⑥-⑦

1 통 (충고, 지시 등을) 따르다

Please **follow** the instructions carefully, so the printer is installed properly.

설명서를 주의해서 follow해 주세요, 그래야 프린터가 제대로 설치됩니다.

2 통 (과정 등을) 따라가다, 계속 다루다   ; --▸ follow up (on): (~에 대한) 후속 조치를 하다

Ms. Gonzaga wrote an e-mail to **follow** up on our telephone conversation last Friday.

Ms. Gonzaga 지난 금요일에 있었던 우리의 전화 통화에 관하여 follow하기 위해 이메일을 썼다.

▶ **관련 어휘**
following 전 ~이후에

▶ **핵심 기출 표현**
easy to follow 따라 하기 쉬운

▶ **파트 7 대체어 기출 표현: follow 따라가다, 계속 다루다 → check 살피다, 확인하다**
follow[check] the progress of a project 프로젝트의 진행 상황을 follow[check]하다

launch [lɔntʃ] ★★★★☆☆☆ ①-②-③-④-⑤-⑥-⑦

1 통 시작하다, 출시하다

Timo Automobile **launched** a promotional campaign for its latest models.

Timo 자동차는 최신 모델에 대한 홍보 캠페인을 launch했다.

2 명 시작, 개시; 출시

The marketing team worked hard to make this month's product **launch** go smoothly.

마케팅팀은 이번 달 제품 launch가 순조롭게 진행되도록 열심히 일했다.

▶ **핵심 기출 표현** launch a new product 신제품을 출시하다

instruction [ɪnˈstrʌkʃən] ★☆☆☆☆☆☆ ①-②-③-④-⑤-⑥-⑦

명 지시, 설명(서)

The author wrote this article to provide some helpful **instructions** on publishing e-books.

저자는 전자책 출간에 도움이 되는 몇 가지 instruction들을 제공하기 위해 이 글을 썼다.

▶ **관련 어휘**
instruct 통 지시하다; (정보를) 전달하다   ; --▸ unless otherwise instructed: 달리 지시받지 않는다면
  Use this format when writing reports unless otherwise **instructed** by a manager.
  매니저에게 달리 instruct 받지 않는다면, 보고서를 작성할 때 이 서식을 사용하세요.
instructor 명 강사   instructional 형 교육적인

▶ **핵심 기출 표현**
easy-to-follow instructions 따라 하기 쉬운 설명(서)

👑700+
RANK 0326

right [raɪt] ☆☆☆☆☆☆☆

①-②-③-④-⑤-⑥-⑦

1 몡 **권리**

┈▶ reserve a right to do: ~할 권리를 갖다

The convention center reserves the **right** to cancel events at any time.

컨벤션 센터는 항시 행사를 취소할 right를 가지고 있다.

2 혱 **옳은; 알맞은**

If you have the **right** tools, you can assemble the furniture in less than 30 minutes.

right한 도구를 가지고 있다면, 30분 내에 가구를 조립할 수 있습니다.

▷ **관련 어휘** rightly 閉 당연히, 마땅히

▷ **핵심 기출 표현** exercise one's rights ~의 권리를 행사하다

👑700+
RANK 0327

tight [taɪt] ☆☆☆☆☆☆☆

①-②-③-④-⑤-⑥-⑦

혱 **빡빡한, 빠듯한** ┈▶ tight schedule: 꽉 찬 일정

Despite its **tight** schedule, Dusit Publishing has already finished printing the new design manual.

tight한 일정에도 불구하고, Dusit 출판사는 이미 새 디자인 설명서의 인쇄를 끝마쳤다.

▷ **관련 어휘** tightly 閉 단단히, 꽉

👑600+
RANK 0328

decrease [dɪˈkris] ☆☆☆☆☆☆☆

①-②-③-④-⑤-⑥-⑦

1 통 **감소하다; 감소시키다**

Sales of paper books have **decreased** over the past decade.

지난 10년간 종이책의 매출은 decrease하였다.

2 몡 **감소, 하락** ┈▶ decrease in: ~의 감소

Industry experts expect a sharp **decrease** in home prices after interest rates rise.

업계 전문가들은 금리 인상 이후에 주택 가격의 급격한 decrease를 예상한다.

👑700+
RANK 0329

forward [ˈfɔrwərd] ★☆☆☆☆☆☆

①-②-③-④-⑤-⑥-⑦

1 통 **보내다, 전달하다** ┈▶ forward A to B: A를 B에게 전달하다 (→ A be forwarded to B)

All job applications are to be **forwarded** to Tim Nason in the HR Department.

모든 입사 지원서는 인사부의 Tim Nason에게 forward되어야 한다.

2 🔢 (위치나 시간상) 앞으로   move forward: 앞으로 이동하다, 전진하다
All award recipients should move **forward** to the front of the room.
모든 수상자들은 방 forward 나오셔야 합니다.

> ▶ **관련 어휘 a step forward** 일보 전진

> ▶ **파트 7 대체어 기출 표현: forward 보내다, 전달하다 → route 보내다, 전송하다**
> be **forwarded[routed]** to a representative 담당자에게 forward[route]되다

👑700+
RANK
0330 **acquire** [əˈkwaɪər] ★★☆☆☆☆☆☆   ①-②-③-④-⑤-⑥-⑦

1 🔢 얻다; 획득하다, 취득하다; 습득하다
Gabby helped the company **acquire** five new major advertising accounts.
Gabby는 회사가 다섯 개의 신규 주요 광고 고객들을 acquire하는 것을 도왔다.

2 🔢 (기업 등을) 인수하다
After Morgan Books **acquires** Hollows Press, many departments will be restructured.
Morgan 출판사가 이번 달에 Hollows 출판사를 acquire한 후, 많은 부서가 구조조정이 될 것이다.

> ▶ **관련 어휘**
> **acquisition** 🔢 1. 획득, 매입(한 물건) 2. (기업) 인수
> This **acquisition** will allow Han Airlines to accommodate more passengers from Europe.
> 이 acquisition은 Han 항공사가 더 많은 유럽 승객들을 수용할 수 있게 해줄 것이다.

> ▶ **핵심 기출 표현 acquire expertise** 전문 지식을 습득하다

> ▶ **파트 7 대체어 기출 표현: acquire 획득하다 → gain 얻다**
> **acquire[gain]** the skills needed 필요한 스킬들을 acquire[gain]하다

👑700+
RANK
0331 **means** [minz] ☆☆☆☆☆☆☆   ①-②-③-④-⑤-⑥-⑦

🔢 수단, 방법   means of: ~의 수단/방법
Membership fees are an important **means** of financial support for the museum.
회원 가입비는 박물관에 대한 재정지원의 중요한 means이다.

> ▶ **핵심 기출 표현**
> **by means of** ~에 의하여; ~의 도움으로

👑600+
RANK
0332 **entrance** [ˈen·trəns] ★☆☆☆☆☆☆   ①-②-③-④-⑤-⑥-⑦

🔢 입구
People are walking towards the front of the **entrance**. 파트1
사람들이 entrance 앞을 향해 걸어가고 있다.

▶ **관련 어휘**
enter 통 1. 들어가다 2. 입력하다   entrant 명 출전자, 참가자

▶ **핵심 기출 표현**
main entrance 정문, 현관   entrance fee 입장료
enter into a raffle 추첨에 응모하다

👑600+
RANK
0333

ease [iz] ★★☆☆☆☆☆   ①-②-③-④-⑤-⑥-⑦

1 명 쉬움, 용이함   ┈┈▶ with ease:
                                                          쉽게, 용이하게
The sales manager was pleased to learn that sales quotas were met with **ease**.
영업부장은 판매 할당량이 ease하게 채워졌다는 것을 알고 만족했다.

2 통 용이하게 하다
The new bridge will **ease** congestion and speed up the daily commute.
새로운 다리는 교통 체증을 ease하고 통근을 더 빨라지게 할 것이다.

▶ **관련 어휘**
easy 형 쉬운, 용이한   easily 부 쉽게

▶ **핵심 기출 표현** easy to do ~하기 쉬운

👑700+
RANK
0334

affordable [əˈfɔːrdəbəl] ★☆☆☆☆☆☆   ①-②-③-④-⑤-⑥-⑦

형 (가격이) 알맞은; 입수 가능한
This product is more **affordable** than I thought it would be.
이 제품은 내가 생각한 것보다 가격이 더 affordable하다.

▶ **관련 어휘**
affordability 명 감당할 수 있는 비용   afford 통 (~을 살) 여유가 되다, 형편이 되다
We cannot **afford** to get new computers this year due to our limited budget.
제한된 예산으로 인해 올해 우리는 새 컴퓨터를 afford할 수 없다.

▶ **핵심 기출 표현** at an affordable price 적당한 가격에

👑600+
RANK
0335

overtime [ˈoʊvərˌtaɪm] ☆☆☆☆☆☆☆   ①-②-③-④-⑤-⑥-⑦

명 초과 근무, 야근   ┈┈▶ work overtime: 야근하다
Employees who work **overtime** must complete a special work schedule form.
overtime 근무하는 직원들은 특별 업무 일정 일지를 작성해야 한다.

▶ **핵심 기출 표현** overtime rate 초과 근무 수당

RANK 0336 — source [sɔrs] ★☆☆☆☆☆ ①-②-③-④-⑤-⑥-⑦

1 🔲 원천; (자료의) 출처   ┈┈▶ source of/for: ~의 원천
Dr. Hong's book is an accurate **source** of information for healthy eating.
Dr. Hong의 책은 건강한 식습관에 관한 정확한 source이다.

2 🔲 소식통, 정보원
Mr. Manuel is a good **source** of information regarding upcoming company events.
Mr. Manuel은 곧 있을 회사 행사에 관한 좋은 정보 source이다.

RANK 0337 — construction [kənˈstrʌkʃən] ★★☆☆☆☆ ①-②-③-④-⑤-⑥-⑦

🔲 건설, 공사
Stargu, Inc. will complete the **construction** of the new office tower next month.
Stargu사는 다음 달 새로운 사무실 건물의 construction을 완료할 것이다.

▶ **관련 어휘** construct 통 1. 건설하다 2. 구성하다

▶ **핵심 기출 표현**
construction site 공사장, 건설 현장   under construction 공사 중인

RANK 0338 — trial [ˈtraɪəl] ☆☆☆☆☆☆ ①-②-③-④-⑤-⑥-⑦

1 🔲 시험, 실험
We use these **trials** to make our products taste great.
우리는 제품의 맛을 좋게 하기 위해 이 trial들을 사용한다.

2 🔲 재판, 공판
The **trial** regarding the property damage at Orange Lane was settled yesterday.
Orange로에서의 재산 피해에 관한 trial이 어제 마무리되었다.

▶ **관련 어휘**
try 통 1. 시도하다, 노력하다 2. 시험 삼아 써 보다 명 시도

▶ **핵심 기출 표현**
trial run 시험 가동, 시운전   trial subscription 시험 구독
one-month trial 한 달 시험 사용

RANK 0339 600+ **transport** [ˈtrænspɔrt] ☆☆☆☆☆☆☆ ①-②-③-④-⑤-⑥-⑦

1 图 수송하다, 실어 나르다

Bera Movers specializes in **transporting** large office equipment.

Bera 운송회사는 대형 사무기기를 transport하는 것을 전문으로 한다.

2 图 수송 (수단)

We charge extra for the **transport** of large furniture.

저희는 대형 가구의 transport에 대해 추가 요금을 받습니다.

▶ **관련 어휘**

transportation 图 수송 (수단)　　　　　　　;--▶ public transportation: 대중교통

The expansion of the subway routes would make underground public **transportation** accessible to everyone in East Arborough.

지하철 노선의 확장은 East Arborough의 모두에게 지하 대중 **transportation**을 이용 가능하게 해줄 것이다.

RANK 0340 700+ **significantly** [sɪɡˈnɪfɪkənt] ★☆☆☆☆☆☆ ①-②-③-④-⑤-⑥-⑦

图 상당히, 크게

Due to the increasing number of employee vehicles, we plan on **significantly** expanding our parking lot.

증가하는 직원 차량들로 인해, 우리는 주차장을 significantly하게 확장할 계획이다.

▶ **관련 어휘**

significant 图 중요한, 의미 있는

The invention of the smartphone has had a **significant** impact on people's lives.

스마트폰의 발명은 사람들의 생활에 **significant**한 영향을 미쳤다.

▶ **파트 7 대체어 기출 표현: significant 중요한 → important 중요한**

one of the most **significant**[**important**] events of the year

올해의 가장 **significant**[**important**]한 행사 중 하나

RANK 0341 700+ **reimbursement** [ˌriːmˈbɜːsmənt] ☆☆☆☆☆☆☆ ①-②-③-④-⑤-⑥-⑦

图 상환, 변제

Your request for the **reimbursement** of travel expenses has been approved.

귀하의 출장 경비 reimbursement에 대한 요청이 승인되었습니다.

▶ **관련 어휘**

reimburse 图 상환하다, 변제하다　　　　　;---▶ reimburse A for B: A에게 B만큼의 비용을 변제하다

All travel expenses, including meals, will be **reimbursed** for up to $100 a day.　　　(→ A be reimbursed for B)

식비를 포함한 모든 출장 비용은 1일 최대 100달러까지 **reimburse** 될 것이다.

▶ **핵심 기출 표현 reimbursement request** 환급 요청

useful [ˈjuːsfəl] ★★☆☆☆☆☆   ①·②·③·④·⑤·⑥·⑦

⑧ 유용한, 도움이 되는   ┊··▶ useful for: ~에 유용한
The additional conference room has been **useful for** client meetings and interviews.
추가된 회의실은 고객 미팅과 면접에 useful했다.

▶ 관련 어휘
usefulness ⑲ 유용성; 사용 가능성   **use** ⑧ 사용하다, 이용하다 ⑲ 사용, 이용
used ⑲ 중고의
  I decided to buy a **used** car since a new one would be too expensive.
  새 차량이 너무 비쌀 것 같아서, 나는 **used** 차를 구매하기로 결정했다.
usage ⑲ 사용(량)
  Due to the recent drought, I had to reduce my water **usage**.
  최근의 가뭄으로 인해, 나의 수도 **usage**를 줄여야 했다.

▶ 핵심 기출 표현
easy-to-use 사용하기 쉬운   **make use of** ~을 사용하다
water usage 물 사용량   **in use** 사용 중인

contain [kənˈteɪn] ☆☆☆☆☆☆☆   ①·②·③·④·⑤·⑥·⑦

⑧ ~을 포함하고 있다, ~이 들어 있다
The redesigned Web site for Bio-Corp **contains** many informative graphics.
Bio 주식회사의 다시 디자인된 웹 사이트는 많은 유익한 그래픽을 contain하고 있다.

▶ 관련 어휘
container ⑲ 그릇, 용기; (화물 수송용) 컨테이너

▶ 핵심 기출 표현
glass container 유리 용기

▶ 혼동 어휘 노트: contain vs. include
둘 다 '~을 포함하다'로 해석되지만, 무언가를 전체의 내용물로 포함하고 있을 때는 contain을, 무언가를 전체의 일부로 가지고 있을 때는 include를 쓴다.
This e-mail **contains** some documents. 이 이메일에는 문서 몇 개가 들어 있다.
It **includes** my cover letter. 그것은 제 자기소개서를 포함하고 있어요.

résumé [ˈrezəmeɪ] ☆☆☆☆☆☆☆   ①·②·③·④·⑤·⑥·⑦

⑲ 이력서
I received your **résumé** and application for the marketing manager position.
마케팅 관리직에 지원하는 당신의 résumé와 지원서를 받았습니다.

▶ 핵심 기출 표현
review a résumé 이력서를 검토하다   **curriculum vitae (= CV)** 이력서

600+
RANK 0345

draw [drɔː] ☆☆☆☆☆☆☆

①-②-③-④-⑤-⑥-⑦

1 图 (관심 등을) 끌다

The annual art festival **drew** over 5,000 visitors to the city.

연간 예술제는 5천 명 이상의 방문객을 그 도시로 draw했다.

 draw on: ~을 이용하다[의지하다]

2 图 이용하다, 의지하다

Drawing on 20 years of educational experience, Ms. Russo provides consultation to many schools.

20년의 교육경력을 draw해서, Mr. Russo는 많은 학교에 자문을 제공한다.

▶ **관련 어휘**
drawing 图 1. 제비뽑기, 추첨 2. 그림, 소묘

▶ **핵심 기출 표현**
draw customers 고객을 유치하다 　　　　draw an entry 응모권을 추첨하다

▶ **파트 7 대체어 기출 표현: draw (관심 등을) 끌다 → attract (마음을) 끌다**
draw[attract] attention to the business 그 사업에 관심을 draw[attract]하다

600+
RANK 0346

guideline ['gaɪdlaɪn] ☆☆☆☆☆☆☆

①-②-③-④-⑤-⑥-⑦

图 지침, 가이드라인

 safety guidelines: 안전 지침

To avoid injuries, please ensure you always follow the safety **guidelines**.

부상을 피하기 위해, 항상 안전 guideline들을 따라주시기 바랍니다.

▶ **관련 어휘**
guide 图 1. 안내(서) 2. (여행) 안내인 　　　　guidance 图 (경력자에 의한) 지도

▶ **핵심 기출 표현**
guidelines on/for ~에 대한 지침 　　　　under/in accordance with guidelines 지침에 따라

600+
RANK 0347

regional ['riːdʒənəl] ☆☆☆☆☆☆☆

①-②-③-④-⑤-⑥-⑦

图 지역의, 지방의

Commerce Corner, Inc. has been the number one choice in **regional** marketing.

Commerce Corner 사는 regional 마케팅에서 최고의 선택이 되었다.

▶ **관련 어휘**
regionally 图 지역적으로

In January, Bakers Twelve will expand **regionally**, creating more job opportunities in many towns.

1월에 Bakers Twelve는 **regionally** 확장하여 많은 소도시에 취업 기회를 창출할 것이다.

155

moment [ˈmoʊmənt] ☆☆☆☆☆☆☆

①-②-③-④-⑤-⑥-⑦

몡 잠시, 순간

····▶ in a moment: 곧, 바로

Alice is out of the office, but she will be back in a **moment**.

Alice는 사무실에 없지만, moment 후에 돌아올 것이다.

> **관련 어휘**
> momentary 몡 순간적인, 잠깐의   momentarily 위 잠깐, 곧

> **핵심 기출 표현**
> at the moment 지금 (= now)   at any moment 언제 어느 때라도, 금방이라도

keynote [ˈkiːnoʊt] ☆☆☆☆☆☆☆

①-②-③-④-⑤-⑥-⑦

····▶ keynote speaker: 기조연설자

몡 (책, 연설 등의) 기조, 주안점

Keynote speakers must speak loudly so that they can be heard by everyone in the auditorium.

keynote 연설자들은 강당 안의 모든 사람에게 그들의 말이 들리도록 크게 말해야 한다.

> **핵심 기출 표현**
> keynote speech[address] 기조연설

error [ˈerə] ☆☆☆☆☆☆☆

①-②-③-④-⑤-⑥-⑦

몡 실수, 오류

With the new accounting software, most bookkeeping **errors** are preventable.

새 회계 소프트웨어로 대부분의 부기 error들을 막을 수 있다.

> **핵심 기출 표현**
> in error 잘못하여, 실수로

Speed Check-up

정답 p.580

다음의 한글 의미를 단서로 삼아 보기에서 알맞은 단어를 골라 넣으세요.

ⓐ acceptable   ⓑ research   ⓒ approval   ⓓ launch   ⓔ affordable

01 The marketing team worked hard to make this month's product _____ go smoothly.
출시

02 Unfortunately, checks are not an _____ form of payment in this store.
수용할 수 있는

03 This product is more _____ than I thought it would be.
가격이 알맞은

04 Once the building's blueprints receive _____ from the city, construction work can begin.
승인

05 New features were added after extensive _____ on consumer preference.
조사

다음의 한글 해석과 의미가 같아지도록 보기에서 알맞은 단어를 골라 넣으세요.

ⓐ reliable   ⓑ exceeded   ⓒ tight   ⓓ means   ⓔ improve

06 Despite its _____ schedule, Dusit Publishing has finished printing the new design manual. 빠듯한 일정에도 불구하고, Dusit 출판사는 새 디자인 설명서의 인쇄를 끝마쳤다.

07 The growth of Nature Story Cosmetics over the past 10 years has _____ shareholders' expectations. 지난 10년 동안의 Nature Story 화장품의 성장은 주주들의 기대치를 뛰어넘었다.

08 Olympia Bank does its best to provide _____ protection of clients' personal information. Olympia 은행은 신뢰할 수 있는 고객 개인 정보 보호를 제공해 드리기 위해 최선을 다합니다.

09 How are you planning to _____ our operations?
우리 사업을 어떻게 개선하려고 계획하고 있나요?

10 Membership fees are an important _____ of financial support for the museum.
회원 가입비는 박물관에 대한 재정지원의 중요한 수단이다.

문맥에 어울리는 단어를 보기에서 골라 넣으세요.

ⓐ roughly   ⓑ range   ⓒ reimbursement   ⓓ participate   ⓔ drew

11 Penjat Corporation sells a broad _____ of industrial and household cleaning products.

12 The annual art festival _____ over 5,000 visitors to the city.

13 The city attracts _____ five million visitors each year with its beautiful historic sites.

14 Those who wish to _____ in the workshop need to submit a registration form.

15 Your request for the _____ of travel expenses has been approved.

DAY 08

👑 600+
우선 순위 영단어
0351~0400

친구의 실연

실연당한 친구를 만났다

그녀가 날 leave 했어

날 이렇게 disappoint 시킬 줄이야…

울쩍

모든 subject를 실연과 연결시키는 그 녀석…

맥주가 차디 차군

그녀의 마지막 voice 처럼…

기분전환 삼아 여행이라도 갈까?

여행! 우린 anniversary 때마다 여행을 갔지

바다 가자! 동해 어때?

바다라… 우리는 바다에서 numerous한 추억을 쌓았지

그, 그래! 내가 고속버스 예매할게

버스! 그녀는 버스로 commute 하곤 했어…

도저히 이 늪을 avoid할 수가 없다

그리고 그녀는 언제나…

700+
RANK 0351

invoice [ˈɪn·vɔɪs] ☆☆☆☆☆☆☆

①-②-③-④-⑤-⑥-⑦

명 청구서, 송장
Invoices must be included with the items that are returned.
반송 물품들에는 invoice들이 반드시 첨부되어야 한다.

600+
RANK 0352

growth [groʊθ] ★☆☆☆☆☆☆

①-②-③-④-⑤-⑥-⑦

명 성장; 증가 ⋯▶ growth in: ~에서의 성장
TPR Shipping has enjoyed enormous **growth** in profits this quarter.
TPR 해운은 이번 분기에 엄청난 수익의 growth를 향유했다.

▶ **관련 어휘**
grow 동 자라다, 성장하다; 증가하다
It's great that our company is **growing** so fast.
우리 회사가 이렇게 빨리 grow하고 있다는 것은 대단하다.

▶ **핵심 기출 표현**
growth rate 성장률 growth of ~의 성장

▶ **파트 7 대체어 기출 표현: growth 성장 → boom 붐, 호황**
venture business **growth[boom]** continues, creating new jobs.
새로운 일자리를 창출하면서, 벤처 기업 growth[boom]이 계속된다.

700+
RANK 0353

representative [ˌrep·rɪˈzen·tə·ţɪv] ★☆☆☆☆☆

①-②-③-④-⑤-⑥-⑦

1 명 담당자; 대표 ⋯▶ sales representative: 영업 사원
The Florida branch will need some experienced sales **representatives**.
Florida 지점은 경력이 있는 영업 representative들 몇 명이 필요할 것이다.

2 형 (특정 단체를) 대표하는 ⋯▶ representative of: ~을 대표하는
Under the Sun is not **representative** of all Korean movies.
〈Under the Sun〉이 모든 한국 영화를 representative하는 것은 아니다.

▶ **관련 어휘**
represent 동 1. 대표하다 2. 나타내다

▶ **핵심 기출 표현**
service representative 고객 서비스 직원

▶ **파트 7 대체어 기출 표현: represent 나타내다 → reflect 반영하다, 나타내다**
a receipt for the full payment of $120, which **represents[reflects]** one year of dues
1년 회비를 represent[reflect]하는 120달러의 완납 영수증

leave [liv] ★☆☆☆☆☆☆   ①·②·③·④·⑤·⑥·⑦

1 통 **떠나다, 출발하다**

Please put all chairs back in their places before **leaving** the room.

방을 leave하기 전에 모든 의자를 제자리에 다시 놓아주시기 바랍니다.

2 통 **남겨두다; ~인 채로 두다**

If no one is here to receive the package, please **leave** it on the counter.

이곳에 소포를 받을 사람이 아무도 없다면, 카운터 위에 leave해 주세요.

3 명 **휴가**   ;--▶ annual leave: 연차 휴가

At Johnson Electronics, requests for annual **leave** generally take one week to process.

Johnson 전자에서, 연차 leave 신청이 처리되는 데는 보통 일주일이 걸린다.

▶ **핵심 기출 표현**

leave for ~로 떠나다   sick leave 병가
on leave 휴가 중인   leave no room for ~에 대한 여지를 남기지 않다

▶ **파트 7 대체어 기출 표현: leave 휴가 → absence 결근; 부재**

a long leave[absence] from work 장기 leave[absence]

request [rɪˈkwest] ★★★☆☆☆☆   ①·②·③·④·⑤·⑥·⑦

1 명 **요청**   ;--▶ request for: ~에 대한 요청

The office manager will do her best to fulfill **requests** for new supplies.

사무소장은 새 물자에 대한 request들을 이행하기 위해 최선을 다할 것이다.

2 통 **요청하다**   ;--▶ request A to do: A가 ~하도록 요청하다 (→ A be requested to do)

All candidates will be **requested** to submit official documentation during the interview.

모든 지원자는 인터뷰 기간 동안 공식 증빙서류를 제출하도록 request 받을 것이다.

▶ **핵심 기출 표현**

upon request 요청 시에   make a request 요청하다
request that + 주어 + (should) 동사원형 ~가 ...해줄 것을 요청하다

suggestion [səgˈdʒes·tʃən] ☆☆☆☆☆☆☆   ①·②·③·④·⑤·⑥·⑦

1 명 **제안, 제의**

The consultant made many **suggestions** that helped reduce operating expenses.

컨설턴트는 운영비를 줄이는 데 도움이 되는 많은 suggestion들을 했다.

2 명 **시사, 암시**

There is a strong **suggestion** that some confidential materials were disclosed.
일부 기밀자료가 노출되었다는 강한 suggestion이 있다.

▶ **관련 어휘**

suggest 동 1. 제안하다 2. 암시하다
May I **suggest** a few changes to the schedule? 파트 2
일정에 대해 몇 가지 변경 사항들을 **suggest**해도 될까요?

option [ˈɑp·ʃən] ★☆☆☆☆☆☆   ①-2-③-4-5-6-⑦

명 **선택(권), 옵션**

Consumers want many **options**, so Togo, Inc. produces a wide range of products.
소비자들은 많은 option들을 원하기 때문에, Togo사는 다양한 범위의 상품을 생산한다.

▶ **관련 어휘**

optional 형 선택적인
Participation in the recycling program is welcome but completely **optional**.
재활용 프로그램 참여는 환영하지만, 전적으로 **optional**이다.
opt 동 택하다

▶ **핵심 기출 표현**

opt to do ~하기로 택하다   **option for** ~에 대한 선택권/옵션
option of doing ~을 하는 선택권/옵션   **have no option but to do** ~하는 수밖에 없다

damage [ˈdæm·ɪdʒ] ☆☆☆☆☆☆☆   1-2-③-4-⑤-⑥-7

1 명 **손상, 피해**   ;--▶ damage to: ~의 손상[피해]

Please follow the directions carefully to avoid **damage** to the dishes during shipping.
배송되는 동안 접시들의 damage를 피하기 위하여 지시 사항들을 철저히 따라 주세요.

2 동 **손상을 주다, 피해를 입히다**

We don't want any of our vehicles to be **damaged**.
우리는 어떤 차량도 damage 받기를 원하지 않는다.

▶ **관련 어휘**

damaged 형 파손된; 하자가 생긴

▶ **혼동 어휘 노트: 명사 damage vs. 동사 damage**

명사 damage는 주로 전치사 to를 동반하는 데 비해, 동사 damage는 타동사이기 때문에 전치사 없이 목적어를 바로 취한다.

161

career [kəˈrɪər] ☆☆☆☆☆☆ ①·②·③·④·⑤·⑥·⑦

1 圐 직업; 직장 생활
Recent graduates can find out about job opportunities in various industries by going to the **career fair**.···▸ career fair: 취업 박람회
최근 졸업생들은 career 박람회를 방문함으로써 다양한 업계에서의 취업 기회에 관하여 알 수 있다.

2 圐 경력, 사회생활 ┊··▸ further one's career: 경력을 발전시키다
I would like to further my **career** as an administrative officer.
저는 행정 관료로서 제 career를 더 발전시키고 싶습니다.

▶ **핵심 기출 표현**
  career move 전직, 직업 전환   climb the career ladder 출세 가도를 달리다

anniversary [ˌæn·ə·ˈvɜr·sər·i] ★☆☆☆☆☆ ①·②·③·④·⑤·⑥·⑦

圐 기념일
The 10th **anniversary** of the company will be celebrated on January 5.
회사의 10번째 anniversary는 1월 5일에 지낼 예정이다.

consider [kənˈsɪd·ər] ★★★☆☆☆ ①·②·③·④·⑤·⑥·⑦

圐 고려하다, 간주하다 ┊··▸ consider doing: ~하는 것을 고려하다
Have you **considered** hiring a professional consultant? 파트2
전문 컨설턴트를 고용하는 걸 consider해 봤나요?

▶ **관련 어휘**
  consideration 圐 고려 (사항)
  I'll email you some ideas I've come up with for your **consideration**.
  나는 당신의 consideration을 위해 내가 생각한 몇 가지 아이디어들을 당신에게 이메일로 보내겠습니다.

▶ **핵심 기출 표현**
  be considered for the internship 인턴사원으로 고려되다
  take ~ into consideration ~을 고려하다

install [ɪnˈstɔl] ★☆☆☆☆☆ ①·②·③·④·⑤·⑥·⑦

圐 설치하다
A man is **installing** a fence. 파트1
남자가 울타리를 install하고 있다.

▶ 관련 어휘

installation 명 설치, 설비

If the product is damaged during **installation**, the company will replace it.

만약 제품이 **installation**하는 동안 파손되면, 회사에서 교체해 줄 것이다.

installment 명 할부(금)

Customers can pay the balance in **installments** at a low interest rate.

고객들은 저금리 **installment**로 납입할 수 있다.

▶ 핵심 기출 표현

installation charge 설치비   **on installment** 할부로

---

dedicated [ˈded.ə.keɪ.t̬ɪd] ★★☆☆☆☆☆   ①·②·③·④·⑤·⑥·⑦

형 **전념하는, 헌신적인**   ;···▶ be dedicated to doing: ~하는 데 전념하다

Champion Paper is **dedicated** to providing quality products and excellent customer service.

Champion 제지는 양질의 상품과 최상의 고객서비스를 제공하는 데 **dedicated**하고 있다.

▶ 관련 어휘

dedicate 동 바치다, 전념하다

dedication 명 전념, 헌신

Our success is the result of the **dedication** and hard work of many people.

우리의 성공은 많은 사람의 **dedication**과 노고의 결과이다.

▶ 핵심 기출 표현

dedication to ~에 대한 헌신   **dedicated employees** 헌신적인 직원들

---

bill [bɪl] ☆☆☆☆☆☆☆   ①·②·③·④·⑤·⑥·⑦

1 명 **청구서, 고지서**

Have you taken care of this month's **bills**? 파트 2

이번 달 **bill**들을 다 처리했나요?

2 명 **법안**

The **bill** will become a law after it is approved by the government.

그 **bill**은 정부의 승인을 받은 후에 법률이 될 것이다.

▶ 관련 어휘

billing 명 청구서 발부

RANK 0365 · survey [ˈsɝː.veɪ] ☆☆☆☆☆☆☆ ①-②-③-④-⑤-⑥-⑦

1 뗑 (설문) 조사

The recent **survey** indicates that many customers prefer shopping online.

최근의 survey는 많은 고객이 온라인 쇼핑을 선호한다는 것을 보여준다.

2 똉 (설문) 조사하다

Our team **surveyed** a group of senior citizens regarding the new elderly home.

우리 부서는 새로운 양로원에 관해 한 무리의 노인들에게 survey를 했다.

RANK 0366 · article [ˈɑːr.t̬ɪ.kəl] ☆☆☆☆☆☆☆ ①-②-③-④-⑤-⑥-⑦

똉 기사, 글

The **articles** in *Enterprise Spotlights* offer good investment suggestions.

Enterprise Spotlights의 article은 좋은 투자 제안을 제공한다.

RANK 0367 · restore [rɪˈstɔːr] ★☆☆☆☆☆☆ ①-②-③-④-⑤-⑥-⑦

똉 회복시키다, 복구하다

Bus service to the village will be **restored** as soon as road repairs are complete.

도로보수가 완료되자마자 마을의 지역버스 운행이 restore될 것이다.

▶ **관련 어휘**
restoration 똉 복구, 복원

▶ **핵심 기출 표현**
restore A to B A를 B의 상태로 복구하다 (→ A be restored to B)

RANK 0368 · related [rɪˈleɪ.t̬ɪd] ☆☆☆☆☆☆☆ ①-②-③-④-⑤-⑥-⑦

1 똉 (~에) 관련된 ⌐--▶ related/relating to: ~와 관련된

At the staff meeting, topics **related** to the business expansion plan will be discussed.

직원회의에서, 사업 확장 계획과 related된 의제들이 논의될 것이다.

2 똉 친척의

You look a lot like Sarah Hunter, so we thought you were **related** to her.

당신이 Sarah Hunter랑 많이 닮아서 우리는 당신이 그녀와 related라고 생각했다.

relationship 명 관계 (= relations)
The Marketing Department is offering a workshop on building **relationships**.
마케팅 부서는 **relationship** 구축에 대한 워크숍을 제공할 것이다.

▶ 핵심 기출 표현
build a relationship 관계를 구축하다

 700+
RANK
0369

demonstration [ˌdem.ənˈstreɪ.ʃən] ★☆☆☆☆☆☆

명 (시범) 설명
I think the **demonstration** will help answer any questions you might have.
그 demonstration은 여러분이 가지고 있을지도 모르는 어떠한 질문이든 답하는 데 도움이 될 거라고 생각합니다.

▶ 관련 어휘
demonstrate 동 1. 시연하다, 설명하다 2. 입증하다
Engineers will **demonstrate** how to use the solar water pump at the Technology Expo.
기술자들은 기술 박람회에서 태양열 양수기를 사용하는 방법을 **demonstrate**할 것이다.

▶ 핵심 기출 표현
give a demonstration 시연하다　　　　　　**product demonstration** 제품 시연

 600+
RANK
0370

record [rɪˈkɔːrd] ☆☆☆☆☆☆☆

1 명 기록
Where do you file the tax **records**? 파트2
세금 record들을 어디에 보관하나요?

2 동 기록하다; 녹음[녹화]하다
We **record** all phone calls with customers in order to improve our services.
저희는 서비스 향상을 위해 고객들과의 모든 전화 통화를 record합니다.

3 명 기록적인
The experienced accountant finished her tasks in **record** time.
그 경험 많은 회계사는 record한 시간으로 업무를 마쳤다.

▶ 관련 어휘
recording 명 녹음, 녹화

▶ 핵심 기출 표현
break a record 기록을 경신하다　　　　　**record-breaking** 신기록을 수립한

600+
RANK 0371

cause [kɑːz] ☆☆☆☆☆☆☆   ①-②-③-④-⑤-⑥-⑦

1 통 ~을 야기하다

Street repairs on Thandun Lane **caused** traffic jams during rush hour.
Thandun로의 도로 보수작업이 출퇴근 시간 동안 교통혼잡을 cause했다.

2 명 원인

City inspectors have yet to determine the **cause** of the pipe explosions.
시 조사관들은 배관 폭발의 cause를 아직 알아내지 못했다.

600+
RANK 0372

numerous [ˈnuː.mə.rəs] ☆☆☆☆☆☆☆   ①-②-③-④-⑤-⑥-⑦

형 많은

Justin Harper received **numerous** awards for his excellent design work.
Justin Harper는 뛰어난 디자인 작품으로 numerous한 상들을 받았다.

▷ 파트 7 대체어 기출 표현: numerous 많은 → countless 셀 수 없이 많은
　numerous[countless] calls from customers 고객들로부터 걸려 온 numerous[countless] 전화들

600+
RANK 0373

closure [ˈkloʊ.ʒɚ] ☆☆☆☆☆☆☆   ①-②-③-④-⑤-⑥-⑦

명 폐쇄
 ┆--▶ closure of: ~의 폐쇄
The temporary **closure** of the Southwestern Rail Line is due to flooding.
Southwestern 철로의 일시적 closure는 홍수 때문이다.

▷ 관련 어휘
　closed 형 문을 닫은, 폐쇄된　　　　　　　　**closing** 형 (어떤 일을) 마무리 짓는

600+
RANK 0374

quarter [ˈkwɔːr.tɚ] ★☆☆☆☆☆☆   ①-②-③-④-⑤-⑥-⑦

명 분기; 4분의 1

Have you finished this **quarter**'s financial report yet? 파트2
이번 quarter 재무 보고서 작성을 끝냈나요?

▷ 관련 어휘
　quarterly 형 분기별의

▷ 핵심 기출 표현
　quarterly report 분기 보고서

👑600+ RANK 0375

wide [waɪd] ☆☆☆☆☆☆☆ ①-②-③-④-⑤-⑥-⑦

형 다양한, 폭넓은; 넓은
;--▶ a wide selection of: 다양한, 폭넓은

Vernon's Formal Wear offers **a wide** selection of men's suits as well as dress shoes.
Vernon's Formal Wear는 정장 구두 외에도 wide한 종류의 남성 정장을 제공한다.

▷ 관련 어휘

widely 튄 널리, 폭넓게
The ballet performance was **widely** advertised and expected to attract a large audience.
발레 공연은 widely하게 광고되었고, 따라서 많은 청중을 모을 것으로 예상된다.

▷ 핵심 기출 표현

company-wide 회사 전반의, 전사적인   a wide array of 다양한, 많은, 다수의
a wide range of 다양한, 폭넓은, 광범위한   the widest selection of 가장 선택의 폭이 넓은

👑600+ RANK 0376

immediately [ɪˈmiː.di.ət.li] ★☆☆☆☆☆☆ ①-②-③-④-⑤-⑥-⑦

튄 즉시, 바로
;--▶ immediately after: ~한 직후에

Due to an urgent situation, the CEO left the room **immediately** after the meeting.
급박한 상황으로 인해, CEO는 회의가 끝나고 immediately하게 회의실을 떠났다.

▷ 관련 어휘

immediate 형 1. 즉각적인; 당면한 2. (관계 등이) 가장 가까운, 직속의   ;--▶ immediate supervisor: 직속 상사
For those who wish to work night shifts, please speak to your **immediate** supervisor.
야간 근무를 원하는 분들께서는 immediate 상사에게 이야기하세요.

▷ 핵심 기출 표현

immediately before ~하기 직전에   immediately upon arrival 도착 즉시
effective immediately 즉시 발효되어

▷ 파트 7 대체어 기출 표현: immediate 즉각적인; 당면한 → urgent 긴급한

an immediate[urgent] task that needs to be done 완료되어야 하는 immediate[urgent]한 업무

👑700+ RANK 0377

audience [ˈɑː.di.əns] ★☆☆☆☆☆☆ ①-②-③-④-⑤-⑥-⑦

명 청중, 관중

Most people get nervous when making a speech in front of a large **audience**.
대부분의 사람은 많은 audience 앞에서 연설을 할 때 긴장한다.

600+ RANK 0378 way [weɪ] ☆☆☆☆☆☆☆ ①-②-③-④-⑤-⑥-⑦

1 명 **방법, 방식**   ⁚--▶ way to do: ~하기 위한 방법

Softwell Solutions offers seminars on **ways** to motivate employees for maximum productivity in the workplace.

Softwell Solutions는 직장에서 최대 생산성을 내기 위해 직원들에게 동기부여를 주는 way들에 대한 세미나를 제공한다.

2 명 **길**   ⁚--▶ on one's way home: ~가 집으로 가는 길에

It's snowing hard, so please be careful on your **way** home.

눈이 많이 내리니, 집으로 가는 way에 조심하시기 바랍니다.

3 부 **아주 멀리, 훨씬**

The price they asked for was **way** too much, so we had to hire another consultant.

그들이 요청한 금액은 way 많았기에, 우리는 다른 컨설턴트를 고용해야만 했다.

▶ **핵심 기출 표현**

that way 그렇게 하면; 그와 같이
on one's way to ~로 가는 중인
all the way 내내; 전부
way ahead / behind 훨씬 앞에 / 뒤에

by way of ~를 거쳐[경유해서]
work one's way up (회사에서) 승진하다
way above / beyond ~보다 훨씬 위쪽에 / 넘어서

700+ RANK 0379 chief [tʃiːf] ★☆☆☆☆☆☆ ①-②-③-④-⑤-⑥-⑦

1 형 **(직급상) 가장 높은, 최고위의**   ⁚--▶ chief editor: 편집장

Perry Anderson is the new **chief** editor of *Architecture Digest Monthly*.

Perry Anderson은 〈월간 건축 다이제스트〉의 새 chief 편집자이다.

2 형 **주된**

Rowe Industries had a difficult time overcoming its **chief** rival, Fuller Inc.

Rowe 산업은 chief 경쟁사인 Fuller사를 극복하는 데 어려움을 겪었다.

▶ **관련 어휘**

chiefly 부 주로

▶ **핵심 기출 표현**

chief executive officer [CEO] 최고 경영자   **chief financial officer [CFO]** 최고 재무 책임자

700+ RANK 0380 entry ['en.tri] ★☆☆☆☆☆☆ ①-②-③-④-⑤-⑥-⑦

1 명 **입장, 출입**

Visitors must show a valid ticket at the **entry** of the theme park.

방문객들은 테마공원 entry 시에 유효한 입장권을 보여줘야 한다.

2 圆 출품작; 응모권

Mail your **entry** for the writing contest to the Department of Journalism.

당신의 글쓰기 대회 entry를 언론학과로 보내주세요.

3 圆 참가, 출전

Participants must be over the age of 18 to be allowed **entry** into the contest.

콘테스트에 entry하려면 참가자들은 18살 이상이어야 한다.

▶ **핵심 기출 표현**

no entry 출입 금지   winning entry 수상작
entry-level 입문용의; (일자리가) 말단인

▶ **파트 7 대체어 기출 표현: entry 출품작 → submission to a contest 대회 제출물**

your **entry**[submission to a contest] is the winner of our competition
당신의 entry[submission to a contest]가 우리 대회의 우승작이다

regard [rɪˈgɑːrd] ★☆☆☆☆☆☆ ①-2-③-④-⑤-⑥-7

圄 간주하다, 여기다 ···▸ regard A as B: A를 B로 간주하다 (→ A be regarded as B)

Management **regards** Mr. Wong as one of the most experienced engineers in the company.

경영진은 Mr. Wong을 회사에서 가장 경험 많은 엔지니어 중 하나로 regard한다.

disappointing [ˌdɪs.əˈpɔɪn.t̬ɪŋ] ☆☆☆☆☆☆☆ ①-2-③-④-⑤-⑥-7

團 실망스러운, 기대에 못 미치는

Given the **disappointing** sales figures, Blimpty Juice will be closing several branches.

disappointing한 판매 실적을 고려해 볼 때, Blimpty Juice는 몇몇 지점들을 폐쇄하게 될 것이다.

▶ **관련 어휘**

disappointed 團 실망한 ···▸ be disappointed with: ~에 실망하다
  I was **disappointed** with the small room they gave us last month.
  나는 지난달에 그들이 우리에게 준 작은 방에 disappointed했다.
disappoint 图 실망하게 하다   disappointment 圆 실망

beverage [ˈbev.ɚ.ɪdʒ] ☆☆☆☆☆☆☆ ①-2-③-④-5-⑥-7

圆 음료

To thank the donors, Hinkley Hospital staff will distribute hot **beverages** during tomorrow's meeting.

기증자들에게 감사하기 위해, Hinkley 병원 직원들은 내일 회의에서 따뜻한 beverage를 나누어줄 것이다.

RANK 0384 · 600+ · subject [ˈsʌb.dʒekt] ☆☆☆☆☆☆☆ ①-②-③-④-⑤-⑥-⑦

1 명 (논의의) 주제, 대상

The **subject** of the seminar will focus on the latest marketing trends.
세미나의 subject는 최신 마케팅 트렌드에 중점을 둘 것이다.

2 형 ~의 대상이 되는 ┈┈▶ be subject to: ~의 대상이 되다

Cars parked in Lot B without a valid permit will **be subject** to a fine.
유효한 허가증이 없이 B 구역에 주차된 차들은 벌금의 subject가 될 것이다.

RANK 0385 · 700+ · collaborate [kəˈlæb.ə.reɪt] ★☆☆☆☆☆☆ ①-②-③-④-⑤-⑥-⑦

동 협력하다, 공동으로 작업하다 ┈┈▶ collaborate on: ~에 대해 협력하다, collaborate with: ~와 협력하다

MicroTech and Lystle, Inc. will **collaborate** on developing a new product.
MicroTech와 Lystle사는 신제품 개발에 collaborate할 것이다.

▶ **관련 어휘**
collaboration 명 공동 작업(물)   collaborative 형 공동의
collaboratively 부 공동으로, 협력하여

▶ **핵심 기출 표현**
collaborative effort 공동의 노력   work collaboratively 공동으로[협력하여] 일하다

RANK 0386 · 600+ · award [əˈwɔːrd] ★☆☆☆☆☆☆ ①-②-③-④-⑤-⑥-⑦

1 동 (상을) 수여하다

The company will **award** a bonus to the branch with the highest sales.
회사는 가장 높은 판매실적을 거둔 지사에 보너스를 award할 것이다.

2 명 상 ┈┈▶ win an award: 상을 타다

Phoebe Walker won the Employee of the Month **Award**.
Phobe Walker가 이달의 직원 award를 탔다.

▶ **핵심 기출 표현**
award-winning 상을 받은, 수상 경력이 있는   be awarded (a prize) 수상하다

RANK 0387 · 600+ · sound [saʊnd] ★☆☆☆☆☆☆ ①-②-③-④-⑤-⑥-⑦

1 동 ~인 것 같다, ~처럼 들리다

Selecting a smaller venue **sounds** like a good idea.
더 작은 장소를 선택하는 것이 좋은 생각인 듯 sound하다.

2 🔲 소리, 음향

The **sounds** of the construction work bothered many tenants.
건설 작업의 sound가 많은 세입자를 괴롭혔다.

3 🔲 건전한; 타당한

Hiring a business consultant is a **sound** suggestion.
비즈니스 컨설턴트 고용은 sound한 제안이다.

700+
RANK
0388

 **restrict** [rɪˈstrɪkt] ☆☆☆☆☆☆☆ ①-②-③-④-⑤-⑥-⑦

🔲 제한하다, 한정하다

The Chantam Theater **restricts** the use of electronic recording devices on all floors.
Chantam 극장은 전 층에서 전자 기록장치의 이용을 restrict한다.

▶ 관련 어휘
restriction 🔲 제한, 규제   **restrictive** 🔲 제한하는
restricted 🔲 제한된, 한정된

▶ 핵심 기출 표현
restrict A to B A를 B로 제한하다 (→ A be restricted to B)

600+
RANK
0389

huge [hjudʒ] ☆☆☆☆☆☆☆   ①-②-③-④-⑤-⑥-⑦

🔲 엄청난, 거대한

The positive feedback indicates that the seminar was a **huge** success.
긍정적인 피드백은 세미나가 huge한 성공이었음을 나타낸다.

▶ 관련 어휘
hugely 🔲 엄청나게, 거대하게

700+
RANK
0390

 **permit** [pərˈmɪt] ★★☆☆☆☆☆   ①-②-③-④-⑤-⑥-⑦

1 🔲 허용하다   ;--▶ permit A to do: A가 ~하도록 허락하다 (→ A be permitted to do)

Employees will not be **permitted** to enter the office during renovations.
보수 기간 동안 직원들은 사무실 출입이 permit되지 않을 것이다.

2 🔲 허가증   ;--▶ a building permit: 건축 허가증

To obtain a building **permit**, developers must submit a blueprint.
건축 permit를 받기 위해, 개발업자들은 청사진을 제출해야 한다.

관련 어휘

permission 명 허가 · - - ▶ written permission: 서면 허가
You may not reproduce any articles without **written permission** from the authors.
저자들의 서면 **permission** 없이는 어떤 기사도 복제할 수 없다.

permissible 형 허용되는

👑700+
RANK 0391

affect [əˈfekt] ☆☆☆☆☆☆☆ ①-②-③-④-⑤-⑥-⑦

동 영향을 미치다

How many customers will this plan **affect**?
이 계획이 몇 명의 고객에게 affect할까요?

> ### 핵심 기출 표현
> **be affected by** ~의 영향을 받다

👑700+
RANK 0392

commute [kəˈmjut] ☆☆☆☆☆☆☆ ①-②-③-④-⑤-⑥-⑦

1 동 통근하다, 출퇴근하다
Most of the employees at Rococo Tech **commute** to work by train.
Rococo Tech의 대부분의 직원은 기차로 commute한다.

2 명 통근, 출퇴근
After Mary moved to a new apartment, her **commute** got longer.
Mary가 새로운 아파트로 이사한 후, 그녀의 commute이 더 길어졌다.

> ### 관련 어휘
> **commuter** 명 통근자, 출퇴근자
> Regular subway **commuters** can buy a monthly pass or a single journey ticket.
> 정기 지하철 **commuter**들은 월간 패스 또는 일회권을 구매할 수 있다.

👑600+
RANK 0393

away [əˈweɪ] ★☆☆☆☆☆☆ ①-②-③-④-⑤-⑥-⑦

부 (시간적, 공간적으로) 떨어져, 떨어진 곳에

Ms. Pantangelli will be **away** from her desk until Friday.
Ms. Pantangelli는 금요일까지 자리에 away해 있을 것이다.

700+ RANK 0394 **alter** [ˈɔl·tər] ☆☆☆☆☆☆ ①·②·③·④·⑤·⑥·⑦

통 바꾸다, 고치다

We can **alter** your order as long as it has not been shipped.

출하되지 않았다면, 귀하의 주문을 alter해 드릴 수 있습니다.

> **관련 어휘**
> alteration 명 변화, 개조

600+ RANK 0395 **rest** [rest] ☆☆☆☆☆☆ ①·②·③·④·⑤·⑥·⑦

1 명 나머지

Store the **rest** of the equipment in the other closet.

다른 벽장에 장비의 rest를 보관하세요.

2 명 휴식

Construction workers will be given one day of **rest** per week until the project is over.

건설 작업자들은 프로젝트가 끝날 때까지 매주 하루 rest가 주어질 것이다.

3 통 쉬다; (~에) 기대다

A group is **resting** on some stairs.

한 일행이 계단에서 rest하고 있다.

700+ RANK 0396 **avoid** [əˈvɔɪd] ★☆☆☆☆☆ ①·②·③·④·⑤·⑥·⑦

통 피하다; 방지하다 ⋯▶ avoid doing: ~하는 것을 피하다

To **avoid** distracting their coworkers, employees are asked not to play music.

동료들을 방해하는 것을 avoid하기 위해, 직원들은 음악을 틀지 않도록 요구된다.

600+ RANK 0397 **voice** [vɔɪs] ☆☆☆☆☆☆ ①·②·③·④·⑤·⑥·⑦

통 (말로) 나타내다 ⋯▶ voice concern: 우려를 표명하다

Business owners **voiced** many **concerns** about the new department store.

사업주들은 새 백화점에 대해 큰 우려를 voice했다.

명 목소리, 음성

Make sure your **voice** is loud and clear when giving directions to the tour group.

단체 관광객들에게 길을 알려줄 때는 voice를 크고 또렷하게 해주세요.

600+
RANK 0398 **generally** [ˈdʒen·rə·li] ★★★☆☆☆☆ ①·②·③·④·⑤·⑥·⑦

图 일반적으로; 대개, 보통

Protective gear is **generally** required at construction sites, but some exceptions may be made.

안전 장비는 건설 현장에서 generally 필수이지만, 예외가 있을 수도 있다.

▶ **관련 어휘** general 图 일반적인, 보통의

▶ **핵심 기출 표현** in general 보통, 대개

600+
RANK 0399 **different** [ˈdɪf·rənt] ★☆☆☆☆☆☆ ①·②·③·④·⑤·⑥·⑦

图 다른; 다양한

We need to try a **different** advertising strategy.

우리는 different한 광고 전략을 시도해봐야 한다.

▶ **관련 어휘**
differ 图 다르다   differentiate 图 구별하다; 차별화하다
difference 图 차이, 차액

▶ **핵심 기출 표현**
make a difference 차별화하다; 영향을 주다   differ in ~면에서 다르다
differ from ~와 다르다
differentiate A from B [between A and B] A를 B와 구별하다

600+
RANK 0400 **heavy** [ˈhev·i] ★☆☆☆☆☆☆ ①·②·③·④·⑤·⑥·⑦

1 图 (양, 정도가) 많은, 심한

The weather forecast anticipates a **heavy** amount of snow this week.

일기예보는 이번 주 heavy한 양의 눈을 예상한다.

2 图 무거운, 육중한

This box is too **heavy** to carry by yourself.

이 상자는 너무 heavy해서 당신 혼자 들 수 없어요.

▶ **관련 어휘**
heavily 图 (양, 정도가) 아주 많이, 심하게
The festival has been postponed as it will snow **heavily** tomorrow.
내일 눈이 heavily하게 내릴 거라서 축제가 연기되었다.

▶ **핵심 기출 표현**
heavy call volumes 아주 많은 통화량   heavily rely on ~에 지나치게 의존하다

174

Speed Check-up

정답 p.580

다음의 한글 의미를 단서로 삼아 보기에서 알맞은 단어를 골라 넣으세요.

ⓐ entry   ⓑ numerous   ⓒ disappointing   ⓓ collaborate   ⓔ closure

01 Given the _____ sales figures, Blimpty Juice will be closing several branches.
실망스러운

02 Visitors must show a valid ticket at the _____ of the theme park.
입장

03 MicroTech and Lystle, Inc. will _____ on developing a new product.
협력하다

04 The temporary _____ of the Southwestern Rail Line is due to flooding.
폐쇄

05 Justin Harper received _____ awards for his excellent design work.
많은

다음의 한글 해석과 의미가 같아지도록 보기에서 알맞은 단어를 골라 넣으세요.

ⓐ related   ⓑ award   ⓒ subject   ⓓ away   ⓔ restricts

06 Ms. Pantangelli will be _____ from her desk until Friday.
Ms. Pantangelli는 금요일까지 자리에 없을 것이다.

07 At the staff meeting, topics _____ to the business expansion plan will be discussed. 직원회의에서, 사업 확장 계획과 관련된 의제들이 논의될 것이다.

08 The Chantam Theater _____ the use of electronic recording devices on all floors. Chantam 극장은 전 층에서 전자기록 장치의 이용을 제한한다.

09 The company will _____ a bonus to the branch with the highest sales.
회사에서는 가장 높은 판매실적을 거둔 부서에 보너스를 수여할 것이다.

10 Cars parked in Lot B without a valid permit will be _____ to a fine.
유효한 허가증이 없이 B 구역에 주차된 차들은 벌금의 대상이 될 것이다.

문맥에 어울리는 단어를 보기에서 골라 넣으세요.

ⓐ considered   ⓑ caused   ⓒ damaged   ⓓ generally   ⓔ permitted

11 Protective gear is _____ required at construction sites, but some exceptions may be made.

12 Have you _____ hiring a professional consultant?

13 Employees will not be _____ to enter the office during renovations.

14 We don't want any of our vehicles to be _____.

15 Street repairs on Thandun Lane _____ traffic jams during rush hour.

DAY 09

👑 600+
우선 순위 영단어
0401~0450

1타강사 음성강의

귀로 듣는 단어장

딸바보

그는 음식점을 evaluate하는 요리 평론가다

이 와인… 풍미의 lack이 아쉽군

이건 재료의 essential 매력이 부족해!

이 형편없는 플레이팅… 레스토랑의 reputation이 아깝군!

그의 comment는 늘 예리하기로 이름이 높다

절대 praise 하지 않아요

그런 그에게도 exceptional 한 경우가 있었으니…

아빠~ 내가 한거 먹어봐요

아빠는 바삭한 걸 prefer하시잖아요

시컴

시컴

요리 실력이 많이 enhance 됐구나

700+
RANK
0401

evaluate [ɪˈvæljueɪt] ★☆☆☆☆☆☆

🔲 평가하다

The committee **evaluated** the merits of the proposal before deciding to adopt it.

위원회는 채택하기로 결정하기 전에 그 제안서의 장점들을 evaluate했다.

> ▶ **관련 어휘**
>
> **evaluation** 몡 평가
>
>　Did you email the **evaluation** form? 파트 2
>
>　**evaluation** 서식을 이메일로 보내셨나요?
>
> **evaluator** 몡 평가자
>
> ▶ **파트 7 대체어 기출 표현: evaluation** 평가, 사정 → **consideration** 고려, 숙고
>
>　a plan that requires careful **evaluation[consideration]** 세심한 evaluation[consideration]이 필요한 계획

700+
RANK
0402

reputation [ˌrep.jəˈteɪ.ʃən] ★★☆☆☆☆☆

🔲 평판, 명성　　　　;--▶ build a reputation for: ~에 대한 명성을 쌓다

Nedril Auto has built a **reputation** for making affordable and reliable cars.

Nedril 자동차는 저렴하고 믿을 수 있는 자동차를 생산하는 것으로 reputation을 쌓아왔다.

> ▶ **관련 어휘**
>
> **reputable** 혱 평판이 좋은
>
> ▶ **파트 7 대체어 기출 표현: reputation** 평판, 명성 → **distinction** 뛰어남, 탁월함
>
>　an author of great **reputation[distinction]** reputation[distinction]이 높은 작가

700+
RANK
0403

exceptional [ɪkˈsepʃənəl] ★★★☆☆☆☆

🔲 이례적일 정도로 우수한　　　　;--▶ exceptional performance: 뛰어난 성과

Ms. Smith demonstrated **exceptional** performance in the IT Department.

Ms. Smith는 IT 부서에서 exceptional한 실적을 보여주었다.

> ▶ **관련 어휘**
>
> **exceptionally** 뷔 유난히, 특별히
>
>　Our computer system has been **exceptionally** slow lately.
>
>　우리 회사 시스템이 최근 들어 exceptionally하게 느려졌다.
>
> ▶ **핵심 기출 표현**
>
> **exceptional rate** 특별 요금

RANK 700+
0404

cooperation [koʊˌɑːpəˈreɪʃən] ☆☆☆☆☆☆☆ ①·②·③·④·⑤·⑥·⑦

명 **협력; 협조** ;--▸ in cooperation with: ~와 협력하여

In **cooperation** with the Public Transit Authority, the convention center provides a free shuttle service.

대중 교통국과 cooperation하여, 컨벤션 센터는 무료 셔틀 서비스를 제공하고 있다.

▶ **관련 어휘**
cooperate 동 협력하다, 협조하다   cooperatively 부 협력하여

▶ **핵심 기출 표현**
cooperate with ~와 협력하다   cooperate on ~에 대해 협력하다

RANK 600+
0405

total [ˈtoʊtəl] ★☆☆☆☆☆☆ ①·②·③·④·⑤·⑥·⑦

1 형 **총, 전체의**
Our supplier will take 20 percent off the **total** price of the tools.
저희 공급사는 공구들의 total 가격의 20%를 할인해 드릴 것입니다.

2 명 **합계, 총액**
The **total** for the power tools comes out to $150.
전동 공구의 total은 150달러입니다.

3 동 **총 ~가 되다**
Global vehicle sales **totaled** approximately $86 million last year.
작년 전 세계 자동차 매출이 대략 8천 6백만 달러가 total했다.

▶ **관련 어휘**
totally 부 완전히, 전적으로

RANK 600+
0406

pleased [pliːzd] ★☆☆☆☆☆☆ ①·②·③·④·⑤·⑥·⑦

형 **기쁜, 기뻐하는** ;--▸ be pleased to do: ~하게 되어 기쁘다

I'm very **pleased** to introduce Tyler Stevens, the new general manager of our studio.

저는 우리 스튜디오의 새 국장 Tyler Stevens를 소개하게 되어 매우 pleased합니다.

▶ **관련 어휘**
pleasing 형 즐거운, 기분 좋은   pleasure 명 기쁨, 즐거움

▶ **핵심 기출 표현**
be pleased with ~에 기뻐하다

600+ RANK 0407

investment [ɪnˈvestmənt] ☆☆☆☆☆☆☆ ①·②·③·④·⑤·⑥·⑦

명 투자

Management is not sure whether the acquisition is a good **investment**.
경영진은 그 기업 인수가 좋은 investment인지에 대해 확신하지 못한다.

▶ 관련 어휘

invest 통 투자하다   ┈┈▶ invest in: ~에 투자하다

The sponsor agreed to **invest** in the property market after hearing Ms. Taylor's presentation.
그 투자자는 Ms. Taylor의 발표를 들은 후에 부동산 시장에 **invest**하는 것에 동의했다.

700+ RANK 0408

enhance [ɪnˈhæns] ★★☆☆☆☆☆ ①·②·③·④·⑤·⑥·⑦

통 향상시키다

Pattack Landscaping Company uses innovative methods to **enhance** the appearance of homes and businesses.
Pattack 조경 회사는 주택과 사업체의 외관을 enhance하기 위해 혁신적인 방법들을 사용한다.

▶ 관련 어휘

enhanced 형 강화된   **enhancement** 명 향상, 증대

600+ RANK 0409

carry [ˈkeri] ★☆☆☆☆☆☆ ①·②·③·④·⑤·⑥·⑦

1 통 **지니다, 가지고 다니다**
Foreign tourists should always **carry** their passports with them.
외국 관광객들은 항상 자신의 여권을 carry해야 한다.

2 통 **나르다, 들고 가다**
A man is **carrying** some plants. 파트1
남자가 몇몇 식물들을 carry하고 있다.

3 통 **(물건을) 취급하다**
We no longer **carry** that computer model.
저희는 그 컴퓨터 모델을 더 이상 carry하지 않습니다.

▶ 관련 어휘

carrier 명 1. 항공사, 운송회사 2. 운반하는 것[사람]

▶ 핵심 기출 표현

carry out ~을 수행하다

▶ 파트 7 대체어 기출 표현: carry 지니다 → bear 가지다, 지니다

carry[bear] the firm's name 그 회사의 이름을 carry[bear]하다

179

especially [ɪˈspeʃəli] ★☆☆☆☆☆☆ ①-②-③-④-⑤-⑥-⑦

団 특히, 특별히
Diners love the food served at Chillpal Diner, **especially** the vegetarian dishes.
고객들은 Chillpal 식당에서 제공되는 음식, especially 채식주의자용 요리들을 매우 좋아한다.

reference [ˈrefərəns] ☆☆☆☆☆☆☆ ①-②-③-④-⑤-⑥-⑦

1 囲 참고, 참조
Use this guide as a **reference** when explaining products to customers.
고객들에게 제품을 설명할 때 이 가이드를 reference로 이용하세요.

2 囲 추천서
This job offer is conditional on your **references** being received.
이 일자리 제의는 당신의 reference가 수령되는 것을 전제로 합니다.

▶ **관련 어휘**
refer 園 1. (~에게) 알아보도록 하다 2. 참조하게 하다 3. 위탁하다, 맡기다
referral 園 소개(업체), 위탁(업체)

▶ **핵심 기출 표현**
reference number 조회 번호   in/with reference to ~와 관련하여
a letter of reference 추천서   refer to ~을 참고하다; ~을 가리키다

▶ **파트 7 대체어 기출 표현: refer 알아보게 하다 → direct 알려주다**
Refer[direct] any other inquiries to the representatives.
그 밖의 다른 문의 사항들은 담당자들에게 refer[direct]하세요.

establishment [ɪˈstæblɪʃmənt] ★★☆☆☆☆☆ ①-②-③-④-⑤-⑥-⑦

1 囲 기관, 시설(물)
The trade show features **establishments** from all over the state of Texas.
무역 박람회에는 Texas주 전역의 establishment들이 참여한다.

2 囲 설립, 수립
Ms. Tergan has been with the company since its **establishment** 20 years ago.
Ms. Tergan은 20년 전 establishment때부터 그 회사에 몸담고 있다.

▶ **관련 어휘**
establish 園 1. 설립하다 2. (지위, 관계 등을) 확고히 하다, 수립하다
　We will show how serious we are about **establishing** long-term relationships.
　장기적인 관계를 establish하는 데 우리가 얼마나 진지한지를 보여줄 것이다.
established 園 인정받는, 확고히 자리를 잡은   ┈▶ established procedures: 확립된 절차
　Salespeople must follow **established** procedures when contacting potential clientele.
　판매원들은 잠재 고객들에게 연락할 때 **established**한 절차를 따라야 한다.

▸ **핵심 기출 표현**
　dining establishment 식당　　　　　　　　established customer base 확립된 고객 기반

▸ **파트 7 대체어 기출 표현: establishment 시설(물) → restaurant 식당**
　well-known dining establishment[restaurant] 잘 알려진 식사 establishment[restaurant]

👑700+
**RANK
0413**　**eager** [ˈiːgər]　★☆☆☆☆☆☆　　　①-②-③-④-⑤-⑥-⑦

형 **열렬한, 열심인**　;--▸ be eager to do: ~하기를 간절히 바라다
Voov Outdoor Apparel is **eager** to promote its new line of climbing gear.
Voov Outdoor Apparel은 새로운 등산 장비 라인을 홍보하는 데 eager하다.

▸ **관련 어휘**
　eagerly 튀 열심히, 간절히　　　　　　　　eagerness 명 열의, 열망
▸ **핵심 기출 표현**
　eagerly awaited 간절히 기다려온

👑700+
**RANK
0414**　**formal** [ˈfɔːrməl]　★★☆☆☆☆☆　　　①-②-③-④-⑤-⑥-⑦

1 형 **공식적인, 정식의**
There will be a **formal** ceremony to welcome the new CEO.
새로 온 CEO를 환영하기 위해 formal한 행사가 있을 것이다.

2 형 **격식을 차린; 형식적인**
Please use **formal** language when addressing clients in your letter.
편지에서 고객을 지칭할 때에는 formal한 언어를 사용해 주세요.

▸ **관련 어휘**
　formally 튀 공식적으로, 정식으로
　　Wizen Corp will **formally** announce the new project at Friday's press conference.
　　Wizen사는 금요일에 있을 기자 회견에서 새로운 프로젝트에 대해 **formally**로 발표할 것이다.

👑600+
**RANK
0415**　**possible** [ˈpɑːsəbəl]　★★★☆☆☆☆　　　①-②-③-④-⑤-⑥-⑦

형 **가능한**　;--▸ It is possible to do: ~하는 것이 가능하다
Is it **possible** to get some samples from your store?
당신의 가게에서 견본품 몇 개를 받는 게 possible한가요?

▷ 관련 어휘
possibly 🎛 아마   **possibility** 🎛 가능성

▷ 핵심 기출 표현
as soon as possible 되도록 빨리   **make + 목적어 + possible** ~를 가능하게 하다
if possible 가능하다면, 될 수 있으면   **in any way possible** 가능한 어떻게든

👑600+
RANK
0416 ╱ **enable** [ɪˈneɪbəl] ★★☆☆☆☆☆   ①·②·③·④·⑤·⑥·⑦

🎛 ~을 가능하게 하다   ;--▶ enable A to do: A로 하여금 ~하는 것을 가능하게 하다 (→ A be enabled to do)
The new machines **enable** workers to complete tasks twice as quickly.
새로운 기계는 직원들이 업무를 두 배 더 빨리 끝내는 것을 enable하게 한다.

👑600+
RANK
0417 ╱ **banquet** [ˈbæŋkwət] ☆☆☆☆☆☆☆   ①·②·③·④·⑤·⑥·⑦

🎛 연회, 만찬
I'd like to welcome all of you to the third annual company **banquet**.
세 번째 연례 회사 banquet에 오신 여러분 모두를 환영합니다.

👑700+
RANK
0418 ╱ **direction** [daɪˈrekʃən] ☆☆☆☆☆☆☆   ①·②·③·④·⑤·⑥·⑦

1 🎛 (-s) 지시, 명령
Interns should be able to quickly follow **directions** of their mentors.
인턴들은 그들의 멘토의 directions을 빠르게 따를 수 있어야 한다.

2 🎛 방향
Can you tell me if I'm headed in the right **direction**? 파트2
제가 올바른 direction으로 향하고 있는지 알려주실 수 있나요?

▷ 관련 어휘
director 🎛 이사, 책임자

▷ 핵심 기출 표현
under the direction of ~의 지휘 아래   **give directions** 방향을 알려주다; 지시하다

👑600+
RANK
0419 ╱ **harmful** [ˈhɑːrmfəl] ☆☆☆☆☆☆☆   ①·②·③·④·⑤·⑥·⑦

🎛 해로운   ;--▶ harmful ingredient: 유해 성분
Our organic insect repellants do not contain any **harmful** ingredients.
저희 유기농 살충제는 그 어떤 harmful한 성분들도 포함되어 있지 않습니다.

▶ 관련 어휘
harm 명 해, 피해 통 해를 끼치다, 손상시키다　　　　**harmless** 형 해가 없는, 무해한

RANK 0420

loan [loʊn] ★☆☆☆☆☆☆　　　(1)-(2)-③-(4)-(5)-(6)-(7)

1 명 대출(금)
┈┈▶ get a loan: 대출을 받다
I'd like to get some information about getting a **loan** from your bank.
당신의 은행에서 loan을 받는 것에 대한 정보를 좀 알고 싶습니다.

2 동 빌려주다, 대출해 주다
Travis **loaned** Kerry some money for her new car.
Travis는 Kerry의 새 차를 위해 그녀에게 돈을 loan해 주었다.

▶ 핵심 기출 표현
take out a loan 대출을 받다

RANK 0421

essential [ɪˈsenʃəl] ★★☆☆☆☆☆　　　(1)-(2)-(3)-(4)-⑤-(6)-(7)

형 필수적인; 본질적인
Computer literacy is an **essential** ability in today's society.
컴퓨터 사용 능력은 오늘날의 사회에서 essential한 능력이다.

▶ 관련 어휘
essentially 부 기본적으로, 본질적으로　　　　**essence** 명 본질, 정수
▶ 핵심 기출 표현
essential to / for ~에 있어서 필수적인

RANK 0422

compact [kəmˈpækt] ★☆☆☆☆☆☆　　　(1)-(2)-(3)-④-(5)-(6)-⑦

1 형 (일반 제품보다) 소형의, 간편한
The XL800 smartphone is currently the most **compact** model in the market.
XL800 스마트폰은 현재 시장에서 가장 compact한 모델이다.

2 형 (공간이) 작은
Mr. Kim's car is too **compact** to fit five people.
Mr. Kim의 차는 너무 compact해서 5명을 태울 수 없다.

3 형 조밀한, 촘촘한
Mr. Hubbard loosened up some **compact** soil to maintain his garden.
Mr. Hubbard는 정원을 유지하려고 compact한 흙을 풀었다.

600+
RANK 0423

depart [dɪˈpɑːrt] ★☆☆☆☆☆☆   ①-②-③-④-⑤-⑥-⑦

동 **떠나다, 출발하다**
No breakfast is served on flights that **depart** after 10 A.M.
오전 10시 이후에 depart하는 비행에서는 조식이 제공되지 않는다.

▶ **관련 어휘**
departure 명 떠남, 출발

▶ **핵심 기출 표현**
depart from ~에서 출발하다   depart for ~로 출발하다
departure date 출발일 반 arrival date 도착일

700+
RANK 0424

contribute [kənˈtrɪbjuːt] ★★☆☆☆☆☆   ①-②-③-④-⑤-⑥-⑦

1 동 **기여하다**   ┆┄▶ contribute to: ~에 기여하다
Our organization honors employees whose research has **contributed** to technological advances.
우리 기관은 기술 진보에 contribute한 연구를 수행한 직원들에게 감사를 표합니다.

2 동 **기부하다**
BB Electronics **contributes** funds to Angelita's Charity, which helps people find stable employment.
BB 전자는 안정적인 취업을 원하는 사람들을 돕는 Angelita's 자선단체에 기금을 contribute한다.

3 동 **기고하다**
Ms. Hursely regularly **contributes** articles to the local food magazine.
Ms. Hursely는 지역 음식 잡지에 정기적으로 기사를 contribute한다.

▶ **관련 어휘**
contribution 명 1. 기여, 공헌 2. 기부(금)   contributor 명 기고자; 기여자

▶ **핵심 기출 표현**
contributor to ~의 기고자[기여자]

700+
RANK 0425

expire [ɪkˈspaɪr] ★☆☆☆☆☆☆   ①-②-③-④-⑤-⑥-⑦

동 **(기간이) 끝나다, 만료되다**
Most electronics stores do not provide free repairs after the warranty **expires** on a product.
대부분의 전자제품 매장들은 상품의 보증 기간이 expire된 후에는 무상 수리를 제공하지 않는다.

184

DAY 01
DAY 02
DAY 03
DAY 04
DAY 05
DAY 06
DAY 07
DAY 08
DAY 09
DAY 10

▶ 관련 어휘
expiration 몡 만기, 만료　　　　　　**expired** 혱 만료된, 기한이 지난

▶ 핵심 기출 표현
expiration date 만기일, 만료일

700+
RANK
0426

layout [ˈleɪaʊt] ☆☆☆☆☆☆☆　　　　①·②·③·④·⑤·⑥·⑦

몡 **(책, 건물 등의) 배치, 레이아웃**
Mr. Perez will reorganize the **layout** of the Web site to make it easier to use.
Mr. Perez는 웹 사이트를 더 쉽게 이용할 수 있도록 layout을 재배치할 것이다.

▶ 핵심 기출 표현
office layout 사무실 배치도

700+
RANK
0427

refund [ˈriːfʌnd] ★☆☆☆☆☆☆　　　　①·②·③·④·⑤·⑥·⑦

1 몡 **환불, 환불금**

Zhang's Furniture does not offer **refunds** on purchases made more than 90 days ago.
Zhang's가구는 90일 이전에 이루어진 구매에 대해서는 refund를 제공하지 않는다.

2 통 **환불하다**
They'll **refund** our ticket if it rains.
비가 오면 그들이 우리 표를 refund해 줄 거예요.

▶ 관련 어휘
refundable 혱 환불 가능한

▶ 핵심 기출 표현
refund policy 환불 정책　　　　　　**full refund** 전액 환불

600+
RANK
0428

voucher [ˈvaʊtʃɚ] ★☆☆☆☆☆☆　　　　①·②·③·④·⑤·⑥·⑦

몡 **상품권, 쿠폰**
Customers can use the **voucher** to get 50 percent off their next purchase.
고객들은 다음 구매에서 50% 할인을 받기 위해 voucher를 사용할 수 있다.

loss [lɑ:s] ☆☆☆☆☆☆☆   ①·②·③·④·⑤·⑥·⑦

1 몡 **손실, 손실액**

HMJ Tour Company's **loss** was caused by an increase in airline prices.
HMJ 여행사의 loss는 항공료의 인상으로 야기되었다.

2 몡 **분실**

Ms. Rodriguez's carelessness ended in the **loss** of her mobile phone.
Ms. Rodriguez의 부주의함은 결국 핸드폰의 loss로 이어졌다.

▶ **관련 어휘**
　lose 통 잃다, 잃어버리다　　　　　　　　　　　lost 휑 1. 잃어버린, 분실된　2. 길을 잃은

▶ **핵심 기출 표현**
　lost item 분실물　　　　　　　　　　　　　　　lost and found 분실물 보관소

recycle [ˌriːˈsaɪkəl] ☆☆☆☆☆☆☆   ①·②·③·④·⑤·⑥·⑦

통 **재활용하다**

The playground equipment in Bloch Park will be constructed using **recycled** materials.
Bloch 공원의 놀이터 장비들은 recycle된 소재들을 이용하여 건설될 것이다.

▶ **관련 어휘**
　recycling 휑 재활용
　Who's supposed to write the article on **recycling**? 파트2
　recycling에 대한 기사를 누가 쓰기로 되어 있나요?

▶ **핵심 기출 표현**
　recycling program 재활용 프로그램

resource [ˈriːzɔːrs] ☆☆☆☆☆☆☆   ①·②·③·④·⑤·⑥·⑦

몡 **자원, 재원; (목적을 이루는 데 필요한) 재료**

Belington Academy provides the necessary **resources** for developing your artistic abilities.
Belington 아카데미는 여러분의 예술적 재능 계발에 필요한 resource들을 제공해 드립니다.

▶ **관련 어휘**
　resourceful 휑 자원이 풍부한

▶ **핵심 기출 표현**
　human resources 인적 자원　　　　　　　　　　natural resources 천연자원

RANK 0432 · 700+
contractor [ˈkɑːntræktə-] ☆☆☆☆☆☆ ①·②·③·④·⑤·⑥·⑦

명 도급 업자[업체], 계약자

The city will hire a **contractor** to renovate the public library.
시는 공공 도서관을 수리하기 위해 contractor를 고용할 것이다.

> ▶ **핵심 기출 표현**
> **contract A out (to B)** (B에게) A를 도급을 주다[맡기다] (→ A be contracted out (to B))

RANK 0433 · 700+
resolve [rɪˈzɑːlv] ★☆☆☆☆☆ ①·②·③·④·⑤·⑥·⑦

1 통 (문제 등을) 해결하다

One of the roles of a supervisor is to help **resolve** conflicts among employees.
관리자의 역할들 중 하나는 직원들 간 갈등을 resolve하도록 돕는 것이다.

2 통 (굳게) 다짐하다, 결심하다 ·····▶ resolve to do: ~하기로 결심하다

Mr. Muntz **resolved** to stay in better shape this year.
Mr. Muntz는 올해 더 건강해지기로 resolve했다.

> ▶ **관련 어휘**
> **resolution** 명 1. 해결; 결의안 2. 결단력; 결심 3. (화면, 프린터 등의) 해상도

> ▶ **핵심 기출 표현**
> **resolve the issue / problem** 문제를 해결하다

> ▶ **파트 7 대체어 기출 표현**
> ① resolve (문제 등을) 해결하다 → settle (논쟁 등을) 해결하다, 끝내다
>   try to **resolve[settle]** the matter 그 문제를 resolve[settle]하려고 노력하다
> ② resolve (문제 등을) 해결하다 → work out ~을 해결하다[알아내다]
>   I would be happy to **resolve[work out]** the details upon my arrival.
>   도착해서 그 세부 사항들을 resolve[work out]하면 좋겠어요.

RANK 0434 · 600+
name [neɪm] ★☆☆☆☆☆ ①·②·③·④·⑤·⑥·⑦

통 (자리, 직책에) 지명하다, 임명하다 ·····▶ name A as B: A를 B로 임명하다 (→ A be named as B)

The board **named** Edwin Moon as the new Chief Technology Officer.
이사회는 신임 최고 기술 책임자로 Edwin Moon을 name했다.

> ▶ **관련 어휘**
> **namely** 부 즉, 다시 말해

RANK 0435 — 700+

background [ˈbækɡraʊnd] ☆☆☆☆☆☆☆ ①-②-③-④-⑤-⑥-⑦

명 (학력, 이력 등 개인의) 배경

We are seeking an employee with a **background** in computer science.

우리는 컴퓨터 과학 분야의 background를 가진 직원을 구하고 있습니다.

> ▶ **핵심 기출 표현**
> background knowledge 배경 지식   educational[academic] background 학력

RANK 0436 — 600+

industry [ˈɪndəstri] ★★☆☆☆☆☆ ①-②-③-④-⑤-⑥-⑦

명 산업, 업(계)

The technology **industry** is constantly growing due to the demand for innovative electronics.

기술 industry는 혁신적인 전자제품의 수요로 인해 끊임없이 성장하고 있다.

RANK 0437 — 700+

recover [rɪˈkʌvɚ] ★★☆☆☆☆☆ ①-②-③-④-⑤-⑥-⑦

동 (정상의 상태로) 회복하다; (손실 등을) 되찾다

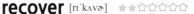

┈┈▶ recover from: ~에서 회복하다

Sales are expected to rise when the country **recovers** from the economic downturn.

매출은 국가가 경기침체에서 recover할 때 오를 것으로 기대된다.

> ▶ **관련 어휘**
> recovery 명 회복

RANK 0438 — 700+

overseas [ˌoʊvɚˈsiːz] ☆☆☆☆☆☆☆ ①-②-③-④-⑤-⑥-⑦

1 **형** 해외의

Ms. Chang will be making her first **overseas** business trip next month.

Ms. Chang은 다음 달에 첫 overseas 출장을 갈 것이다.

2 **부** 해외에[로]

Gladys will be leaving Conescent Inc. to work **overseas**.

Gladys는 overseas로 근무하기 위해 Conescent사를 떠날 것이다.

700+
RANK
0439

prefer [prɪˈfɜːr] ★☆☆☆☆☆☆

①-②-③-④-⑤-⑥-⑦

통 선호하다, ~을 더 좋아하다

A recent survey indicates that consumers **prefer** brand name products.
최근 조사는 고객들이 브랜드가 있는 상품을 prefer한다는 것을 보여준다.

▶ **관련 어휘**

preference 명 선호(도)   ┊···▶ preference for: ~에 대한 선호(도)
　　Sales over the last few months show the increasing **preference** for healthy food.
　　지난 몇 달 간의 판매량은 건강식에 대한 **preference**가 증가했다는 것을 보여준다.
preferably 부 오히려, 가급적이면   **preferred** 형 선호되는, 우선의

▶ **핵심 기출 표현**

prefer A to B B보다 A를 선호하다   **meal preference** 선호하는 메뉴
preferred means 선호되는 수단

600+
RANK
0440

rent [rent] ☆☆☆☆☆☆☆

①-②-③-④-⑤-⑥-⑦

┈┈▶ rent for/on: ~에 대한 임대료

1 명 집세, 임차료

Rent for office space in downtown Sacramento has increased slightly.
Sacramento 시내의 사무공간 rent가 약간 올랐다.

2 통 임차하다, 임대하다

Do you think it's more cost-effective to **rent** a house? 파트2
집을 rent하는 게 더 비용 효율적이라고 생각하세요?

▶ **관련 어휘**

rental 명 임대[임차], 대여

▶ **핵심 기출 표현**

rental agreement 임대 계약(서)

600+
RANK
0441

caution [ˈkɑːʃən] ☆☆☆☆☆☆☆

①-②-③-④-⑤-⑥-⑦

1 명 조심, 주의   ┊···▶ use caution: 조심하다

Lab technicians must use extreme **caution** when working with dangerous chemicals.
연구원들은 위험한 화학물질을 다룰 때 극도로 caution해야 한다.

2 통 주의를 주다

Floor managers should constantly **caution** their workers to be safe when operating machinery.
현장 관리자는 직원들이 기계를 가동할 때 끊임없이 안전에 대해 caution해야 한다.

▶ 관련 어휘

cautious 혱 조심스러운, 신중한
cautiously 븅 조심스럽게, 신중하게
　　Employees should drive company vehicles **cautiously** at all times.
　　직원들은 회사 차량들을 항상 **cautiously**하게 운전해야 한다.

▶ 핵심 기출 표현

exercise caution 주의를 하다　　　　　　　　　　**with caution** 조심하여, 신중히
cautiously optimistic 조심스럽게 낙관하는

---

comment ['kɑːment] ★★☆☆☆☆☆　　　①·②·③·④·⑤·⑥·⑦

1 명 논평, 언급
Please fill out the questionnaire completely and write any **comments** in the last box.
설문지를 모두 작성하고 comment들은 마지막 박스에 적어 주세요.

2 동 논평하다, 견해를 밝히다　；--▶ comment that절: that 이하를 논평하다
Many customers **commented** that self-checkout machines were convenient.
많은 고객들이 셀프 계산대가 편리하다고 comment했다.

▶ 관련 어휘
commentary 명 실황 방송; 해설

▶ 핵심 기출 표현
comment on/about ~에 대한 견해　　　　　　　　**make a comment** 논평하다
comment on ~에 대해 논평하다

---

role [roʊl] ☆☆☆☆☆☆☆　　　①·②·③·④·⑤·⑥·⑦

명 역할; 배역　　　；--▶ play an important role in: ~에 있어서 중요한 역할을 하다
Public relations staff plays an important **role** in the success of a business.
홍보 직원들은 회사의 성공에 있어서 중요한 role을 한다.

▶ 핵심 기출 표현
play a role as ~로서 역할을 하다　　　　　　**play a pivotal[crucial] role in** ~에서 중요한 역할을 하다

▶ 파트 7 대체어 기출 표현: role 역할 → position 자리, 위치
step into a leading role[position] 가장 중요한 role[position]을 시작하다

RANK 0444 · 700+ · lack [læk] ☆☆☆☆☆☆☆ ①·②·③·④·⑤·⑥·⑦

1 명 부족, 결핍

┈┈▶ lack of: ~의 부족

The research project was stopped due to a **lack** of funding.

그 연구 프로젝트는 자금의 lack으로 중단되었다.

2 동 ~이 부족하다

The Accounting Department is currently **lacking** staff members.

회계부서는 현재 직원이 lack하다.

RANK 0445 · 600+ · emergency [ɪˈmɜːdʒənsi] ☆☆☆☆☆☆☆ ①·②·③·④·⑤·⑥·⑦

명 비상 (사태)

┈┈▶ in case of an emergency: 비상시에

Please use the red doors only in case of an **emergency**.

emergency의 경우에만 빨간색 문을 이용해 주세요.

> ▶ 핵심 기출 표현
> **emergency room** 응급실

RANK 0446 · 600+ · praise [preɪz] ★☆☆☆☆☆☆ ①·②·③·④·⑤·⑥·⑦

1 명 칭찬

Greg Winthrop drew **praise** from the CEO for his well-planned presentation.

Greg Winthrop은 준비가 잘 된 발표로 CEO의 praise를 이끌어 냈다.

2 동 칭찬하다 ┈┈▶ praise A for B: B에 대해 A를 칭찬하다 (→ A be praised for B)

They **praised** Janet for her innovative ideas and professional attitude.

그들은 Janet의 창의적인 아이디어와 전문적인 태도에 대해 그녀를 praise했다.

RANK 0447 · 700+ · expertise [ˌekspɜːˈtiːz] ★☆☆☆☆☆☆ ①·②·③·④·⑤·⑥·⑦

명 전문 지식[기술]

┈┈▶ expertise in: ~에 대한 전문 지식

Mr. Lee was hired as the human resources director for his **expertise** in organizational development.

Mr. Lee는 조직 개발에 대한 그의 expertise로 인사팀 이사로 채용되었다.

> ▶ 관련 어휘
> **expert** 명 전문가 형 전문적인; 숙련된
>> Many of the financial **experts** on this show will give advice for managing your budget.
>> 이 쇼에 나오는 많은 금융 expert들이 예산 관리에 대한 조언을 해줄 것이다.

RANK 0448 ♛700+

pension [ˈpenʃən] ☆☆☆☆☆☆☆

①-②-③-④-⑤-⑥-⑦

명 연금

: ‑‑► pension scheme/plan: 연금 제도

The company offers a good **pension** scheme and severance package.

그 회사는 좋은 pension 계획과 퇴직금 제도를 제공한다.

RANK 0449 ♛700+

devote [dɪˈvoʊt] ☆☆☆☆☆☆☆

①-②-③-④-⑤-⑥-⑦

동 바치다, 쏟다

Christine has **devoted** countless hours volunteering at our community center.

Christine은 우리 지역 문화 센터에서 자원봉사 하는 일에 많은 시간을 devote했다.

> **▶ 관련 어휘**
>
> **devoted** 형 헌신적인   : ‑‑► be devoted to: ~에 헌신적이다
>
> We at Stetson Headhunting are **devoted** to helping our customers find the ideal candidates.
>
> Stetson 헤드헌팅에서 근무하는 우리는 고객들이 이상적인 후보자를 찾는 데에 **devoted** 하다.

RANK 0450 ♛600+

design [dɪˈzaɪn] ☆☆☆☆☆☆☆

①-②-③-④-⑤-⑥-⑦

1 동 설계하다; 고안하다

Mr. Cruz is the one who **designed** the new Web site.

Mr. Cruz는 새 웹 사이트를 design했던 사람이에요.

2 명 디자인; 설계도

The R&D team was given an award for their **design** of the new electric car.

R&D팀은 새 전기차 design으로 상을 받았다.

Speed Check-up

정답 p.581

다음의 한글 의미를 단서로 삼아 보기에서 알맞은 단어를 골라 넣으세요.

ⓐ establishments   ⓑ named   ⓒ contributed   ⓓ recovers   ⓔ exceptional

01 The board _____ Edwin Moon as the new Chief Technology Officer.
지명하다

02 The trade show features _____ from all over the state of Texas.
기관

03 Ms. Smith demonstrated _____ performance in the IT Department.
우수한

04 Sales are expected to rise when the country _____ from the economic downturn.
회복하다

05 Our organization honors employees whose research has _____ to technological advances.
기여하다

다음의 한글 해석과 의미가 같아지도록 보기에서 알맞은 단어를 골라 넣으세요.

ⓐ totalled   ⓑ resources   ⓒ evaluated   ⓓ refunds   ⓔ enable

06 Belington Academy provides the necessary _____ for developing your artistic abilities. Belington 아카데미는 여러분의 예술적 재능개발에 필요한 자원을 제공해 드립니다.

07 Zhang's Furniture does not offer _____ on purchases made more than 90 days ago. Zhang가구는 90일 이전에 이루어진 구매에 대해서는 환불을 제공하지 않는다.

08 Global vehicle sales _____ approximately $86 million last year.
작년 글로벌 자동차 매출은 대략 총 860만 달러였다.

09 The new machines _____ workers to complete tasks twice as quickly.
새로운 기계는 직원들이 업무를 두 배 더 빨리 끝날 수 있게 한다.

10 The committee _____ the merits of the proposal before deciding to adopt it.
위원회는 채택하기로 결정하기 전에 그 제안서의 장점들을 평가했다.

문맥에 어울리는 단어를 보기에서 골라 넣으세요.

ⓐ reference   ⓑ carry   ⓒ enhance   ⓓ resolve   ⓔ caution

11 One of the roles of a supervisor is to help _____ conflicts among employees.

12 We no longer _____ that computer model.

13 Lab technicians must use extreme _____ when working with dangerous chemicals.

14 Pattack Landscaping Company uses innovative methods to _____ the appearance of homes and businesses.

15 Use this guide as a _____ when explaining products to customers.

DAY 10

👑 600+
우선 순위 영단어
0451~0500

타강사 음성강의

귀로 듣는 단어장

매의 눈

700+
RANK
0451

relocate [ˌriːˈloʊ.keɪt] ★★☆☆☆☆☆ ①-②-③-④-⑤-⑥-⑦

동 이전하다, 이동하다 ····▸ relocate to: ~로 이전하다[옮기다]

Saxton Entertainment will **relocate** to Chicago next summer to be closer to clients.

Saxton 엔터테인먼트는 고객과 더 가까워지기 위해 내년 여름 Chicago로 relocate할 것이다.

관련 어휘

relocation 명 이전, 이주

600+
RANK
0452

particularly [pɚˈtɪk.jə.lɚ.li] ★★☆☆☆☆☆ ①-②-③-④-⑤-⑥-⑦

부 특히

The environmental seminar addressed several concerns that were **particularly** relevant to the energy industry.

환경 세미나는 particularly 에너지 산업과 관련이 있는 몇 가지 우려들을 다루었다.

관련 어휘

particular 형 특별한, 특정한 명 (-s) 세부 사항; 서면 정보

For those wanting to visit **particular** areas of the city, please let your tour guide know.

그 도시의 particular한 지역들을 방문하고자 하는 분들은 관광 가이드에게 알려 주세요.

핵심 기출 표현

in particular 특히, 특별히

600+
RANK
0453

gap [gæp] ☆☆☆☆☆☆☆ ①-②-③-④-⑤-⑥-⑦

1 명 격차, 차이 ····▸ bridge a gap (between): (~간의) 간격/차이를 메우다

HR aims to bridge the **gap** between the managers and their employees.

인사팀의 목표는 관리자들과 직원들의 gap을 줄이는 것이다.

2 명 틈, 공백

RXO Hardware sells special adhesives to seal any unwanted **gaps** around the house.

RXO 설비는 집 곳곳의 원치 않는 gap들을 메우기 위한 특별 접착제를 판매하고 있다.

600+
RANK
0454

actually [ˈæk·tʃu·ə·li] ☆☆☆☆☆☆☆ ①-②-③-④-⑤-⑥-⑦

부 사실은, 실제로

The novice cooks on the TV show were **actually** revealed to be professional chefs.

TV 쇼에 나온 초보 요리사들이 actually 전문 요리사들로 밝혀졌다.

receipt [rɪ'sit] ★☆☆☆☆☆☆ ①-②-③-④-⑤-⑥-⑦

1 圆 영수증 ┈▶ original receipt: 원본 영수증

An original **receipt** is required to receive a full refund.

전액 환불을 받기 위해서는 원본 receipt가 반드시 있어야 한다.

2 圆 수령, 인수 ┈▶ upon receipt of: ~을 받는 대로

Your payment is due upon **receipt** of your item.

물건을 receipt하시는 대로 납부해주셔야 합니다.

▶ **관련 어휘**

receive 图 받다, 받아들이다 **recipient** 圆 받는 사람, 수령인

▶ **핵심 기출 표현**

valid receipt 유효한 영수증

broad [brɔd] ☆☆☆☆☆☆☆ ①-②-③-④-⑤-⑥-⑦

園 폭넓은

Withpac Consulting is seeking candidates with **broad** experience in the banking industry.

Withpac 컨설팅은 금융업에서 broad한 경험을 갖춘 지원자들을 찾고 있다.

▶ **관련 어휘**

broaden 图 넓히다, 확대하다 **broadly** 图 대략, 대략적으로

upgrade [ˌʌp'greɪd] ★☆☆☆☆☆☆ ①-②-③-④-⑤-⑥-⑦

图 개선하다, 업그레이드하다

We are inviting all our distributors to take a tour of our **upgraded** factory.

우리의 모든 유통 업체들에게 우리의 upgrade된 공장을 견학하도록 초대한다.

partner ['part·nər] ☆☆☆☆☆☆☆ ①-②-③-④-⑤-⑥-⑦

1 圆 동업자, (사업) 파트너

Ms. Berkins is seeking a **partner** to start a food delivery service.

Ms. Berkins는 음식배달 서비스를 시작하기 위해 partner를 구하고 있다.

2 图 제휴하다, 파트너가 되다 ┈▶ partner with: ~와 제휴하다[협력하다]

Jawexo Corporation will soon **partner** with Bertron, Inc. on the project.

Jawexo 기업은 곧 그 프로젝트를 놓고 Bertron 사와 partner할 것이다.

▶ 관련 어휘
partnership 몡 동업자[파트너] 관계

▶ 핵심 기출 표현
in partnership with ~와 제휴하여

600+
RANK
0459

probably ['prɑ·bə·bli] ★☆☆☆☆☆

①-②-③-④-⑤-⑥-⑦

튄 아마
The loading bay door was **probably** locked by the driver of the delivery truck.
적재 구역의 문을 probably 배송 트럭 운전자가 잠갔을 것이다.

▶ 관련 어휘
probable 톙 있음직한, 개연성 있는 **improbable** 톙 있을 것 같지 않은
probability 몡 개연성

700+
RANK
0460

exchange [ɪksˈtʃeɪndʒ] ★☆☆☆☆☆

①-②-③-④-⑤-⑥-⑦

1 튕 교환하다; 맞바꾸다
The men are **exchanging** business cards. 파트1
남자들이 명함을 exchange하고 있다.

2 몡 교환; 환전
If you are not satisfied with the product, you can return it for an **exchange**.
제품에 만족하지 않을 시에는, exchange를 위해 제품을 반송할 수 있다.

▶ 핵심 기출 표현
exchange A for B A를 B로 교환하다 (→ A be exchanged for B)
in exchange (for) (~의) 대가로   **exchange rate** 환율

600+
RANK
0461

institute ['ɪn·stɪˌtut] ★☆☆☆☆☆

①-②-③-④-⑤-⑥-⑦

1 몡 기관, 협회
The Letaste Culinary **Institute** is well-known for producing famous chefs.
Letaste 요리 institute는 유명한 요리사들을 배출하는 것으로 잘 알려져 있다.

2 튕 (제도나 정책 등을) 도입하다
Mason Industries has recently **instituted** a more formal dress code.
Mason 산업은 최근에 더 격식을 갖춘 복장 규정을 institute했다.

RANK 0462 ★700+

destination [ˌdes·təˈneɪ·ʃən] ★★☆☆☆☆☆ ①-②-③-④-⑤-⑥-⑦

명 목적지, 도착지

⁞----▶ travel destination:
여행지

Roinad Travel Agency offers discounted vacation packages to popular travel **destinations**.

Roinad 여행사는 유명 관광 destination들로의 할인된 휴가 상품을 제공한다.

RANK 0463 ★700+

formerly [ˈfɔr·mər·li] ★★★☆☆☆☆ ①-②-③-④-⑤-⑥-⑦

부 이전에, 예전에

Commercial development in Redfield, which was **formerly** a residential area, began three years ago.

formerly 주거 지역이었던 Redfield의 상업 발전은 3년 전에 시작되었다.

> ▶ **관련 어휘**
> **former** 형 이전의
> I'm calling about a **former** employee of yours, Don Harris.
> 저는 당신의 former 직원인 Don Harris에 관하여 전화 드립니다.

RANK 0464 ★700+

defective [dɪˈfek.tɪv] ★☆☆☆☆☆☆ ①-②-③-④-⑤-⑥-⑦

형 결함이 있는

⁞--▶ defective/faulty product: 불량품

Please return **defective** products within seven days of purchase.

defective한 제품들은 구매한 지 7일 이내에 반품해 주세요.

> ▶ **관련 어휘**
> **defect** 명 결함
> Employees in the research office found **defects** in some of the games.
> 연구소 직원들이 게임 몇 개에서 defect들을 발견했다.

RANK 0465 ★700+

prohibit [prəˈhɪb.ɪt] ☆☆☆☆☆☆☆ ①-②-③-④-⑤-⑥-⑦

동 금지하다

⁞--▶ prohibit A from doing: A가 ~하는 것을 금지하다

For security purposes, the company strictly **prohibits** employees from using cell phones in the laboratory.

보안상의 이유로, 회사는 실험실에서 직원들의 휴대전화 사용을 엄격히 prohibit한다.

👑700+
RANK
0466

vital [ˈvaɪ.t̬əl] ★☆☆☆☆☆☆

①·②·③·④·⑤·⑥·⑦

휑 필수적인

;--▶ it is vital that절: that 이하가 필수적이다

To survive the recession, it is **vital** that FC Supplies reduce costs.

경기 침체에서 살아남기 위해, FC Supplies가 비용을 줄이는 것이 vital하다.

▶ **핵심 기출 표현**
vital to/for ~에 필수적인

👑600+
RANK
0467

missing [ˈmɪs.ɪŋ] ☆☆☆☆☆☆☆

①·②·③·④·⑤·⑥·⑦

1 휑 없어진; 분실된

;--▶ missing baggage/luggage: 분실 수하물

Please fill out this form to declare **missing** baggage before leaving the airport.

공항을 나서기 전에 missing한 짐을 신고하시려면 이 서식을 작성해 주세요.

2 휑 빠진, 누락된

Make sure you are not **missing** any documents when filing your job application.

입사 지원서를 제출할 때에는 반드시 어떤 서류도 missing하지 않도록 하세요.

👑700+
RANK
0468

properly [ˈprɑː.pɚ.li] ★★☆☆☆☆☆

①·②·③·④·⑤·⑥·⑦

휙 제대로, 적절하게

The meeting has been postponed because the projector is not working **properly**.

프로젝터가 properly하게 작동하지 않아서 회의가 연기되었다.

▶ **관련 어휘**
proper 휑 적절한, 제대로 된
Chef Boyle will demonstrate just how easy cooking can be with the **proper** tools.
요리사 Boyle은 proper한 도구를 사용하면 요리가 얼마나 쉬워질 수 있는지 보여줄 것이다.

👑600+
RANK
0469

normally [ˈnɔːr.mə.li] ★☆☆☆☆☆☆

①·②·③·④·⑤·⑥·⑦

휙 보통(은)

Tickets to the film festival **normally** sell out in less than a week due to its popularity.

영화제 입장권은 그 인기 때문에 normally 일주일 이내에 매진된다.

▶ **관련 어휘**
normal 휑 보통의, 평범한 휑 보통, 평균

▶ 핵심 기출 표현
be back to normal 원래대로[정상으로] 돌아가다
above normal 평균 이상으로 ⋓ **below normal** 평균 이하로

600+
RANK 0470

seriously [ˈsɪr.i.əs.li] ☆☆☆☆☆☆☆   ①-②-③-④-⑤-⑥-⑦

🔤 **진지하게, 심각하게**   ;--▸ take A seriously: A를 진지하게 받아들이다
Our company surveys customers frequently because it **takes** customer feedback **seriously.**
우리 회사는 고객의 피드백을 seriously하게 여기기 때문에 빈번히 고객대상 설문을 실시한다.

▶ 관련 어휘
serious 휑 진지한, 심각한

700+
RANK 0471

sponsor [ˈspɑːn.sɚ] ☆☆☆☆☆☆☆   ①-②-③-④-⑤-⑥-⑦

1 됨 **(행사 등을) 후원하다; 주관하다**
Booker Sporting Goods paid $15,000 to **sponsor** next year's exhibition match.
Booker 스포츠용품은 내년도 시범경기를 sponsor하기 위해 1만 5천 달러를 지불했다.

2 뎅 **후원자, 후원업체**
Relio Museum is seeking **sponsors** to help fund the expansion of the west wing.
Relio 박물관은 서쪽 별관 확장에 자금을 지원해 줄 sponsor를 찾고 있다.

▶ 관련 어휘
sponsorship 뎅 후원, 협찬

700+
RANK 0472

narrow [ˈner.oʊ] ☆☆☆☆☆☆☆   ①-②-③-④-⑤-⑥-⑦

1 휑 **좁은**
The aisles on this aircraft are too **narrow.**
이 항공기의 통로는 너무 narrow하다.

2 됨 **좁히다; 좁아지다**
The Buxby basketball team has **narrowed** its search for a new head coach.
Buxby 농구팀은 새로운 수석코치 탐색을 narrow했다.

▶ 관련 어휘
narrowly 閉 1. 가깝게로, 간신히 2. 면밀히, 주의 깊게

▶ 핵심 기출 표현
narrow A down to B A를 B의 범위로 좁히다 (→ A be narrowed down to B)

200

700+
RANK
0473

association [əˌsoʊ.siˈeɪ.ʃən] ★☆☆☆☆☆ ①-②-③-④-⑤-⑥-⑦

1 명 협회

All the local **associations** will gather at this year's small business convention.
모든 지역 association들이 올해의 소규모 사업 컨벤션에 모일 것이다.

2 명 연계; 유대(관계)

···▶ association with:
~와의 유대관계

The recruiting panel is considering Mr. Payne for the job due to his **association** with the former CEO.
채용 위원회는 이전 CEO와의 association 때문에 그 직무에 Mr. Payne를 고려 중이다.

▶ 관련 어휘
associate 동 연관 짓다, 결부시키다 명 (직장) 동료
Many customers **associate** Branz Displays with high-quality televisions.
많은 고객들이 Branz Display와 고급 텔레비전을 associate한다.
This is Bobby Santos, one of your marketing **associates**.
이 분은 당신의 마케팅 associate 중 한 명인 Bobby Santos입니다.
associated 형 1. 관련된 2. 연합의, 조합의

▶ 핵심 기출 표현
in association with 1. ~와 공동으로 2. ~에 관련하여   **be associated with** ~와 관련되다
associated materials 관련 자료

▶ 파트 7 대체어 기출 표현
① **associate with** ~와 제휴하다 → **join** (일 등에) 함께하다
associate with[join] a renowned organization 명성 높은 기관과 associate[join]하다
② **association** 연계 → **connection** 연결, 관련
the firm's **association[connection]** with the university 대학교와 회사 간의 association[connection]

700+
RANK
0474

adjust [əˈdʒʌst] ★☆☆☆☆☆ ①-②-③-④-⑤-⑥-⑦

1 동 조정하다, 조절하다

The train schedule has been **adjusted** to better serve rush hour commuters.
열차 시간표는 혼잡 시간 통근자들이 더 잘 이용할 수 있도록 adjust되었다.

2 동 적응하다

···▶ adjust to: ~에 적응하다

It will take a while to **adjust** to the new office environment.
새로운 업무환경에 adjust하는 데에는 시간이 좀 걸릴 것이다.

▶ 관련 어휘
adjustment 명 1. 수정, 조정 2. 적응   **adjustable** 형 조정 가능한

▶ 핵심 기출 표현
adjust A to B A를 B에 맞추다 (→ A be adjusted to B)

▶ 파트 7 대체어 기출 표현: adjust 적응하다 → adapt 적응하다
adjust[adapt] to a new job 새 직장에 adjust[adapt]하다

fare [fer] ☆☆☆☆☆☆

①-②-③-④-⑤-⑥-⑦

명 (교통) 요금, 운임

Many residents of Montville think the bus **fare** increase is unreasonable.
Montville의 많은 주민들은 버스 fare 인상이 불합리하다고 생각한다.

absolutely [ˌæb.səˈluːt.li] ☆☆☆☆☆☆

①-②-③-④-⑤-⑥-⑦

부 전적으로, 틀림없이

We are **absolutely** sure that a mechanical issue is the cause of the delay.
기계상의 문제가 지연의 원인이라는 데 absolutely 확신한다.

▶ 관련 어휘
absolute 형 완전한, 확실한

- - ▶ to an absolute minimum:
완전 최소로

For safety purposes, noise on the production floor must be kept to an **absolute** minimum.
안전상의 목적으로 생산 작업장의 소음은 **absolute**한 최소치로 유지되어야 한다.

▶ 핵심 기출 표현
absolutely free of charge 완전 무료로

warn [wɔːrn] ☆☆☆☆☆☆

①-②-③-④-⑤-⑥-⑦

동 경고하다, 주의를 주다

- - ▶ warn A to do: A에게 ~하도록 경고하다 (→ A be warned to do)

Vistors to the Modern Art Museum are **warned** not to touch any exhibits.
현대 미술 박물관 방문객들은 어떤 전시품이든 만지지 않도록 warn된다.

▶ 관련 어휘
warning 명 경고(문), 주의

▶ 핵심 기출 표현
warn A about B A에게 B에 대해 경고하다   **warn against** ~하지 말라고 경고하다

judge [dʒʌdʒ] ☆☆☆☆☆☆

①-②-③-④-⑤-⑥-⑦

1 명 심사위원

Professor Jones was selected as one of the **judges** for the writing contest.
Jones 교수는 작문 경연 대회의 judge 중 한 명으로 선정되었다.

2 동 (~로 미루어) 판단하다

Test participants will **judge** whether the new product works well.
실험 참가자들은 신제품이 제대로 작동하는지 judge할 것이다.

DAY 01
DAY 02
DAY 03
DAY 04
DAY 05
DAY 06
DAY 07
DAY 08
DAY 09
DAY 10

> 관련 어휘
> judgement 명 판단; 심판

> 핵심 기출 표현
> judging from ~로 판단하건데, ~로 미루어 보아

☆700+
RANK
0479

operation [ˌɑːpəˈreɪʃən] ★★☆☆☆☆☆ ①-②-③-④-⑤-⑥-⑦

1 명 운영; 사업체
The Technology Division updated the company's systems to accommodate the new business **operation**.
기술 부서는 새 사업 operation에 맞추기 위해 회사의 시스템을 업데이트했다.

2 명 작동, 운용
Please read the manual for proper **operation** of the machine.
기계의 올바른 operation을 위해 설명서를 읽어주시기 바랍니다.

3 명 수술
Dr. Cuomo recommended that the patient undergo an **operation** to remove the growth.
Dr. Cuomo는 환자에게 종양을 제거하려면 operation을 받을 것을 권했다.

> 관련 어휘
> operate 동 작동시키다, 작동하다
> She is **operating** a machine.
> 여자가 기계를 operate하고 있다.
> operational 형 1. 가동할 준비가 된 2. 운영상의
> The factory is under construction but will be **operational** soon.
> 공장은 현재 건설 중이지만, 곧 operational될 것이다.
> operative 형 가동되는

> 핵심 기출 표현
> operating hours 운영 시간   operate machinery 기계장치를 작동시키다

☆600+
RANK
0480

edition [ɪˈdɪʃən] ★☆☆☆☆☆☆ ①-②-③-④-⑤-⑥-⑦

명 (출간 형태/횟수를 나타내는) 판; (시리즈물의) 호[회]
This month's **edition** of the magazine features artists from around the country.
그 잡지의 이번 달 edition은 전국에서 온 예술가들을 특집으로 다룬다.

> 관련 어휘
> edit 동 편집하다   editor 명 편집자
> editorial 형 편집의 명 사설
> Mr. Henderson will begin working in the **Editorial** Department next week.
> Mr. Henderson은 다음주부터 editorial 부서에서 일을 시작할 것이다.

pass [pæs] ★☆☆☆☆☆ ①·②·③·④·⑤·⑥·⑦

1 📖 출입증; 탑승권

Where can I get a monthly **pass**? 파트2

한 달 정기 pass를 어디서 살 수 있나요?

2 📖 지나가다; 통과하다

During the hike, participants will **pass** Mount Havermore.

하이킹을 하는 동안, 참가자들은 Havermore산을 pass할 것이다.

3 📖 건네주다, 넘겨주다 ⋯▶ pass on A to B: A를 B에게 넘겨주다 (→ A be passed on to B)

Mr. Borgis will **pass on** his responsibilities **to** Ms. Yang once he retires.

Mr. Borgis는 은퇴하면 자신의 업무를 Ms. Yang에게 pass할 것이다.

> ▶ 핵심 기출 표현
> **visitor pass** 방문객 출입증　　　　　　　　**boarding pass** (여객기의) 탑승권

reduce [rɪˈduːs] ★★★☆☆☆ ①·②·③·④·⑤·⑥·⑦

📖 줄이다, 축소하다

There are many ways for a small business to **reduce** its tax liability.

영세업체가 세금 납부액을 reduce하는 많은 방법들이 있다.

> ▶ 관련 어휘
> **reduction** 📖 감소, 축소 ⋯▶ reduction in: ~의 감소
> Due to the **reduction** in funding, the museum will discontinue some of its educational programs.
> 자금의 reduction 때문에, 박물관은 몇몇 교육 프로그램들을 중단할 것이다.
>
> ▶ 핵심 기출 표현
> **at a reduced price** 할인된 가격에

fold [foʊld] ☆☆☆☆☆☆ ①·②·③·④·⑤·⑥·⑦

📖 접다

Trex Apparel employees are taught how to properly **fold** clothes for display.

Trex Apparel 직원들은 전시용 옷들을 제대로 fold하는 법을 배운다.

> ▶ 관련 어휘
> **unfold** 📖 펴다, 펼치다
> **folder** 📖 서류철, 폴더
> A man is organizing documents in a **folder**. 파트1
> 한 남자가 folder에 있는 서류들을 정리하고 있다.

RANK 0484 · 700+

situate [ˈsɪtʃ.u.eɪt] ☆☆☆☆☆☆☆   ①·②·③·④·⑤·⑥·⑦

통 (어떤 위치에) 두다, 위치시키다

Two chairs have been **situated** on the floor. 파트1

의자 2개가 바닥에 situate되어 있다.

▶ 관련 어휘

situation 명 1. 상황, 환경 2. (건물, 지역의) 위치

RANK 0485 · 700+

urgent [ˈɜː.dʒənt] ★★☆☆☆☆☆   ①·②·③·④·⑤·⑥·⑦

형 긴급한, 시급한

Due to the sudden business growth, there is an **urgent** need to hire more staff.

갑작스런 사업 성장으로 인해, 더 많은 직원을 고용하기 위한 urgent한 필요가 생겼다.

▶ 관련 어휘

urgently 부 급히

If you **urgently** need money, you may request a cash advance at our bank.

돈이 urgently하게 필요하다면, 우리 은행에서 현금 서비스를 요청할 수 있다.

urgency 명 긴급(한 일)

urge 동 촉구하다, 강력히 권고하다   ┈→ urge A to do: A에게 …하라고 촉구하다 (→ A be urged to do)

The government **urged** employers to provide more flexible working hours for workers.

정부는 고용주들에게 노동자들에게 보다 유연한 업무시간을 제공하도록 urge했다.

RANK 0486 · 600+

usually [ˈjuː.ʒu.ə.li] ☆☆☆☆☆☆☆   ①·②·③·④·⑤·⑥·⑦

부 보통, 대개

The security officer is **usually** in the booth at noon.

그 경비원은 정오에는 usually 부스 안에 있다.

RANK 0487 · 700+

correct [kəˈrekt] ☆☆☆☆☆☆☆   ①·②·③·④·⑤·⑥·⑦

1 동 바로잡다, 정정하다

Mr. Patterson will **correct** the mistakes in the slides before today's presentation.

오늘 발표를 하기 전 Mr. Patterson은 슬라이드에 있는 오류를 correct할 것이다.

2 형 맞는, 정확한

The guide lists the **correct** steps of assembling the product.

안내책자는 상품을 조립하는 correct한 단계를 열거한다.

▶ 관련 어휘
incorrect 웹 부정확한, 맞지 않는   correction 웹 정정, 수정
correctly 위 바르게, 정확하게

👑700+
RANK
0488 / **deal** [diːl] ☆☆☆☆☆☆☆   ①-②-③-④-⑤-⑥-⑦

1 웹 거래, 합의   ·--▶ special deal: 특가 상품, 특별 할인
We are having a special **deal** on mid-size cars this week.
이번 주 저희는 중형차에 특별 deal을 제공해 드립니다.

2 웹 (a great/good ~) 많은; 많이   ·--▶ a great/good deal of: 많은, 다량의
Today's award ceremony took a great **deal** of preparation and effort.
오늘 시상식에는 상당히 deal한 준비와 노력이 들었다.

▶ 관련 어휘
dealer 웹 (특정 상품을 거래하는) 딜러, 중개인   **dealership** 웹 대리점, 영업소

▶ 파트 7 대체어 기출 표현: deal 거래 → bargain 싸게 파는 물건
a half-price **deal[bargain]** 반 값의 deal[bargain]

👑600+
RANK
0489 / **broadcast** [ˈbrɑːd.kæst] ☆☆☆☆☆☆☆   ①-②-③-④-⑤-⑥-⑦

1 图 방송하다
This special report will be **broadcast** at 6 P.M. following the traffic update.
이 특별 보도는 교통 방송이 끝나고 오후 6시에 broadcast될 것이다.

2 웹 방송
You can watch the **broadcast** through your computer.
당신의 컴퓨터를 통해 broadcast를 시청할 수 있습니다.

▶ 핵심 기출 표현
radio broadcast 라디오 방송

👑700+
RANK
0490 / **reflect** [rɪˈflekt] ☆☆☆☆☆☆☆   ①-②-③-④-⑤-⑥-⑦

1 图 나타내다, 반영하다
The special discount will be **reflected** in your new invoice.
특별 할인이 고객님의 새 청구서에 reflect될 것입니다.

206

2 됨 비추다; 반사하다

The scenery is **reflected** on the surface of the river. 파트1

풍경이 강 수면에 reflect되고 있다.

▶ 관련 어휘 ·····▶ be reflective of: ~을 반영하다

reflective 혱 1. ~을 반영하는 2. (빛, 열을) 반사하는

Articles are often **reflective** of the writer's views on different issues.

기사에는 종종 다양한 주제에 대한 작가의 시각이 **reflective**된다.

reflection 몡 1. (거울 등에 비친) 상, 모습 2. 반사 3. 반영

A woman is looking at her **reflection** in the mirror. 파트1

여자가 거울에 비친 자신의 **reflection**을 보고 있다.

▶ 파트 7 대체어 기출 표현: reflect 나타내다, 반영하다 → indicate 나타내다

The shop's small size failed to **reflect[indicate]** its enormous popularity.

그 상점의 작은 크기는 그곳의 엄청난 인기를 reflect[indicate]하지 못했다.

700+
RANK
0491

congratulate [kənˈgrætʃ.ə.leɪt] ☆☆☆☆☆☆☆

됨 축하하다

···▶ congratulate A on B: B에 대해 A를 축하하다

The company **congratulated** the employees on their sales performance.

회사는 그 직원들의 영업 성과에 대해 congratulate했다.

▶ 관련 어휘

congratulations 몡 축하 캅 축하해요!

700+
RANK
0492

obstruct [əbˈstrʌkt] ☆☆☆☆☆☆☆

됨 막다, 방해하다

Drivers should avoid Cherry Street as a fallen tree is **obstructing** the roadway.

쓰러진 나무가 도로를 obstruct하고 있으므로 운전자들께서는 Cherry가를 피해주시기 바랍니다.

▶ 관련 어휘

obstruction 몡 1. 방해, 차단 2. 방해물

700+
RANK
0493

house [haʊs] ☆☆☆☆☆☆☆

됨 거처를 제공하다, 보관[수용]하다

We'll be visiting the Clairhill House, the mansion that **housed** many of the city's mayors.

우리는 그 도시의 많은 시장들을 house했던 대저택 Clairhill House를 방문할 것입니다.

▶ 관련 어휘

housing 명 주택; 주택 공급
household 명 1. (한 집에 사는 사람들을 일컫는) 가정 2. 형 가정(용)의
    The rooms in Periax Business Hotel have energy-saving **household** appliances.
    Periax 비즈니스 호텔의 객실들은 에너지 절약을 위한 **household** 기기를 갖추고 있다.
housewares 명 가정용품, 주방용품
open house 1. (방문객을 맞이하는) 오픈 하우스 2. (주택 구매를 위해 둘러볼 수 있게 하는) 공개일

▶ 핵심 기출 표현

household appliances 가전 제품

🏆600+
RANK 0494 | **rate** [reɪt] ★☆☆☆☆☆☆   ①-②-③-④-⑤-⑥-⑦

1 명 **요금**
The hotel offers discounted room **rates** for large groups.
그 호텔은 단체 그룹에게 할인 숙박 rate을 제공한다.

2 명 **비율, -율**   ┈▶ exchange rate: 환율
When will exchange **rates** go up?
언제 환전 rate가 오를까요?

3 동 **평가하다; 등급을 매기다** ┈▶ rate A as B: A를 B로 평가하다 (→ A be rated as B)
Lenore's Bistro is **rated** as one of the best eateries in town.
Lenore's 식당은 도시 내 최고 음식점들 중 한 곳으로 rate된다.

▶ 관련 어휘

rating 명 순위, 평가, 등급

▶ 핵심 기출 표현

room rate 객실 요금   **flat rate** 고정 요금, 정액 요금
unemployment rate 실업률   **interest rate** 금리, 이율
at a rate of ~의 비율로

▶ 파트 7 대체어 기출 표현: rate 요금 → price 가격

huge discounts in **rates[prices]** 대폭적인 rate[price] 할인

🏆600+
RANK 0495 | **author** [ˈɔ·θər] ☆☆☆☆☆☆☆   ①-②-③-④-⑤-⑥-⑦

명 **저자, 작가**
James Tyler is the **author** of the best-selling book, *Retirement Planning May be Easy*.
James Tyler는 베스트셀러 도서, 〈은퇴 설계는 쉬울 수도 있다〉의 author이다.

▶ 관련 어휘

co-author 명 공저자, 공동 집필자

DAY 01
DAY 02
DAY 03
DAY 04
DAY 05
DAY 06
DAY 07
DAY 08
DAY 09
DAY 10

600+
RANK 0496 **amazing** [əˈmeɪ·zɪŋ] ☆☆☆☆☆☆☆ ①·②·③·④·⑤·⑥·⑦

형 (감탄스러울 만큼) 놀라운
It's **amazing** to see so many drawings and paintings in one place.
이렇게 많은 소묘와 그림을 한 곳에서 볼 수 있다는 게 amazing하다.

▶ 관련 어휘
amazingly 튄 1. 놀랄 만큼 2. 놀랍게도   amazed 형 놀란

▶ 핵심 기출 표현
be amazed at ~에 놀라다

700+
RANK 0497 **malfunction** [ˌmælˈfʌŋk·ʃən] ☆☆☆☆☆☆☆ ①·②·③·④·⑤·⑥·⑦

1 명 고장; 오작동
The issue with the computer is related to a hardware **malfunction**.
그 컴퓨터의 문제는 하드웨어 malfunction과 연관이 있다.

2 동 제대로 작동하지 않다
The battery in your computer is **malfunctioning** and needs to be replaced.
당신 컴퓨터의 배터리가 malfunction해서 교체해야 합니다.

▶ 핵심 기출 표현
equipment malfunction 장비 오작동

600+
RANK 0498 **hope** [hoʊp] ★★☆☆☆☆☆ ①·②·③·④·⑤·⑥·⑦

1 동 바라다, 희망하다 ┈┈▶ hope (that)절: that절 이하를 바라다
The board **hopes** that employees take advantage of the on-site fitness classes.
이사회는 직원들이 현장 운동 수업을 이용하기를 hope한다.

2 명 희망, 기대 ┈┈▶ hope (that)절: that 이하의 희망
With the release of the new product, there is **hope** that profits will increase.
신상품 출시로, 수익이 증가할 것이라는 hope가 생겼다.

▶ 관련 어휘
hopeful 형 희망에 찬, 기대하는   hopefully 튄 바라건대; 희망을 갖고

▶ 핵심 기출 표현
hope to do ~하기를 바라다

209

distinguish [dɪˈstɪŋ.gwɪʃ] ★☆☆☆☆☆

RANK 0499 **700+**

동 구별 짓다, 차이를 보이다

Organic food packaging has a special label so that customers can easily **distinguish** it.
유기농 식품 포장에는 소비자들이 쉽게 distinguish할 수 있도록 하기 위한 특별한 라벨이 있다.

▷ **관련 어휘**

distinguishable 형 구별할 수 있는
distinguished 형 1. 유명한, 성공한 2. 위엄 있는
   It's a great pleasure to introduce our **distinguished** guest speaker to you.
   우리의 **distinguished**한 초청 연사를 여러분께 소개해 드리게 되어 매우 기쁩니다.

▷ **핵심 기출 표현**

distinguish A from B A와 B를 구별하다   **distinguish between A and B** A와 B를 구별하다

past [pæst] ★☆☆☆☆☆ ①-②-③-④-⑤-⑥-⑦

RANK 0500 **600+**

1 형 **지난, 지나간**

The solar power industry has expanded rapidly over the **past** decade.
past한 10년 동안 태양열 발전 업계가 급속히 확장되었다.

2 전 **(시간, 위치, 장소 등) ~을 지나서**

The bookstore is located on the other side **past** the fountain.
서점은 분수대를 past해 반대 쪽에 있다.

3 명 **과거**

In the **past**, the company used to hold monthly social gatherings.
past에, 회사는 매달 사교 모임을 열곤 했다.

Speed Check-up

정답 p.581

다음의 한글 의미를 단서로 삼아 보기에서 알맞은 단어를 골라 넣으세요.

ⓐ reflected　　ⓑ obstructing　　ⓒ reduce　　ⓓ rates　　ⓔ instituted

01 Mason Industries has recently _____ a more formal dress code.
　　　　　　　　　　　　　　　　　도입하다

02 The special discount will be _____ in your new invoice.
　　　　　　　　　　　　　　　반영하다

03 Drivers should avoid Cherry Street as a fallen tree is _____ the roadway.
　　　　　　　　　　　　　　　　　　　　　　막다

04 There are many ways for a small business to _____ its tax liability.
　　　　　　　　　　　　　　　　　　　　줄이다

05 The hotel offers discounted room _____ for large groups.
　　　　　　　　　　　　　요금

다음의 한글 해석과 의미가 같아지도록 보기에서 알맞은 단어를 골라 넣으세요.

ⓐ properly　　ⓑ pass　　ⓒ formerly　　ⓓ housed　　ⓔ situated

06 Mr. Borgis will _____ on his responsibilities to Ms. Yang once he retires.
　　Mr. Borgis는 은퇴하면 자신의 업무를 Ms. Yang에게 넘겨줄 것이다.

07 We'll be visiting the Clairhill House, the mansion that _____ many of the city's mayors. 우리는 그 도시의 많은 시장들이 살았던 대저택 Clairhill House를 방문할 것입니다.

08 Commercial development is Redfield, which was _____ a residential area began three years ago. 이전에 주거 지역이었던 Redfield의 상업 발전은 3년 전에 시작되었다.

09 Two chairs have been _____ on the floor. 의자 2개가 바닥에 놓여 있다.

10 The meeting has been postponed because the projector is not working _____.
　　프로젝터가 제대로 작동하지 않아서 회의가 연기되었다.

문맥에 어울리는 단어를 보기에서 골라 넣으세요.

ⓐ malfunctioning　　ⓑ receipt　　ⓒ correct　　ⓓ judge　　ⓔ warned

11 Mr. Patterson will _____ the mistakes in the slides before today's presentation.

12 The battery in your computer is _____ and needs to be replaced.

13 Your payment is due upon _____ of your item.

14 Vistors to the Modern Art Museum are _____ not to touch any exhibits.

15 Test participants will _____ whether the new product works well.

DAY 11

👑700+
우선 순위 영단어
0501~0550

600+
RANK
0501

necessary [ˈnesəˌseri] ★★☆☆☆☆☆　①-②-③-④-⑤-⑥-⑦

형 필요한

The cost of any **necessary** repairs will be covered by the warranty.
necessary한 수리 비용은 품질 보증서로 보장될 것이다.

▶ **관련 어휘**

necessarily 부 반드시; 어쩔 수 없이　⋯▶ not necessarily: 반드시 ~한 것은 아닌
The comments on this Web site do not **necessarily** reflect the opinions of the company.
이 웹 사이트 상에 있는 의견들이 necessarily하게 회사측의 의견을 반영하는 것은 아니다.
necessitate 동 ~을 필요하게 만들다　　　　　**necessity** 명 필요성

▶ **핵심 기출 표현**

as necessary 필요에 따라　　　　　　　　**if necessary** 필요하면
necessary to do ~할 필요가 있는　　　　　**necessary for** ~을 위해 필요한

700+
RANK
0502

renovate [ˈrenəˌveɪt] ★★☆☆☆☆☆　①-②-③-④-⑤-⑥-⑦

동 개조하다, 보수하다

While the fitness center is being **renovated**, please use our other location.
피트니스 센터가 renovate되는 동안 다른 지점을 이용해 주십시오.

▶ **핵심 기출 표현**

renovation 명 개조, 보수
When will the hotel **renovation** be completed? 파트2
호텔 renovation이 언제 끝날 건가요?

600+
RANK
0503

consumer [kənˈsuːmər] ☆☆☆☆☆☆☆　①-②-③-④-⑤-⑥-⑦

명 소비자

A government agency was formed to protect **consumers** against false advertising.
consumer들을 거짓 광고로부터 보호하기 위해 정부 기관이 구성되었다.

▶ **관련 어휘**

consumption 명 소비　　　　　　　　　　**consume** 동 소비하다
time-consuming 형 (많은) 시간이 걸리는

▶ **핵심 기출 표현**

consumer trends 소비자 동향

700+
RANK 0504

emphasize [ˈemfəˌsaɪz] ★☆☆☆☆☆☆   ①-②-③-④-⑤-⑥-⑦

통 강조하다

The employee manual **emphasizes** the importance of following warehouse safety rules.
직원 수칙은 창고 안전 규칙 준수의 중요성을 emphasize한다.

▶ **관련 어휘**
emphasis 명 강조   emphatic 형 1. (분명히) 강조하는 2. 단호한

▶ **핵심 기출 표현**
emphasis on ~에 대한 강조   with emphasis 강조하여, 힘주어
emphatic about ~에 대해 단호한

600+
RANK 0505

supply [səˈplaɪ] ★★★☆☆☆☆   ①-②-③-④-⑤-⑥-⑦

1 통 공급하다

Our company started **supplying** medical equipment to the local hospital.
우리 회사는 지역 병원에 의료기기를 supply하기 시작했다.

2 명 공급(량)

Our store will receive a new **supply** of wireless headsets soon.
우리 가게는 곧 무선 헤드셋의 새로운 supply를 받을 것이다.

3 명 (-ies) (재료, 소모품, 비품 등의) 물자, 용품

We will place a new order of office **supplies** next week.
저희는 다음 주 사무 supplies 주문을 새로 넣을 거예요.

▶ **관련 어휘**
supplier 명 공급자, 공급업체

▶ **핵심 기출 표현**
supply A with B A에게 B를 공급하다 (→ A be supplied with B)
supply B to A A에게 B를 공급하다 (→ B be supplied to A)
supply room 비품실   office supplies 사무용품

700+
RANK 0506

fit [fit] ☆☆☆☆☆☆☆   ①-②-③-④-⑤-⑥-⑦

1 통 ~에 꼭 맞다, 어울리다

Mr. Kwon's qualifications best **fit** the requirements of the manager position.
Mr. Kwon의 자격 요건은 관리자 직책의 조건에 가장 fit한다.

2 형 적합한, 어울리는   ⌐‥‥▶ fit for/to do: ~에 적합한
The old exercise room is not **fit** for usage.
그 오래된 운동실은 사용하기에 fit하지 않다.

3 명 ~하게 어울리는 것; 어울림

Rosemary's extensive experience in the field makes her an ideal **fit** for our company.

그 분야에 대한 Rosemary의 폭넓은 경험은 그녀를 우리 회사에 가장 적합한 fit으로 만들어준다.

▷ **파트 7 대체어 기출 표현: fit 어울리다 → suit 어울리다**

a position that **fits[suits]** the applicant's qualifications 지원자의 자격 요건에 fit[suit]한 직책

---

hire [haɪr] ☆☆☆☆☆☆☆   ①-②-③-④-⑤-⑥-⑦

1 동 고용하다

Due to the increasing demand for classes, the school must **hire** more instructors.

수업에 대한 수요가 증가했기에 학교에서는 더 많은 강사를 hire해야 한다.

2 동 (단기간) 대여하다

We plan on **hiring** a cab to drive us around the city all day.

저희는 하루 종일 도시 여기저기를 운전해 줄 택시를 hire할 계획입니다.

3 명 신입 사원

The new **hires** will have their orientation in conference room C.

새로운 hire들은 회의실 C에서 예비교육을 받을 것이다.

▷ **핵심 기출 표현**   hiring decision 채용 결정

---

findings [ˈfaɪndɪŋz] ★☆☆☆☆☆☆

명 조사[연구] 결과

Based on the negative research **findings**, the board decided to end the program.

부정적인 findings에 기반하여, 위원회는 그 프로그램을 종료시키기로 결정했다.

▷ **관련 어휘**   find 동 1. 찾다, 발견하다 2. 알게 되다 3. ~라고 여기다

---

seek [siːk] ★☆☆☆☆☆☆

1 동 찾다; 구하다

QCY Trading is **seeking** a regional manager to oversee its Latin America operations.

QCY 무역은 라틴 아메리카 업무를 감독할 지역 매니저를 seek하는 중이다.

2 동 시도하다, 노력하다   ┈┈▶ seek to do: ~하려고 시도하다

Atlantic Air is actively **seeking** to hire graduate students with a degree in engineering.

Atlantic 항공은 공학 학위를 가진 대학원생을 채용하기 위해 적극적으로 seek하고 있다.

delegation [ˌdeləˈɡeɪʃən] ★★★★★☆☆ ①-②-③-④-⑤-⑥-⑦

1 명 대표단

When the official **delegation** arrived at the conference hall, the speech had already started.
공식 delegation이 회의장에 도착했을 즈음에는 연설이 이미 시작된 상태였다.

2 명 (권한의) 위임

Delegation of duties is a task all directors must do well.
업무의 delegation은 모든 임원들이 잘 해야 하는 업무이다.

> ▶ 관련 어휘
> **delegate** 명 대표자 동 (권한 등을) 위임하다
> The **delegate** represented the company at the industry convention.
> 업계 컨벤션에서 **delegate**가 회사를 대표했다. ;--▶ delegate A to B: A를 B에게 위임하다 (→ B be delegated to B)
> The supervisor **delegated** various tasks to the administrative assistants.
> 관리자가 행정 보조원들에게 다양한 업무를 **delegate**했다.

initiate [ɪˈnɪʃieɪt] ★☆☆☆☆☆☆ ①-②-③-④-⑤-⑥-⑦

동 개시하다, 착수하다

It is important to know when to **initiate** conversation with a customer.
고객과의 대화를 언제 initiate할지를 아는 것이 중요하다.

implement [ˈɪmpləmənt] ★★☆☆☆☆☆ ①-②-③-④-⑤-⑥-⑦

동 시행하다

To improve customer service, Saiger Investment will **implement** more thorough staff training programs.
고객 서비스를 증진하기 위해, Saiger 투자는 더욱 철저한 직원 교육 프로그램을 implement할 것이다.

> ▶ 관련 어휘
> **implementation** 명 이행, 실행

> ▶ 핵심 기출 표현
> **implement measures** 조치를 취하다   **implement a plan** 계획을 실행하다

influence [ˈɪnfluəns] ★☆☆☆☆☆☆ ①-②-③-④-⑤-⑥-⑦

1 명 영향, 영향력   ;--▶ have an influence on: ~에 영향을 주다
Customer feedback has a strong **influence** on product development.
고객 피드백은 제품 개발에 큰 influence를 준다.

DAY 11
DAY 12
DAY 13
DAY 14
DAY 15
DAY 16
DAY 17
DAY 18
DAY 19
DAY 20

2 ⑤ 영향을 주다

Mr. Torlune's colleagues **influenced** his decision to apply for the manager position.
Mr. Torlune의 동료들은 관리자 직무에 지원하려는 그의 결정에 influence했다.

▶ 관련 어휘

influential ⑧ 영향력 있는, 영향력이 큰
James Danford is considered one of the most **influential** writers of his time.
James Danford는 그 시대의 가장 influential한 작가들 중 한 명으로 여겨진다.

▶ 핵심 기출 표현 **influence on/over** ~에 대한 영향

👑600+
RANK
0514
degree [dɪˈgriː] ☆☆☆☆☆☆☆   ①·②·③·④·⑤·⑥·⑦

1 ⑨ 학위
· · ·▶ advanced degree: 석박사 학위
Our analysts all have advanced **degrees** in economics from top universities.
우리 분석가들은 모두 명문대에서 경제학 석박사 degree를 받았다.

2 ⑨ 정도
At Cole Footwear, we regard customer satisfaction with the highest **degree** of importance.
저희 Cole 제화에서는 고객 만족을 가장 중요한 degree로 간주합니다.

▶ 관련 어휘
bachelor's degree 학사 학위   **graduate degree** 석사 학위

▶ 파트 7 대체어 기출 표현: **degree** 정도 → **level** 정도
a **degree[level]** of knowledge 지식의 degree[level]

👑700+
RANK
0515
shipment [ˈʃɪpmənt] ☆☆☆☆☆☆☆   ①·②·③·④·⑤·⑥·⑦

⑨ 배송(품)
The last **shipment** of spring coats will arrive today.
봄 코트의 마지막 shipment가 오늘 도착할 것이다.

▶ 관련 어휘
shipping ⑨ 1. 선박 2. 배송 (활동)
ship ⑤ 배송하다 ⑨ 배, 선박
She is **shipping** a package. 여자가 소포를 ship하고 있다. 파트1

▶ 핵심 기출 표현
international shipment 해외 배송   **shipping details** 배송 정보
shipping charge 배송료

RANK 0516 · 700+

valid [ˈvælɪd] ★★☆☆☆☆☆☆

①·②·③·④·⑤·⑥·⑦

혤 유효한, 타당한

Refunds are only issued with a **valid** receipt.

환불은 valid한 영수증에만 지급됩니다.

▶ **관련 어휘**
validate 툉 입증하다; 인증하다   **validity** 몡 유효성

▶ **핵심 기출 표현**
be valid for + 기간 ~동안 유효하다   **valid identification** 유효한 신분증

▶ **파트 7 대체어 기출 표현: valid 유효한 → good 유효한**
The coupon is **valid[good]** for one free meal. 그 쿠폰은 한 번의 무료 식사가 **valid[good]**하다.

RANK 0517 · 600+

consult [kənˈsʌlt] ☆☆☆☆☆☆☆

①·②·③·④·⑤·⑥·⑦

1 툉 상담하다; 상의하다
                     ⌐··▶ consult with: ~와 상의하다

The managing director will **consult** with an architect tomorrow and decide on the building's design.

관리 이사는 내일 건축가와 consult를 해서 건물의 디자인을 결정할 것이다.

2 툉 찾아보다, 참고하다

Please **consult** the employee handbook for questions regarding our time-off policy.

휴가 정책에 관한 질문은 직원 안내서를 consult해주세요.

▶ **관련 어휘**
consultant 몡 상담가, 자문 위원
consultation 몡 1. 협의, 상의 2. 진찰
     I had a **consultation** with Mr. Davis recently, and it was really helpful.
     최근 Mr. Davis와 **consultation**을 했는데, 매우 도움이 되었다.

▶ **핵심 기출 표현**
consult a manual 설명서를 참조하다   **in consultation with** ~와 협의하여

▶ **혼동 어휘 노트: consult+사람 vs. consult with+사람 vs. consult+사물**
의사나 변호사 등 전문가와 상담할 때는 전치사 없이 사용하지만, 대등한 관계에서 상의할 때는 전치사 with를 동반한다. "consult"는 사람을 동반할 때는 '상담하다, 상의하다'란 의미이지만, 사물을 동반할 때는 '자료 등을 찾아보다'는 의미로 쓰인다.

RANK 0518 · 700+

professional [prəˈfeʃənəl] ☆☆☆☆☆☆☆

①·②·③·④·⑤·⑥·⑦

1 몡 전문직 종사자, 전문가

Bernice Interior has dedicated **professionals** who will tend your home improvement needs.

Bernice 인테리어에는 당신의 주택 개조 요구를 들어줄 헌신적인 professional들이 있습니다.

2 형 전문적인; 전문가의

Our firm has **professional** staff to handle your technical inquiries.
저희 회사에는 기술 관련 문의를 다룰 professional한 직원이 있습니다.

▸ **관련 어휘**
professionally 🄫 전문적으로   profession 🄫 직업, 직종
professionalism 🄫 전문성

▸ **핵심 기출 표현**
professional demeanor 전문가다운 품행

RANK
0519

release [rɪˈliː] ☆☆☆☆☆☆☆   ①-②-③-④-⑤-⑥-⑦

1 동 공개하다, 출시하다

Staff members are working overtime to ensure that the new products are **released** on schedule.
직원들은 신제품이 일정대로 release될 수 있도록 야근을 하고 있다.

2 명 공개, 출시; 개봉; 발간, 발매

The CEO has decided to delay the **release** of the company's new tablet PC.
CEO는 회사의 새로운 태블릿 PC의 release를 미루기로 결정했다.

▸ **핵심 기출 표현**
press release 보도 자료   release date 출시일

▸ **파트 7 대체어 기출 표현: release 공개하다, 발표하다 → make available 이용할 수 있게 하다**
release[make available] a statement 성명서를 release[make available]하다

RANK
0520

percentage [pɚˈsentɪdʒ] ☆☆☆☆☆☆☆   ①-②-③-④-⑤-⑥-⑦

1 명 (수익의) 일부   ⌐‑▸ percentage of: ~의 일부

Jopin Bookstore will donate a **percentage** of its sales to the Clarefield Educational Association this year.
Jopin 서점은 올해 판매액의 percentage를 Clarefield 교육 협회에 기부할 것이다.

2 명 (백분율로 나타낸) 비율   ⌐‑▸ what percentage of: ~중 얼마의 비율

We conducted a survey to see what **percentage** of the city's population is physically active.
우리는 시 인구 중 얼마의 percentage가 신체적으로 활동적인가를 확인하기 위해 설문조사를 실시했다.

▸ **혼동 어휘 노트: percent vs. percentage**
둘 다 '백분율'의 의미이지만, percent는 숫자와 함께 쓰는 데 비해 percentage는 숫자를 동반하지 못한다.
Over 40 percent (~~percentage~~) of Waltham residents live near West Lake.
Waltham 주민의 40 퍼센트 이상은 West 호수 근처에 산다.

600+
RANK
0521

apologize [əˈpɑːlədʒaɪz] ☆☆☆☆☆☆☆ ①-②-③-④-⑤-⑥-⑦

동 사과하다 ⠀⠀⠀⠀⠀⠀:--▸ apologize to: ~에게 사과하다
The store manager **apologized** to the customers for the delay in service.
매장 매니저는 서비스의 지연에 대해 고객들에게 apologize했다.

▶ **관련 어휘**
　apology 명 사과

▶ **핵심 기출 표현**
　apologize for ~에 대해 사과하다 ⠀⠀⠀⠀⠀⠀ sincerely apologize 진심으로 사과하다

700+
RANK
0522

deposit [dɪˈpɑːzɪt] ☆☆☆☆☆☆☆ ①-②-③-④-⑤-⑥-⑦

1 명 보증금, 착수금
Who is responsible for collecting the **deposit** money? 파트2
deposit 수금은 누구 담당인가요?

2 동 예금하다; 보증금을 걸다
Some bank customers are not aware that they can **deposit** checks at an ATM.
일부 은행고객들은 ATM기에서 수표를 deposit할 수 있다는 사실을 알지 못한다.

3 동 (귀중품을 안전한 장소에) 맡기다
Our facility offers a storage area where you can **deposit** your belongings.
저희 시설에서는 소지품을 deposit할 수 있는 보관 공간을 제공해 드립니다.

▶ **핵심 기출 표현**
　deposit slip 입금 전표 ⠀⠀⠀⠀⠀⠀ withdrawal slip 출금 전표

600+
RANK
0523

point [pɔɪnt] ☆☆☆☆☆☆☆ ①-②-③-④-⑤-⑥-⑦

1 동 가리키다; 지적하다 ⠀⠀:--▸ point at/to: ~을 가리키다
One of the men is **pointing** at a computer monitor. 파트1
남자들 중 한 명이 컴퓨터 모니터를 point하고 있다.

2 명 요점, 의견
Amy Collins brought up many interesting **points** during her keynote speech.
Amy Collins는 기조 연설에서 여러 흥미로운 point를 언급했다.

3 명 점수
Birmingham won Friday's match by 10 **points**.
Birmingham은 금요일에 있던 경기에서 10 point로 이겼다.

DAY 11
DAY 12
DAY 13
DAY 14
DAY 15
DAY 16
DAY 17
DAY 18
DAY 19
DAY 20

▶ 관련 어휘
viewpoint 몡 (어떤 주제에 대한) 관점, 시각

👑700+
RANK
0524

basis [ˈbeɪsɪz] ★★☆☆☆☆☆   ①-②-③-④-⑤-⑥-⑦

1 몡 기준
╌╌▸ on a regular basis: 정기적으로
The hotel's security team monitors the floors on a regular **basis**.
호텔 보안팀은 정기적인 basis로 각 층을 모니터한다.

2 몡 근거, 이유
Mr. Warden could not understand Ms. Ling's **basis** for relocating the head office.
Mr. Warden은 본사 이전에 대한 Ms. Ling의 basis를 이해할 수 없었다.

▶ 관련 어휘
base 몡 1. 기초, 토대 2. 맨 아래 부분   **basic** 혱 기본적인; 필수적인
basically 븟 기본적으로

▶ 핵심 기출 표현
on a weekly[monthly] basis 주[월] 단위로   **on a case-by-case basis** 사례별로
on an as-needed basis 필요에 따라   **on a first-come, first-served basis** 선착순으로
on the basis of ~에 근거하여, ~를 기반으로   **be based on** ~에 기초하다, ~을 근거로 하다
be based in ~에 본사를 두다

👑600+
RANK
0525

originally [əˈrɪdʒənəli] ★★★☆☆☆☆   ①-②-③-④-⑤-⑥-⑦

븟 원래, 본래
The hit movie, *Martin Family*, was **originally** a novel written by Tomas Stein.
히트한 영화, 〈Martin Family〉는 originally Tomas Stein이 쓴 소설이었다.

▶ 관련 어휘
original 혱 1. 본래의 2. 독창적인   **originality** 몡 독창성
origin 몡 기원; 출신, 태생

👑700+
RANK
0526

reject [rɪˈdʒekt] ★★☆☆☆☆☆   ①-②-③-④-⑤-⑥-⑦

통 거절하다, 거부하다
Why did they **reject** our offer to buy the building? 파트2
건물을 사겠다는 우리의 제안을 그들이 왜 reject했나요?

221

700+
RANK 0527

coordinate [koʊˈɔːrdəneɪt] ★☆☆☆☆☆☆   ①-②-③-④-⑤-⑥-⑦

통 편성하다, 조직화하다; 조정하다

Volunteers will **coordinate** the logistics of the annual charity event.

자원 봉사자들이 연간 자선 행사의 실행 계획을 coordinate할 것이다.

▶ **관련 어휘**

coordination 명 조직(화); 조정   **coordinator** 통 조정자, 코디네이터

700+
RANK 0528

status [ˈsteɪtəs] ☆☆☆☆☆☆☆   ①-②-③-④-⑤-⑥-⑦

1 명 (진행 과정상의) 상황, 상태

As per our discussion, we will provide regular **status** updates on the project.

우리가 논의한 대로, 그 프로젝트의 정기적인 status 업데이트를 제공할 것이다.

2 명 (사회적) 지위, 신분

Wealth and social **status** are what many people hope to attain.

부와 사회적 status는 많은 사람들이 얻고 싶어하는 것이다.

700+
RANK 0529

settle [ˈsetəl] ☆☆☆☆☆☆☆   ①-②-③-④-⑤-⑥-⑦

1 통 해결하다; 결정하다

All issues concerning salary raises were **settled** at yesterday's meeting.

급여 인상에 관한 모든 문제가 어제 회의에서 settle되었다.

2 통 정착하다   ;---▶ settle down: (한 곳에 자리잡고) 정착하다

Ms. Hertz **settled** down in a small town after retiring last year.

Ms. Hertz는 작년에 은퇴한 후 소도시에 settle했다.

▶ **관련 어휘**

settlement 명 1. (공식적인) 합의 2. (분쟁 등의) 해결   **settled** 형 1. 안정적인, 안정된 2. 자리를 잡은

▶ **핵심 기출 표현**

settle on (생각 끝에) ~을 정하다   **settle in** (집, 직장 등에) 적응하다

▶ **파트 7 대체어 기출 표현: settle 결정하다 → decide 결정하다**

settle[decide] on the event date 행사 날짜를 settle[decide]하다

RANK 0530 · 600+

inspect [ɪnˈspekt] ★★☆☆☆☆☆ ①·②·③·④·⑤·⑥·⑦

圖 점검하다, 검사하다
The production manager is in charge of **inspecting** all machinery at the Louisville plant.
생산 관리자는 Louisville 공장의 모든 기계 장치를 inspect하는 일을 책임지고 있다.

> **관련 어휘**
> **inspection** 圈 조사, 점검
> Vendors' permits are subject to **inspection** during the trade conference.
> 판매 허가증은 무역 학회 기간 중에 inspection의 대상이 된다.
> **inspector** 圈 조사관, 검사관
>
> **핵심 기출 표현** on-site inspection 현장 점검

RANK 0531 · 600+

full [fʊl] ★☆☆☆☆☆☆ ①·②·③·④·⑤·⑥·⑦

1 圈 완전한
The board is expecting a **full** report on the construction project.
이사회는 건설 공사에 대한 full 보고를 기대하고 있다.

2 圈 ~으로 가득한   ···▶ be full of: ~으로 가득하다
The job fair was **full** of companies seeking to hire new recruits.
취업 박람회는 신입사원을 채용하기 위해 노력하는 회사들로 full하다.

> **관련 어휘**
> **fully** 凰 완전히, 충분히
> Ms. Lee was planning to go to London this weekend, but the flight was **fully** booked.
> Ms. Lee 는 이번 주말 런던에 가려고 했지만, 비행기는 fully 예약이 되어 있었다.
>
> **핵심 기출 표현**
> full-time employee 정규직 직원   full-time job 정규직, 상근직

RANK 0532 · 600+

tour [tʊr] ☆☆☆☆☆☆☆ ①·②·③·④·⑤·⑥·⑦

圈 여행; 견학, 방문
Visitors are not allowed to take photographs on the factory **tour**.
방문객들은 공장 tour를 하면서 사진을 찍어서는 안 된다.

> **관련 어휘**
> **tourist** 圈 관광객   **tourism** 圈 관광업
>
> **핵심 기출 표현**
> **on tour** 여행 중에   **tour of** ~의 여행/관광/견학
> **guided tour** 가이드가 인솔하는 관광 또는 견학

600+
RANK 0533

focus [ˈfoʊkəs] ☆☆☆☆☆☆☆   ①·②·③·④·⑤·⑥·⑦

1 통 **집중하다, 초점을 맞추다** ⸱⸱⸱▶ focus on: ~에 집중하다

Today's workshop will **focus** on how employees can use their time more effectively.
오늘 워크숍은 직원들이 시간을 더욱 효율적으로 사용할 수 있는 방법에 focus할 것이다.

2 명 **초점; 주목**

The **focus** of today's workshop will be on time management.
오늘 워크숍의 focus는 시간관리입니다.

> ▶ **핵심 기출 표현**
> focus A on B A를 B에 집중시키다 (→ A be focused on B)

600+
RANK 0534

chemical [ˈkemɪkəl] ☆☆☆☆☆☆☆   ①·②·③·④·⑤·⑥·⑦

1 형 **화학의, 화학적인**

You may use a **chemical** detergent to wipe away the surface of the desk.
그 책상 표면을 닦아내기 위해 chemical 세제를 사용하셔도 됩니다.

2 명 **화학 물질**

These products are free of any **chemicals** that could damage the environment.
이 제품들에는 환경에 피해를 줄 수 있는 그 어떤 chemical도 없다.

700+
RANK 0535

scale [skeɪl] ☆☆☆☆☆☆☆   ①·②·③·④·⑤·⑥·⑦

1 명 **규모, 범위**

Tran Motors began to produce their automobiles on a global **scale** after the merger.
Tran Motors는 합병 이후 자동차를 세계적인 scale로 생산하기 시작했다.

2 명 **저울**

A kitchen **scale** is a must have for all bakers.
주방 scale은 모든 제빵사들에게 필수품이다.

> ▶ **관련 어휘**
> wide-scale 형 광범위한, 대규모의

> ▶ **핵심 기출 표현**
> scale back (규모를) 축소하다   on a large scale 대규모로

224

👑600+
RANK 0536

unit [ˈjuːnɪt] ☆☆☆☆☆☆☆　　①·②·③·④·⑤·⑥·⑦

1 📖 구성 단위; (상품의) 단위[한 개]

With 6,000 **units** sold, June was Carocot Co.'s most successful month.

6,000개의 unit들이 판매된 6월은 Carocot사가 가장 호황을 누린 달이었다.

2 📖 (아파트 등 공동주택 내의) 한 가구

Are any of those apartment **units** still available? 파트2

그 아파트 unit들 중 아직 남은 게 있나요?

▶ 핵심 기출 표현　shelving unit 선반

👑600+
RANK 0537

ideally [aɪˈdiːəli] ★☆☆☆☆☆☆　　①·②·③·④·⑤·⑥·⑦

📖 이상적으로; 원칙적으로

Applicants for the position must submit three references, **ideally** from more than one organization.

지원자들은 ideally하게 1개 이상의 기관에서 받은 3개의 추천서를 제출해야 한다.

▶ 관련 어휘
ideal 📖 이상적인, 가장 알맞은
The price is right, and the location is **ideal**.
가격도 알맞고, 장소도 ideal하다.

▶ 핵심 기출 표현
be ideal for ~에 이상적이다　　　**ideal place** 이상적인 장소

👑600+
RANK 0538

single [ˈsɪŋɡəl] ☆☆☆☆☆☆☆　　①·②·③·④·⑤·⑥·⑦

📖 단 하나의, 단일의　　　the single largest + 명사: 단일 ~로는 가장 큰

PuaTech's deal with GemComs is the **single** largest sale in the history of the company.

PuaTech이 GemComs와 맺은 거래가 회사의 역사상 single 판매로는 가장 크다.

👑700+
RANK 0539

venue [ˈvenjuː] ★★☆☆☆☆☆　　①·②·③·④·⑤·⑥·⑦

　venue for: ~의 장소

📖 (회담, 경기, 콘서트 등의) 장소

Directions to the **venue** for the conference will be posted on the company Web site.

회의 venue로 가는 길이 회사 웹 사이트에 게시될 것입니다.

▶ 핵심 기출 표현　**an ideal venue for** ~을 위한 이상적인 장소

700+
RANK 0540

row [roʊ] ☆☆☆☆☆☆☆ ①·②·③·④·⑤·⑥·⑦

1 명 열, 줄

;--▸ in a row: 1. 한 줄로 2. 잇달아, 연이어

Some containers are arranged in a **row**. 파트1

몇몇 용기들이 한 row로 정리되어 있다.

2 통 노를 젓다

Some people are **rowing** toward the pier. 파트1

몇몇 사람들이 부두를 향해 row하고 있다.

▶ **핵심 기출 표현**

in rows 줄지어, 여러 줄로 늘어서   row after row of 줄지어 늘어선

700+
RANK 0541

specifically [spə'sɪfɪkəli] ★★★★☆☆ ①·②·③·④·⑤·⑥·⑦

팀 특별히; 분명히

The LX550 camera lens is **specifically** designed for beginner photographers.

LX550 카메라 렌즈는 초보 사진 작가들을 위해 specifically 설계되었다.

▶ **관련 어휘**

specific 형 1. 구체적인 2. 특정한

specifics 명 세부 내용

Ms. Fullner will discuss the **specifics** of the marketing proposal next Friday.

Ms. Fullner는 마케팅 제안서의 **specifics**를 다음 주 금요일에 논의할 것이다.

▶ **파트 7 대체어 기출 표현: specifics 세부사항 → details 세부사항**

clarify the **specifics[details]** of the agreement 계약서의 **specifics[details]**를 알기 쉽게 설명하다

700+
RANK 0542

gain [geɪn] ★☆☆☆☆☆☆ ①·②·③·④·⑤·⑥·⑦

1 통 (이익, 혜택을) 얻다

The advertised job is ideal for those wanting to **gain** work experience in banking.

광고에 실린 이 일은 은행권에서 근무 경험을 gain하고 싶어하는 이들에게 이상적이다.

2 명 증가; 이익

The board reported a **gain** in profits last month.

위원회는 지난달 수익의 gain을 보고했다.

▶ **핵심 기출 표현**

gain access to ~에 접근하다, ~로의 접근 권한을 얻다   gain momentum 탄력이 붙다, 가속화되다

226

600+
RANK
0543

abroad [əˈbrɑːd] ☆☆☆☆☆☆☆ ①-②-3-4-⑤-6-7

및 해외에(서), 해외로
Before traveling **abroad**, always check that your passport is valid.
abroad로 여행을 하기 전에, 항상 여권이 유효한지 확인하세요.

700+
RANK
0544

equal [ˈiːkwəl] ★☆☆☆☆☆☆ 1-2-3-4-⑤-6-7

1 🔲 동일한; 동등한
The amount raised at yesterday's fundraising event was nearly **equal** to last year's.
⌐--▶ equal to: ~와 동일한
어제 있었던 기금 마련 행사에서 모금된 금액은 작년 행사 때와 거의 equal했다.

2 🔲 맞먹다, 필적하다
It is difficult for any employee to **equal** the sales achievements of Mr. Donner.
그 어떤 직원도 Mr. Donner의 판매 실적에 equal하기는 어렵다.

> ▣ 관련 어휘
> **equally** 및 똑같이, 동일하게

600+
RANK
0545

label [ˈleɪbəl] ★☆☆☆☆☆☆ ①-②-3-4-5-6-7

1 🔲 (상품의 정보가 담긴) 표, 라벨
Be careful not to cover the ingredients when applying **labels** to food packages.
식품 포장지에 label을 붙일 때는 성분 표시를 가리지 않도록 주의하시오.

2 🔲 상표를 붙이다
Please **label** all items in the staff lounge.
직원 휴게실에 있는 모든 상품에 label해주세요.

600+
RANK
0546

native [ˈneɪtɪv] ☆☆☆☆☆☆☆ ①-2-3-4-⑤-⑥-7

1 🔲 (사람이) ~출신의; (동/식물이) ~원산의
⌐--▶ native to: ~가 원산지인
Dr. Romero researches plants **native** to South America for their medicinal use.
Dr. Romero는 약용을 위해 남미 native의 식물을 연구한다.

2 🔲 현지인; ~출신인 사람
Although he has been living here for 30 years, Mr. Rodriguez is a **native** of Brazil.
여기에 30년 간 살았지만, Mr. Rodriguez는 브라질 native이다.

700+ RANK 0547 · economical [ekə'nɒmɪkəl] ⭐☆☆☆☆☆☆ ①-②-③-④-⑤-⑥-⑦

형 **경제적인; 실속 있는**
Reno Furniture manufactures products that are both stylish and **economical**.
Reno 가구회사는 유행에 뒤처지지 않으면서도 economical한 제품을 생산한다.

▷ 관련 어휘
economic 형 경제의 　　　　　　　　　**economize** 동 절약하다, 아끼다

600+ RANK 0548 · warehouse ['werhaʊs] ☆☆☆☆☆☆☆ ①-②-③-④-⑤-⑥-⑦

명 **창고**
When will the packages leave the **warehouse**? 파트 2
소포들은 warehouse에서 언제 출발할 건가요?

600+ RANK 0549 · package ['pækɪdʒ] ☆☆☆☆☆☆☆ ①-②-③-④-⑤-⑥-⑦

1 명 **(포장용) 상자; 포장물**
Please inform Mr. Berman that his **package** will arrive by noon.
Mr. Berman에게 package가 오후 12시까지 도착한다고 전해 주세요.

2 동 **포장하다**
Make sure to neatly **package** all gifts before sending them to clients.
모든 선물들을 고객에게 보내기 전에 반드시 깔끔하게 package해주세요.

▷ 관련 어휘
packaging 명 포장; 포장재 　　　　　　　　**pack** 동 1. (짐을) 싸다; 포장하다 2. 가득 채우다 명 묶음, 꾸러미
packet 명 1. 소포, 꾸러미 2. (상품 포장용) 통, 곽

▷ 핵심 기출 표현
pick up a package 소포를 찾아가다 　　　　　**be packed with** ~로 가득 차다

700+ RANK 0550 · memorable ['memərəbəl] ⭐☆☆☆☆☆☆ ①-②-③-④-⑤-⑥-⑦

형 **기억할 만한, 기억에 남는**
The festival was **memorable** because many renowned musicians performed live for the first time.
그 축제는 처음으로 많은 유명 음악가들이 라이브 공연을 해서 memorable했다.

▷ 관련 어휘
memory 명 기억; 추억 　　　　　　　　　　**memorize** 동 암기하다

Speed Check-up

정답 p.581

DAY 11
DAY 12
DAY 13
DAY 14
DAY 15
DAY 16
DAY 17
DAY 18
DAY 19
DAY 20

다음의 한글 의미를 단서로 삼아 보기에서 알맞은 단어를 골라 넣으세요.

ⓐ inspecting   ⓑ venue   ⓒ originally   ⓓ native   ⓔ consult

01 Dr. Romero researches plants _____ to South America for their medicinal use.
원산지인

02 The hit movie, *Martin Family*, was _____ a novel written by Tomas Stein.
원래

03 The production manager is in charge of _____ all machinery at the Louisville plant.
점검하다

04 Directions to the _____ for the conference will be posted on the company Web site.
장소

05 Please _____ the employee handbook for questions regarding our time-off policy.
참고하다

다음의 한글 해석과 의미가 같아지도록 보기에서 알맞은 단어를 골라 넣으세요.

ⓐ supplying   ⓑ initiate   ⓒ settled   ⓓ delegation   ⓔ equal

06 It is important to know when to _____ conversation with a customer.
고객과의 대화를 언제 시작할지를 아는 것이 중요하다.

07 Our company started _____ medical equipment to the local hospital.
우리 회사는 지역 병원에 의료기기를 공급하기 시작했다.

08 All issues concerning salary raises were _____ at yesterday's meeting.
급여 인상에 관한 모든 문제가 어제 회의에서 해결되었다.

09 _____ of duties is a task all directors must do well.
업무의 위임은 많은 임원들이 잘 해야 하는 업무이다.

10 It is difficult for any employee to _____ the sales achievements of Mr. Donner.
그 어떤 직원도 Mr. Donner의 판매 실적에 필적하기는 어렵다.

문맥에 어울리는 단어를 보기에서 골라 넣으세요.

ⓐ fit   ⓑ specifically   ⓒ influence   ⓓ scale   ⓔ basis

11 The LX550 camera lens is _____ designed for beginner photographers.

12 The hotel's security team monitors the floors on a regular _____.

13 Tran Motors began to produce their automobiles on a global _____ after the merger.

14 Customer feedback has a strong _____ on product development.

15 The old exercise room is not _____ for usage.

1타강사 음성강의   귀로 듣는 단어장

기념품의 함정

RANK 0551 700+

thoughtful ['θɔtfəl] ☆☆☆☆☆☆☆ ①-②-③-④-⑤-⑥-⑦

혱 사려 깊은; 친절한

The service representative was professional and **thoughtful**, devoting her time to each customer.

그 서비스 담당자는 고객 한 명 한 명에게 시간을 쏟을 만큼 전문성 있고 thoughtful했다.

> **▶ 관련 어휘**
> thoughtfully 🖲 생각이 깊게; 친절하게   thought 🖲 생각

RANK 0552 600+

preparation [ˌprepəˈreɪʃən] ★☆☆☆☆☆☆ ①-②-③-④-⑤-⑥-⑦

혱 준비, 대비    in preparation for: ~에 대비하여

Mr. Caldwell hired part-time cashiers in **preparation** for the holiday season.

Mr. Caldwell은 휴가철을 preparation하기 위하여 시간제 계산원을 고용했다.

> **▶ 관련 어휘**
> prepare 🖲 준비하다; 대비하다
>   He is **preparing** some food. **파트1**
>   남자가 음식을 prepare하고 있다.
> prepared 🖲 (~할) 준비가 된

> **▶ 핵심 기출 표현**
> prepare for ~을 준비하다, ~에 대비하다   well-prepared 잘 준비된

> **▶ 파트 7 대체어 기출 표현: prepare 준비하다 → draw up 만들다, 작성하다**
> prepare[draw up] the revisions to the contract 그 계약서에 대한 수정 작업을 prepare[draw up]하다

RANK 0553 600+

merchandise ['mɜːtʃəndaɪs] ☆☆☆☆☆☆☆ ①-②-③-④-⑤-⑥-⑦

1 🖲 상품, 물품

Store branches report all sales of their **merchandise** to the head office.

매장 지점들은 그들의 모든 merchandise 판매량을 본사에 보고한다.

2 🖲 (물품을) 판매하다

Heto Electronics **merchandises** their products on various Web sites.

Heto 전자는 다양한 웹 사이트에서 상품을 merchandise한다.

> **▶ 관련 어휘**
> merchant 🖲 (판매) 상인

700+
RANK 0554

enroll [ɪnˈroʊl] ★☆☆☆☆☆☆

①-②-③-④-⑤-⑥-⑦

图 등록하다, (이름을) 명부에 올리다 ┈┈► enroll in: ~에 등록하다
All employees are required to **enroll** in the compliance workshop.
모든 직원들은 규정 준수 워크숍에 enroll해야 한다.

▶ **관련 어휘**
　enrollment 圀 등록, 등록자 수

▶ **핵심 기출 표현**
　enrollment in ~의 등록　　　　　　　　enrollment fee 등록비

700+
RANK 0555

entitle [ɪnˈtaɪt̬əl] ★☆☆☆☆☆☆

①-②-③-④-⑤-⑥-⑦

图 자격을 주다, 권리를 주다 ┈┈► be entitled to: ~에 대해 자격이 있다
All employees are **entitled** to two weeks of paid vacation annually.
모든 직원들은 매년 2주의 유급휴가를 entitle 받는다.

▶ **관련 어휘**
　entitlement 圀 자격, 권리

▶ **핵심 기출 표현**
　be entitled to do ~할 자격이 있다

700+
RANK 0556

exception [ɪkˈsepʃən] ☆☆☆☆☆☆☆

①-②-③-④-⑤-⑥-⑦

圀 예외
With very few **exceptions**, most local businesses have experienced a decline in sales this year.
아주 일부만 exception으로 하고, 대부분의 지역 업체들은 올해 매출 감소를 겪었다.

▶ **핵심 기출 표현**
　make an exception 예외로 하다　　　　without exception 예외 없이
　with the exception of ~을 제외하고　　exception to ~에서의 예외

700+
RANK 0557

adequate [ˈædəkwət] ★★★☆☆☆☆

①-②-③-④-⑤-⑥-⑦

圀 (특정 목적이나 필요에) 충분한, 적절한
Although the packaging seemed **adequate**, the products were damaged during shipping.
포장이 adequate해 보였지만, 상품들은 배송 중 파손되었다.

> ▷ 관련 어휘
>   adequately 🔟 충분히, 적절히

DAY 11 DAY 12 DAY 13 DAY 14 DAY 15 DAY 16 DAY 17 DAY 18 DAY 19 DAY 20

👑700+ RANK 0558 **itinerary** [aɪˈtɪnəreri] ☆☆☆☆☆☆☆ ①-②-③-④-⑤-⑥-⑦

🔟 여행 일정표
According to the **itinerary**, our tour group will spend two days in Vienna.
itinerary에 따르면, 우리 여행팀은 Vienna에서 이틀간 머무를 예정이다.

> ▷ 핵심 기출 표현
>   travel itinerary 여행 일정표

👑600+ RANK 0559 **board** [bɔːrd] ★☆☆☆☆☆☆ ①-②-③-④-⑤-⑥-⑦

1 🔟 이사회, 위원회 ˙˙˙▶ board of directors: 이사회
The **board** of directors approved the proposal to renovate the branch offices.
이사 board는 지점 사무실들을 개보수하겠다는 제안을 승인하였다.

2 🔟 게시판; -판
The HR team will post the information on the announcement **board** soon.
인사팀은 곧 공지 board에 정보를 올릴 것이다.

3 🔟 탑승하다
A woman is **boarding** a train. 파트1
여자가 기차에 board하고 있다.

> ▷ 핵심 기출 표현
>   board meeting 이사회 (회의)

👑700+ RANK 0560 **relevant** [ˈreləvənt] ★★☆☆☆☆☆ ①-②-③-④-⑤-⑥-⑦

🔟 관련 있는, 적절한
Denver Accounting is seeking candidates with three years of **relevant** work experience.
Denver 회계법인은 3년의 relevant한 업무 경력이 있는 후보자를 찾고 있다.

> ▷ 관련 어휘
>   irrelevant 🔟 무관한, 상관없는   relevance 🔟 관련성, 타당성
> ▷ 핵심 기출 표현
>   relevant to ~에 관련된 🔟 irrelevant to ~와 무관한   relevant information 관련 정보

RANK 0561 · assistance [əˈsɪstəns] ★☆☆☆☆☆☆   ①·②·③·④·⑤·⑥·⑦

명 도움, 지원

;--▶ technical assistance: 기술 지원

Please contact our customer service center at 555-7000 for technical **assistance**.

기술적인 assistance가 필요하시면 555-7000 고객 서비스 센터로 연락 주십시오.

▶ **관련 어휘**
assist 동 돕다, 지원하다
I was **assisted** by a sales clerk named Jennifer.
나는 Jennifer라는 점원에 의해 **assist**받았다.
assistant 명 조수, 보조원

▶ **핵심 기출 표현**
call for assistance 도움을 요청하다

▶ **파트 7 대체어 기출 표현: assistance 지원 → help 도움**
need assistance[help] with some crucial data 몇 가지 중요한 데이터에 대한 assistance[help]를 필요로 하다

RANK 0562 · forget [fəˈget] ☆☆☆☆☆☆☆   ①·②·③·④·⑤·⑥·⑦

동 잊다, 잊어버리다 ;--▶ forget to do: (앞으로) ~할 것을 잊다 (cf.) forget doing: (과거에) ~했던 것을 잊다

Please don't **forget** to turn off the lights before you leave the office.

사무실을 떠나기 전에 전등 소등을 forget하지 마세요.

▶ **관련 어휘**
forgettable 형 쉽게 잊혀질, 특별할 것 없는 ↔ unforgettable 형 잊지 못할
forgetful 형 잘 잊어 먹는, 건망증이 있는

RANK 0563 · progress [ˈprɑːgres] ☆☆☆☆☆☆☆   ①·②·③·④·⑤·⑥·⑦

1 명 진전, 진척
To check the **progress** of your delivery, simply call us at 555-6200.
배송의 progress를 조회하려면, 555-6200으로 전화해 주시면 됩니다.

2 동 진전을 보이다; 진행하다
The landscaping project is **progressing** smoothly according to plan.
조경 프로젝트는 계획에 따라 원활하게 progress중이다.

▶ **관련 어휘**
progressive 형 1. 진보적인 2. 점진적인

▶ **핵심 기출 표현**
make progress 진보하다

700+
RANK 0564

subscription [səbˈskrɪpʃən] ☆☆☆☆☆☆☆ ①-②-③-④-⑤-⑥-⑦

명 구독(료); 가입

;--▶ subscription to: ~의 구독(료)

Free access to our Web site is included with a one-year **subscription** to our magazine.
우리 잡지 일년 정기 subscription에는 웹 사이트에 무료로 접속할 수 있는 권한이 포함되어 있다.

▶ **관련 어휘**
　　subscriber 명 구독자; 가입자　　　　　　　subscribe 통 구독하다; 가입하다

▶ **핵심 기출 표현**
　　subscribe to ~을 구독하다

700+
RANK 0565

object [ˈɑːbdʒɪkt] ☆☆☆☆☆☆☆ ①-②-③-④-⑤-⑥-⑦

1 통 반대하다

;--▶ object to: ~에 반대하다

The HR manager **objected** to Barretto Kim becoming a full-time employee.
HR 매니저는 Barretto Kim이 정규직 직원이 되는 것에 object했다.

2 명 물건, 대상

Hewitt Home Furnishings sells various household **objects** such as chairs and lamps.
Hewitt Home Furnishings는 의자와 조명같은 다양한 가정 object들을 판매한다.

▶ **관련 어휘**
　　objection 명 이의, 반대

600+
RANK 0566

assemble [əˈsembəl] ☆☆☆☆☆☆☆ ①-②-③-④-⑤-⑥-⑦

1 통 조립하다

Factory production has stopped but will resume once the new machinery is **assembled**.
공장의 생산이 중단되었으나, 일단 새 장비가 assemble되고 나면 재개될 것이다.

2 통 모이다, 모으다

A crowd has **assembled** around a lake. 파트1
사람들이 호수 주변에 assemble해 있다.

▶ **관련 어휘**
　　assembly 명 1. 조립 2. 집회, 모임
　　The unscheduled maintenance this morning has caused disruptions to vehicle **assembly**.
　　오늘 오전 예정에 없던 보수작업으로 인해 자동차 **assembly**에 중단이 야기되었다.

▶ **파트 7 대체어 기출 표현: assemble 조립하다 → build 짓다, 건설하다**
　　tools for **assembling[building]** the desk 책상을 assemble[build]하는 공구들

235

700+
RANK
0567

favor [ˈfeɪvə] ☆☆☆☆☆☆☆

①·②·③·④·⑤·⑥·⑦

1 명 **호의; 지지, 찬성** ;--▶ in favor of: ~에 찬성[지지]하여

The board has voted in **favor** of the merger with PF Chemical.

이사회는 PF 화학과의 합병에 favor하는 투표를 했다.

2 동 **지지하다, 찬성하다**

Mr. Steward **favored** LX, Inc.'s design proposal the most.

Mr. Steward는 LX사의 설계 제안서를 가장 favor했다.

> 관련 어휘

favorite 형 마음에 드는, 매우 좋아하는

You can now find all of your **favorite** bread right here at the shopping center.

여러분은 이제 여러분이 **favorite**한 모든 빵을 바로 이곳 쇼핑센터에서 찾으실 수 있습니다.

700+
RANK
0568

commercial [kəˈmɜːʃəl] ★☆☆☆☆☆☆

①·②·③·④·⑤·⑥·⑦

1 형 **상업의, 상업적인**

The new shopping mall is expected to be a great **commercial** success.

새로운 쇼핑몰이 엄청난 commercial한 성공을 거둘 것으로 예측된다.

2 명 **광고 (방송)**

The **commercial** for the P500 tablet helped draw more customers.

P500 태블릿 commercial은 더 많은 고객들을 유치하는 데 도움을 주었다.

> 핵심 기출 표현

commercial district 상업 지역   **commercial property** 상업 용지

television commercial 텔레비전 광고   **commercial break** (방송의 프로그램 사이에 들어가는) 광고

600+
RANK
0569

task [tæsk] ☆☆☆☆☆☆☆

①·②·③·④·⑤·⑥·⑦

명 **일, 과제**

Mr. Herman's main **task** is to maintain the company Web site.

Mr. Herman의 주된 task는 회사 웹 사이트를 관리하는 것이다.

600+
RANK
0570

failure [ˈfeɪljə] ★☆☆☆☆☆☆

①·②·③·④·⑤·⑥·⑦

1 명 **실패** ;--▶ failure to do: ~의 실패, ~하지 못함

Despite the **failure** to reach a consensus, the parties continued negotiating.

의견 합의의 failure에도, 양측은 계속해서 협상을 해 나갔다.

DAY 11

DAY 12

DAY 13

DAY 14

DAY 15

DAY 16

DAY 17

DAY 18

DAY 19

DAY 20

2 명 고장

The factory manager ordered a new machine due to the **failure** of the current one.

공장 관리자는 지금 있는 기계의 failure로 새로운 기계를 주문했다.

▶ **관련 어휘**

fail 통 실패하다, ~하지 못하다

▶ **핵심 기출 표현**

power failure 정전   fail to do ~하는 데 실패하다, ~하지 못하다

RANK 0571 **acknowledge** [əkˈnɑːlɪdʒ] ☆☆☆☆☆☆ ①-②-③-④-⑤-⑥-⑦

1 통 인정하다

After the presentation, everyone **acknowledged** Mr. Thompson's public speaking skills.

발표 후에, 모두가 Mr. Thompson의 공개 연설 기량을 acknowledge했다.

2 통 (물건을) 받았음을 알리다 ;--▶ acknowledge receipt of: ~을 받았음을 알리다

This e-mail serves to **acknowledge** receipt of your order.

이 이메일은 당신의 주문을 받았음을 acknowledge하기 위해 제공됩니다.

▶ **관련 어휘**

acknowledgement 명 1. 인정 2. 답신

▶ **핵심 기출 표현**

acknowledge one's contribution ~의 공헌을 인정하다

▶ **파트 7 대체어 기출 표현: acknowledge 인정하다 → recognize 인식하다, 알아보다**

acknowledge[recognize] the severity of the problem 문제의 심각성을 acknowledge[recognize]하다

RANK 0572 **journal** [ˈdʒɜːnəl] ☆☆☆☆☆☆ ①-②-③-④-⑤-⑥-⑦

명 잡지, 간행물

Environmental Insight is a **journal** published by the Avax Ecology Association.

〈Environmental Insight〉는 Avax 생태학 협회에서 출간되는 journal이다.

▶ **관련 어휘**

journalist 명 기자, 언론인   journalism 명 저널리즘(기사거리를 모으고 기사를 쓰는 일)

RANK 0573 · routine [ruːˈtiːn] ★★☆☆☆☆☆ ①-②-③-④-⑤-⑥-⑦

1 형 **일상적인, 정기적인**

;--▶ routine maintenance work: 정기 보수 작업

Ascent Manufacturing performs **routine** maintenance work to ensure that facilities are always in good condition.

Ascent Manufacturing은 시설을 항상 양호한 상태로 유지하기 위해 routine한 보수 작업을 실시한다.

2 명 **일상적인 일; 규칙적으로 하는 일**

Physicians recommend implementing a daily exercise **routine**.

의사들은 매일의 운동 routine을 시행할 것을 권장한다.

▷ 관련 어휘

routinely 분 일상적으로; 관례대로　　　　　　daily routine 일상 업무, 일과

RANK 0574 · duration [duːˈreɪʃən] ★☆☆☆☆☆☆ ①-②-③-④-⑤-⑥-⑦

명 **지속; (지속되는) 기간**

Please keep all mobile devices turned off for the **duration** of the show.

공연의 duration 동안 모든 휴대기기를 꺼 주세요.

RANK 0575 · severe [səˈvɪr] ☆☆☆☆☆☆☆ ①-②-③-④-⑤-⑥-⑦

형 **심각한; 엄격한**

;--▶ severe weather conditions: 심각한 기상 조건, 악천후

The flight schedule may change in the event of **severe** weather conditions.

severe한 기상 상태가 발생할 경우에 비행 일정이 변경될 수 있다.

▷ 관련 어휘

severely 분 심하게; 엄하게

RANK 0576 · analysis [əˈnæləsɪs] ☆☆☆☆☆☆☆ ①-②-③-④-⑤-⑥-⑦

명 **분석**

The annual report included a thorough **analysis** of next year's business outlook.

연례 보고서에는 내년 사업 전망에 관한 철저한 analysis가 포함되었다.

▷ 관련 어휘

analyze 동 분석하다　　　　　　　　　　　　analyst 명 분석가

▷ 핵심 기출 표현

cost analysis 비용 분석　　　　　　　　　　market analysis 시장 분석

700+ RANK 0577 · conduct [kənˈdʌkt] ★☆☆☆☆☆☆ ①-②-③-④-⑤-⑥-⑦

동 (특정 활동을) 하다

Jimmy Soon will **conduct** the final round of interviews next week.
Jimmy Soon은 다음 주에 최종 면접을 conduct할 것이다.

▶ **관련 어휘**
conductor 몡 안내원; 지휘자

▶ **핵심 기출 표현**
conduct market research 시장 조사를 하다　　conduct a survey 설문 조사를 하다
conduct a seminar 세미나를 열다　　conduct an inspection 검사를 실시하다

▶ **파트 7 대체어 기출 표현: conduct (특정 활동을) 하다 → administer 관리하다, 운영하다**
conduct[administer] a brief survey 간단한 설문 조사를 conduct[administer]하다

600+ RANK 0578 · technician [tekˈnɪʃ.ən] ★☆☆☆☆☆☆ ①-②-③-④-⑤-⑥-⑦

명 기술자, 기사

Ms. Rimes called a **technician** because her computer failed to turn on.
Ms. Rimes는 컴퓨터의 전원이 켜지지 않아서 technician에게 전화를 걸었다.

▶ **관련 어휘**
technique 몡 기법; 기술
technical 혱 과학적인; 기술적인
　I did some **technical** writing for Gateway Electronics' R&D Department.
　나는 Gateway 전자의 R&D 부서를 위해 **technical** 문서를 작성했다.
technically 튄 1. 기술적으로 2. 엄밀히 말하면

▶ **핵심 기출 표현**
technical issue 기술적인 문제

600+ RANK 0579 · matter [ˈmætɚ] ★★☆☆☆☆☆ ①-②-③-④-⑤-⑥-⑦

1 몡 문제, 사안

Call us at 555-1234 if you have any further questions regarding this **matter**.
이 matter에 관해 더 질문이 있으시면 555-1234로 전화주시기 바랍니다.

2 동 중요하다; 문제가 되다

With the new dress code policy, it does not **matter** if employees wear casual clothing at work.
새로운 복장 규정으로, 직원들이 직장에서 캐쥬얼 의류를 입는 지는 matter하지 않다.

▶ 핵심 기출 표현
　as a matter of fact 사실은

▶ 파트 7 대체어 기출 표현: matter 문제, 사안 → situation 상황
　prompt attention to the **matter[situation]** 그 matter[situation]에 대한 즉각적인 주의

600+
RANK
0580　**selection** [səˈlekʃən]　★☆☆☆☆☆☆　①-②-③-④-⑤-⑥-⑦

명 선택, 선발　　　　　　　　;--▶ a selection of: 엄선된, 다양한
Dade Art Museum offers a large **selection** of gifts and souvenirs for sale.
Dade 미술 박물관은 selection이 다양한 선물과 기념품들을 판매용으로 제공한다.

▶ 관련 어휘
　select 동 선택하다 형 엄선된
　　A company spokesperson said that Harmans Oil **selected** Oakville as the site for its new office.
　　회사의 대변인은 Harmans Oil이 Oakville을 새 사무실을 위한 부지로 select했다고 말했다.
　selective 형 1. 선택적인 2. 조심해서 고르는, 까다로운

▶ 파트 7 대체어 기출 표현: select 선발하다, 선택하다 → go with 지지하다; 선택하다
　decide to **select[go with]** another candidate to fill the position
　그 자리를 채우기 위해 다른 후보자를 select[go with]하기로 결정하다

700+
RANK
0581　**practice** [ˈpræktɪs]　☆☆☆☆☆☆☆　①-②-③-④-⑤-⑥-⑦

1 명 **연습, 실습; 실행, 실천**
The company basketball team meets for **practice** once a week.
회사 농구팀은 practice를 위해 일주일에 한 번 만난다.

2 명 **관행, 관례**
Mr. Brown adheres to a strict **practice** of meditation daily.
Mr. Brown은 매일 엄격한 명상 practice를 고수한다.

3 명 **(전문직 종사자의) 업무, 영업**
Ms. Finnity has been running her law **practice** for over 40 years.
Ms. Finnity는 40년 넘게 법률 practice를 운영해 왔다.

▶ 핵심 기출 표현
　business practice 사업 관행　　　　　　　**medical practice** 의료 업무[영업]

▶ 파트 7 대체어 기출 표현: practice 관습, 관례 → method 방법, 방식
　regional farming **practices[methods]** 지역적 농사 practice[method]

RANK 0582 helpful [ˈhelpfəl] ★☆☆☆☆☆

혱 도움이 되는

The intern has been very **helpful** with organizing the file cabinets.
그 인턴은 문서 보관함을 정리하는 데 매우 helpful했다.

> **관련 어휘**
> help 통 돕다 명 도움, 지원

> **핵심 기출 표현**
> help (to) do ~하는 것을 돕다 　　　　help A (to) do A가 ~하는 것을 돕다

RANK 0583 resume [rɪˈzuːm] ☆☆☆☆☆☆

통 재개하다[되다], 다시 시작하다[되다]

Our normal programming will **resume** tomorrow after the baseball championships end.
정규 방송은 야구 챔피언십이 끝난 뒤 내일 resume될 예정입니다.

RANK 0584 interruption [ˌɪntəˈrʌpʃən] ☆☆☆☆☆☆ ①-②-③-④-⑤-⑥-⑦

명 중단, 방해

Due to the snowstorm, there was an **interruption** of the city's train service.
눈보라로 인해 시의 기차 운행 서비스의 interruption이 있었다.

> **관련 어휘**
> interrupt 통 중단시키다, 방해하다

RANK 0585 capital [ˈkæpətəl] ★☆☆☆☆☆

명 자본금, 자금

┈┈▶ capital investment:
　　　자본 출자, 설비 투자

The office expansion required careful planning as well as a large **capital** investment.
사무실 확장으로 거대 capital 투자뿐 아니라 신중한 계획이 필요했다.

> **관련 어휘**
> capitalize 통 1. 자본화하다, 출자하다 2. 대문자로 쓰다

advise [əd'vaɪz] ★☆☆☆☆☆☆ ①-②-③-④-⑤-⑥-⑦

조언하다, 권고하다

Management **advises** that all staff use public transit during the renovation of the parking lot.

경영진은 주차장 개조 기간 동안 전 직원들에게 대중교통을 이용하라고 advise한다.

▶ **관련 어휘**

advice 명 조언, 충고

Why don't you get some **advice** from your supervisor? 파트 2

상사에게 advice를 구하는 게 어때요?

advisor 명 고문, 조언자 　　　　　　　**advisory** 명 자문의, 고문의

advisable 명 권할 만한, 바람직한; ---▶ It is advisable to do: ~하는 것이 바람직하다

It is **advisable** to register in advance for a booth at the conference.

컨퍼런스 부스를 사전에 등록하는 것이 **advisable**합니다.

▶ **핵심 기출 표현**

advise A to do A에게 ~하라고 조언하다 (→ A be adviseed to do)

advise A on B A에게 B에 대해 조언하다

furnishings ['fɜːnɪʃɪŋz] ★☆☆☆☆☆☆ ①-②-③-④-⑤-⑥-⑦

가구, 비품

This apartment unit comes with basic **furnishings**.

이 아파트에는 기본적인 furnishings가 딸려 있습니다.

▶ **관련 어휘**

furnished 형 가구가 비치된 　　　;---▶ fully-furnished: 내부 인테리어가 완비된

Does the apartment come fully **furnished**? 파트 2

그 아파트는 가구가 완전히 furnished되어 있나요?

refreshments [rɪ'freʃ.mənt] ☆☆☆☆☆☆☆ ①-②-③-④-⑤-⑥-⑦

다과

Refreshments will be served after the lecture.

강연 후에 refreshments가 제공될 것이다.

timely ['taɪmli] ☆☆☆☆☆☆☆ ①-②-③-④-⑤-⑥-⑦

시기적절한, 때맞춘　　　　　　　;------▶ in a timely manner: 시기 적절하게

The database project must be completed in a **timely** manner.

데이터베이스 프로젝트가 timely한 방식으로 완료되어야 한다.

▶ 핵심 기출 표현
in a timely fashion 시기 적절하게, 적시에

pace [peɪs] ★☆☆☆☆☆☆ ①-②-③-④-⑤-⑥-⑦
RANK 0590 / 700+

1 몡 (움직임이나 일의) 속도
:···▶ at a ~ pace: ~한 속도로
We need to review the new budget report again at a slower **pace**.
우리는 새로운 예산 보고서를 더 느린 pace로 검토할 필요가 있다.

2 몡 걸음; 보폭
The meeting room is only a few **paces** away from Ms. Sharpe's office.
회의실은 Ms. Sharpe의 사무실에서 몇 pace 떨어진 곳에 있다.

▶ 핵심 기출 표현
at a rapid pace 빠른 속도로   at one's own pace 자신만의 속도로

spacious [ˈspeɪʃəs] ☆☆☆☆☆☆☆ ①-②-③-④-⑤-⑥-⑦
RANK 0591 / 600+

혱 (공간이) 넓은, 널찍한
The company moved to a more **spacious** office in order to accommodate additional employees.
회사가 추가된 직원들을 수용하기 위해서 더 spacious한 사무실로 이전했다.

▶ 관련 어휘
space 몡 공간, 자리 됭 (일정한) 간격을 두다
The houses are **spaced** far apart.
집들이 간격을 넓게 두고 space되어 있다.

▶ 파트 7 대체어 기출 표현: space 공간, 자리 → area 지역; (특정) 부분
transform open spaces[areas] in office buildings 사무용 건물 안에 있는 개방된 space[area]들을 탈바꿈시키다

head [hed] ☆☆☆☆☆☆☆ ①-②-③-④-⑤-⑥-⑦
RANK 0592 / 600+

1 됭 (특정 방향으로) 가다, 향하다
If you are **heading** north, you should take Route 30.
북쪽으로 head한다면, 30번 도로를 타야 한다.

2 됭 선두에 서다; ~을 이끌다
Mr. Danzing will **head** the office relocation project.
Mr. Danzing은 사무실 이전 프로젝트를 head할 것이다.

3 뎽 (단체, 조직의) 책임자

Ms. Grier was appointed as the new **head** of the Marketing Department.
Ms. Grier는 마케팅 부서의 새로운 head로 임명되었다.

▷ **핵심 기출 표현**
head out ~으로 향하다   head back to ~로 되돌아가다

figure [ˈfigjɚ] ☆☆☆☆☆☆☆   ①·②·③·④·⑤·⑥·⑦

1 뎽 수치, 숫자   ;--▶ sales figures: 매출액, 판매량

TV advertising does not necessarily increase sales **figures**.
TV 광고가 반드시 매출 figure를 증가시키는 것은 아니다.

2 뎽 인물   ;--▶ political figure: 정계 인물, 정치적 인물

Ms. Monty's job is to interview important political **figures**.
Ms. Monty의 직무는 중요한 정치적 figure들을 인터뷰하는 것이다.

······▶ figure (that)절: that 이하일 거라 생각하다
3 둉 (~일 거라고) 생각하다, 판단하다

The manager **figured** that the deadline would be too difficult to meet.
매니저는 마감일을 맞추기가 어려울 거라고 figure했다.

▷ **핵심 기출 표현**
figure out 1. 이해하다, 알아내다 2. 계산하다

▷ **파트 7 대체어 기출 표현: figure 판단하다 → decide 결정을 내리다**
figure[decide] that a cab would be faster 택시가 더 빠를 것이라고 figure[decide]하다

fund [fʌnd] ★★☆☆☆☆☆   ①·②·③·④·⑤·⑥·⑦

1 뎽 자금, 기금

A charity event will be held to raise additional **funds** to improve the local library.
지역 도서관을 개선하기 위한 추가적인 fund들을 모으기 위해 자선 행사가 열릴 것이다.

2 둉 자금을 대다

The community center is looking for sponsors to help **fund** some classes.
주민 센터는 일부 수업에 fund하는 데 도움을 줄 후원자를 찾고 있다.

▷ **관련 어휘**
funding 뎽 자금 (제공), 재정 지원
  Do we have any **funding** left for this project? 파트2
  이 프로젝트를 위해 남은 **funding**이 있나요?
fund-raising 뎽 모금 활동(의) 뎽 자금 조달(의)   fundraiser 뎽 모금 행사

▷ **핵심 기출 표현**
fund-raising event 모금 행사

RANK 0595 — brainstorm [ˈbreɪnstɔːrm] ☆☆☆☆☆☆☆

동 브레인스토밍하다 (여러 사람들이 모여 자유롭게 자기 생각을 공유하다)

The team will meet on Wednesday to **brainstorm** ideas for the new project.

그 팀은 새 프로젝트에 대한 아이디어들을 brainstorm하기 위해 수요일에 만날 것이다.

> ▶ 관련 어휘
> **brainstorming** 명 브레인스토밍

RANK 0596 — foundation [faʊnˈdeɪʃən] ☆☆☆☆☆☆☆

1 명 (건물의) 기초, 토대

The collapse of the building can be attributed to its poor **foundation**.

그 건물의 붕괴는 그것의 foundation이 약했기 때문이라고 할 수 있다.

2 명 (조직의) 설립, 창립

Ms. Khan is responsible for the **foundation** of the company 30 years ago.

Ms. Khan은 30년 전 회사 foundation에 책임을 맡고 있었다.

3 명 재단

We'd like to thank the Bethel **Foundation** for funding the construction of the museum.

우리는 박물관 공사에 자금을 대준 데 대해 Bethel foundation에 감사드리고 싶습니다.

> ▶ 관련 어휘
> **found** 동 설립하다
> I've been here since this company was **founded** 20 years ago.
> 나는 20년 전에 이 회사가 found되었을 때부터 여기에 있어 왔다.
> **founder** 명 설립자
>
> ▶ 핵심 기출 표현
> **serve as the foundation for** ~을 위한 토대가 되다

RANK 0597 — creative [kriˈeɪtɪv] ★★★☆☆☆☆

형 창조적인, 창의적인

Mr. Adamsen's **creative** approach to the situation saved the company money.

그 상황에서 Mr. Adamsen의 creative한 접근이 회사의 자금을 절약해 주었다.

> ▶ 관련 어휘
> **create** 동 (새롭게) 만들다, 창조하다
> Who will **create** our company logo? 파트2
> 우리 회사 로고를 누가 create할 건가요?
> **creativity** 명 독창력, 창조력　　　　　**creation** 명 창조, 창작

ambitious [æmˈbɪʃəs] ★☆☆☆☆☆☆   ①-②-③-④-⑤-⑥-⑦

웹 야심 찬

Emma outlined an **ambitious** set of steps to reduce energy usage.

Emma는 에너지 소비를 줄이기 위한 ambitious한 일련의 단계들을 기술했다.

▶ 관련 어휘

ambition 웹 야망, 포부   ambitiously 튄 야심차게

modest [ˈmɑːdɪst] ☆☆☆☆☆☆☆   ①-②-③-④-⑤-⑥-⑦

1 웹 대단하지 않은, 보통의   ⤷ at a modest price: 염가로

The hotel offers a dry cleaning service at a **modest** price.

그 호텔은 드라이클리닝 서비스를 modest한 가격에 제공한다.

2 웹 겸손한

Ms. Merrick was **modest** even though she had just received a national award for her achievements.

Ms. Merrick은 방금 자신의 업적으로 국가에서 주는 상을 받았지만 modest했다.

▶ 관련 어휘

modestly 튄 겸손하게, 얌전하게

opposite [ˈɑːpəzɪt] ★☆☆☆☆☆☆   ①-②-③-④-⑤-⑥-⑦

웹 다른 편의, 건너편의

Ryan Advertising has offices on the **opposite** ends of the country, but its management maintains constant communication.

Ryan 광고사는 그 나라 opposite 끝에 사무실들을 두고 있지만, 그곳 경영진은 끊임없이 연락을 유지한다.

젠 반대편에, 맞은편에

The movie theater is **opposite** the supermarket.

영화관은 슈퍼마켓의 opposite에 있다.

Speed Check-up

정답 p.582

다음의 한글 의미를 단서로 삼아 보기에서 알맞은 단어를 골라 넣으세요.

ⓐ relevant　　ⓑ objected　　ⓒ resume　　ⓓ preparation　　ⓔ figured

01 Our normal programming will _____ tomorrow after the baseball championships end.
　　　　　　　　　　　　　　　　　　재개되다

02 The HR manager _____ to Kim Barretto becoming a full-time employee.
　　　　　　　　　반대하다

03 Denver Accounting is seeking candidates with three years of _____ work experience.
　　　　　　　　　　　　　　　　　　　　　　　　　　　　　　　　관련 있는

04 Mr. Caldwell hired part-time cashiers in _____ for the holiday season.
　　　　　　　　　　　　　　　　　　　　　　　　　준비

05 The manager _____ that the deadline would be too difficult to meet.
　　　　　　　　　판단하다

다음의 한글 해석과 의미가 같아지도록 보기에서 알맞은 단어를 골라 넣으세요.

ⓐ routine　　ⓑ acknowledged　　ⓒ merchandises　　ⓓ opposite　　ⓔ advises

06 Management _____ that all staff use public transit during the renovation of the parking lot. 경영진은 주차장 공사기간 동안 전 직원들에게 대중교통을 이용하라고 권고한다.

07 After the presentation, everyone _____ Mr. Thompson's public speaking skills. 발표가 끝난 후, 모두가 Mr. Thompson의 공개 연설 기량을 인정했다.

08 Ascent Manufacturing performs _____ maintenance work to ensure that facilities are always in good condition.
　　　　　Ascent Manufacturing은 시설을 항상 양호한 상태로 유지하기 위해 정기 보수작업을 실시한다.

09 Heto Electronics _____ their products on various Web sites.
Heto 전자는 다양한 웹 사이트에서 상품을 판매한다.

10 The movie theater is _____ the supermarket. 영화관은 슈퍼마켓의 맞은편에 있다.

문맥에 어울리는 단어를 보기에서 골라 넣으세요.

ⓐ progressing　　ⓑ fund　　ⓒ favor　　ⓓ analysis　　ⓔ adequate

11 The annual report included a thorough _____ of next year's business outlook.

12 The landscaping project is _____ smoothly according to plan.

13 The board has voted in _____ of the merger with PF Chemical.

14 Although the packaging seemed _____, the products were damaged during shipping.

15 The community center is looking for sponsors to help _____ some classes.

DAY 13

👑700+
우선 순위 영단어
0601~0650

지를까 말까

👑600+
RANK 0601

compare [kəmˈper] ★☆☆☆☆☆

통 비교하다 ···▸ compared to: ~와 비교해서

Compared to many other businesses, Helipa Enterprises is in good financial condition this year.

많은 다른 기업들과 compare했을 때, Helipa사 올해 재정 상태가 좋다.

▶ **관련 어휘**

comparison 명 비교
comparable 형 비슷한, 비교할 만한
　The company struggled to find a **comparable** person to replace Ms. Wang following her resignation.
　그 회사는 Ms. Wang의 퇴사 후에 그녀를 대체할 **comparable**한 사람을 찾으려고 애썼다.

▶ **핵심 기출 표현**

compare A with B A를 B와 비교하다 (→ A be compared with B)
in comparison with ~와 비교하여
draw a comparison (between A and B) (A와 B를) 비교하다
comparable to ~에 필적하는

👑700+
RANK 0602

suitable [ˈsuːtəbəl] ☆☆☆☆☆☆

형 적합한, 적절한

Mr. Sanders' experience in Cairo makes him a **suitable** choice for our Egyptian accounts.

Mr. Sander의 Cairo에서의 경험은 그를 우리 이집트 거래처들을 위한 suitable한 선택으로 만들어준다.

▶ **관련 어휘**

suitably 부 적합하게, 적절하게
suit 통 ~에 적합하다, 어울리다 명 정장 (= formal clothing)
　They are wearing a **suit**. 파트1
　사람들이 **suit**를 입고 있다.

▶ **핵심 기출 표현**

be suitable for ~에 적합하다

▶ **파트 7 대체어 기출 표현: suitable 적합한 → right 맞는, 알맞은**

Find the payment plan that is **suitable[right]** for you. 당신에게 suitable[right]한 결제 방식을 찾아 보세요.

👑700+
RANK 0603

accommodate [əˈkɑːmədeɪt] ★☆☆☆☆☆

1 통 **공간을 제공하다, 인원을 수용하다**

Thanks to the recent renovation, the restaurant can now **accommodate** up to 200 diners.

최근의 수리 덕분에, 그 레스토랑은 이제 200명까지 손님을 accommodate할 수 있게 되었다.

2 통 (의견 등을) 수용하다

The hotel will try hard to **accommodate** the requests of its guests.
호텔은 고객 요청을 accommodate하기 위해 열심히 노력할 것입니다.

▷ 관련 어휘
    accommodation 명 1. 숙소 2. (-s) 숙박 시설

▷ 파트 7 대체어 기출 표현: accommodate (요구 등에) 부응하다 → suit 어울리다
    accommodate[suit] the needs of new businesses 신규 업체들의 요구에 accommodate[suit]하다

👑700+
RANK
0604

strategy [ˈstrætədʒi] ★★☆☆☆☆☆ ①-②-③-④-⑤-⑥-⑦

명 전략

What's the topic of today's marketing **strategy** lecture? 파트2
오늘 마케팅 strategy 강연의 주제가 무엇인가요?

▷ 관련 어휘
    strategic 형 전략적인
    With limited funds, Deqlor Enterprise had to make **strategic** choices about where to advertise.
    자금이 제한적이어서, Deqlor사는 어디에 광고할지에 대한 **strategic** 선택을 해야만 했다.
    strategically 부 전략적으로

👑700+
RANK
0605

thoroughly [ˈθɜrəli] ☆☆☆☆☆☆☆ ①-②-③-④-⑤-⑥-⑦

부 철저히; 완전히

‥‥▶ thoroughly review: 철저하게 검토하다
The factory's safety procedures will be **thoroughly** reviewed during the inspection.
공장의 안전절차들이 점검 기간동안 thoroughly하게 검토될 것이다.

▷ 관련 어휘
    thorough 형 철저한; 빈틈없는

▷ 파트 7 대체어 기출 표현: thorough 철저한 → solid 견고한, 탄탄한
    applicants with a **thorough[solid]** understanding of the medical devices industry
    의료기기 산업에 대한 **thorough[solid]**한 이해를 가진 지원자들

👑700+
RANK
0606

post [poʊst] ☆☆☆☆☆☆☆ ①-②-③-④-⑤-⑥-⑦

1 통 (안내문 등을) 게시하다

Some papers are **posted** on a board. 파트1
종이들이 게시판에 post되어 있다.

2 🎵 우편(물)   ┊--▶ by post: 우편으로
Please send your application **by post**.
지원서를 post로 보내주세요.

3 🎵 직책, 일자리
Ms. Woo will be transferred to her new **post** in June.
Ms. Woo는 6월에 새로운 post로 이동할 것이다.

▶ **관련 어휘**
posting 🎵 인터넷 게시글   **poster** 🎵 포스터, 벽보

▶ **핵심 기출 표현** **job posting** 채용 공고

700+
RANK
0607   **proceed** [prəˈsid] ☆☆☆☆☆☆☆   ①-②-③-④-⑤-⑥-⑦

🎵 (계속) 진행하다, 진행되다   ┊--▶ proceed with: ~을 (계속) 진행하다
Helcan Co. announced that it will **proceed** with negotiations to acquire Tessman Auto.
Helcan사는 Tessman 자동차 회사를 인수하기 위해 협상을 proceed할 것이라고 발표했다.

▶ **관련 어휘**
proceedings 🎵 1. 소송 절차 2. 행사 3. 회의록

▶ **파트 7 대체어 기출 표현: proceed 진행하다 → go (일의 진행이) 되어 가다**
I hope your first day at Darton Supplies is **proceeding[going]** well.
여러분의 Darton Supplies에서의 첫 날이 잘 **proceed[go]**하고 있기를 바랍니다.

600+
RANK
0608   **lend** [lend] ☆☆☆☆☆☆☆   ①-②-③-④-⑤-⑥-⑦

🎵 빌려주다   ┊--▶ lend A to B: A를 B에게 빌려주다
Maintenance will **lend** equipment to employees as long as they provide a valid reason.
관리부에서는 정당한 이유를 제시하기만 한다면 직원들에게 장비를 lend할 것이다.

▶ **관련 어휘**
🎵 **borrow** 🎵 빌리다   ┊--▶ borrow A from B: B에게서 A를 빌리다
To **borrow** books from the library, present your membership card at the counter.
도서관에서 책을 **borrow**하려면, 카운터에서 회원증을 제출하세요.

700+
RANK
0609   **address** [ˈædres] ☆☆☆☆☆☆   ①-②-③-④-⑤-⑥-⑦

1 🎵 (문제, 상황 등을) 다루다, 고심하다
The workshop on marketing will **address** methods of reaching specific target audiences.
마케팅 워크숍은 특정 광고 대상자에 도달하는 방법을 address할 것이다.

2 屠 (~앞으로) 보내다

Please make sure to **address** the client directly when you send your letter.
편지를 보낼 때는 반드시 고객에게 직접 address해주세요.

3 屠 연설하다

Frederick Gilbert **addressed** the annual Jamestown Trade Conference.
Frederick Gilbert는 연례 Jamestown 무역 콘퍼런스에서 address했다.

4 閣 주소
;--▶ mailing address: 우편 주소

All customers must submit their mailing **address** when signing up for membership.
모든 고객들은 회원 가입할 때 우편 address를 제출해야 한다.

> ▶ 핵심 기출 표현
> **address a problem** 문제를 처리하다

> ▶ 파트 7 대체어 기출 표현: **address** 다루다, 고심하다 → **give attention to** ~에 주의하다
> **address[give attention to]** the issue 그 사안에 대해 address[give attention to]하다

RANK 0610

priority [praɪˈɔrə·ti] ★☆☆☆☆☆ ①-②-③-④-⑤-⑥-⑦

閣 우선(권), 우선 사항
;--▶ A take priority over B: A가 B보다 더 중요하다, A가 B에 우선하다

The Belco Construction project takes **priority** over any other assignments.
Belco 건설 프로젝트가 그 밖의 모든 임무들보다 priority한다.

> ▶ 관련 어휘
> **prioritize** 屠 우선순위를 매기다; 우선적으로 처리하다

> ▶ 핵심 기출 표현
> **priority seating** 우대석　　　　　　　　　　　**top priority** 최우선 사항

RANK 0611

decade [ˈdekeɪd] ☆☆☆☆☆☆ ①-②-③-④-⑤-⑥-⑦

閣 10년

The Horaxi Industrial Group was founded over three **decades** ago.
Horaxi 산업 그룹은 3 decade 전에 설립되었다.

RANK 0612 600+

communication [kəˌmjunɪˈkeɪʃən] ★☆☆☆☆☆ ①-②-③-④-⑤-⑥-⑦

閣 의사소통, 연락

It is crucial to maintain frequent **communication** with your clients.
고객과 빈번한 communication을 유지하는 것은 매우 중요하다.

명 (-s) 통신

East Bay **Communications** provides Internet and telephone services for commercial use.
East Bay communications는 상업용 인터넷 및 전화 서비스를 제공한다.

> **관련 어휘**
> **communicate** 통 소통하다, 대화를 나누다
> Do you usually **communicate** by e-mail? 파트 2
> 보통 이메일로 **communicate**하나요?
> **miscommunication** 명 의사소통 오류

DAY 11
DAY 12
DAY 13
DAY 14
DAY 15
DAY 16
DAY 17
DAY 18
DAY 19
DAY 20

600+
RANK
0613
complimentary [ˌkɑmpləˈmentəri] ☆☆☆☆☆☆☆ ①·②·③·④·⑤·⑥·⑦

1 형 무료의

Salome Music provides a **complimentary** cleaning service for instruments brought in for repairs.
Salome 음악사는 수리를 위해서 가져온 모든 악기에 complimentary의 세척 서비스를 제공한다.

2 형 칭찬하는 ┈┈▸ make a complimentary remark: 칭찬하다

Employees made **complimentary** remarks of Ms. King during her retirement dinner.
직원들은 Ms. King의 은퇴 기념 저녁식사에서 그녀에 대해 complimentary한 말들을 했다.

> **관련 어휘**
> **compliment** 명 칭찬 통 칭찬하다
> Diners give us a lot of **compliments** on our fast service.
> 식당 손님들은 우리의 신속한 서비스에 많은 compliment를 보낸다.
>
> **파트 7 대체어 기출 표현: complimentary 무료의 → free 무료의**
> a voucher for a **complimentary[free]** meal complimentary[free] 식사권

700+
RANK
0614
charity [ˈtʃærəti] ☆☆☆☆☆☆☆ ①·②·③·④·⑤·⑥·⑦

명 자선 (단체) ┈┈▸ charity event: 자선 행사

The annual **charity** event raised ten thousand dollars for medical research.
연례 charity 행사에서 의료 연구를 위해 만 달러가 모금되었다.

> **관련 어휘**
> **charitable** 형 자선을 베푸는; 너그러운
>
> **핵심 기출 표현**
> **charity drive** 자선 모금 활동 **charitable contribution** 자선 기부금

revenue [ˈrevənuː] ☆☆☆☆☆☆☆

(1)-(2)-(3)-(4)-(5)-(6)-(7)

🅝 수입, 수익

Management is looking for ways to generate more **revenue** from current clients.

경영진은 현재의 고객들로부터 더 많은 revenue를 창출하기 위한 방법을 찾고 있다.

▶ 핵심 기출 표현
revenue sources 수입원

---

aware [əˈwer] ★☆☆☆☆☆☆

(1)-(2)-(3)-(4)-(5)-(6)-(7)

🅐 ~을 알고 있는 ┈▶ be aware that절: that 이하를 알고 있다

Please be **aware** that new employees are not paid for mandatory training.

신입사원들에게는 의무 교육 기간 동안 급여가 지급되지 않음을 aware하시기 바랍니다.

▶ 관련 어휘
awareness 🅝 의식, 관심

▶ 핵심 기출 표현
be aware of ~을 알고 있다   **raise awareness of** ~에 대한 인식을 높이다
brand awareness 브랜드 인지도

▶ 파트 7 대체어 기출 표현: aware 알고 있는 → informed 통지 받은
be aware[informed] that quality varies from seller to seller
품질은 판매자마다 다르다는 점을 aware[informed]하다

---

generate [ˈdʒenəreɪt] ★☆☆☆☆☆☆

(1)-(2)-(3)-(4)-(5)-(6)-(7)

🅥 발생시키다, 만들어 내다 ┈▶ generate a profit: 수익을 창출하다

Although analysts predicted a loss, Ionica Electronics managed to **generate** a modest profit this quarter.

비록 분석가들이 손실을 예상했음에도 불구하고, Ionica 전자는 이번 분기에 가까스로 적은 수익을 generate했다.

▶ 핵심 기출 표현
generate interest 관심을 불러일으키다

---

common [ˈkɑːmən] ☆☆☆☆☆☆☆

(1)-(2)-(3)-(4)-(5)-(6)-(7)

🅐 흔한; 공동의, 공통의 ┈▶ It is common (for A) to do: (A가) ~하는 것은 흔한 일이다

It is **common** to shake hands after business meetings.

사업 회의를 하고 악수를 하는 것은 common하다.

> ▶ **관련 어휘**
> commonly 𝑢 흔히, 보통

> ▶ **핵심 기출 표현**
> in common 공동으로

700+ RANK 0619 **draft** [dræft] ☆☆☆☆☆☆☆ ①·②·③·④·⑤·⑥·⑦

1 명 (원고의) 초안
The editor will review the **draft** of your article and make necessary revisions.
편집자가 당신 기사의 draft를 검토하여 필요한 수정을 하게 될 것입니다.

2 동 초안을 작성하다
Please **draft** and submit your sales report by Friday.
금요일까지 매출 보고서를 draft해서 제출해 주세요.

> ▶ **핵심 기출 표현**
> first draft 초안, 초고

> ▶ **파트 7 대체어 기출 표현: draft (원고의) 초안을 작성하다 → write 쓰다, 작성하다**
> a proposal that was **drafted[written]** draft[write]된 제안서

600+ RANK 0620 **appeal** [əˈpiːl] ☆☆☆☆☆☆☆ ①·②·③·④·⑤·⑥·⑦

동 관심을 끌다; 호소하다
;··▶ appeal to: ~에게 관심을 끌다
Kosta Fashions expanded its product line to **appeal** to a wider variety of customers.
Kosta 패션은 더 다양한 고객들에게 appeal하기 위해 제품 라인을 확대했다.

> ▶ **관련 어휘**
> appealing 형 매력적인, 흥미로운

600+ RANK 0621 **exactly** [ɪɡˈzæktli] ★☆☆☆☆☆☆ ①·②·③·④·⑤·⑥·⑦

부 정확하게
The flight from Seoul to Toronto took **exactly** 13 hours.
서울에서 Toronto까지의 비행은 exactly 13시간이 걸렸다.

> ▶ **관련 어휘**
> exact 형 정확한, 정밀한

finance [ˈfaɪnæns] ★☆☆☆☆☆☆ ①·②·③·④·⑤·⑥·⑦

1 📵 자금; 재무

All office assistants at Jarwera possess a basic knowledge of computers and **finance**.
Jarwera의 모든 사무 보조원들은 컴퓨터와 finance에 관한 기초지식이 있다.

2 📘 자금을 대다

Spectra Co. is **financing** the entire music festival.
Spectra사에서 음악 페스티벌 전체를 finance하고 있다.

▶ **관련 어휘**

financial 📵 금융의, 재정의
Has the real estate agent sent you the **financial** paperwork for the house?
부동산 중개인이 이 집에 대한 **financial** 서류를 보내 줬나요?
financially 📵 재정적으로, 재정상

▶ **핵심 기출 표현**

financial service 금융 서비스	**financial advisor** 재정 고문
financial support 재정 지원	**financial history** 금융 거래 실적

assess [əˈses] ★☆☆☆☆☆☆ ①·②·③·④·⑤·⑥·⑦

📘 평가하다

Department managers should **assess** the performance of their employees regularly.
부서장들은 자신의 직원들의 성과를 정기적으로 assess해야 한다.

▶ **관련 어휘**
assessment 📵 평가
▶ **핵심 기출 표현**
health assessment 건강 진단

allot [əˈlɑːt] ☆☆☆☆☆☆☆ ①·②·③·④·⑤·⑥·⑦

📘 할당하다, 배당하다

Concert seats will be **allotted** for Castillo Design employees only.
콘서트 좌석은 Castillo Design 직원들에게만 allot될 것입니다.

▶ **관련 어휘**
allotment 📵 할당(량)

friendly [ˈfrendli] ★☆☆☆☆☆☆ ①-②-③-④-⑤-⑥-⑦

1 형 친절한, 우호적인

Please greet all customers with a **friendly** smile.

friendly한 미소로 모든 고객들을 맞이해 주세요.

2 형 ~친화적인, ~에 해가 안 되는 environmentally friendly: 친환경적인 (= eco-friendly)

We've been looking into environmentally **friendly** alternatives to plastic.

우리는 플라스틱에 대한 환경 friendly한 대체제를 조사해 왔다.

▶ 관련 어휘
user-friendly 형 사용하기 쉬운　　　　　　**earth-friendly** 형 환경 친화적인

hesitate [ˈhezəteɪt] ★☆☆☆☆☆☆ ①-②-③-④-⑤-⑥-⑦

동 주저하다, 망설이다 hesitate to do: ~하기를 주저하다

If you have questions regarding your purchase, do not **hesitate** to contact us.

만약 구매하신 물품에 대해 문의사항이 있으면, hesitate하지 마시고 저희에게 연락해 주십시오.

▶ 관련 어휘
hesitant 형 주저하는, 망설이는　　　　　　**hesitation** 명 주저, 망설임

screen [skriːn] ☆☆☆☆☆☆☆ ①-②-③-④-⑤-⑥-⑦

1 동 (적절한지) 가려내다, 확인하다 carefully screen: 면밀히 가려내다

Applicants' educational backgrounds are carefully **screened** by the HR staff.

지원자들의 학력은 HR 직원에 의해 면밀히 screen된다.

2 동 (영화를) 상영하다, 방영하다

The theater will **screen** the first showing of *First Star* this Tuesday evening.

극장은 이번주 화요일 저녁에 〈First Star〉의 첫 상영을 screen할 것이다.

3 명 화면, 스크린

Visitors complained that the display **screen** was loading information too slowly.

방문객들은 표시 screen이 정보를 너무 천천히 로딩한다고 불평했다.

▶ 관련 어휘
screening 명 1. 상영, 방영 2. 검사, 심사

balance [ˈbæləns] ☆☆☆☆☆☆☆ ①-②-③-④-⑤-⑥-⑦

1 명 **잔액, 잔고**
;--▸ outstanding balance: 체불 잔고
You should pay the outstanding **balance** of $500 promptly to qualify for loans.
당신은 대출 자격을 얻기 위해 500달러의 미결제 balance를 즉시 지불해야 한다.

2 명 **균형**
It is wise to maintain a good **balance** between work and your social life.
일과 사회생활 사이에 적당한 balance를 유지하는 것은 현명한 일이다.

3 동 **균형을 잡다**
Many students struggle to **balance** their school work and extracurricular activities.
많은 학생들은 학업과 과외활동을 balance하기 위해 분투한다.

▶ **관련 어휘**
balanced 형 균형 잡힌, 안정된

▶ **핵심 기출 표현**
balance due (지불해야 할) 차감 잔액　　　　　　work-life balance 일과 삶의 균형, 워라밸

▶ **파트 7 대체어 기출 표현: balance 잔고 → amount 액수**
the balance[amount] in the savings account 예금 계좌에 있는 balance[amount]

spot [spɑːt] ☆☆☆☆☆☆☆ ①-②-③-④-⑤-⑥-⑦

1 명 **(특정한) 곳, 장소**
Jamiceville is known for its many hiking **spots**.
Jamiceville은 많은 하이킹 spot들로 유명하다.

2 동 **발견하다, 알아채다**
Restaurant servers must be able to **spot** unhappy customers right away.
식당 종업원들은 불만이 있는 고객들을 바로 spot할 수 있어야 한다.

▶ **파트 7 대체어 기출 표현: spot 발견하다, 알아채다 → notice 주목하다, 알게 되다**
spot[notice] some errors immediately 몇 가지 오류들을 즉시 spot[notice]하다

tend [tend] ☆☆☆☆☆☆☆ ①-②-③-④-⑤-⑥-⑦

동 **(~하는) 경향이 있다, (~을) 하기 쉽다**
;--▸ tend to do: ~하는 경향이 있다
Many consumers these days **tend** to prefer eco-friendly products.
많은 소비자들은 요즘은 환경친화적인 제품들을 선호하는 tend가 있다.

DAY 11
DAY 12
DAY 13
DAY 14
DAY 15
DAY 16
DAY 17
DAY 18
DAY 19
DAY 20

▶ 관련 어휘
tendency 몡 1. 성향 2. 경향, 추세

700+
RANK
0631

contemporary [kənˈtempəreri] ☆☆☆☆☆☆☆ ①-②-③-④-⑤-⑥-⑦

혱 동시대의; 현대의
The hotel lobby was renovated with a more **contemporary** décor.
호텔 로비가 더욱 contemporary한 장식으로 개조되었다.

▶ 관련 어휘
contemporarily 円 동시대에

▶ 핵심 기출 표현
contemporary art 현대 미술

700+
RANK
0632

landscaping [ˈlændskeɪp] ☆☆☆☆☆☆☆ ①-②-③-④-⑤-⑥-⑦

몡 조경
The majority of the **landscaping** project will involve renovating the gardens.
landscaping 프로젝트의 대부분이 정원 개보수와 관련될 것이다.

▶ 관련 어휘
landscape 몡 풍경; 풍경화
An artist is painting a **landscape**. 파트1
미술가가 **landscape**를 그리고 있다.

700+
RANK
0633

modify [ˈmɑːdəfaɪ] ☆☆☆☆☆☆☆ ①-②-③-④-⑤-⑥-⑦

통 수정하다, 변경하다
The Snappy program allows users to **modify** any kind of computer graphic design.
Snappy 프로그램으로 사용자들은 모든 종류의 컴퓨터 그래픽을 modify할 수 있다.

▶ 관련 어휘
modification 몡 수정, 변경
The new application software will need considerable **modification** before its release.
새로운 응용 소프트웨어는 출시 전 상당한 **modification**이 필요할 것이다.

RANK 0634 700+
leak [liːk] ☆☆❸☆☆☆☆ ①·②·❸·④·⑤·⑥·⑦

1 圆 **새는 곳; 누출**
I'll point out where the **leak** is.
leak이 어디인지 손으로 가리킬게요.

2 圄 **(액체나 기체가) 새다**
The bathroom sink has been **leaking** all morning.
화장실 세면대가 오전 내내 leak하고 있다.

RANK 0635 700+
refuse [rɪˈfjuːz] ☆☆☆☆☆☆☆ ①·②·③·④·❺·⑥·⑦

圄 **거절하다, 거부하다**
Our hotel reserves the right to **refuse** service to anyone.
저희 호텔은 누구에게든 서비스를 refuse할 권리를 갖습니다.

> ▶ **관련 어휘**
> **refusal** 圆 거절, 거부
> ▶ **핵심 기출 표현**
> **refuse to do** ~할 것을 거절하다

RANK 0636 700+
hardly [ˈhɑːrdli] ☆☆☆☆☆☆☆ ①·②·③·④·❺·⑥·⑦

囝 **거의 ~아니다**
Ever since Ms. Kennison became the manager, there have **hardly** been any problems.
Ms. Kennison이 매니저가 되고 난 이후로는, 어떤 문제도 hardly 였다(거의 없었다).

> ▶ **핵심 기출 표현**
> **hardly ever** 좀처럼 ~하지 않다

RANK 0637 700+
multiple [ˈmʌltəpəl] ☆☆☆☆☆☆☆ ①·②·③·④·❺·⑥·⑦

圈 **다수의, 다양한**
RIK Electronics has identified **multiple** issues that must be resolved before the product launch.
RIK 전자는 제품 출시 전에 해결되어야 할 multiple한 사안들을 확인했다.

appliance [əˈplaɪəns] ★☆☆☆☆☆☆ ①·②·③·④·⑤·⑥·7

명 **(가정용) 기기** ⋯▶ cooking appliance: 요리 도구

If any cooking **appliance** breaks, Kitchenworld will fix it for free.

조리용 appliance가 고장 날 경우, Kitchenworld에서 무료로 수리해 줄 것이다.

auction [ˈɑːkʃən] ☆☆☆☆☆☆☆ ①·②·③·④·⑤·⑥·⑦

1 명 **경매** ⋯▶ charity auction: 자선 경매

Items from the museum's collection will be sold at a charity **auction**.

박물관 소장품은 자선 auction에서 판매될 것이다.

2 동 **경매로 팔다**

Valuable possessions were **auctioned** off at the fundraising dinner.

귀중품이 기금모금 만찬에서 auction되었다.

exclusively [ɪkˈskluːsɪvli] ★★☆☆☆☆☆ ①·②·③·④·⑤·⑥·7

부 **오직 ~만이; 독점적으로**

The CEO held a private dinner **exclusively** for the firm's largest clients.

CEO는 exclusively 회사의 가장 큰 고객들만을 위한 사적인 저녁식사 자리를 마련했다.

▶ **관련 어휘**

exclusive 형 독점적인, 전용의   exclusion 명 제외, 배제

exclude 동 제외하다, 배제하다

▶ **핵심 기출 표현**

available exclusively to ~만 이용할 수 있는   exclusive access 독점적 이용

exclusive right 독점권

exclude A from B B에서 A를 제외하다 (→ A be excluded from B)

grant [grænt] ☆☆☆☆☆☆☆ ①·②·③·④·⑤·⑥·7

1 명 **보조금** ⋯▶ government grant: 정부 보조금

Grove Builders received a government **grant** to construct the new highway.

Grove 건설은 새 고속도로 건설을 위해 정부 grant를 받았다.

2 동 **(공식적으로) 승인하다**

Wilfrico Company **grants** extra vacation days to long-term employees.

Wilfrico사는 장기근속 직원들에게 추가 휴가를 grant한다.

financial grant 재정 보조금 **grant permission** 허가하다
take A for granted A를 당연하게 여기다 (→ A be taken for granted)

600+
RANK 0642 / **land** [lænd] ☆☆☆☆☆☆☆ ①-2-③-④-5-6-⑦

1 몡 땅, 육지
Our family owns the empty **land** on Wexford Avenue.
우리 가족은 Wexford 대로에 있는 빈 land를 소유하고 있다.

2 통 착륙하다
An airplane has **landed** on the ground. 파트1
비행기가 지상에 land했다.

3 통 (선망의 자리나 직장 등을) 차지하다, 획득하다
Mr. Curry was able to **land** the graphic designer job.
Mr. Curry는 그래픽 디자이너 직업을 land할 수 있었다.

▶ 파트 7 대체어 기출 표현
① land 차지하다, 획득하다 → acquire 획득하다
your chance to land[acquire] the job of a lifetime 당신의 인생의 직업을 land[acquire]할 기회
② land 차지하다, 획득하다 → obtain 얻다
land[obtain] the position of CEO CEO 자리를 land[obtain]하다

700+
RANK 0643 / **legislation** [ˌledʒəˈsleɪʃən] ☆☆☆☆☆☆☆ ①-2-③-④-⑤-⑥-⑦

몡 제정법; 법률의 제정
The new **legislation** has given construction workers better job security.
새로운 legislation은 건설 노동자들에게 더 나은 직업 안정성을 부여하였다.

▶ 관련 어휘
legislate 통 법률을 제정하다 **legislative** 휑 입법의
legislature 몡 입법기관, 입법부

700+
RANK 0644 / **district** [ˈdɪstrɪkt] ☆☆☆☆☆☆☆ ①-2-③-④-5-6-⑦

몡 (특정한 특징을 갖는) 지구, 구역 ⸳⸳⸳▶ business district: 비즈니스[업무 중심] 지구
The city plans to expand its business **district**.
시는 비즈니스 district를 확장할 계획이다.

▶ **핵심 기출 표현**
business / commercial / financial / shopping district 비즈니스/상업/금융/쇼핑 지구

profile [ˈproʊfaɪl] ☆☆☆☆☆☆☆ ①-②-③-④-⑤-⑥-⑦

1 图 프로필을 작성하다
The article **profiles** a business owner, and explains how she achieved success.
그 기사는 한 사업가를 profile하며 그녀가 어떻게 성공을 거두었는지 설명한다.

2 명 개요, 프로필
Profiles of our instructors are available online.
저희 강사들의 profile을 온라인에서 볼 수 있습니다.

▶ **관련 어휘**
high-profile 형 세간의 이목을 끄는

technology [tekˈnɑːlədʒi] ☆☆☆☆☆☆☆ ①-②-③-④-⑤-⑥-⑦

명 (과학) 기술; 장비, 기계
Three-dimensional printing **technology** allows users to duplicate various items.
3차원 인쇄 technology은 사용자들이 다양한 물품들을 복제할 수 있게 해준다.

▶ **관련 어휘**
technological 형 (과학) 기술의

conscious [ˈkɑːnʃəs] ☆☆☆☆☆☆☆ ①-②-③-④-⑤-⑥-⑦

형 의식하는, 자각하는
 ;--▶ health-conscious: 건강을 의식하는
The company's cafeteria now includes a vegetarian menu for health-**conscious** individuals.
회사 구내식당은 이제 건강을 conscious하는 사람들을 위한 채식 메뉴를 포함한다.

▶ **핵심 기출 표현**
be conscious of ~을 자각하다 [알고 있다]   eco-conscious 환경에 관심이 많은

stage [steɪdʒ]   ★☆☆☆☆☆   ①-②-③-④-⑤-⑥-⑦

RANK 0648 600+

1 명 단계, 시기
The second **stage** of the construction project will begin in March.
그 건설 프로젝트의 두 번째 stage는 3월에 시작한다.

2 명 무대
Hip Jazz Group will be performing on the main **stage**.
Hip 재즈 그룹이 메인 stage에서 공연할 것이다.

▶ **핵심 기출 표현**
in stages 단계적으로

---

supervision [ˌsuːpəˈvɪʒ.ən]   ☆☆☆☆☆☆   ①-②-③-④-⑤-⑥-⑦

RANK 0649 700+

명 **감독, 관리**   ⌐·→ under the supervision of: ~의 감독 하에
Shipping is now under the **supervision** of the warehouse manager.
배송은 현재 창고 관리자의 supervision하에 있다.

▶ **관련 어휘**
supervisor 명 감독관, 관리자
My former **supervisor** recommended that I apply for the sales manager position.
내 예전 supervisor가 내가 영업 관리직에 지원하는 걸 추천했다.
supervise 동 감독하다
How long have you been **supervising** this department? 파트 2
이 부서를 supervise한 지 얼마나 됐나요?
supervisory 형 감독의, 관리의

▶ **핵심 기출 표현**
supervisory role 감독직

---

predict [prɪˈdɪkt]   ☆☆☆☆☆☆   ①-②-③-④-⑤-⑥-⑦

RANK 0650 600+

동 **예상하다, 예측하다**
Marcus Fitzroy is the analyst who accurately **predicted** the fluctuation in oil prices.
Marcus Fitzroy는 유가 변동을 정확하게 predict한 분석가이다.

▶ **관련 어휘**
predictable 형 예측 가능한   prediction 명 예측, 예견
▶ **핵심 기출 표현**
market prediction 시장 예측

Speed Check-up

정답 p.582

다음의 한글 의미를 단서로 삼아 보기에서 알맞은 단어를 골라 넣으세요.

ⓐ suitable   ⓑ revenue   ⓒ grants   ⓓ allotted   ⓔ spot

01 Restaurant servers associates must be able to _____ unhappy customers right away.
알아채다

02 Concert seats will be _____ for Castillo Design employees only.
할당하다

03 Management is looking for ways to generate more _____ from current clients.
수익

04 Wilfrico Company _____ extra vacation days to long-term employees.
승인하다

05 Mr. Sanders' experience in Cairo makes him a _____ choice for our Egyptian accounts.
적합한

다음의 한글 해석과 의미가 같아지도록 보기에서 알맞은 단어를 골라 넣으세요.

ⓐ assess   ⓑ modify   ⓒ conscious   ⓓ proceed   ⓔ aware

06 The Snappy program allows users to _____ any kind of computer graphic design. Snappy 프로그램으로 사용자들은 모든 종류의 컴퓨터 그래픽을 수정할 수 있다.

07 Helcan Co. announced that it will _____ with negotiations to acquire Tessman Auto. Helcan사는 Tessman 자동차 회사를 인수하기 위해 협상을 진행할 것이라고 발표했다.

08 Department managers should _____ the performance of their employees regularly. 부서장들은 자신의 직원들의 성과를 정기적으로 평가해야 한다.

09 The company's cafeteria now includes a vegetarian menu for health-_____ individuals. 회사 구내식당은 이제 건강을 의식하는 사람들을 위한 채식 메뉴를 포함한다.

10 Please be _____ that new employees are not paid for mandatory training.
신입사원에게는 의무 교육 기간 동안 급여가 지급되지 않음을 유의하시기 바랍니다.

문맥에 어울리는 단어를 보기에서 골라 넣으세요.

ⓐ exclusively   ⓑ accommodate   ⓒ supervision   ⓓ priority   ⓔ contemporary

11 Thanks to the recent renovation, the restaurant can now _____ up to 200 diners.

12 Shipping is now under the _____ of the warehouse manager.

13 The Belco Construction project takes _____ over any other assignments.

14 The CEO held a private dinner _____ for the firm's largest clients.

15 The hotel lobby was renovated with a more _____ décor.

이상과 현실

결혼을 앞둔 한 커플

오늘 agenda는

결혼식 계획을 outline 하는거야

난 제일 reluctant한 것이 다들 typically 하는 결혼식이야

맞아! 결혼은 sincere한 둘만의 commitment 인걸!

그럼 우리는 스몰 웨딩으로 conclude 하자고!

콜!

마음의 comfort가 제일이지!

하지만 그들은 현실과 face한다

어마어마한 스몰 웨딩 견적서

돈은 스몰이 아니네

부모님 asset까지 다 써야돼

왜들 평범한 결혼식을 하는지 그들도 이제 이해하게 됐다

이게 제일 싸... ㄲ ㅠ

comfortable [ˈkʌmfɚtəbəl]

600+
RANK
0651

웹 편한, 편안한

Consumers agree that the headphones are very **comfortable** to wear.
소비자들은 그 헤드폰이 쓰기 comfortable하다는 데 동의한다.

> **관련 어휘**
> comfortably 🄫 편안하게; 수월하게
> comfort 🄫 편안함, 안락함
>   The best athletic shoes are designed for **comfort** rather than appearance.
>   가장 좋은 운동화는 생김새 보다는 comfort를 위해 디자인된다.
> uncomfortable 🄫 불편한   uncomfortably 🄫 불편하게, 언짢게

> **핵심 기출 표현**
> in comfort 편안하게

---

commitment [kəˈmɪtmənt]

700+
RANK
0652

1 웹 전념; 헌신   ;--▸ commitment to: ~에 대한 헌신
Mr. Kindle received a special award for his dedication and **commitment** to the
organization.
Mr. Kindle은 조직에 대한 그의 전념과 commitment로 특별상을 수상하였다.

2 웹 약속한 일; 책무   ;--▸ make a commitment to: ~에 헌신하다
We made a **commitment** to retailers to deliver the toys next month.
우리는 다음 달에 소매상들에게 장난감을 배송하기로 commitment했다.

> **관련 어휘**
> committed 🄫 전념하는; 헌신적인   commit 🄫 약속하다; 전념하다

> **핵심 기출 표현**
> be committed to doing ~하는 데 헌신하다

> **파트 7 대체어 기출 표현: commit 전념하다 → devote 헌신하다**
> committed[devoted] to making every trip as exciting as possible
> 모든 여행을 가능한 재미있게 만드는 데 committed[devoted]하는

---

agenda [əˈdʒendə]

700+
RANK
0653

웹 의제, 안건

Mr. Denham will distribute the **agenda** for tomorrow's staff meeting.
Mr. Denham은 내일 있을 직원 회의를 위한 agenda를 배포할 것이다.

> **핵심 기출 표현**
> meeting agenda 회의 안건[의제]   on the agenda 안건에 있는, 의제에 올라 있는

700+ RANK 0654

directory [dɪˈrektə-i] ☆☆☆☆☆☆☆ ①-②-③-④-⑤-⑥-⑦

명 (이름, 주소가 나열된) 책자, 목록

Send Ms. Palmer the **directory** of all new employees, so she can update our records.

Ms. Palmer에게 전체 신입사원들 **directory**를 보내서, 그녀가 기록을 업데이트 할 수 있도록 해주세요.

핵심 기출 표현

office directory 사무실 안내판

700+ RANK 0655

nominate [ˈnɑməˌneɪt] ★☆☆☆☆☆☆ ①-②-③-④-⑤-⑥-⑦

동 지명하다, 추천하다; 임명하다 --▸ nominate A for/as B: (수상자, 지위 등) B로 A를 지명하다

John Thompson was **nominated** for Best Actor, but he did not win.

John Thompson은 남우주연상 후보로 **nominate**되었으나, 수상하지는 못했다.

관련 어휘

nomination 명 지명, 추천, 임명

nominee 명 지명된 사람, 후보

700+ RANK 0656

outline [ˈaʊtˌlaɪn] ☆☆☆☆☆☆☆ ①-②-③-④-⑤-⑥-⑦

1 동 개요를 서술하다; 윤곽을 나타내다

Employees must follow the rules **outlined** in the handbook when handling machinery.

직원들은 기기를 다룰 때 안내 책자에 **outline**된 규칙을 따라야 한다.

2 명 개요; 윤곽 --▸ outline of: ~의 개요

The **outline** of the marketing proposal is due by the end of the week.

마케팅 제안서의 **outline**은 이번주까지이다.

600+ RANK 0657

positive [ˈpɑzətɪv] ★★☆☆☆☆☆ ①-②-③-④-⑤-⑥-⑦

형 긍정적인 --▸ positive feedback: 호평

We're getting very **positive** feedback from our test groups.

우리는 시험 그룹에게서 매우 **positive**한 피드백을 받고 있다.

핵심 기출 표현

be positive (that) 절 that 이하에 긍정적이다

positive about ~에 긍정적인

positive of ~에 확신하는

RANK 0658 · 600+

break [breɪk] ☆☆☆☆☆☆☆

①·②·③·④·⑤·⑥·⑦

1 명 휴식 (시간)

During the **break**, seminar participants can enjoy refreshments in the hotel lobby.

break 시간 동안, 세미나 참가자들은 호텔 로비에서 다과를 즐길 수 있다.

2 명 중단

Due to the renovation work, there will be a one-month **break** in activities at the community center.

보수작업으로 인해, 주민 센터의 활동들이 한 달간 break될 것이다.

3 동 깨다, 부수다; 고장나다, 부서지다

Please package the items carefully so that they do not **break** during transit.

수송 중 break하지 않도록 물건들을 잘 포장해 주세요.

▶ **관련 어휘**

    breakage 명 파손, 파손된 물건

▶ **핵심 기출 표현**

    break down 고장 나다   **break ground** (건물 등의) 공사를 시작하다, 착공하다

    break off into groups 그룹별로 나누다

RANK 0659 · 700+

face [feɪs] ☆☆☆☆☆☆☆

①·②·③·④·⑤·⑥·⑦

1 동 (상황에) 직면하다   ┈▶ be faced with: ~에 직면하다

The CEO must respond quickly when **faced** with a problem.

CEO는 문제에 face했을 때 재빠르게 반응해야 한다.

2 동 ~을 마주보다, 향하다   ┈▶ face each other: 서로 마주보다

They're **facing** each other. 파트1

사람들이 서로 face하고 있다.

▶ **핵심 기출 표현**

    face-to-face 대면하는, 마주보는   **face away from each other** 서로 다른 곳을 보다

▶ **파트 7 대체어 기출 표현: face 직면하다 → experience 겪다**

    face[experience] unexpected consequences 예기치 못한 결과들을 face[experience]하다

RANK 0660 · 700+

likely [ˈlaɪkli] ★★☆☆☆☆☆

①·②·③·④·⑤·⑥·⑦

형 ~할 것 같은, ~할 것으로 예상되는   ┈▶ be likely to do: ~할 것 같다

When a celebrity promotes a product, more people are **likely** to buy it.

유명 인사가 제품을 홍보할 때, 더 많은 사람들이 그것을 구매하는 것이 likely하다.

▶ 관련 어휘
likelihood 명 (어떤 일이 일어날) 가능성
Assembly line inspectors reduce the **likelihood** of errors caused by the machines.
조립 라인 감독판들은 기계로 인해 일어나는 오류들의 **likelihood**를 줄인다.

▶ 핵심 기출 표현
likely (that) 절 that 이하일 것 같은

assign [əˈsaɪn] ☆☆☆☆☆☆☆　　　①-②-③-④-⑤-⑥-⑦

동 (일, 책임 등을) 맡기다, 배정하다　;--▶ be assigned A: A를 배정받다
The marketing manager was **assigned** the task of launching the new promotional campaign.
마케팅 매니저가 새 홍보 캠페인을 착수하는 업무를 assign 받았다.

▶ 관련 어휘
assigned 형 할당된
assignment 명 과제, 임무
Which **assignment** should I start first? 파트2
어느 **assignment**를 먼저 시작해야 하나요?

▶ 핵심 기출 표현
assigned seat 지정석
assign A to B A를 B에 배정하다 (→ A be assigned to B)

honor [ˈɑːnɚ] ☆☆☆☆☆☆☆　　　①-②-③-④-⑤-⑥-⑦

1 동 예우하다; 영예를 주다; (약속 등을) 이행하다
The city will **honor** Tim Casters for his yearly donations to local schools.
시는 Tim Casters가 지역 학교들에 매년 기부한 데 대해 honor할 것이다.

2 명 명예; 존경
The mayor will be given the **honor** of introducing the foreign guests.
시장은 외국인 고객들을 소개하는 honor를 받게 될 것이다.

▶ 관련 어휘
honorable 형 명예로운, 영광스러운　　　　　**honoree** 명 수상자; 수상작

▶ 핵심 기출 표현
in honor of ~을 기념하여; ~에게 경의를 표하여

▶ 파트 7 대체어 기출 표현: honor (약속 등을) 이행하다 → fulfill (의무 등을) 이행하다
honor[fulfill] the terms of the contract 계약서의 조건을 honor[fulfill]하다

objective [əbˈdʒektɪv] ★☆☆☆☆☆☆

1 명 목적, 목표

One of the company's marketing **objectives** is targeting older customers.

그 회사의 마케팅 objective들 중 하나는 장년 고객들을 겨냥하는 것이다.

2 형 객관적인 　반 subjective 형 주관적인

Managers should be **objective** when evaluating their workers.

관리자는 직원들을 평가할 때 objective해야 한다.

▶ 관련 어휘
objectivity 명 객관성

authority [əˈθɔːrəti] ★☆☆☆☆☆☆

1 명 권한

┌--▶ authority over: ~에 대한 권한

The central bank has **authority** over the country's monetary policies.

중앙 은행은 국가의 통화 정책에 대한 authority가 있다.

2 명 (-s) 당국

Transportation **authorities** announced the expansion of bus routes.

교통 authorities는 버스 노선의 확대를 발표했다.

3 명 권위자

┌--▶ authority on: (특정 분야)의 권위자

Professor Yoon is an **authority** on international patent laws.

Yoon 교수는 국제 특허법의 authority이다.

▶ 핵심 기출 표현
have the authority to do ~할 권한이 있다

archive [ˈɑːrkaɪv] ☆☆☆☆☆☆☆

1 명 (-s) 기록 보관소

The university library's **archives** are being organized this month.

대학 도서관의 archives는 이번 달에 기록 정리를 하는 중이다.

2 동 (파일 등을) 보관하다

All of the old records have been **archived** in the new electronic database.

오래된 기록 전체는 새로운 온라인 데이터베이스에 archive되었다.

▶ 핵심 기출 표현
online archive 온라인 자료실

worth [wɜːθ] ☆☆☆☆☆☆☆

①-②-③-④-⑤-⑥-⑦

1 혱 ~의 가치가 있는

;--▶ worth doing: ~할 가치가 있는

The CEO decided the issue was not **worth** discussing.

CEO는 그 문제를 논의할 worth가 없다고 결정했다.

2 몡 가치

Companies determine an employee's **worth** through their accomplishments.

회사는 업적을 통해 직원의 worth를 알아본다.

▶ **관련 어휘**
worthy 혱 ~을 받을 만한   worthwhile 혱 가치 있는, 보람 있는

▶ **핵심 기출 표현**
worth + 돈 (얼마)의 가치가 있는

fairly [ˈferli] ☆☆☆☆☆☆☆

①-②-③-④-⑤-⑥-⑦

🈁 상당히, 꽤

Rolando Norton won the election **fairly** easily due to his widespread popularity.

Rolando Norton은 자신의 널리 퍼진 인기로 fairly 쉽게 선거에서 승리했다.

▶ **관련 어휘**
fair 몡 박람회, 설명회 혱 공정한   ;--▶ job fair: 취업 박람회
The team leader will manage the recruiting events at the job **fair** this year.
그 팀장이 올해 취업 fair에서 채용 행사를 감독할 것이다.

▶ **핵심 기출 표현**
to be fair 공정하게 말하자면

durable [ˈdʊrəbəl] ★★☆☆☆☆☆

①-②-③-④-⑤-⑥-⑦

혱 내구성이 있는, 오래가는 (= strong / solid / sturdy / sustainable)

Our new synthetic material is **durable** and easy to wash.

우리의 새 합성 소재는 durable하고 세척하기 쉽다.

▶ **관련 어휘**
durability 몡 내구성, 내구력

authentic [ɑːˈθentɪk] ★☆☆☆☆☆☆

①-②-③-④-⑤-⑥-⑦

톙 진품인; 진짜인

The museum displays a large selection of **authentic** paintings and sculptures.

그 박물관은 다양한 authentic한 그림과 조각품을 전시한다.

> **관련 어휘**
>
> **authentically** 튄 확실하게; 진정으로　　　　　**authenticate** 통 진품임을 증명하다

build [bɪld] ★☆☆☆☆☆☆

①-②-③-④-⑤-⑥-⑦

1　통 (관계 등을) 쌓다, 구축하다　　　　 ;--▸ build a relationship with: ~와 관계를 쌓다

The seminar will teach employees how to **build** better relationships with each other.

그 세미나에서는 직원들에게 서로 더 좋은 관계를 build하는 법을 가르쳐 줄 것입니다.

2　통 (건물을) 짓다, 건설하다

The construction crew will start **building** the complex next week.

공사 작업반은 다음 주 복합건물을 build하기 시작할 것이다.

recipe [ˈresɪpi] ☆☆☆☆☆☆☆

①-②-③-④-⑤-⑥-⑦

톙 조리법, 요리법

Chef Myer's cookbook will feature some of his signature **recipes**.

Myer 쉐프의 요리책에는 그의 대표 recipe들 일부가 수록될 것이다.

accompany [əˈkʌmpəni] ☆☆☆☆☆☆☆

①-②-③-④-⑤-⑥-⑦

1　통 (사람과) 동행하다, 동반하다

Why is Steven unable to **accompany** you next Monday? 파트 2

Steven은 왜 다음 주 월요일에 당신과 accompany할 수 없나요?

2　통 (일, 현상 등이) 동반되다, 딸려오다　　　　 ;--▸ be accompanied by: ~을 동반하다

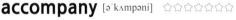

Expense reports will not be approved unless they are **accompanied** by receipts.

지출 보고서는 영수증이 accompany되지 않는 경우 승인되지 않을 것이다.

typically [ˈtɪpɪkəli] ★☆☆☆☆☆☆ ①·②·③·④·⑤·⑥·⑦

훈 보통, 일반적으로
Approval for time off is **typically** given by the manager.
휴가에 대한 승인은 typically 매니저에게 받는다.

▶ **관련 어휘 typical** 형 보통의, 일반적인
The layout for the company's Web site is too **typical** and should be redesigned.
회사 웹 사이트의 레이아웃은 너무 **typical**해서 다시 디자인되어야 한다.

admit [ədˈmɪt] ☆☆☆☆☆☆☆ ①·②·③·④·⑤·⑥·⑦

동 (마지못해) 인정하다　　　　　;--▶ admit (that)절: that 이하를 인정하다
The department supervisor **admitted** that the project deadline was too tight.
부서 관리자는 프로젝트 마감일이 너무 빠듯하다는 것을 admit했다.

▶ **관련 어휘 admittedly** 부 인정하건대
▶ **핵심 기출 표현**
　admit to (doing) ~(한 것)을 인정하다　　　　　**admit doing** ~한 것을 인정하다

nearly [ˈnɪrli] ★★☆☆☆☆☆ ①·②·③·④·⑤·⑥·⑦

훈 거의 (= almost)
Central Station should reopen soon as repairs are **nearly** complete.
Central 역의 수리가 nearly 끝남에 따라 곧 다시 문을 열 것이다.

grasp [græsp] ☆☆☆☆☆☆☆ ①·②·③·④·⑤·⑥·⑦

1 동 꽉 잡다, 움켜잡다
One of the women is **grasping** onto a handrail. 파트1
여자들 중 한 명이 난간을 grasp하고 있다.

2 동 이해하다, 파악하다
Because Ms. Glover's presentation was well organized, the audience could easily **grasp** its main idea.
Ms. Glover의 프리젠테이션이 잘 짜여졌기 때문에, 관객들은 주제를 쉽게 grasp할 수 있었다.

3 명 이해, 파악; 꽉 쥐기; (확실한) 통제
The consultation firm has a firm **grasp** of the international finance market.
그 컨설팅 회사는 국제 금융시장에 대한 확실한 grasp을 가지고 있다.

RANK 700+ 0677 · asset [ˈæset] ☆☆☆☆☆☆ ①-②-③-④-⑤-⑥-⑦

명 자산, 재산

;--▶ asset to: ~의 자산

Mr. Kwan's extensive legal knowledge makes him a valuable **asset** to the firm.

Mr. Kwan의 폭넓은 법률 지식은 그를 회사에서 소중한 asset이 되게 해준다.

RANK 700+ 0678 · unusually [ʌnˈjuːʒuəli] ★☆☆☆☆☆☆ ①-②-③-④-⑤-⑥-⑦

1 부 대단히, 몹시

Passengers should expect delays of the train service caused by the **unusually** heavy rain.

승객들은 unusually 심한 폭우로 인한 열차 운행의 지연을 예상해야 한다.

2 부 특이하게, 평소와 달리

Ms. Lin was **unusually** quiet during today's meeting.

Ms. Lin은 오늘 아침 회의에서 unusually하게 조용했다.

▶ **관련 어휘** unusual 형 특이한, 드문

RANK 700+ 0679 · remark [rɪˈmɑːrk] ☆☆☆☆☆☆☆ ①-②-③-④-⑤-⑥-⑦

1 동 언급하다, 논평하다

;--▶ remark on/upon: ~에 대한 의견을 말하다

The CEO did not **remark** on the company's project due to its confidential nature.

CEO는 그 회사 프로젝트가 기밀 사항이기에 remark하지 않았다.

2 명 발언, 논평

;--▶ remark on/about/regarding/concerning: ~에 대한 논평

Ms. McDougall made some valid **remarks** regarding the budget.

Ms. McDougall은 예산에 관해 몇 가지 타당한 remark들을 했다.

RANK 700+ 0680 · sincere [sɪnˈsɪr] ☆☆☆☆☆☆☆ ①-②-③-④-⑤-⑥-⑦

형 진심 어린, 진실된

;--▶ sincere thanks: 진심어린 감사

We want to express our **sincere** thanks for your continued support of our business.

저희는 회사에 대한 귀하의 지속적인 지원에 sincere한 감사를 드리고 싶습니다.

▶ **관련 어휘** sincerely 부 진심으로

▶ **핵심 기출 표현** sincere gratitude 진심어린 감사

steady [ˈstedi] ★★★☆☆☆☆ ①-②-③-④-⑤-⑥-⑦

휑 꾸준한; 안정된

;--▶ at a steady rate: 일정한 비율로

Dangsan Corporation's stock price has increased at a **steady** rate over the past three months.

Dangsan 사의 주가는 지난 3개월 간 steady한 비율로 증가했다.

▸ **관련 어휘**

steadily 閉 꾸준히, 건실하게

;--▶ grow steadily: 꾸준히 성장하다

Our online sales here at Petit Cosmetics have grown **steadily** in the last year.

이곳 Petit 화장품에서 우리의 온라인 매출은 작년에 steadily 상승했다.

include [ɪnˈkluːd] ★★☆☆☆☆☆ ①-②-③-④-⑤-⑥-⑦

통 포함하다 ;--▶ include A in/on B: A를 B에 포함하다 (→ A be included in/on B)

Is delivery **included** in the total price? 파트2

총 금액에 배달도 include된 건가요?

▸ **관련 어휘**

including 젠 ~을 포함하여

inclusive 휑 1. (가격에) 일체의 경비가 포함된 2. 포괄적인

▸ **핵심 기출 표현**

be inclusive of ~을 포함하다

include doing ~한 것을 포함하다

▸ **파트 7 대체어 기출 표현: include 포함하다, 포함시키다 → capture 담아내다, 포착하다**

include[capture] only essential information 오직 필수 정보만을 include[capture]하다

conclude [kənˈkluːd] ★★☆☆☆☆☆ ①-②-③-④-⑤-⑥-⑦

1 통 결론을 내리다 ;--▶ conclude that절: that 이하로 결론을 내리다

The board **concluded** that the quarterly budget should be increased.

위원회는 분기별 예산이 증가되어야 한다고 conclude했다.

2 통 끝나다; 끝내다 ;--▶ conclude with: ~을 하는 것으로 끝나다

The training workshop **concludes** with a question and answer session.

직원훈련 연수는 질의응답 시간으로 conclude한다.

▸ **관련 어휘**

conclusion 뎽 결론

conclusive 휑 결정적인, 확실한

▸ **핵심 기출 표현**

in conclusion 끝으로, 마지막으로

concluding remarks 결론, 맺음말

👑700+
RANK
0684

grateful [ˈɡreɪtfəl] ☆☆☆☆☆☆☆

휑 고마워하는, 감사하는 ;--▶ grateful (that)절: that 이하를 고마워 하는

The managers were **grateful** that EPPN Marketing employees were able to work under a tight deadline.

관리자들은 EPPN 마케팅 직원들이 빠듯한 일정에 맞춰 일할 수 있었다는 것에 grateful했다.

> ▶ **핵심 기출 표현**
>
> **grateful to** 사람: ~에게 감사하는　　　　　**grateful for** 사물: ~에 감사하는

👑700+
RANK
0685

reluctant [rɪˈlʌktənt] ☆☆☆☆☆☆☆

휑 꺼리는, 주저하는 ;--▶ reluctant to do: ~하기를 꺼리는

Investors are often **reluctant** to buy stock in companies that report financial losses.

투자자들은 종종 재정 손실을 보고한 회사의 주식을 사기를 reluctant하다.

> ▶ **관련 어휘**
>
> **reluctantly** 휑 마지못해서, 꺼려하여

👑700+
RANK
0686

occupy [ˈɑːkjəpaɪ] ★★☆☆☆☆☆

휭 (방, 건물을) 사용하다, 거주하다

Sunshine Guesthouse **occupies** the top five floors of a beautiful building in downtown Sydney.

Sunshine 게스트하우스는 Sydney 도심에 있는 아름다운 건물의 꼭대기 5개층을 occupy한다.

> ▶ **관련 어휘**
>
> **occupied** 휑 사용 중인
> All of the tables are **occupied**. 파트1
> 모든 테이블이 occupied이다.
> **occupancy** 휑 1. (건물, 토지 등의) 사용 2. 점유율
> Yarratown Apartments are popular among property investors due to their high rental **occupancy**.
> 높은 임대 occupancy 때문에 Yarratown 아파트는 부동산 투자자들 사이에서 인기가 많다.
> **occupation** 휑 직업　　　　　**occupant** 휑 (주택, 건물 등의) 입주자, 임차인

> ▶ **파트 7 대체어 기출 표현: occupied 사용 중인 → filled 채워진**
>
> Most of the space is **occupied[filled]** by long-term lessees.
> 그 공간 대부분이 장기 임차인들에 의해 occupied[filled]되어 있다.

700+
RANK 0687

prescription [prɪˈskrɪpʃən] ☆☆☆☆☆☆☆

①-②-③-④-⑤-⑥-⑦

🅝 **처방(전); 처방된 약**

A doctor's **prescription** is required to purchase certain medicine.

특정 약을 구입하기 위해서는 의사의 prescription이 필요하다.

▶ **관련 어휘**
prescribe 🅥 처방하다; 처방전을 쓰다

▶ **핵심 기출 표현**
fill a prescription 약을 조제하다
on prescription 처방전에 따라

prescribe medicine 약을 처방하다

700+
RANK 0688

regain [rɪˈɡeɪn] ☆☆☆☆☆☆☆

①-②-③-④-⑤-⑥-⑦

🅥 **되찾다, 회복하다**

Skarrion Company has **regained** its former position in the market through its upgraded brand image.

Skarrion사는 업그레이드된 브랜드 이미지를 통해 시장에서 이전의 자리를 regain했다.

700+
RANK 0689

aid [eɪd] ☆☆☆☆☆☆☆

①-②-③-④-⑤-⑥-⑦

1 🅝 **지원, 도움**

Managers should request **aid** if their team is understaffed.

관리자는 부서에 인원이 부족하면 aid를 요청해야 한다.

┈┈▶ hearing aid: 보청기

2 🅝 **보조 기구[자료]**

Hearing **aids** are recommended for those with hearing problems.

청각 aid들은 청력 문제를 가진 사람들에게 권장된다.

3 🅥 **돕다**

Volunteers will **aid** with setting up the room.

자원 봉사자들이 방을 설치하는 걸 aid할 것이다.

▶ **핵심 기출 표현**
visual aid 시각 보조 자료
legal aid 법률 지원

first aid 응급 처치
financial aid 학자금 지원

▶ **파트 7 대체어 기출 표현: aid 돕다 → support 지원하다, 지지하다**
aid[support] the company's research activities 회사의 연구 활동을 aid[support]하다

RANK 0690 · halt [hɑːlt] ☆☆☆☆☆☆☆

(1)-(2)-(3)-(4)-**(5)**-**(6)**-(7)

1 圐 멈춤, 중단

⌐--▶ bring A to a halt: A를 중단시키다

Due to the high cost, the manager brought the project to a **halt**.
높은 비용때문에, 관리자는 그 프로젝트를 halt시켰다.

2 圐 멈추다, 중단시키다

The production line had to be **halted** due to a mechanical issue.
생산라인은 기계 문제로 halt되어야 했다.

▶ **핵심 기출 표현**
come to a halt 정지하다, 멈추다

RANK 0691 · query [ˈkwɪri] ☆☆☆☆☆☆☆

(1)-(2)-(3)-(4)-**(5)**-**(6)**-(7)

1 圐 문의

⌐--▶ query related to / about / regarding / concerning: ~에 관한 문의

Queries related to deliveries should be addressed to the Shipping Department.
배송 관련 query는 발송부서로 보내져야 합니다.

2 圐 문의하다

⌐--▶ query whether절: whether 이하의 여부를 묻다

Many customers **queried** whether submitting their personal information was necessary.
많은 고객들이 개인정보를 제출하는 것이 필요한 것인지 query했다.

RANK 0692 · reception [rɪˈsepʃən] ★★☆☆☆☆☆

(1)-**(2)**-(3)-(4)-(5)-(6)-(7)

1 圐 접수처

Please check in at the **reception** desk to receive your room keys.
객실 키를 받으려면 reception에서 체크인하세요.

2 圐 환영 (회)

An awards **reception** will be held tonight to recognize high-performing employees.
성과 높은 직원들을 표창하기 위해 오늘 밤 시상식 reception이 열릴 것이다.

3 圐 (라디오, 전화 등의) 수신 상태

It is hard to get good phone **reception** in this part of the city.
도시의 이 구역에서 좋은 전화 reception을 얻는 건 어렵다.

▶ **관련 어휘**
receptionist 圐 접수 담당자

▶ **핵심 기출 표현**
a warm reception 따뜻한 환영[대접]

DAY 11
DAY 12
DAY 13
DAY 14
DAY 15
DAY 16
DAY 17
DAY 18
DAY 19
DAY 20

RANK 0693 · 700+

characteristic [ˌkerəktəˈrɪstɪk] ☆☆☆☆☆☆☆ ①-②-③-④-⑤-⑥-⑦

1 몡 특징

Creativity is the **characteristic** Pefari Advertising Agency desires most in candidates.
독창성이야말로 Pefari 광고사가 지원자들에게서 가장 원하는 characteristic이다.

2 톙 특유의

A **characteristic** feature of Limepro smartphone is the flexible screen.
Limepro 스마트폰의 characteristic한 기능은 유연한 화면이다.

▶ **관련 어휘**
character 몡 (책, 영화 등의) 등장 인물
I thought the woman who played the main **character** was wonderful.
나는 주 character를 맡은 여자가 아주 멋지다고 생각했다.
characterize 됭 ~의 특징이 되다; ~의 특징을 나타내다

▶ **파트 7 대체어 기출 표현: characteristic 특징, 특성 → dimension 관점, 측면**
an interesting **characteristic[dimension]** of the job 그 일의 흥미로운 characteristic[dimension]

RANK 0694 · 600+

length [leŋθ] ★☆☆☆☆☆☆

몡 길이; (무엇이 계속되는 긴) 시간, 기간
The **length** of rental contracts can range from one day to one year.
임대 계약의 length는 하루에서 일 년까지 다양하다.

▶ **관련 어휘**
lengthy 톙 너무 긴, 장황한　　　　　　　　　　lengthen 됭 길게 하다, 늘리다

▶ **핵심 기출 표현**
in length 길이는, 길이에서

RANK 0695 · 700+

challenging [ˈtʃælɪndʒɪŋ] ★★★☆☆☆☆ ①-②-③-④-⑤-⑥-⑦

톙 힘든, 도전적인
Ms. Wakano described her **challenging** path to becoming a reporter during the interview.
Ms. Wakano는 면접에서 기자가 되려고 하는 그녀의 challenging한 여정에 대해 이야기했다.

▶ **관련 어휘**
challenge 몡 도전 됭 도전하다
The client presentation was a real **challenge** for the sales team.
고객 발표는 영업팀에서 정말로 challenge였다.

▶ **핵심 기출 표현**
challenging project 힘든 프로젝트

primarily [praɪ'merəli] ★★★☆☆☆☆   ①-②-③-④-⑤-⑥-⑦

🔟 가장 첫째로; 주로, 무엇보다 먼저

During the internship, you will **primarily** deal with scheduling medical appointments.

인턴십 기간 동안, 당신은 진료예약 일정 잡는 일을 primarily 담당하게 될 거에요.

▶ **관련 어휘**

primary 🔟 제1의, 가장 중요한, 주된, 주요한

Our **primary** responsibility is overseeing the construction of our new factories.

우리의 primary한 직무는 우리의 새 공장 건설을 감독하는 일이다.

▶ **파트 7 대체어 기출 표현: primary 주된 → main 주된**

the **primary[main]** negative feedback primary[main]인 부정적 피드백

urban ['ɜːbən] ☆☆☆☆☆☆☆   ①-②-③-④-⑤-⑥-⑦

🔟 도시의, 도심지의

We've invited Jason Owen, an expert on **urban** design, to today's show.

우리는 오늘 쇼에 urban 설계 전문가인 Jason Owen을 초대했다.

▶ **관련 어휘**

rural 🔟 시골의, 지방의

private ['praɪvət] ☆☆☆☆☆☆☆   ①-②-③-④-⑤-⑥-⑦

1 🔟 사적인; 개인적인   ⋯▶ keep private: 비밀로 해두다

Make sure you set passwords on folders you want to **keep private**.

private하게 보관하고 싶은 폴더에는 반드시 비밀번호를 설정하세요.

2 🔟 민간의, 민영의   ⋯▶ private sector: 민간 부문

Mr. Herzog's experience in the **private** sector makes him the ideal candidate for this position.

private 분야에서의 Mr. Herzog의 경험은 그를 이 직무의 이상적인 지원자로 만들어준다.

▶ **관련 어휘**

privacy 🔟 사생활, 프라이버시   **privatize** 🔟 민영화하다

privatization 🔟 민영화, 사유화

▶ **핵심 기출 표현**

in private 다른 사람이 없는 데서

700+
RANK 0699

nearby [ˌnɪrˈbaɪ] ☆☆☆☆☆☆☆   ①-②-③-④-⑤-⑥-⑦

1 🔡 인근의, 가까운 곳의

In order to reduce her commute time, Ms. Olielle moved to a **nearby** apartment.

출퇴근 시간을 줄이기 위해서, Ms. Olielle는 nearby의 아파트로 이사했다.

2 🔡 인근에, 가까운 곳에

The subway station is located **nearby**.

지하철역이 nearby에 위치한다.

▶ **관련 어휘**

near 🔡 ~가까이에 🔡 가까이
Some boats are sailing **near** the shore. 파트1
몇몇 보트들이 해안 **near**에 들어오고 있다.

700+
RANK 0700

subsequent [ˈsʌbsɪkwənt] ☆☆☆☆☆☆☆   ①-②-③-④-⑤-⑥-⑦

🔡 그 다음의, 차후의

Charges from the last five days of the month will appear on the **subsequent** bill.

월의 마지막 5일 동안 청구된 금액은 subsequent 달 청구서에 나타날 것이다.

▶ **관련 어휘**

subsequently 🔡 그 뒤에, 나중에   **subsequence** 🔡 다음(임)

▶ **핵심 기출 표현**

subsequent to ~뒤에[다음에]

▶ **파트 7 대체어 기출 표현: subsequent 차후의 → following 그 다음의**

several **subsequent[following]** events subsequent[following]의 여러 가지 사건들

Speed Check-up

정답 p.582

DAY 11 DAY 12 DAY 13 DAY 14 DAY 15 DAY 16 DAY 17 DAY 18 DAY 19 DAY 20

다음의 한글 의미를 단서로 삼아 보기에서 알맞은 단어를 골라 넣으세요.

ⓐ directory   ⓑ queried   ⓒ fairly   ⓓ faced   ⓔ accompanied

01 Rolando Norton won the election _____ easily due to his widespread popularity.
상당히

02 The CEO must respond quickly when _____ with a problem.
직면하다

03 Send Ms. Palmer the _____ of all new employees, so she can update our records.
책자

04 Expense reports will not be approved unless they are _____ by receipts.
동반되다

05 Many customers _____ whether submitting their personal information was necessary.
문의하다

다음의 한글 해석과 의미가 같아지도록 보기에서 알맞은 단어를 골라 넣으세요.

ⓐ regained   ⓑ asset   ⓒ aid   ⓓ worth   ⓔ challenging

06 Skarrion Company has _____ its former position in the market through its upgraded brand image. Skarrion사는 업그레이드된 브랜드 이미지를 통해 시장에서 이전의 자리를 되찾았다.

07 The CEO decided the issue was not _____ discussing.
CEO는 그 문제를 논의할 가치가 없다고 결정했다.

08 Ms. Wakano described her _____ path to becoming a reporter during the interview. Ms. Wakano는 면접에서 기자가 되려고 하는 그녀의 힘든 여정에 대해 이야기했다.

09 Mr. Kwan's extensive legal knowledge makes him a valuable _____ to the firm. Mr. Kwan의 폭넓은 법률지식은 그를 회사에서 소중한 자산이 되게 해준다.

10 Volunteers will _____ with setting up the room. 자원 봉사자들이 방을 설치하는 걸 도울 것이다.

문맥에 어울리는 단어를 보기에서 골라 넣으세요.

ⓐ grasp   ⓑ subsequent   ⓒ sincere   ⓓ nominated   ⓔ primarily

11 During the internship, you will _____ deal with scheduling medical appointments.

12 John Thompson was _____ for Best Actor, but he did not win.

13 The consultation firm has a firm _____ of the international finance market.

14 Charges from the last five days of the month will appear on the _____ bill.

15 We want to express our _____ thanks for your continued support of our business.

DAY 15

♔ 700+
우선 순위 영단어
0701~0750

1타강사 음성강의

귀로 듣는 단어장

험담의 위험성

700+
RANK
0701

critical [ˈkrɪtɪkəl] ★☆☆☆☆☆☆ ① · 2 · 3 · 4 · ⑤ · ⑥ · 7

1 형 중대한, 대단히 중요한

It is **critical** that all workers attend the latest safety training.
모든 근로자들은 최신 보안 연수에 참석하는 것이 critical하다.

2 형 비판적인, 비난하는 ;--▶ be critical of: ~에 대해 비판적이다

Many residents are **critical** of the city's current building regulations.
많은 주민들은 도시의 현 건축법규에 대해 critical하다.

▶ **관련 어휘**
criticize 통 비판하다; 비평하다 ;--▶ criticize A for (doing) B: B(한 것)에 대해 A를 비판하다 (→ A be criticized for B)
 The revised tax plan was **criticized** for causing the prices of goods to rise.
 개정된 절세 계획은 상품의 비용을 증가시킨 것에 대해 **criticize** 받았다.
critic 명 비평가 **critique** 통 비평하다 명 비평글, 평론

▶ **핵심 기출 표현**
of critical importance 매우 중요한 **food critic** 음식 비평가

▶ **파트 7 대체어 기출 표현: critical 대단히 중요한 → essential 필수적인**
critical[essential] ability to produce a high-quality product
고품질의 제품을 생산하기 위한 **critical[essential]**한 능력

700+
RANK
0702

remainder [rɪˈmeɪndɚ] ☆☆☆☆☆☆☆ 1 · 2 · 3 · 4 · ⑤ · ⑥ · 7

명 나머지 ;--▶ remainder of: ~의 나머지

After the sale, the **remainder** of the stock will be returned to the warehouse.
세일이 끝나면, 재고의 remainder는 창고로 반송될 것이다.

▶ **관련 어휘**
remain 통 1. 여전히 ~이다 2. 남아 있다 **remaining** 형 남아 있는, 남은

▶ **핵심 기출 표현**
remain in effect 여전히 유효하다 **remain intact** 온전한 상태를 유지하다
remain the same 동일한 상태를 유지하다

▶ **파트 7 대체어 기출 표현: remainder 나머지 → rest 나머지**
the **remainder[rest]** of the schedule 그 일정의 remainder[rest]

700+
RANK
0703

enclosed [ɪnˈkloʊzd] ☆☆☆☆☆☆☆ ① · 2 · ③ · 4 · ⑤ · ⑥ · 7

형 동봉된; (담 등으로) 에워싸인 ;--▶ enclosed form: 동봉된 서식
Use the **enclosed** return form when sending back the item.
물품을 반송 하실 때는 enclosed된 환불 신청서를 사용하십시오.

▶ 관련 어휘
   enclose 图 1. 동봉하다 2. 에워싸다   enclosure 图 (편지나 이메일에) 동봉된 것; 동봉물 재중

▶ 700+
RANK
0704

substantially [səbˈstænʃəli] ★☆☆☆☆☆☆   ①-②-③-④-⑤-⑥-⑦

📘 상당히, 충분히
The number of smartphone users has increased **substantially** in recent years.
스마트폰 사용자의 수가 최근 몇 년간 substantially하게 증가하였다.

▶ 관련 어휘
   substantial 图 (양, 가치 등이) 상당한
      Mr. Freeman made a **substantial** donation to build the public recreation facility.
      Mr. Freeman은 공공 레크리에이션 시설을 짓기 위해 **substantial**한 기부금을 냈다.

▶ 핵심 기출 표현
   substantial increase 상당한 증가   **substantial amount** 상당한 양

▶ 700+
RANK
0705

treatment [ˈtriːtmənt] ★☆☆☆☆☆☆   ①-②-③-④-⑤-⑥-⑦

1 📘 치료, 처치
Dr. Kong believes his new **treatment** can replace expensive medicine.
Dr. Kong은 자신의 새로운 treatment가 비싼 약을 대체할 수 있을 것이라고 믿는다.

2 📘 대우, 처우
Please make sure our resort guests receive the best **treatment** during their stay.
저희 리조트 고객들이 투숙하는 동안 최고의 treatment를 받도록 하십시오.

▶ 관련 어휘
   treat 图 1. 다루다, 취급하다 2. 치료하다 图 (특별한) 대접; 선물

▶ 파트 7 대체어 기출 표현: treat 다루다, 취급하다 → handle 다루다
   treat[handle] your belongings with utmost care 당신의 물건을 아주 세심하게 treat[handle]하다

▶ 700+
RANK
0706

interact [ˌɪntəˈrækt] ☆☆☆☆☆☆☆   ①-②-③-④-⑤-⑥-⑦

📘 교류하다; 상호 작용을 하다   ┌···▶ interact with: ~와 교류하다
Managers must have the ability to **interact** effectively with all staff members.
관리자들은 모든 팀원들과 효율적으로 interact할 수 있는 능력을 지녀야 한다.

▶ 관련 어휘

interactive 휑 상호적인, 상호작용을 하는

The play had some **interactive** portions where the audience could communicate with the actors.
그 연극에는 관객이 배우와 소통할 수 있도록 해주는 몇몇 **interactive**한 부분들이 있었다.

interaction 몡 상호 작용

700+
RANK
0707

fulfill [fʊlˈfɪl] ☆☆☆☆☆☆☆ ①-②-③-④-⑤-⑥-⑦

‑‑‑▸ fulfill / meet / satisfy /
fill a requirement:
필요 조건을 충족하다

1 통 (조건 등을) 충족하다

MBA candidates must take two management strategy courses to **fulfill** the requirements for graduation.
MBA 후보자들은 졸업을 위한 필수조건을 fulfill하기 위해 두 가지 경영 전략 과목을 이수해야 한다.

2 통 (의무, 약속 등을) 수행하다, 실행하다 ‑‑‑▸ fulfill one's promise: 약속을 이행하다

We strive to always **fulfill** our promise to deliver orders on time.
저희는 제 시간에 주문을 배송한다는 약속을 항상 fulfill하기 위해 노력하고 있습니다.

▶ 관련 어휘

fulfillment 몡 이행, 수행

▶ 파트 7 대체어 기출 표현: fulfill (조건 등을) 충족시키다 → satisfy 만족시키다

fulfill[satisfy] the requirements of the position 그 직책의 요건들을 fulfill[satisfy]하다

700+
RANK
0708

endure [ɪnˈdʊr] ☆☆☆☆☆☆☆ ①-②-③-④-⑤-⑥-⑦

통 참다, 견디다

After **enduring** long periods of poor sales, the company has gone bankrupt.
오랜 기간의 판매 부진을 endure한 후, 그 회사는 파산했다.

▶ 관련 어휘

endurance 몡 인내(력), 참을성

700+
RANK
0709

attach [əˈtætʃ] ★☆☆☆☆☆ ①-②-③-④-⑤-⑥-⑦

1 통 첨부하다 ⑪ detach 떼어내다

When you email the estimate, please **attach** a photo of the product.
견적서를 이메일로 보내실 때에는, 제품의 사진을 attach해 주시기 바랍니다.

2 통 붙이다

A man is **attaching** a label to a package. 파트 1
남자가 소포에 라벨을 attach하고 있다.

관련 어휘
attachment ⑲ 1. (이메일의) 첨부 파일 2. 부가물, 부착물
I'll send the document as an e-mail **attachment**.
이메일 **attachment**로 그 문서를 보내드릴게요.

attached ⑲ 첨부된
Attached is the contract.
계약서가 **attached**되어 있습니다.

핵심 기출 표현
attach A to B A를 B에 붙이다 (= A be attached to B)

RANK 0710

eventually [ɪˈventʃuəli] ★☆☆☆☆☆☆

📖 결국, 끝내
ClubMart will **eventually** open another store, if the first location becomes profitable.
ClubMart는 첫 지점에서 수익이 나면, eventually 또 다른 지점을 열 것이다.

> ## 관련 어휘 **eventual** ⑲ 궁극적인, 최종적인

RANK 0711

incentive [ɪnˈsen.tɪv] ☆☆☆☆☆☆☆

📖 장려금, 상여금
Offering **incentives** to employees can help boost a company's productivity.
직원들에게 incentive를 지급하는 것은 회사의 생산성을 향상시키는 데 도움이 될 수 있다.

> ## 핵심 기출 표현
> **financial incentive** 금전적인 혜택　　　　　　**extra incentive** 추가 장려금

RANK 0712

description [dɪˈskrɪpʃən] ☆☆☆☆☆☆☆

📖 서술, 묘사
　┈▶ detailed description: 상세한 설명/묘사
Please send us photographs with a detailed **description** of each item.
저희에게 각 물건에 대한 상세한 description과 함께 사진을 보내주세요.

> ## 관련 어휘
> **describe** ⑤ 서술하다, 묘사하다
> Would you please call me back and **describe** the problem in more detail?
> 제게 다시 전화 주셔서 그 문제에 대해 더 상세히 **describe**해 주시겠어요?
> **descriptive** ⑲ 서술하는, 묘사하는

▶ 핵심 기출 표현

job description 직무 기술서

give a description 기술하다, 묘사하다

defy description 이루 다 말할 수 없다

beyond description 이루 말할 수 없는

RANK
0713

administrative [əd'mınə,streıtıv] ★☆☆☆☆☆☆ ①·②·③·④·⑤·⑥·⑦

형 관리상의, 행정상의

 ⸳--▶ administrative staff: 행정 직원

This letter is directed to the **administrative** staff of Versatility Inc.

이 편지는 Versatility 주식회사의 administrative의 직원들에게 보내는 것이다.

▶ 관련 어휘

administration 명 관리[행정] (업무)

administer 동 관리하다, 운영하다

administrator 명 관리자, 행정인

administrative officer 행정관

RANK
0714

suspend [sə'spend] ☆☆☆☆☆☆☆ ①·②·③·④·⑤·⑥·⑦

1 동 보류하다, 중단하다

 ⸳--▶ be temporarily suspended: 잠정 중단되다

The ferry service from Busan to Jeju Island will be temporarily **suspended** for repairs.

부산에서 제주도까지 운항하는 페리 서비스가 보수 작업 때문에 일시적으로 suspend될 것이다.

2 동 매달다, 걸다

A light is **suspended** from the ceiling. 파트1

전등이 천장에 suspend되어 있다.

▶ 관련 어휘

suspension 명 연기, 보류

RANK
0715

undergo [,ʌndər'goʊ] ☆☆☆☆☆☆☆ ①·②·③·④·⑤·⑥·⑦

동 (변화를) 겪다, 받다 ⸳--▶ undergo renovations: 보수 공사를 하다

The factory will **undergo** extensive renovation before reopening next week.

공장은 다음 주 운영 재개를 앞두고 대규모 보수 공사를 undergo할 것이다.

▶ 핵심 기출 표현

undergo an inspection 점검을 받다

undergo improvement 개선을 거치다

RANK 0716 700+

verify [ˈverəfaɪ] ☆☆☆☆☆☆☆   ①·②·③·④·⑤·⑥·⑦

图 확인하다; 입증하다

Employees should **verify** that their time sheets are filled out correctly.

직원들은 자신의 근무 시간 기록표가 정확하게 기입되었는지 verify해야 한다.

> ▶ **관련 어휘**
> verification 图 확인; 입증   verifiable 图 입증할 수 있는
>
> ▶ **핵심 기출 표현**
> verifying document 입증 서류   verifiable evidence 입증 가능한 증거

RANK 0717 700+

investigation [ɪnˌvestəˈɡeɪʃən] ★☆☆☆☆☆☆   ①·②·③·④·⑤·⑥·⑦

图 조사, 수사

:··▶ launch an investigation into: ~의 조사를 시작하다

The maintenance team launched an **investigation** into the cause of the assembly line malfunction.

정비팀이 조립 라인 오작동의 원인에 대한 investigation에 착수했다.

> ▶ **관련 어휘**
> investigate 图 조사하다   investigator 图 조사관
>
> ▶ **핵심 기출 표현**
> conduct an investigation 조사하다   under investigation 조사 중인
> investigation of/into ~의 조사

RANK 0718 700+

consistently [kənˈsɪstəntli] ★☆☆☆☆☆☆   ①·②·③·④·⑤·⑥·⑦

图 일관되게, 한결같이

Frasier Bank has **consistently** provided excellent service to its clients over the years.

Frasier 은행은 수년 간 고객들에게 consistently하게 훌륭한 서비스를 제공해왔다.

> ▶ **관련 어휘**
> consistent 图 일관된, 한결 같은   consistency 图 한결같음, 일관성
>
> ▶ **핵심 기출 표현**
> consistent in ~에 있어 한결 같은   be consistent in doing ~하는 데 있어서 한결 같다
> consistent with ~와 일치하는

800+
RANK 0719
comply [kəmˈplaɪ] ★★★★☆☆☆

┌┈┈▸ comply with: ~을 따르다

동 **따르다, 준수하다**

To **comply** with safety regulations, protective gear must be worn at all times.
안전 규정을 comply하기 위해 보호 장비를 항시 착용해야 한다.

▷ **관련 어휘**
compliance 명 준수 ┊┈┈▸ in compliance with: ~을 준수하여
All equipment must be in **compliance** with the safety regulations.
모든 장비는 안전 규정을 **compliance**해야 한다.
compliant 형 준수하는; 따르는

▷ **혼동 어휘 노트: comply/adhere vs. obey/observe**
뉘앙스 차이는 있지만, '(규칙 등을) 따르다, 지키다'라는 의미의 동사들로서, comply는 전치사 with를, adhere는 전치사 to를 동반하는 자동사인 데 비해, obey와 observe는 목적어를 바로 취하는 타동사인 점에 주의한다.

700+
RANK 0720
diverse [dɪˈvɜːs] ★★☆☆☆☆☆

┊┈┈▸ a diverse selection of: 매우 다양한

형 **다양한**

Lombarno Café uses a **diverse** selection of coffee beans imported from South America.
Lombarno 카페는 남미에서 수입한 diverse한 원두를 사용한다.

▷ **관련 어휘**
diversity 명 1. 다양성 2. 포괄성 　　　　　　**a diverse range of** 매우 다양한

700+
RANK 0721
desirable [dɪˈzaɪrəbəl] ★☆☆☆☆☆☆

형 **바람직한, 호감이 가는**

Careful urban planning has made Dougville a very **desirable** place to live.
세심한 도시 계획은 Dougville을 살기에 아주 desirable한 장소로 만들었다.

▷ **관련 어휘**
desire 명 욕구, 바람 동 바라다 　　　　　**desired** 형 바랐던, 희망했던

700+
RANK 0722
specification [ˌspesəfəˈkeɪʃən] ★☆☆☆☆☆☆

명 **설명서, 사양**

We will decorate the room according to the client's **specifications**.
저희는 고객의 specification에 따라 방을 장식할 것입니다.

▷ **관련 어휘**

specify 통 (구체적으로) 명시하다
The job advertisement **specified** that candidates must speak fluent Spanish.
그 취업 광고는 지원자들이 유창한 스페인어를 구사해야 한다는 것을 **specify**했다.
specified 형 구체적인, 명확한; 명시된

▷ **핵심 기출 표현**

as specified 명시된 대로   **unless otherwise specified** 달리 명시되어 있지 않으면

700+
RANK
0723

reorganize [riːˈɔːrgənaɪz] ☆☆☆☆☆☆   ①-②-③-④-⑤-⑥-⑦

통 **재조직하다, 재편성하다**
Employees will dedicate one day to help **reorganize** the entire office.
직원들은 사무실 전체를 reorganize하는 것을 돕는데 하루를 쓸 것이다.

▷ **관련 어휘**
reorganization 명 재편성, 개편

700+
RANK
0724

consist [kənˈsɪst] ☆☆☆☆☆☆   ①-②-③-④-⑤-⑥-⑦

통 **~으로 이루어져 있다**   ┄┄▶ consist of: ~로 구성되다
The Everdale Apartment Building **consists** of 43 units of various sizes.
Everdale 아파트 건물은 43개의 다양한 크기의 세대들로 consist되어 있다.

700+
RANK
0725

occur [əˈkɜː] ☆☆☆☆☆☆   ①-②-③-④-⑤-⑥-⑦

통 **일어나다, 발생하다**
Minor malfunctions may **occur** during the transition to an online client database.
온라인 고객 데이터 베이스로 이전하는 도중 미미한 오작동이 occur할 수 있다.

▷ **관련 어휘**
occurrence 명 발생, 발생하는 것

700+
RANK
0726

alert [əˈlɜːt] ★☆☆☆☆☆   ①-②-③-④-⑤-⑥-⑦

1 형 **방심하지 않는; 경계하는**
Salespeople should always be **alert** for opportunities to sell customers additional products.
판매원들은 고객들에게 제품을 더 판매할 기회를 위해 항상 alert해야 한다.

2 됨 주의를 환기시키다

Tech Support **alerted** the staff about the upcoming system update.

기술 지원 부서는 직원들에게 곧 있을 시스템 업데이트에 대해 alert했다.

3 몡 경계경보; 알림 메시지

The city will start issuing fire **alerts** through text messages.

시는 문자 메시지로 화재 alert를 하기 시작할 것이다.

RANK 0727 **refrain** [rɪˈfreɪn] ☆☆☆☆☆☆☆ 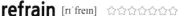 ①-②-③-④-⑤-⑥-⑦

됨 **자제하다, 삼가다** ···▶ refrain from: ~을 자제하다

Please **refrain** from taking pictures as the flash can damage the artwork.

플래시가 작품에 손상을 줄 수 있으므로 사진 촬영을 refrain하시기 바랍니다.

RANK 0728 **respect** [rɪˈspekt] ☆☆☆☆☆☆☆  ①-②-③-④-⑤-⑥-⑦

1 몡 존경, 존중 ···▶ have respect for: ~에 대한 존경심을 갖다

Many employees have much **respect** for Ms. Spaniel due to her multiple achievements.

많은 직원들은 그녀가 이룬 여러 업적 때문에 Ms. Spaniel을 respect한다.

2 됨 존경하다, 존중하다

Please **respect** your colleagues by silencing your phone during work hours.

근무 시간에는 핸드폰을 무음으로 함으로써 동료들을 respect해주세요.

▶ 관련 어휘

respectful 혱 정중한, 공손한
respectfully 囘 정중하게, 공손하게

　Management **respectfully** requests that you keep this area clean.

　운영진은 당신이 이 공간을 깨끗이 유지해 주기를 respectfully 당부합니다.

respected 혱 높이 평가되는; 훌륭한

　Dr. Russell is a **respected** local physician working at the Dunlee Health Center.

　Dr. Russell은 Dunlee 의료 센터에서 일하는 respected되는 지역 의사이다.

▶ 핵심 기출 표현

respect for ~에 대한 존경(심)
treat A with respect A를 공손히 대하다

with respect 존경하여
with respect to ~에 관하여

RANK 0729 **confusion** [kənˈfjuːʒən] ☆☆☆☆☆☆☆ ①-②-③-④-⑤-⑥-⑦

몡 **혼동, 혼란** ···▶ confusion about/regarding/concerning/over: ~에 대한 혼동

Despite some earlier **confusion** regarding the weather, the concert will start on time.

날씨와 관련된 이전의 confusion에도 불구하고, 콘서트는 제시간에 시작할 것이다.

▶ 관련 어휘
confuse 图 혼란시키다, 혼란스럽게 만들다
confusing 阌 혼란스럽게 하는
    The procedure for handling complaints is very confusing.
    불만을 처리하는 절차는 매우 confusing하다.
confused 阌 혼란스러워 하는

▶ 핵심 기출 표현
in confusion 당황하여, 어리둥절하여

700+
RANK
0730 · **owe** [oʊ] ★☆☆☆☆☆☆   ①-②-③-④-⑤-⑥-⑦

图 빚지다, 신세지다
Mr. Bohman **owes** over 50 dollars in late fees.
Mr. Bohman은 연체료로 50달러가 넘게 owe하고 있다.

> ▶ 핵심 기출 표현
> owe A B (= owe B to A) A에게 B 만큼을 빚지다

700+
RANK
0731 · **instrument** [ˈɪnstrəmənt] ★★☆☆☆☆☆   ①-②-③-④-⑤-⑥-⑦

1 閔 기구; 계기
Mecno researchers use special **instruments** when conducting their experiments.
Mecno 연구원들은 실험을 할 때 특별한 instrument들을 사용한다.

2 閔 악기
Some **instruments** are hanging on the wall. 파트1
몇몇 instrument들이 벽에 걸려 있다.

> ▶ 관련 어휘
> instrumental 阌 (어떤 일을 하는 데) 중요한, 도움이 되는
> ▶ 핵심 기출 표현
> musical instrument 악기

700+
RANK
0732 · **prevent** [prɪˈvent] ★★☆☆☆☆☆   ①-②-③-④-⑤-⑥-⑦

图 막다, 예방하다
We strictly enforce safety rules to **prevent** any injuries in the workplace.
저희는 작업 현장 내 부상을 prevent하기 위해 안전 규칙을 엄격히 시행합니다.

▶ **관련 어휘**

preventive 휑 예방을 위한

Regular exercise is a **preventive** health measure that everyone should take.
규칙적인 운동은 모두가 해야 하는 **preventive**한 건강 조치이다.

prevention 휑 예방

▶ **핵심 기출 표현**

prevent A from doing A가 ~하는 것을 막다 (→ A be prevented from doing)
preventive measures 예방책

👑700+
**RANK
0733**

delicate [ˈdeləkət] ☆☆☆☆☆☆☆   ①-②-③-④-⑤-⑥-⑦

휑 **섬세한; 민감한, 정교한**   ┈▶ delicate issue: 민감한 사안, 중대한 문제

Staff should be careful when mentioning **delicate** issues during meetings.
직원들은 월례회의에서 delicate한 사안들을 언급할 때 주의해야 한다.

▶ **관련 어휘**

delicacy 휑 1. 섬세함 2. (특정 지역의) 진미, 별미

👑700+
**RANK
0734**

simply [ˈsɪmpli] ★★★★☆☆☆   ①-②-③-④-⑤-⑥-⑦

1 튐 **그냥, 그저**

Simply follow the instructions above to bake a homemade lemon pie.
수제 레몬파이를 구우려면 simply 위에 있는 설명을 따르세요.

2 튐 **간단히, 평이하게**

The IT manager explained the software updates as **simply** as possible.
IT 관리자는 가능한 한 simply하게 소프트웨어 업데이트에 대해 설명했다.

▶ **관련 어휘**

simple 휑 간단한, 쉬운
simplify 튐 간소화하다, 간단하게 하다

To encourage borrowing, the bank **simplified** the loan application process.
대출을 장려하기 위해, 그 은행은 대출 신청 과정을 simplify했다.

simplicity 휑 간단함, 평이함   **simplification** 휑 단순화, 간소화

👑700+
**RANK
0735**

ignore [ɪɡˈnɔːr] ☆☆☆☆☆☆☆   ①-②-③-④-⑤-⑥-⑦

튐 **무시하다; 못 본 척하다**

Please **ignore** this e-mail if you have already sent your payment.
이미 대금을 보내셨다면 이 이메일을 ignore하십시오.

👑700+
RANK 0736

template [ˈtempleɪt] ☆☆☆☆☆☆ ①·②·③·④·⑤·⑥·⑦

명 **견본, 본보기**

Free résumé **templates** can be downloaded from our Web site.

무료 이력서 template을 저희 웹 사이트에서 다운받으실 수 있습니다.

👑700+
RANK 0737

content [ˈkɑntent] ☆☆☆☆☆☆ ①·②·③·④·⑤·⑥·⑦

1 명 **내용, 내용물**

All of the magazine's **content** from the print edition is available on our Web site.

출판된 잡지의 모든 content는 저희 웹 사이트에서 보실 수 있습니다

2 형 **만족스러운, 만족하는** ····▶ be content with: ~에 만족하다

The CEO was **content** with the product demonstration.

CEO는 상품 설명에 content했다.

👑700+
RANK 0738

rapidly [ˈræpɪdli] ★★★☆☆☆ ①·②·③·④·⑤·⑥·⑦

부 **빠르게, 신속히** ····▶ grow rapidly: 빠르게 성장하다

The telecommunications industry has grown **rapidly** over the past two decades.

통신 산업은 지난 20년간 rapidly하게 성장해 왔다.

▶ 관련 어휘
     rapid 형 빠른, 신속한

▶ 핵심 기출 표현
     rapid growth 빠른 성장   **at a rapid pace** 빠른 속도로

👑700+
RANK 0739

track [træk] ☆☆☆☆☆☆ ①·②·③·④·⑤·⑥·⑦

1 동 **추적하다**

Our department purchased a new inventory software to **track** the delivery status of the merchandise.

우리 부서는 상품 배송 상태를 track하기 위해 새 재고관리 소프트웨어를 구매했다.

2 웹 길; 선로; 경주로; (음악의) 한 곡

The **track** for this year's bicycle race involves steep areas.
올해 자전거 경주 track에는 가파른 지역이 포함됩니다.

▶ **관련 어휘**
tracker 웹 추적 장치

▶ **핵심 기출 표현**
on track 제대로 진행되고 있는

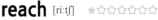 **reach** [riːtʃ] ★☆☆☆☆☆

1 图 ~에 이르다, 도달하다

The fastest way to **reach** our office is by subway.
저희 사무실에 가장 빨리 reach하는 방법은 지하철입니다.

2 图 연락하다

Don't you have to dial 8 to **reach** the hotel's room service? 파트2
호텔 룸서비스에 reach하려면 8을 눌러야 하지 않나요?

3 图 (손, 팔을) 뻗다, 내밀다 ····▶ reach for: ~을 잡으려고 손을 뻗다

A woman is **reaching** for a book on the shelf. 파트1
여자는 선반에 있는 책을 잡으려고 reach하고 있다.

▶ **핵심 기출 표현**

reach a financial goal 재무 목표에 이르다　　**reach an agreement** 합의에 이르다
reach a conclusion 결론에 이르다　　**reach a consensus** 합의에 이르다

shortly [ˈʃɔːrtli] ★☆☆☆☆☆

图 곧, 얼마 안 되어　　····▶ shortly after / before: ~한 직후에 / ~하기 직전에

The company's insurance claim will be settled **shortly** after the completion of the investigation.
그 회사의 보험금 청구 요청이 조사가 끝난 후에 shortly하게 해결될 것이다.

 **complicated** [ˈkɑːmpləkeɪtɪd] ☆☆☆☆☆☆

图 복잡한, 까다로운

Customers complained that the furniture assembly instructions were too **complicated**.
고객들은 가구 조립 설명서가 너무 complicated하다고 불평했다.

▶ 관련 어휘

complication 몡 1. (더 복잡하게 만드는) 문제 2. 합병증
Due to some **complications**, the banquet will now be held at the Mayflower Hotel.
몇 가지 complication들로, 연회는 이제 Mayflower 호텔에서 열릴 것이다.
complicate 통 복잡하게 하다

▶ 핵심 기출 표현

complicated process 복잡한 절차

---

vendor [ˈvendər] ★☆☆☆☆☆☆   ①-②-③-④-⑤-⑥-⑦

1 몡 행상인, 노점상
A **vendor** is selling some items to a customer.
vendor가 고객에게 물건을 팔고 있다.

2 몡 (특정 제품의) 판매 회사
The contract with our current **vendor** expires in 90 days.
우리의 현 vendor와의 계약이 90일 후에 만료된다.

▶ 관련 어휘
vend 통 팔다

▶ 핵심 기출 표현
vending machine 자동 판매기

---

drop [drɑːp] ★☆☆☆☆☆☆   ①-②-③-④-⑤-⑥-⑦

1 몡 하락, 감소   ⋯▶ drop in: ~의 감소
We advise residents to dress warmly as there will be a sharp **drop** in temperature
tomorrow.
내일 온도가 급격히 drop할 것이므로 저희는 주민들께 따뜻하게 옷을 입길 권장해 드립니다.

2 통 떨어지다, 떨어뜨리다
The sales figures **dropped** significantly over the last quarter.
매출 수치가 지난 분기보다 상당히 drop 했다.

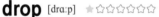

3 통 (가는 길에) 내려주다, 갖다주다
Did you **drop** off the rent at her office? 파트2
당신이 그녀 사무실에 임차료를 drop 했나요?

▶ 핵심 기출 표현
drop by (잠시) 들르다

298

👑700+
RANK 0745

labor [ˈleɪbɚ] ★☆☆☆☆☆☆

①-②-③-④-⑤-⑥-⑦

명 노동, 근로 ╎--▸ labor cost: 인건비

To reduce **labor** costs, McKolt Engineering is purchasing automated machines.

labor 비용을 줄이기 위해, McKolt Engineering은 자동화 기기를 구매할 것이다.

👑700+
RANK 0746

loyalty [ˈlɔɪəlti] ★☆☆☆☆☆☆

①-②-③-④-⑤-⑥-⑦

명 충성(도)   ╎--▸ customer loyalty: 고객 충성도

ShopBright is introducing a purchasing rewards system to increase customer **loyalty**.

ShopBright은 고객 loyalty를 높이기 위해 구매 보상 시스템을 도입할 것이다.

▶ **관련 어휘**
   loyal 혱 충성스러운

▶ **핵심 기출 표현**
   loyalty to ~에 대한 충성도   **loyal customer** 단골 고객

👑700+
RANK 0747

foreseeable [fɔːrˈsiːəbəl] ☆☆☆☆☆☆☆

①-②-③-④-⑤-⑥-⑦

혱 예측할 수 있는   ╎--▸ for/in the foreseeable future: 가까운 미래에

The museum will continue to offer student discounts for the **foreseeable** future.

박물관은 foreseeable 미래에 학생 할인을 계속하여 제공할 것입니다.

▶ **관련 어휘**
   foresee 통 예견하다

👑700+
RANK 0748

weeklong [ˈwikˈlɔŋ] ☆☆☆☆☆☆☆

①-②-③-④-⑤-⑥-⑦

혱 일주일 간 계속되는

Many companies are participating in the **weeklong** convention in Tokyo.

많은 회사들이 Tokyo에서 weeklong하는 컨벤션에 참여하고 있다.

▶ **관련 어휘**
   week 명 주, 일주일   weekly 혱 매주의, 주간의 부 매주 명 주간지

deduct [dɪˈdʌkt] ☆☆☆☆☆☆☆   ①-②-③-④-⑤-⑥-⑦

图 공제하다, 제하다   ┄▸ deduct A from B: B에서 A를 공제하다 (→ A be deducted from B)
Additional fees will be **deducted** automatically from your company account.
추가 요금은 귀하의 회사 계좌에서 자동으로 deduct될 것입니다.

▶ 관련 어휘
deduction 몡 공제(액)

line [laɪn] ☆☆☆☆☆☆☆   ①-②-③-④-⑤-⑥-⑦

1 몡 (상품의) 종류
Scento Cosmetics recently released a new **line** of skincare products.
Scento 화장품사는 최근 새로운 line의 스킨케어 제품을 출시했다.

2 몡 선; 루트
The yellow **line** separates the two properties.
노란색 line이 두 건물을 구분한다.

┄┄▸ be lined up: 줄 서다
3 图 줄을 세우다, ~를 따라 늘어서다
People are **lined** up to enter a store. 파트1
사람들이 가게에 들어가기 위해 line해 있다.

Speed Check-up

정답 p.582

다음의 한글 의미를 단서로 삼아 보기에서 알맞은 단어를 골라 넣으세요.

ⓐ content ⓑ critical ⓒ deducted ⓓ refrain ⓔ suspended

01 Many residents are _____ of the city's current building regulations.
비판적인

02 Additional fees will be _____ automatically from your company account.
공제하다

03 The CEO was _____ with the product demonstration.
만족하는

04 The ferry service from Busan to Jeju Island will be temporarily _____ for repairs.
중단하다

05 Please _____ from taking pictures as the flash can damage the artwork.
삼가다

다음의 한글 해석과 의미가 같아지도록 보기에서 알맞은 단어를 골라 넣으세요.

ⓐ prevent ⓑ enduring ⓒ reach ⓓ reorganize ⓔ substantially

06 After _____ long periods of poor sales, the company has gone bankrupt.
오랜 기간의 판매 부진을 버틴 후, 그 회사는 파산했다.

07 The fastest way to _____ our office is by subway.
저희 사무실에 가장 빨리 가는 방법은 지하철입니다.

08 We strictly enforce safety rules to _____ any injuries in the workplace.
저희는 작업 현장 내 부상을 예방하기 위해 안전 규칙을 엄격히 시행합니다.

09 Employees will dedicate one day to help _____ the entire office.
직원들은 사무실 전체를 재편성하는 것을 돕는데 하루를 쓸 것이다.

10 The number of smartphone users has increased _____ in recent years.
스마트폰 사용자의 수가 최근 몇 년간 상당히 증가하였다.

문맥에 어울리는 단어를 보기에서 골라 넣으세요.

ⓐ verify ⓑ undergo ⓒ rapidly ⓓ complicated ⓔ consists

11 Customers complained that the furniture assembly instructions were too _____.

12 The Everdale Apartment Building _____ of 43 units of various sizes.

13 The factory will _____ extensive renovation before reopening next week.

14 Employees should _____ that their time sheets are filled out correctly.

15 The telecommunications industry has grown _____ over the past two decades.

DAY 16

♛ 700+
우선 순위 영단어
0801~0850

재테크의 결과

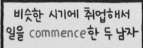

700+
RANK
0751

stock [staːk] ★☆☆☆☆☆☆

①-②-③-4-5-6-7

1 명 **(상점의) 재고(품)**   ┈▶ out of stock: 품절된

The Z45 watch is currently out of **stock** but more will come in next week.

Z45 시계는 현재 stock이 없지만, 다음 주에 더 많이 입고될 것이다.

2 명 **주식**

The company's **stocks** fell after customers found defects in its latest product.

고객들이 신상품에서 결함을 발견한 후 회사 stock이 하락했다.

3 동 **(판매할 상품을) 갖추다; 채우다** ┈▶ be stocked with: ~으로 채워지다

A drawer has been **stocked** with supplies.

서랍장이 물품들로 stock되어 있다.

▶ **핵심 기출 표현**
　in **stock** 재고로 있는   **stock** the shelf 선반에 물건을 채우다

700+
RANK
0752

executive [ɪɡˈzekjətɪv] ☆☆☆☆☆☆☆

①-2-③-4-⑤-⑥-⑦

1 명 **간부, 임원**

The new company **executive** was hired through a search company.

새로운 회사 executive는 채용 대행 회사를 통해 채용됐다.

2 형 **경영의, 운영의**

The CEO made the **executive** decision not to hire any extra employees this quarter.

CEO는 이번 분기에 추가 직원을 뽑지 않는다는 executive한 결정을 내렸다.

▶ **관련 어휘**
　execute 동 실행하다, 수행하다   **executive board** 이사회

700+
RANK
0753

commence [kəˈmens] ☆☆☆☆☆☆☆

①-2-③-4-⑤-⑥-⑦

동 **시작되다**

The wedding ceremony will **commence** at 2 P.M. at the Horace Chapel.

결혼식은 Horace 예배당에서 오후 2시에 commence할 것이다.

▶ **관련 어휘**
　commencement 명 시작, 개시; 졸업식

involved [ɪnˈvɑːlvd] ☆☆☆☆☆☆☆ ①-②-③-④-⑤-⑥-⑦

圈 관여하는, 관련된 ┈▶ be involved in: ~에 개입되다[연루되다]

Many departments were **involved** in composing the new employee handbook.
많은 부서들이 새로운 직원 안내서를 작성하는 데 involved했다.

> ▶ **관련 어휘**
> involve 图 관련 짓다, 수반하다
> Wheaton & Partners' plan to market their firm **involves** extensive online advertisement.
> Wheaton & Partners의 홍보 계획은 광범위한 온라인 광고를 involve한다.

ingredient [ɪnˈɡriːdiənt] ☆☆☆☆☆☆☆ ①-②-③-④-⑤-⑥-⑦

圈 (요리의) 재료, 성분

All our restaurant's salads contain fresh **ingredients** that are grown locally.
저희 식당의 전 샐러드는 지역에서 재배된 신선한 ingredient들을 포함합니다.

> ▶ **핵심 기출 표현**
> natural ingredients 천연 재료
>
> ▶ **혼동 어휘 노트: ingredient vs. material**
> '재료'라는 뜻으로 쓰일 때 ingredient는 식품에 들어가는 음식 재료를, material은 금속이나 목재 등 딱딱한 물질을 나타낼 때 쓴다.

unexpectedly [ˌʌnɪkˈspektɪdli] ☆☆☆☆☆☆☆ ①-②-③-④-⑤-⑥-⑦

團 뜻밖에, 예상외로

Due to **unexpectedly** high demand, the product is completely sold out.
unexpectedly 높은 수요로 인해, 그 제품은 완전히 품절되었다.

> ▶ **관련 어휘**
> unexpected 圐 뜻밖의, 예상 밖의
> We had **unexpected** repair costs. 우리에게 unexpected한 수리 비용이 있었다.
>
> ▶ **핵심 기출 표현**
> unexpected delays 예상치 못한 지연

persuasive [pəˈsweɪsɪv] ☆☆☆☆☆☆☆ ①-②-③-④-⑤-⑥-⑦

圐 설득력 있는

Ms. Blair's team won the contract because her presentation was the most **persuasive**.
Ms. Blair의 발표가 가장 persuasive했기 때문에 그녀의 팀이 계약을 따냈다.

▶ 관련 어휘
persuade ⑧ 설득하다

 ······▶ persuade A to do: A가 ~하도록 설득하다
(→ A be persuaded to do)

You shouldn't have any problems **persuading** stores to carry our product.
당신은 상점들에 우리 상품을 취급하도록 **persuade**하는 데 아무 문제가 없을 것입니다.

persuadable ⑱ 설득이 되기 쉬운

▶ 핵심 기출 표현
persuasive argument 설득력 있는 주장　　　　**persuasive evidence** 설득력 있는 증거

---

term [tə:m] ★☆☆☆☆☆☆　　　①-②-③-④-⑤-⑥-⑦

1 ⑱ (-s) (계약 등의) 조건

·--▶ under the terms of: ~의 (계약) 조건에 따라

Payments will be made biweekly under the **terms** of the contract.
계약 terms에 따라 지급이 격주로 될 것이다.

2 ⑱ 용어

Patent forms contain many complex **terms**.
특허권 양식에는 많은 복잡한 term들이 들어 있다.

3 ⑱ (지속되는 특정한) 기간

Internship contracts are usually set for a **term** of six months.
인턴십 계약은 보통 6개월의 term으로 정해진다.

▶ 핵심 기출 표현
terms and conditions 계약 조건　　　　**long- / short-term** 장기의/단기의

▶ 파트 7 대체어 기출 표현
① **terms** 조건 → **conditions** 조건
the **terms[conditions]** under which some modifications can be made
몇 가지 변경을 일으킬 수 있는 terms[conditions]

② **term** 기간 → **duration** (지속) 기간
a contract with a longer **term[duration]** 더 긴 term[duration]의 계약서

---

match [mætʃ] ☆☆☆☆☆☆☆　　　①-②-③-④-⑤-⑥-⑦

1 ⑧ 어울리다; 일치하다

The furniture was designed to **match** the specifications.
가구는 규격에 match맞게 설계되었다.

2 ⑱ 경기, 시합

The tennis **match** will be postponed to next Tuesday.
테니스 match는 다음주 화요일로 연기될 것이다.

RANK 0760 700+

motivation [ˌmoʊtəˈveɪʃən] ☆☆☆☆☆☆☆ ①-②-③-④-⑤-⑥-⑦

명 동기 부여; 자극

Incentives are used to increase **motivation** in the workplace.

성과급은 직장 내의 motivation을 높이기 위해 사용된다.

> **▶ 관련 어휘**
> **motivate** 통 동기를 부여하다
> We expect that the revised policy will help **motivate** salespeople.
> 우리는 수정된 정책이 영업사원들을 **motivate**하는 데 도움이 될 것이라고 예상한다.
> **motivated** 형 동기가 부여된, 의욕을 가진

RANK 0761 700+

majority [məˈdʒɔrəti] ☆☆☆☆☆☆ ①-②-③-④-⑤-⑥-⑦

명 다수, 가장 많은 수 반 minority 소수 ;--▶ the majority of: ~의 대다수 (cf.) a majority of: 다수의~

The survey results showed that the **majority** of the employees were satisfied with their salary.

조사결과는 직원들의 majority가 자신의 월급에 만족한다는 것을 보여줬다.

> **▶ 관련 어휘**
> **major** 형 주된, 주요한 명 전공 통 전공하다 반 **minor** 형 중요하지 않은; 경미한 명 부전공 통 부전공하다
>
> **▶ 핵심 기출 표현**
> **major in** ~을 전공하다

RANK 0762 700+

outcome [ˈaʊtˌkʌm] ☆☆☆☆☆☆☆ ①-②-③-④-⑤-⑥-⑦

명 결과

The contestants are eagerly awaiting the **outcome** of the competition.

경연 참가자들은 대회의 outcome을 간절히 기다리고 있는 중이다.

RANK 0763 700+

capacity [kəˈpæsəti] ☆☆☆☆☆☆☆ ①-②-③-④-⑤-⑥-⑦

1 명 용량; 수용력 ;--▶ storage capacity: 저장 용량

A stock surplus forced YesMart to increase its warehouse storage **capacity**.

재고 과잉으로 YesMart는 어쩔 수 없이 창고 저장 capacity를 늘렸다.

2 명 능력 ;--▶ capacity to do: ~하기 위한 능력

Technical support staff must possess the **capacity** to respond to inquiries quickly.

기술지원 직원은 문의에 빠르게 답변하는 capacity를 가지고 있어야 한다.

> **핵심 기출 표현**
> seating capacity 좌석수; 수용 능력   at full capacity 풀가동 중인
> be filled to capacity 가득 차 있다

contrast [ˈkɑntræst] ☆☆☆☆☆☆ ①·②·③·④·⑤·⑥·⑦

1 명 대조, 차이 ···▶ in contrast to: ~와는 대조적으로
In **contrast** to the industry's forecast, oil prices did not rise this quarter.
업계에서의 예측과는 contrast하게, 유가는 이번 분기에 오르지 않았다.

2 통 대조하다; 대조를 보이다
After the debate, the moderator will **contrast** the political views of both candidates.
토론 후, 사회자는 양 후보자의 정치적 견해를 contrast할 것이다.

withdraw [wɪθˈdrɔ] ☆☆☆☆☆☆ ①·②·③·④·⑤·⑥·⑦

1 통 철회하다; 중단하다   ···▶ withdraw one's support: ~의 지지를 철회하다
For unknown reasons, Ms. Liam **withdrew** her support for the railway project.
알려지지 않은 이유로, Ms. Liam은 철도 프로젝트에 대한 자신의 지지를 withdraw했다.

2 통 (돈을) 인출하다
Customers will be charged an additional fee when they **withdraw** cash on weekends.
고객들은 주말에 현금을 withdraw할 때 추가 요금을 청구 받을 것이다.

> **관련 어휘** withdrawal 명 1. 인출 2. 철회; 중단

> **핵심 기출 표현** make a withdrawal 인출하다 (= withdraw)

enthusiasm [ɪnˈθuziˌæzəm] ★★★★☆☆ ①·②·③·④·⑤·⑥·⑦

명 열정, 열의
The team leader's **enthusiasm** motivated the members to work more efficiently.
그 팀장의 enthusiasm이 구성원들이 더욱 효율적으로 일하도록 동기를 부여했다.

> **관련 어휘**
> enthusiastic 형 열렬한, 열광적인
>   The company is looking for **enthusiastic** and ambitious students for its internship program.
>   그 회사는 인턴 프로그램을 위한 enthusiastic하고 야심 찬 학생들을 찾고 있다.
> enthusiastically 부 열렬하게, 열광적으로
>   The teachers **enthusiastically** began their classes this morning.
>   오늘 아침 선생님들은 매우 enthusiastically 수업을 시작했다.
> enthusiast 명 열렬한 팬[지지자]

700+
RANK 0767 · **preserve** [prɪˈzɜrv] ☆☆☆☆☆☆☆ ①-②-③-④-⑤-⑥-⑦

1 📖 지키다, 보존하다

To **preserve** the historic area, all development must be approved by the city council.
역사 구역을 preserve하기 위해, 모든 개발은 시 의회의 승인을 받아야 한다.

2 📖 보호 구역, 수렵 금지 구역    wildlife preserve: 야생동물 보호구역

Visitors must attend a short lecture before entering the wildlife **preserve**.
방문객들은 야생동물 preserve에 들어가기 전 짧은 강의를 들어야 한다.

▶ **관련 어휘**
  preservation 혱 보존, 보호   preservative 혱 방부제

700+
RANK 0768 · **largely** [ˈlɑrdʒli] ☆☆☆☆☆☆☆ ①-②-③-④-⑤-⑥-⑦

📖 주로, 대체로   largely due to: 주로 ~때문에

The launch of the Z20 tablet is **largely** due to the efforts of the development team.
Z20 태블릿 컴퓨터의 출시는 largely 개발팀의 노력에 기인한다.

▶ **관련 어휘**
  large 혱 (규모가) 큰; (양이) 많은

700+
RANK 0769 · **comprehensive** [ˌkɑmprəˈhensɪv] ☆☆☆☆☆☆☆ ①-②-③-④-⑤-⑥-⑦

📖 포괄적인, 종합적인

Bumola Department Store offers a **comprehensive** selection of products to consumers.
Bumola 백화점은 고객들에게 제품의 comprehensive한 선택을 제공합니다.

▶ **관련 어휘**
  comprehensively 閔 완전히, 철저하게

600+
RANK 0770 · **save** [seɪv] ★☆☆☆☆☆☆ ①-②-③-④-⑤-⑥-⑦

📖 (돈을) 절약하다; 저축하다

We need to **save** money in order to hold another social gathering in the future.
우리는 앞으로 한번 더 사교모임을 열려면 돈을 save해야 한다.

▸ **관련 어휘**
saving 형 절약

savings 형 저축한 돈, 예금

▸ **핵심 기출 표현**
water-saving 절수의

savings bank 저축 은행

 RANK 0771

renowned [rɪˈnaʊnd] ☆☆☆☆☆☆☆

형 **유명한, 저명한**

The **renowned** entrepreneur shared his success story with conference participants.
renowned한 사업가는 자신의 성공담을 콘퍼런스 참가자들과 공유했다.

▸ **핵심 기출 표현** renowned for ~로 유명한

▸ **파트 7 대체어 기출 표현: renowned 유명한 → famous 유명한**
renowned[famous] for its innovative products 혁신적인 제품들로 renowned[famous]한

 RANK 0772

average [ˈævərɪdʒ] ☆☆☆☆☆☆☆

1 형 **평균의; 보통의, 일반적인**
I think it may be too costly for the **average** user.
그것은 average의 사용자들에게는 너무 비쌀 수도 있을 것 같다.

2 명 **평균, 보통 수준**
A company-wide survey showed that employees worked an **average** of 10 extra hours per week.
전사 차원의 설문 조사에서는 직원들이 average 매주 10시간 추가 근무를 했다고 보여줬다.

3 동 **평균 ~가 되다**
Seat occupancy rate for Aussie Air **averaged** 87 percent during summer peak season.
여름 성수기 동안 Aussie 항공사의 좌석 이용률은 average 87 퍼센트였다.

▸ **핵심 기출 표현**
on average 평균적으로

above/below average 평균 이상/이하

 RANK 0773

insert [ɪnˈsɜːt] ☆☆☆☆☆☆☆

동 **끼우다, 삽입하다**
┈▸ insert A into B: A를 B에 끼우다[삽입하다]
The automated mailer folds and **inserts** letters gently into prestamped envelopes.
자동 우편 기기는 편지를 접어서 미리 우표가 붙여진 봉투에 insert한다.

▸ **관련 어휘** insertion 명 삽입, 끼워 넣기; 삽입물

309

RANK 0774 · 700+ · readily [ˈredəli] ★★☆☆☆☆☆   ①·②·③·④·⑤·⑥·⑦

1 🔳 손쉽게 (= easily)   ┈┈▸ readily accessible: 쉽게 접속[접근]할 수 있는
The sales figures are **readily** accessible on the company's Web site.
매출 수치는 회사 웹 사이트에서 readily하게 열람할 수 있다.

2 🔳 선뜻, 기꺼이 (= willingly)
Ms. Cardoza **readily** complied with the new parking regulation.
Ms. Cardoza는 새로운 주차 규정에 readily 따랐다.

> ▶ **관련 어휘**
> **ready** 🔳 준비가 된

> ▶ **핵심 기출 표현**
> **readily available** 쉽게 이용할 수 있는

RANK 0775 · 700+ · strive [straɪv] ☆☆☆☆☆☆☆   ①·②·③·④·⑤·⑥·⑦

🔳 있는 힘을 다해 노력하다, 분투하다   ┈┈▸ strive to do: ~하려고 노력하다
The designers at Zutech always **strive** to exceed expectations with their work.
Zutech의 디자이너들은 자기 일에 대한 기대치를 뛰어넘기 위해 항상 strive한다.

> ▶ **핵심 기출 표현** **strive for** ~을 위해 노력하다

RANK 0776 · 700+ · confidential [ˌkɑːnfəˈdenʃəl] ★☆☆☆☆☆☆ ①·②·③·④·⑤·⑥·⑦

🔳 비밀의, 기밀의   ┈┈▸ confidential document: 기밀 서류
All **confidential** documents must be shredded before disposal.
모든 confidential한 문서들은 처분하기 전에 반드시 파쇄되어야 한다.

> ▶ **관련 어휘** **confidentiality** 🔳 비밀, 비밀리

> ▶ **핵심 기출 표현** **confidential information** 기밀 정보

RANK 0777 · 700+ · permanent [ˈpɜːrmənənt] ☆☆☆☆☆☆☆ ①·②·③·④·⑤·⑥·⑦

🔳 영구적인   ┈┈▸ permanent position[job]: 정규직
Tenure usually guarantees professors a **permanent** position at the university.
종신 재직권은 보통 교수들에게 대학의 permanent한 자리를 보장한다.

310

▶ 관련 어휘

permanently 團 영구적으로
The Archives Department will seal these records **permanently**.
기록보관부서는 이 기록들을 permanently 밀봉할 것이다.

remove [rɪˈmuːv] ★☆☆☆☆☆☆ ①·②·③·④·⑤·⑥·⑦

1 園 치우다; 없애다
Be sure to **remove** all your belongings before leaving the train.
기차에서 내리기 전에 반드시 모든 소지품을 remove해주세요.

2 園 꺼내다　　　　　;‥▸ remove A from B: B에서 A를 제거하다[꺼내다] (‥▸ A be removed from B)
Some food is being **removed** from an oven. 파트1
음식이 오븐에서 remove되고 있다.

▶ 관련 어휘

removable 園 제거할 수 있는, 뗄 수 있는　　　　**removal** 園 1. 제거 2. 이사

impact [ˈɪmpækt] ☆☆☆☆☆☆☆ ①·②·③·④·⑤·⑥·⑦

1 園 영향, 충격
Robert will discuss the **impact** that the law will have on property prices.
Robert가 그 법이 부동산 가격에 미치는 impact에 대해 논의할 것이다.

2 園 영향을 주다
The coal factory has negatively **impacted** the environment.
석탄 공장은 환경에 부정적으로 impact했다.

▶ 핵심 기출 표현

have an impact on ~에 영향을 주다　　　　**make an impact on** ~에 영향을 미치다

method [ˈmeθəd] ☆☆☆☆☆☆☆ ①·②·③·④·⑤·⑥·⑦

園 방법　　　　　　　　　　　　　　;‥▸ method for(doing): ~을 (하기) 위한 방법
There will be an informative lecture on teaching **methods** for young learners.
어린 학습자들을 위한 교수 method에 대한 유익한 강의가 있을 것이다.

▶ 핵심 기출 표현

method of ~의 방법　　　　**packing method** 포장 방법

RANK 0781 👑700+

greatly [ˈɡreɪtli] ★☆☆☆☆☆☆   ①-②-③-④-⑤-⑥-⑦

📖 크게, 대단히
We **greatly** appreciated the translator's assistance during the negotiations in Sri Lanka.
우리는 스리랑카에서 있었던 협상에서 통역사의 도움에 greatly 고마워했다.

> ▶ **관련 어휘** great 📘 대단한, 엄청난

> ▶ **파트 7 대체어 기출 표현:** greatly 크게, 대단히 → immensely 엄청나게
> benefit greatly[immensely] from the advertising campaign
> 광고 캠페인으로 greatly[immensely]하게 혜택을 보다

RANK 0782 👑700+

prospective [prəˈspektɪv] ★☆☆☆☆☆☆   ①-②-③-④-⑤-⑥-⑦

📘 장래의, 유망한   ;--▶ prospective client: 장래 고객
Product demonstrations with **prospective** clients often lead to sales contracts.
prospective 고객에게 상품을 시연하는 것은 종종 판매 계약으로 이어진다.

> ▶ **관련 어휘** prospect 📗 1. 가망; 예상 2. (-s) 전망

> ▶ **핵심 기출 표현** prospective buyer 장래 구매자

RANK 0783 👑700+

entire [ɪnˈtaɪr] ★☆☆☆☆☆☆   ①-②-③-④-⑤-⑥-⑦

📘 전체의, 온
The new machine will enable supervisors to monitor the **entire** process in the factory.
새로운 기계로 감독자들은 공장에서 일어나는 entire한 과정을 감독할 수 있게 될 것이다.

> ▶ **관련 어휘** entirely 📙 전적으로, 완전히

> ▶ **핵심 기출 표현** entirely refundable 전액 환불 가능한

RANK 0784 👑700+

anxious [ˈæŋkʃəs] ☆☆☆☆☆☆☆   ①-②-③-④-⑤-⑥-⑦

1 📘 불안해 하는, 염려하는   ;--▶ anxious about: ~에 대해 불안해 하는
Mr. Sohn felt **anxious** about giving a presentation at the shareholders meeting.
Mr. Sohn은 주주 총회에서 발표하는 것에 대해 anxious 했다.

2 형 간절히 바라는, 열망하는 ···▶ anxious to do: ~하기를 간절히 바라는
If you are **anxious** to get this information, you should contact Stacey.
이 정보를 얻고 싶어 anxious 하다면, Stacey에게 연락해야 합니다.

▶ **핵심 기출 표현** anxious for ~를 간절히 바라는

RANK 0785

negative [ˈnegətɪv] ☆☆☆☆☆☆☆ ①-②-③-④-⑤-⑥-⑦

형 부정적인
There was **negative** feedback about the design of this car.
이 차의 디자인에 대한 negative한 피드백이 있었다.

RANK 0786

dependable [dɪˈpendəbəl] ★☆☆☆☆☆☆ ①-②-③-④-⑤-⑥-⑦

형 믿을 수 있는
I hired Mike because he seems like a very **dependable** person.
내가 Mike를 고용한 이유는 그는 아주 dependable한 사람인 것 같아서이다.

▶ **관련 어휘** dependent 형 의존하는, 의존적인

RANK 0787

relatively [ˈrelətɪvli] ☆☆☆☆☆☆☆ ①-②-③-④-⑤-⑥-⑦

부 비교적
Economic experts predict that interest rate levels will remain **relatively** low this year.
경제 전문가들은 올해 금리 수준이 relatively 낮은 수준에 머물 것이라고 전망한다.

▶ **관련 어휘** relative 형 비교상의, 상대적인
▶ **핵심 기출 표현** relatively lenient 상대적으로 관대한

RANK 0788

facilitate [fəˈsɪləteɪt] ☆☆☆☆☆☆☆ ①-②-③-④-⑤-⑥-⑦

동 용이하게 하다, 촉진시키다
The larger trucks will **facilitate** the faster delivery of merchandise.
대형 트럭은 더 빠른 상품 배송을 facilitate하게 할 것이다.

▶ **관련 어휘** facilitator 명 조력자, 협력자

700+
RANK 0789

adopt [əˈdɑːpt] ☆☆☆☆☆☆☆ ①-②-③-④-⑤-⑥-⑦

⑤ 채택하다

Anronis Investment has **adopted** a new banking system to improve customer satisfaction.

Anronis 투자사에서는 고객 만족도를 향상하기 위해 새 뱅킹 시스템을 adopt했다.

▷ 관련 어휘 adoption ⑱ 채택

700+
RANK 0790

income [ˈɪnkʌm] ☆☆☆☆☆☆☆ ①-②-③-④-⑤-⑥-⑦

⑱ 소득, 수입

To apply for a loan, you need a job with a regular **income**.

대출을 신청하려면, 고정적인 income이 있는 직장이 필요하다.

▷ 핵심 기출 표현 gross income 총 소득, 총 수입

700+
RANK 0791

force [fɔːrs] ★☆☆☆☆☆☆ ①-②-③-④-⑤-⑥-⑦

1 ⑱ 힘, 세력

Mr. Manetti displayed a show of **force** by reducing employee break times.

Mr. Manetti는 직원 휴식 시간을 축소함으로써 force를 과시했다.

2 ⑤ 강요하다, 억지로 ~하다   ;--▶ be forced to do: 어쩔 수 없이 ~하다

Because of rising production costs, we were **forced** to increase our prices.

증가하는 생산비용 때문에, 우리는 force하여 가격을 올려야 했다.

700+
RANK 0792

browse [braʊz] ☆☆☆☆☆☆☆ ①-②-③-④-⑤-⑥-⑦

⑤ 훑어보다; 둘러보다

On our Web site, you can **browse** our stylish collection of accessories.

저희 웹 사이트에서 멋진 액세서리 컬렉션을 browse할 수 있습니다.

700+
RANK 0793

volume [ˈvɑːljuːm] ★☆☆☆☆☆☆ ①-②-③-④-⑤-⑥-⑦

1 ⑱ 용량, 양   ;--▶ volume of: ~의 양

The electronic forms will help reduce the **volume** of unnecessary photocopying.

전자 양식은 불필요한 복사의 volume을 줄이는 데 도움이 될 것이다.

2 명 음량

Please be mindful of the **volume** of your voice at the office.

사무실에서는 목소리 volume에 주의해 주세요.

3 명 (시리즈물의) 책, 권

This novel is the latest **volume** in Carolyn Wang's mystery series.

이 소설은 Carolyn Wang의 미스터리 시리즈의 가장 최신 volume이다.

▶ 핵심 기출 표현

  call volume 통화량   a large / huge volumn of 많은 / 다량의 ~

▶ 파트 7 대체어 기출 표현: volume 용량 → amount 양, 분량

  a large **volume[amount]** of e-mails 많은 volume[amount]의 이메일

RANK 0794

superior [sə'pɪriə] ☆☆☆☆☆☆☆   ①-②-③-④-⑤-⑥-⑦

형 (~보다 더) 우수한, 우월한   ⤑ be superior to: ~보다 우수하다

According to reviews, the KV-321 laptop is **superior** to others due to its large screen.

후기에 따르면, KV-321 노트북은 큰 스크린을 갖추어 다른 제품보다 superior하다.

▶ 관련 어휘 superiority 명 우월성: 우세

RANK 0795

bargain ['bɑːrgɪn] ☆☆☆☆☆☆☆   ①-②-③-④-⑤-⑥-⑦

명 싸게 사는 물건, 할인

X-Mart offers special **bargains** on food items once a week.

X-Mart는 일주일에 한 번 음식을 놓고 특별 bargain을 제공한다.

▶ 핵심 기출 표현

  bargain over ~에 대해 흥정하다   bargain on ~을 기대하다

RANK 0796

sample ['sæmpəl] ☆☆☆☆☆☆☆   ①-②-③-④-⑤-⑥-⑦

1 명 견본품, 샘플

Please include some work **samples** with your job application.

입사 지원서에 작업 sample을 포함해 주세요.

2 동 맛보다, 시식하다

After you **sample** each chocolate, you'll answer a series of questions.

여러분들은 초콜릿을 하나씩 sample한 후에, 일련의 질문들에 답할 것입니다.

RANK 0797 700+

congestion [kənˈdʒestʃən] ☆☆☆☆☆☆☆ ①-②-③-④-⑤-⑥-⑦

명 (장소에서의) 혼잡

;--▶ traffic congestion: 교통 혼잡

Road construction has increased traffic **congestion** along Spencer Street.
도로 공사가 Spencer가를 따라 교통 congestion을 증가시켰다.

▶ **관련 어휘** congest 동 혼잡하게 하다; 정체시키다

RANK 0798 700+

gradually [ˈgrædʒuəli] ☆☆☆☆☆☆☆ ①-②-③-④-⑤-⑥-⑦

부 서서히

Online newspapers are **gradually** replacing the traditional print versions in many countries.
많은 국가에서 온라인 신문이 gradually하게 전통적 출판물을 대체하고 있다.

▶ **관련 어휘** gradual 형 점진적인, 서서히 일어나는

RANK 0799 700+

excel [ɪkˈsel] ★☆☆☆☆☆☆ ①-②-③-④-⑤-⑥-⑦

동 뛰어나다, 탁월하다

;--▶ excel in/at: ~에 뛰어나다

Driscole Media is seeking candidates who **excel** in high-pressure situations.
Driscole 미디어는 스트레스가 많은 상황에 excel한 후보자를 구하고 있다.

▶ **관련 어휘**
excellent 형 훌륭한, 탁월한
  The food is **excellent**, but the service is very slow. 음식은 excellent하지만, 서비스가 매우 느리다.
excellence 명 뛰어남, 탁월함

RANK 0800 700+

intensive [ɪnˈtensɪv] ☆☆☆☆☆☆☆ ①-②-③-④-⑤-⑥-⑦

형 집중적인

The company will hold an **intensive** training session for its new employees.
회사는 신입 직원들을 위해 intensive한 교육을 개최할 것이다.

▶ **관련 어휘**
intensively 부 집중적으로
intensify 동 심해지다, 격렬해지다

Speed Check-up

정답 p.583

다음의 한글 의미를 단서로 삼아 보기에서 알맞은 단어를 골라 넣으세요.

ⓐ capacity　　ⓑ commence　　ⓒ readily　　ⓓ impacted　　ⓔ persuasive

01 The sales figures are _____ accessible on the company's Web site.
손쉽게

02 Ms. Blair's team won the contract because her presentation was the most
_____.
설득력 있는

03 Technical support staff must possess the _____ to respond to inquiries
quickly.　능력

04 The wedding ceremony will _____ at 2 P.M. at the Horace Chapel.
시작하다

05 The coal factory has negatively _____ the environment.
영향을 미치다

다음의 한글 해석과 의미가 같아지도록 보기에서 알맞은 단어를 골라 넣으세요.

ⓐ preserve　　ⓑ unexpectedly　　ⓒ majority　　ⓓ gradually　　ⓔ facilitate

06 The larger trucks will _____ the faster delivery of merchandise.
대형 트럭은 더 빠른 상품 배송을 용이하게 해줄 것이다.

07 Due to _____ high demand, the product is completely sold out.
예상치 못하게 높은 수요로 인해, 그 제품은 완전히 품절되었다.

08 The survey results showed that the _____ of the employees were satisfied
with their salary. 조사 결과는 직원들의 대다수가 자신의 월급에 만족한다는 것을 보여줬다.

09 To _____ the historic area, all development must be approved by the city
council. 역사 구역을 보존하기 위해, 모든 개발은 시 의회의 승인을 받아야 한다.

10 Online newspapers are _____ replacing the traditional print versions in many
countries. 많은 국가에서 온라인 신문이 서서히 전통적 출판물을 대체하고 있다.

문맥에 어울리는 단어를 보기에서 골라 넣으세요.

ⓐ withdrew　　ⓑ involved　　ⓒ confidential　　ⓓ prospective　　ⓔ renowned

11 The _____ entrepreneur shared his success story with conference
participants.

12 For unknown reasons, Ms. Liam _____ her support for the railway project.

13 Product demonstrations with _____ clients often lead to sales contracts.

14 Many departments were _____ in composing the new employee handbook.

15 All _____ documents must be shredded before disposal.

정치의 꿈

RANK 0801 700+ **remarkable** [rɪˈmɑːrkəbəl] ★☆☆☆☆☆☆ ①·②·③·④·⑤·⑥·⑦

형 놀랄 만한, 주목할 만한

The prime minister's **remarkable** speech impressed the foreign press.
국무총리의 remarkable한 연설이 외국 언론에게 감명을 주었다.

> **관련 어휘**
> remarkably 閉 두드러지게, 매우

> **파트 7 대체어 기출 표현: remarkable 놀랄 만한, 주목할 만한 → outstanding 뛰어난, 돋보이는**
> his **remarkable[outstanding]** contribution to the sales team
> 영업팀에서 그의 remarkable[outstanding]한 기여

RANK 0802 700+ **promising** [ˈprɑːmɪsɪŋ] ★☆☆☆☆☆☆ ①·②·③·④·⑤·⑥·⑦

형 유망한, 촉망되는

Jane Reeves was voted as the most **promising** young artist by *Music Tomorrow Magazine*.
Jane Reeves는 〈Music Tomorrow Magazine〉지에서 가장 promising한 젊은 예술가로 선정되었다.

> **핵심 기출 표현**
> promising candidate 유망한 후보자

RANK 0803 700+ **initiative** [ɪˈnɪʃətɪv] ☆☆☆☆☆☆☆ ①·②·③·④·⑤·⑥·⑦

1 명 (문제 해결이나 목적 달성을 위한) 계획

Fadexpert's online marketing **initiatives** use both social media and Web portals.
Fadexpert의 온라인 마케팅 initiative는 소셜 미디어와 포털 사이트를 모두 사용한다.

2 명 결단력; 주도권

Candidates for the managerial position must show **initiative** to lead others.
관리직 후보자들은 다른 사람들을 이끄는 initiative를 보여줘야 한다.

> **관련 어휘**
> initiation 명 시작, 개시   initiate 동 시작하다

> **핵심 기출 표현**
> recycling initiative 재활용 계획   on one's own initiative 자발적으로, 솔선하여

shift [ʃɪft] ☆☆☆☆☆☆☆ ①·②·❸·④·⑤·⑥·⑦

1 몡 교대 근무; 교대조 ;--▶ morning/evening/night shift: 오전/저녁/야간 교대 근무(조)
We need a cashier to cover the morning **shift** on weekdays.
우리는 주중에 오전 shift를 맡아줄 계산원이 필요하다.

2 몡 (위치, 입장, 방향의) 변화
The executives showed a **shift** in opinion after hearing Ms. Sharma's speech.
임원들은 Ms. Sharma의 연설을 들은 후 의견 shift를 보였다.

3 동 옮기다; 바꾸다; 바뀌다
Mayor Kane **shifted** his position on increasing taxes after receiving backlash from residents.
Kane 시장은 주민들의 반발이 있은 후, 세금인상에 대한 자신의 입장을 shift했다.

▶ **핵심 기출 표현**
work shift 근무 교대

observe [əbˈzɜːv] ☆☆☆☆☆☆☆ ①·②·③·④·❺·⑥·⑦

1 동 준수하다
Patrons are asked to **observe** the rules of the library.
이용객들은 도서관 규칙을 observe하도록 요구된다.

2 동 관찰하다, 주시하다
The theater director will carefully **observe** each performer's audition.
극장 감독은 각 연기자의 오디션을 주의깊게 observe할 것이다.

▶ **관련 어휘**
observance 몡 (법규 등의) 준수   **observation** 몡 관찰, 주시
observant 혱 1. 준수하는 2. 관찰력 있는

▶ **핵심 기출 표현**
observe safety regulations 안전 수칙을 준수하다   **in observance of** ~을 준수하여

competent [ˈkɑːmpətənt] ☆☆☆☆☆☆☆ ①·②·③·④·❺·❻·⑦

혱 유능한, 능숙한
A **competent** interpreter is helpful when mediating between two international companies.
두 다국적 기업 사이에서 중재할 때 competent한 통역가가 도움이 된다.

▶ 관련 어휘
competence 몧 유능함, 능숙함

RANK
0807
700+

accomplishment [əˈkɑːmplɪʃmənt] ★ ☆☆☆☆☆☆☆ ①-②-③-④-⑤-⑥-⑦

몡 업적, 공적
Please send us a summary of your **accomplishments** prior to your interview.
면접 전에 귀하의 accomplishment의 요약본을 저희에게 보내주세요.

▶ 관련 어휘
accomplish 용 완수하다, 성취하다　　　　accomplished 몧 기량이 뛰어난; 재주가 많은

RANK
0808
700+

appreciate [əˈpriːʃieɪt] ☆☆☆☆☆☆☆ ①-②-③-④-⑤-⑥-⑦

1 용 고마워하다; 환영하다
Berk's Bookstore **appreciates** your continued support of our reading program.
Berk's 서점은 저희 독서 프로그램에 대한 여러분의 지속적인 지원에 appreciate합니다.

2 용 진가를 알아보다, 인정하다
During the award ceremony, the company **appreciated** the employees for their contributions.
시상식에서 회사는 직원들에게 그들의 기여를 appreciate했다.

▶ 관련 어휘
appreciation 몡 1. 감사 2. 감상　　　　appreciative 몧 고마워 하는

▶ 핵심 기출 표현
in appreciation of ~에 감사하여　　　　as a token of appreciation 감사의 표시로
be appreciative of ~에 감사하다

RANK
0809
700+

block [blɑːk] ☆☆☆☆☆☆☆ ①-②-③-④-⑤-⑥-⑦

1 용 막다, 차단하다
A road is **blocked** for maintenance work. 파트1
길이 보수 작업으로 block되었다.

2 몡 (도로로 구분되는) 구역, 블록
The office building is only a **block** away.
사무실 건물은 단지 한 block 떨어진 거리에 있어요.

designated [ˈdezɪgneɪtid] ★☆☆☆☆☆☆ ①-②-③-④-⑤-⑥-⑦

웹 지정된

;--▸ designated area: 지정 구역

Please park your car in the **designated** area only.

당신의 차량을 designated한 구역에만 주차해 주세요.

▶ **관련 어휘**

designate 통 1. 지정하다 2. 지명하다

The city has **designated** Ms. Trang to oversee the construction of the library.

시는 도서관 건축을 감독하는 업무에 Ms. Trang을 **designate**했다.

designation 명 1. 지정 2. 지명

▶ **핵심 기출 표현**

designated for ~을 위해 지정된

reward [rɪˈwɔːrd] ☆☆☆☆☆☆☆ ①-②-③-④-⑤-⑥-⑦

1 명 **보상(금), 사례(금)**

;--▸ as a reward (for): (~에 대한) 보상으로

Mr. Shen received a bonus **as a reward** for acquiring more clients.

Mr. Shen은 더 많은 고객을 확보한 것에 대해 reward로 보너스를 받았다.

2 통 **보상하다, 사례하다**

;--▸ reward A with/for B: A에게 B로/에 대해 보상하다
(→ A be rewarded with/for)

Employees who walk or bike to work will be **rewarded** with a gift certificate.

걷거나 자전거로 출근하는 직원들은 상품권으로 reward 받을 것입니다.

▶ **관련 어휘**

rewarding 형 보람 있는

We hope you find this work very **rewarding**.

당신이 이 일이 매우 **rewarding**하다는 걸 알길 바랍니다.

▶ **핵심 기출 표현**

cash reward 보상금, 사례금

effort [ˈefərt] ★★☆☆☆☆☆ ①-②-③-④-⑤-⑥-⑦

명 노력

;--▸ fundraising effort: 모금 운동

The mayor is leading a fundraising **effort** to build a new playground in the city park.

시장은 시 공원에 새 놀이터를 짓기 위한 모금활동 effort에 앞장 서고 있다.

▶ **관련 어휘**

effortlessly 부 힘들이지 않고, 쉽게

▶ **핵심 기출 표현**

make an effort 노력하다, 애쓰다   **in an effort to do** ~하기 위한 노력의 일환으로

700+
RANK
0813

tenant [ˈtenənt] ☆☆☆☆☆☆☆

① - ② - ③ - ④ - ⑤ - ⑥ - ⑦

🅜 세입자, 임차인

Tenants must pay the first month's rent and the deposit in advance.

tenant들은 월세와 보증금을 미리 지불해야 한다.

700+
RANK
0814

recruit [rɪˈkrut] ★☆☆☆☆☆☆

① - ② - ③ - ④ - ⑤ - ⑥ - ⑦

1 🅥 모집하다, 뽑다

Extra workers will be **recruited** during the sales period.

판매 기간 동안 추가 근로자들이 recruit될 것이다.

2 🅜 신입 사원

An orientation session will be held for the **recruits** on their first day of work.

근무 첫 날 recruit들을 위해 예비 교육 시간이 열릴 것입니다.

▷ **관련 어휘**

recruitment 🅜 신규 모집, 채용　　　　　　　**recruiter** 🅜 (인력을) 모집하는 사람, 리크루터

700+
RANK
0815

combine [kəmˈbaɪn] ☆☆☆☆☆☆☆

① - ② - ③ - ④ - ⑤ - ⑥ - ⑦

🅥 결합하다

The engineer **combined** the distinctive architectural styles found in the two cities.

그 엔지니어는 그 두 도시들에서 발견된 독특한 건축 스타일들을 combine했다.

▷ **관련 어휘**

combined 🅐 결합된, 합동의　　　　　　　**combination** 🅜 결합, 조합

▷ **핵심 기출 표현**

combine A with B [A and B] A와 B를 결합하다 (→ A be combined with B)
combined efforts 결합된 노력　　　　　　　**combined experience** 종합 경력
in combination with ~와 결합하여　　　　　　**a combination of A and B** A와 B의 결합

700+
RANK
0816

detect [dɪˈtekt] ☆☆☆☆☆☆☆

① - ② - ③ - ④ - ⑤ - ⑥ - ⑦

🅥 감지하다, 발견하다

Scientists developed a new way to **detect** diseases through blood tests.

과학자들은 혈액 검사를 통해서 질병을 detect하는 새로운 방법을 개발했다.

600+
RANK 0817

field [fiːld] ☆☆☆☆☆☆☆   ①-②-③-④-⑤-⑥-⑦

1 뗑 분야

Dr. Park is respected for her accomplishments in the **field** of environmental science.
Dr. Park은 환경과학 field의 업적으로 존경받는다.

2 뗑 들판

Some people are sitting in a **field**. 파트1
몇몇 사람들이 들판 위에 앉아 있다.

> ▣ 파트 7 대체어 기출 표현: field 분야 → profession 직업, 직종
> well respected in his **field[profession]** 그의 field[profession]에서 높이 평가되는

700+
RANK 0818

architect [ˈɑrkɪˌtekt] ☆☆☆☆☆☆☆   ①-②-③-④-⑤-⑥-⑦

뗑 건축가

An Albanian **architect** named Sinan designed many beautiful buildings in Istanbul.
Sinan이라는 이름의 알바니아 architect가 Istanbul의 많은 아름다운 건물들을 디자인했다.

> ▣ 관련 어휘
> architecture 뗑 1. 건축(학) 2. 건축 양식
> The client has hired our **architecture** firm to remodel their hotel lobby.
> 그 고객은 그들의 호텔 로비를 개조하기 위해서 우리 architecture 회사를 고용했다.

700+
RANK 0819

leadership [ˈlidərˌʃɪp] ☆☆☆☆☆☆☆   ①-②-③-④-⑤-⑥-⑦

1 뗑 지도력

          ┈▶ under one's leadership: ~의 지도 하에
The company prospered for many years under Mr. Singh's strong **leadership**.
회사는 Mr. Singh의 강력한 leadership 하에서 수 년간 번창했다.

2 뗑 지도부

Jokrim Company's new **leadership** will have complete control over salary increases.
Jokrim사의 새로운 leadership이 임금 인상에 대한 전권을 가질 것이다.

> ▣ 관련 어휘
> leader 뗑 지도자, 대표   leading 뗑 선두적인, 일류의

RANK 700+
0820

residence [ˈrezɪdəns] ★★☆☆☆☆☆ ①-②-③-④-⑤-⑥-⑦

명 주택, 거주지

All of the rural **residences** will be provided with new recreational facilities.
모든 시골 지역 residence들에 새 오락 시설들이 제공될 것이다.

▶ 관련 어휘
resident 명 주민, 거주자
The current **residents** are moving out on Sunday afternoon.
현 resident들은 일요일 오후에 이사 나간다.
residential 형 주택지의; 거주하기 좋은　　　　**reside** 통 살다, 거주하다

▶ 핵심 기출 표현
residential area 주거 지역　　　　　　**reside in** ~에 거주하다
in residence 전속의, 상주하는

 RANK 700+
0821

consecutive [kənˈsekjətɪv] ☆☆☆☆☆☆☆ ①-②-③-④-⑤-⑥-⑦

형 연이은

The company's profits have declined for two **consecutive** quarters due to increased competition.
심화된 경쟁으로 회사의 수익이 2분기 consecutive로 떨어졌다.

▶ 관련 어휘
consecutively 부 연속해서

▶ 핵심 기출 표현
for five consecutive years 5년 연속으로

RANK 700+
0822

personal [ˈpɜːsənəl] ★☆☆☆☆☆☆ ①-②-③-④-⑤-⑥-⑦

형 개인의, 개인적인

⌐--▶ personal belongings: 개인 물품
Don't forget to take your **personal** belongings with you.
personal한 소지품을 잊지 말고 가져가세요.

▶ 관련 어휘
personalized 형 개인의 필요에 맞춘
We specialize in creating **personalized** business cards.
우리는 personalized된 명함 제작을 전문으로 한다.
personally 부 개인적으로, 직접　　　　**personality** 명 성격; 개성

▶ 핵심 기출 표현
personal check 개인 수표　　　　　**personal information** 개인 정보

325

accustomed [əˈkʌstəmd] ★☆☆☆☆☆ ①-②-③-④-⑤-⑥-⑦

형 ~에 익숙한 ···▶ be accustomed to 명사/doing: ~(하는 데)에 익숙하다

Having lived in Paris, Ms. Snead is **accustomed** to French cuisine.

Paris에 살았던 Ms. Snead는 프랑스 음식에 accustomed하다.

clarification [ˌklerəfəˈkeɪʃən] ☆☆☆☆☆☆ ①-②-③-④-⑤-⑥-⑦

명 설명, 해명 ···▶ clarification of/on: ~의/에 대한 해명

The client requested further **clarification** on the special clause in the contract.

고객은 계약서에 있는 특별 약관에 대해 더 자세한 clarification을 요청했다.

▶ 관련 어휘

clarify 동 명확하게 하다, 분명히 말하다

I want to **clarify** a few things about the company's new policies.

나는 회사의 새로운 규정들에 대해 몇 가지를 clarify하고 싶다.

utilize [ˈjuːtəlaɪz] ☆☆☆☆☆☆ ①-②-③-④-⑤-⑥-⑦

동 활용하다, 이용하다

A good manager can help staff members **utilize** their full potential.

관리자는 직원들이 자신의 잠재력을 충분히 utilize할 수 도와줄 수 있어야 한다.

▶ 관련 어휘

utilization 명 활용, 이용   **utility** 명 1. (-ies) (수도, 전기, 가스 등의) 공익사업 2. 유용성

▶ 핵심 기출 표현

utility bill (전기, 가스, 수도) 공과금 (= utilities)   **no utilities included** 공과금 별도

discontinue [ˌdɪskənˈtɪnjuː] ★☆☆☆☆☆ ①-②-③-④-⑤-⑥-⑦

동 중단하다

Z-Mobile will **discontinue** its Z700 models due to their outdated designs.

Z-Mobile은 오래된 디자인 때문에 Z700모델을 discontinue할 것이다.

700+
RANK
0827

pursue [pə'suː] ★☆☆☆☆☆☆

①-②-③-④-⑤-⑥-⑦

통 추구하다, 계속해 나가다

After graduating from Haxbeu Cooking School, Michelle **pursued** a career as a chef.

Haxbeu 요리 학교를 졸업한 후, Michelle은 요리사로서의 직업을 pursue했다.

> **▶ 관련 어휘**
> **pursuit** 명 추구, 이행

600+
RANK
0828

party ['paːrti] ★☆☆☆☆☆☆

①-②-③-④-⑤-⑥-⑦

1 명 **단체, 일행; 당사자**

Both **parties** were satisfied with the result of the negotiation.

양 party들은 협상 결과에 만족했다.

2 명 **파티**

Who is organizing Jon's retirement **party**? 파트 2

누가 Jon의 은퇴기념 party를 준비하고 있나요?

700+
RANK
0829

component [kəm'poʊnənt] ☆☆☆☆☆☆☆

①-②-③-④-⑤-⑥-⑦

명 (구성) 요소, 부품

Before assembling the stereo system, check that all the **components** are included in the box.

스테레오를 조립하기 전에, 모든 component들이 상자에 포함되어 있는지 확인하세요.

700+
RANK
0830

optimistic [ˌɑːptə'mɪstɪk] ☆☆☆☆☆☆☆

①-②-③-④-⑤-⑥-⑦

명 낙관적인, 낙관하는

⌐---▶ optimistic about: ~에 낙관하는

Despite slumping sales figures, management is still **optimistic** about reaching yearly quotas.

매출액 폭락에도 불구하고, 경영진은 여전히 연간 할당량에 도달하는 것에 대해 optimistic하다.

> **▶ 관련 어휘**
> **optimist** 명 낙관론자

> **▶ 핵심 기출 표현**
> **remain optimistic** (상황을) 낙관하다

precisely [prəˈsaɪsli] ★★☆☆☆☆☆

①-②-③-④-⑤-⑥-⑦

⬛ 정확하게

⌐--▶ precisely/promptly at+시각: ~시 정각에

The stockholders meeting will begin **precisely** at 10 A.M.

주주 총회는 precisely 오전 10시에 시작될 것이다.

▶ **관련 어휘**
precise ⓗ 정확한

▶ **핵심 기출 표현**
get a precise measurement 정확한 측정치를 얻다

visible [ˈvɪzəbəl] ☆☆☆☆☆☆☆

①-②-③-④-⑤-⑥-⑦

1 ⓗ 가시적인, 뚜렷한

The legal team will make sure the amendments to the contract are **visible**.

법무팀은 반드시 계약 수정사항을 visible하도록 할 것이다.

2 ⓗ (눈에) 보이는, 알아볼 수 있는

Mountains are **visible** in the distance. 파트1

산들이 멀리서 visible하다.

▶ **관련 어휘**
visibility ⓝ 1. 시계 2. 가시성, 눈에 잘 보임

▶ **핵심 기출 표현**
visible from ~에서 보이는   clearly visible 뚜렷이 보이는

reliant [rɪˈlaɪənt] ☆☆☆☆☆☆☆

①-②-③-④-⑤-⑥-⑦

ⓗ 의존하는, 의지하는

⌐--▶ be reliant on/upon: ~에 의존하다

Many residents in Humdolt are **reliant** on the city's public transportation system.

Humdolt의 많은 주민들이 도시의 대중교통 시스템에 reliant한다.

▶ **관련 어휘**
rely ⓥ 의존하다   reliance ⓝ 의존, 의지

▶ **핵심 기출 표현**
rely heavily on ~에 크게 의존하다   rely solely on 오로지 ~에만 의존하다
reliance on ~에 대한 의존

RANK 0834 **apparent** [əˈperənt] ★☆☆☆☆☆☆ ①·②·③·④·⑤·⑥·⑦

╌╌▶ be apparent that절: that 이하가 분명하다

웹 **분명한, 누가 봐도 알 수 있는**

It was **apparent** that the investors were interested in purchasing the property.
그 투자자들이 부동산을 구입하는 데 관심이 있었던 것은 apparent했다.

▶ 관련 어휘
apparently 뿐 보아 하니, 듣자 하니
Apparently, her flight was delayed. apparently, 그녀의 비행기가 연착됐네요.

RANK 0835 **enterprise** [ˈentə-praɪz] ★☆☆☆☆☆☆ ①·②·③·④·⑤·⑥·⑦

1 웹 **기업, 회사**

╌╌▶ commercial enterprise: 영리기업

Hilso Co. is one of the nation's largest commercial **enterprises**.
Hilso사는 국내 최대 민영 enterprise 중 하나이다.

2 웹 **(모험성) 대규모 사업**

The joint **enterprise** between CK Investment and MJI Corporation proved to be very successful.
CK 투자사와 MJI사의 공동 enterprise는 매우 성공적임이 판명되었다.

RANK 0836 **unfortunately** [ʌnˈfɔːrtʃənətli] ★☆☆☆☆☆☆ ①·②·③·④·⑤·⑥·⑦

뿐 **불행하게도, 유감스럽게도**

Unfortunately, the CEO will be late because of a flight delay.
unfortunately, CEO는 비행기 연착으로 늦을 예정이다.

▶ 관련 어휘
unfortunate 웹 운이 없는, 불행한   **fortunate** 웹 운 좋은, 다행인
misfortune 웹 불운, 불행   **fortune** 웹 행운
fortunately 뿐 다행스럽게도, 운 좋게도

RANK 0837 **suddenly** [ˈsʌdənli] ★★☆☆☆☆☆ ①·②·③·④·⑤·⑥·⑦

뿐 **갑자기**

Employees were **suddenly** informed of the fire drill.
직원들은 suddenly 소방훈련을 통보 받았다.

▶ 관련 어휘 **sudden** 웹 갑작스러운

▶ 핵심 기출 표현 **all of a sudden** 갑자기 (= all at once)

RANK 0838 · 700+

municipal [mjuːˈnɪsəpəl] ☆☆☆☆☆☆☆ ①-②-③-④-⑤-⑥-⑦

웹 시[군]의; 지방 자치제의

The **municipal** art gallery received funding from the city government.

municipal 미술관은 시 정부로부터 자금을 받았다.

RANK 0839 · 700+

incidental [ˌɪnsɪˈdentəl] ☆☆☆☆☆☆☆ ①-②-③-④-⑤-⑥-⑦

웹 부수적인

;--▶ incidental expense: 부대 비용

Guests will be responsible for all **incidental** expenses occurred during their stay.

숙박객들은 투숙하는 동안 발생하는 모든 incidental 비용을 책임질 것이다.

> ▶ **관련 어휘** incidentally 图 1. 우연히 2. 그런데, 그건 그렇고

RANK 0840 · 700+

seasonal [ˈsiːzənəl] ☆☆☆☆☆☆☆ ①-②-③-④-⑤-⑥-⑦

웹 계절적인, 계절에 따라 다른

;--▶ seasonal demand: 계절에 따른 수요

Our stock of ski equipment is based on **seasonal** demand.

저희 스키 장비 재고는 seasonal 수요에 기반을 둡니다.

> ▶ **핵심 기출 표현**
> seasonal variation 계절에 따른 차이   seasonal ingredients 제철 재료
> seasonal change 계절적 변화

RANK 0841 · 600+

population [ˌpɑːpjəˈleɪʃən] ☆☆☆☆☆☆☆ ①-②-③-④-⑤-⑥-⑦

명 인구

Tairua College's reduction in tuition fees has resulted in a dramatic increase in its student **population**.

Tairua 대학의 등록금 삭감으로 학생 population이 극적으로 증가했다.

RANK 0842 · 700+

delighted [dɪˈlaɪtɪd] ☆☆☆☆☆☆☆ ①-②-③-④-⑤-⑥-⑦

웹 아주 기뻐하는

;--▶ be delighted to do: ~하게 되어 기뻐하다

The vice president was **delighted** to hear that profits were up 15 percent.

부사장은 수익이 15퍼센트 올랐다는 소식을 듣고 delighted했다.

> ▶ 관련 어휘
> **delightful** 휑 유쾌한, 즐거운; 마음에 드는

RANK 0843

scenic [ˈsiːnɪk]　☆☆☆☆☆☆☆　①·②·③·④·⑤·⑥·⑦

휑 **경치가 좋은**

┊┈▶ scenic view: (경치가) 멋진 전망

The coastal route to the airport is popular for its **scenic** views.
공항으로 가는 해안 도로는 scenic한 전망으로 인기가 많다.

> ▶ 관련 어휘
> **scene** 휑 장면, 광경; 풍경　　　　　　　**scenery** 휑 경치, 풍경

RANK 0844

informal [ɪnˈfɔːrməl]　☆☆☆☆☆☆☆　①·②·③·④·⑤·⑥·⑦

휑 **비격식적인; 일상적인**
The department will hold an **informal** gathering after work tomorrow.
그 부서는 내일 퇴근 후 informal 모임을 가질 것이다.

800+ RANK 0845

morale [məˈrɑːl]　☆☆☆☆☆☆☆　①·②·③·④·⑤·⑥·⑦

휑 **사기, 의욕**

┊┈▶ boost/raise morale: 사기를 진작시키다

The employee award program boosts **morale** by rewarding staff for hard work.
직원 수상 프로그램은 직원들에게 열심히 일한 것에 대해 보상함으로써 morale을 진작시킨다.

700+ RANK 0846

overdue [ˌoʊvərˈduː]　★☆☆☆☆☆☆　①·②·③·④·⑤·⑥·⑦

휑 **(지불, 반납 등의) 기한이 지난**
The library charges a fee of $15 for items that are more than one month **overdue**.
도서관은 한 달 이상 overdue한 품목들에 대해 15달러의 연체료를 청구한다.

700+ RANK 0847

venture [ˈventʃər]　☆☆☆☆☆☆☆　①·②·③·④·⑤·⑥·⑦

휑 **벤처 (사업); (사업상의) 모험**

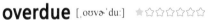┊┈▶ joint venture: 합작 투자

Hoppler Theater and Yoffa Cinema formed a joint **venture** to operate an entertainment business.
Hoppler극장과 Yoffa 영화관은 연예 사업을 위해 합작 venture를 하게 되었다.

331

justification [ˌdʒʌstəfəˈkeɪʃən] ★☆☆☆☆☆☆ ①-②-③-④-⑤-⑥-⑦

명 타당한 이유, 명분

;--▶ justification for (doing): ~(을 하는 것)에 대한 타당한 이유

The CEO of Pinlem Industries gave a detailed **justification** for the decreasing profits.

Pinlem 산업의 CEO는 수익 하락에 대해 자세한 justification을 댔다.

▷ **관련 어휘**
justify 용 정당화하다, 타당함을 보여 주다

historic [hɪˈstɔːrɪk] ☆☆☆☆☆☆☆   ①-②-③-④-⑤-⑥-⑦

형 역사적으로 중요한, 역사에 남을 만한

;--▶ historic site: 유적지

I'd like some more information about the **historic** sites in this town.

나는 이 고장의 historic한 장소에 대한 정보를 더 얻고 싶다.

▷ **관련 어휘**
historical 형 역사의, 역사와 관련된 history 명 역사

▷ **핵심 기출 표현**
work history 이력

trade [treɪd] ☆☆☆☆☆☆☆   ①-②-③-④-⑤-⑥-⑦

1 명 거래, 무역

The seminar on international **trade** focused on import and export taxes.

국제 trade에 대한 세미나는 수입 및 수출 관세에 초점을 맞추어 진행되었다.

2 동 거래하다; 사업을 하다

Ms. Palm's business mainly involves **trading** various food items.

Ms. Palm's의 사업은 주로 다양한 식품을 trade하는 것을 포함한다.

▷ **관련 어휘**
trading 명 상거래, 영업

▷ **핵심 기출 표현**
trade show[fair, expo, conference] 무역 박람회

Speed Check-up

정답 p.583

다음의 한글 의미를 단서로 삼아 보기에서 알맞은 단어를 골라 넣으세요.

ⓐ initiative　　ⓑ incidental　　ⓒ residences　　ⓓ components　　ⓔ utilize

01 All of the rural _____ will be provided with new recreational facilities.
거주지

02 Guests will be responsible for all _____ expenses occurred during their stay.
부수적인

03 Before assembling the stereo, check that all the _____ are included in the box.
부품

04 Candidates for the managerial position must show _____ to lead others.
주도권

05 A good manager can help staff members _____ their full potential.
활용하다

다음의 한글 해석과 의미가 같아지도록 보기에서 알맞은 단어를 골라 넣으세요.

ⓐ accustomed　　ⓑ discontinue　　ⓒ clarification　　ⓓ reliant　　ⓔ observe

06 The client requested further _____ on the special clause in the contract.
고객은 계약서에 있는 특별 약관에 대해 더 자세한 설명을 요청했다.

07 Having lived in Paris, Ms. Snead is _____ to French cuisine.
Paris에 살았던 Ms. Snead는 프랑스 음식에 익숙하다.

08 Patrons are asked to _____ the rules of the library.
이용객들은 도서관 규칙을 준수하도록 요구된다.

09 Z-Mobile will _____ its Z700 models due to their outdated designs.
Z-Mobile은 오래된 디자인 때문에 Z700모델을 중단할 것이다.

10 Many residents in Humdolt are _____ on the city's public transportation system. Humdolt의 많은 주민들이 도시의 대중교통 시스템에 의존한다.

문맥에 어울리는 단어를 보기에서 골라 넣으세요.

ⓐ rewarded　　ⓑ apparent　　ⓒ detect　　ⓓ delighted　　ⓔ consecutive

11 It was _____ that the investors were interested in purchasing the property.

12 The vice president was _____ to hear that profits were up 15 percent.

13 The company's profits have declined for two _____ quarters due to increased competition.

14 Scientists developed a new way to _____ diseases through blood tests.

15 Employees who walk or bike to work will be _____ with a gift certificate.

막무가내

회장님, 한창 experiment 하는 중인 우리 신제품 휴대폰이…

그게 왜요?

난관을 encounter했어요 prototype은 나왔는데 출시는 uncertain한 상태라…

왜죠?

온도에 너무 sensitive해서 기온이 낮으면 꺼져버립니다

이대로 그냥 출시하면 controversy가 생길지도요

우리에겐 precaution을 취할 시간이 없어요! 그냥 출시합시다!

회장 마크무가내

그럼 안 좋은 coverage가 쏟아져 나올텐데…

홍보를 잘 해보세요!!

마케팅 팀은 고심 끝에 afterward 이런 광고를 냈다

국내 최초 겨울잠을 자는 휴대폰!

귀엽게

쿨쿨!

700+
RANK 0851

tentative [ˈten.tə.tɪv] ☆☆☆☆☆☆☆

① · 2 · 3 · 4 · ⑤ · ⑥ · 7

혱 잠정적인, 임시의

The schedule of the events is considered **tentative** and subject to change.

행사 일정은 tentative한 것으로 간주되며 변경될 수 있다.

> **▶ 관련 어휘**
> tentatively 부 1. 잠정적으로 2. 실험적으로

> **▶ 핵심 기출 표현**
> tentative schedule 임시 일정　　　　　　　　tentatively rescheduled 일정이 잠정 변경된

> **▶ 파트 7 대체어 기출 표현: tentative 잠정적인 → not finalized 확정되지 않은**
> a schedule that is tentative[not finalized] tentative[not finalized]한 일정

700+
RANK 0852

precaution [prɪˈkɔ·ʃən] ☆☆☆☆☆☆☆

① · 2 · 3 · 4 · ⑤ · ⑥ · 7

몡 예방 조치, 예방책

⋯▶ take precautions: 예방 조치를 취하다

All machinery operators must take safety **precautions** to prevent accidents.

모든 기계 작동자들은 사고를 방지하기 위해 안전 precaution들을 취해야 한다.

700+
RANK 0853

flexible [ˈflek·sə·bəl] ☆☆☆☆☆☆☆

① · 2 · ③ · 4 · 5 · 6 · 7

혱 융통성 있는; 유연한

Tuqoma Designs allows employees to have a **flexible** work schedule.

Tuqoma Designs는 직원들이 flexible한 근무 일정을 가질 수 있도록 허용한다.

> **▶ 관련 어휘**
> flexibility 몡 유연함; 융통성
> The event is scheduled for the second week of May, but we have some **flexibility** as to the exact date.
> 그 행사는 5월 둘째 주로 예정되어 있지만, 정확한 날짜는 flexibility를 갖는다.

> **▶ 핵심 기출 표현**
> flexible working hours 탄력 근무제 (= flextime)

800+
RANK 0854

encounter [ɪnˈkaʊn·tər] ★☆☆☆☆☆☆

① · 2 · 3 · 4 · ⑤ · ⑥ · 7

동 (난관에) 맞닥뜨리다, 부딪히다

If you **encounter** any problems, please call customer service for assistance.

만약 문제에 encounter한다면, 고객 서비스 센터로 전화해 도움을 요청하시기 바랍니다.

belongings [bɪˈlɔŋ·ɪŋz] ☆☆☆☆☆☆☆ ①-②-③-④-⑤-⑥-⑦

圐 소지품; 소유물
You may store your **belongings** in this locker. 이 사물함에 당신의 belongings를 보관할 수 있습니다.

▷ **핵심 기출 표현** personal belongings 개인 소지품

allocate [ˈæl.ə.keɪt] ☆☆☆☆☆☆☆ ①-②-③-④-⑤-⑥-⑦

圐 할당하다, 배정하다
The accounting manager **allocated** sufficient funds to purchase the new software.
회계 부장은 새 소프트웨어를 구입할 충분한 자금을 allocate했다.

▷ **관련 어휘** allocation 圐 할당(량)

▷ **핵심 기출 표현**
allocate A to B A를 B에게 배정하다 (→ A be allocated to B)
allocate A for B B를 위해 A를 할당하다 (→ A be allocated for B)

coverage [ˈkʌv.ə.ɪdʒ] ★☆☆☆☆☆☆ ①-②-③-④-⑤-⑥-⑦

1 圐 (미디어상의) 보도, 방송   ┌··▶ live coverage: 생중계, 실황 보도
BNC News is broadcasting live **coverage** of the press conference.
BNC News는 그 기자회견의 라이브 coverage를 방송하고 있다.

2 圐 (정보의) 범위; (보험의 보장) 범위   ┌··▶ medical coverage: 의료 혜택
The Platinum travel insurance package provides extensive medical **coverage** overseas.
Platinum 여행 보험 패키지는 광범위한 해외 의료 coverage을 제공합니다.

▷ **핵심 기출 표현**
provide full coverage of ~의 전액 보장을 제공하다   media coverage 언론 보도
insurance coverage 의료보험   Internet coverage 인터넷 연결 범위

▷ **파트 7 대체어 기출 표현**: coverage (미디어 상의) 보도 → report 보고, 보도
television coverage[report] of the event 그 사건의 텔레비전 coverage[report]

certain [ˈsɜː.tən] ☆☆☆☆☆☆☆ ①-②-③-④-⑤-⑥-⑦

       ┌····▶ be certain (that): that절 이하에 대해 확신하다
1 圐 확실한; 확신하는
We are **certain** the event will be postponed due to inclement weather.
우리는 그 행사가 악천후로 인해 연기될 거라고 certain한다.

2 📖 정해진, 특정한; 어떤

Only **certain** staff members may enter the work site.
오직 certain 직원들만이 작업장에 들어갈 수 있다.

3 📖 어느 정도의, 약간의

╌╌▶ to a certain extent/degree: 어느 정도는

Advertising is outsourced to a **certain** extent but is mostly done in-house.
광고는 certain 정도까지는 외주가 담당하지만, 대부분은 회사 내에서 이루어진다.

> ▶ 관련 어휘 ╌╌▶ be uncertain about: ~에 대해 확신이 없다
>
> **uncertain** 📖 1. 확신이 없는 2. 불확실한
> Experts are **uncertain** about industry growth due to the unstable economy.
> 전문가들은 불안정한 경제 때문에 산업의 성장에 대해 **uncertain**한다.
>
> **certainly** 📖 틀림없이, 분명히
> Cameron will **certainly** be here by 12 today.
> Cameron은 오늘 12시까지는 **certainly** 여기에 올 것이다.
>
> **uncertainty** 📖 불확실성

RANK 0859 600+

summary ['sʌm.ə.i] ☆☆☆☆☆☆☆ ①·②·③·④·⑤·⑥·⑦

📖 요약, 개요

╌╌▶ a summary of: ~에 대한 요약(본)

The research team will submit a **summary** of their findings tomorrow.
연구팀은 내일 그들의 조사 결과물의 summary를 제출할 것이다.

> ▶ 관련 어휘
> **summarize** 📖 요약하다
>
> ▶ 핵심 기출 표현
> **in summary** 요약하면   **to summarize** 요약하자면

RANK 0860 700+

property ['prɑː.pə.tj] ★☆☆☆☆☆☆ ①·②·③·④·⑤·⑥·⑦

1 📖 건물

Ms. Tamond transferred ownership of the **property** to her daughter.
Ms. Tamond는 property의 소유권을 자신의 딸에게 이전했다.

2 📖 부동산; 재산

Renovations on the **property** at 120 Bellpora Drive will begin tomorrow.
Bellpora로 120번지에 있는 property의 개보수는 내일 시작될 것이다.

> ▶ 핵심 기출 표현
> **property value** 부동산 가치   **lost property** 분실물
> **intellectual property** 지적 재산   **property developer** 부동산 개발업자
>
> ▶ 파트 7 대체어 기출 표현: property 부동산, 건물 → location 장소, 위치
> **arrive at the property[location]** property[location]에 도착하다

DAY 11
DAY 12
DAY 13
DAY 14
DAY 15
DAY 16
DAY 17
DAY 18
DAY 19
DAY 20

RANK 0861 · 700+
sensitive [ˈsen·sə·t̬ɪv] ★☆☆☆☆☆
①-②-③-④-⑤-⑥-⑦

웹 민감한; 세심한

The upgraded software will ensure that **sensitive** company data is stored securely.
업그레이드된 소프트웨어는 sensitive한 회사 데이터가 안전하게 저장됨을 확실히 해줄 것이다.

▶ **관련 어휘**
sensitively 閉 민감하게, 예민하게   sensible 웹 1. 합리적인 2. 실용적인
sense 웹 감각; 지각

▶ **핵심 기출 표현**
sensitive to ~에 민감한   sensitive information 민감한[중요한] 정보

▶ **파트 7 대체어 기출 표현: sensitive 민감한 → confidential 기밀의**
retrieve **sensitive[confidential]** corporate data sensitive[confidential]한 회사 데이터를 검색하다

RANK 0862 · 800+
compile [kəmˈpaɪl] ★★☆☆☆☆
①-②-③-④-⑤-⑥-⑦

룡 (여러 자료들을) 엮다, 편집하다

One of the duties of a clerk is to **compile** a list of daily orders.
점원의 업무 중 하나는 일일 주문 목록을 compile하는 것이다.

▶ **관련 어휘**
compilation 웹 모음집

RANK 0863 · 800+
prototype [ˈproʊ.t̬ə.taɪp] ☆☆☆☆☆☆
①-②-③-④-⑤-⑥-⑦

웹 시제품, 원형

The Outtrek boot **prototype** will be tested under tough conditions.
Outtrek 부츠 prototype은 엄격한 조건 하에서 검사를 거칠 것이다.

RANK 0864 · 800+
endorse [ɪnˈdɔːrs] ☆☆☆☆☆☆
①-②-③-④-⑤-⑥-⑦

1 룡 (공개적으로) 지지하다

Many business owners are **endorsing** the incumbent candidate for mayor.
많은 기업가들은 재임 중인 시장 후보자를 endorse하고 있다.

2 룡 (유명인이 특정 상품을) 홍보하다

Shargef Sports hired professional athletes to **endorse** its products.
Shargef Sports는 상품을 endorse하기 위해 전문 운동선수들을 고용했다.

3 통 (수표에) 이서하다

In order to **endorse** this check, you must provide your signature on the back.
이 수표에 endorse하려면, 반드시 뒷면에 서명해 주셔야 합니다.

> ▶ 관련 어휘
>
> endorsement 명 1. 지지 2. 홍보
>   **Endorsement** from famous athletes will increase product sales.
>   유명한 운동선수들의 endorsement는 제품 판매량을 증가시킬 것이다.
>
> ▶ 파트 7 대체어 기출 표현: endorse 홍보하다 → promote 홍보하다
>   endorse[promote] its new vehicle line 새로운 차량 라인을 endorse[promote]하다

finalize [ˈfaɪ.nəl.aɪz] ★☆☆☆☆☆☆

RANK 0865 / 700+

통 마무리짓다, 완결하다

Once the merger is **finalized**, it will be announced to the public.
합병이 finalize되는 대로, 대중들에게 공표될 것이다.

> ▶ 관련 어휘
>
> finalization 명 마무리; 최종 승인   final 형 마지막의
>
> ▶ 핵심 기출 표현
>
> finalize a proposal 제안서를 완성하다   final product 완제품
> final version 최종안

absence [ˈæb.səns] ★☆☆☆☆☆☆

RANK 0866 / 700+

1 명 결근; 부재

      ····▶ leave of absence: 휴가, 결근
Ms. Chang will be responsible for Mr. Mott's clients during his leave of **absence**.
Ms. Chang은 Mr. Mott의 휴가로 absence인 동안 그의 고객을 맡아줄 것이다.

2 명 없음, 결핍 ····▶ in the absence of: ~의 부재로, ~가 없을 때에

In the **absence** of proper leadership, the company stocks began to fall.
제대로 된 리더십의 absence로, 회사 주식은 하락하기 시작했다.

> ▶ 관련 어휘
>
> absent 형 1. 결근한 2. 부재한, 없는   absenteeism 명 (합당한 사유가 없는) 잦은 결근
> absentee 명 결석자, 결근자
>
> ▶ 핵심 기출 표현
>
> in one's absence ~의 부재 시에   absentee vote 부재자 투표

800+
RANK 0867

controversy [ˈkɑːn.trə.vɝː.si] ☆☆☆☆☆☆☆ ①-②-③-④-⑤-⑥-⑦

명 논란   ;--▶ controversy over/about: ~에 대한 논쟁

The **controversy** over higher taxes has caused widespread protests.

세금 인상에 대한 controversy가 광범위한 시위를 일으켰다.

▷ **관련 어휘**

controversial 형 논란이 많은

The **controversial** issue of extra vacation days will be settled at the managers' meeting.

추가 휴가 일수에 대한 **controversial**한 사안이 관리자 회의에서 해결될 것이다.

700+
RANK 0868

vote [voʊt] ☆☆☆☆☆☆☆ ①-②-③-④-⑤-⑥-⑦

1 동 투표하다; (투표로) 선출하다   ;--▶ vote against: ~에 반대하는 투표를 하다

The board of directors is expected to **vote** against the proposal today.

이사회는 오늘 제안에 반대하는 vote를 할 것으로 예상된다.

2 명 투표(권)

Mayoral candidate James Spark is working hard to get **votes** from the younger generation.

시장 후보자 James Spark는 젊은 세대의 vote를 얻으려 애쓰고 있다.

▷ **관련 어휘**

voter 명 투표자, 유권자

▷ **핵심 기출 표현**

cast a vote / ballot 투표를 하다   **vote for / in favor of** ~를 찬성하는 투표를 하다

800+
RANK 0869

courtesy [ˈkɝː.tə.si] ☆☆☆☆☆☆☆ ①-②-③-④-⑤-⑥-⑦

1 명 공손함, 정중함

Please show the proper **courtesy** when greeting potential clients.

잠재 고객과 인사할 때에는 적절한 courtesy를 보여주세요.

2 형 (서비스 등이) 무료의   ;--▶ courtesy bus: 무료 운행 버스

Our hotel provides a **courtesy** shuttle bus service to the downtown area.

저희 호텔은 도심 지역까지 courtesy 셔틀버스 서비스를 제공합니다.

▷ **관련 어휘**

courteous 형 공손한, 정중한

▷ **파트 7 대체어 기출 표현: courtesy 무료의 → free 무료의**

sign up for one year subscription and get a **courtesy[free]** T-shirt

1년 구독을 신청하고 courtesy[free] 티셔츠를 받다

700+ RANK 0870 · separately [ˈsep.ɚ.ət.li] ★☆☆☆☆☆☆ ①·②·③·④·⑤·⑥·⑦

⚑ 따로따로, 별도로

Ms. Ahrens and Mr. Grant decided to complete the preliminary stages of their projects **separately**.

Ms. Ahrens와 Mr. Grant는 separately 자신의 프로젝트를 완성하기로 결정했다.

▶ 관련 어휘 ⋯⋯▶ be separated by: ~로 분리되다
separate ⑱ 별도의, 분리된 ⑧ 분리하다, 나누다
Two cubicles are **separated** by a partition.
두 사무 공간이 칸막이로 separate되어 있다.

▶ 핵심 기출 표현
separate A from B A와 B를 분리하다 (→ A be separated from B)

700+ RANK 0871 · appearance [əˈpɪr.əns] ★☆☆☆☆☆☆ ①·②·③·④·⑤·⑥·⑦

1 ⑱ 겉모습, 외모

In addition to a house's condition, the **appearance** of the surrounding neighborhood affects its value.

주택의 상태와 더불어 그 주변 동네의 appearance도 그 주택의 가치에 영향을 준다.

2 ⑱ 출현; 등장, 출연

This will be the jazz group's third **appearance** at the music festival.

이 음악 축제에서 그 재즈 그룹은 이번이 세 번째 appearance일 것이다.

▶ 관련 어휘
appear ⑧ 1. 나타나다; 나오다 2. ~인 것 같다
When is the performer scheduled to **appear**? 파트2
그 연기자는 언제 appear할 건가요?

▶ 핵심 기출 표현
make an appearance 출연하다

700+ RANK 0872 · relieve [rɪˈliːv] ☆☆☆☆☆☆☆ ①·②·③·④·⑤·⑥·⑦

1 ⑧ 완화하다 ⋯▶ relieve traffic congestion: 교통 혼잡을 완화하다

Sichin City will add more lanes to Hong Street to **relieve** traffic congestion.

Sichin시는 교통 혼잡을 relieve하기 위해 Hong가에 차선을 추가할 것이다.

2 ⑧ 안도하게 하다, 덜어 주다 ⋯▶ relieve stress: 스트레스를 풀다

Swimming is a good way to **relieve** stress.

수영은 스트레스를 relieve하는 좋은 방법이다.

▶ 관련 어휘
relieved 혱 안도하는, 다행으로 여기는 ▶ relieved to do: ~하게 되어 안도하는
She was **relieved** to find out that she passed the interview.
그녀는 면접에 통과했다는 것을 알고는 **relieved**했다.
relief 혱 1. 완화, 경감 2. 안도, 안심

RANK 0873 / **rather** [ˈræð.ɚ] ★☆☆☆☆☆☆　①-②-③-④-**⑤**-⑥-⑦

1 분 꽤, 상당히
We received a **rather** large shipment of office supplies.
우리는 rather 많은 사무용품을 받았다.

2 분 오히려, 차라리　┈▶ rather A than B: B(하기)보다는[대신에] A(하다)
Many employees would **rather** have a meeting in person than attend a teleconference.
많은 직원들은 화상 회의에 참석하는 것보다는 rather 직접 회의에 가려고 할 것이다.

▶ 핵심 기출 표현
rather than ~보다는[대신에]

RANK 0874 / **convene** [kənˈviːn] ☆☆☆☆☆☆☆　①-②-③-④-**⑤**-⑥-⑦

1 통 회합하다, 모이다
The executive board will **convene** tomorrow to discuss the budget.
이사회는 내일 예산을 논의하기 위해 convene할 것이다.

2 통 (회의 등을) 소집하다　┈▶ convene a meeting: 회의를 소집하다
The director **convened** a meeting with his staff to discuss the new company policy.
이사는 새로운 회사 정책을 논의하기 위해 직원들과의 회의를 convene했다.

RANK 0875 / **correspondence** [ˌkɔːr.əˈspɑːn.dəns] ☆☆☆☆☆☆☆　 ①-②-③-④-⑤-⑥-⑦

명 서신, 편지
Mr. Cooper wants all future **correspondence** to be sent to his e-mail address.
Mr. Cooper는 앞으로 모든 correspondence를 그의 이메일 주소로 받기를 원한다.

▶ 관련 어휘
correspond 통 1. 일치하다, 부합하다 2. 해당하다　　　**correspondent** 명 통신원, 특파원
▶ 핵심 기출 표현
correspond to / with ~와 일치하다; ~에 해당하다

700+ RANK 0876 | certificate [səˈtɪf.ə.kət] ★★☆☆☆☆☆ ①-②-③-④-⑤-⑥-⑦

⤷ gift certificate: 상품권

명 증서, 증명서; 자격증

This gift **certificate** can be used for $30 worth of merchandise at Coffeeblast.

이 선물 certificate는 Coffeeblast에서 30달러 상당의 제품을 구매하는 데 사용할 수 있습니다.

> ▶ 관련 어휘
> **certification** 명 증명 (행위); 증명서 교부
> **certify** 동 1. (서면으로) 증명하다 2. 자격증을 교부하다
> This document **certifies** that the signee currently resides at the above address.
> 이 서류는 서명한 사람이 위 주소의 현 거주지임을 **certify**한다.

800+ RANK 0877 | eliminate [iˈlɪm.ə.neɪt] ☆☆☆☆☆☆☆ ①-②-③-④-⑤-⑥-⑦

동 제거하다, 없애다

The Greenco Remover is the perfect solution to **eliminate** weeds.

Greenco Remover는 잡초를 eliminate하는 완벽한 해결책입니다.

800+ RANK 0878 | transition [trænˈzɪʃ.ən] ☆☆☆☆☆☆☆ ①-②-③-④-⑤-⑥-⑦

⤷ transition to: ~로의 이행[전환]

명 (다른 상태로의) 이행, 전환

Transition to the new payroll system went smoothly, with no disruption to business.

새로운 급여 시스템으로의 transition이 업무상의 지장 없이 순조롭게 진행됐다.

> ▶ 관련 어휘
> **transitional** 형 과도기의, 변천하는   ⤷ transitional period: 과도기
> There will be a lot of changes in the company during this **transitional** period.
> 이 transitional한 기간 동안 회사에 많은 변화가 있을 것이다.

800+ RANK 0879 | criteria [kraɪˈtɪr.i.ə] ☆☆☆☆☆☆☆ ①-②-③-④-⑤-⑥-⑦

명 기준, 표준 [단수] criterion

The hiring committee has yet to determine the **criteria** for the position.

채용 위원회는 아직 그 직무에 대한 criteria를 정하지 못했다.

RANK 0880 — tuition [tuˈɪʃn] ☆☆☆☆☆☆☆ ①-②-③-④-⑤-⑥-⑦

명 수업(료)

;--▶ tuition fee: 수업료

The Hobart-Lee Scholarship pays **tuition** fees for six law students annually.
Hobart-Lee 장학금은 매년 6명의 법학도들을 위해 tuition료를 내준다.

RANK 0881 — straightforward [ˌstreɪtˈfɔːr.wəd] ☆☆☆☆☆☆☆ ①-②-③-④-⑤-⑥-⑦

형 간단한, 쉬운

The agreement is **straightforward**, and the tenant's responsibilities are clear.
계약서는 straightforward하며, 세입자의 책임은 명확하다.

RANK 0882 — privilege [ˈprɪv.əl.ɪdʒ] ☆☆☆☆☆☆☆ ①-②-③-④-⑤-⑥-⑦

명 특권, 특혜; 영광

It's my **privilege** to welcome you to the 20th annual LWS conference.
20주년 연례 LWS 회의에 여러분을 맞이하게 되어 privilege합니다.

RANK 0883 — knowledgeable [ˈnɑː.lɪ.dʒə.bəl] ★☆☆☆☆☆☆ ①-②-③-④-⑤-⑥-⑦

형 아는 것이 많은, 많이 아는

;--▶ be knowledgeable about: ~을 잘 알고 있다

Every staff member at Poldiwa National Park is **knowledgeable** about the local wildlife.
Poldiwa 국립공원에 있는 전 직원들은 지역 야생 동식물에 대해 knowledgeable하다.

▶ **관련 어휘**
knowledge 명 지식

▶ **핵심 기출 표현**
knowledge of ~에 대한 지식

RANK 0884 — dramatically [drəˈmæt̬.ɪ.kəl.i] ☆☆☆☆☆☆☆ ①-②-③-④-⑤-⑥-⑦

부 극적으로, 급격하게

Morrow, Inc.'s stock value dropped **dramatically** after announcing low fourth quarter earnings.
Morrow사의 주가가 4분기의 낮은 실적을 발표한 이후로 dramatically 하락했다.

▶ 관련 어휘

dramatic 형 극적인, 멋진; 급격한

Our guides will tell the **dramatic** story of Ridgeville's rise from a humble fishing village to a major center of commerce.
우리의 가이드들은 초라한 어촌에서 상업의 중심지로 부상한 Ridgeville의 **dramatic**한 이야기를 야기해 줄 것이다.

▶ 핵심 기출 표현

dramatic scenery 멋진 경치　　　　　　　　　**dramatic increase** 급격한 증가

▶ 파트 7 대체어 기출 표현: **dramatically** 급격하게 → **significantly** 상당히

differ **dramatically[substantially]** in quality 품질 면에서 dramatically[substantially]하게 차이가 나다

 700+
RANK
0885

portion [ˈpɔːr.ʃən] ☆☆☆☆☆☆☆　　 ①-②-③-④-⑤-⑥-⑦

1 명 부분, 일부

A **portion** of tonight's ticket sales will be donated to local schools.
오늘 저녁 티켓 판매량의 한 portion이 지역 학교들에 기부될 것이다.

2 통 나누다, 분배하다

The CFO will have to decide whether the budget has been appropriately **portioned** out.
CFO는 예산이 적절하게 portion되었는지 아닌지 결정해야 할 것이다.

 600+
RANK
0886

experiment [ɪkˈsper.ə.mənt] ☆☆☆☆☆☆☆　　 ①-②-③-④-⑤-⑥-⑦

1 명 실험

The clinical **experiment** found the new medication to be safe.
임상 experiment로 새로운 의약품이 안전하다는 것이 밝혀졌다.

2 통 실험하다　　　　　　　; ‥▶ experiment with: ~을 실험하다

Dr. Jones will **experiment** with various hazardous chemicals.
Dr. Jones는 다양한 유해 화학물질로 experiment할 것이다.

▶ 관련 어휘

experimental 형 실험적인

 800+
RANK
0887

afterward [ˈæf.tɚ.wɚdz] ★☆☆☆☆☆☆　　 ①-②-③-④-⑤-⑥-⑦

부 (그) 후에, 나중에

Writers should brainstorm before writing and proofread their articles **afterward**.
작가들은 글을 쓰기 전 브레인스토밍을 하고, afterward 자신이 쓴 글을 교정해야 한다.

👑800+
RANK 0888

omit [oʊˈmɪt] ☆☆☆☆☆☆☆

①-②-③-④-**⑤**-**⑥**-⑦

⑤통 누락시키다; 생략하다

Ms. Muller said to **omit** any incidental details in the monthly reports.

Ms. Muller는 부수적인 사항들을 월간 보고에서 omit하라고 말했다.

> ▶ 관련 어휘
> **omission** 몡 누락; 생략

👑800+
RANK 0889

state-of-the-art [ˌsteɪt.əv.ðiːˈɑːrt] ☆☆☆☆☆☆☆

①-②-③-④-
⑤-⑥-⑦

혱 최신식의, 최신 기술의

`····▶ state-of-the-art equipment: 최신식 장비`

We are proud of the fact that this lab uses **state-of-the-art** equipment.

우리는 이 연구실이 state-of-the-art 장비를 사용한다는 사실이 자랑스럽다.

👑800+
RANK 0890

divert [dɪˈvɜːt] ☆☆☆☆☆☆☆

①-②-③-④-**⑤**-**⑥**-⑦

통 방향을 바꾸다, 전환하다

`····▶ divert A to B: A의 방향을 B로`
`        바꾸다 (→ A be diverted to B)`

During the closure of Main Street, most of the downtown traffic will be **diverted** to Orange Drive.

Main가가 폐쇄되는 동안, 대부분의 시내교통이 Orange가로 divert될 것이다.

👑800+
RANK 0891

extraordinary [ɪkˈstrɔːr.dən.er.i] ★★☆☆☆☆☆

①-②-③-**④**-
⑤-⑥-⑦

혱 기이한, 놀라운

Dr. Patel was recognized for his **extraordinary** achievements in medical science.

Dr. Patel은 의료과학 분야에서 그의 extraordinary한 업적들로 인정받았다.

> ▶ 관련 어휘
> **extraordinarily** 뵈 엄청나게, 이례적으로

👑800+
RANK 0892

ban [bæn] ☆☆☆☆☆☆☆

①-②-③-④-⑤-⑥-**⑦**

1 통 금지하다

Huxton Library **bans** food and drinks inside in the building.

Huxton 도서관은 건물 내 음식 및 음료를 ban한다.

2 명 금지

;---▶ place a ban on: ~에 대해 금지하다

Some countries have placed a **ban** on single-use plastics.

몇몇 국가들은 일회용 플라스틱에 대해 ban을 내렸다.

👑700+
RANK
0893

outdated [ˌaʊtˈdeɪ.tɪd] ☆☆☆☆☆☆

형 구식인, 시대에 뒤떨어진

;---▶ outdated equipment: 낡은 장비

Keptom Manufacturing has replaced its **outdated** equipment with newer models.

Keptom Manufacturing는 outdated한 장비를 새로운 모델로 교체했다.

👑700+
RANK
0894

following [ˈfɑː.loʊ.ɪŋ] ★☆☆☆☆☆

1 형 그 다음의

;---▶ the following day: 그 다음날

Inquiries made after 7 P.M. will be answered the **following** business day.

오후 7시 이후의 문의사항은 following 영업일에 답변드리겠습니다.

2 명 다음, 아래

Please review the **following** for instructions on setting up your modem.

당신의 모뎀 설정 지침은 following을 읽어주세요.

3 전 ~후에

Following the workshop, there will be a brief reception.

워크숍 following, 간단한 연회가 있을 것이다.

👑700+
RANK
0895

inventory [ˈɪn.vən.tɔːr.i] ☆☆☆☆☆☆

명 재고(품), 물품 목록

;---▶ inventory check: 재고 조사

Trax & Co. performs weekly **inventory** checks to ensure that no item is missing.

Trax & Co.는 빠진 품목이 없도록 확실히 하기 위해 매주 inventory 조사를 실시한다.

▶ 핵심 기출 표현

update an inventory 재고 목록을 업데이트하다　　　take inventory of ~을 상세히 조사하다

👑800+
RANK
0896

undertake [ˌʌn.dɚˈteɪk] ☆☆☆☆☆☆

통 (책임을 맡아서) 착수하다

The project that the marketing team has recently **undertaken** is very challenging.

마케팅팀이 최근 undertake했던 프로젝트는 매우 힘들다.

800+
RANK 0897

craft [kræft] ☆☆☆☆☆☆☆ ①-②-③-④-⑤-⑥-⑦

1 명 (수)공예
Barbara is skilled in the **craft** of gardening.
Barbara는 정원 craft에 능숙하다.

2 동 공예품을 만들다; 공들여 만들다
Ms. Weathers has extensive experience **crafting** custom jewelry.
Ms. Weathers는 주문 제작 보석을 craft한 경험이 풍부하다.

700+
RANK 0898

visual [ˈvɪʒ·u·əl] ☆☆☆☆☆☆☆ ①-②-③-④-⑤-⑥-⑦

형 시각의, (눈으로) 보는 ·--▶ visual aid: 시각 보조 자료
The presenter used **visual aids**, including charts, to make the new policy easy to understand.
발표자는 새로운 정책에 대해 이해하기 쉽도록 차트를 포함한 visual한 보조 자료를 사용하였다.

700+
RANK 0899

traditional [trəˈdɪʃ·ə·nəl] ☆☆☆☆☆☆☆ ①-②-③-④-⑤-⑥-⑦

형 전통의; 전통을 따르는
Online retail purchasing has replaced more **traditional** shopping methods.
온라인 소매 구매가 보다 traditional한 쇼핑 방식들을 대체했다.

> **관련 어휘**
> **traditionally** 부 전통적으로
> Nouro Chocolates has been **traditionally** our best-selling item.
> Nouro 초콜릿은 **traditionally** 가장 잘 팔리는 제품이다.
> **tradition** 명 전통

800+
RANK 0900

abandon [əˈbæn·dən] ☆☆☆☆☆☆☆ ①-②-③-④-⑤-⑥-⑦

동 버리다, 포기하다
The building on West Drive has been **abandoned** for nearly 40 years.
West로에 있는 그 건물은 거의 40년 동안이나 abandon되었다.

Speed Check-up

정답 p.583

다음의 한글 의미를 단서로 삼아 보기에서 알맞은 단어를 골라 넣으세요.

ⓐ tentative   ⓑ property   ⓒ straightforward   ⓓ endorsing   ⓔ compile

01 Many business owners are _____ the incumbent candidate for mayor.
지지하다

02 One of the duties of a clerk is to _____ a list of daily orders.
편집하다

03 Ms. Tamond transferred ownership of the _____ to her daughter.
건물

04 The agreement is _____, and the tenant's responsibilities are clear.
간단한

05 The schedule of the events is considered _____ and subject to change.
잠정적인

다음의 한글 해석과 의미가 같아지도록 보기에서 알맞은 단어를 골라 넣으세요.

ⓐ criteria   ⓑ following   ⓒ precautions   ⓓ flexible   ⓔ afterward

06 Tuqoma Designs allows employees to have a _____ work schedule.
Tuqoma Designs는 직원들이 유연한 근무 일정을 가질 수 있도록 허용한다.

07 _____ the workshop, there will be a brief reception.
워크숍 후, 간단한 연회가 있을 것이다.

08 The hiring committee has yet to determine the _____ for the position.
채용 위원회는 아직 그 직무에 대한 기준을 정하지 못했다.

09 Writers should brainstorm before writing and proofread their articles _____.
작가들은 글을 쓰기 전 브레인스토밍을 하고, 나중에 자신이 쓴 글을 교정해야 한다.

10 All machinery operators must take safety _____ to prevent accidents.
모든 기계 작동자들은 사고를 방지하기 위해 안전 예방 조치들을 취해야 한다.

문맥에 어울리는 단어를 보기에서 골라 넣으세요.

ⓐ undertaken   ⓑ encounter   ⓒ transition   ⓓ privilege   ⓔ eliminate

11 The project that the marketing team has recently _____ is very challenging.

12 The Greenco Remover is the perfect solution to _____ weeds.

13 _____ to the new payroll system went smoothly, with no disruption to business.

14 If you _____ any problems, please call customer service for assistance.

15 It's my _____ to welcome you to the 20th annual LWS conference.

몸짱이 될래

요즘 사회적 atmosphere를 보면 몸짱이 대세란 말야?

부럽다…

reverse할 수 없는 흐름이라면 따라야겠지!

나도 몸짱이 되겠어!!

모델 K는 운동광에 단백질 supplement를 먹는다고? sufficient한 단백질 공급이 중요하군!

muscle

가수 P는 틈새 운동을 위해 portable한 운동기구를 갖고 다닌다고? notable한 아이디어야

클릭 클릭

definitely 나도 몸짱될 수 있겠어!

그는 스스로를 convince하며 정보 찾기에 매진했고

후훗

얼마 후 약간의 마우스근만 생겼다

obvious한 실패야…

＊마우스근 : 가만히 앉아 마우스만 쓰면 생기는 근육

👑800+
RANK 0901

assure [əˈʃʊr] ★☆☆☆☆☆☆

①·②·③·④·⑤·⑥·⑦

통 장담하다, 확인하다

;--▶ assure A that절: A에게 that 이하를 확인해 주다

The customer service representative **assured** me that the right color would be delivered this weekend.

고객 서비스 상담원은 제대로 된 색상이 이번 주말에 배송될 거라고 나에게 assure했다.

▶ 관련 어휘

assured 형 1. 자신감 있는 2. 확실한　　　　　**assuredly** 분 분명히, 틀림없이

assurance 명 확언, 장담　;--▶ give assurance: 보증하다

　The store manager gave **assurance** to customers that defective items could be returned.
　가게의 매니저는 손님들에게 결함이 있는 제품들은 반품될 수 있다는 **assurance**를 주었다.

reassure 통 안심시키다

▶ 핵심 기출 표현

assure A of B A에게 B를 보장하다 (→ A be assured of B)

rest assured that절 that 이하를 믿어도 된다

👑800+
RANK 0902

proceeds [ˈproʊˌsiːdz] ☆☆☆☆☆☆☆

①·②·③·④·⑤·⑥·⑦

명 수익금 ;--▶ proceeds from: ~의 수익금

All **proceeds** from the auction will be used for the McIven Children's Hospital.

경매 proceeds 전액은 McIven 아동병원에 사용됩니다.

👑700+
RANK 0903

occasionally [əˈkeɪʒənəli] ☆☆☆☆☆☆☆

①·②·③·④·⑤·⑥·⑦

분 가끔, 때때로

We may **occasionally** send you e-mails about our products and services.

저희는 occasionally 제품과 서비스에 대한 이메일을 발송할 수 있습니다.

▶ 관련 어휘

occasion 명 1. (어떤 일이 일어나는) 때, 경우 2. 행사　　　**occasional** 형 가끔의

👑700+
RANK 0904

sufficient [səˈfɪʃ·ənt] ★★☆☆☆☆☆

①·②·③·④·⑤·⑥·⑦

형 충분한

The business did not have **sufficient** funds to make factory improvements this year.

그 업체는 올해 공장개선을 위한 sufficient한 자금이 없었다.

▶ 관련 어휘　**sufficiently** 분 충분히, (~하기에) 충분할 만큼

700+
RANK 0905

definitely [ˈdef·ə·nɪt·li] ★☆☆☆☆☆☆   ①-②-③-④-⑤-⑥-⑦

🔲 분명히; 확실히

Given the popularity of its products, Sharoken Electronics will **definitely** reach its financial goal for the year.

상품들의 인기를 고려했을 때, Sharoken 전자는 올해 definitely하게 재무 목표에 도달할 것이다.

> **▶ 관련 어휘**
> definite 🔲 분명한, 확실한

800+
RANK 0906

reinforce [ˌri·ɪnˈfɔrs] ☆☆☆☆☆☆☆   ①-②-③-④-⑤-⑥-⑦

🔲 강화하다, 보강하다

We will **reinforce** this wall so that it can withstand more pressure.

더 강한 압력에 견딜 수 있도록 저희는 이 벽을 reinforce할 것입니다.

> **▶ 관련 어휘**
> reinforcement 🔲 강화

800+
RANK 0907

pharmaceutical [ˌfɑːr.məˈsuː.ṭ.kəl] ☆☆☆☆☆☆☆ ①-②-③-④-⑤-⑥-⑦

🔲 제약의, 약학의

Which **pharmaceutical** company does Mr. Lee represent? 파트 2

Mr. Lee는 어느 pharmaceutical 회사를 대표하나요?

> **▶ 관련 어휘**
> pharmacy 🔲 약국   pharmacist 🔲 약사

800+
RANK 0908

atmosphere [ˈæt·məsˌfɪər] ☆☆☆☆☆☆☆   ①-②-③-④-⑤-⑥-⑦

1 🔲 분위기, 기운   work atmosphere: 업무 환경 ◀┈┈┊

Pathon Technologies encourages coworkers to socialize, which creates a friendly work **atmosphere**.

Pathon Technologies는 동료들끼리 잘 어울리도록 장려하는데, 이는 친근한 근무 atmosphere를 만들어준다.

2 🔲 (지구의) 대기; 공기

The city council is enacting new laws to protect the **atmosphere**.

시 위원회는 atmosphere를 보호하기 위해 새로운 법안을 시행할 것이다.

352

800+
RANK
0909

convince [kənˈvɪns] ☆☆☆☆☆☆☆　①·②·③·④·⑤·⑥·⑦

납득시키다; 설득하다　⋯▸ convince A (that)절: A에게 that 이하를 납득시키다

Ms. Pilkington **convinced** the board that the marketing budget should be increased.
Ms. Pilkington은 마케팅 예산을 늘려야 한다고 이사회를 convince했다.

▶ 관련 어휘
convinced 웹 확신하는　　　　　　　　　　convincing 웹 (주장, 설명 등이) 설득력 있는

▶ 핵심 기출 표현
convince A of B A에게 B를 납득시키다 (→ A be convinced of B)

700+
RANK
0910

supplement [ˈsʌp.lə.mənt] ★★☆☆☆☆☆　①·②·③·④·⑤·⑥·⑦

1 웹 **보충(물), 보조재; (책의) 부록**
Boett Cosmetics has developed a product using a ginseng **supplement**.
Boett Cosmetics는 인삼 supplement를 사용한 제품을 개발하였다.

2 웹 **보충하다, 추가하다**
Nutritionists recommend **supplementing** your diet with vitamins.
영양사들은 식단을 비타민으로 supplement하는 것을 권장한다.

▶ 관련 어휘 supplementary 웹 보충의, 추가의

▶ 핵심 기출 표현
supplement facts 영양 성분표　　　　　　supplementary material 부가 자료

700+
RANK
0911

aspect [ˈæs.pekt] ★☆☆☆☆☆☆　①·②·③·④·⑤·⑥·⑦

측면; 양상　⋯▸ aspect of: ~의 측면
Attention to detail is an essential **aspect** of an accountant's job.
세부 사항에 관심을 기울이는 것은 회계사 업무의 필수적인 aspect이다.

700+
RANK
0912

obvious [ˈɑːb.vi.əs] ☆☆☆☆☆☆☆　①·②·③·④·⑤·⑥·⑦

분명한, 명백한
Mr. Ferris made the **obvious** choice to return the faulty product.
Mr. Ferris는 결함 있는 제품을 반품시키겠다는 obvious한 선택을 하였다.

▶ 관련 어휘 obviously 뒤 분명히, 명백하게

RANK 0913 · 700+

mistakenly [mɪˈsteɪ.kən.li] ☆☆☆☆☆☆☆   ①-②-③-④-⑤-⑥-⑦

븟 잘못하여, 실수로

Mr. Murray **mistakenly** ordered stools instead of desk chairs.

Mr. Murray는 책상 의자 대신에 등받이 없는 의자를 mistakenly 주문하였다.

▶ **관련 어휘**

mistake 명 잘못, 실수 동 오해하다, 잘못 판단하다

The invoice is incorrect because there was a **mistake** in the calculation of the price.

가격을 계산할 때 mistake가 있어서 송장이 정확하지 않다.

RANK 0914 · 800+

pleasant [ˈplez.ənt] ☆☆☆☆☆☆☆

형 쾌적한, 즐거운

Situated by the water, BluSky Bistro provides a **pleasant** and relaxing dining experience.

물가에 위치한 BluSky 식당은 pleasant하고 편안한 식사 경험을 제공합니다.

▶ **관련 어휘**

pleasantly 부 즐겁게, 유쾌하게

RANK 0915 · 700+

minor [ˈmaɪ.nɚ] ☆☆☆☆☆☆☆

┈┈▶ minor error: 사소한 오류

형 사소한, 별로 중요치 않은

There were **minor** errors in the final manuscript.

최종 원고에 minor 오류들이 있었다.

▶ **핵심 기출 표현**

minor difficulties 사소한 어려움

RANK 0916 · 700+

showing [ˈʃoʊ.ɪŋ] ☆☆☆☆☆☆☆

1 명 (영화) 상영

Tonight's **showings** of *Endless Loops* have all been sold out.

금일 〈Endless Loops〉 showing은 모두 매진되었습니다.

2 명 실적; 실력 발휘

Newman Supermarket's annual profit increased by 15 percent, an impressive **showing** compared to the previous years.

Newman 슈퍼마켓의 연간 수익은 15퍼센트 증가했는데, 이는 이전 년도와 비교해 인상적인 showing이다.

▶ 관련 어휘

show 통 보여주다

We have decided to buy the property you **showed** us last week.
우리는 당신이 지난주에 **show**했던 건물을 사기로 결정했습니다.

showroom 명 전시실

I heard you just added a large **showroom** in your store.
당신이 가게에 큰 **showroom**을 추가했다고 방금 들었습니다.

RANK
0917

notable [ˈnoʊ.tə.bəl] ☆☆☆☆☆☆☆ ①-②-③-④-⑤-⑥-⑦

형 **주목할 만한; 유명한** ┈┈▶ be notable for: ~으로 유명하다

The palace is **notable** for its use of white marble and gold.
이 궁전은 흰 대리석과 금을 사용한 것으로 notable하다.

▶ 관련 어휘

notably 부 특히; 현저히, 뚜렷이

▶ 핵심 기출 표현

a notable feature 중요한 특징

RANK
0918

forecast [ˈfɔːr.kæst] ★☆☆☆☆☆☆ ①-②-③-④-⑤-⑥-⑦

1 명 **예측, 예보** ┈┈▶ economic forecast: 경제 전망

The new economic **forecast** predicts growth in the real estate market.
새로운 경제 forecast는 부동산 시장의 성장을 예상한다.

2 동 **예측하다, 예보하다**

The weather report **forecasts** heavy rain throughout the week.
일기예보는 이번 주 내내 폭우를 forecast한다.

▶ 핵심 기출 표현

weather forecast 일기 예보

RANK
0919

testimonial [ˌtes.tə'moʊ.ni.əl] ☆☆☆☆☆☆☆ ①-②-③-④-⑤-⑥-⑦

1 명 **(품질에 대한) 추천의 글**

Many famous chefs wrote **testimonials** about the equipment, praising how useful it is.
많은 유명 요리사들이 그 장비의 유용성을 칭찬하며 testimonial들을 남겼다.

2 명 **(이전 고용주의) 추천서**

Ms. Lang's reference letter is a **testimonial** to Mr. Green's qualifications.
Ms. Lang의 추천서는 Mr. Green의 자격 조건에 대한 testimonial이다.

355

👑800+
RANK
0920

enormous [əˈnɔːr.məs] ☆☆☆☆☆☆☆ ①-②-③-④-⑤-⑥-⑦

📖 거대한, 막대한

Currently under construction, the **enormous** stadium will seat 140,000 people.
현재 건설 중인 enormous한 경기장은 14만 명의 인원을 수용할 것이다.

▶ 관련 어휘
    enormously ⮕ 엄청나게, 대단히

▶ 핵심 기출 표현
    an enormous amount of 엄청난 양의

👑700+
RANK
0921

publicize [ˈpʌb.lə.saɪz] ☆☆☆☆☆☆☆ ①-②-③-④-⑤-⑥-⑦

📖 (대중에게) 알리다, 홍보하다

Lafayette Bank will **publicize** its new branch by holding an open house.
Lafayette 은행은 공개 행사를 개최하므로써 새 지점을 publicize할 것이다.

▶ 관련 어휘
    public 📖 대중 📖 대중의
    publicity 📖 홍보; 매스컴의 관심
        The **publicity** from that newspaper article has really paid off.
        그 신문 기사로 얻은 publicity가 정말로 성과를 올렸다.

▶ 핵심 기출 표현
    public relations (= PR) 📖 홍보(활동)   widely publicized 널리 알려진
    open to the public 대중에게 개방된   public holiday 공휴일

▶ 파트 7 대체어 기출 표현: publicize 홍보하다, 알리다 → advertise 광고하다
    publicize[advertise] a new feature of a Web site 웹 사이트의 새로운 특징을 publicize[advertise]하다

👑800+
RANK
0922

surpass [səˈpæs] ☆☆☆☆☆☆☆ ①-②-③-④-⑤-⑥-⑦

📖 능가하다, 뛰어넘다

Because of our product's increased popularity, sales have **surpassed** our previous record.
우리 제품의 늘어난 인기 덕분에, 매출이 이전 기록을 surpass했다.

▶ 관련 어휘
surpassing 휑 뛰어난, 탁월한　　　　　　　　**unsurpassed** 휑 유례 없는, 타의 추종을 불허하는

▶ 핵심 기출 표현
surpass initial expectations 당초 예상을 뛰어넘다

👑800+
RANK
0923

portable [ˈpɔːr.t̬ə.bəl] ☆☆☆☆☆☆☆　　①-②-③-④-⑤-⑥-⑦

휑 **휴대가 쉬운, 휴대용의**
The maintenance supervisor placed an order for the **portable** generator.
시설 관리자는 portable한 발전기를 주문했다.

👑700+
RANK
0924

minimize [ˈmɪn.ə.maɪz] ★☆☆☆☆☆☆　　①-②-③-④-⑤-⑥-⑦

통 **최소화하다**
In order to **minimize** interruptions, renovation work will be done during early mornings.
방해를 minimize하기 위해, 개조 공사가 이른 아침에 진행될 것이다.

▶ 관련 어휘
빤 **maximize** 통 극대화하다, 최대한 활용하다　　　**minimum** 휑 최소한의

👑800+
RANK
0925

specimen [ˈspes.ə.mɪn] ☆☆☆☆☆☆☆　　①-②-③-④-⑤-⑥-⑦

명 **견본, 샘플; 표본**
Professor Williams will be studying various **specimens** in the rainforest.
Williams 교수는 열대 우림의 다양한 specimen들을 연구할 것이다.

👑800+
RANK
0926

discourage [dɪˈskɝː.ɪdʒ] ☆☆☆☆☆☆☆　　①-②-③-④-⑤-⑥-⑦

통 **좌절시키다, ~하지 못하게 하다**
 ┈┈▶ discourage A from doing: A가 ~하지 못하게 하다
　　　　　　　　　　　　(→ A be discouraged from doing)
Employees are **discouraged** from using the company printer for personal use.
직원들이 회사 프린터를 개인 용도로 사용하는 것은 discourage한다.

▶ 관련 어휘
discouraging 휑 낙담시키는　　　　　　　**discouraged** 휑 낙담한
discouragement 명 낙담, 좌절

RANK 0927 audition [ɑːˈdɪʃ.ən] ★☆☆☆☆☆☆☆

700+

①-②-③-④-⑤-⑥-⑦

1 명 (가수, 배우 등의) 오디션
The audition for the new play will take place throughout the week.
새 연극을 위한 audition이 이번 주 내내 열릴 것이다.

2 통 오디션을 보다, 오디션에 참가하다 ···▶ audition for: ~을 위해 오디션을 보다
There are many people auditioning for the lead role in the upcoming movie, *Past Connections*.
다가오는 영화, 〈Past Connections〉의 주연 자리를 위해 audition하는 사람들이 많다.

RANK 0928 adapt [əˈdæpt] ☆☆☆☆☆☆☆

800+

①-②-③-④-⑤-⑥-⑦

1 통 (새로운 용도에) 맞추다, 조정하다
Our products can be adapted to meet the needs of our customers.
저희 제품은 소비자들의 요구사항에 맞춰 adapt될 수 있습니다.

2 통 (새로운 환경에) 적응하다 ···▶ adapt to: ~에 적응하다
It will take time to adapt to the new working atmosphere.
새로운 근무환경에 adapt하는 데는 시간이 걸릴 것이다.

> ▶ 관련 어휘
> adaptable 형 적응할 수 있는

RANK 0929 slightly [ˈslaɪt.li] ☆☆☆☆☆☆☆

700+

①-②-③-④-⑤-⑥-⑦

명 약간, 조금
Please lower the lights slightly, so everyone can see the screen clearly.
모든 사람이 스크린을 확실히 볼 수 있도록 불빛을 slightly 낮춰 주세요.

> ▶ 관련 어휘
> slight 형 약간의, 조금의

RANK 0930 solidify [səˈlɪd.ə.faɪ] ☆☆☆☆☆☆☆

800+

①-②-③-④-⑤-⑥-⑦

통 확고히 하다
The new discovery will solidify Beltech Lab's position as a leading global research center.
새로운 발견은 선두적인 세계적인 연구소로서의 Beltech 실험실의 지위를 solidify할 것이다.

▶ 관련 어휘
solid 🔲 1. 단단한; 확고한 2. 다른 색이 섞이지 않은 　　**solidity** 🔲 견고함, 확실함

willing [ˈwɪl.ɪŋ] ☆☆☆☆☆☆☆　①-②-③-④-⑤-⑥-⑦

🔲 기꺼이 ~하는, ~에 반대하지 않는

 be willing to do: 기꺼이 ~하다 📍 be unwilling to do: ~하기를 꺼리다

Mr. Han was **willing** to deliver the keynote speech at the conference.
Mr. Han은 학회에서 기조연설을 willing하려 했다.

▶ 관련 어휘
willingly 📖 기꺼이, 자진해서 　　**willingness** 🔲 기꺼이 하는 마음

▶ 핵심 기출 표현
a willingness to do 기꺼이 ~하려는 마음

accordingly [əˈkɔːr.dɪŋ.li] ★☆☆☆☆☆☆　①-②-③-④-⑤-⑥-⑦

🔲 그에 맞춰, 그에 부응해서

As each employee's contribution to the project varies, incentives will be awarded **accordingly**.
프로젝트에 대한 각 직원의 기여도가 다양해서, 인센티브는 accordingly 지급될 것이다.

▶ 관련 어휘 **accordance** 🔲 일치, 조화

▶ 핵심 기출 표현 **in accordance with** ~에 따라서

realistically [ˌriː.əˈlɪs.tɪ.kəl.i] ★☆☆☆☆☆☆　①-②-③-④-⑤-⑥-⑦

🔲 현실적으로 (말해서)

Realistically speaking, none of the candidates have a chance of being hired.
realistically 말해서, 지원자들 중 누구도 채용될 가능성이 없다.

▶ 관련 어휘 **realistic** 🔲 현실적인, 현실성 있는

reverse [rɪˈvɜːs] ☆☆☆☆☆☆☆　①-②-③-④-⑤-⑥-⑦

1 🔲 (결정, 순서 등을) 뒤집다, 뒤바꾸다

Based on public feedback, the mayor **reversed** the decision to rename Main Street.
대중의 피드백을 바탕으로, 시장은 Main가의 명칭을 바꾸겠다는 결정을 reverse했다.

359

2 園 정반대의 ┄┄▶ in reverse order: 역순으로
Instead of starting the tour with the impressionist paintings as usual, the museum guide
went in **reverse** order.
평소처럼 인상파 그림들로 투어를 시작하는 대신, 박물관 가이드는 reverse 순서로 갔다.

3 園 정반대
Instead of following his supervisor's directions, Eric did the **reverse**.
Eric은 관리자의 지시를 따르는 대신, reverse로 했다.

▶ 관련 어휘
reversible 園 1. 양면 겸용의 2. (원래대로) 되돌릴 수 있는

👑800+
RANK
0935 / **distract** [dɪˈstrækt] ☆☆☆☆☆☆☆   ①-②-③-④-⑤-⑥-⑦

園 (주의를) 산만하게 하다, 딴 데로 돌리다 ┄┄▶ distract A from B: A를 B로부터 (주의를) 분산시키다
The noise from the road construction **distracted** some employees from their work.
도로 공사로 인한 소음이 몇몇 직원들의 업무를 distract했다.

▶ 관련 어휘
distracting 園 (정신을) 산만하게 하는   distracted 園 (정신이) 산만해진
distraction 園 집중을 방해하는 것

👑800+
RANK
0936 / **liable** [ˈlaɪ.ə.bəl] ☆☆☆☆☆☆☆   ①-②-③-④-⑤-⑥-⑦

1 園 (법적인) 책임이 있는 ┄┄▶ be liable for: ~에 대한 책임이 있다
The tenant is **liable** for any damages made to the walls.
벽에 생긴 손상은 세입자에게 liable하다.

2 園 ~할 것 같은; ~하기 쉬운 ┄┄▶ be liable to do: ~하기 쉽다
The manufacturer is **liable** to lose customers if quality does not improve.
제조사는 만약 품질이 향상되지 않을 경우 고객을 잃게 될 liable이 있다.

▶ 관련 어휘
liability 園 1. (법적) 책임 2. 부채

👑700+
RANK
0937 / **poll** [poʊl] ☆☆☆☆☆☆☆   ①-②-③-④-⑤-⑥-⑦

園 여론 조사; 투표
A recent **poll** indicates that many people use their mobile phones to watch movies.
최근의 한 poll은 많은 사람들이 영화를 보기 위해 자신의 휴대폰을 사용한다는 것을 보여준다.

700+ RANK 0938　detour [ˈdiː.tʊr] ☆☆☆☆☆☆☆　①-②-③-④-⑤-⑥-⑦

명 우회로, 둘러 가는 길　⋯▸ take a detour: 우회하다

Drivers are advised to take a **detour** on John Street to avoid the road construction.

운전자들은 도로 공사를 피하기 위해 John가에서 detour를 타라고 권고 받는다.

800+ RANK 0939　bid [bɪd] ☆☆☆☆☆☆☆　①-②-③-④-⑤-⑥-⑦

1 명 입찰, 응찰

WMP Construction won the **bid** to build the new library.

WMP 건설은 새로운 도서관을 짓는 bid을 따냈다.

2 통 입찰하다, 응찰하다

Interested parties are welcome to **bid** on the property on 28 Wenham Road.

관심 있는 분들은 Wenham로 28번지 부동산에 bid하셔도 좋습니다.

▶ **관련 어휘**
bidder 명 입찰자　　　　　　　　　　bidding 명 1. 입찰 2. 가격 제시, 호가

▶ **핵심 기출 표현**
put in a bid for ~에 입찰하다　　　　bid for ~에 입찰하다
win a bid 입찰을 따내다

700+ RANK 0940　translation [trænsˈleɪ.ʃən] ☆☆☆☆☆☆☆　①-②-③-④-⑤-⑥-⑦

명 번역, 번역물

Hanari Agency provides excellent **translation** services at reasonable prices.

Hanari사는 합리적인 가격에 훌륭한 translation 서비스를 제공한다.

▶ **관련 어휘**
translate 통 번역하다, 통역하다
　We do not have enough time to **translate** a 250-page book by next Tuesday.
　우리가 다음주 화요일까지 250쪽짜리 책을 translate하기에 시간이 충분하지 않다.
translator 명 번역가

700+ RANK 0941　excuse [ɪkˈskjuːz] ☆☆☆☆☆☆☆　①-②-③-④-⑤-⑥-⑦

1 통 용서하다; 변명하다

Ms. Seiko **excused** Mr. Kim for his late arrival to the yesterday's event.

Ms. Seiko는 어제 행사에 늦게 도착한 것에 대해 Mr. Kim을 excuse했다.

2 图 면제해 주다　;--▶ excuse A from (doing) B: A에게 B(하는 것을)를 면제해 주다
Mr. Choi has been **excused** from the meeting due to illness.
Mr. Choi는 몸이 아파서 회의 참석을 excuse받았다.

3 图 변명; 구실
You must provide a valid **excuse** for not attending the workshop.
워크숍에 참석하지 않은 것에 대해 타당한 excuse를 대야 한다.

👑800+
RANK
0942 ｜ **applause** [əˈplɔːz] ☆☆☆☆☆☆☆　①-②-③-④-⑤-⑥-⑦

图 박수　;--▶ give applause: 박수를 보내다
The audience gave a loud **applause** to the guest speaker.
관중은 초청 연설자에게 큰 applause를 보냈다.

▶ 관련 어휘
applaud 图 박수를 치다 (= clap)
Some people are **applauding** a speaker. 파트1
몇몇 사람들이 연사에게 **applaud**하고 있다.

▶ 핵심 기출 표현
a round of applause 한 차례의 박수 갈채

👑800+
RANK
0943 ｜ **weigh** [weɪ] ☆☆☆☆☆☆☆　①-②-③-④-⑤-⑥-⑦

1 图 (결정을 내리기 전에) 따져 보다, 저울질하다
The board should **weigh** the benefits and drawbacks of merging with Luzab Industries.
이사회는 Luzab Industries와의 합병이 수반하는 이해득실을 weigh해야 한다.

2 图 무게를 재다, 무게가 ~이다
A box is being **weighed** on a scale. 파트1
상자가 저울 위에서 weigh되고 있다.

▶ 관련 어휘
weight 图 무게, 체중

▶ 파트 7 대체어 기출 표현: weigh 따져보다 → consider 고려하다
weigh[consider] the pros and cons 장단점을 weigh[consider]하다

👑700+
RANK
0944 ｜ **manner** [ˈmæn.ɚ] ☆☆☆☆☆☆☆　①-②-③-④-⑤-⑥-⑦

1 图 (일의) 방식
;--▶ in a timely manner: 시기 적절하게
Palato Construction prides itself on finishing projects in a timely **manner**.
Palato 건설은 시기적절한 manner로 프로젝트를 완료하는 것에 대해 자부한다.

2 🅟 (사람의) 태도, 예의

Please address every guest's inquiry in a polite **manner**.

모든 고객의 문의를 공손한 manner로 다뤄주세요.

> 🔲 파트 7 대체어 기출 표현: manner (일의) 방식 → fashion (유행하는) 방식
>
> be photographed in a timely **manner[fashion]** for online display
>
> 온라인 전시를 위해 시기적절한 manner[fashion]으로 사진 촬영되다

👑800+
RANK 0945 **disclose** [dɪˈskloʊz] ★☆☆☆☆☆☆ ①-②-③-④-⑤-⑥-⑦

🅥 밝히다, 폭로하다

Ms. Parker accidentally **disclosed** the location of surprise farewell party.

Ms. Parker는 깜짝 송별 파티 장소를 실수로 disclose했다.

> 🔲 관련 어휘
>
> undisclosed 🅐 밝혀지지 않은, 비밀에 부쳐진

👑800+
RANK 0946 **practical** [ˈpræk.tɪ.kəl] ☆☆☆☆☆☆☆ ①-②-③-④-⑤-⑥-⑦

🅐 현실적인; 실용적인

Tinley Vocational School teaches **practical** skills to be used at work.

Tinley 직업 학교는 직장에서 사용할 수 있는 practical한 기술을 가르친다.

👑800+
RANK 0947 **quote** [kwoʊt] ☆☆☆☆☆☆☆ ①-②-③-④-⑤-⑥-⑦

1 🅥 견적을 내다 🅝 견적

Our associate will **quote** you a price based on your exact needs.

저희 직원이 당신의 정확한 요구사항에 맞춰 금액을 quote해드릴 겁니다.

2 🅥 인용하다 🅝 인용

Feel free to **quote** lines from famous novels in your essay.

에세이에서 유명 소설의 구절을 quote해도 된다.

> 🔲 관련 어휘
>
> quotation (= quote) 🅝 1. 견적 2. 시세 3. 인용(구)
>
> Your **quotation** may be different from the prices listed on the Web site.
>
> 귀하의 quotation은 웹 사이트에 적힌 가격들과 다를 수 있습니다.

> 🔲 핵심 기출 표현
>
> price quote[quotation] 가격 견적

363

familiarize [fəˈmɪl·jəˌraɪz] ☆☆☆☆☆☆☆   ①-②-③-④-⑤-⑥-⑦

🔟 익숙하게 하다

;---▶ familiarize oneself with: ~을 숙지하다, ~에 익숙해지다

Sales staff should **familiarize** themselves with the products before presenting them to customers.

판매원들은 제품을 소비자에게 소개하기 전에 그것들에 familiarize해야 한다.

▶ **관련 어휘** ;------▶ familiar with: ~에 익숙한, 친숙한

familiar 🔟 익숙한, 친숙한

I'm **familiar** with that author's books.

저는 그 작가의 책들에 **familiar**합니다.

familiarity 🔟 익숙함, 친숙함

sharp [ʃɑrp] ☆☆☆☆☆☆☆   ①-②-③-④-⑤-⑥-⑦

1 🔟 (변화 등이) 급격한

Propulsion Motors had a **sharp** decline in profits after the product recall.

Propulsion Motors는 제품 리콜이 있은 뒤 sharp한 이윤 하락을 맞았다.

2 🔟 예리한, 날카로운

Be careful when using the meat cutter as it is very **sharp**.

고기 절단기가 매우 sharp하므로 사용 시 주의하세요.

3 🔟 정각에

;---▶ at+시각+sharp: ~시 정각에

Volunteers must arrive at the venue at 5 P.M. **sharp**.

자원봉사자들은 오후 5시 sharp 장소에 도착해야 한다.

▶ **관련 어휘**

sharply 🔟 1. (증감이) 급격히 2. 날카롭게   **sharpen** 🔟 1. 날카롭게 하다 2. 분명히 하다

▶ **혼동 어휘 노트: promptly at 시각 vs. at 시각 sharp**

'~시 정각에'라는 표현에서 promptly는 시간 표현 앞에, sharp는 시간 표현 뒤에 온다는 점에 유의한다.

transform [trænsˈfɔrm] ★☆☆☆☆☆☆   ①-②-③-④-⑤-⑥-⑦

🔟 변형시키다; 완전히 바꿔 놓다

The city plans to **transform** the empty lot into a shopping center.

시는 공터를 쇼핑센터로 transform할 계획이다.

▶ **관련 어휘**

transformation 🔟 (완전한) 변화, 탈바꿈

Speed Check-up

다음의 한글 의미를 단서로 삼아 보기에서 알맞은 단어를 골라 넣으세요.

ⓐ supplementing ⓑ sufficient ⓒ surpassed ⓓ weigh ⓔ liable

01 The tenant is _____ for any damages made to the walls.
책임이 있는

02 The board should _____ the benefits and drawbacks of merging with Luzab Industries.
따져보다

03 Because of our product's increased popularity, sales have _____ our previous record.
뛰어넘다

04 Nutritionists recommend _____ your diet with vitamins.
보충하다

05 The business did not have _____ funds to make factory improvements this year.
충분한

다음의 한글 해석과 의미가 같아지도록 보기에서 알맞은 단어를 골라 넣으세요.

ⓐ convinced ⓑ slightly ⓒ notable ⓓ atmosphere ⓔ accordingly

06 The palace is _____ for its use of white marble and gold.
이 궁전은 흰 대리석과 금을 사용한 것으로 유명하다.

07 Please lower the lights _____, so everyone can see the screen clearly.
모든 사람이 스크린을 확실히 볼 수 있도록 불빛을 조금 낮춰 주세요.

08 Ms. Pilkington _____ the board that the marketing budget should be increased. Ms. Pilkington은 마케팅 예산을 늘려야 한다고 이사회를 설득했다.

09 As each employee's contribution to the project varies, incentives will be awarded _____. 프로젝트에 대한 각 직원의 기여도가 다양해서, 인센티브는 그에 맞춰 지급될 것이다.

10 Pathon Technologies encourages coworkers to socialize, which creates a friendly work _____.
Pathon Technologies는 동료들끼리 잘 어울리도록 장려하는데, 이는 친근한 근무환경을 만들어준다.

문맥에 어울리는 단어를 보기에서 골라 넣으세요.

ⓐ enormous ⓑ reinforce ⓒ distracted ⓓ disclosed ⓔ proceeds

11 Ms. Parker accidentally _____ the location of surprise farewell party.

12 All _____ from the auction will be used for the McIven Children's Hospital.

13 We will _____ this wall so that it can withstand more pressure.

14 Currently under construction, the _____ stadium will seat 140,000 people.

15 The noise from the road construction _____ some employees from their work.

DAY 20

700+
우선 순위 영단어
0951~1000

1타강사 음성강의

귀로 듣는 단어장

특종이 필요해

800+
RANK
0951

conflict [ˈkɑn·flɪkt] ☆☆☆☆☆☆☆

 ①-②-③-④-⑤-⑥-⑦

1 몝 충돌; 갈등

⌐--▶ scheduling conflict: 겹치는 일정

Ms. Hammel cannot attend the conference due to a scheduling **conflict**.

Ms. Hammel은 일정 conflict로 학회에 참석할 수 없다.

2 몝 충돌하다, 상충하다

⌐--▶ conflict with: ~와 상충하다

Mr. Park had to reschedule the staff workshop since it **conflicted** with an important client meeting.

Mr. Park는 직원 워크숍이 중요한 고객 회의와 conflict해서 일정을 변경해야 했다.

▷ **파트 7 대체어 기출 표현: conflict 갈등, 분쟁 → issue 사안, 문제점**
finish the meeting without any **conflicts[issues]** 아무 conflict[issue] 없이 회의를 마치다

800+
RANK
0952

illegible [ɪˈledʒ·ə·bəl] ☆☆☆☆☆☆☆

①-②-③-④-⑤-⑥-⑦

몝 읽기 어려운, 판독이 안 되는

Since Mr. Page's writing is **illegible**, he never writes letters by hand.

Mr. Page의 글씨체는 illegible해서, 그는 편지를 절대 손으로 쓰지 않는다.

▷ **관련 어휘**
illegibly 閉 읽기 어렵게

▷ **파트 7 대체어 기출 표현: illegible 읽기 어려운 → unintelligible 이해할 수 없는**
completely **illegible[unintelligible]** writing 전혀 illegible[unintelligible]한 글씨

700+
RANK
0953

unique [jʊˈnik] ☆☆☆☆☆☆☆

①-②-③-④-⑤-⑥-⑦

몝 독특한; 아주 특별한

The museum's **unique** exhibits attract tourists year round.

그 박물관의 unique한 전시품들이 연중 관광객을 끌고 있다.

800+
RANK
0954

external [ekˈstɜr·nəl] ★☆☆☆☆☆☆

 ①-②-③-④-⑤-⑥-⑦

몝 외부의; 대외적인 뻰 internal 몝 내부의

The new tablet PC connects to **external** hard drives.

새로운 태블릿 PC는 external 하드 드라이브에 연결된다.

▶ 관련 어휘
externally 튀 외부에서, 외부적으로 빵 internally 튀 내부에서, 내부적으로

👑700+
**RANK
0955** **target** [ˈtɑːr·ɡɪt] ☆☆☆☆☆☆☆   ①-②-③-④-⑤-⑥-⑦

1 명 목표; 대상

;--▶ sales target: 매출 목표

Blexcon will be revising its strategies to meet this quarter's sales **target**.
Blexcon에서는 이번 분기의 매출 target에 도달하기 위해 전략을 수정할 것이다.

2 동 목표로 삼다, 겨냥하다

Yost Clothing is planning to **target** teenagers for its upcoming product line.
Yost 의류는 다가오는 상품 라인에 십 대를 target하는 것을 계획하고 있다.

▶ 핵심 기출 표현
target customer 목표[대상] 고객

👑700+
**RANK
0956** **enforce** [ɪnˈfɔːrs] ★★☆☆☆☆☆   ①-②-③-④-⑤-⑥-⑦

동 (법률 등을) 집행하다, 시행하다
The company will **enforce** the new dress code starting next month.
회사는 다음 달부터 새로운 복장 규정을 enforce할 것이다.

▶ 관련 어휘
enforcement 명 시행, 집행
▶ 핵심 기출 표현
law enforcement 법 집행

👑800+
**RANK
0957** **strengthen** [ˈstreŋ.θən] ★★☆☆☆☆☆   ①-②-③-④-⑤-⑥-⑦

동 강화하다
Flintcore System's new virus protection will **strengthen** online security.
Flintcore 시스템의 새로운 바이러스 방지 프로그램이 온라인 보안을 strengthen할 것이다.

▶ 관련 어휘
strength 명 힘, 세기, 강점
  Managing various tasks is one of my professional **strengths**.
  다양한 업무를 관리하는 것이 나의 직업적인 strength 중 하나이다.
strong 형 강한, 센   strongly 튀 강하게, 튼튼하게

RANK 0958　**resign** [rɪ'zaɪn] ☆☆☆☆☆☆

图 사임하다, 물러나다 ┈┈▶ resign from: ~에서 물러나다

Ms. Shelling **resigned** from her position after receiving another job offer.
Ms. Shelling은 다른 일자리 제의를 받고 자신의 자리에서 resign했다.

> ▶ **관련 어휘** resignation 몡 사직(서)

> ▶ **핵심 기출 표현** a resignation letter 사직서

RANK 0959　**frustrating** ['frʌs.treɪ.tɪŋ] ☆☆☆☆☆☆

휑 불만스러운, 좌절감을 주는

Applying for a bank loan can be a **frustrating** process for many customers.
은행 대출 신청은 많은 고객에게 frustrating한 절차가 될 수 있다.

> ▶ **관련 어휘**
> frustrated 휑 불만스러워하는, 좌절감을 느끼는　　frustrate 툉 좌절시키다, 방해하다

RANK 0960　**customs** ['kʌs·təmz] ☆☆☆☆☆☆

몡 세관

We were informed that the package is still being inspected by **customs**.
저희는 아직도 그 소포를 customs에서 점검하고 있다고 들었어요.

> ▶ **핵심 기출 표현**
> go through customs 세관을 통과하다　　customs office 세관 (사무소)
> customs regulations 세관 규정　　customs clearance 통관 절차

RANK 0961　**deliberate** [dɪ'lɪb.ɚ.ət] ★☆☆☆☆☆

1 휑 의도적인, 계획적인; 신중한 ┈┈▶ deliberate attempt: 신중한 시도

The positioning of store goods is a **deliberate** attempt to influence customer purchases.
상점의 물품 위치는 소비자의 구매에 영향을 주려는 deliberate한 시도이다.

2 툉 심사숙고하다

The judge panel will **deliberate** for one hour before choosing a winner.
심사 위원단은 우승자를 선택하기 전에 한 시간 동안 deliberate할 것이다.

▶ 관련 어휘

deliberation 뗑 숙고; 신중함
After hours of **deliberation**, we unanimously selected Ms. Jang for the award.
몇 시간의 **deliberation** 후에, 우리는 만장일치로 Ms. Jang을 수상자로 선택했다.

▶ 핵심 기출 표현

deliberate effort 신중한 노력

👑800+
RANK
0962

overview [ˈoʊ.vɚ.vjuː] ☆☆☆☆☆☆☆

①-②-③-④-⑤-⑥-⑦

뗑 개관, 개요

;--▶ overview of: ~의 개요

Professor Lambard's report provides a broad **overview** of the Asian economy.
Lambard 교수의 보고서는 아시아 경제에 대해 전반적인 overview를 제공한다.

👑800+
RANK
0963

exposure [ɪkˈspoʊ.ʒɚ] ☆☆☆☆☆☆☆

①-②-③-④-⑤-⑥-⑦

뗑 노출

The flower garden has full **expose** to the sun.
그 꽃밭은 햇빛에 완전히 expose 되어 있다.

▶ 관련 어휘

expose 뙹 노출시키다, 드러내다

▶ 핵심 기출 표현

exposure to ~에의 노출
expose A to B A를 B에 노출시키다 (→ A be exposed to B)

👑800+
RANK
0964

enlarge [ɪnˈlɑːrdʒ] ☆☆☆☆☆☆☆

①-②-③-④-⑤-⑥-⑦

뙹 확대하다, 확장하다

The designer **enlarged** the photo so the product would be more visible.
그 디자이너는 제품이 더욱 잘 보일 수 있도록 사진을 enlarge했다.

▶ 관련 어휘 **enlargement** 뗑 확대, 확장

👑800+
RANK
0965

equivalent [ɪˈkwɪv.əl.ənt] ★☆☆☆☆☆☆

①-②-③-④-⑤-⑥-⑦

1 뗑 동등한, 맞먹는

The two detergents produced **equivalent** results, despite the difference in formulas.
두 세제는 조제법의 차이에도 불구하고 equivalent한 결과를 냈다.

2 명 ~에 상당하는 것, 등가물  equivalent to: ~에 상당하는 것
Calax Adventure Land is the closest **equivalent** to a theme park in our city.
Calax Adventure Land는 우리 시에서 테마파크에 가장 근접한 equivalent이다.

▶ **핵심 기출 표현**
equivalent to ~와 동등한   equivalent of ~의 등가물

 800+
RANK
0966

sustain [səˈsteɪn] ☆☆☆☆☆☆☆   ①-②-③-④-⑤-⑥-⑦

1 동 지속시키다
Managers have to **sustain** employee motivation for long-term projects.
관리자들은 장기 프로젝트를 위해 직원들의 동기를 sustain해야 한다.

2 동 (무게를) 견디다, 지탱하다
The elevator can **sustain** up to 1,000 kilograms.
엘리베이터는 최고 1,000킬로그램까지 sustain할 수 있다.

▶ **관련 어휘**
sustainable 형 (오랫동안) 지속 가능한
　For over 10 years, Professor Keller has researched **sustainable** energy sources.
　10년 넘게, Keller 교수는 **sustainable** 에너지원을 연구해왔다.
sustainability 명 지속 가능성

800+
RANK
0967

abundant [əˈbʌn.dənt] ☆☆☆☆☆☆☆   ①-②-③-④-⑤-⑥-⑦

형 **풍부한**   be abundant in: ~이 풍부하다
Rainfall is **abundant** in the tropical forest reserve.
열대 보호림에는 강수량이 abundant하다.

▶ **관련 어휘**
abundantly 부 풍부하게   **abundance** 명 풍부(함)

▶ **파트 7 대체어 기출 표현: abundance 풍부함 → wealth 풍부한 양, 다량**
an **abundance[wealth]** of additional cookbooks abundance[wealth]한 추가의 요리책들

800+
RANK
0968

boost [buːst] ☆☆☆☆☆☆☆   ①-②-③-④-⑤-⑥-⑦

1 동 신장시키다, 북돋우다   boost morale: 사기를 북돋다
The company picnic is an excellent chance to **boost** employees' morale.
회사 야유회는 직원들의 사기를 boost할 수 있는 훌륭한 기회이다.

2 몡 증가; 부양책　；--▸ boost in: ~의 증가 (= increase in)

Rextech reported a **boost** in sales last month.

Rextech는 지난달 매출 boost를 보고했다.

> ▶ 핵심 기출 표현
> boost sales figures 매출액을 늘리다

---

compromise [ˈkɑːm.prə.maɪz] ☆☆☆☆☆☆☆ ①-②-③-④-⑤-⑥-⑦

1 몡 타협하다, 절충하다

After many months of negotiation, both parties finally agreed to **compromise**.

몇 달에 걸친 협상 끝에, 양쪽 당사자들은 마침내 compromise하기로 동의했다.

2 몡 타협, 절충　；--▸ reach[come to] a compromise: 타협을 보다

Management was able to reach a **compromise** with the employees concerning overtime pay.

경영진은 초과 근무 수당과 관련하여 직원들과 compromise에 도달할 수 있었다.

> ▶ 핵심 기출 표현
> make a compromise 타협하다

---

consequence [ˈkɑːn.sə.kwəns] ★☆☆☆☆☆☆ ①-②-③-④-⑤-⑥-⑦

몡 결과; 중요함　；--▸ as a consequence of: ~의 결과로, ~때문에

Inflation has risen as a **consequence** of lower interest rates.

낮은 이자율의 consequence로 물가 상승률이 증가했다.

> ▶ 관련 어휘
> consequently 옘 그 결과, 따라서
> ▶ 핵심 기출 표현
> as a consequence 그 결과로, 결과적으로 (= in consequence)

---

possess [pəˈzes] ☆☆☆☆☆☆☆ ①-②-③-④-⑤-⑥-⑦

몡 소유하다, 소지하다

Applicants must **possess** a driver's license to be considered for the job.

지원자들은 그 직무에 고려되기 위해서 운전 면허증을 possess해야만 한다.

> ▶ 관련 어휘
> possession 몡 소유 　　　　possessive 혱 소유의

372

RANK 0972 800+

activate [ˈæk.tə.veɪt] ☆☆☆☆☆☆☆　①-②-③-④-⑤-⑥-⑦

屬 활성화하다

The new security system will be **activated** once the employees leave for the day.
새로운 보안 시스템은 직원들이 퇴근하면 activate될 것이다.

▶ **관련 어휘**
　activation 圀 활성화; 작동　　　　　　　**active** 휑 활동적인, 적극적인
　actively 뷴 활발히, 적극적으로

▶ **핵심 기출 표현**
　activate an account 계좌를 활성화하다　　**activate a system** 시스템을 가동하다

RANK 0973 800+

minutes [ˈmɪn·əts] ☆☆☆☆☆☆☆　①-②-③-④-⑤-⑥-⑦

圀 회의록
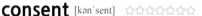 meeting minutes: 회의록
The details of today's meeting **minutes** will be emailed to everyone.
오늘 회의의 세부 사항에 대한 minutes가 모두에게 이메일로 전달될 것이다.

RANK 0974 800+

respectively [rɪˈspek.tɪv.li] ☆☆☆☆☆☆☆　①-②-③-④-⑤-⑥-⑦

뷴 각각, 제각기

Mr. Kim and Mr. Choi have worked at Kujari Ltd. for 12 and 15 years **respectively**.
Mr. Kim과 Mr. Choi는 Kujari사에서 respectively 12년과 15년 일했다.

▶ **관련 어휘**
　respective 휑 각각의

RANK 0975 800+

consent [kənˈsent] ☆☆☆☆☆☆☆　①-②-③-④-⑤-⑥-⑦

1 圀 동의, 허락
written consent: 서면 동의
Advertisers may not use photos of customers without their written **consent**.
광고주들은 서면 consent 없이 고객 사진을 사용할 수 없다.

2 屬 동의하다, 허락하다
consent to: ~에 동의하다
You must **consent** to our electronics policy before entering the museum.
박물관에 입장하기 전 저희 전자제품 규정에 consent해야 합니다.

RANK 0976 ☆700+
ongoing [ˈɑːnˌɡoʊ-] ☆☆☆☆☆☆☆   ①-②-③-④-⑤-⑥-⑦

웹 계속 진행 중인
Padet's **ongoing** workshops ensure your employees know about the latest technology trends.
Padet의 ongoing하는 워크숍은 당신의 회사 직원들이 최신 기술 동향을 알도록 해줍니다.

RANK 0977 ☆800+
solely [ˈsoʊl.li] ☆☆☆☆☆☆☆   ①-②-③-④-⑤-⑥-⑦

뿐 오로지; 단독으로
This e-mail is intended **solely** for the use of the addressee.
이 이메일은 solely 수신인의 사용을 위한 것입니다.

RANK 0978 ☆700+
pressure [pressure] ★☆☆☆☆☆☆   ①-②-③-④-⑤-⑥-⑦

명 압박, 압력   ╎--▶ under pressure: 압박/압력을 받고 있는
The facilities department is under **pressure** to reduce building maintenance costs.
시설 관리부는 건물 유지비를 줄여야 하는 pressure를 받고 있다.

▶ 관련 어휘
press 통 누르다 명 언론   **pressing** 형 긴급한

▶ 핵심 기출 표현
water pressure 수압   **press conference** 기자 회견
press release 공식 발표, 보도 자료

RANK 0979 ☆700+
stand [stænd] ★☆☆☆☆☆☆   ①-②-③-④-⑤-⑥-⑦

1 통 견디다, 이겨 내다
The run-down building will not be able to **stand** another earthquake.
황폐한 건물은 또 다른 지진을 stand할 수 없을 것이다.

2 통 서다; 서 있다
Some people are **standing** in front of a table. 파트1
몇몇 사람들이 탁자 앞에 stand해 있다.

3 명 가판대; -(세움)대
A woman is shopping at an outdoor **stand**. 파트1
여자가 옥외 stand에서 쇼핑하고 있다.

▶ 관련 어휘
standing 휑 고정적인, 상설의 ····▶ standing charge: (가스/전기/수도 요금 등의) 고정 비용
All tenants must pay a **standing** charge of $100 along with the rent at the end of each month.
모든 입주민은 매달 말에 임차료와 함께 100달러의 **standing** 요금을 지불해야 한다.
long-standing 휑 오래된, 여러 해에 걸친

▶ 핵심 기출 표현
stand the test of time 오랜 세월이 지나도 건재하다　　　**stand in for** ~을 대신하다
music stand 악보대

700+
RANK
0980
casual [ˈkæʒ.u:.əl] ☆☆☆☆☆☆☆　　①·②·③·④·⑤·⑥·⑦

1 휑 **평상시의, 격식을 차리지 않는**
Next Friday, employees will be able to join a **casual** lunch with management.
다음 주 금요일, 직원들은 경영진과 함께하는 casual한 점심식사에 참여할 수 있을 것이다.

2 휑 **평상복**
Every Friday, employees at Reid Engineering are allowed to dress in **casuals**.
매주 금요일, Reid 엔지니어링 직원들은 casual을 입는 것이 허용된다.

▶ 관련 어휘
casually 휙 간편하게; 약식으로

▶ 핵심 기출 표현
business casual 격식 없는 업무 복장　　　**dress casually** 평상복 차림으로 입다

800+
RANK
0981
widespread [ˌwaɪdˈspred] ☆☆☆☆☆☆☆　　①·②·③·④·⑤·⑥·⑦

휑 **광범위한, 널리 퍼진**
The news regarding the merger is **widespread** throughout the staff.
합병에 관한 소식이 직원들 사이에 widespread하다.

800+
RANK
0982
diversify [dɪˈvɜ:.sə.faɪ] ☆☆☆☆☆☆☆　　①·②·③·④·⑤·⑥·⑦

통 **다각화하다, 다양화하다**
You should **diversify** your portfolio to strengthen your investments.
투자를 보강하려면 포트폴리오를 diversify해야 합니다.

▶ 관련 어휘
diversification 휑 다각화; 다양화　　　**diverse** 휑 다양한

700+
RANK 0983

evenly [ˈiː.vən.li] ☆☆☆☆☆☆☆
①-②-③-④-⑤-⑥-⑦

부 고르게; 균등하게

Make sure you **evenly** distribute the snacks.

반드시 과자를 evenly 나눠주세요.

> **관련 어휘**
> even 부 1. (심지어) ~도[조차] 2. (비교급을 강조하여) 훨씬 형 고른; 균등한

800+
RANK 0984

foster [ˈfɑː.stɚ] ☆☆☆☆☆☆☆
①-②-③-④-⑤-⑥-⑦

동 육성하다; 조성하다

Ramsay Culinary Academy aims to **foster** the talents of future chefs.

Ramsay 요리 학교는 장래 쉐프들의 재능을 foster하는 것을 목표로 한다.

700+
RANK 0985

seldom [ˈsel.dəm] ★☆☆☆☆☆☆
①-②-③-④-⑤-⑥-⑦

부 좀처럼 ~않는

Luxury brands **seldom** offer discounts on their merchandise.

명품 브랜드들은 상품에 대해 할인을 seldom 제공한다.

700+
RANK 0986

complement [ˈkɑː.m.plə.ment] ☆☆☆☆☆☆☆
①-②-③-④-⑤-⑥-⑦

동 보완하다

The designer thought blue was the color that would best **complement** the product logo.

디자이너는 파란색이 제품 로고를 가장 잘 complement할 색으로 생각했다.

> **관련 어휘**
> complementary 형 상호 보완적인

800+
RANK 0987

declare [dɪˈkler] ☆☆☆☆☆☆☆
①-②-③-④-⑤-⑥-⑦

·····▶ declare that절: that 이하를 선언하다

동 선언하다; (세금 등을) 신고하다

Trunt Global **declared** that the company is filing for bankruptcy.

Trunt 글로벌은 그 회사가 파산 신청 중이라고 declare했다.

▷ 관련 어휘
declaration 몡 1. 선언, 발표 2. 신고서

700+
RANK 0988

unstable [ʌnˈsteɪ.bəl]   ☆☆☆☆☆☆☆   1 · 2 · 3 · 4 · ⑤ · ⑥ · 7

혤 **불안정한**
The company van is unavailable for use as the motor is **unstable**.
회사 밴은 모터가 unstable하기 때문에 사용할 수 없다.

800+
RANK 0989

highlight [ˈhaɪ.laɪt]   ☆☆☆☆☆☆☆   1 · 2 · 3 · ④ · 5 · 6 · 7

1 툉 **강조하다; 강조하여 표시하다**
The presentation **highlighted** potential problems with the proposed expansion.
그 발표는 제안된 확장 사업의 잠재적인 문제점들을 highlight했다.

2 몡 **가장 흥미로운 부분, 하이라이트**   ···▶ highlight of: ~의 하이라이트
Channel Five has an evening segment that offers sports **highlights** of the day.
Channel Five는 그 날의 스포츠 highlight를 제공하는 저녁 코너이다.

800+
RANK 0990

upscale [ˈʌp.skeɪl]   ☆☆☆☆☆☆☆   1 · 2 · 3 · 4 · 5 · 6 · ⑦

1 혤 **(수입이나 사회적 지위가) 평균 이상의; 부유층의**
The interior decorator works with clients from **upscale** residential neighborhoods.
그 인테리어 장식가는 upscale 동네의 고객들과 일한다.

2 몡 **고소득층, 부유층**
Most of the high-end shops in this district are catered toward the **upscale**.
이 지역 내 대부분의 고급 상점들은 upscale을 대상으로 한다.

800+
RANK 0991

commend [kəˈmend]   ☆☆☆☆☆☆☆   1 · 2 · 3 · 4 · 5 · 6 · ⑦

툉 **칭찬하다**
Mr. Fowler was **commended** for his contributions to the company over the past 20 years.
Mr. Fowler는 지난 20년간 회사에 대한 공로로 commend 받았다.

▷ 관련 어휘
commendable 혱 칭찬받을 만한

800+
RANK 0992

amend [əˈmend] ☆☆☆☆☆☆ ①-②-③-④-⑤-⑥-⑦

🔲 (법률이나 계약서 조항 등을) 개정하다, 수정하다

The legal team will **amend** several sections in the agreement.

법무팀은 계약서에 몇몇 부분을 amend할 것이다.

▶ 관련 어휘
　　amendment 🔲 (법률이나 계약서 조항 등의) 개정, 수정

▶ 핵심 기출 표현
　　contract amendment 계약 수정　　　　　make amends 보상해 주다

800+
RANK 0993

principle [ˈprɪn.sə.pəl] ☆☆☆☆☆☆ ①-②-③-④-⑤-⑥-⑦

🔲 원칙; 원리

Graber Mining follows **principles** that help to protect the environment from its activities.

Graber 광업은 그들의 활동으로부터 환경을 보호하는 데 도움을 주는 principle들을 따르고 있다.

700+
RANK 0994

talented [ˈtæl.ən.t̬ɪd] ☆☆☆☆☆☆ ①-②-③-④-⑤-⑥-⑦

🔲 (타고난) 재능이 있는

We are seeking **talented** musicians to perform in the community concert.

저희는 지역 사회 콘서트에서 연주할 talented 음악가를 찾고 있습니다.

▶ 관련 어휘
　　talent 🔲 1. 재주, 재능 2. 재능 있는 사람(들)

800+
RANK 0995

drain [dreɪn] ☆☆☆☆☆☆ ①-②-③-④-⑤-⑥-⑦

1 🔲 (물, 액체가) 빠지다

I was doing some dishes and noticed that the kitchen sink wasn't **draining**.

설거지하다가 부엌 싱크대가 drain되지 않는 걸 알게 됐다.

2 🔲 배수관

The sink's **drain** is clogged and needs to be fixed.

싱크대의 drain이 막혀서 수리가 필요하다.

▶ 관련 어휘
　　drainage 🔲 배수; 배수 시설

RANK 0996

recall ['ri:.kɑ:l] ☆☆☆☆☆☆☆

(1)-(2)-(3)-④-⑤-⑥-(7)

1 통 기억해 내다, 상기하다
Please refer to the product guide if you cannot **recall** some information.
일부 정보를 recall할 수 없으면, 상품 안내서를 참조해 주세요.

2 통 (결함이 있는 제품을) 회수하다, 리콜하다 명 회수, 리콜
Swanson Appliances **recalled** its defective refrigerators.
Swanson Appliances는 결함이 있는 냉장고를 recall했다.

RANK 0997

rotate ['roʊ.teɪt] ☆☆☆☆☆☆☆

(1)-(2)-(3)-(4)-⑤-⑥-(7)

1 통 교대로 일하다; 교대 근무를 하다
Company policy states that factory workers must **rotate** shifts every month.
회사 규정은 공장 직원들이 매달 근무를 rotate해야 한다고 언급한다.

2 통 회전하다, 회전시키다
You should **rotate** your mattress every three months.
3달에 한 번씩 매트리스를 rotate하셔야 합니다.

▶ 관련 어휘
rotation 명 교대, 회전

▶ 핵심 기출 표현
work in rotation 교대로 일하다

RANK 0998

turnout ['tɜ·ːn.aʊt] ☆☆☆☆☆☆☆

(1)-(2)-(3)-(4)-⑤-⑥-(7)

1 명 (행사의) 참가자 수
It's great to see such a nice **turnout** for the opening night of the annual Mayville Arts Festival.
연례 Mayville 예술 축제 개막식에 이리도 많은 turnout을 보게 되어 기쁩니다.

2 명 (선거의) 투표자 수, 투표율
:--▶ poor turnout: 저조한 투표율
This year's presidential election had a poor **turnout**, and only 45 percent of the voters participated.
올해 대통령 선거의 turnout은 저조했고, 유권자의 45퍼센트만이 참여했다.

800+
RANK 0999

credit [ˈkred.ɪt] ★★☆☆☆☆☆ ①-②-③-④-⑤-⑥-⑦

1 통 ~의 공으로 인정하다   ┈▶ credit A with B: B를 A의 공으로 인정하다 (→ A be credited with B)

Inventor Dawood Khan is **credited** with designing the first version of this machine.

발명가인 Dawood Khan은 이 기계의 첫 번째 버전을 설계한 것으로 credit를 받는다.

2 통 입금하다; 적립하다   ┈▶ credit A to B / B with A: A를 B에 입금하다
                                 (→ A be credited to B / B be credited with A)

We **credit** the amount to your corporate account.

저희는 귀하의 법인 계정으로 금액을 credit해 드립니다.

3 명 칭찬, 인정; 신용 (거래); 입금 (내역)

Ms. Largo received **credit** for acquiring the LXM Co. account.

Ms. Largo는 LXM사 거래처를 따내어 credit을 받았다.

> ▶ 관련 어휘
> **creditor** 명 채권자

> ▶ 핵심 기출 표현
> **credit card** 신용카드   **store credit** (현금처럼 사용할 수 있는) 적립 포인트

> ▶ 파트 7 대체어 기출 표현: credit 칭찬, 인정 → recognition 인식, 인정
> receive a lot of credit[recognition] for the work 그 업무에 대해 많은 credit[recognition]을 받다

800+
RANK 1000

terrific [təˈrɪf·ɪk] ☆☆☆☆☆☆☆ ①-②-③-④-⑤-⑥-⑦

형 아주 좋은, 훌륭한

You've done a **terrific** job with developing the accounting software program.

당신은 회계 소프트웨어 프로그램 개발에 terrific한 일을 해주었습니다.

Speed Check-up

정답 p.584

다음의 한글 의미를 단서로 삼아 보기에서 알맞은 단어를 골라 넣으세요.

ⓐ equivalent   ⓑ activated   ⓒ boost   ⓓ standing   ⓔ consent

01 Rextech reported a _____ in sales last month.
증가

02 The two detergents produced _____ results, despite the difference in formulas.
동등한

03 Advertisers may not use photos of customers without their written _____.
동의

04 The new security system will be _____ once the employees leave for the day.
활성화하다

05 All tenants must pay a _____ charge of $100 along with the rent at the end of each month.
고정적인

다음의 한글 해석과 의미가 같아지도록 보기에서 알맞은 단어를 골라 넣으세요.

ⓐ resigned   ⓑ respectively   ⓒ compromise   ⓓ diversify   ⓔ widespread

06 The news regarding the merger is _____ throughout the staff.
합병에 관한 소식이 직원들 사이에 널리 퍼져 있다.

07 Ms. Shelling _____ from her position after receiving another job offer.
Ms. Shelling은 다른 일자리 제의를 받고 자신의 자리에서 물러났다.

08 Management was able to reach a _____ with the employees concerning overtime pay.
경영진은 초과 근무 수당과 관련하여 직원들과 타협안에 도달할 수 있었다.

09 You should _____ your portfolio to strengthen your investments.
투자를 보강하려면 포트폴리오를 다양화시켜야 합니다.

10 Mr. Kim and Mr. Choi have worked at Kujari Ltd. for 12 and 15 years _____.
Mr. Kim과 Mr. Choi는 Kujari사에서 각각 12년과 15년 일했다.

문맥에 어울리는 단어를 보기에서 골라 넣으세요.

ⓐ credited   ⓑ recall   ⓒ deliberate   ⓓ abundant   ⓔ upscale

11 Rainfall is _____ in the tropical forest reserve.

12 The positioning of store goods is _____ attempt to influence customer purchases.

13 Inventor Dawood Khan is _____ with designing the first version of this machine.

14 Please refer to the product guide if you cannot _____ some information.

15 Most of the high-end shops in this district are catered toward the _____.

선배의 여유

👑800+ RANK 1001 · encouraging [ɪnˈkɜrɪdʒɪŋ] ★☆☆☆☆☆☆ ①·②·③·④·⑤·⑥·⑦

혱 격려하는; 용기를 북돋아 주는

The CEO's speech regarding the company's financial situation was very **encouraging**.
회사 재정 상황에 관한 CEO의 연설은 매우 encouraging했다.

▶ **관련 어휘**
encourage 통 권장하다, 장려하다 ┈┈┈┈▶ encourage A to do: A가 ~하도록 장려[권장]하다
(→ A be encouraged to do)
Parents who were athletes usually **encourage** their children to play sports.
운동선수였던 부모들은 보통 자녀들에게 운동할 것을 encourage한다.
encouragement 몡 격려, 장려

👑800+ RANK 1002 · attain [əˈteɪn] ☆☆☆☆☆☆☆ ①·②·③·④·⑤·⑥·⑦

통 이루다, 획득하다

All the extra hours of practice have enabled the team to **attain** the tournament cup.
모든 추가 연습 시간이 팀이 우승컵을 attain할 수 있게 해주었다.

▶ **관련 어휘**
attainment 몡 달성 **attainable** 혱 달성할 수 있는

👑700+ RANK 1003 · assume [əˈsum] ☆☆☆☆☆☆☆ ①·②·③·④·⑤·⑥·⑦

1 통 (책임을) 맡다

┈┈▶ assume the role/responsibility of: ~의 역할/책임을 맡다
Ms. Carter is expected to **assume** the role of Director of Sales next week.
Ms. Carter는 다음 주에 영업 이사직을 assume할 것으로 예상된다.

2 통 추정하다

┈┈▶ assume (that)절: that 이하를 추정하다
Many business owners **assume** that it is easy to hire people to work for them.
많은 사업체 소유주들은 자신들을 위해 일할 사람들을 고용하기가 쉽다고 assume한다.

▶ **관련 어휘** **assumption** 몡 1. 추정 2. (권력, 책임의) 인수

▶ **핵심 기출 표현** **assume the responsibility of** ~의 책임을 맡다

▶ **파트 7 대체어 기출 표현**

assume 추정하다 → suppose 생각하다, 추정하다
I **assume[suppose]** the changes will address your needs.
그 변화들이 당신의 요구를 해결해 줄 거라고 assume[suppose]한다.

assume (직책 등을) 맡다 → take up (업무 등을) 맡다
assume[take up] the position of manager 관리자 직책을 assume[take up]하다

mandatory [ˈmændətɔːri] ★★☆☆☆☆☆ ①-②-③-④-⑤-⑥-⑦

It is mandatory that절/to do: that절 이하가/~하는 것이 의무이다

ᠪ 의무적인, 필수의

It is **mandatory** that attendees speak only English during the international teleconference.
국제 화상 회의 동안 참가자들은 영어로만 말하는 것이 mandatory이다.

> ▶ **관련 어휘** mandate ᠪ 권한; 명령 ᠪ 권한을 주다; 명령하다

> ▶ **핵심 기출 표현** mandatory meeting 의무적으로 참석해야 하는 회의

amount [əˈmaʊnt] ★☆☆☆☆☆☆ ①-②-③-④-⑤-⑥-⑦

ᠪ 양; 액수

This project's expenses should not exceed the allocated **amount**.
이 프로젝트의 비용은 할당된 amount를 초과해서는 안 된다.

> ▶ **핵심 기출 표현**
> amount to (총액이) ~에 달하다
> The laptop and case amount to $1,300.
> 그 노트북 컴퓨터와 케이스는 총 1,300달러에 amount한다.
> an amount of 상당한 (양의) ~

> ▶ **파트 7 대체어 기출 표현: amount 양 → level 수준, 정도**
> the amount[level] of skill designing sunglasses 선글라스를 디자인하는 기량의 amount[level]

surge [sɜːdʒ] ☆☆☆☆☆☆☆ ①-②-③-④-⑤-⑥-⑦

1 ᠪ 급증, 급등 surge in: ~의 급등

The recent **surge** in prices has led to less consumer spending.
최근 가격 surge가 소비자 지출의 감소로 이어졌다.

2 ᠪ 급증하다, 급등하다

Taxi fares usually **surge** during peak hours.
택시 요금은 보통 피크타임 동안 surge한다.

habitually [həˈbɪtʃəli] ★☆☆☆☆☆☆ ①-②-③-④-⑤-⑥-⑦

ᠪ 습관적으로

Janice **habitually** makes coffee every morning.
Janice는 habitually 매일 아침 커피를 만든다.

▶ 관련 어휘

habit 명 습관　　　　　　　　;--▶ make it a habit to do: ~하는 것을 습관화하다

Employees should make it a **habit** to arrive early.

직원들은 일찍 오는 것을 habit화해야 한다.

▶ 핵심 기출 표현

eating habit 식습관　　　　　　　　**working habit** 업무 습관

---

wage [weɪdʒ] ☆☆☆☆☆☆☆　　　①-②-③-④-⑤-⑥-⑦

명 **임금, 급여**　　　　　　　　;--▶ a good wage: 후한 임금

Seasonal employees at Hurly Snow Gear earn a good **wage** in the winter.

Hurly 제설용품점의 계절 고용인들은 겨울에 많은 wage를 번다.

▶ 핵심 기출 표현

wage increase 급여 인상

---

debt [det] ★☆☆☆☆☆☆　　　①-②-③-④-⑤-⑥-⑦

명 **빚, 부채**

Lifton Bank does not give loans to companies with a lot of **debt**.

Lifton 은행은 debt가 많은 회사에게는 대출을 해주지 않는다.

---

genuine [ˈdʒenjuɪn] ★☆☆☆☆☆☆　　　①-②-③-④-⑤-⑥-⑦

형 **진짜의, 진품의**

All of Chaviton's handbags are made of **genuine**, high-quality leather.

Chaviton의 핸드백은 모두 genuine한 고급 가죽으로 만들었다.

▶ 관련 어휘

genuinely 부 진정으로; 순수하게

---

appraisal [əˈpreɪzəl] ☆☆☆☆☆☆☆　　　①-②-③-④-⑤-⑥-⑦

명 **평가; 감정**　　　　　　　　;--▶ performance appraisal: 실적 평가, 인사 고과

Alloyam Ltd.'s performance **appraisals** determine the Employee of the Year recipient.

Alloyam사의 성과 appraisal들은 올해의 직원상 수상자를 결정한다.

> 관련 어휘
> appraise 图 평가하다; 감정하다   appraiser 图 (부동산) 감정평가사

👑800+ RANK 1012 · emerge [ɪˈmɜːdʒ] ★☆☆☆☆☆☆

图 **드러나다, 알려지다** ⋯▸ emerge from: ~에서 나오다[모습을 드러내다]
New evidence **emerged** from the investigation, which helped to solve the case.
수사를 통해 새로운 증거가 emerge했는데, 이는 사건 해결에 도움이 되었다.

> 관련 어휘
> emerging 图 최근 생겨난; 떠오르는, 부상하는

> 핵심 기출 표현
> emerge as ~로서 부상하다[두각을 나타내다]   emerging market 부상하는 시장

👑800+ RANK 1013 · dividend [ˈdɪvədend] ☆☆☆☆☆☆☆

图 **배당금**
Profitable companies are able to pay **dividends** to their shareholders.
수익성이 있는 회사들은 주주들에게 dividend를 지불할 수 있다.

> 관련 어휘
> divide 图 나누다, 가르다

> 핵심 기출 표현
> divide A into B A를 B로 나누다 (→ A be divided into B)

👑700+ RANK 1014 · decisive [dɪˈsaɪsɪv] ★☆☆☆☆☆☆

1 图 **결정적인**
Gidecher Ltd.'s positive brand image was the **decisive** factor in winning the contract.
Gidecher사의 긍정적인 브랜드 이미지가 계약을 따내는 데 있어서 decisive한 요소였다.

2 图 **결단력 있는**
It is hard to be **decisive** when purchasing a new home.
새집을 구입할 때 decisive하기는 어렵다.

▣ 관련 어휘
decision 명 결정　　　　　　　　　　　decide 통 결정하다
decidedly 부 확실히, 분명히

▣ 핵심 기출 표현
decide to do ~을 하기로 결정하다　　　decision to do ~을 하려는 결정
make a decision 결정을 내리다

▣ 파트 7 대체어 기출 표현: decision 결정 → call 결정, 판단
city officials who made the decision[call] 그러한 decision[call]을 내렸던 시 공무원들

unanimous [juːˈnænəməs] ★☆☆☆☆☆☆ ①-②-③-④-⑤-⑥-⑦

형 만장일치의, 모두 의견이 같은　　 unanimous support: 만장일치의 지지
Amongst the board, there is **unanimous** support of the business plan.
이사회에서 그 사업 기획에 대한 unanimous한 지지가 있다.

▣ 관련 어휘
unanimously 부 만장일치로
The proposal to renovate our building was approved **unanimously** by the committee.
우리 건물을 개조하기 위한 제안서는 unanimously 그 위원회에 의해 승인되었다.

impose [ɪmˈpoʊz] ☆☆☆☆☆☆☆ ①-②-③-④-⑤-⑥-⑦

1 통 (세금, 벌금 등을) 부과하다　　 impose A on B: A를 B에 부과하다 (= A be imposed on B)
Brookings Store **imposes** a surcharge on all items purchased with a credit card.
Brookings 상점은 신용카드로 구매한 모든 제품에 추가 비용을 impose한다.

2 통 (새 법률, 세금 등을) 도입하다
The city will **impose** a heavy fine on illegal parking starting January 1.
시에서는 1월 1일부터 불법 주차에 높은 벌금을 impose할 것이다.

dine [daɪn] ☆☆☆☆☆☆☆ ①-②-③-④-⑤-⑥-⑦

통 식사를 하다　　 dine with: ~와 식사하다
Mr. Berkins will **dine** with the clients after today's meeting.
Mr. Berkins는 오늘 회의가 끝난 뒤 고객들과 dine할 것이다.

▣ 관련 어휘
dining 명 식사; 정찬　　　　　　　　　diner 명 1. 식당 손님 2. 작은 식당

RANK 1018 👑800+

solicit [səˈlɪsɪt] ☆☆☆☆☆☆☆ ①-②-③-④-⑤-⑥-⑦

동 간청하다, 요청하다

The Personnel Department is **soliciting** feedback from employees concerning its new training program.

인사부는 새로운 교육 프로그램에 관해 직원들로부터 피드백을 solicit할 것이다.

▶ **관련 어휘**
solicitation 명 간청

▶ **핵심 기출 표현**
solicit donations 기부금을 요청하다

RANK 1019 👑800+

audit [ˈɑːdɪt] ★☆☆☆☆☆☆ ①-②-③-④-⑤-⑥-⑦

1 명 회계 감사

The **audit** of the company's financial data found no serious issues.

이 회사의 재무 데이터 audit에서는 심각한 문제가 발견되지 않았다.

2 동 회계 감사하다

An outside firm will **audit** the company's books next week.

외부 업체에서 다음 주에 회사 장부를 audit할 것이다.

▶ **관련 어휘** auditor 명 회계 감사관

RANK 1020 👑800+

improper [ɪmˈprɑːpɚ] ☆☆☆☆☆☆☆ ①-②-③-④-⑤-⑥-⑦

형 부적절한; 부당한

There was a delay in processing the order due to **improper** documentation.

improper한 증빙 서류로 인해 주문 처리가 지연되었다.

▶ **관련 어휘** improperly 분 적절치 않게

RANK 1021 👑700+

invention [ɪnˈvenʃən] ★☆☆☆☆☆☆ ①-②-③-④-⑤-⑥-⑦

명 발명, 고안   ┈┈▸ invention of: ~의 발명

At Westar Electronics, we are committed to the **invention** of better technology.

저희 Westar 전자에서는 더 나은 기술의 invention에 전념하고 있습니다.

▶ 관련 어휘
invent 동 발명하다   inventor 명 발명가

👑700+ RANK 1022　mark [mɑːrk] ☆☆☆☆☆☆☆　①-②-③-④-⑤-⑥-⑦

1 동 기념하다, 축하하다
This month **marks** four years that I've been with Flores Gardens.
이번 달은 내가 Flores Gardens과 함께 한 지 4년이 되는 해를 mark한다.

2 동 (기호 등으로) 표시하다
Please **mark** the date of the convention in your calendar.
당신의 달력에 컨벤션 날짜를 mark해주세요.

3 명 표시; 자국
Ms. Howard returned the shirt because it had a black **mark** on the right sleeve.
Ms. Howard는 오른쪽 소매에 검은색의 mark가 있어서 그 셔츠를 반품했다.

👑800+ RANK 1023　readership [ˈriːdərʃɪp] ☆☆☆☆☆☆☆　①-②-③-④-⑤-⑥-⑦

명 독자 수, 독자층
The journal's **readership** has increased 30 percent in the last two months.
지난 2달간 그 잡지의 readership이 30% 증가했다.

▶ 관련 어휘
reading 명 독서, 읽기; 낭독회   reader 명 독자

👑500+ RANK 1024　rarely [ˈrerli] ☆☆☆☆☆☆☆　①-②-③-④-⑤-⑥-⑦

부 드물게, 좀처럼 ~하지 않는
Grable's Curios imports goods that are **rarely** available in stores.
Grable's Curios는 일반 상점에서 rarely 이용할 수 있는 제품들을 수입한다.

▶ 관련 어휘
rare 형 드문, 희귀한
We don't allow **rare** books to leave the library.
저희는 rare한 도서들을 도서관 밖으로 나가는 걸 허용하지 않습니다.

illustrate [ˈɪləstreɪt] ☆☆☆☆☆☆☆ ①-②-③-④-⑤-⑥-⑦

1 동 (삽화, 실례 등을 이용하여) 설명하다

To **illustrate** the company's strengths, the director spoke about its current market share.

회사의 강점들을 illustrate하기 위해, 이사는 현 시장 점유율에 대해 언급했다.

2 동 (책 등에) 삽화를 넣다[이용하다]

We will hire a freelance artist to **illustrate** the pictures in the book.

우리는 책에 들어갈 그림을 illustrate하기 위해 프리랜서 예술가를 고용할 것이다.

▶ 관련 어휘

illustration 명 삽화, 도해   illustrator 명 삽화가

▶ 파트 7 대체어 기출 표현: illustrate 설명하다 → represent 나타내다, 보여주다

a brief video that clearly **illustrates[represents]** how to use the application

앱의 사용법을 분명하게 illustrate[represent]하는 짧은 영상

gratitude [ˈɡrætətuːd] ☆☆☆☆☆☆☆ ①-②-③-④-⑤-⑥-⑦

명 감사, 고마움 ┈▶ express one's gratitude for/to: ~에 대해/~에게 감사를 표하다

To express our **gratitude** for your repeated patronage, we will provide you with free shipping.

귀하의 지속적인 이용에 대한 gratitude를 표하기 위해, 귀하께 무료 배송을 제공해 드릴 것입니다.

remote [rɪˈmoʊt] ★☆☆☆☆☆☆ ①-②-③-④-⑤-⑥-⑦

1 형 먼; 외진

Briome Manufacturing guarantees on-time delivery, even to **remote** destinations.

Briome 제조사는 remote한 목적지까지도 정시 배달을 보장한다.

2 형 원격의

The toy car is controlled by a **remote** control.

장난감 자동차는 remote 조정 장치로 조종된다.

risky [ˈrɪski] ☆☆☆☆☆☆☆ ①-②-③-④-⑤-⑥-⑦

형 위험한 ┈▶ risky to do: ~하는 것이 위험한

It is **risky** to start a business without researching the market.

시장 조사 없이 사업을 시작하는 것은 risky하다.

390

▶ 관련 어휘
risk 명 위험

▶ 핵심 기출 표현
run a risk of ~의 위험이 있다

👑800+
RANK
1029

attentive [ə'tentɪv] ★☆☆☆☆☆☆ ①-②-③-④-⑤-⑥-⑦

형 **주의를 기울이는; 배려하는** ····▶ attentive to: ~에 주의를 기울이는

All the managers were **attentive** to the opinions shared by staff at the meeting.
모든 관리자들은 회의에서 공유된 팀원들의 의견에 attentive했다.

▶ 관련 어휘
attentively 부 조심스럽게; 정중히 **attentiveness** 명 조심성, 신중함
attention 명 1. 주의, 주목 2. 관심 ····▶ pay attention to: ~에 주목하다[주의를 기울이다]
SUPC, Inc. pays close **attention** to exchange rates when considering international contracts.
SUPC 주식회사는 국제 계약을 고려할 때 환율에 각별한 **attention**을 기울인다.

▶ 핵심 기출 표현
call attention to ~에 대해 주의를 환기시키다 **attention to detail** 세부적인 것에 관심을 기울이는 것

👑800+
RANK
1030

flaw [flɑː] ☆☆☆☆☆☆☆

명 **결함**

Flaws in the design caused a production delay.
디자인상의 flaw가 생산 지연을 초래했다.

▶ 관련 어휘
flawed 형 흠이 있는 **flawless** 형 흠이 없는

👑800+
RANK
1031

fiscal ['fɪskəl] ☆☆☆☆☆☆☆

형 **회계의, 국가 재정의** ····▶ fiscal year: 회계 연도 (= financial year)

The firm will undergo an audit at the end of the **fiscal** year.
회사는 fiscal 연도 말에 회계 감사를 받을 것이다.

RANK 1032 👑800+

momentum [məˈmentəm] ☆☆☆☆☆☆☆   ①-②-③-④-⑤-⑥-⑦

명 탄력, 가속도; 여세   ┈┈▶ gain/gather momentum: 추진력을 얻다, 탄력이 붙다

To gain market **momentum**, Jazznotes has released an online music composing software.

시장에서의 momentum을 받기 위해, Jazznotes는 온라인 작곡 소프트웨어를 발표했다.

RANK 1033 👑800+

mounting [ˈmaʊntɪŋ] ☆☆☆☆☆☆☆   ①-②-③-④-⑤-⑥-⑦

형 점점 증가하는, 커져가는

Concerned at **mounting** debts, the city decided to halt the new construction project.

mounting한 부채에 대한 우려로, 시에서는 신규 공사 프로젝트를 중단하기로 결정했다.

> **▶ 관련 어휘**
> **mount** 통 1. 끼우다, 고정시키다 2. (서서히) 증가하다; 올라가다
>   A bicycle is **mounted** on the roof of a car. 파트1
>   자전거가 차량의 지붕에 mount되어 있다.
>
> **▶ 핵심 기출 표현**
> **mounting pressure** 증가하는 압력

RANK 1034 👑700+

elegant [ˈeləgənt] ☆☆☆☆☆☆☆   ①-②-③-④-⑤-⑥-⑦

형 우아한, 품격 있는

We would like the interior of our house to be both **elegant** and modern.

저희는 집안 인테리어가 elegant하면서 현대적이길 원합니다.

> **▶ 핵심 기출 표현**
> **elegant restaurant** 격조 높은 식당

RANK 1035 👑800+

transmit [trænsˈmɪt] ☆☆☆☆☆☆☆   ①-②-③-④-⑤-⑥-⑦

1 통 전송하다; 송신하다

We will **transmit** the data over a secure channel.

우리는 안전한 경로로 데이터를 transmit할 것입니다.

2 통 전염시키다

The common influenza virus can be **transmitted** through contact with infected people.

일반 독감 바이러스는 감염자들과의 접촉으로 transmit될 수 있다.

▶ 관련 어휘
transmission 명 1. 전송, 송신 2. 전염; 전파

▶ 핵심 기출 표현
transmit A to B A를 B에 보내다 (→ A be transmitted to B)

700+
RANK
1036

smoothly [ˈsmuːðli] ☆☆☆☆☆☆☆   ①-②-③-④-⑤-⑥-⑦

🔲 부드럽게, 순조롭게
Our moving experts will ensure that the relocation process is done **smoothly**.
저희 이사 전문가들은 이사 과정이 smoothly 되도록 보장 드립니다.

▶ 관련 어휘
smooth 형 부드러운, 순조로운

800+
RANK
1037

overwhelming [ˌoʊvərˈwelmɪŋ] ☆☆☆☆☆☆☆   ①-②-③-④-⑤-⑥-⑦

🔲 압도적인, 엄청난   ⌐--▶ overwhelming success: 엄청난 성공, 대성공
Jarook Apparel's latest line of sportswear has been an **overwhelming** success.
Jarook 의류의 최신 스포츠웨어가 overwhelming한 성공을 거두었다.

▶ 관련 어휘
overwhelmed 형 압도된
I'm **overwhelmed** by the amount of work I have to do.
내가 해야 하는 업무량에 overwhelmed되었다.
overwhelmingly 부 압도적으로

800+
RANK
1038

interfere [ˌɪntərˈfɪr] ★☆☆☆☆☆☆   ①-②-③-④-⑤-⑥-⑦

🔲 간섭하다, 방해하다 ⌐--▶ interfere with: ~을 방해하다
Dust can **interfere** with the proper operation of computer fans.
먼지는 컴퓨터의 원활한 팬 작동을 interfere할 수 있다.

▶ 관련 어휘
interference 형 간섭, 방해

turnover [ˈtɜːnˌoʊvɚ] ☆☆☆☆☆☆☆   ①-②-③-④-⑤-⑥-⑦

1 📗 **(직원) 이직률**   ; --▸ employee turnover (rate): 직원 이직률
You should check a company's **employee turnover** rate before applying.
지원하기 전에 회사의 직원 turnover를 확인해야 한다.

2 📗 **총매상고, 매출액**
Clark & Spencer Department Store's quarterly **turnover** rose by 2.5 percent.
Clark & Spencer 백화점의 분기 turnover가 2.5퍼센트 올랐다.

customarily [ˌkʌstəˈmerəli] ★★☆☆☆☆☆   ①-②-③-④-⑤-⑥-⑦

📘 **관례상; 습관적으로**
The final interview is conducted **customarily** with the CEO.
최종 면접은 customarily CEO와 이루어진다.

▶ **관련 어휘**
customary 📗 관례적인; 습관적인   **custom** 📗 관습; 습관 📗 주문 제작한, 맞춤의
customize 📘 주문 제작하다

duplicate [ˈduːpləkeɪt] ☆☆☆☆☆☆☆   ①-②-③-④-⑤-⑥-⑦

1 📗 **(다른 무엇과) 똑같은; 사본의**   ; --▸ duplicate order: 중복 주문
The online request process reduced the number of **duplicate** orders.
온라인 요청 과정이 duplicate 주문의 수를 줄였다.

2 📗 **사본**
These are **duplicates** of documents from last year's business deals.
이것들은 작년 사업 거래 서류의 duplicate들입니다.

3 📘 **복사하다, 복제하다**
Mendez Corp. is under investigation for **duplicating** its competitor's products.
Mendez사는 경쟁사 상품을 duplicate한 것으로 조사를 받고 있다.

▶ **핵심 기출 표현**
in duplicate 2부로

DAY 21
DAY 22
DAY 23
DAY 24
DAY 25
DAY 26
DAY 27
DAY 28
DAY 29
DAY 30

RANK 1042 800+
shrink [ʃrɪŋk] ☆☆☆☆☆☆☆
①-②-③-④-⑤-⑥-⑦

통 줄어들다

Hamanvac's new linen-based textile does not **shrink** in the wash.
Hamanvac사의 새로운 리넨으로 만든 직물은 세탁해도 shrink하지 않는다.

RANK 1043 800+
drawback [ˈdrɑːbæk] ★☆☆☆☆☆☆
①-②-③-④-⑤-⑥-⑦

명 결점, 문제점

The only **drawback** is that the apartment doesn't come with any parking space.
유일한 drawback은 그 아파트가 주차공간을 제공하지 않는다는 것이다.

RANK 1044 800+
neutrality [nuːˈtræləti] ☆☆☆☆☆☆☆
①-②-③-④-⑤-⑥-⑦

명 중립

Moderators should maintain **neutrality** during political debates.
사회자는 정치 토론에서 neutrality를 유지해야 한다.

> ▶ 관련 어휘
> neutral 형 중립적인, 중립의

> ▶ 핵심 기출 표현
> neutral color 무채색

RANK 1045 800+
considerate [kənˈsɪdərət] ☆☆☆☆☆☆☆
①-②-③-④-⑤-⑥-⑦

형 사려 깊은, 배려하는 considerate of: ~에 대해 배려하는

Please be **considerate** of your neighbors when holding gatherings at your apartment.
아파트에서 모임을 주최할 때는 이웃을 considerate해주세요.

RANK 1046 800+
adjacent [əˈdʒeɪsənt] ★☆☆☆☆☆☆
①-②-③-④-⑤-⑥-⑦

형 인접한, 가까운 adjacent to: ~에 인접한

Franhos Tower is in a location **adjacent** to City Hall.
Franhos 타워는 시청에 adjacent한 곳에 있다.

> ▶ 관련 어휘
> adjacently 부 인접하여

RANK 800+ 1047   retain [rɪˈteɪn] ☆☆☆☆☆☆☆ ①-②-③-④-⑤-⑥-⑦

동 (계속) 유지하다, 보유하다

Prince Communications is reinforcing its staff training in order to **retain** existing customers.

Prince 커뮤니케이션은 기존 고객을 retain하기 위하여 직원 교육을 강화하고 있다.

> **관련 어휘**
> retention 명 보유, 유지   ┈▶ employee retention:
> 직원[인재] 유지
> Providing staff with opportunities for personal development can improve employee **retention**.
> 자기 계발 기회를 직원에게 제공하는 것은 직원 retention을 향상할 수 있다.
> retainable 형 보유할 수 있는

> **핵심 기출 표현**
> client retention 고객 유지

RANK 800+ 1048   encompass [ɪnˈkʌmpəs] ☆☆☆☆☆☆☆ ①-②-③-④-⑤-⑥-⑦

1 동 (많은 것을) 포함하다, 아우르다

The book **encompasses** a wide range of short stories.

그 도서는 광범위한 종류의 단편 이야기를 encompass한다.

2 동 에워싸다

To **encompass** the entire courtyard, we will need at least 250 pots of flowers.

마당 전체를 encompass하려면, 우리는 최소 250개의 화분이 필요할 거예요.

RANK 800+ 1049   thrilled [θrɪld] ☆☆☆☆☆☆☆ ①-②-③-④-⑤-⑥-⑦

형 아주 흥분한[신이 난]   ┈▶ thrilled to do: ~하게 되어 아주 기쁜

Mr. Chang was **thrilled** to be offered the sales position.

Mr. Chang은 판매직 일자리를 제안받아 thrilled했다.

RANK 700+ 1050   expenditure [ɪkˈspendətʃər] ☆☆☆☆☆☆☆ ①-②-③-④-⑤-⑥-⑦

명 지출; 경비   ┈▶ expenditure on: ~에 대한 지출

Expenditures on dinners with clients are limited to $100 per person.

고객과의 저녁 식사 expenditure들은 인당 100달러로 제한된다.

> **핵심 기출 표현**
> government expenditure 정부 지출   public expenditure 공공 지출

Speed Check-up

정답 p.584

다음의 한글 의미를 단서로 삼아 보기에서 알맞은 단어를 골라 넣으세요.

    ⓐ interfere   ⓑ decisive   ⓒ adjacent   ⓓ drawback   ⓔ attentive

01 Franhos Tower is in a location _____ to City Hall.
    인접한

02 The only _____ is that the apartment doesn't come with any parking space.
    결점

03 Gidecher Ltd.'s positive brand image was the _____ factor in winning the contract.
    결정적인

04 Dust can _____ with the proper operation of computer fans.
    간섭하다

05 All the managers were _____ to the opinions shared by staff at the meeting.
    주의를 기울이는

다음의 한글 해석과 의미가 같아지도록 보기에서 알맞은 단어를 골라 넣으세요.

    ⓐ retain   ⓑ gratitude   ⓒ soliciting   ⓓ amount   ⓔ overwhelming

06 The Personnel Department is _____ feedback from employees concerning its new training program. 인사부는 새로운 교육 프로그램에 관해 직원들로부터 피드백을 요청할 것이다.

07 The laptop and case _____ to $1,300. 그 노트북과 케이스는 총 1,300달러이다.

08 Prince Communications is reinforcing its staff training in order to _____ existing customers. Prince Communications는 기존 고객을 유지하기 위하여 직원 교육을 강화하고 있다.

09 To express our _____ for your repeated patronage, we will provide you with free shipping. 귀하의 지속적인 이용에 대한 감사를 표하기 위해, 귀하께 무료 배송을 제공해 드릴 것입니다.

10 Jarook Apparel's latest line of sportswear has been an _____ success.
    Jarook 의류의 최신 스포츠웨어가 엄청난 성공을 거두었다.

문맥에 어울리는 단어를 보기에서 골라 넣으세요.

    ⓐ emerged   ⓑ mounting   ⓒ assume   ⓓ improper   ⓔ expenditures

11 Ms. Carter is expected to _____ the role of Director of Sales next week.

12 _____ on dinners with clients are limited to $100 per person.

13 There was a delay in processing the order due to _____ documentation.

14 New evidence _____ from the investigation, which helped to solve the case.

15 Concerned at _____ debts, the city decided to halt the new construction project.

직장인의 비애

RANK 1051 700+

demanding [dɪˈmændɪŋ]

1 웹 (일이) 힘든

Operating on patients is a **demanding** job that requires a high level of concentration.
환자들을 수술하는 것은 고도의 집중력을 필요로 하는 demanding한 일이다.

2 웹 (사람이) 까다로운, 요구가 많은

Although her manager is very **demanding**, he is reasonable and caring.
그녀의 매니저는 정말 demanding하지만, 합리적이고 배려심이 깊다.

RANK 1052 700+

terminate [ˈtɜːməneɪt]

1 图 끝내다, 종료하다

Due to reduced demand, we have **terminated** our flights with service to Oklahoma City.
감소한 수요로 인해, 우리는 Oklahoma City로 가는 항공편을 terminate했다.

2 图 (버스, 기차가) 종점에 닿다

The express train **terminating** at Belmont City will depart in five minutes.
Belmont City에서 terminate 하는 이 급행 열차는 5분 뒤에 출발합니다.

▷ **관련 어휘**
　termination 阌 종료　　　　　　　　terminal 阌 1. 종점, 종착역, 터미널 2. (컴퓨터) 단말기

RANK 1053 700+

overcome [ˌoʊvərˈkʌm]

图 극복하다

To help **overcome** the economic recession, the government lowered interest rates.
경제 위기를 overcome하기 위해 정부에서는 금리를 내렸다.

RANK 1054 700+

contrary [ˈkɑːntreri]

┈┈▶ contrary to: ~에 반하여, ~와 달리
웹 (~와는) 다른, 반대되는

Contrary to expectations, Glyph Corp.'s stock rose when the product was discontinued.
예상과는 contrary로, 그 제품이 단종되자 Glyph사의 주식이 올랐다.

▷ **관련 어휘**
　contrarily 阌 이에 반하여

▷ **핵심 기출 표현**
　on the contrary 이에 반하여

shortage [ˈʃɔːrtɪdʒ] ★☆☆☆☆☆☆ ①-②-③-④-⑤-⑥-⑦

명 부족 ┈┈▶ shortage of: ~의 부족

There is a **shortage** of cheap accommodation in the region.
그 지역에는 저렴한 숙소가 shortage하다.

▶ **관련 어휘** ┈┈┈┈▶ be short on/of ~이 부족한
short 형 짧은; 부족한 부 ~이 부족하여
We're **short** on kitchen staff at the moment.
우리는 현재 주방 직원들이 short하다.
shorten 통 줄이다, 짧게 하다
We had to **shorten** our presentation because it was too long.
발표가 너무 길어서 우리는 그걸 shorten해야 했다.

attempt [əˈtempt] ☆☆☆☆☆☆☆ ①-②-③-④-⑤-⑥-⑦

1 명 시도 ┈┈▶ attempt to do: ~하려는 시도

Silverflower Restaurant has made an ambitious **attempt** to blend Western cuisine with Asian spices.
Silverflower 레스토랑은 서양의 요리와 동양의 향신료를 섞는 야심 찬 attempt를 했다.

2 통 시도하다, 애써 해보다 ┈┈▶ attempt to do: ~하려고 시도하다

BL Shoes will **attempt** to enter the European market.
BL 제화는 유럽 시장에 진입하려고 attempt할 것이다.

oversee [ˌoʊvərˈsiː] ★★☆☆☆☆☆ ①-②-③-④-⑤-⑥-⑦

통 감독하다, 관리하다

Mr. Bibbo is responsible for **overseeing** the negotiations with Caltods Group.
Mr. Bibbo는 Caltods 그룹과의 협상을 oversee할 책임이 있다.

earnings [ˈɜːnɪŋz] ★☆☆☆☆☆☆ ①-②-③-④-⑤-⑥-⑦

명 소득, 수입

The CEO is concerned that the company's third quarter **earnings** were weaker than originally anticipated.
CEO는 회사의 3분기 earnings가 원래 예상했던 것보다 약하다는 점을 염려하고 있다.

> ▶ **관련 어휘**
> **earn** 통 벌다, 얻다
> Management will review which employees have **earned** the right to receive a bonus.
> 경영진은 어느 직원들이 보너스를 받을 권리를 **earn**하게 되었는지 검토할 것이다.
>
> ▶ **핵심 기출 표현** **earnings growth** 연장 성장률

vacancy [ˈveɪkənsi] ★★☆☆☆☆☆   ①-②-③-④-⑤-⑥-⑦

1 명 결원, 공석
 fill a vacancy: 결원을 채우다
Gilatas Legal is holding interviews to fill a **vacancy** in their commercial law division.
Gilatas 법률 사무소는 상거래 법률 부서의 **vacancy**를 채우기 위해 면접을 보고 있다.

2 명 (호텔 등의) 빈 방
During the summer season, there are not many **vacancies** at the Crawford Inn.
여름 시즌 동안 Crawford Inn에는 **vacancy**가 많지 않다.

> ▶ **관련 어휘**
> **vacant** 형 비어 있는; 공석의
> The applicant is hoping to get the **vacant** marketing director's position.
> 그 지원자는 **vacant**한 마케팅 이사 자리를 얻길 바라고 있다.
> **vacate** 통 비우다, 떠나다

overall [ˌoʊvərˈɑːl] ★☆☆☆☆☆☆   ①-②-③-④-⑤-⑥-⑦

1 형 전반적인, 전체의
The focus group liked the **overall** design of the product.
포커스 그룹은 그 제품의 **overall** 디자인을 마음에 들어 했다.

2 부 전반적으로, 전부
The Wixford branch reported a 10 percent increase **overall** in sales.
Wixford 지점은 **overall** 10퍼센트 매출 증가를 보고했다.

behavior [bɪˈheɪvjər] ☆☆☆☆☆☆☆   ①-②-③-④-⑤-⑥-⑦

명 행동, 처신
 customer behavior: 소비자 행동
Dr. Kurihara studied customer **behavior** for many years and even wrote a marketing textbook.
Dr. Kurihara는 수년 간 소비자 **behavior**에 대해 연구하여 마케팅 교과서를 집필했다.

> ▶ **관련 어휘** **behave** 통 행동하다

mortgage [ˈmɔːrɡɪdʒ] ☆☆☆☆☆☆☆　①-②-③-④-⑤-⑥-⑦

🔳 대출, 융자 　·--▶ housing mortgage (loan): 주택 담보 대출

To apply for a housing **mortgage**, you will need a good credit score.

주택 자금 mortgage에 지원하려면, 높은 신용 점수가 필요합니다.

▶ **핵심 기출 표현**　mortgage loan (주택, 토지 등의) 담보 대출

resistant [rɪˈzɪstənt] ☆☆☆☆☆☆☆　①-②-③-④-⑤-⑥-⑦

🔳 저항력 있는, ~에 잘 견디는[강한]　·--▶ resistant to: ~에 잘 견디는

The Duratrek backpack is **resistant** to all weather conditions.

Duratrek 배낭은 모든 기상 상황에 resistant하다.

▶ **관련 어휘**

　resistance 🔳 저항, 반대

　　The company's revised vacation policy was met with **resistance** from some employees.

　　회사의 수정된 휴가 규정은 몇몇 직원들의 resistance에 부딪혔다.

　resist 🔳 저항하다

▶ **핵심 기출 표현**

　shock-resistant 충격에 견디는　　　　　　　　**face / encounter resistance** 저항에 직면하다

patience [ˈpeɪʃəns] ★★☆☆☆☆☆　①-②-③-④-⑤-⑥-⑦

🔳 인내심; 참을성

We apologize for the delay and thank you for your **patience**.

지연된 점을 사과 드리며, 당신의 patience에 감사 드립니다.

▶ **관련 어휘**

　patient 🔳 인내심 있는 🔳 환자　　　　　　**patiently** 🔳 참을성 있게, 끈기 있게

▶ **핵심 기출 표현**

　patient with ~에 참을성 있는

stain [steɪn] ☆☆☆☆☆☆☆　①-②-③-④-⑤-⑥-⑦

1 🔳 얼룩

　I've ordered a new product for cleaning **stains** on carpets.

　나는 카펫의 stain들을 지우는 신제품을 주문했다.

2 얼룩지게 하다, 착색하다

Soak the **stained** fabric in a solution of hot water and Queens Laundry Detergent.

stain된 옷감을 뜨거운 물과 Queens 세탁 세제를 섞은 용액에 담가 두세요.

DAY 21
DAY 22
DAY 23
DAY 24
DAY 25
DAY 26
DAY 27
DAY 28
DAY 29
DAY 30

👑700+
RANK
1066

illegal [ɪˈliːgəl] ☆☆☆☆☆☆☆   ①-②-③-④-⑤-⑥-⑦

 불법적인   ┄┄▶ It is illegal (for A) to do: (A가) ~하는 것은 불법이다

It is **illegal** to use any of these images without permission from the photographer.

사진 작가의 동의 없이 이 사진들을 사용하는 것은 illegal하다.

▶ 관련 어휘
   형 **legal** 형 1. 법률과 관련된 2. 합법적인
   illegally 부 불법적으로 　　　　　　부 **legally** 부 합법적으로

👑800+
RANK
1067

invaluable [ɪnˈvæljəbəl] ☆☆☆☆☆☆☆   ①-②-③-④-⑤-⑥-⑦

형 귀중한, 매우 유용한

The new intern has proven to be an **invaluable** addition to the team.

새로운 인턴사원은 그 팀에 invaluable한 추가 인력임을 입증했다.

👑700+
RANK
1068

code [koʊd] ☆☆☆☆☆☆☆   ①-②-③-④-⑤-⑥-⑦

1 명 암호, 부호, 코드   ┄┄▶ promotional code: (할인, 경품 등의) 쿠폰 번호

To receive the online discount, please enter the promotional **code**.

온라인 할인을 받으려면, 프로모션 code를 입력해 주세요.

2 명 법규, 규정

The employee **code** of conduct can be found on the company's Web site.

직원 행동 code는 회사 웹 사이트에서 볼 수 있다.

👑800+
RANK
1069

barely [ˈberli] ★☆☆☆☆☆☆   ①-②-③-④-⑤-⑥-⑦

부 간신히, 거의 ~없이

Travelers were surprised that the airport staff **barely** spoke English.

여행자들은 공항 직원들이 영어를 barely 한다는 사실에 놀랐다.

▶ 관련 어휘　**bare** 형 아무것도 안 덮인, 맨-

RANK 1070 — exotic [ɪgˈzɑːtɪk] ☆☆☆☆☆☆☆ ①-②-③-④-⑤-⑥-⑦

형 이국적인; 외국의

Mr. Hoover gave us detailed information about **exotic** locations in Thailand.

Mr. Hoover는 우리에게 태국의 exotic한 장소들에 대한 상세정보를 주었다.

RANK 1071 — prolong [prəˈlɑːŋ] ☆☆☆☆☆☆☆ ①-②-③-④-⑤-⑥-⑦

동 늘리다, 연장하다

The director arrived 20 minutes late, which **prolonged** the meeting.

임원이 20분 늦게 도착해, 회의가 prolong되었다.

▶ **관련 어휘**
prolonged 형 오래 계속되는, 장기적인

RANK 1072 — randomly [ˈrændəmli] ★☆☆☆☆☆☆ ①-②-③-④-⑤-⑥-⑦

부 임의로, 무작위로

The contest winner's name will be drawn **randomly** from a list of registered participants.

대회 우승자의 이름은 등록된 참가자 명단에서 randomly 뽑힐 것이다.

▶ **관련 어휘**
random 형 무작위의, 임의로 하는

▶ **파트 7 대체어 기출 표현: randomly 임의로, 무작위로 → irregularly 불규칙적으로**
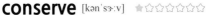
a randomly[irregularly] occurring problem randomly[irregularly] 발생하는 문제점

RANK 1073 — conserve [kənˈsɜːv] ★☆☆☆☆☆☆ ①-②-③-④-⑤-⑥-⑦

동 아끼다; 보존하다

To **conserve** paper and ink, employees have a daily printer page limit.

종이와 잉크를 conserve하기 위해, 직원들에게는 인쇄지 하루 사용 한도가 있다.

▶ **관련 어휘**
conservation 명 보존, 보호   conservative 형 보수적인

▶ **핵심 기출 표현**
energy conservation 에너지 절약   wildlife conservation 야생 동물 보호

DAY 21
DAY 22
DAY 23
DAY 24
DAY 25
DAY 26
DAY 27
DAY 28
DAY 29
DAY 30

RANK 1074

repetitive [rɪˈpetətɪv]

형 반복적인, 반복되는

Factory workers who perform **repetitive** tasks should take frequent breaks to avoid injuries.

repetitive한 업무를 하는 공장 직원들은 부상을 피하기 위해 자주 쉬어야 한다.

> ▶ 관련 어휘
>
> **repeat** 통 반복하다   **repeated** 형 반복되는
> **repetition** 명 반복   **repeatedly** 부 반복적으로

RANK 1075

blend [blend]

1 동 섞다, 혼합하다   ┈▶ blend A with B: A와 B를 섞다
                                    (┈ A be blended with B)

According to the instructions, the ingredients must be **blended** thoroughly with water.

설명에 따르면, 재료들은 물과 함께 완전히 blend되어야 한다.

2 명 혼합

Hope Apparel's summer dresses are made from a breathable cotton and linen **blend**.

Hope 의류의 여름 드레스는 통기성이 좋은 면과 리넨 blend로 만들어집니다.

> ▶ 핵심 기출 표현
>
> **blend in with** ~와 조화를 이루다

RANK 1076

phase [feɪz]

명 단계; 국면

The first **phase** of the road expansion project will take three months.

도로 확장 프로젝트의 첫 번째 phase는 석 달이 걸릴 것이다.

> ▶ 핵심 기출 표현
>
> **in phases** 단계적으로   **phase in / out** ~을 단계적으로 도입/중단하다

👑800+
RANK 1077

dominant [ˈdɑːmənənt] ☆☆☆☆☆☆ ①-②-③-④-⑤-⑥-⑦

형 우세한, 지배적인
Gedum Clothing remains **dominant** in the very competitive clothing industry.
Gedum 의류는 경쟁이 심한 의류 업계에서 계속 dominant하다.

▶ **관련 어휘**
dominate 통 지배하다, 두드러지는 특징이 되다   predominant 형 두드러진, 뚜렷한

👑800+
RANK 1078

conform [kənˈfɔːrm] ☆☆☆☆☆☆ ①-②-③-④-⑤-⑥-⑦

동 (규칙, 법 등을) 따르다   ┈▶ conform to: ~을 따르다
All vehicles manufactured at the Milton facilities **conform** to industry standards.
Milton 시설에서 제조된 모든 차량은 산업 기준을 conform한다.

👑800+
RANK 1079

successive [səkˈsesɪv] ☆☆☆☆☆☆ ①-②-③-④-⑤-⑥-⑦

형 연속적인, 잇따른   ┈▶ for three successive years: 3년 연속
Farmers are concerned by the lack of rain for three **successive** years.
농부들은 successive한 3년 동안 비가 많이 내리지 않아 걱정하고 있다.

▶ **관련 어휘**
succession 명 연속; 승계

▶ **핵심 기출 표현**
in succession 연속해서

👑800+
RANK 1080

accountable [əˈkaʊntəbəl] ☆☆☆☆☆☆ ①-②-③-④-⑤-⑥-⑦

형 책임이 있는   ┈▶ hold A accountable for B: A에게 B에 대한 책임을 지우다
                      (→ A be held accountable for B: A가 B에 대한 책임을 지다)
The marketing manager was held **accountable** for the poor performance of a new advertising campaign.
마케팅 부서장이 신규 광고의 실적 부진에 대해 accountable했다.

▷ 관련 어휘
accountability 명 책임, 의무

▷ 핵심 기출 표현
be accountable for ~에 대해 책임이 있다

▷ 파트 7 대체어 기출 표현: accountable 책임이 있는 → responsible 책임지고 있는
accountable[responsible] for the business failure 사업 실패에 accountable[responsible]한

👑800+
RANK
1081
liaison [liˈeɪzɑːn] ☆☆☆☆☆☆☆   ①-②-③-④-⑤-⑥-⑦

명 (두 조직, 부서 간의) 연락 (담당자)
The lack of **liaison** between companies and clients can cause miscommunications.
회사와 고객 사이의 liaison이 부족할 경우 오해가 발생할 수 있다.

▷ 핵심 기출 표현
liaison office/officer 연락 사무소/담당자

👑800+
RANK
1082
blurry [blɜː] ☆☆☆☆☆☆☆   ①-②-③-④-⑤-⑥-⑦

형 흐릿한
The vision in my left eye seems a little **blurry**.
내 왼쪽 눈 시야가 약간 blurry한 것 같다.

👑700+
RANK
1083
circumstance [ˈsɜːkəmstæns] ☆☆☆☆☆☆☆   ①-②-③-④-⑤-⑥-⑦

명 환경, 상황   ┈▸ under ~ circumstance: ~한 상황에서
Under special **circumstances**, employees may be allowed to work from home.
특별한 circumstance들 하에서, 직원이 자택에서 근무하도록 허용될 수 있다.

👑800+
RANK
1084
constantly [ˈkɑːnstəntli] ☆☆☆☆☆☆☆   ①-②-③-④-⑤-⑥-⑦

부 끊임없이; 계속해서
The IT Department will work **constantly** to ensure the new software functions smoothly.
IT부서는 새 소프트웨어가 원활하게 작동하도록 constantly 작업할 것이다.

▷ 관련 어휘
constant 형 끊임없는; 거듭되는

scope [skoʊp] ★☆☆☆☆☆☆

①-②-③-④-⑤-⑥-⑦

1 명 (다루는) 범위

;--▶ scope of: ~의 범위

The attached file details the **scope** of the project.

첨부된 파일에는 프로젝트의 scope을 상세히 다룬다.

2 명 (무엇을 할 수 있는) 기회, 여지

;--▶ scope for: ~의 여지

The marketing campaign was a success, but there is still much **scope** for growth.

마케팅 캠페인은 성공했지만, 아직도 성장의 scope이 많다.

▶ 핵심 기출 표현

scope of work 직무 범위

define [dɪˈfaɪn] ☆☆☆☆☆☆☆

①-②-③-④-⑤-⑥-⑦

동 정의하다; 규정하다

The property line was not clearly **defined**, causing an issue between the two homeowners.

부동산 경계가 명확하게 define되지 않아, 두 주택 소유주들 간 문제를 야기했다.

▶ 관련 어휘

definition 명 정의, 의미

proportion [prəˈpɔrʃən] ☆☆☆☆☆☆☆

①-②-③-④-⑤-⑥-⑦

명 비율 ;--▶ the proportion of A to B: A와 B의 비율

The **proportion** of men to women at our company is about two to one.

우리 회사의 남녀 proportion은 약 2:1이다.

▶ 관련 어휘

proportional 형 (~에) 비례하는

slot [slɑt] ★☆☆☆☆☆☆

①-②-③-④-⑤-⑥-⑦

1 명 (무엇을 꽂을 수 있는) 구멍

Insert the cable into the **slot** behind the machine.

케이블을 기계 뒤편에 있는 slot에 꽂으세요.

2 图 (명단, 프로그램 등에 들어가는) 자리, 틈

We have reserved a **slot** for you to speak at this month's workshop.
저희는 이번 달 워크숍에서 당신이 발표할 slot을 마련해놨습니다.

▶ **핵심 기출 표현**
   time slot (프로그램, 방송 등의) 시간대

▶ **파트 7 대체어 기출 표현: slot** (명단, 프로그램 등의) 자리, 틈 → **opening** 빈자리
   fill the **slots[openings]** that are listed as still available
   여전히 이용 가능하다고 열거되어 있는 slot[opening]들을 채우다

RANK 1089 · **constructive** [kənˈstrʌktɪv] ☆☆☆☆☆☆ ①·②·③·④·⑤·⑥·⑦

图 건설적인

Both parties agreed that the talks were **constructive** and planned another meeting.
양측은 회담이 constructive했음에 동의했고 또 다른 회의를 계획했다.

RANK 1090 · **devise** [dɪˈvaɪz] ☆☆☆☆☆☆ ①·②·③·④·⑤·⑥·⑦

图 고안하다

The advertising campaign was **devised** by our Marketing Department.
그 광고 캠페인은 우리 마케팅 부서에서 devise되었다.

▶ **관련 어휘**
   device 图 (특정 작업을 위해 고안된) 기구, 장치
   The mobile **device** market is predicted to grow by 50 percent within 10 years.
   모바일 device 시장은 향후 10년 내에 50퍼센트까지 성장할 것으로 예상되고 있다.

RANK 1091 · **border** [ˈbɔːrdər] ☆☆☆☆☆☆ ①·②·③·④·⑤·⑥·⑦

1 图 국경, 경계; 가장자리

The railroad tracks cross the **border** between the two neighboring countries.
그 철로는 인접한 두 국가 간의 border를 가로지른다.

2 图 (국경, 경계를) 접하다

A fence **borders** both sides of a pathway. 파트 1
울타리가 길 양쪽을 border한다.

wise [waɪz] ☆☆☆☆☆☆☆ ①-②-③-④-⑤-⑥-⑦

혱 현명한, 지혜로운

`--▶ a wise decision: 현명한(신중한) 결정`

Many residents believe that it was a **wise** decision to close down the factory.

많은 주민들은 공장을 폐쇄하는 것이 wise한 결정이었다고 믿는다.

▶ **관련 어휘**
wisely 🕮 현명하게(도), 지혜롭게(도)

optimal [ˈɑːptəməl] ☆☆☆☆☆☆☆ ①-②-③-④-⑤-⑥-⑦

혱 최적의, 최선의

`--▶ at optimal efficiency: 최적의 효율로`

Today's seminar will discuss how to run your business at **optimal** efficiency.

오늘 세미나에서는 optimal한 효율로 사업체를 운영하는 법에 대해 논의할 것입니다.

▶ **관련 어휘**
optimize 🕮 최적화하다

▶ **핵심 기출 표현**
optimal performance 최적의 성능

imperative [ɪmˈperətɪv] ★☆☆☆☆☆☆ ①-②-③-④-⑤-⑥-⑦

혱 반드시 해야 하는 `--▶ It is imperative that S + (should) + 동사원형: S가 반드시 ~해야 한다`

It is **imperative** that all employees attend the monthly staff meeting.

전 직원들이 월례 직원 회의에 참석하는 것은 imperative이다.

nutrition [nuːˈtrɪʃən] ☆☆☆☆☆☆☆ ①-②-③-④-⑤-⑥-⑦

몡 영양

Did you read the article on the upcoming health conference on **nutrition**?

nutrition에 관한 다가오는 건강 학회에 대한 기사를 읽었나요?

▶ **관련 어휘**
nutritious 혱 영양가 있는
nutritionist 몡 영양사

▶ **핵심 기출 표현**
nutrition information 영양 정보
nutritional value 영양적 가치

🔰700+
RANK 1096

gear [gɪr] ☆☆☆☆☆☆☆

①·2·③·④·5·⑥·⑦

명 (특정 활동을 위한) 장비, 복장 ;--▸ protective gear: 보호 장비

All guests must wear protective **gear** at all times when touring the facility.

모든 방문객들은 시설을 견학할 때 항상 보호용 gear를 착용해야 한다.

▶ **관련 어휘**
geared 형 (~에 맞도록) 설계된

▶ **핵심 기출 표현**
geared to/towards ~에 맞게 설계된　　　　safety gear 안전 장비

🔰800+
RANK 1097

trace [treɪs] ☆☆☆☆☆☆☆

①·2·③·④·⑤·⑥·⑦

1 동 추적하다, 따라가다

The committee is trying to **trace** the source of funding for the election.

위원회는 선거 자금 출처를 trace하려고 노력 중이다.

2 명 자취, 흔적

Please ensure that there are no **traces** of the previous guest when cleaning the room.

객실을 청소할 때 반드시 이전 고객의 trace들이 없도록 해주세요.

▶ **파트 7 대체어 기출 표현**
① trace 추적하다, 따라가다 → follow 따라가다, 뒤따르다
trace[follow] the early years of Oxford city Oxford 시의 초창기를 trace[follow]하다
② trace 추적하다, 따라가다 → find 찾다
trace[find] the shipments as quickly as possible 되도록 빨리 그 배송품을 trace[find]하다

🔰800+
RANK 1098

embarrassed [ɪmˈberəst] ☆☆☆☆☆☆☆

①·2·③·④·5·⑥·⑦

형 어색한, 당황스러운

I'm a little **embarrassed** to ask, but when is payday? 파트2

여쭤보기가 조금 embarrassed하지만, 급여 지급일이 언제인가요?

🔰800+
RANK 1099

edge [edʒ] ☆☆☆☆☆☆☆

①·2·③·④·⑤·⑥·⑦

1 명 가장자리, 모서리 ;--▸ at the edge of: ~의 끝에/가장자리에

Barnes Clothing is far from the downtown area, nearly at the **edge** of town.

Barnes 의류는 도심에서 멀리 떨어진, 거의 마을의 edge에 있다.

2 몝 (약간의) 우위, 유리함

┈┈▶ have a competitive edge over: ~보다 경쟁 우위에 있다

Because of her past job experiences, Brianna had a **competitive edge** over other candidates.

과거 경력으로 인해, Brianna는 다른 지원자들보다 더 경쟁적 edge를 갖는다.

▶ **관련 어휘**
  cutting-edge 몝 최신의, 최첨단의

▶ **핵심 기출 표현**
  competitive edge 경쟁 우위

700+
RANK
1100

stress [stress] ★☆☆☆☆☆☆   ①-②-③-④-⑤-⑥-⑦

1 몝 스트레스; 압박

Taking small breaks is a good way to reduce **stress** during work hours.

짧은 휴식을 취하는 것은 근무 시간 동안 stress를 줄이는 좋은 방법이다.

2 몝 중점, 강조   ┈┈▶ place/lay stress on: ~에 중점을 두다

The president **placed** heavy **stress** on reducing operating expenses.

사장은 운영비를 줄이는 것에 많은 stress를 뒀다.

3 몝 강조하다   ┈┈▶ stress that절: that 이하를 강조하다

The apartment management office **stressed** that tenants keep quiet during the late evening.

아파트 관리 사무소는 입주민들에게 늦은 저녁시간에 조용히 해줄 것을 stress했다.

▶ **파트 7 대체어 기출 표현: stress 스트레스 → anxiety 불안, 염려**
  stress[anxiety] that comes with the mess 지저분한 상태 때문에 생기는 stress[anxiety]

Speed Check-up

정답 p.584

다음의 한글 의미를 단서로 삼아 보기에서 알맞은 단어를 골라 넣으세요.

ⓐ optimal　　ⓑ prolonged　　ⓒ conserve　　ⓓ successive　　ⓔ gear

01　All guests must wear protective _____ at all times when touring the facility.
장비

02　The director arrived 20 minutes late, which _____ the meeting.
연장하다

03　Today's seminar will discuss how to run your business at _____ efficiency.
최적의

04　Farmers are concerned by the lack of rain for three _____ years.
연속적인

05　To _____ paper and ink, employees have a daily printer page limit.
아끼다

다음의 한글 해석과 의미가 같아지도록 보기에서 알맞은 단어를 골라 넣으세요.

ⓐ demanding　　ⓑ edge　　ⓒ phase　　ⓓ constantly　　ⓔ shortage

06　The first _____ of the road expansion project will take three months.
도로확장 프로젝트의 첫 번째 단계는 3달이 걸릴 것이다.

07　Because of her past job experiences, Brianna had a competitive _____ over other candidates. 과거 경력으로 인해, Brianna는 다른 지원자들보다 더 경쟁적 우위를 갖는다.

08　There is a _____ of cheap accommodation in the region.
그 지역에는 저렴한 숙소가 부족하다.

09　Operating on patients is a _____ job that requires a high level of concentration. 환자들을 수술하는 것은 고도의 집중력을 필요로 하는 힘든 일이다.

10　The IT Department will work _____ to ensure the new software functions smoothly. IT 부서는 새 소프트웨어가 원활하게 작동하도록 계속 작업할 것이다.

문맥에 어울리는 단어를 보기에서 골라 넣으세요.

ⓐ conform　　ⓑ dominant　　ⓒ stress　　ⓓ overall　　ⓔ overseeing

11　All vehicles manufactured at the Milton facilities _____ to industry standards.

12　Mr. Bibbo is responsible for _____ the negotiations with Caltods Group.

13　The president placed heavy _____ on reducing operating expenses.

14　The Wixford branch reported a 10 percent increase _____ in sales.

15　Gedum Clothing remains _____ in the very competitive clothing industry.

DAY 23

👑 800+
우선 순위 영단어
1101~1150

 1타강사 음성강의

 귀로 듣는 단어장

인터넷 쇼핑의 함정

RANK 1101 · 800+ **expedite** [ˈekspədaɪt] ☆☆☆☆☆☆☆ ①-②-③-④-⑤-⑥-⑦

图 더 신속히 처리하다
The wholesaler can **expedite** rush orders for an additional fee.
그 도매업체는 추가 금액을 받고 긴급 주문을 expedite할 수 있다.

▶ **관련 어휘**
expedited 혱 촉진된

expedition 몡 탐험, 여행

▶ **핵심 기출 표현**
expedited shipping 빠른 배송

▶ **파트 7 대체어 기출 표현: expedite 더 신속히 처리하다 → accelerate 가속화하다**
a system to **expedite[accelerate]** shipping 배송을 expedite[accelerate]하기 위한 시스템

RANK 1102 · 800+ **sizable** [ˈsaɪzəbəl/] ★☆☆☆☆☆☆ ①-②-③-④-⑤-⑥-⑦

혱 상당히 큰
A **sizable** portion of the surveyed customers preferred the vanilla flavor.
설문에 응한 고객들 중 sizable한 수가 바닐라 맛을 선호했다.

▶ **관련 어휘**
size 몡 크기, 규모 통 크기를 표시하다

RANK 1103 · 800+ **stability** [stəˈbɪləti] ★☆☆☆☆☆☆ ①-②-③-④-⑤-⑥-⑦

몡 안정(성)
The **stability** of the currency depends on safe political climate.
환율의 stability는 안전한 정치적 분위기에 달려 있다.

▶ **관련 어휘**
stable 혱 안정된, 안정적인

stabilize 통 안정되다; 안정시키다

RANK 1104 · 700+ **determine** [dɪˈtɜːmɪn] ☆☆☆☆☆☆☆ ①-②-③-④-⑤-⑥-⑦

1 통 알아내다, 밝히다
;┈▶ determine the cause of: ~의 원인을 알아내다
Our electricians are working to **determine** the cause of the power failure.
저희 전기 기술자들이 정전의 원인을 determine하기 위해 일하고 있습니다.

415

2 图 (공식적으로) 결정하다

We still have not **determined** the location of the event.

우리는 아직 행사 장소를 determine하지 못했다.

▶ **관련 어휘**
determined 웹 1. 단단히 결심한 2. 단호한   determination 웹 (공식적인) 결정

700+
RANK
1105

understanding [ˌʌndəˈstændɪŋ] ☆☆☆☆☆☆☆ ①-②-③-④-⑤-⑥-⑦

1 图 이해(심)   understanding of: ~의 이해

Being a financial analyst requires a deep **understanding** of the economy.

금융 전문가가 되기 위해서는 경제에 대한 깊은 understanding이 필요하다.

2 图 이해심 있는

We apologize for the delay, and thank you for being **understanding**.

지연에 사과 드리고, understanding해 주셔서 감사 드립니다.

▶ **관련 어휘**
understand 图 이해하다, 알다   understandable 웹 1. 이해하기 쉬운 2. 정상적인, 당연한

800+
RANK
1106

substitute [ˈsʌbstətuːt] ☆☆☆☆☆☆☆ ①-②-③-④-⑤-⑥-⑦

1 图 대리자; 대용품   substitute for: ~의 대용품[대체재]

Soy milk is a popular **substitute** for regular cow's milk.

두유는 일반 우유의 일반적인 substitute이다.

2 图 대신하다; 대용하다   ⋯▶ substitute B for A = substitute A with B: A를 B로 대체하다

You could **substitute** margarine for butter when making this cake.

이 케이크를 만들 때 버터를 마가린으로 substitute할 수 있다.

▶ **관련 어휘** substitution 웹 대리, 대용

800+
RANK
1107

endangered [ɪnˈdeɪndʒəd] ☆☆☆☆☆☆☆ ①-②-③-④-⑤-⑥-⑦

图 멸종 위기에 처한   endangered species: 멸종 위기에 처한 종

Tigers are an **endangered** species because their habitats are being destroyed.

호랑이는 서식지가 파괴되고 있기 때문에 endangered한 종이다.

▶ **관련 어휘** endanger 图 위험에 빠뜨리다, 위태롭게 하다

👑800+
RANK 1108

outlook [ˈaʊtlʊk] ☆☆☆☆☆☆☆

1 명 **전망**

The hotel has a nice **outlook** over the forest.
그 호텔은 숲 outlook이 좋다.

2 명 **관점**

;··▶ outlook on: ~에 대한 관점

Edward just completed his education abroad and will offer a fresh **outlook** on this project.
Edward는 해외에서 갓 교육을 마쳐서, 이 프로젝트에 새로운 outlook을 제시할 것이다.

▶ **핵심 기출 표현**
weather outlook 일기 예보

👑800+
RANK 1109

unprecedented [ʌnˈpresədentɪd] ☆☆☆☆☆☆☆

형 **전례 없는**

An **unprecedented** demand has led to a supply shortage.
unprecedented한 수요가 공급 부족으로 이어졌다.

▶ **파트 7 대체어 기출 표현: unprecedented 전례 없는 → unparalleled 비교 불가한**
experience an **unprecedented[unparalleled]** increase
unprecedented[unparalleled]한 이윤 증가를 경험하다

👑800+
RANK 1110

convey [kənˈveɪ] ☆☆☆☆☆☆☆ (1)-(2)-(3)-(4)-(5)-(6)-(7)

동 **(감정, 생각 등을) 전달하다, 전하다**

Ms. Elgrin made sure she **conveyed** Mr. Jeremiah's message to the client.
Ms. Elgrin은 Mr. Jeremiah의 메시지를 고객에게 분명히 convey했다.

▶ **관련 어휘 conveyor** 명 전달자, 운반하는 것

▶ **핵심 기출 표현 conveyor belt** 컨베이어 벨트

👑800+
RANK 1111

measure [ˈmeʒɚ] ☆☆☆☆☆☆☆ (1)-(2)-(3)-(4)-(5)-(6)-(7)

1 명 **조치, 방안**

Several cost-cutting **measures** were discussed at the management meeting.
몇 가지 비용 절감 measure들이 경영진 회의에서 논의되었다.

2 동 재다, 측정하다

This exam is meant to **measure** the candidate's physical capabilities.

이 시험은 후보자의 신체 능력을 measure하는 것이다.

> ▶ **관련 어휘**
> measurement 명 측정; 치수

> ▶ **핵심 기출 표현**
> take measures 조치를 취하다, 대책을 강구하다   measure up to ~에 부응하다[달하다]
> security/safety measures 보안/안전 조치

> ▶ **파트 7 대체어 기출 표현: measure 조치, 방안 → action (행동) 조치**
> take measures[action] to cut costs 비용을 절감하기 위한 measures[action]을 취하다

bound [baʊnd] ★☆☆☆☆☆☆

①·②·③·④·⑤·⑥·⑦

1 형 (해야 할) 의무가 있는  be bound to do: ~할 의무가 있다

The buyer is **bound** to pay by the end of the month.

구매자는 이달 말까지 금액을 지불할 bound가 있다.

2 형 ~할 가능성이 큰

With RiteMart's wide selection of products, customers are **bound** to find what they want.

RiteMart의 다양한 종류의 상품들로, 고객은 원하는 것을 발견하기에 bound하다.

3 형 ~행의, ~로 향하는 ┄┄► bound for: ~행의

The train **bound** for Colorado City will be departing from platform 9.

Colorado시로 bound하는 기차는 9번 플랫폼에서 출발합니다.

> ▶ **파트 7 대체어 기출 표현: bound ~할 가능성이 큰 → likely ~할 것 같은**
> It was bound[likely] to happen. 일어날 bound[likely]한 일이었다.

fundamental [ˌfʌndəˈmentəl] ☆☆☆☆☆☆☆

①·②·③·④·⑤·⑥·⑦

형 근본적인; 핵심적인   ┄┄► fundamental to: ~에 핵심적인[필수적인]

Good customer service is **fundamental** to any retail business.

좋은 고객 서비스는 모든 소매업에 있어 fundamental하다.

> ▶ **관련 어휘**
> fundamentally 부 근본적으로, 기본적으로

RANK 1114 · 800+
coincide [ˌkoʊɪnˈsaɪd] ★★☆☆☆☆☆

1 통 (둘 이상의 일이) 동시에 일어나다
;--▸ coincide with: ~와 동시에 일어나다
This year's architecture conference **coincides** with Ms. Tally's business trip to Bangkok.
올해 건축학회가 Ms. Tally의 방콕 출장과 coincide한다.

2 통 (생각, 의견 등이) 일치하다
;--▸ coincide with: ~와 (의견이) 일치하다
Shawna's opinion about the candidate **coincided** with Gary's.
지원자에 대한 Shawna의 의견은 Gary와 coincide했다.

▶ **관련 어휘**
coincidence 명 1. 우연의 일치 2. (의견 등의) 일치
coincidental 형 우연의, 우연의 일치인
coincident 형 (장소나 시간이) 일치하는
coincidentally 부 1. 우연히 2. 동시 발생으로

RANK 1115 · 800+
instantly [ˈɪnstəntli] ☆☆☆☆☆☆☆ 1·2·3·4·5·6·7

부 즉시, 즉각
Grynn Coffee has an **instantly** recognizable logo, which makes their shops easy to locate.
Grynn Coffee는 instantly 알아차릴 수 있는 로고를 갖고 있어서 가게를 찾기가 쉽다.

▶ **관련 어휘** instant 형 즉각적인

RANK 1116 · 800+
distinctive [dɪˈstɪŋktɪv] ☆☆☆☆☆☆☆

형 독특한
Handbags designed by Fransiska Wong are famous for their **distinctive** metal decorations.
Fransiska Wong에서 디자인한 핸드백은 distinctive한 금속 장식으로 유명하다.

▶ **관련 어휘**
distinctively 부 독특하게
distinct 형 뚜렷한, 분명한
distinction 명 1. 차이, 대조 2. 뛰어남, 탁월함

RANK 1117 · 800+
wildlife [ˈwaɪldlaɪf] ★☆☆☆☆☆☆ 1·2·3·4·5·6·7

명 야생 동물
;--▸ wildlife habitat: 야생 동물 서식지
Ms. Medine is a strong advocate for the preservation of **wildlife** habitats.
Ms. Medine은 wildlife 서식지 보존의 강력한 옹호자이다.

▶ **핵심 기출 표현** wildlife refuge 야생 동물 보호 구역

wasteful [ˈweɪstfəl] ☆☆☆☆☆☆☆ ①-②-③-④-⑤-⑥-⑦

형 낭비하는; 비경제적인

The CEO of the company wants to eliminate areas of **wasteful** spending.

회사의 CEO는 wasteful한 지출 부문들을 없애길 원한다.

▶ **관련 어휘**

wastefully 부 헛되게, 낭비되게

waste 명 1. 낭비 2. 쓰레기 동 낭비하다, 허비하다

▶ **핵심 기출 표현**

wasteful of ~의 낭비가 심한

surrounding [səˈraʊndɪŋ] ☆☆☆☆☆☆☆ ①-②-③-④-⑤-⑥-⑦

형 주위의, 인근의

;--▶ surrounding area: 인근 지역

Nearby businesses welcome customers from **surrounding** areas that the new train line will bring.

근처 사업체들은 신규 열차노선이 가져올 surrounding 지역의 고객들을 환영한다.

▶ **관련 어휘**

surroundings 명 환경

surround 동 둘러싸다, 에워싸다 --▶ be surrounded by: ~으로 둘러싸이다

A pool is **surrounded** by some trees. 파트1

수영장이 몇몇 나무들로 surround되어 있다.

peak [piːk] ☆☆☆☆☆☆☆ ①-②-③-④-⑤-⑥-⑦

1 형 가장 붐비는, 성수기의

;----▶ peak hours:
가장 붐비는 시간, 피크 시간

Han's Chinese Restaurant does not offer free delivery during **peak** hours.

Han's 중국 음식점은 peak 시간에는 무료 배달을 제공하지 않는다.

2 명 정점, 최고조; (산의) 정상

;--▶ mountain peak: 산 정상

I've been flying this route for many years, and I've only seen the mountain **peak** once.

나는 수년 동안 이 노선을 비행해 왔는데, 산 peak을 본 것은 단 한 번뿐이었다.

3 동 절정에 달하다

The number of visitors to the Bedford National Park **peaked** in spring.

Bedford 국립공원의 방문객수는 봄에 peak했다.

▶ **핵심 기출 표현**

peak season 성수기 반 **off-season** 비수기

RANK 1121 👑800+

persistent [pəˈsɪstənt] ☆☆☆☆☆☆☆　①·②·③·④·⑤·⑥·⑦

1 형 끈질긴, 집요한

Being **persistent** is an important attribute for sales staff to have.

persistent한 점은 영업사원이 갖추어야 할 중요한 자질이다.

2 형 끊임없이 지속되는

The rain has been **persistent** for over two weeks.

비가 2주 넘게 persistent하고 있다.

▶ 관련 어휘
persistently 분 끈덕지게, 고집스레　　　　　**persist** 동 (집요하게) 계속되다, 지속되다
persistence 명 끈기, 고집; 지속됨

▶ 핵심 기출 표현
persist in ~을 고집하다

RANK 1122 👑800+

inclement [ˈɪnkləmənt] ☆☆☆☆☆☆☆　①·②·③·④·⑤·⑥·⑦

형 (날씨가) 궂은, 좋지 않은　　　 inclement weather: 악천후

The flight has been delayed due to **inclement** weather.

항공편은 inclement한 날씨로 인해 연기되었다.

RANK 1123 👑800+

beforehand [bɪˈfɔːrhænd] ☆☆☆☆☆☆☆　①·②·③·④·⑤·⑥·⑦

분 사전에, 미리

If you purchase your tickets **beforehand**, you will receive 10 percent off.

만약 beforehand 티켓을 구매하시면, 10퍼센트 할인을 받게 됩니다.

RANK 1124 👑700+

carelessly [ˈkeərləsli] ☆☆☆☆☆☆☆　①·②·③·④·⑤·⑥·⑦

분 부주의하게, 경솔하게

Readers criticized the articles in *Herald Magazine* for being **carelessly** written.

독자들은 〈Herald Magazine〉 기사들이 carelessly 쓰여진 것에 대해 비난했다.

▶ 관련 어휘
careless 형 부주의한, 경솔한　　　　　**carelessness** 명 부주의함

421

700+
RANK 1125

explore [ɪkˈsplɔr] ☆☆☆☆☆☆☆ ①·②·③·④·⑤·⑥·⑦

1 통 탐구하다, 분석하다
We hired Gofam Consulting to **explore** new ways to market our products.
우리 제품을 광고하기 위한 새로운 방법을 explore하기 위해 Gofam 컨설팅을 고용했다.

2 통 탐험하다; 답사하다
Afterwards, you will have one hour to **explore** the museum on your own.
나중에, 박물관을 혼자서 explore할 수 있는 시간이 1시간 주어질 것입니다.

▷ **관련 어휘**
exploration 명 1. 탐구 2. 탐험, 탐사

800+
RANK 1126

attribute [ˈætrɪbjuːt] ★☆☆☆☆☆☆ ①·②·③·④·⑤·⑥·⑦

┄┄┄┄┄┄┄┄┄┄┄┄┄┄┄▶ attribute A to B: A를 B 덕분(탓)으로 여기다
1 통 ~의 덕분으로 여기다; ~의 탓으로 돌리다 (→ A be attributed to B: A는 B 덕분(탓)이다)
The media largely **attributed** the recent success of Sorson, Inc. to its new management.
대중매체는 Sorson사의 최근 성공을 대부분 신규 경영진으로 attribute했다.

2 명 자질, 속성
Applicants for the director job require strong leadership **attributes**.
부장직 지원자에게는 강한 리더십 attribute들이 필요하다.

▷ **핵심 기출 표현**
desirable attribute 가치 있는 자질

▷ **파트 7 대체어 기출 표현: attribute ~탓으로 돌리다 → ascribe ~의 탓으로 돌리다**
attribute[ascribe] the delivery delay to equipment malfunction
배달 지연을 장비 오작동으로 attribute[ascribe]하다

800+
RANK 1127

convert [kənˈvɜːt] ★☆☆☆☆☆☆ ①·②·③·④·⑤·⑥·⑦

통 전환하다, 개조하다
 ┄▶ convert A into B: A를 B로 전환하다 (= A be converted into B)
The Worshville warehouse is scheduled to be **converted** into a municipal library.
Worshville 창고는 시립 도서관으로 convert될 예정이다.

▷ **관련 어휘**
conversion 명 전환, 개조   converter 명 변환기, 전환 장치

RANK 1128 · 800+

unavoidable [ˌʌnəˈvɔɪdə.bəl] ☆☆☆☆☆☆☆ ①-②-③-④-⑤-⑥-⑦

형 **불가피한, 어쩔 수 없는**

The extension of the project deadline was **unavoidable** due to the lack of staff.
프로젝트 마감일 연장은 직원 부족으로 인해 unavoidable했다.

RANK 1129 · 800+

array [əˈreɪ] ★☆☆☆☆☆☆ ①-②-③-④-⑤-⑥-⑦

1 명 **무리, 모음; 배열**
;--▶ a wide array of: 다양한, 다수의
The gift shop on Semenko Avenue sells a wide **array** of products.
Semenko가에 있는 선물 가게에서는 다양한 array의 제품들을 판매한다.

2 통 **배열하다, 배치하다**
The seats for the show have been **arrayed** in rows. 그 공연의 좌석은 줄지어 array되었다.

▶ **핵심 기출 표현** an array of 다양한

RANK 1130 · 800+

remedy [ˈremədi] ☆☆☆☆☆☆ ①-②-③-④-⑤-⑥-⑦

1 통 **바로잡다, 교정하다**
The technician promised that the software issue will be **remedied** within the hour.
기술자는 소프트웨어 문제가 한 시간 내 remedy될 거라고 장담했다.

2 명 **처리 방안, 해결책**
A new **remedy** must be found since this problem has never come up before.
이 문제가 전에는 발생한 적 없기 때문에 새로운 remedy를 찾아야만 한다.

3 명 **치료(약)**
The doctor recommended this medicine as a **remedy** for your cold.
의사는 당신의 감기 remedy로 이 약을 추천했습니다.

RANK 1131 · 800+

pricing [ˈpraɪsɪŋ] ☆☆☆☆☆☆☆ ①-②-③-④-⑤-⑥-⑦

명 **가격 책정**
Pricing for the landscaping work is subject to change. 조경 작업의 pricing은 바뀔 수 있습니다.

▶ **관련 어휘**
price 명 1. 가격 2. 대가 통 가격을 매기다
The membership fee is **priced** at $70 per month and includes unlimited usage of our facilities.
회원가는 70달러로 **price**되어 있고 시설 무제한 사용이 포함되어 있다.
priced 형 가격이 매겨진

423

dispute [dɪˈspjuːt] ☆☆☆☆☆☆☆ ①-②-③-④-⑤-⑥-⑦

1 📗 **분쟁; 논쟁** ┈▶ dispute between: ~간의 분쟁

The legal **dispute** between the two companies was finally settled this week.

두 회사간의 법적 dispute가 이번 주에 마침내 해결됐다.

2 📘 **반박하다, 이의를 제기하다**

Mr. Torvall **disputed** the $50 charge on his credit card statement.

Mr. Torvall은 자신의 신용카드 명세서의 50달러 청구건에 대해 dispute했다.

▶ **관련 어휘**
    disputable 📗 논란의 여지가 있는

▶ **핵심 기출 표현**
    dispute over ~에 대한 분쟁   in dispute 논쟁 중인
    dispute with ~와의 분쟁   legal dispute 법률적 분쟁
    labor dispute 노동 쟁의

attitude [ˈætətuːd] ☆☆☆☆☆☆☆ ①-②-③-④-⑤-⑥-⑦

📗 **태도, 자세**

We look for interns with positive **attitudes** who can work hard.

우리는 열심히 일할 긍정적 attitude를 지닌 인턴을 찾고 있다.

undoubtedly [ʌnˈdaʊ·tɪd·li] ☆☆☆☆☆☆☆ ①-②-③-④-⑤-⑥-⑦

📙 **의심할 여지없이**

Dr. White's passion for research has **undoubtedly** inspired countless students.

Dr. White의 연구에 대한 열정은 undoubtedly하게 수많은 학생들을 고무시켰다.

▶ **관련 어휘** undoubted 📗 의심할 여지가 없는

automatic [ˌɑːtəˈmætɪk] ★☆☆☆☆☆☆ ①-②-③-④-⑤-⑥-⑦

📗 **(기계가) 자동의**

This wireless mouse has an **automatic** shutdown feature.

이 무선 마우스에는 automatic 종료 기능이 있다.

▶ 관련 어휘
automate 통 자동화하다
automated 형 자동화된, 자동의
You have reached the **automated** service line of Solar Bank's Milton branch.
Solar 은행 Milton 지점의 automated 고객 상담 서비스에 연결되었습니다.
automatically 부 자동적으로, 기계적으로　　　　　**automatical** 형 자동적인

▶ 핵심 기출 표현
automatic teller machine (= ATM) 현금 자동 인출기

 RANK 1136
output [ˈaʊtpʊt] ☆☆☆☆☆☆☆ ①-②-③-④-⑤-⑥-⑦

명 생산량, 산출량
The inspection board came by to examine the energy **output** from the machine.
감사원들이 기계의 에너지 output을 점검하기 위해 들렀다.

 RANK 1137
misplace [ˌmɪsˈpleɪs] ☆☆☆☆☆☆☆ ①-②-③-④-⑤-⑥-⑦

통 (제자리에 두지 않아) 찾지 못하다
If you have **misplaced** an item, please visit our lost and found office.
물건을 misplace하셨다면, 저희 분실물 보관소를 방문해 주세요.

 RANK 1138
deteriorate [dɪˈtɪriəreɪt] ★☆☆☆☆☆☆ ①-②-③-④-⑤-⑥-⑦

통 악화되다, 더 나빠지다
Unfortunately, the patient's health **deteriorated** after taking the new medication.
안타깝게도, 신약 복용 후 그 환자의 건강은 deteriorate되었다.

▶ 관련 어휘
deterioration 명 악화, (가치의) 하락

RANK 1139
presence [ˈprezəns] ☆☆☆☆☆☆☆ ①-②-③-④-⑤-⑥-⑦

1 명 존재(감); 입지
Through strategic partnerships, Spintez is expanding its global market **presence**.
전략적인 해외 파트너십을 통해, Spintez는 국제시장에서 그 presence를 확장해 나가고 있다.

2 명 출석
We request your **presence** at the charity dinner.
저희는 자선만찬에 귀하의 presence를 요청 드립니다.

RANK 1140

similar [ˈsɪmələ-] ★☆☆☆☆☆☆ ①·②·③·④·⑤·⑥·⑦

▸ similar to: ~와 비슷한
(cf.) similar in: ~면에서 비슷한

형 비슷한, 유사한
We compete with several companies which have products **similar** to ours.
우리는 우리의 것과 similar한 제품을 가진 몇몇 회사들과 경쟁한다.

▶ **관련 어휘**
similarly 뷔 비슷하게, 유사하게   similarity 명 유사성, 닮음

RANK 1141

disposal [dɪˈspoʊzəl] ☆☆☆☆☆☆☆ ①·②·③·④·⑤·⑥·⑦

명 처리, 폐기
Due to unnecessary waste, we will change our trash **disposal** system.
불필요한 낭비로 인해, 우리는 쓰레기 disposal 시스템을 변경할 것이다.

▶ **관련 어휘**
disposable 형 일회용의, 처분할 수 있는
　　We provide **disposable** containers for convenient use.
　　우리는 편리하게 사용할 수 있는 **disposable**한 용기들을 제공한다.

▶ **핵심 기출 표현**
dispose of ~을 처리하다   disposable product 일회용 제품
waste disposal 폐기물 처리

RANK 1142

tune [tuːn] ☆☆☆☆☆☆☆ ①·②·③·④·⑤·⑥·⑦

▸ tune into: ~로 채널을 맞추다

1 통 (채널을) 맞추다
Tune into AMX Radio daily at 6 P.M. to hear the local news.
매일 오후 6시 AMX 라디오에 tune하시고 지역뉴스를 청취하세요.

2 통 조율하다; 조정하다   ▸ tune up: (차 엔진이나 악기 등을) 조정하다, 조율하다
Melissa visited the auto shop to **tune** up the engine in her car.
Melissa는 차량 엔진을 tune하려고 정비소를 방문했다.

▶ **관련 어휘** tuning 명 조율; 조정   ▶ **핵심 기출 표현** fine-tune 세밀하게 조정하다

RANK 1143

accidentally [ˌæksəˈdentəl.i] ☆☆☆☆☆☆☆ ①·②·③·④·⑤·⑥·⑦

뷔 우연히, 실수로
When the IT Department was updating the software, some files were **accidentally** deleted.
IT부서가 소프트웨어를 업데이트하면서 일부 파일이 accidentally 삭제되었다.

▶ 관련 어휘
accidental 휑 우연한, 돌발적인   accident 휑 사고

 RANK 1144 | **premises** [ˈpremɪsɪz] ☆☆☆☆☆☆☆

휑 (건물이 딸린) 부지, 구내
Museum visitors who do not follow these guidelines will be asked to leave the **premises**.
이 지침을 따르지 않는 박물관 방문객은 premises를 떠나달라는 요청을 받게 될 것입니다.

▶ **핵심 기출 표현** on the premises 구내에서, 부지 내에서

 RANK 1145 | **prominently** [ˈprɑːmənəntli] ☆☆☆☆☆☆☆

1 휑 두드러지게, 현저히
Roger Fillmore's new fall line will be featured **prominently** in the latest edition of *Fashion Road*.
Roger Fillmore의 가을 신상품이 〈Fashion Road〉의 최신호에서 prominently 특집으로 다뤄질 것이다.

2 휑 눈에 잘 띄게
Make sure that your parking permit is displayed **prominently** on your vehicle's dashboard.
주차증을 차량 계기판에 prominently 보이게 해주세요.

▶ 관련 어휘
prominent 휑 1. 두드러진; 눈에 잘 띄는 2. 유명한; 중요한
Dr. Chuck Bell is one of the most **prominent** researchers in the field of solar energy.
Dr. Chuck Bell은 태양 에너지 분야에서 가장 **prominent**한 연구원 중 한 명이다.

▶ **파트 7 대체어 기출 표현: prominently 두드러지게 → markedly 뚜렷하게**
an issue covered **prominently[markedly]** in the report 보고서에 prominently[markedly]하게 다뤄진 쟁점

 RANK 1146 | **doubt** [daʊt] ☆☆☆☆☆☆☆ ①·②·③·④·⑤·⑥·⑦

1 휑 의심, 의문 ┈▶ without a doubt: 의심할 여지 없이, 틀림 없이
Robots will, without a **doubt**, lead to less opportunity for manufacturing workers.
doubt의 여지없이, 로봇은 제조업 노동자들의 취업 기회를 앗아가게 될 것이다.

2 휑 의심하다, 의문을 갖다
The manager **doubts** that the assignment will be completed on time.
매니저는 업무가 제 시간에 완료될 거라는 것에 doubt한다.

▶ **관련 어휘** doubtful 웹 의심스러운, 확신이 없는

▶ **핵심 기출 표현**
I doubt it. 그렇진 않을 거예요.

RANK 1147 **suppose** [sə'pouz] ☆☆☆☆☆☆☆ ①-②-③-④-⑤-⑥-⑦

⑧ **추측하다, 가정하다** ···▶ suppose (that)절: that 이하라고 가정하다
Ms. Kerns **supposed** that Lemon Avenue would not have any traffic.
Ms. Kerns는 Lemon가에 교통체증이 없을 거라고 suppose했다.

▶ **관련 어휘**
supposedly 思 추정상, 아마

▶ **핵심 기출 표현**
Suppose so. 그런 것 같아요.

RANK 1148 **overly** ['ouvəli] ☆☆☆☆☆☆☆ ①-②-③-④-⑤-⑥-⑦

匣 **너무; 몹시**
Customers have complained that the current loan application process is **overly** complex.
고객들은 현재 대출 신청 과정이 overly 복잡하다고 불만을 제기해 왔다.

RANK 1149 **otherwise** ['ʌðə-waɪz] ★☆☆☆☆☆☆ ①-②-③-④-⑤-⑥-⑦

1 匣 **달리 (= differently)** ···▶ unless otherwise p.p.: 달리 ~되지 않는다면
Unless **otherwise** stated, all employees are required to attend the company anniversary party.
otherwise 언급되지 않는다면, 모든 직원들은 회사 창립기념식에 참가해야 한다.

2 匣 **그렇지 않으면 (= if not)**
Call for a taxi, **otherwise** we'll be late for the meeting.
택시를 부르세요, otherwise 우리는 회의에 늦을 겁니다.

RANK 1150 **entail** [ɪn'teɪl] ☆☆☆☆☆☆☆ ①-②-③-④-⑤-⑥-⑦

⑧ **수반하다 (= involve)**
This sales job **entails** occasional overseas travel.
이 영업직은 이따금 해외출장을 entail한다.

Speed Check-up

정답 p.585

다음의 한글 의미를 단서로 삼아 보기에서 알맞은 단어를 골라 넣으세요.

ⓐ attributed   ⓑ carelessly   ⓒ prominently   ⓓ surrounding   ⓔ deteriorated

01   Roger Fillmore's new fall line will be featured _____ in the latest edition of
     Fashion Road.
     두드러지게

02   The media largely _____ the recent success of Sorson, Inc. to its new
     management.
     ~의 덕분으로 여기다

03   Unfortunately, the patient's health _____ after taking the new medication.
     악화되다

04   Readers criticized the articles in *Herald Magazine* for being _____ written.
     부주의하게

05   Nearby businesses welcome customers from _____ areas that the new train
     line will bring.
     인근의

다음의 한글 해석과 의미가 같아지도록 보기에서 알맞은 단어를 골라 넣으세요.

ⓐ dispute   ⓑ coincided   ⓒ measures   ⓓ conveyed   ⓔ beforehand

06   Shawna's opinion about the candidate _____ with Gary's.
     지원자에 대한 Shawna의 의견은 Gary와 일치했다.

07   If you purchase your tickets _____, you will receive 10 percent off.
     만약 사전에 티켓을 구매하시면, 10퍼센트 할인을 받게 됩니다.

08   Ms. Elgrin made sure she _____ Mr. Jeremiah's message to the client.
     Ms. Elgrin은 Mr. Jeremiah의 메시지를 고객에게 분명히 전달했다.

09   The legal _____ between the two companies was finally settled this week.
     두 회사간의 법적 분쟁이 이번 주에 마침내 해결됐다.

10   Several cost-cutting _____ were discussed at the management meeting.
     몇 가지 비용절감 조치들이 경영진 회의에서 논의되었다.

문맥에 어울리는 단어를 보기에서 골라 넣으세요.

ⓐ converted   ⓑ misplaced   ⓒ fundamental   ⓓ outlook   ⓔ determine

11   Good customer service is _____ to any retail business.

12   If you have _____ an item, please visit our lost and found office.

13   The Worshville warehouse is scheduled to be _____ into a municipal library.

14   Edward just completed his education abroad and will offer a fresh _____ on
     this project.

15   Our electricians are working to _____ the cause of the power failure.

타강사 음성강의   귀로 듣는 단어장

아버지는 팔불출

inadvertently 아버지가 아끼시는 도자기를 깼다

헉

이렇게 **fragile** 하다니!

얼마나 화내실지 **speculation**도 못하겠어 절대 **overlook**하실 분이 아닌데 …!

난 고양이 핑계를 대기로 했다

coherent한 거짓말을 …

냥?

그래, 저 녀석이 깼다고 하자!

아버지는 역시 노발대발 …

얼마나 **crucial**한 도자기인데

누가 깼어?

compensate 하게 할거야!

이 녀석이 **mastermind**예요 !!

뭐? 코코가 그랬다고?

그렇담 별 수 없지 …

자식 새끼면 가만 안 뒀겠지만 ……

다행이지만 아버지 너무해 ……!

700+
RANK 1151

compensation [ˌkɑmpənˈseɪʃən] ☆☆☆☆☆☆ ①-②-③-④-⑤-⑥-⑦

명 보상(금)

·--▶ compensation package: (급여와 복리후생을 포함한) 보수

Fallguer Group's **compensation** packages help attract the best workers in the industry.

Fallguer 그룹 compensation 체계는 그 업계의 최고의 인재들을 끄는 데 도움이 된다.

▶ **관련 어휘**

·------▶ compensate for: ~을 보상하다

compensate 통 보상하다; 보상금을 주다

To **compensate** for damaged products, Parch will provide free replacements.

손상을 입은 제품을 compensate하기 위해 Parch에서는 무료로 교체를 해줄 것이다.

compensatory 형 보상의, 배상의

▶ **핵심 기출 표현**

compensate A for B A에게 B에 대해 보상하다 (→ A be compensated for B)

in compensation for ~의 보상으로   **monetary compensation** 금전적인 보상

800+
RANK 1152

preliminary [prɪˈlɪməneri] ☆☆☆☆☆☆ ①-②-③-④-⑤-⑥-⑦

1 형 **예비의** ·--▶ preliminary survey/research: 예비 조사

Preliminary research suggests that additional data needs to be collected.

preliminary의 조사는 추가 자료를 수집해야 할 필요가 있음을 암시하고 있다.

2 명 **예비 단계; 예선전**

There will be a round of **preliminaries** to determine which teams will compete in the tournament.

어느 팀이 시합에서 경쟁할 지를 결정하는 preliminary 라운드가 있을 것이다.

800+
RANK 1153

speculation [ˌspekjəˈleɪʃən] ★☆☆☆☆☆ ①-②-③-④-⑤-⑥-⑦

1 명 **추측, (어림)짐작**

·--▶ widespread speculation: 널리 퍼진 추측

The minister announced her retirement following widespread **speculation** that she would seek reappointment.

장관은 재임명을 노릴 거라는 speculation이 퍼지자 은퇴를 발표했다.

2 명 **투기**

The city government is taking steps to regulate **speculation** in the housing market.

시 정부는 주택시장에서의 speculation을 조절하기 위해 조치를 취할 것이다.

▶ **관련 어휘**

speculate 통 1. 추측하다, 짐작하다 2. 투기하다

▶ **핵심 기출 표현**

growing speculation 커져가는 추측   **There is speculation that**절 that 이하의 추측이 있다

431

800+
RANK 1154

fragile [ˈfrædʒəl] ☆☆☆☆☆☆ ①-②-③-④-⑤-⑥-⑦

웹 부서지기 쉬운; 취약한
Please be careful with this antique teapot as it is **fragile**.
이 골동품 찻주전자는 fragile하므로 조심해 주십시오.

800+
RANK 1155

perspective [pɚˈspektɪv] ★☆☆☆☆☆ ①-②-③-④-⑤-⑥-⑦

웹 관점, 시각
Team members are encouraged to share their **perspectives** during meetings.
팀원들은 회의에서 그들의 perspective들을 공유하도록 장려된다.

> ▶ **핵심 기출 표현**
> perspective on ~에 대한 관점   from a ~ perspective ~인 관점에서
> ▶ **파트 7 대체어 기출 표현: perspective 관점, 시각 → viewpoint 관점, 시각**
>
> from an economic perspective[viewpoint] 경제적인 perspective[viewpoint]에서

800+
RANK 1156

overlook [ˌoʊvɚˈlʊk] ☆☆☆☆☆☆ ①-②-③-④-⑤-⑥-⑦

1 图 바라보다, 내려다 보다
Some buildings are **overlooking** the water. 파트1
몇몇 건물들이 물을 overlook하고 있다.

2 图 간과하다, 못 보고 넘어가다
Mr. Hurst decided to **overlook** Ms. Kale's tardiness, as it was not common.
흔한 일이 아니었기에, Mr. Hurst는 Ms. Kale의 지각을 overlook하기로 결심했다.

900+
RANK 1157

inadvertently [ˌɪnədˈvɜːtəntli] ☆☆☆☆☆☆ ①-②-③-④-⑤-⑥-⑦

웹 무심코, 부주의로
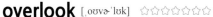
The warehouse experienced a power failure when a worker **inadvertently** pushed the wrong button.
어떤 작업자가 inadvertently하게 버튼을 잘못 눌러 창고가 정전되었다.

> ▶ **관련 어휘**
> inadvertent 휑 고의가 아닌, 부주의한

432

RANK 1158 **subordinate** [səˈbɔːrdənət] ☆☆☆☆☆☆☆ ①-②-③-4-⑤-⑥-7

1 명 부하 직원, 하급자

Department managers must inform their **subordinates** about the upcoming workshop.
부서 관리자들은 곧 있을 워크숍에 관해 subordinate들에게 알려줘야 한다.

2 형 부차적인; 종속된 　　　　　　　　　　　;--▶ subordinate to: ~에 종속된

In running a company, individual employee's goals are **subordinate** to the team's.
회사를 운영함에 있어, 직원 개개인의 목표는 팀의 목표에 subordinate하다.

▶ 관련 어휘 반 superior 명 상관, 상급자

RANK 1159 **crucial** [ˈkruːʃəl] ★☆☆☆☆☆☆ ①-②-③-4-⑤-⑥-7

　　　　;----▶ It is crucial (that)절: that 이하가 대단히 중요하다

형 중대한, 결정적인

It is **crucial** that all client files are stored in a secure place.
모든 고객 파일이 안전한 곳에 보관되는 것은 crucial하다.

RANK 1160 **courier** [ˈkʊriɚ] ☆☆☆☆☆☆☆ ①-②-③-4-⑤-⑥-7

명 배달원; 택배사 　　　　　　　　　;--▶ by courier: 택배로

The documents were sent to the client today by **courier**.
그 서류들은 오늘 courier에 의해 고객에게 보내졌다.

RANK 1161 **tremendously** [trɪˈmendəsli] ☆☆☆☆☆☆☆ ①-②-③-4-5-⑥-⑦

부 엄청나게

The hotel staff was **tremendously** helpful during our stay.
그 호텔 직원은 우리가 숙박하는 동안 tremendously 도움이 되었다.

▶ 관련 어휘 tremendous 형 엄청난, 굉장한

RANK 1162 **bias** [ˈbaɪəs] ★☆☆☆☆☆☆ ①-②-③-4-⑤-⑥-7

1 명 편견, 선입견

Journalists should avoid showing political **bias** when reporting.
기자들은 보도할 때 정치적인 bias를 보이는 걸 피해야 한다.

2 🔲 편견[선입견]을 갖게 하다
News outlets have a tendency to **bias** readers to think a certain way.
언론 매체들은 독자들에게 특정 방식으로 생각하도록 bias하는 경향이 있다.

▶ **관련 어휘**
biased 🔲 편향된, 선입견이 있는   unbiased 🔲 편견 없는

RANK 1163 / **intellectual** [ˌɪnˈtəlˈektʃuəl] ☆☆☆☆☆☆☆ ①-②-③-④-⑤-⑥-⑦

🔲 지적인; 교육을 많이 받은   ┄┄▶ intellectual property (rights): 지적 재산(권)
Nedrill Solutions uses special software to protect its **intellectual** property.
Nedrill 솔루션은 intellectual 재산을 보호하기 위해 특별한 소프트웨어를 사용한다.

▶ **관련 어휘**
intellectually 🔲 지적으로   intellect 🔲 지적 능력

RANK 1164 / **cuisine** [kwɪˈziːn] ☆☆☆☆☆☆☆ ①-②-③-④-⑤-⑥-⑦

🔲 요리(법)
Please enjoy the local **cuisine** and culture during your stay here.
당신이 이곳에 머무르는 동안, 지역 특색 cuisine과 문화를 즐기세요.

RANK 1165 / **outgoing** [ˈaʊtɡoʊɪŋ] ☆☆☆☆☆☆☆ ①-②-③-④-⑤-⑥-⑦

1 🔲 (밖으로) 나가는 ┄┄▶ outgoing mail: 발신 우편물
All **outgoing** mail should be properly labeled and placed into this box.
모든 outgoing 우편물은 제대로 표시해서 이 상자에 넣어야 합니다.

2 🔲 (자리를) 물러나는
Outgoing guests are encouraged to fill out a survey before they check out.
outgoing 고객들은 체크아웃하기 전에 설문지를 작성하도록 독려 받는다.

3 🔲 외향적인, 사교적인   ┄┄▶ outgoing personality: 외향적인 성격
Ms. James organizes the team's gatherings as she has an **outgoing** personality.
Ms. James은 outgoing한 성격이어서 팀의 모임을 조직한다.

RANK 1166　800+

feasible [ˈfiːzəbəl] ☆☆☆☆☆☆☆　①·②·③·④·⑤·⑥·⑦

형 실현 가능한　;··▶ feasible plan/idea: 실현 가능한 계획/생각

Our team must create a **feasible** plan for improving sales next quarter.

우리 팀은 다음 분기 판매 개선을 위한 feasible한 계획을 세워야 한다.

▶ 관련 어휘
　feasibly 閉 실행할 수 있게　　　　　feasibility 명 실행 가능성

▶ 파트 7 대체어 기출 표현: feasible 실현 가능한 → achievable 달성 가능한
　the most feasible[achievable] solution 가장 feasible[achievable]한 해결책

RANK 1167　800+

discard [dɪˈskɑːrd] ☆☆☆☆☆☆☆　①·②·③·④·⑤·⑥·⑦

동 버리다, 폐기하다

The Lost and Found Office **discards** unclaimed items after 15 days.

분실물 보관소에서는 보름이 지난 이후에도 찾아가지 않은 물건들을 discard한다.

RANK 1168　800+

dismiss [dɪˈsmɪs] ☆☆☆☆☆☆☆　①·②·③·④·⑤·⑥·⑦

1 동 (고려할 가치가 없다고) 일축하다; (소송을) 기각하다

Mr. Rogers **dismissed** the rumors that his company will be acquired by DGJT Group.

Mr. Rogers는 그의 회사가 DGJT 그룹에 인수될 것이라는 소문을 dismiss했다.

2 동 해고하다　;··▶ dismiss A from B: A를 B에서 해고하다 (→ A be dismissed from B)

Ms. Berkshire believes he was wrongly **dismissed** from his previous company.

Ms. Berkshire는 이전 회사에서 부당하게 dismiss됐다고 생각한다.

▶ 관련 어휘
　dismissal 명 1. 일축; (소송의) 기각 2. 해고

RANK 1169　800+

mutually [ˈmjuːtʃuəli] ★☆☆☆☆☆☆　①·②·③·④·⑤·⑥·⑦

부 서로, 상호간에　;··▶ mutually beneficial: 상호 이익의

Both representatives are pleased with the **mutually** beneficial agreement.

두 대표 모두가 mutually 이로운 합의에 만족했다.

▶ 관련 어휘
　mutual 형 서로의, 상호간의　　　　　mutuality 명 상호 관계

RANK 1170

hospitality [ˌhɑːspɪˈtæləti] ☆☆☆☆☆☆☆ ①-②-③-④-⑤-⑥-⑦

명 환대; 접대

The Korjam Hotel has the highest **hospitality** rating among hundreds of hotels.

Korjam 호텔은 수백 개의 호텔 가운데 가장 높은 hospitality 순위를 가지고 있다.

▶ **관련 어휘**
hospitable 형 1. 환대하는, 친절한 2. (기후, 환경이) 쾌적한

▶ **핵심 기출 표현**
hospitality industry 접객업

RANK 1171

violate [ˈvaɪəleɪt] ☆☆☆☆☆☆☆ ①-②-③-④-⑤-⑥-⑦

동 위반하다, 어기다

Chet Financial paid $3 million in fines for **violating** industry regulations.

Chet 금융은 산업규정을 violate해서 3백만 달러의 벌금을 물었다.

▶ **관련 어휘**
violation 형 위반; 침해

▶ **핵심 기출 표현**
in violation of ~을 위반하여

RANK 1172

exhaust [ɪɡˈzɑːst] ☆☆☆☆☆☆☆ ①-②-③-④-⑤-⑥-⑦

1 동 기진맥진하게 하다; 다 써 버리다

Our department has **exhausted** all funds for this project.

우리 부서는 이번 프로젝트에 모든 자금을 exhaust했다.

2 명 (차량의) 배기 가스

········▶ car exhaust: 자동차 배기 가스

The mechanic found that the car **exhaust** vent needed to be replaced.

정비사는 차량 exhaust 통풍구가 교체되어야 한다는 걸 발견했다.

▶ **관련 어휘**
exhausting 형 기진맥진하게 하는, 진을 빼는   exhausted 형 기진맥진한, 진이 다 빠진
exhaustive 형 철저한, 완전한

👑800+
RANK
1173

acquaintance [əˈkweɪntəns] ☆☆☆☆☆☆☆ ①-②-③-④-⑤-⑥-⑦

명 아는 사람, 지인   ;--▶ business acquaintance: 사업상 아는 사이
Ms. Stepp is a business **acquaintance** of mine.
Ms. Stepp은 내가 업무적으로 알고 있는 acquaintance이다.

> ▶ 관련 어휘
> **acquaint** 图 익히다, 숙지하다

> ▶ 핵심 기출 표현
> **mutual acquaintance** 서로 잘 아는 지인
> **acquaint A with B** A에게 B를 숙지시키다 (→ A be acquainted with B)

👑800+
RANK
1174

thereafter [ˌðerˈæftə] ☆☆☆☆☆☆☆ ①-②-③-④-⑤-⑥-⑦

명 그 후에
Mr. Clemente will work in Chicago for the next three months, and in Boston **thereafter**.
Mr. Clemente는 앞으로 3달 동안 Chicago에서 일하게 될 것이며, thereafter에는 Boston에서 일할 것이다.

👑800+
RANK
1175

vicinity [vəˈsɪnəti] ☆☆☆☆☆☆☆ ①-②-③-④-⑤-⑥-⑦

명 (~의) 부근, 인근   ;--▶ in the vicinity of: ~의 부근에[의]
Many tourist attractions are in the immediate **vicinity** of this hotel.
많은 관광 명소들이 이 호텔의 아주 가까운 vicinity에 있다.

👑900+
RANK
1176

coherent [koʊˈhɪrənt] ☆☆☆☆☆☆☆ ①-②-③-④-⑤-⑥-⑦

형 일관성 있는, 논리 정연한
Transportation officials are working on a **coherent** strategy to reduce traffic congestion.
교통 당국자들은 교통 정체를 감소시키기 위해 coherent한 전략을 짜고 있다.

> ▶ 관련 어휘
> **coherently** 图 일관성 있게, 조리 있게

patent [ˈpætənt] ☆☆☆☆☆☆☆   ①·②·③·④·⑤·⑥·⑦

1 뗑 **특허(권)**

Mr. Haus applied for a **patent** for his new invention.

Mr. Haus는 자신의 새 발명품에 대해 patent를 신청했다.

2 뙗 **특허를 받다**

Liou Sportwear produces performance t-shirts made from fabrics they **patented**.

Liou 스포츠 의류는 그들이 patent한 직물로 만든 공연용 티셔츠를 제작한다.

▷ 관련 어휘
patented 뙗 특허 받은

entrepreneur [ˌɑːntrəprəˈnɜː] ☆☆☆☆☆☆☆   ①·②·③·④·⑤·⑥·⑦

뗑 **사업가, 기업가**

This workshop is for **entrepreneurs** looking to start a business overseas.

이 워크숍은 해외에서 사업을 시작하려고 하는 entrepreneur들을 위한 것입니다.

▷ 관련 어휘
entrepreneurship 뗑 기업가 정신; 기업자 능력

pollutant [pəˈluːtənt] ☆☆☆☆☆☆☆   ①·②·③·④·⑤·⑥·⑦

뗑 **오염물질**

JBX Manufacturing aims to speed up its factory processes while emitting fewer **pollutants**.

JBX Manufacturing은 pollutant들을 더 적게 방출하는 동시에 공장 공정을 가속화하는 것을 목표로 삼고 있다.

▷ 관련 어휘
pollution 뗑 오염, 공해   **pollute** 뙗 오염시키다

disruption [dɪsˈrʌpʃən] ★★☆☆☆☆☆   ①·②·③·④·⑤·⑥·⑦

뗑 **지장; 중단, 두절**   ┌···▶ disruption to: ~의 중단[지장]

There are **disruptions** to the railway service due to ongoing repairs.

진행중인 보수작업으로 인해 철도 서비스에 disruption이 있습니다.

438

DAY 21
DAY 22
DAY 23
DAY 24
DAY 25
DAY 26
DAY 27
DAY 28
DAY 29
DAY 30

▶ 관련 어휘
disrupt 통 방해하다, 지장을 주다   **disruptive** 형 지장을 주는

800+
RANK
1181

bulk [bʌlk] ☆☆☆☆☆☆☆   ①·②·③·④·⑤·⑥·⑦

명 **많은 양, 큰 규모**   in bulk: 대량으로
We offer discounts to orders made in **bulk**.
저희는 bulk 주문에 할인을 제공합니다.

▶ 관련 어휘 **bulky** 형 부피가 큰, 커서 옮기기 힘든
▶ 핵심 기출 표현 **bulk order** 대량 주문

800+
RANK
1182

artificial [ˌɑːrtəˈfɪʃəl] ☆☆☆☆☆☆☆   ①·②·③·④·⑤·⑥·⑦

형 **인공의; 인위적인**    artificial ingredient: 인공 원료
The new Glower skin cream is completely organic and contains no **artificial** ingredients.
새로 나온 Glower 스킨 크림은 순유기농이고 artificial 원료가 전혀 들어가지 않습니다.

▶ 핵심 기출 표현
artificial flavor 인공 감미료   **artificial intelligence** 인공지능 (= AI)

800+
RANK
1183

mastermind [ˈmæstə-maɪnd] ☆☆☆☆☆☆☆   ①·②·③·④·⑤·⑥·⑦

1 명 **배후 인물, 주모자**   mastermind behind: ~의 배후 인물
Mr. Parsons is the **mastermind** behind the impressive new package design.
Mr. Parsons는 그 인상적인 새 포장 디자인의 mastermind이다.

2 통 **(뒤에서) 지휘하다, 조종하다**
Mr. Legong **masterminded** the entire advertising campaign.
Mr. Legong은 전체 광고 캠페인을 mastermind했다.

800+
RANK
1184

fluctuation [ˌflʌktʃuˈeɪʃən] ☆☆☆☆☆☆☆   ①·②·③·④·⑤·⑥·⑦

명 **변동, 오르내림**   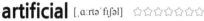 fluctuation in: ~의 변동
Extreme **fluctuations** in prices have created uncertainty in the market.
물가의 극심한 fluctuation들이 시장에서 불확실성을 야기했다.

👑800+
RANK
1185

fascinating [ˈfæsəneɪtɪŋ] ☆☆☆☆☆☆☆ ①-②-③-④-⑤-⑥-⑦

형 매우 흥미로운; 매력적인
Bizsport Magazine has a **fascinating** interview with the CEO of Lantix Group.
〈Bizsport Magazine〉에서 Lantix 그룹의 CEO와 fascinating한 인터뷰를 담았다.

▶ 관련 어휘
  fascinated 형 마음을 빼앗긴, 매료된   fascinate 동 마음을 사로잡다, 매료시키다

👑800+
RANK
1186

massive [ˈmæsɪv] ★☆☆☆☆☆☆ ①-②-③-④-⑤-⑥-⑦

형 거대한, 엄청난
Due to the **massive** amount of equipment, we will need many volunteers to move them.
massive 양의 장비로 인해, 저희는 그것들을 옮기는 데 많은 자원 봉사자가 필요할 거에요.

👑800+
RANK
1187

intent [ɪnˈtent] ★☆☆☆☆☆☆ ①-②-③-④-⑤-⑥-⑦

1 형 몰두하는, 열중하는 ┈▶ be intent on/upon: ~에 전념하다
Ms. Pak is **intent** on finishing the assignment by tonight.
Ms. Pak은 오늘밤까지 과제를 끝내는 데 intent하고 있다.

2 명 의도   ┈▶ one's intent to do: ~하겠다는 ~의 의도
Director Stevens made it clear that it is his **intent** to choose only the best performers.
Stevens 감독은 최고의 공연자만을 뽑겠다는 그의 intent를 명확히 했다.

▶ 관련 어휘
  intently 부 몰두하여, 오로지

▶ 핵심 기출 표현
  with intent to do ~할 목적으로

rush [rʌʃ] ☆☆☆☆☆☆☆

 (1)-(2)-(3)-(4)-(5)-(6)-(7)

RANK 1188

图 (급하게) 서두르다

There is ample time to draft the report, so please do not **rush**.

보고서 초안을 작성할 시간은 충분하니, rush하지 마세요.

▶ 핵심 기출 표현

rush hour 혼잡 시간대, 러시아워   **rush to do** 서둘러 ~하다

---

ultimately [ˈʌltəmətli] ☆☆☆☆☆☆☆

(1)-(2)-(3)-(4)-(5)-(6)-(7)

RANK 1189

图 결국, 궁극적으로

Due to increasing fuel costs, the company **ultimately** decided to increase its delivery fees.

증가하는 연료비 때문에 회사는 ultimately 운송료를 인상하기로 결정했다.

▶ 관련 어휘

ultimate 圈 궁극적인, 최후의

▶ 핵심 기출 표현

ultimate goal / objective / aim 궁극적인 목표

---

moderately [ˈmɑːdəətli] ☆☆☆☆☆☆☆

(1)-(2)-(3)-(4)-(5)-(6)-(7)

RANK 1190

图 중간 정도로, 적당히; 알맞게

The new road signs have only been **moderately** successful in reducing accidents.

새 도로 표지판들은 사고를 줄이는 데 moderately만 성공적이었다.

▶ 관련 어휘

moderate 圈 보통의, 중간의 图 1. 완화하다 2. 사회를 보다, 조정하다
moderator 圈 중재자; (토론의) 사회자

▶ 핵심 기출 표현

moderate increase / growth 어느 정도의 증가 / 성장   **in moderation** 적당히

---

brisk [brɪsk] ☆☆☆☆☆☆☆

(1)-(2)-(3)-(4)-(5)-(6)-(7)

RANK 1191

1 圈 **(행동이) 발 빠른; (사업이) 활발한**

Sales of the new laptop have been **brisk**.

새 노트북 판매가 brisk해졌다.

2 형 (날씨가 차갑지만) 상쾌한

Step outside and enjoy the **brisk** winter air by the lake.

밖으로 나가서 호숫가의 brisk한 겨울 공기를 즐겨보세요.

👑800+
RANK
1192

consolidate [kənˈsɑːlədeɪt] ☆☆☆☆☆☆ ①-②-③-④-⑤-⑥-⑦

통 **강화하다; 통합하다**

The company **consolidated** their position to increase their influence on the local market.

그 회사는 지역 시장에 대한 영향력을 높이기 위해 지위를 consolidate했다.

▶ **관련 어휘**

consolidation 명 1. 합병 2. 강화　　　　　　consolidated 형 통합된

👑800+
RANK
1193

proofread [ˈpruːfriːd] ☆☆☆☆☆☆ ①-②-③-④-⑤-⑥-⑦

통 **교정보다**

This serious mistake indicates that the document was not carefully **proofread**.

이 심각한 실수는 문서가 주의 깊게 proofread되지 않았음을 나타낸다.

▶ **관련 어휘**

proofreading 명 교정　　　　　　proofreader 명 교정자

👑800+
RANK
1194

obstacle [ˈɑːbstəkəl] ☆☆☆☆☆☆ ①-②-③-④-⑤-⑥-⑦

명 **장애(물)**

;--▶ obstacle to: ~의 장애물

Unexpected **obstacles** to construction have delayed the entire expansion project.

공사에 예상치 못한 obstacle들이 확장 프로젝트 전체를 지연시켰다.

👑800+
RANK
1195

magnificent [mægˈnɪfəsənt] ☆☆☆☆☆☆ ①-②-③-④-⑤-⑥-⑦

형 **감명 깊은, 훌륭한**

The main dishes and desserts he prepared for us were **magnificent**.

그가 우리를 위해 준비한 주요리와 디저트는 magnificent했다.

▶ **관련 어휘**

magnificently 부 훌륭히; 장대하게　　　　　　magnificence 명 1. 웅장함, 장엄함 2. 훌륭함

DAY 21
DAY 22
DAY 23
DAY 24
DAY 25
DAY 26
DAY 27
DAY 28
DAY 29
DAY 30

800+ RANK 1196

flourish [ˈflɜːrɪʃ] ☆☆☆☆☆☆☆ ①·②·③·④·⑤·⑥·⑦

동 번창하다; 잘 자라다

:--▶ flourish in: ~에서 번창하다[잘 자라다]

It is hard for financial companies to **flourish** in a tough economic climate.
금융 회사들은 힘든 경제기류에서 flourish하기 어렵다.

▷ 관련 어휘
flourishing 혭 번창하는; 무성한

800+ RANK 1197

drastically [ˈdræstɪkli] ★☆☆☆☆☆☆ ①·②·③·④·⑤·⑥·⑦

뷔 과감하게; 급격하게

The new tunnel has **drastically** reduced travel times for many commuters.
새로운 터널은 많은 출퇴근자들의 이동시간을 drastically 줄여주었다.

▷ 관련 어휘
drastic 혭 과감한; 급격한

▷ 핵심 기출 표현
increase drastically 급격히 증가하다   drastic change 급격한 변화

800+ RANK 1198

arise [əˈraɪz] ☆☆☆☆☆☆☆ ①·②·③·④·⑤·⑥·⑦

동 생기다, 발생하다

Please contact IT should a technical issue **arise**.
기술 문제가 arise하면 IT부서로 연락해 주세요.

▷ 핵심 기출 표현
arise from ~에서 발생하다[일어나다]

800+ RANK 1199

soar [sɔːr] ☆☆☆☆☆☆☆ ①·②·③·④·⑤·⑥·⑦

동 치솟다, 급등하다

Prices for smartphones have **soared** in recent years.
스마트폰 가격이 최근 몇 년간 soar했다.

▷ 관련 어휘
soaring 혭 치솟는, 급상승하는

dimension [ˌdɪˈmenʃən] ☆☆☆☆☆☆☆ ①·②·③·④·⑤·⑥·⑦

1 몡 크기; 치수

The real estate agent's brochure specifies the exact **dimensions** of each room.
부동산 업체의 안내책자는 각 방의 정확한 dimension들을 명시하고 있다.

2 몡 관점, 측면

The solution to this problem has several **dimensions**.
이 문제에 대한 해결책에는 몇 가지 dimension들이 있다.

▶ 관련 어휘
three-dimensional 혱 3D의, 입체적인

Speed Check-up

정답 p.585

다음의 한글 의미를 단서로 삼아 보기에서 알맞은 단어를 골라 넣으세요.

ⓐ inadvertently   ⓑ compensation   ⓒ intent   ⓓ drastically   ⓔ artificial

01 The warehouse experienced a power failure when a worker _____ pushed the
   부주의하게
   wrong button.

02 Director Stevens made it clear that it is his _____ to choose only the best
   의도
   performers.

03 The new Glower skin cream is completely organic and contains no _____
   인공의
   ingredients.

04 Fallguer Group's _____ packages help attract the best workers in the
   보상
   industry.

05 The new tunnel has _____ reduced travel times for many commuters.
   급격하게

다음의 한글 해석과 의미가 같아지도록 보기에서 알맞은 단어를 골라 넣으세요.

ⓐ speculation   ⓑ crucial   ⓒ feasible   ⓓ overlooking   ⓔ exhausted

06 It is _____ that all client files are stored in a secure place.
   모든 고객 파일이 안전한 곳에 보관되는 것은 중요하다.

07 The minister announced her retirement following widespread _____ that she
   would seek reappointment. 장관은 재임명을 노릴 거라는 추측이 퍼지자 은퇴를 발표했다.

08 Our department has _____ all funds for this project.
   우리 부서는 이번 프로젝트에 모든 자금을 소진했다.

09 Some buildings are _____ the water. 몇몇 건물들은 물을 내려다 보고 있다.

10 Our team must create a _____ plan for improving sales next quarter.
   우리 팀은 다음 분기 판매 개선을 위한 실현 가능한 계획을 세워야 한다.

문맥에 어울리는 단어를 보기에서 골라 넣으세요.

ⓐ preliminary   ⓑ disruptions   ⓒ dismissed   ⓓ soared   ⓔ subordinate

11 In running a company, individual employee's goals are _____ to the team's.

12 _____ research suggests that additional data needs to be collected.

13 Mr. Rogers _____ the rumors that his company will be acquired by DGJT
   Group.

14 There are _____ to the railway service due to the ongoing repairs.

15 Prices for smartphones have _____ in recent years.

1타강사 음성강의

귀로 듣는 단어장

청산유수

tailored [ˈteɪ.ləd] ☆☆☆☆☆☆☆ ①·②·③·④·⑤·⑥·⑦

ਭ 맞춤의; 잘 맞도록 만든

Luxdow Group provides **tailored** consulting services to domestic and overseas clients.
Luxdow 그룹은 국내외 고객들에게 tailored한 컨설팅 서비스를 제공한다.

> **관련 어휘**
> **tailor** 동 (특정한 목적에) 맞추다 명 재단사   ;--▸ tailor A to/for: A를 ~에 맞추다 (↔ A be tailored to/for)
> The Read Smart software program is tailored to every reader's needs.
> Read Smart 소프트웨어 프로그램은 모든 독자들의 필요에 **tailor**되었다.

alleviate [əˈliːvieɪt] ☆☆☆☆☆☆☆

동 완화하다

The introduction of affordable electric cars will help to **alleviate** air pollution.
비싸지 않은 전기 자동차의 도입은 공기오염을 alleviate하는 데 도움이 될 것이다.

> **관련 어휘**
> **alleviation** 명 경감, 완화

> **핵심 기출 표현**
> **alleviate traffic congestion** 교통 체증을 완화하다   **alleviate concerns** 걱정을 누그러뜨리다

> **파트 7 대체어 기출 표현: alleviate 완화하다 → relieve 완화하다**
> government policies to **alleviate[relieve]** traffic congestion
> 교통 체증을 **alleviate[relieve]**하기 위한 정부 정책들

sophisticated [səˈfɪstəkeɪtɪd] ☆☆☆☆☆☆☆ ①·②·③·④·⑤·⑥·⑦

1 형 정교한, 복잡한

Technological advancements have made the packaging process more **sophisticated**.
기술의 발전은 포장과정을 더욱 sophisticated하게 만들었다.

2 형 세련된, 교양 있는

This elegant couch set will make your living room look more **sophisticated**.
이 우아한 소파세트는 당신의 거실을 보다 sophisticated해 보이게 만들어줄 것입니다.

> **파트 7 대체어 기출 표현: sophisticated 교양 있는 → refined 품위 있는; 정제된**
> **sophisticated[refined]** and well-educated consumers
> **sophisticated[refined]**하고 교육 수준이 높은 소비자들

unveil [ʌnˈveɪl] ★☆☆☆☆☆☆ ①-②-③-④-⑤-⑥-⑦

🔵 공개하다, 발표하다
Yuli Electronics **unveiled** three new products to the public at the technology expo.
Yuli 전자는 기술 박람회에서 3가지 신상품을 대중에 unveil했다.

▶ 관련 어휘
  unveiling 阌 첫 공개; 제막식

insight [ˈɪnsaɪt] ★☆☆☆☆☆☆ ①-②-③-④-⑤-⑥-⑦

🔵 통찰력; 이해, 간파   ;--▶ insight into: ~에 대한 통찰력
Using customer survey results, Dr. Chang provided **insight** into current market trends.
고객 설문조사 결과를 사용하여, Dr. Chang은 현재 시장 동향에 대한 insight를 제공했다.

▶ 관련 어휘
  insightful 阌 통찰력 있는

anonymous [əˈnɑːnəməs] ☆☆☆☆☆☆☆ ①-②-③-④-⑤-⑥-⑦

🔵 익명의   ;--▶ remain anonymous: 익명으로 남다
Employees may choose to remain **anonymous** when completing the satisfaction survey.
만족도 조사를 완료할 때 직원들은 anonymous로 하는 것을 선택할 수 있다.

▶ 관련 어휘
  anonymously 阌 익명으로

▶ 파트 7 대체어 기출 표현: anonymous 익명의 → unidentified 정체불명의
  an anonymous[unidentified] caller anonymous[unidentified]한 전화 제보자

domestic [dəˈmestɪk] ☆☆☆☆☆☆☆ ①-②-③-④-⑤-⑥-⑦

🔵 국내의; 가정(용)의
Vacso Pool Company depends mostly upon **domestic** sales in the spring and summer.
Vacso Pool Company는 봄, 여름의 domestic 판매에 대부분 의존하고 있다.

DAY 21
DAY 22
DAY 23
DAY 24
DAY 25
DAY 26
DAY 27
DAY 28
DAY 29
DAY 30

▶ 관련 어휘
domestically 🐾 국내에서; 가정적으로

▶ 핵심 기출 표현
domestic flight 국내선 　　　　　　　**domestic market** 국내 시장

RANK 1208

compatible [kəmˈpætəbəl] ★☆☆☆☆☆ ①-②-③-④-⑤-⑥-⑦

📖 호환이 되는　　　　　　　　　　　; ··· ▶ compatible with: ~와 호환이 되는
Unfortunately, this model is not **compatible** with our current software.
안타깝게도 이 모델은 현재 저희 소프트웨어와 compatible하지 않습니다.

▶ 관련 어휘
compatibility 🐾 호환성

RANK 1209

incur [ɪnˈkɜː] ☆☆☆☆☆☆ ①-②-③-④-⑤-⑥-⑦

📖 (손실이나 비용을) 초래하다, 발생시키다
Submit this form along with a receipt to receive reimbursement for any costs **incurred**.
incur된 모든 비용을 상환 받기 위해 영수증과 서류를 제출하세요.

▶ 핵심 기출 표현
incur an extra fee 초과 비용이 발생하다

RANK 1210

obligation [ˌɑːbləˈɡeɪʃən] ★☆☆☆☆☆ ①-②-③-④-⑤-⑥-⑦

📖 의무, 해야 할 일　　　　　; ··· ▶ have an obligation to do: ~할 의무가 있다
All employees have an **obligation** to carry out the duties specified in their contracts.
모든 직원들은 계약서에 명시된 직무를 수행할 obligation이 있다.

▶ 관련 어휘
oblige 🐾 부득이 ~하게 하다, 강요하다 ▶ oblige A to do: A로 하여금 어쩔 수 없이 ~하게 하다
　　　　　　　　　　　　　　　　　　　　　　(→ A be obliged to do)
　　Accepting this free offer does not **oblige** you to buy any other products.
　　이 무상 제의를 받아들이더라도 그 밖의 다른 제품을 구매하도록 **oblige**하는 것은 아닙니다.
obligatory 🐾 의무적인

▶ 핵심 기출 표현
have no obligation to do ~할 의무가 없다　　　　**be obliged to do** 어쩔 수 없이 ~하다

abolish [ə'bɑ:lɪʃ] ☆☆☆☆☆☆☆   ①-②-③-④-⑤-⑥-⑦

图 (법률, 제도 등을) 폐지하다

The government will consider **abolishing** corporate income tax.

정부는 법인 소득세를 abolish하는 것을 고려할 것이다.

▷ 관련 어휘
abolishment 圓 폐지

evident ['evədənt] ☆☆☆☆☆☆☆   ①-②-③-④-⑤-⑥-⑦

图 분명한, 눈에 띄는

The effects of the strong economy are **evident** in the success of Dalesmi Logistics.

강력한 경제의 영향이 Dalesmi 물류의 성공에 evident하다.

▷ 관련 어휘
evidence 圓 증거, 증언   evidently 團 분명히

solution [sə'luʃən] ☆☆☆☆☆☆☆   ①-②-③-④-⑤-⑥-⑦

1 圓 해법, 해결책   ┆--▸ solution to: ~에 대한 해결책

Our IT staff is known for coming up with quick **solutions** to technical issues.

저희 IT 직원들은 기술 문제에 빠른 solution을 내놓는 것으로 유명합니다.

2 圓 용액

To remove stubborn stains, spray a **solution** of one part water and two parts Tran's Stain Remover.

찌든 얼룩을 없애려면, 물과 Tran 얼룩 제거제를 1:2로 섞은 solution을 뿌려주세요.

exempt [ɪg'zempt] ☆☆☆☆☆☆☆   ①-②-③-④-⑤-⑥-⑦

1 圈 (~이) 면제되는   ┆--▸ be exempt from: ~가 면제되다

New customers will be **exempt** from paying shipping fees for the first six months.

신규 고객들은 처음 6개월간 배송비가 exempt될 것이다.

2 图 면제하다   ┆--▸ exempt A from B: A를 B로부터 면제해 주다 (→ A be exempted from B)

Mr. Kellogg was **exempted** from the meeting due to his illness.

Mr. Kellogg는 병 때문에 회의에서 exempt되었다.

▶ **관련 어휘**

exemption 몡 면제; (세금) 공제(액)

▶ **파트 7 대체어 기출 표현: exempt 면제되는 → excused 면제된**

exempt[excused] from paying company tax 법인세 납부가 exempt[excused]되는

👑800+
RANK
1215

engagement [ɪnˈɡeɪdʒmənt] ★ ☆☆☆☆☆☆ ①·②·③·④·⑤·⑥·⑦

몡 **(업무상의) 약속; (약속시간을 정해서 하는) 업무**

Mr. Lyall was unable to attend the award ceremony due to a previous **engagement**.

Mr. Lyall은 이전에 한 engagement 때문에 시상식에 참석할 수 없었다.

▶ **핵심 기출 표현**

speaking engagement 강연 약속　　　　　engage in (= be engaged in) ~에 관여하다[종사하다]

👑900+
RANK
1216

inviting [ɪnˈvaɪtɪŋ] ☆☆☆☆☆☆☆ ①·②·③·④·⑤·⑥·⑦

몡 **매력적인**

The old factory site was transformed into a park with an **inviting** atmosphere.

낡은 공장부지가 inviting한 분위기의 공원으로 바뀌었다.

▶ **관련 어휘**

invitingly 뷔 매력적으로

▶ **파트 7 대체어 기출 표현: inviting 매력적인 → appealing 매력적인**

make an inviting[appealing] offer inviting[appealing]한 제안을 하다

👑800+
RANK
1217

inspiration [ˌɪnspəˈreɪʃən] ☆☆☆☆☆☆☆ ①·②·③·④·⑤·⑥·⑦

몡 **영감, 영감을 주는 대상**

 ┈▶ inspiration for: ~에 대한 영감

The artist used the shape of the clouds as **inspiration** for her design.

그 예술가는 구름의 모양을 디자인의 inspiration으로 활용했다.

▶ **관련 어휘**

inspire 동 영감을 주다; 고무시키다

800+
RANK 1218

disturb [dɪˈstɜːb] ☆☆☆☆☆☆☆ ①-②-③-④-⑤-⑥-⑦

톱 (일 등을) 방해하다

The noise from the maintenance workers **disturbed** the hotel guests.

정비 직원들이 일으킨 소음이 호텔 투숙객들을 disturb했다.

▶ **관련 어휘**
disturbing ® 불안감을 주는   disturbed ® 불안해 하는
disturbance ® 방해; 소란

800+
RANK 1219

refurbish [ˌriːˈfɜːbɪʃ] ☆☆☆☆☆☆☆ ①-②-③-④-⑤-⑥-⑦

톱 새로 꾸미다, 재단장하다

The owner plans to **refurbish** the restaurant and introduce an improved menu.

레스토랑 주인은 가게를 refurbish하고 더 개선된 메뉴를 소개하려고 한다.

▶ **관련 어휘**
refurbished ® 새로 꾸며진, 재단장한   refurbishment ® 재단장; 개조

800+
RANK 1220

markedly [ˈmɑːrkɪdli] ★★☆☆☆☆☆ ①-②-③-④-⑤-⑥-⑦

뿐 두드러지게, 뚜렷하게

Orders for Axe-Tex jumpers increased **markedly** after the recent advertising campaign.

Axe-Tex 점퍼의 주문이 최근 광고 캠페인 이후 markedly하게 증가했다.

▶ **관련 어휘**
marked ® 두드러진, 뚜렷한

800+
RANK 1221

transit [ˈtrænzɪt] ☆☆☆☆☆☆☆ ①-②-③-④-⑤-⑥-⑦

圆 수송, 운송; 교통 체계   ⋯▶ transit authorities: 교통 당국

Due to road repairs, **transit** authorities are expecting some delays in the bus service.

도로 공사로 인해 transit 당국은 버스 서비스의 지연을 예상하고 있다.

▶ **핵심 기출 표현**
in[during] transit 수송 중에   public transit 대중 교통

452

RANK 1222 👑800+
acceleration [ək͵selə'reɪʃən] ☆☆☆☆☆☆☆ ①-②-③-④-⑤-⑥-⑦

명 가속(도)

The new machinery caused a rapid **acceleration** in the factory's output.
그 새로운 기계는 공장 생산량의 빠른 acceleration을 불러왔다.

▶ **관련 어휘**
accelerate 통 가속화하다; 속도를 높이다

RANK 1223 👑800+
enlightening [ɪn'laɪtənɪŋ] ☆☆☆☆☆☆☆ ①-②-③-④-⑤-⑥-⑦

형 계몽적인; 깨우치는

The seminar was helpful, especially the professor's **enlightening** lecture.
그 세미나는 유용했는데, 특히 교수의 enlightening한 강의가 그랬다.

▶ **관련 어휘**
enlighten 통 계몽하다   enlightenment 명 계몽

RANK 1224 👑800+
boundary ['baʊndəri] ☆☆☆☆☆☆☆ ①-②-③-④-⑤-⑥-⑦

명 경계(선) ┈▶ boundary between: ~간의 경계(선)

The **boundary** between Mayerton and Starlight City is at the start of Clemens River.
Mayerton과 Starlight City 간의 boundary는 Clemens강의 시작점에 있다.

RANK 1225 👑800+
diagnose [͵daɪəg'noʊz] ☆☆☆☆☆☆☆ ①-②-③-④-⑤-⑥-⑦

통 진단하다

All our technical support engineers are experts at **diagnosing** critical software errors.
저희의 모든 기술 지원 기술자들은 심각한 소프트웨어 오류를 diagnose하는 데 전문가들입니다.

▶ **관련 어휘**
diagnosis 명 진단   diagnostic 형 진단의

800+
RANK 1226

restraint [rɪˈstreɪnt] ☆☆☆☆☆☆☆ ①-②-③-④-⑤-⑥-⑦

명 규제, 통제 ⋯▸ exercise restraint: 자제하다, 삼가다

Exercise **restraint** when using the company credit card—the budget is not unlimited.
예산이 제한되어 있으니, 법인카드를 사용할 때 restraint를 행사하세요.

800+
RANK 1227

somewhat [ˈsʌmwɑːt] ☆☆☆☆☆☆☆ ①-②-③-④-⑤-⑥-⑦

튄 어느 정도, 약간

While the entrées are **somewhat** expensive, the wine list is reasonably priced.
주요리가 somewhat 비싼 반면, 와인 가격은 합리적으로 책정되었다.

800+
RANK 1228

assortment [əˈsɔːrtmənt] ☆☆☆☆☆☆☆ ①-②-③-④-⑤-⑥-⑦

명 (같은 종류의) 모음, 조합 ⋯▸ an assortment of: 다양한, 여러 가지의

Wan-Lindt's convention booth will have a wide **assortment** of product samples and brochures.
Wan-Lindt의 컨벤션 부스에는 제품 샘플들과 안내 책자들의 다양한 assortment가 있을 것이다.

> ▷ **관련 어휘**
> **assort** 통 분류하다, 구분하다　　　　　　**assorted** 형 여러 가지의, 갖은

800+
RANK 1229

streamline [ˈstriːmlaɪn] ☆☆☆☆☆☆☆ ①-②-③-④-⑤-⑥-⑦

통 간소화하다, 능률화하다

Superior Automobile **streamlined** its manufacturing process to reduce costs and increase productivity.
Superior 자동차는 비용 감소와 생산성 향상을 위해 제조 과정을 streamline했다.

800+
RANK 1230

abruptly [əˈbrʌpt] ★☆☆☆☆☆☆ ①-②-③-④-⑤-⑥-⑦

튄 갑자기, 뜻밖에

The concert **abruptly** ended due to a power outage in the venue.
행사장 내 정전으로 콘서트가 abruptly 끝났다.

> ▷ **관련 어휘**
> **abrupt** 형 갑작스런, 돌연한 ·

RANK 1231 👑800+

staple [ˈsteɪpəl] ☆☆☆☆☆☆☆ ①-②-③-④-⑤-⑥-⑦

1 圄 스테이플러로 고정하다
A man is **stapling** some documents. 파트1
남자가 문서를 staple하고 있다.

2 圐 (한 국가의) 주요 산물
Corner Diner is a **staple** and a landmark of Harwood.
Corner 식당은 Harwood의 staple이자 랜드마크이다.

3 圐 주된, 주요한
Fish usually is a **staple** food of island residents.
생선은 일반적으로 섬주민들에게 staple한 음식이다.

RANK 1232 👑800+

incorporate [ɪnˈkɔːrpəˌeɪt] ★☆☆☆☆☆☆ ①-②-③-④-⑤-⑥-⑦

1 圄 포함시키다; 통합하다   ┈▶ incorporate A into B: A를 B에 포함시키다
Chef Alberto is famous for **incorporating** various Asian spices into Italian cuisine.
요리사 Alberto는 다양한 아시아의 향신료를 이탈리아 요리에 incorporate하는 것으로 유명하다.

2 圄 (법인을) 설립하다
Hamco Industries was **incorporated** more than 30 years ago on January 2.
Hamco 산업은 30여년 전 1월 2일에 incorporate되었다.

▶ 관련 어휘
incorporated 圐 주식회사 (= Inc.)   **incorporation** 圐 1. 법인 2. 결합; 혼합

RANK 1233 👑800+

proxy [ˈprɑːksi] ☆☆☆☆☆☆☆ ①-②-③-④-⑤-⑥-⑦

圐 대리(권); 대리인
The vice president will act as the managing director's **proxy** at the executive meeting.
부회장은 임원 회의에서 상무이사의 proxy 역할을 할 것이다.

RANK 1234 👑800+

rebate [ˈriːbeɪt] ☆☆☆☆☆☆☆ ①-②-③-④-⑤-⑥-⑦

1 圐 (초과 지불금의) 환불
To receive a **rebate**, please mail the enclosed form with your receipt.
rebate를 받기 위해서는 영수증과 함께 동봉된 서식을 보내주시기 바랍니다.

2 圏 할인, 리베이트

Visit our store before November 7 to qualify for a $50 **rebate** on the cost of your laptop.

11월 7일 전 저희 매장을 방문하셔서 노트북 컴퓨터 구매 비용에 50달러 rebate를 받으세요.

800+
RANK
1235

ample [ˈæmpəl] ★☆☆☆☆☆☆ ①-②-③-④-⑤-⑥-⑦

圏 충분한, 풍부한

The convention hall provided **ample** seating for the anniversary party.

그 회의장은 기념일 파티를 위해 ample한 좌석을 제공했다.

800+
RANK
1236

periodical [ˌpɪriˈɑːdɪkəl] ☆☆☆☆☆☆☆ ①-②-③-④-⑤-⑥-⑦

圏 정기 간행물, 잡지

The Pargrum Law Library offers an extensive collection of legal **periodicals**.

Pargrum 법률 도서관은 대규모의 법 관련 periodical들을 제공한다.

800+
RANK
1237

virtually [ˈvɝːtʃuəli] ☆☆☆☆☆☆☆ ①-②-③-④-⑤-⑥-⑦

1 圏 사실상, 거의   ┈▶ virtually impossible: 거의 불가능한

The snowstorm made it **virtually** impossible to travel.

그 눈보라는 여행을 virtually 불가능하게 했다.

2 圏 (컴퓨터를 이용하여) 가상으로

Apartment units can be viewed **virtually** on our Web site.

아파트 세대는 웹 사이트에서 virtually 볼 수 있습니다.

▶ 관련 어휘
virtual 웹 1. 사실상의, 거의 ~과 다름없는 2. (컴퓨터를 이용한) 가상의

▶ 핵심 기출 표현
virtually identical 거의 동일한

800+
RANK
1238

evolve [ɪˈvɑːlv] ★☆☆☆☆☆☆ ①-②-③-④-⑤-⑥-⑦

圄 (점진적으로) 발달하다, 진화하다

Technology has **evolved** in recent years, becoming faster and more efficient.

최근 몇 년간 기술이 evolve하여, 더 빨라지고 더 효율적이게 되었다.

▶ 관련 어휘
evolution 圆 진화; 발전

▶ 핵심 기출 표현
evolve from ~에서 진전되다   evolve into ~로 진전되다

souvenir [ˌsuːvəˈnɪr] ☆☆☆☆☆☆☆   ①-②-③-④-⑤-⑥-⑦

圆 기념품
We recommend buying **souvenirs** to remember your time in Charlesville.
저희는 Charlesville에서의 시간을 기억하도록 souvenir를 구입하는 걸 추천 드립니다.

▶ 핵심 기출 표현
souvenir shop 기념품 가게

passion [ˈpæʃən] ☆☆☆☆☆☆☆   ①-②-③-④-⑤-⑥-⑦

圆 열정   ⸽⋯▶ passion for: ~에 대한 열정
Ms. Graz's **passion** for serving her community led her to run for mayor.
지역 사회에 헌신하고 싶어하는 Ms. Graz의 passion은 그녀를 시장 출마로 이끌었다.

▶ 관련 어휘
passionate 圈 열정을 보이는; 열렬한

retrieve [rɪˈtriːv] ☆☆☆☆☆☆☆   ①-②-③-④-⑤-⑥-⑦

1 圄 되찾아오다, 회수하다; 수습하다
Library patrons must **retrieve** their books within one day of the reservation date.
도서관 이용객들은 예약한 날짜 그 하루 안에 자신들의 책을 retrieve해야 한다.

2 圄 (정보를) 검색하다
You can **retrieve** that information by browsing our server.
저희 서버를 검색해서 그 정보를 retrieve할 수 있습니다.

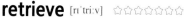

▶ 관련 어휘
retrieval 圆 1. 회수 2. (정보의) 검색

vaguely [ˈveɪɡli] ☆☆☆☆☆☆

①-②-③-④-⑤-⑥-⑦

및 애매하게; 흐릿하게
The current contract is written too **vaguely** and needs clarification.
현재의 계약서는 너무 vaguely 작성되어 있어서 확인이 필요하다.

> ☑ 관련 어휘
> **vague** 혭 애매한; 흐릿한

marginally [ˈmɑːrdʒɪnəli] ★☆☆☆☆☆☆

①-②-③-④-⑤-⑥-⑦

및 아주 조금, 미미하게
Chacoma Corporation's sales this year are only **marginally** higher than last year's.
Chacoma 기업의 올해 실적은 작년보다 겨우 marginally 높다.

> ☑ 관련 어휘
> **marginal** 혭 미미한, 중요치 않은   **margin** 몡 여백; 차이, 여지

compartment [kəmˈpɑːrtmənt] ★☆☆☆☆☆☆

①-②-③-④-⑤-⑥-⑦

몡 (물건 보관용) 짐칸   ⸴--▸ overhead compartment: 머리 위 짐칸
You will find blankets above the seats in the overhead **compartments**.
좌석 위 compartment에서 담요를 찾을 수 있습니다.

wear [wer] ☆☆☆☆☆☆☆

①-②-③-④-⑤-⑥-⑦

1 몡 마모, (많이 사용되어) 닳음   ⸴--▸ sign of wear: 마모의 징후[흔적]
Homeowners are encouraged to replace carpets that show signs of **wear**.
세대주들은 wear이 보여지는 카펫을 교체하도록 권장 받는다.

2 통 닳다, 해어지다   ⸴--▸ wear ~ out: ~을 닳게 하다
Constantly using the same towel will eventually **wear** it out.
같은 수건을 끊임없이 사용하면 결국에는 wear할 것이다.

3 통 입고 있다, 착용하고 있다
The woman is **wearing** some safety glasses. 파트1
한 여자가 보안경을 wear하고 있다.

▶ **핵심 기출 표현**
wear and tear 마모

👑800+
RANK 1246 **intact** [intact] ☆☆☆☆☆☆☆ ①·②·③·④·⑤·⑥·⑦

📖 (손상되지 않고) 온전한 ···▶ stay/remain intact: 온전한 상태를 유지하다
Most of the vehicle stayed **intact** after the accident.
사고 후 차량의 대부분이 intact한 상태를 유지했다.

👑800+
RANK 1247 **awaited** [əˈweɪtɪd] ☆☆☆☆☆☆☆ ①·②·③·④·⑤·⑥·⑦

📖 기다리던 ···▶ eagerly awaited: 간절히 기다려 온
The eagerly **awaited** update to the software will definitely boost quarterly profits.
간절히 awaited한 소프트웨어 업데이트가 확실하게 분기 이익을 향상시킬 것이다.

▶ **관련 어휘**
await 동 기다리다   long-awaited 형 대망의, 오래 기다리던

👑800+
RANK 1248 **emission** [iˈmɪʃən] ☆☆☆☆☆☆☆ ①·②·③·④·⑤·⑥·⑦

1 📖 배출(물)
The government is trying to reduce harmful **emissions** in order to help the environment.
정부는 환경을 돕기 위해 유해 emission을 줄이려 노력하고 있다.

2 📖 배기가스
Austin Motors' first zero-**emissions** vehicle was released last month.
Austin 자동차의 최초 무 emission 자동차가 지난 달에 출시되었다.

👑800+
RANK 1249 **keen** [kiːn] ☆☆☆☆☆☆☆ ①·②·③·④·⑤·⑥·⑦

1 📖 ~을 열망하는 ···▶ keen to do: 간절히 ~하고 싶은
Consumers are **keen** to try out the electronics company's newest product.
소비자들은 전자회사의 최신 상품을 써보는 것에 keen하다.

2 📖 열정적인, 열렬한
Keen audience members were eager to take photographs of the performer.
Keen한 관중들은 공연자의 사진을 찍는 데 열심이었다.

escort [esˈkɔːrt] ★☆☆☆☆☆☆

①-②-③-④-⑤-⑥-⑦

图 수행하다, 호위하다, 에스코트하다[바래다 주다]

The personnel director will be **escorting** the mayor during the office visit.

인사 담당 임원은 시장이 사무실을 방문하는 동안 escort할 것이다.

▶ **핵심 기출 표현**

escort A to B A를 B로 에스코트하다(바래다 주다)   under the escort of ~의 호위 하에

Speed Check-up

정답 p.585

다음의 한글 의미를 단서로 삼아 보기에서 알맞은 단어를 골라 넣으세요.

ⓐ alleviate　ⓑ sophisticated　ⓒ insight　ⓓ awaited　ⓔ wear

01 Homeowners are encouraged to replace carpets that show signs of _____.
　　마모

02 The eagerly _____ update to the software will definitely boost quarterly profits.
　기다리던

03 Using customer survey results, Dr. Chang provided _____ into current market trends.
　　　　이해

04 Recent technological advancements have made the packaging process more _____.
　정교한

05 The introduction of affordable electric cars will help to _____ air pollution.
　　　　완화하다

다음의 한글 해석과 의미가 같아지도록 보기에서 알맞은 단어를 골라 넣으세요.

ⓐ unveiled　ⓑ exempt　ⓒ abruptly　ⓓ diagnosing　ⓔ virtually

06 New customers will be _____ from paying shipping fees for the first six months. 신규 고객들에게는 처음 6개월간 배송비가 면제될 것이다.

07 The concert _____ ended due to a power outage in the venue. 행사장 내 정전으로 콘서트가 갑자기 끝났다.

08 Yuli Electronics _____ three new products to the public at the technology expo. Yuli 전자는 기술 박람회에서 3가지 신상품을 대중에 공개했다.

09 The snowstorm made it _____ impossible to travel. 그 눈보라는 여행을 거의 불가능하게 했다.

10 All our technical support engineers are experts at _____ critical software errors. 저희의 모든 기술 지원 기술자들은 심각한 소프트웨어 오류를 진단하는 데 전문가입니다.

문맥에 어울리는 단어를 보기에서 골라 넣으세요.

ⓐ tailored　ⓑ retrieve　ⓒ markedly　ⓓ intact　ⓔ compatible

11 Most of the vehicle stayed _____ after the accident.

12 Orders for Axe-Tex jumpers increased _____ after the recent advertising campaign.

13 You can _____ that information by browsing our server.

14 Luxdow Group provides _____ consulting services to domestic and overseas clients.

15 Unfortunately, this model is not _____ with our current software.

461

야구팬과 축구팬

800+
RANK 1251　**withstand** [wɪðˈstænd]　☆☆☆☆☆☆☆　①-②-③-④-⑤-⑥-⑦

통 견디다, 이겨 내다
HRC Mart is revising its strategies to **withstand** competition from its rivals.
HRC 마트는 경쟁 업체들과의 경쟁을 withstand하기 위해 전략을 수정하고 있다.

800+
RANK 1252　**proximity** [prɑːkˈsɪmət̬i]　★★☆☆☆☆☆　①-②-③-④-⑤-⑥-⑦

명 가까움, 근접
⌐--▸ in proximity to: ~에 근접하여
The Joygarden Hotel is situated in close **proximity** to Warrenbale Domestic Airport.
Joygarden 호텔은 Warrenbale 국내 공항에 proximity한 곳에 위치해 있다.

> ▣ **핵심 기출 표현**
> in the proximity of ~의 부근에

800+
RANK 1253　**versatile** [ˈvɜːrsət̬əl]　☆☆☆☆☆☆☆　①-②-③-④-⑤-⑥-⑦

1 형 **(물건이) 다용도의, 다목적의**
Bloomington Town Hall is a **versatile** building with a wide variety of facilities.
Bloomington 시청은 다양한 시설을 갖춘 versatile한 건물이다.

2 형 **(사람이) 다재 다능한**
Due to his **versatile** cooking skills, Chef Obery can prepare various dishes.
versatile한 요리기술로 인해, 요리사 Obery는 다양한 음식을 요리할 수 있다.

> ▣ **파트 7 대체어 기출 표현: versatile (물건이) 다용도의 → multipurpose 다용도의**
> a versatile[multipurpose] kitchen appliance versatile[multipurpose]한 주방용품

800+
RANK 1254　**engrave** [ɪnˈɡreɪv]　★☆☆☆☆☆☆　①-②-③-④-⑤-⑥-⑦

통 (글자, 문양 등을) 새기다
⌐--▸ engrave A with B: A에 B를 새겨 넣다 (→ A be engraved with B)
The ring was **engraved** with her name.
반지에는 그녀의 이름이 engrave되었다.

> ▣ **관련 어휘**
> engraved 형 새겨진

RANK 1255

disregard [ˌdɪsrɪˈgɑːrd] ☆☆☆☆☆☆☆ ①-②-③-④-⑤-⑥-⑦

1 통 **무시하다**
Please **disregard** this bill if you have already made your payment.
이미 지불을 완료하셨다면 이 청구서를 disregard해 주세요.

2 명 **무시**

┌--▶ disregard for/of: ~의 무시
Employees with a **disregard** for company rules will be given verbal warnings.
회사 규칙을 disregard한 직원들은 구두 경고를 받게 됩니다.

RANK 1256

argumentative [ˌɑːrgjəˈmentətɪv] ☆☆☆☆☆☆☆ ①-②-③-④-⑤-⑥-⑦

형 **따지기 좋아하는, 시비를 거는**
Ms. Kapoor gets quite **argumentative** when it comes to political issues.
Ms. Kapoor는 정치 문제에 관한 한 꽤 argumentative해진다.

RANK 1257

prestigious [prestigious] ☆☆☆☆☆☆☆ ①-②-③-④-⑤-⑥-⑦

형 **일류의, 명망 있는**
Gaberos Business School has a **prestigious** MBA programs.
Gaberos 경영 대학원은 prestigious한 MBA 프로그램이 있다.

▶ **관련 어휘** prestige 명 위신, 명망

RANK 1258

superb [suːˈpɜːb] ☆☆☆☆☆☆☆ ①-②-③-④-⑤-⑥-⑦

형 **최고의, 최상의**
Franzico Hotel received a high rating for its convenient facilities and **superb** hospitality.
Franzico 호텔은 편리한 시설과 superb한 접대로 높은 등급을 받았다.

▶ **관련 어휘** superbly 부 아주 훌륭하게, 기가 막히게

RANK 1259

faculty [ˈfækəlti] ☆☆☆☆☆☆☆ ①-②-③-④-⑤-⑥-⑦

1 명 **(대학의) 교직원**
Ms. Bautista has been a part of our school **faculty** for over 30 years.
Ms. Bautista는 30년이 넘도록 우리 학교 faculty의 일원이었다.

2 📖 (특정한) 능력

Mr. Marden has the **faculty** to make quick and smart decisions.
Mr. Marden은 신속하고 현명한 결정을 하는 faculty를 가지고 있다.

👑800+
RANK
1260

opposing [əˈpoʊzɪŋ] ★☆☆☆☆☆☆   ①-②-③-④-⑤-⑥-⑦

📖 대립하는, 서로 겨루는   ;--▸ opposing point of view: 대립하는 관점

Mr. Gray will represent the **opposing** point of view regarding that issue.
Mr. Gray가 그 문제에 대해 opposing한 관점을 표명할 것이다.

▷ 관련 어휘
oppose 동 반대하다   opposition 명 반대(측)
opponent 명 상대방; 반대자

▷ 핵심 기출 표현
as opposed to ~와 달리, ~와 대조적으로   opposition to ~에 대한 반대

👑800+
RANK
1261

cordially [ˈkɔːrdʒəli] ☆☆☆☆☆☆☆   ①-②-③-④-⑤-⑥-⑦

📖 진심으로, 정중하게

The Platform Institute **cordially** invites all employees to attend its 10th anniversary party.
Platform 기관을 창립 10주년 행사에 모든 직원들을 cordially하게 초대합니다.

▷ 관련 어휘
cordial 형 화기애애한, 다정한

▷ 핵심 기출 표현
be cordially invited 진심으로 초대받다

👑800+
RANK
1262

entertaining [entəˈteɪnɪŋ] ☆☆☆☆☆☆☆   ①-②-③-④-⑤-⑥-⑦

📖 재미있는, 즐거움을 주는

The promotional event was both informative and **entertaining**.
그 홍보 행사는 유익하면서도 entertaining했다.

▷ 관련 어휘
entertainment 명 1. 오락 2. 접대   entertain 동 1. 즐겁게 해주다 2. 접대하다

👑800+
RANK 1263

proficiency [prəˈfɪʃənsi] ☆☆☆☆☆☆☆   ①-②-③-④-⑤-⑥-⑦

뗑 숙달, 능숙 ;--▸ proficiency in: ~의 능숙함
This job requires language **proficiency** in English and Spanish.
이 직무는 영어와 스페인어에 대한 proficiency를 요구한다.

▶ **관련 어휘**
proficient 뗑 능숙한 ;--▸ proficient in: ~에 능숙한
Human Resources needs an assistant **proficient** in all basic software programs.
인사부는 모든 기본 소프트웨어 프로그램에 proficient한 보조를 찾고 있다.

👑800+
RANK 1264

stimulate [ˈstɪmjəleɪt] ☆☆☆☆☆☆☆   ①-②-③-④-⑤-⑥-⑦

뗑 자극하다, 활성화시키다
CEO Tom Jackson is planning to hold a meeting to discuss ways to **stimulate** the growth of the company.
CEO인 Tom Jackson은 회사 성장을 stimulate할 방법들을 논의하기 위해 회의를 열 계획이다.

▶ **관련 어휘** **stimulation** 뗑 자극, 격려

👑800+
RANK 1265

implication [ˌɪmpləˈkeɪʃən] ☆☆☆☆☆☆☆   ①-②-③-④-⑤-⑥-⑦

1 뗑 (-s) (초래할 수 있는) 영향, 결과   ;--▸ have implications for: ~에 영향을 미치다
The success of the new device will **have** enormous **implications** for the company.
새 기기의 성공은 회사에 아주 큰 implication들을 미칠 것이다.

2 뗑 암시, 함축 ;--▸ implication that절: that 이하의 암시
The CEO made **implications** that the company would undergo restructuring.
CEO는 회사에 구조조정이 있을 거라고 implication를 했다.

▶ **관련 어휘** **imply** 뗑 넌지시 나타내다, 암시하다

👑800+
RANK 1266

rigorous [ˈrɪgərəs] ☆☆☆☆☆☆☆   ①-②-③-④-⑤-⑥-⑦

뗑 엄격한, 철저한
More **rigorous** regulations are needed for the maintenance of old passenger airplanes.
오래된 여객기 유지 관리에 있어 보다 rigorous한 규정들이 필요하다.

▶ 관련 어휘 rigorously 🖫 엄격하게

▶ 핵심 기출 표현 rigorous training 엄격한 교육

RANK 1267 **periodic** [ˌpɪriˈɑːdɪk] ☆☆☆☆☆☆☆ ①-②-③-④-⑤-⑥-⑦

🖫 주기적인

Security guards perform **periodic** checks of the facilities throughout the evening.
보안 요원들은 저녁 내내 시설물의 periodic한 확인을 수행한다.

▶ 관련 어휘
period 🖫 기간   periodically 🖫 주기적으로, 정기적으로

▶ 핵심 기출 표현 grace period 유예 기간

RANK 1268 **premiere** [prɪˈmɪr] ☆☆☆☆☆☆☆ ①-②-③-④-⑤-⑥-⑦

🖫 (영화의) 개봉, (연극의) 초연

The **premiere** of the film, *Gone Fast*, will be held at the Ritzor Cineplex.
영화 〈Gone Fast〉의 premiere는 Ritzor 시네플렉스에서 열릴 것입니다.

RANK 1269 **accumulate** [əˈkjuːmjəleɪt] ☆☆☆☆☆☆☆ ①-②-③-④-⑤-⑥-⑦

🖫 모으다; 적립하다

Goldmax Traveler members can **accumulate** mileage when flying with Worldex Airways.
Goldmax Traveler 회원들은 Worldex 항공사를 이용하면 마일리지를 accumulate할 수 있다.

▶ 관련 어휘 accumulation 🖫 축적, 누적

RANK 1270 **consensus** [kənˈsensəs] ☆☆☆☆☆☆☆ ①-②-③-④-⑤-⑥-⑦

🖫 의견 일치, 여론 ⋯▶ general consensus: 일반적인 여론

The general **consensus** of the staff is that the parking lot should be expanded.
주차장이 확장되어야 한다는 것이 직원들의 일반적인 consensus이다.

▶ 핵심 기출 표현 reach a consensus on ~에 대해 합의를 보다

👑900+
RANK 1271

rationale [ˌræʃəˈnæl] ☆☆☆☆☆☆☆   ①-②-③-④-⑤-⑥-⑦

명 (특정한 결정이나 행동 등의) 이유, 근거

The R&D director will explain the **rationale** for changing the product design tomorrow.
R&D 팀장은 제품 디자인을 바꾸는 것에 대한 rationale을 내일 설명할 것이다.

👑800+
RANK 1272

setting [ˈsetɪŋ] ★★☆☆☆☆☆   ①-②-③-④-⑤-⑥-⑦

1 **명** (어떤 일이 일어나는) 환경; 배경   ┊--▶ work setting: 근무 환경

Employees should conduct themselves professionally in a work **setting**.
직원들은 근무 setting에서 전문적으로 행동해야 한다.

2 **명** (기계 장치 등을 조절하는) 설정, 세팅

The control **settings** for the fan are on the right side. 선풍기 조절 setting은 오른쪽에 있습니다.

👑800+
RANK 1273

curb [kɜːb] ☆☆☆☆☆☆☆   ①-②-③-④-⑤-⑥-⑦

1 **동** 억제하다, 제한하다

The company had to **curb** employee benefits to stay afloat.
회사는 파산을 면하기 위해 직원 복지 혜택을 curb해야 했다.

2 **명** 연석, 도로 경계석

A car has been parked near a **curb**. 파트1 차가 curb 근처에 주차되어 있다.

👑800+
RANK 1274

erect [ɪˈrekt] ☆☆☆☆☆☆☆   ①-②-③-④-⑤-⑥-⑦

1 **동** 똑바로 세우다

Some scaffolding is being **erected** against a wall. 파트1
벽에 비계가 erect되고 있다.

2 **동** 건립하다

Eagleton City Council decided to **erect** a sculpture commemorating the city's 200th birthday.
Eagleton 시위원회는 그 도시의 200주년을 기념하는 조각상을 erect하기로 결정했다.

👑800+
RANK 1275

waive [weɪv] ★☆☆☆☆☆☆   ①-②-③-④-⑤-⑥-⑦

동 (권리 등을) 포기하다; 면제해 주다

During Tommy Furniture Store's grand opening sale, all delivery fees will be **waived**.
Tommy 가구점의 개업 기념 세일 동안 모든 배송료가 waive될 것이다.

468

DAY 21
DAY 22
DAY 23
DAY 24
DAY 25
DAY 26
DAY 27
DAY 28
DAY 29
DAY 30

▶ **관련 어휘**
　waiver 명 (권리 등의) 포기; 포기 서류

▶ **핵심 기출 표현**
　fee waiver 수수료 면제　　　　　　　　　waive a fee 수수료를 면제하다

800+
RANK 1276

regrettably [rɪˈɡretəbli] ☆☆☆☆☆☆☆ 1-2-3-4-5-6-⑦

🔲 유감스럽게(도)

We had to **regrettably** discontinue this product due to poor sales.
부진한 매출로 인해 우리는 regrettably 이 상품의 판매를 중단해야 했다.

▶ **관련 어휘**
　regrettable 형 유감스러운　　　　　　　　regretful 형 유감스러워 하는

800+
RANK 1277

oversight [ˈoʊ.vɚ.saɪt] ☆☆☆☆☆☆☆ 1-2-3-4-5-6-7

🔲 실수, 간과

The schedule confusion was due to an **oversight** on the part of the event planner.
스케줄 혼란은 행사 기획자 측의 oversight로 일어났다.

800+
RANK 1278

amenity [əˈmenəti] ★☆☆☆☆☆☆ 1-2-3-4-5-6-7

🔲 생활 편의 시설, 오락 시설

Amenities at SeaSky Apartments include a fitness center and a swimming pool.
SeaSky 아파트의 amenity들은 피트니스 센터와 수영장을 포함한다.

800+
RANK 1279

constraint [kənˈstreɪnt] ☆☆☆☆☆☆☆ 1-2-3-4-5-6-7

🔲 제약; 통제

┄┄▶ budget constraint: 예산 제약

The construction of the building has been delayed because of the budget **constraint**.
예산 constraint로 그 건물의 공사가 지연되었다.

▶ **핵심 기출 표현**
　time constraint 시간 제약　　　　　　　　financial constraint 재정적 제약

commission [kəˈmɪʃən/] ☆☆☆☆☆☆☆ ①-②-③-④-⑤-⑥-⑦

1 몝 **수수료, 커미션**
Gafuli Software offers its staff a **commission** based on their quarterly sales records.
Gafuli 소프트웨어는 직원들에게 분기별 영업 성적에 따라 commission을 지급한다.

2 몝 **위원회**
A spokesperson from the County Planning **Commission** released a statement this morning.
자치주 기획 commission의 대변인은 오늘 아침 성명을 발표했다.

pose [poʊz] ☆☆☆☆☆☆☆ ①-②-③-④-⑤-⑥-⑦

1 몡 **(문제 등을) 제기하다** ┈▸ pose a problem: 문제를 일으키다
Updating the Web site has **posed** a considerable problem for the design team.
웹 사이트를 업데이트하는 것은 디자인팀에 상당한 문제를 pose했다.

2 몡 **포즈를 취하다** ┈▸ pose for: ~을 위해 포즈를 취하다
Some people are **posing** for a photograph. 파트1
몇몇 사람들이 사진을 위해 pose하고 있다.

> ▶ **핵심 기출 표현** **pose a risk** 위험을 끼치다, 해가 되다

> ▶ **파트 7 대체어 기출 표현:** pose (문제 등을) 제기하다 → present (문제 등을) 야기하다, 겪게 하다
> Salt water and sand **pose[present]** challenges for the equipment.
> 소금물과 모래는 그 장비에 어려움을 **pose[present]**한다.

densely [ˈdensli] ☆☆☆☆☆☆☆ ①-②-③-④-⑤-⑥-⑦

몡 **밀집하여, 빽빽하게** ┈▸ densely populated: 인구가 밀집한
The downtown area has become so **densely** populated that it is nearly impossible to find street parking.
시내 구역에 사람들이 너무나 densely해서 노상 주차 공간을 찾기가 거의 불가능하다.

> ▶ **관련 어휘** **dense** 몝 밀집한, 빽빽한

incline [ɪnˈklaɪn] ☆☆☆☆☆☆☆ ①-②-③-④-⑤-⑥-⑦

1 몡 **(마음이) ~쪽으로 기울다** ┈▸ be inclined to do: ~하려는 쪽으로 기울다
Ms. Raegar is **inclined** to move Monday's meeting since many employees will be out that day.
Ms. Raegar는 많은 직원들이 부재중일 것이기에 월요일 회의를 옮기는 쪽으로 incline되었다.

2 명 경사(면)

The advanced hiking trails include sharp **inclines** and cross rugged terrain.
상급 하이킹 코스는 가파른 incline과 바위투성이의 지형을 포함한다.

> **관련 어휘**
> inclined 형 1. (마음이) 내키는 2. ~하는 경향이 있는　　　inclination 명 성향, 경향

👑600+
RANK
1284

simultaneously [ˌsaɪmәlˈteɪnɪәsli] ★☆☆☆☆☆☆ ①-②-③-④-⑤-⑥-⑦

부 동시에, 일제히

⋯▶ simultaneously with: ~와 동시에

New car models are expected to be unveiled **simultaneously** with the motorbikes.
새 자동차 모델들은 오토바이와 simultaneously 공개될 것으로 기대된다.

> **관련 어휘**　simultaneous 형 동시의

👑800+
RANK
1285

outfit [ˈaʊtfɪt] ☆☆☆☆☆☆☆ ①-②-③-④-⑤-⑥-⑦

1 명 의복, 장비

⋯▶ work outfit: 작업복

Waitstaff are responsible for keeping their work **outfits** clean.
식당 종업원들은 자신들의 작업 outfit들을 깔끔하게 유지할 책임이 있다.

2 통 (복장, 장비를) 갖추어 주다

⋯▶ outfit A with B: A에게 B를 갖추어주다 (··▶ A be outfitted with B)

We **outfit** our tour guides with comfortable footwear.
저희는 투어 가이드에게 편안한 신발을 outfit해줍니다.

> **관련 어휘**　outfitter 명 야외 활동 장비점, 캠핑용품점

👑800+
RANK
1286

delinquent [dɪˈlɪŋkwәnt] ☆☆☆☆☆☆☆ ①-②-③-④-⑤-⑥-⑦

형 연체된, 체납된

Mr. Netley is in charge of dealing with the owners of **delinquent** accounts.
Mr. Netley는 delinquent한 계정주들을 처리하는 일을 맡고 있다.

👑800+
RANK
1287

antique [ænˈtiːk] ☆☆☆☆☆☆☆ ①-②-③-④-⑤-⑥-⑦

명 골동품 **형** 골동품인

The old shop in Tursley Street sells various **antiques** and historical items.
Tursley가에 있는 오래된 점포는 다양한 antique들과 역사적인 물품들을 판매한다.

800+
RANK
1288

leisurely [ˈleʒərli] ☆☆☆☆☆☆☆ ①-②-③-④-⑤-⑥-⑦

웹 한가한, 여유로운

Visitors to Chellor Park can enjoy a **leisurely** walk around the lake.

Chellor 공원을 찾는 방문객들은 호수를 따라 걷는 leisurely 산책을 즐길 수 있다.

▶ 관련 어휘

leisure **명** 여가

800+
RANK
1289

endeavor [ɪnˈdevər] ☆☆☆☆☆☆☆ ①-②-③-④-⑤-⑥-⑦

1 **명** 노력, 시도 ⌐--▸ endeavor to do: ~하려는 노력

The team wished Ms. Bram the best in her **endeavor** to start her own business.

부서원들은 자기 사업을 시작하려는 Ms. Bram의 endeavor에 행운을 빌어줬다.

2 **동** 노력하다, 시도하다 ⌐--▸ endeavor to do: ~하려고 노력하다

The company will **endeavor** to complete the construction within two years.

회사는 2년 내에 공사를 완료하기 위해 endeavor할 것이다.

800+
RANK
1290

embark [ɪmˈbɑːrk] ☆☆☆☆☆☆☆ ①-②-③-④-⑤-⑥-⑦

1 **동** (배에) 승선하다

The guests will **embark** in San Francisco for the cruise tour.

손님들은 San Francisco에서 크루즈 투어를 위해 embark할 것이다.

2 **동** (사업 등에) 착수하다, 시작하다 ⌐--▸ embark on/upon: ~에 착수하다

The Marketing Department will **embark** on a new advertising campaign this week.

마케팅 부서는 이번 주 새로운 광고 캠페인을 embark할 것이다.

▶ 관련 어휘

embarkation **명** 승선, 탑승

800+
RANK
1291

cultivation [ˈkʌltəveɪt] ☆☆☆☆☆☆☆ ①-②-③-④-⑤-⑥-⑦

1 **명** (관계) 구축; (기술의) 함양

Management attributes the successful quarter to the **cultivation** of new business partnerships.

경영진은 성공적인 분기를 새로운 동반자 관계의 cultivation 때문으로 본다.

2 명 경작; 재배

The ongoing dry weather has made the **cultivation** of crops difficult this month.
계속되는 건조한 날씨로 이번 달 농작물 cultivation이 어렵게 되었다.

▶ 관련 어휘
cultivate 통 1. (관계를) 구축하다 2. 경작하다

RANK 1292

offset [ˌɑːfˈset] ☆☆☆☆☆☆☆ ①-②-③-④-⑤-⑥-⑦

통 상쇄하다

The good mileage of hybrid cars **offsets** the rise in gas prices.
하이브리드 자동차의 높은 연비는 가스비 인상을 offset한다.

RANK 1293

preside [prɪˈzaɪd] ☆☆☆☆☆☆☆ ①-②-③-④-⑤-⑥-⑦

통 (회의 등을) 주재하다 ·····▶ preside over: ~의 사회를 보다
The chairman will **preside** over the shareholders meeting.
의장이 주주 회의를 preside할 것이다.

RANK 1294

stipulation [ˌstɪpjəˈleɪʃən] ☆☆☆☆☆☆☆ ①-②-③-④-⑤-⑥-⑦

명 조항; 약정

There is a **stipulation** in the housing contract that charges a fine for early termination.
주택 계약서에는 조기 계약 종료에 대해 벌금을 부과하는 stipulation이 있다.

▶ 관련 어휘
stipulate 통 규정하다, 명기하다
The tenant's responsibilities are **stipulated** in the lease contract.
그 세입자의 책임이 임대차 계약서 상에 stipulate되어 있다.

RANK 1295

habitat [ˈhæbətæt] ☆☆☆☆☆☆☆ ①-②-③-④-⑤-⑥-⑦

명 서식지

Please avoid making loud noises so as not to disturb the animals' **habitats**.
동물들의 habitat을 방해하지 않게 큰소리를 내지 말아 주세요.

▶ 핵심 기출 표현
natural habitat 자연 서식지   **wildlife habitat** 야생 동물 서식지

800+
RANK 1296

elaborate [iˈlæbərət] ☆☆☆☆☆☆☆   ①-②-③-④-⑤-⑥-⑦

형 **정교한**

It'll be expensive to set up and maintain such an **elaborate** display.
그렇게 elaborate한 전시품을 설치하고 유지하는 것은 비쌀 것이다.

800+
RANK 1297

culinary [ˈkʌləneri] ☆☆☆☆☆☆☆   ①-②-③-④-⑤-⑥-⑦

형 **요리의, 음식의**

L'Artino Cuisine is a prestigious **culinary** school that has produced many award-winning chefs.
L'Artino Cuisine은 많은 수상 경력이 있는 요리사들을 배출한 culinary 학교이다.

800+
RANK 1298

defer [dɪˈfɜː] ★☆☆☆☆☆☆   ①-②-③-④-⑤-⑥-⑦

동 **미루다, 연기하다**

Purchases of nonessential supplies will be temporarily **deferred** because of budget cuts.
꼭 필요하지 않은 물품의 구매는 예산 삭감으로 인해 잠정적으로 defer될 것이다.

800+
RANK 1299

novice [ˈnɑːvɪs] ☆☆☆☆☆☆☆   ①-②-③-④-⑤-⑥-⑦

명 **초보자**

The engineering handbook is not a manual for **novices** but for employees with experience.
이 공학 기술 안내서는 novice들을 위한 것이 아니라 경험이 있는 직원들을 위한 것이다.

800+
RANK 1300

license [ˈlaɪsən] ★☆☆☆☆☆☆   ①-②-③-④-⑤-⑥-⑦

1 명 **면허증; 사용권**   ┈▶ driver's license: 운전 면허증

Only those with a valid **driver's license** can operate our company vehicles.
유효한 운전 license를 가진 사람들만이 회사 차량을 운전할 수 있다.

2 동 **(공식적으로) 허가하다**   ┈▶ be licensed to do: ~하도록 허가 받다

Mr. McFerrer is **licensed** to practice law in several states.
Mr. McFerrer는 여러 주에서 법을 시행하도록 license받았다.

Speed Check-up

정답 p.586

다음의 한글 의미를 단서로 삼아 보기에서 알맞은 단어를 골라 넣으세요.

ⓐ simultaneously　ⓑ deferred　ⓒ oversight　ⓓ accumulate　ⓔ withstand

01 Goldmax Traveler members can _____ mileage when flying with Worldex Airways.
　　(모으다)

02 Purchases of nonessential supplies will be temporarily _____ because of budget cuts.
　　(연기하다)

03 The schedule confusion was due to an _____ on the part of the event planner.
　　(실수)

04 New car models are expected to be unveiled _____ with the motorbikes.
　　(동시에)

05 HRC Mart is revising its strategies to _____ competition from its rivals.
　　(견디다)

다음의 한글 해석과 의미가 같아지도록 보기에서 알맞은 단어를 골라 넣으세요.

ⓐ posed　ⓑ rigorous　ⓒ constraint　ⓓ disregard　ⓔ versatile

06 Please _____ this bill if you have already made your payment.
이미 지불을 완료하셨다면 이 청구서를 무시해 주세요.

07 Due to his _____ cooking skills, Chef Obery can prepare various dishes.
다재다능한 요리기술로 인해, 요리사 Obery는 다양한 음식을 준비할 수 있다.

08 The construction of the building has been delayed because of the budget _____. 예산 제약으로 그 건물의 공사가 지연되었다.

09 More _____ regulations are needed for the maintenance of old passenger airplanes. 오래된 여객기 유지 관리에 있어 보다 엄격한 규정이 필요하다.

10 Updating the Web site has _____ a considerable problem for the design team. 웹 사이트를 업데이트하는 것은 디자인팀에 상당한 문제를 제기했다.

문맥에 어울리는 단어를 보기에서 골라 넣으세요.

ⓐ endeavor　ⓑ implications　ⓒ periodic　ⓓ opposing　ⓔ offsets

11 The good mileage of hybrid cars _____ the rise in gas prices.

12 The company will _____ to complete the construction within two years.

13 The CEO made _____ that the company would undergo restructuring.

14 Security guards perform _____ checks of the facilities throughout the evening.

15 Mr. Gray will represent the _____ point of view regarding that issue.

직원의 마음

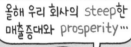

올해 우리 회사의 steep한 매출증대와 prosperity…

네, 회장님…

모두 직원들의 노고 덕이에요 그래서 내 immense한 포상을 준비했어요~

XX물산야유회

연말에 모두 함께 가는 excursion이에요! catering도 준비할거고요

♪♪↗

모든 직원이 agreeably 즐길 수 있도록

이런저런 이벤트 계획도 conceive했어요

어때요, 나의 이 generosity… 모두 기뻐하겠죠?

네, 그럼요

하지만 직원은 생각했다

연말에 회장님 말고 여친과 데이트 좀 하자구요!

어디로 가나~

회장님 바보

800+
RANK 1301

bear [ber] ☆☆☆☆☆☆☆

(1)-(2)-(3)-(4)-⑤-⑥-⑦

1 통 (책임 등을) 떠맡다, 감당하다

Ms. Tiller agreed to **bear** the burden of handling more client accounts.

Ms. Tiller는 더 많은 고객 계정을 처리하는 일을 bear하는 것에 동의했다.

2 통 참다, 견디다

Several employees complained that it was difficult to **bear** all the construction noise.

몇몇 직원들은 모든 공사 소음을 bear하는 것이 힘들다고 불평했다.

▶ 핵심 기출 표현

bear in mind ~을 명심하다[유념하다]

800+
RANK 1302

catering [ˈkeɪtə-ɪŋ] ☆☆☆☆☆☆☆

(1)-(2)-③-(4)-(5)-(6)-(7)

명 출장 연회; 음식 공급 ···▶ catering company: 음식 공급 업체

We hired a **catering** company to provide a special meal for our guests.

손님들에게 특별한 식사를 제공하기 위해 catering 업체를 고용했다.

▶ 관련 어휘

cater 통 음식을 공급하다 ┆··▶ cater for: ~에 음식을 공급하다

Who will be **catering** for the museum's grand opening?

박물관 개관식에 누가 cater할 건가요?

caterer 명 출장 연회 업체

▶ 핵심 기출 표현

catering service 출장 연회 서비스 　　　　**cater to** ~를 만족시키다

800+
RANK 1303

batch [bætʃ] ☆☆☆☆☆☆☆

(1)-(2)-(3)-(4)-(5)-(6)-⑦

명 무리, 묶음; 한 회분 ┆··▶ a batch of: 한 무리의, 한 회분의

We received a large **batch** of online orders today from our Web site.

오늘 우리 웹 사이트에서 많은 양의 한 batch의 온라인 주문을 받았다.

900+
RANK 1304

stunning [ˈstʌnɪŋ] ☆☆☆☆☆☆☆

(1)-(2)-(3)-(4)-(5)-(6)-⑦

형 너무나 멋진

This **stunning** piece titled *The Factory Workers* is the main attraction of the exhibition.

〈공장 노동자들〉이란 제목의 stunning한 이 작품은 전시회의 주요 볼거리이다.

▶ 관련 어휘
stunned 웹 큰 감동을 받은; 기절한

▶ 핵심 기출 표현
stunning view 너무나 멋진 전망

👑800+
RANK
1305
dim [dɪm] ☆☆☆☆☆☆☆ ①-②-③-④-⑤-⑥-⑦

1 톰 **(빛의 밝기를) 낮추다**
Could someone please **dim** the lights for Ms. Holt's slide presentation? 파트2
누가 Ms. Holt의 슬라이드 발표를 위해 불빛을 dim해 주시겠어요?

2 웹 **어둑한, 흐릿한**
Some light fixtures had to be added to brighten up the otherwise **dim** restaurant.
다소 dim한 레스토랑을 밝게 하기 위해 몇몇 조명기구가 추가되어야 했다.

👑800+
RANK
1306
agreeably [əˈgriːəbli] ★☆☆☆☆☆☆ ①-②-③-④-⑤-⑥-⑦

1 뷔 **기분 좋게; 선뜻 동의하여**
The employees were told to behave more **agreeably** around customers.
직원들은 고객에게 좀 더 agreeably 행동하라는 말을 들었다.

2 뷔 **좋은 곳에**
The Apua Inn is **agreeably** situated along the cliffs, offering spectacular views.
Apua 호텔은 절벽을 따라 agreeably 위치하여 아주 멋진 전망을 제공한다.

▶ 관련 어휘
agreeable 웹 1. 기분 좋은 2. 선뜻 동의하는

▶ 파트 7 대체어 기출 표현: agreeably 좋은 곳에 → pleasantly 쾌적하게
agreeably[pleasantly] located by the beach 해변가 옆에 agreeably[pleasantly]하게 자리 잡은

👑900+
RANK
1307
conducive [kənˈduːsɪv] ☆☆☆☆☆☆☆ ①-②-③-④-⑤-⑥-⑦

웹 **~에 좋은[도움이 되는]** conducive to: ~에 좋은[도움이 되는]
Good teamwork is **conducive** to an organization's success.
좋은 팀워크는 조직의 성공에 conducive하다.

▶ 관련 어휘
conduce 톰 공헌하다, 이바지하다

patronage [ˈpeɪtrənɪdʒ] ☆☆☆☆☆☆☆

800+
RANK 1308

명 후원; (고객의) 애용

Thank you for your **patronage**, and we look forward to serving you again soon.
당신의 patronage에 감사 드리며, 곧 다시 모실 수 있기를 고대합니다.

▶ 관련 어휘
patron 명 1. 후원자 2. (상점, 식당 등의) 고객
　　Store **patrons** are purchasing some products. 파트1
　　가게 **patron**들이 몇몇 제품을 구매하고 있다.
patronize 동 (상점, 식당 등을) 애용하다; 후원하다

▶ 핵심 기출 표현
library patrons 도서관 이용자들

affiliation [əˌfɪliˈeɪʃən] ☆☆☆☆☆☆☆

900+
RANK 1309

명 제휴, 가맹　　;--▶ have an affiliation with: ~와 제휴를 맺다
The college has **affiliations** with several organizations in Japan.
그 대학은 일본의 몇몇 단체들과 affiliation을 맺고 있다.

▶ 관련 어휘
affiliate 동 제휴하다; 연계하다 명 계열사

lessen [ˈlesən] ★☆☆☆☆☆☆

800+
RANK 1310

동 줄다, 줄이다

Exercising regularly is known to **lessen** the risk of heart disease.
규칙적으로 운동하는 것은 심장 질환의 위험을 lessen하는 것으로 알려져 있다.

▶ 관련 어휘
less 형 더 적은 부 더 적게, 덜
　　Management is hoping that this project will cost **less** money.
　　경영진은 이 프로젝트가 돈이 less하게 들어갈 거라고 기대하고 있다.

prosperity [prɑːˈsperəti] ☆☆☆☆☆☆☆ ①-②-③-④-⑤-⑥-⑦

900+
RANK 1311

명 번영, 번창　　;--▶ economic prosperity: 경제적 번영
GDP is one indicator of a country's economic **prosperity**.
GDP는 국가의 경제 prosperity를 나타내는 한 지표이다.

▶ 관련 어휘
prosper 图 번영하다, 번창하다   prosperous 형 번영한, 번창한

▶ 핵심 기출 표현
in times of prosperity 호황기에

advocate [ˈædvəkeɪt] ☆☆☆☆☆☆ ①-②-③-④-⑤-⑥-⑦

1 명 **지지자; 변호인**
Consumer **advocates** have raised concerns about the risks of purchasing children's toys online.
소비자 advocate들은 어린이 완구를 온라인에서 구매하는 것의 위험성에 대한 우려를 표했다.

2 동 **지지하다**
Ms. Morgan traveled all over the world **advocating** women's rights.
Ms. Morgan은 여성의 권리를 advocate하며 전세계를 여행했다.

▶ 관련 어휘
advocacy 명 지지, 옹호; 변호

▶ 핵심 기출 표현
an advocate of ~의 지지자

alliance [əˈlaɪəns] ☆☆☆☆☆☆ ①-②-③-④-⑤-⑥-⑦

명 **동맹, 연합**
RK Corp. and DY Industries have formed a five-year business **alliance**.
RK사와 DY산업은 5년 간의 기업 alliance를 맺었다.

punctually [ˈpʌŋktʃuəli] ★☆☆☆☆☆ ①-②-③-④-⑤-⑥-⑦

부 **시간을 엄수하여; 정각에** ⌐--▶ arrive punctually: 시간 맞춰 도착하다
Please be sure to arrive **punctually** for Friday's training session.
금요일 직무 교육에 punctually하게 도착하도록 해주세요.

▶ 관련 어휘
punctual 형 시간을 엄수하는   punctuality 명 시간 엄수; 정확함

RANK 1315　800+

immense [ɪˈmens] ☆☆☆☆☆☆☆　①-②-③-④-⑤-⑥-⑦

형 엄청난, 어마어마한

The museum has an **immense** collection of Chinese artifacts.

그 박물관은 immense한 중국 공예품 컬렉션을 소장하고 있다.

▶ **관련 어휘**

immensely 뷔 엄청나게, 대단히　　　　immensity 몡 엄청남, 방대함

RANK 1316　800+

generosity [ˌdʒenəˈrɑːsəti] ☆☆☆☆☆☆☆　①-②-③-④-⑤-⑥-⑦

명 관대함, 너그러움

Our sponsors' **generosity** has greatly contributed to the Parkville Foundation.

우리 후원자들의 generosity가 Parkville 재단에 아주 많이 기여했다

▶ **관련 어휘**

generous 몡 관대한, 너그러운

With **generous** donations from our patrons, the lobby is being repainted.

우리 후원자들의 generous한 기부금으로 로비가 다시 페인트칠 되고 있다.

generously 뷔 관대하게, 아낌없이

Briarhill Hospital is thankful to Mackens Bank for donating so **generously**.

Briarhill 병원은 매우 **generously** 기부한 Mackens 은행에 감사한다.

RANK 1317　900+

negligence [ˈneglədʒəns] ☆☆☆☆☆☆☆　①-②-③-④-⑤-⑥-⑦

명 부주의; 과실　‥‥▶ by negligence: 부주의로

The warranty does not cover damages caused by **negligence**.

그 품질 보증서는 negligence로 인한 손상은 보상해주지 않는다.

▶ **관련 어휘**

neglect 통 방치하다, 등한시하다　　　　neglectful 혱 태만한

RANK 1318　900+

vulnerable [ˈvʌlnərəbəl] ★☆☆☆☆☆☆　①-②-③-④-⑤-⑥-⑦

형 (~에) 취약한　‥‥▶ be vulnerable to: ~에 취약하다

Old storage containers that are **vulnerable** to water damage will be replaced.

물에 의한 손상에 vulnerable한 낡은 저장 컨테이너들은 교체될 것이다.

▶ 파트 7 대체어 기출 표현: vulnerable ~에 취약한 → susceptible 영향 받기 쉬운
software **vulnerable[susceptible]** to virus attacks
바이러스 공격에 **vulnerable[susceptible]**한 소프트웨어

 900+
RANK
1319

subsidiary [səbˈsɪdieri] ☆☆☆☆☆☆☆ ①-②-③-④-⑤-⑥-⑦

1 몡 **자회사**
For inquiries, please contact Infinite Investments, a **subsidiary** of Infinite Group International.
문의사항이 있으면 infinite 국제 그룹의 subsidiary인 Infinite 투자로 연락 주세요.

2 혱 **부수적인**
The manager took on a more **subsidiary** role within the department when he returned from his medical leave.
매니저는 병가에서 복귀했을 때 부서 내에서 좀 더 subsidiary한 역할을 맡았다.

▶ **관련 어휘**
subsidize 통 보조금을 주다   **subsidy** 몡 보조금, 장려금

800+
RANK
1320

affix [əˈfiks] ☆☆☆☆☆☆☆ ①-②-③-④-⑤-⑥-⑦

동 **붙이다, 부착하다**   ┈▶ affix A to B: A를 B에 붙이다 (→ A be affixed to B)
Check that product labels are **affixed** to each carton.
각 상자에 제품 라벨이 affix되어 있는지 확인하십시오.

800+
RANK
1321

aggressively [əˈgresɪvli] ☆☆☆☆☆☆☆ ①-②-③-④-⑤-⑥-⑦

틧 **적극적으로, 공격적으로**
Oreacon Systems is **aggressively** seeking skilled employees for its R&D Department.
Oreacon 시스템은 R&D 부서를 위한 능력 있는 직원들을 aggressively 찾고 있다.

▶ **관련 어휘**
aggressive 혱 적극적인, 공격적인
I think you should use more **aggressive** strategies to boost sales.
당신은 판매를 신장시킬 더 aggressive한 전략을 써야 한다고 생각한다.

RANK 1322 ☆800+

yield [jiːld] ☆☆☆☆☆☆☆

①·②·③·④·⑤·⑥·⑦

⋯⋯▶ yield a result: 결과를 내다

1 图 생산하다, 산출하다; (결과, 수익 등을) 내다
The study **yielded** similar results as the one before.
그 연구는 그 전의 것과 비슷한 결과를 yield했다.

2 명 산출(량), 총수익
Li & Wong Food Group produced a record-high **yield** of rice this year.
Li & Wong 식품 그룹은 올해 역대 최고의 쌀 yield를 생산했다.

▶ 파트 7 대체어 기출 표현: yield 생산하다 → produce 생산하다
yield[produce] less wheat overall 대체적으로 더 적은 밀을 yield[produce]하다

RANK 1323 ☆800+

impending [ɪmˈpendɪŋ] ☆☆☆☆☆☆☆

①·②·③·④·⑤·⑥·⑦

图 곧 닥칠, 임박한
The government implemented a water conservation scheme before the **impending** dry season.
정부는 impending한 건기 이전에 물 절약 계획을 시행했다.

▶ 파트 7 대체어 기출 표현: impending 곧 닥칠, 임박한 → imminent 임박한
the impending[imminent] project deadline impending[imminent]한 프로젝트 기한

RANK 1324 ☆800+

abstract [ˈæbstrækt] ☆☆☆☆☆☆☆

①·②·③·④·⑤·⑥·⑦

1 명 개요
All budget requests should include **abstracts** of the projects they concern.
모든 예산 요청은 관련된 프로젝트들의 abstract들을 포함해야 한다.

2 图 추출하다; (책 등을) 요약하다
Mr. Larson asked his team to **abstract** some articles concerning the latest industry trends.
Mr. Larson은 그의 팀에게 최근 산업 동향에 관한 신문 기사들을 abstract해달라고 요청했다.

3 图 추상적인
Celia Barnett's book was acclaimed for describing the **abstract** concept in a clear manner.
Celia Barnett의 도서는 abstract한 개념을 명확하게 묘사해 호평을 받았다.

steep [sti:p] ☆☆☆☆☆☆☆ ①-②-③-④-⑤-⑥-⑦

1 🔲 가파른; 급격한
;--▶ steep slope: 급경사

The Redrow Trail has **steep** slopes and is only recommended for experienced hikers.
Redrow 등산로는 steep한 경사면을 가지고 있어서 노련한 하이커들에게만 추천된다.

2 🔲 (가격이) 너무 비싼, (요구가) 터무니없는
;--▶ steep price: 터무니 없이 비싼 가격

Russell's provides high quality products without the **steep** price.
Russell's는 steep한 가격 없이 고품질의 상품을 제공한다.

petition [pə'tɪʃən] ☆☆☆☆☆☆☆ ①-②-③-④-⑤-⑥-⑦

1 🔲 탄원(서), 청원(서)
;--▶ sign a petition: 탄원서에 서명하다

Many residents signed a **petition** to protect the library from budget cuts.
많은 시민들이 예산 삭감으로부터 도서관을 보호하기 위해 petition에 서명했다.

2 🔲 탄원하다, 청원하다

Many staff members **petitioned** to have the cafeteria renovated.
많은 직원들이 구내식당을 보수해달라고 petition했다.

▸ **관련 어휘**
  petitioner 🔲 (법률적 처리의) 신청인

▸ **핵심 기출 표현**
  file a petition 탄원서를 제출하다

radically ['rædɪkəli] ☆☆☆☆☆☆☆ ①-②-③-④-⑤-⑥-⑦

🔲 철저히; 근본적으로
;--▶ radically different: 근본적으로 다른

The new bottle shape from H-Drinks is **radically** different from what they used before.
H-Drinks의 새로운 병 모양은 전에 사용했던 것과 radically 다르다.

▸ **관련 어휘**
  radical 🔲 철저한; 근본적인

▸ **핵심 기출 표현**
  radically change / transform 완전히 바꿔 놓다

discrepancy [dɪˈskrepənsi]

명 **차이, 불일치**

We apologize for the **discrepancy** in your invoice with the quote you received over the phone.

귀하께서 전화로 받았던 견적과 청구서의 discrepancy에 대해 사과 드립니다.

▶ 관련 어휘
discrepant 형 서로 어긋나는, 앞뒤가 안 맞는

sequence [ˈsiːkwəns]

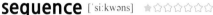

1 명 **순서, 차례**

Mr. West's presentation explained the manufacturing **sequence**, from start to finish.

Mr. West의 발표는 제조 sequence에 대해 시작부터 끝까지 설명했다.

2 명 **연속적인 일들** ⸴⸳⸳▶ the sequence of events: 일련의 사건들

Paul tried to figure out the **sequence** of events that led to the significant drop in sales.

Paul은 엄청난 매출 감소를 초래한 사건들의 sequence를 파악하려고 애썼다.

▶ 관련 어휘
sequential 형 순차적인   sequel 명 (책, 영화 등의) 속편

▶ 핵심 기출 표현
sequel to ~의 속편   in sequence 차례대로

underway [ˌʌndəˈweɪ]

형 **진행 중인**

The negotiations for the business acquisition are currently **underway**.

기업 인수 협상이 현재 underway이다.

▶ 핵심 기출 표현
get underway 시작하다

800+
RANK
1331

exaggerate [ɪɡˈzædʒəreɪt] ☆☆☆☆☆☆☆ ①-②-③-④-⑤-⑥-⑦

동 과장하다

The TV media tends to **exaggerate** the risks of research findings to attract more viewers.
TV 매체는 시청자들을 끌기 위해 연구 결과물들의 위험을 exaggerate하는 경향이 있다.

▷ **관련 어휘**
  exaggeration 명 과장   exaggerated 형 과장된, 부풀린

900+
RANK
1332

setback [ˈsetbæk] ☆☆☆☆☆☆☆ ①-②-③-④-⑤-⑥-⑦

명 차질; 역행

Despite a few **setbacks**, the team finished designing the prototype on time.
몇몇 setback들에도 불구하고 그 팀은 시제품 디자인을 시간에 맞춰 끝냈다.

▷ **핵심 기출 표현**
  financial setback 재정 악화

800+
RANK
1333

widening [ˈwaɪdən] ☆☆☆☆☆☆☆ ①-②-③-④-⑤-⑥-⑦

명 확장

The **widening** of Route 40 has greatly reduced traffic problems.
40번 도로의 widening은 교통 혼잡을 크게 감소시켰다.

▷ **관련 어휘**
  widen 동 넓히다   width 명 폭, 너비
  wide 형 폭넓은; 넓은

800+
RANK
1334

extract [ɪkˈstrækt] ☆☆☆☆☆☆☆ ①-②-③-④-⑤-⑥-⑦

1 명 발췌(문); 추출물   ⋯▸ extract from: ~로부터의 발췌(문)/추출물

Mr. Rycel provided the media with an **extract** from his upcoming novel.
Mr. Rycel은 이번에 출간되는 그의 소설 extract를 언론에 제공했다.

2 동 발췌하다; 추출하다

Gardener Skincare **extracts** natural oil from a variety of plants.
Gardener 스킨케어는 다양한 종류의 식물에서 천연 오일을 extract한다.

900+
RANK 1335

conceive [kənˈsiːv] ☆☆☆☆☆☆☆ ①-②-③-④-⑤-⑥-⑦

🔟 (생각, 계획 등을) 마음속으로 품다, 상상하다

The marketing team **conceived** a new plan to increase sales.
마케팅 팀은 판매량을 늘리기 위한 새로운 계획을 conceive했다.

900+
RANK 1336

credential [krɪˈdenʃəl] ★☆☆☆☆☆☆ ①-②-③-④-⑤-⑥-⑦

🔟 훌륭한 경력[학력]; 자격증   ┈▶ academic credential: 학력

Mr. Park was promoted to manager based on his experience and academic **credentials**.
Mr. Park은 그의 경험과 학교 credential들에 근거하여 매니저로 승진되었다.

> ▶ 핵심 기출 표현
> **teaching credential** 교사 자격증   **press credential** 기자증

800+
RANK 1337

excursion [ɪkˈskɝːʃən] ☆☆☆☆☆☆☆ ①-②-③-④-⑤-⑥-⑦

🔟 (단체로 짧게 가는) 여행

Jinwa Bus Tours offers affordable **excursions** to famous national parks.
Jinwa 버스 투어에서는 좋은 가격으로 유명한 국립공원 excursion들을 제공한다.

900+
RANK 1338

contaminate [kənˈtæməneɪt] ☆☆☆☆☆☆☆ ①-②-③-④-⑤-⑥-⑦

🔟 오염시키다

Please wear safety gloves, so you do not **contaminate** any lab equipment.
실험 장비를 contaminate하지 않도록 안전 장갑을 착용해 주십시오.

> ▶ 관련 어휘
> **contamination** 📖 오염; 더러움

900+
RANK 1339

pledge [pledʒ] ☆☆☆☆☆☆☆ ①-②-③-④-⑤-⑥-⑦

1 🔟 맹세하다, 서약하다   ┈▶ pledge to do: ~하기로 맹세하다

Our bank **pledges** not to share your personal information with other organizations.
저희 은행은 귀하의 개인 정보를 다른 기관과 공유하지 않을 것을 pledge합니다.

2 몡 맹세, 서약   ;--▶ make a pledge to do: ~하기로 맹세하다

Baker & Partners made a **pledge** to donate 10,000 dollars to the earthquake victims.

Baker & Partners는 지진 피해자들에게 1만 달러를 기부하는 pledge을 했다.

👑900+
RANK
1340

hamper [ˈhæmpɚ] ☆☆☆☆☆☆☆   ①-②-③-④-⑤-⑥-⑦

통 방해하다

The staff shortage **hampered** the production team's ability to meet the deadline.

직원 부족이 생산팀의 마감일을 맞출 수 있는 능력을 hamper했다.

👑900+
RANK
1341

preceding [priːˈsiːdɪŋ] ☆☆☆☆☆☆☆   ①-②-③-④-⑤-⑥-⑦

혱 (시간, 장소가) 이전의, 바로 앞의   ;--▶ preceding year: 전년도

This year's conference had more attendees than the **preceding** year's.

올해의 콘퍼런스는 preceding 해보다 더 참가자가 많았다.

▷ 관련 어휘
precede 통 ~에 앞서다, 선행하다

👑900+
RANK
1342

outweigh [ˌaʊtˈweɪ] ☆☆☆☆☆☆☆   ①-②-③-④-⑤-⑥-⑦

통 ~을 능가하다, ~보다 더 크다

The CEO approved the project because the benefits **outweigh** the risks.

CEO는 그 프로젝트로 인한 이득이 위험을 outweigh했기에 그것을 승인했다.

👑900+
RANK
1343

preclude [prəˈkluːd] ☆☆☆☆☆☆☆   ①-②-③-④-⑤-⑥-⑦

통 못하게 하다, 불가능하게 하다   ;--▶ preclude A from (doing) B: A가 B(하는 것을)를 못하게 하다

The high service charges at the hotel **preclude** guests from trying out in-room dining.

그 호텔의 높은 서비스 요금은 고객들이 방으로 식사 주문을 하는 것을 preclude한다.

▷ 관련 어휘
preclusive 혱 제외하는; 방해하는   preclusion 몡 제외; 방해

900+
RANK 1344

increment [ˈɪŋkrəmənt] ★☆☆☆☆☆ ①-②-③-④-⑤-⑥-⑦

1 명 **(수량의) 증가**
Larabee Toys will increase production in **increments** of ten thousand units per quarter.
Larabee Toys는 분기당 만 개씩 increment하여 생산을 늘릴 것이다.

2 명 **(정기적인) 임금 인상**　····▸ salary increment: 임금 인상
We guarantee our employees a salary **increment** of 10 percent every year.
저희는 직원들에게 매년 10퍼센트의 급여 increment을 보장합니다.

▶ **관련 어휘**
　incremental 형 증가하는　　　　　　　　incrementally 부 증가하여

900+
RANK 1345

consignment [kənˈsaɪnmənt] ☆☆☆☆☆☆①-②-③-④-⑤-⑥-⑦

명 **탁송(물), 배송(물)**
A **consignment** of computers will be given to the new office.
컴퓨터의 consignment가 새 사무실로 전달될 것이다.

800+
RANK 1346

bankruptcy [ˈbæŋkrəptsi] ☆☆☆☆☆☆ ①-②-③-④-⑤-⑥-⑦

명 **파산, 부도**
Analysts are worried about the increasing number of **bankruptcies** in the technology sector.
분석가들은 기술 부문에서 증가하는 bankruptcy에 대해 걱정하고 있다.

▶ **관련 어휘**
　bankrupt 형 파산한 동 파산시키다

▶ **핵심 기출 표현**
　file for bankruptcy 파산 신청을 하다　　　　declare bankruptcy 파산을 선고하다

900+
RANK 1347

eloquent [ˈeləkwənt] ☆☆☆☆☆☆ ①-②-③-④-⑤-⑥-⑦

형 **유창한, 연설을 잘 하는**　····▸ eloquent speech: 유창한 연설
Peter Valloton gave an **eloquent** speech when he stepped down as CEO.
Peter Valloton은 CEO 자리에서 은퇴하면서 eloquent한 연설을 했다.

489

> 관련 어휘
eloquently 🎧 유창하게

👑900+
RANK
1348

prerequisite [ˌpriːˈrekwəzɪt] ☆☆☆☆☆☆☆ ①-②-③-④-⑤-⑥-⑦

🖭 전제 조건
:···▶ prerequisite for: ~의 전제조건
Relevant experience is a **prerequisite** for this job position.
관련 경험은 이 직책의 prerequisite이다.

👑900+
RANK
1349

aspire [əˈspaɪər] ☆☆☆☆☆☆☆ ①-②-③-④-⑤-⑥-⑦

🖭 열망하다, 염원하다
:···▶ aspire to be/do: ~이 되기를/~을 하기를 열망하다
Chertos Delivery **aspires** to be the most reliable courier service in the country.
Chertos 배송은 국내에서 가장 신뢰할 수 있는 택배 서비스 회사가 되기를 aspire한다.

> 관련 어휘
aspiration 🖭 열망, 포부

> 핵심 기출 표현
aspire to ~을 열망하다

👑900+
RANK
1350

maneuver [məˈnuːvər/] ☆☆☆☆☆☆☆ ①-②-③-④-⑤-⑥-⑦

1 🖭 조종하다, 움직이다
Lightrail designed a car that can **maneuver** around most obstacles.
Lightrail에서는 대부분의 장애물을 피해서 maneuver할 수 있는 자동차를 디자인했다.

2 🖭 책략, 술책
Ms. Ying used a clever **maneuver** to convince the client to sign the contract.
Ms. Ying은 고객이 계약서에 사인하도록 설득하기 위해 영리한 maneuver를 사용했다.

Speed Check-up

정답 p.586

다음의 한글 의미를 단서로 삼아 보기에서 알맞은 단어를 골라 넣으세요.

ⓐ prerequisite　ⓑ aspires　ⓒ setbacks　ⓓ impending　ⓔ hampered

01 Despite a few _____, the team finished designing the prototype on time.
　　차질

02 The staff shortage _____ the production team's ability to meet the deadline.
　　방해하다

03 The government implemented a water conservation scheme before the _____
dry season.　　임박한

04 Relevant experience is a _____ for this job position.
　　전제조건

05 Chertos Delivery _____ to be the most reliable courier service in the country.
　　염원하다

다음의 한글 해석과 의미가 같아지도록 보기에서 알맞은 단어를 골라 넣으세요.

ⓐ vulnerable　ⓑ bear　ⓒ underway　ⓓ yielded　ⓔ pledges

06 Our bank _____ not to share your personal information with other organizations.
저희 은행은 귀하의 개인 정보를 다른 기관과 공유하지 않을 것을 맹세합니다.

07 Old storage containers that are _____ to water damage will be replaced.
물에 의한 손상에 취약한 낡은 저장 컨테이너들은 교체될 것이다.

08 Ms. Tiller agreed to _____ the burden of handling more client accounts.
Ms. Tiller는 더 많은 고객 계정을 처리하는 일을 맡는 것에 동의했다.

09 The negotiations for the business acquisition are currently _____.
기업 인수 협상이 현재 진행 중이다.

10 The study _____ similar results as the one before.
그 연구는 그 전의 것과 비슷한 결과를 냈다.

문맥에 어울리는 단어를 보기에서 골라 넣으세요.

ⓐ lessen　ⓑ conceived　ⓒ conducive　ⓓ outweighed　ⓔ discrepancy

11 Good teamwork is _____ to an organization's success.

12 The marketing team _____ a new plan to increase sales.

13 We apologize for the _____ in your invoice with the quote you received over
the phone.

14 The CEO approved the project because the benefits _____ the risks.

15 Exercising regularly is known to _____ the risk of heart disease.

DAY 28

선배의 충고

몇 년 전 회사를 뛰쳐나가 사업을 하는 선배를 만났다

선배 사업은 thrive 하고 있어요?

저도 창업하고 싶거든요 선배가 잘 돼야 exemplary한 사례가 되죠

흠… 요즘 recession이 심해서 lucrative한 일이 많지는 않아

에이~ 잘되고 계시면서

아냐 unforeseen한 일이 터지기도 하고 seemingly 좋아보여도 힘들어~

에이 그러지 마시고

사업하고 싶은 후배에게 짧게 condense해서 조언 한마디 부탁해요

전 하고 말거예요

arbitrarily 굴지 말고 회사나 다녀! 밖은 지옥이다!

이 철없는 자식아!!

헉

RANK 1351
👑900+

outreach [ˈaʊtriːtʃ] ☆☆☆☆☆☆☆ ①-②-③-④-⑤-⑥-⑦

명 봉사[지원] 활동

The HR Department organized an **outreach** program for the community center.

인사부는 지역 주민센터를 위한 outreach 프로그램을 준비했다.

RANK 1352
👑900+

thrive [θraɪv] ★☆☆☆☆☆☆ ①-②-③-④-⑤-⑥-⑦

동 번창하다, 잘 자라다

One feature that helps businesses **thrive** is excellent customer service.

기업이 thrive할 수 있도록 돕는 한 가지 특징은 훌륭한 고객 서비스이다.

> ▶ 관련 어휘
> **thriving** 형 1. 번창하는 2. 잘 자라는

RANK 1353
👑800+

unforeseen [ˌʌnfɚˈsiːn] ★☆☆☆☆☆☆ ①-②-③-④-⑤-⑥-⑦

형 예측하지 못한, 뜻밖의

The **unforeseen** budgetary constraint is due to a sudden increase in our tax burden.

unforeseen한 예산 제약은 조세 부담이 갑작스럽게 증가했기 때문이다.

> ▶ 핵심 기출 표현
> **unforeseen consequence** 예상치 못했던 결과   **unforeseen circumstance** 예상치 못했던 상황

RANK 1354
👑800+

statistical [stəˈtɪstɪkəl] ☆☆☆☆☆☆☆ ①-②-③-④-⑤-⑥-⑦

형 통계적인, 통계에 근거한

····▶ statistical analysis: 통계 분석

The research team performed a **statistical** analysis of the data.

조사팀은 그 자료의 statistical한 분석을 실시했다.

> ▶ 관련 어휘
> **statistic** 명 통계 자료   **statistically** 부 통계상으로
> **statistics** 명 통계 (자료); 통계학
> > This report won't be complete until I receive the **statistics** from the Finance Department.
> > 이 보고서는 내가 재무부에서 **statistics**를 받을 때까지 완료되지 않을 것이다.

👑800+
RANK 1355

inflation [ɪnˈfleɪʃən] ☆☆☆☆☆☆☆

①-②-③-④-⑤-⑥-⑦

⑬ 인플레이션; 물가 상승률

The central bank had to increase interest rates to curb **inflation**.

중앙 은행은 inflation을 억제하기 위해 이자율을 인상해야 했다.

▶ **핵심 기출 표현** inflation rate 물가 상승률

👑900+
RANK 1356

recession [rɪˈseʃən] ☆☆☆☆☆☆☆

①-②-③-④-⑤-⑥-⑦

⑬ 불경기, 불황

;--▶ global recession: 세계적 불황

Kaycorp Investment continues to make a profit despite the recent **global recession**.

Kaycorp 투자에서는 최근 세계적 recession에도 불구하고 계속해서 이익을 내고 있다.

👑800+
RANK 1357

lucrative [ˈluːkrətɪv] ☆☆☆☆☆☆☆

①-②-③-④-⑤-⑥-⑦

⑬ 수익성이 좋은

Sinco hopes to secure the **lucrative** contract to construct the shopping complex.

Sinco는 쇼핑 단지를 건설하는 lucrative한 계약을 따내고 싶어한다.

▶ **관련 어휘** lucratively ⑭ 유리하게, 이익이 생겨

▶ **핵심 기출 표현**
lucrative business 수익성 있는 사업　　　　lucrative market 수익성 있는 시장

👑800+
RANK 1358

condense [kənˈdens] ★☆☆☆☆☆☆

①-②-③-④-⑤-⑥-⑦

⑬ (글이나 정보를) 압축하다, 요약하다

This report should be **condensed** down to a single page.

이 보고서는 한 페이지로 condense되어야 한다.

▶ **관련 어휘** condensed ⑱ 간결한, 요약한

👑800+
RANK 1359

volatile [ˈvɑːlətəl] ☆☆☆☆☆☆☆

①-②-③-④-⑤-⑥-⑦

⑬ 변덕스러운; 불안정한

Although the stock market has been **volatile** recently, it is expected to stabilize soon.

최근 주식 시장이 volatile하지만, 곧 안정될 것으로 예상된다.

800+ RANK 1360

extent [ɪkˈstent] ☆☆☆☆☆☆☆   ①-②-③-④-⑤-⑥-⑦

몡 정도, 규모
- - - ▶ extent of: ~의 정도/규모

The government is investigating the **extent** of the damage caused by the storm.
정부는 태풍으로 발생한 피해의 extent를 조사 중이다.

> ☑ 핵심 기출 표현
> **to some extent** 어느 정도까지, 얼마간

> ☑ 파트 7 대체어 기출 표현: extent 정도, 규모 → scope (다루는) 범위
> the size and **extent[scope]** of the project 그 프로젝트의 규모와 extent[scope]

900+ RANK 1361

integral [ˈɪntəɡrəl] ☆☆☆☆☆☆☆   ①-②-③-④-⑤-⑥-⑦

혱 필수적인; (필요한 것이 모두 갖춰져) 완전한

Reading and writing are **integral** aspects of a student's education.
읽기와 쓰기는 학생의 교육에 integral한 부분이다.

> ☑ 관련 어휘
> **integrate** 통 통합시키다[되다]   **integration** 몡 통합

900+ RANK 1362

inevitably [ˌɪnˈevətəbli] ☆☆☆☆☆☆☆   ①-②-③-④-⑤-⑥-⑦

閉 불가피하게, 필연적으로

An increase in raw material costs **inevitably** leads to higher product prices.
원자재 비용 상승은 inevitably하게 더 높은 제품 가격으로 이어진다.

> ☑ 관련 어휘
> **inevitable** 혱 불가피한, 피할 수 없는

900+ RANK 1363

pending [ˈpendɪŋ] ★☆☆☆☆☆☆   ①-②-③-④-⑤-⑥-⑦

1 혱 미결인, 계류 중인

There are still several **pending** agreements to finalize before the companies merge.
회사들의 합병이 있기 전에 마무리 되어야 할 pending한 합의가 아직도 여럿 있다.

2 혱 곧 있을, 임박한

The **pending** sales presentation will take place in conference room C.
pending한 매출 발표는 회의실 C에서 있을 것입니다.

arbitration [ˌɑːrbəˈtreɪʃən] ☆☆☆☆☆☆☆ ①-②-③-④-⑤-⑥-⑦

명 중재

┈▸ seek/solicit arbitration: 중재를 요청하다

Both companies sought **arbitration** to resolve the patent dispute.
두 회사 모두 특허 분쟁을 해결하기 위해 arbitration을 요청했다.

▶ **관련 어휘**
   arbitrarily 閂 독단적으로; 제멋대로
      Due to the new labor laws, companies cannot fire employees **arbitrarily**.
      새로운 노동법 때문에 회사에서는 arbitrarily 직원들을 해고할 수 없다.
   arbitrary 혱 임의의, 제멋대로인

harsh [hɑːrʃ] ★☆☆☆☆☆☆ ①-②-③-④-⑤-⑥-⑦

혱 가혹한, 혹독한

Due to **harsh** weather conditions, the outdoor music festival has been rescheduled.
harsh한 기상상황으로 인해, 야외 음악 페스티벌 일정이 조정되었다.

contingency [kənˈtɪndʒənsi] ☆☆☆☆☆☆☆ ①-②-③-④-⑤-⑥-⑦

명 뜻밖의 일, 비상 사태

┈▸ contingency plan: 비상 계획

The company's **contingency** plan ensures that there are enough funds for the advertising project.
회사의 contingency 계획은 광고 프로젝트를 위해 충분한 자금을 보장한다.

▶ **관련 어휘**
   contingent 혱 (~의) 여부에 따라, (~을) 조건으로 하는
▶ **핵심 기출 표현**
   contingent on/upon ~의 여부에 따라, ~을 조건으로 하는

overhaul [ˈoʊvərhɔːl] ☆☆☆☆☆☆☆ ①-②-③-④-⑤-⑥-⑦

1 **명 점검, 정비**
   The plant's system **overhaul** has improved productivity and safety considerably.
   공장의 시스템 overhaul은 생산성과 안전을 상당히 개선시켰다.

2 **동 점검하다, 정비하다**
   Mr. White **overhauled** Schmidt Design's hiring process, increasing the quality of human resources.
   Mr. White는 Schmidt Design의 채용 과정을 overhaul하여, 인적자원의 질을 높였다.

900+
RANK 1368

adversely [ædˈvɜːsli] ☆☆☆☆☆☆☆ ①-2-3-4-⑤-⑥-⑦

🔲 **불리하게, 반대로**

┈┈▶ adversely affect: ~에 부정적으로 영향을 미치다

Huge executive bonuses can **adversely** affect the company's image.

막대한 임원 상여금은 회사 이미지에 adversely 영향을 끼칠 수 있다.

▶ **관련 어휘**
　adverse 웹 불리한, 부정적인　　　　　　adversity 웹 역경, 고난

▶ **핵심 기출 표현**
　adverse effect 역효과, 부작용　　　　　adverse weather 악천후
　have an adverse effect on ~에 역효과를 낳다

900+
RANK 1369

exemplary [ɪɡˈzempləri] ☆☆☆☆☆☆☆ 1-2-3-4-⑤-⑥-7

🔲 **모범적인, 본보기가 되는**

Employees who display an **exemplary** work ethic will be promoted.

exemplary한 직업 의식을 보이는 직원은 승진할 것이다.

▶ **관련 어휘** exemplify 图 전형적인 예가 되다; 예를 들다

800+
RANK 1370

forefront [ˈfɔːrfrʌnt] ☆☆☆☆☆☆☆ ①-2-③-4-⑤-⑥-⑦

🔲 **맨 앞, 선두; 가장 중요한 위치**

┈┈▶ at/in the forefront of: ~의 선두에

Eriksen Engineering stands at the **forefront** of technological advancement.

Eriksen Engineering은 과학기술 발전의 forefront에 서 있다.

900+
RANK 1371

cope [koʊp] ☆☆☆☆☆☆☆ ①-2-③-4-⑤-⑥-⑦

🔲 **대처하다, 대응하다**

┈┈▶ cope with: ~에 대처하다

Doing daily exercise is a good way to **cope** with stress.

매일 운동하는 것은 스트레스에 cope하는 좋은 방법이다.

800+
RANK 1372

constitute [ˈkɑːnstətuːt] ☆☆☆☆☆☆☆ ①-2-③-④-⑤-⑥-⑦

🔲 **~을 구성하다[이루다]**

Publishers **constituted** around 10 percent of attendees at the book fair.

출판사들이 도서전 참가자의 10퍼센트 정도를 constitute했다.

▶ 관련 어휘 constitution 명 1. 헌법 2. 구조 3. 설립

900+
RANK
1373 / **deficit** [ˈdef.ə.sɪt] ☆☆☆☆☆☆☆　　①·②·③·④·⑤·⑥·⑦

명 **적자; 부족액**　　　　　　　　　　　　　budget deficit: 예산 부족 ◀···;
Ms. Chiu was hired as the new director of finance to cope with the company's **budget deficit.**
회사의 예산 deficit을 해결하기 위해 Ms. Chiu가 새로운 재무이사로 고용되었다.

> ▶ 관련 어휘 **deficient** 형 1. 부족한 2. 결함이 있는

900+
RANK
1374 / **perishable** [ˈperɪʃəbəl] ★☆☆☆☆☆☆　　①·②·③·④·⑤·⑥·⑦

형 **(식품이) 잘 상하는**
Since these food items are **perishable**, we must deliver them immediately.
이 음식들은 perishable하므로, 즉시 배송해야 한다.

> ▶ 관련 어휘
> **perishables** 명 잘 상하는 식품
> ▶ 핵심 기출 표현
> **perishable items / goods** 상하기 쉬운 제품

900+
RANK
1375 / **replica** [ˈreplɪkə] ☆☆☆☆☆☆☆　　①·②·③·④·⑤·⑥·⑦

명 **모형, 복제품**
A **replica** of the ancient Greek sculpture is on display at Shinchan Art Gallery.
고대 그리스 조각품의 replica가 Shinchan 미술관에 전시되어 있다.

900+
RANK
1376 / **surplus** [ˈsɜː.pləs] ☆☆☆☆☆☆☆　　①·②·③·④·⑤·⑥·⑦

1 명 **과잉; 흑자**　　　　　;··▶ surplus of: ~의 과잉
The construction project ended with a **surplus** of over $20,000.
건설 프로젝트는 2만 달러가 넘는 surplus를 내고 마무리되었다.
　　　　　　　;····▶ surplus fund: 잉여 자금
2 형 **과잉의, 잉여의**
Surplus funds are usually donated to national universities to be used for scholarships.
surplus 자금은 주로 국립 대학의 학자금으로 기부된다.

498

▶ 핵심 기출 표현
budget surplus 예산 흑자

👑900+
RANK
1377

bold [boʊld] ☆☆☆☆☆☆☆

①-②-③-④-⑤-⑥-⑦

1 휑 **(선, 색 등이) 선명한**
Ms. Williams used **bold** colors to redecorate the waiting room.
Ms. Williams는 대기실을 다시 꾸미는데 bold한 색상들을 사용했다.

2 휑 **(행동이) 대담한** ·--▶ bold move: 과감한 조치
Birch Coffee made a **bold** move by deciding not to accept any takeout orders.
Birch Coffee는 테이크아웃 주문을 받지 않기로 결정함으로써 bold한 조치를 취했다.

▶ 관련 어휘
boldly 튄 대담하게; 뻔뻔스럽게

👑900+
RANK
1378

apprentice [əˈprentɪs] ☆☆☆☆☆☆☆

①-②-③-④-⑤-⑥-⑦

명 **수습생**
Swiss clockmakers have handed down their skills to **apprentices** for generations.
스위스의 시계 장인들은 수 세대 동안 기술을 apprentice들에게 계승해 왔다.

▶ 관련 어휘
apprenticeship 명 1. 수습 기간 2. 수습직

👑900+
RANK
1379

picturesque [ˌpɪktʃərˈesk] ☆☆☆☆☆☆☆

①-②-③-④-⑤-⑥-⑦

휑 **그림 같이 아름다운, 생생한**
Each room at the Baldwin Hotel has a **picturesque** view.
Baldwin 호텔의 각 객실은 picturesque한 전망을 갖췄다.

👑900+
RANK
1380

spoil [spɔɪl] ☆☆☆☆☆☆☆

①-②-③-④-⑤-⑥-⑦

동 **망치다, 못쓰게 만들다**
Despite the optimistic forecast, heavy rain has **spoiled** the company picnic.
낙관적인 일기예보에도 불구하고, 폭우로 회사 야유회를 spoil했다.

♔900+
RANK 1381 — **idle** [ˈaɪdəl] ☆☆☆☆☆☆☆ ①-②-③-④-⑤-⑥-⑦

1 📝 (기계, 공장 등이) 가동되지 않는, 놀고 있는
The machines in the factory remained **idle** for many hours due to the power outage.
공장 안의 기계들은 정전으로 인해 수 시간 동안 idle한 채로 있었다.

2 📝 (사람들이) 게으른, 나태한
Supervisors should ensure that their employees are not **idle** at work.
관리자들은 직원들이 직장에서 idle하지 않도록 해야 한다.

> ▸ 관련 어휘 **idly** 🔳 한가하게

> ▸ 파트 7 대체어 기출 표현: **idle** (기계가) 가동되지 않는 → **unused** 사용하지 않는
> Machinery has been left **idle[unused]**. 기계가 idle[unused]한 채로 방치되어 있다.

♔900+
RANK 1382 — **susceptible** [səˈseptəbəl] ☆☆☆☆☆☆☆ ①-②-③-④-⑤-⑥-⑦

📝 민감한; 예민한

Make sure to regulate the temperature of the greenhouse, as the plants are **susceptible** to cold weather.
식물은 추운 날씨에 susceptible하므로, 반드시 온실 온도를 조절하십시오.

♔800+
RANK 1383 — **symptom** [ˈsɪmptəm] ☆☆☆☆☆☆☆ ①-②-③-④-⑤-⑥-⑦

📝 증상
DLA Pharmaceuticals developed a new medicine to alleviate flu **symptoms**.
DLA 제약회사는 독감 symptom들을 완화시켜주는 신약을 개발했다.

♔900+
RANK 1384 — **unattended** [ˌʌnəˈtendɪd] ☆☆☆☆☆☆☆ ①-②-③-④-⑤-⑥-⑦

📝 방치된, 내버려둔 ┄▸ left unattended: 방치된
Luggage left **unattended** in the airport will be removed by security personnel.
공항에 unattended된 채 남겨진 짐은 보안요원에 의해 치워질 것이다.

♔900+
RANK 1385 — **gauge** [geɪdʒ] ☆☆☆☆☆☆☆ ①-②-③-④-⑤-⑥-⑦

1 📝 판단하다, 알아내다; 측정하다
We will **gauge** customer responses to the new product over the next few weeks.
우리는 앞으로 몇 주간 신제품에 대한 고객반응을 gauge할 것이다.

2 몡 (평가, 판단 등의) 기준

Conducting quarterly performance reviews is a perfect **gauge** of an employee's value.

분기별 업적 평가를 실시하는 것은 직원의 가치를 가늠하는 완벽한 gauge이다.

3 몡 게이지, 측정기

;--▶ fuel gauge: 연료계

Because of the malfunctioning fuel **gauge**, Sam had to visit the car repair shop.

오작동하는 연료 gauge때문에, Sam은 차량 정비소를 방문해야 했다.

RANK 1386

concession [kən'seʃən] ☆☆☆☆☆☆☆   ①-②-③-④-⑤-⑥-⑦

1 몡 양보, 양해

;--▶ make a concession: 양보하다

At the negotiations, management made some **concessions**, such as agreeing to raise overtime pay.

협상에서 경영진은 야근 수당을 인상에 동의하는 등의 concession들을 했다.

2 몡 (건물 내) 영업 장소; 영업권

;--▶ concession stand: 구내 매점

All theater visitors will receive a $10 gift certificate for the **concession** stand.

모든 극장 방문객들은 concession 매점에서 사용할 수 있는 10달러 상품권을 받을 것이다.

RANK 1387

commensurate [kə'mensjərət] ★☆☆☆☆☆☆   ①-②-③-④-⑤-⑥-⑦

혱 (~에) 어울리는, 상응하는

;--▶ commensurate with: ~에 상응하는[어울리는]

The employees are paid salaries that are **commensurate** with their work experience and skills.

직원들은 경력과 기술에 commensurate하는 보수를 받는다.

RANK 1388

withhold [wɪð'hoʊld] ☆☆☆☆☆☆☆   ①-②-③-④-⑤-⑥-⑦

통 ~을 주지 않다, 보류하다

We reserve the right to **withhold** payment for damaged products.

우리는 손상된 상품의 대금 지급을 withhold할 권리를 갖고 있습니다.

RANK 1389

predominant [prɪ'dɑːmənənt] ★☆☆☆☆☆☆   ①-②-③-④-⑤-⑥-⑦

1 혱 우세한, 지배적인

Quickcounting is still the **predominant** software program used by many accountants.

Quickcounting은 여전히 많은 회계사들이 사용하는 predominant한 소프트웨어 프로그램이다.

2 혱 두드러진, 뚜렷한

The easy wheel release system is a **predominant** feature of Weila Bikes.

간편한 바퀴 분리 시스템은 Weila Bikes의 predominant한 특징이다.

lapse [læps] ☆☆☆☆☆☆☆ ①-②-③-④-⑤-⑥-⑦

1 📝 실수, 과실 ⸱--▸ lapse in: ~의 실수

The factory supervisor's **lapse** in judgment led to the production delay.

공장 감독의 판단 lapse가 생산 지연으로 이어졌다.

2 📝 (효력이) 소멸되다

Ms. Howard forgot to renew her magazine subscription which had **lapsed** a few months ago.

Ms. Howard는 몇 달전에 lapse된 잡지 구독을 갱신하는 것을 잊어버렸다.

embrace [ɪmˈbreɪs] ☆☆☆☆☆☆☆ ①-②-③-④-⑤-⑥-⑦

1 📝 (생각, 제의 등을) 받아들이다, 수용하다

The board **embraced** the idea of expanding to international markets.

이사회는 해외 시장으로 확장하는 것에 대한 생각을 embrace했다.

2 📝 포괄하다, 아우르다

The executive meeting **embraced** various topics and lasted for two hours.

임원회의는 다양한 주제를 embrace하며 2시간 동안 지속되었다.

▶ 파트 7 대체어 기출 표현: embrace (생각, 제의 등을) 수용하다 → adopt 도입하다

eagerly embrace[adopt] the new smart technologies

새로운 스마트 기술들을 적극적으로 embrace[adopt]하다

apprehensive [ˌæprəˈhensɪv] ☆☆☆☆☆☆☆①-②-③-④-⑤-⑥-⑦

📝 걱정되는, 불안한 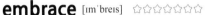 ⸱----▸ apprehensive about/of: ~에 대해 불안해 하는

The HR Department changed the hiring process so that the applicants would feel less **apprehensive** about it.

인사부는 지원자들이 덜 apprehensive하도록 채용 절차를 변경했다.

▶ 관련 어휘

apprehension 📝 우려, 불안

span [spæn] ☆☆☆☆☆☆☆ ①-②-③-④-⑤-⑥-⑦

1 📝 시간, 기간

Nate finished his marketing proposal over a **span** of three weeks.

Nate는 3주의 span을 거쳐 마케팅 제안서를 끝냈다.

2 명 (포괄하는) 범위

Ms. Perry has a wide **span** of responsibilities and is an invaluable asset to the company.

Ms. Perry는 광범위한 업무 span을 갖고 있어 회사에 귀중한 자산이다.

3 통 가로지르다

A bridge **spans** a body of water. 파트1

다리가 물가를 span한다.

900+
RANK
1394

presumably[prɪˈzuːməbli] ☆☆☆☆☆☆☆ ①-②-③-④-⑤-⑥-⑦

부 아마, 짐작하건대

Presumably, the new software will fix security issues encountered in the old version.

Presumably, 새로운 소프트웨어가 옛날 버전에서 부딪혔던 보안 문제들을 바로잡을 것이다.

> **관련 어휘**
> **presume** 동 추정하다

900+
RANK
1395

seemingly [ˈsiːmɪŋli] ☆☆☆☆☆☆☆ ①-②-③-④-⑤-⑥-⑦

부 외견상으로, 겉보기에는

Although there were other **seemingly** more qualified towns, Hargroville was chosen because of its location.

Seemingly 더 자격을 갖춘 도시들이 있었지만 위치 덕에 Hargroville이 선정되었다.

900+
RANK
1396

contention [kənˈtenʃən] ☆☆☆☆☆☆☆ ①-②-③-④-⑤-⑥-⑦

명 논쟁; 주장

It is the president's **contention** that we need to reduce costs.

우리가 비용을 낮춰야 한다는 것이 사장의 contention이다.

> **관련 어휘**
> **contend** 동 주장하다, 겨루다

> **핵심 기출 표현**
> **contend with** (해결해야 할 문제들로) 씨름하다   **contend for** (~을 얻으려고) 겨루다

RANK 1397

induce [ɪnˈduːs] ☆☆☆☆☆☆☆ ①·②·③·④·⑤·⑥·⑦

图 유도하다; 유발하다, 초래하다
The construction was delayed due to heavy rain **induced** by the hurricane.
공사는 허리케인으로 induce된 폭우로 인해 지연되었다.

▷ 관련 어휘
induction 圀 인도, 유도

RANK 1398

indulge [ɪnˈdʌldʒ] ☆☆☆☆☆☆☆ ①·②·③·④·⑤·⑥·⑦

图 (욕구 등을) 채우다, 탐닉하다, 즐기다 ;--▸ indulge in: ~을 즐기다[마음껏 하다]
Samantha used her vacation days to **indulge** in leisure activities.
Samantha는 여가 활동을 indulge하기 위해 휴가를 썼다.

RANK 1399

render [ˈrendər] ☆☆☆☆☆☆☆ ①·②·③·④·⑤·⑥·⑦

1 图 (어떤 상태가) 되게 하다 (= make)
Your parking permit will be stamped, **rendering** it valid for 12 hours.
귀하의 주차증이 열두 시간 동안 유효하도록 render하기 위해 도장을 찍을 것입니다.

2 图 (공식적으로) 제출하다
Bowen Construction **rendered** a formal bid to build the new government complex.
Bowen 건설은 새로운 정부 청사를 짓기 위해 공식적인 입찰을 render했다.

RANK 1400

lingering [ˈlɪŋɡərɪŋ] ☆☆☆☆☆☆☆ ①·②·③·④·⑤·⑥·⑦

혱 오래 가는, 오래 끄는 ;--▸ lingering doubts: 계속 되는 의심
Dr. Stephens still has **lingering** doubts about the newly hired employee.
Dr. Stephens는 아직도 새로 채용된 직원에 대해 lingering한 의구심을 품고 있다.

▷ 관련 어휘
linger 图 (오랫동안) 계속되다, 머물다
▷ 핵심 기출 표현
lingering concern 계속 되는 걱정

Speed Check-up

정답 p.586

DAY 21
DAY 22
DAY 23
DAY 24
DAY 25
DAY 26
DAY 27
DAY 28
DAY 29
DAY 30

다음의 한글 의미를 단서로 삼아 보기에서 알맞은 단어를 골라 넣으세요.

ⓐ gauge   ⓑ overhaul   ⓒ exemplary   ⓓ inevitably   ⓔ induced

01 The construction was delayed due to heavy rain _____ by the hurricane.
   초래하다

02 The plant's system _____ has improved productivity and safety considerably.
   점검

03 Conducting quarterly performance reviews is a perfect _____ of an employee's value.
   기준

04 An increase in raw material costs _____ leads to higher product prices.
   불가피하게

05 Employees who display an _____ work ethic will be promoted.
   모범적인

다음의 한글 해석과 의미가 같아지도록 보기에서 알맞은 단어를 골라 넣으세요.

ⓐ adversely   ⓑ outreach   ⓒ extent   ⓓ indulge   ⓔ integral

06 The government is investigating the _____ of the damage caused by the storm. 정부는 태풍으로 발생한 피해 정도를 조사 중이다.

07 Reading and writing are _____ aspects of a student's education.
   읽기와 쓰기는 학생의 교육에 필수적인 부분이다.

08 Samantha used her vacation days to _____ in leisure activities.
   Samantha는 여가활동을 즐기기 위해 휴가를 썼다.

09 Huge executive bonuses can _____ affect the company's image.
   막대한 임원 상여금은 회사 이미지에 불리하게 영향을 끼칠 수 있다.

10 The HR Department organized an _____ program for the community center.
   인사부는 지역 주민 센터를 위한 봉사 프로그램을 준비했다.

문맥에 어울리는 단어를 보기에서 골라 넣으세요.

ⓐ embraced   ⓑ lucrative   ⓒ deficit   ⓓ unattended   ⓔ predominant

11 Luggage left _____ in the airport will be removed by security personnel.

12 Ms. Chiu was hired as the new director of finance to cope with the company's budget _____.

13 Sinco hopes to secure the _____ contract to construct the shopping complex.

14 The easy wheel release system is a _____ feature of Weila Bikes.

15 The executive meeting _____ various topics and lasted for two hours.

작가의 속내

900+
RANK 1401

prevalent [ˈprevələnt] ☆☆☆☆☆☆☆ ①-②-③-④-⑤-⑥-⑦

혤 만연한, 널리 퍼져 있는
Income inequality is a **prevalent** problem across the world.
소득 불평등은 세계 전역에 prevalent한 문제이다.

> **▣ 관련 어휘**
> prevalence 몡 널리 퍼짐, 유행　　　　　　　　prevail 통 만연하다, 팽배하다

900+
RANK 1402

assent [əˈsent] ☆☆☆☆☆☆☆ ①-②-③-④-⑤-⑥-⑦

통 찬성하다 몡 찬성, 승인
After much deliberation, Mr. Lee **assented** to Ms. Kal's suggestion to restructure the company.
많은 고민 끝에, Mr. Lee는 회사를 구조조정하자는 Ms. Kal의 제안에 assent했다.

800+
RANK 1403

compulsory [kəmˈpʌlsəri] ☆☆☆☆☆☆☆ ①-②-③-④-⑤-⑥-⑦

혤 의무적인, 필수의
Attendance at the induction training session is **compulsory** for all new employees.
신입사원 교육 참석은 모든 신입 직원들에게 compulsory이다.

> **▣ 관련 어휘**
> compulsorily 붜 강제적으로

900+
RANK 1404

influx [ˈɪnflʌks] ☆☆☆☆☆☆☆ ①-②-③-④-⑤-⑥-⑦

몡 유입, 쇄도 ;--▸ influx of: ~의 유입
The huge **influx** of orders has kept the Shipping Department busy.
엄청난 주문 influx가 배송 부서를 바쁘게 했다.

900+
RANK 1405

seize [siːz] ☆☆☆☆☆☆☆ ①-②-③-④-⑤-⑥-⑦

통 붙잡다, 움켜잡다
Visit the Forrest Job Fair and **seize** the opportunity to get the job of your dreams.
Forrest 직업 박람회를 방문해서 꿈의 직장에 들어갈 수 있는 기회를 seize하세요.

monopoly [məˈnɑːpəli] ☆☆☆☆☆☆ ①-②-③-④-⑤-⑥-⑦

명 독점, 전매

:--▶ have a monopoly on: ~에 대한 독점권을 가지다

After NT Mart closed, TE Store had a **monopoly** on electrical goods in the town.
NT 마트가 문을 닫자, TE Store가 그 도시의 전자 제품을 monopoly했다.

▶ **관련 어휘** monopolize 동 독점하다

manuscript [ˈmænjəskrɪpt] ☆☆☆☆☆☆ ①-②-③-④-⑤-⑥-⑦

명 원고, 사본

Writers should edit their **manuscripts** carefully before submitting them.
작가는 자신의 manuscript를 제출하기 전에 신중하게 편집해야 한다.

skeptical [ˈskeptɪkəl] ☆☆☆☆☆☆ ①-②-③-④-⑤-⑥-⑦

형 회의적인, 의심 많은

:--▶ skeptical about: ~에 대해 회의적인

Management was **skeptical** about the project due to its unclear objectives.
경영진은 프로젝트의 불분명한 목적 때문에 skeptical이었다.

▶ **관련 어휘** skeptically 부 회의적으로

trait [treɪt] ★☆☆☆☆☆ ①-②-③-④-⑤-⑥-⑦

명 (성격상의) 특성

The HR Director hired the candidate with the most admirable **traits**.
인사부 임원은 가장 훌륭한 trait들을 가진 지원자를 고용했다.

▶ **핵심 기출 표현** personality trait 성격 특성

unwavering [ʌnˈweɪvərɪŋ] ☆☆☆☆☆☆ ①-②-③-④-⑤-⑥-⑦

형 변함없는, 확고한

:--▶ unwavering commitment: 변함없는 헌신

Over the years, Garrison Beverages has demonstrated **unwavering** commitment to
product quality.
지난 몇 년간 Garrison 음료는 제품의 품질에 있어 unwavering한 헌신을 보여주었다.

900+
RANK
1411

credibility [ˌkredəˈbɪləti] ★☆☆☆☆☆ ①·②·③·④·⑤·⑥·⑦

명 신뢰성

Client testimonials helped the company build **credibility** with the public.
고객 후기는 회사가 대중과의 credibility를 쌓을 수 있게 해주었다.

▶ **관련 어휘**
　credible 혱 신뢰할 수 있는

▶ **핵심 기출 표현**
　gain credibility 신뢰를 얻다 ⑪ lose credibility 신뢰를 잃다

 900+
RANK
1412

envious [ˈenviəs] ☆☆☆☆☆☆☆ ①·②·③·④·⑤·⑥·⑦

····▶ envious of: ~을 부러워하는

형 부러워하는, 선망하는

Jung was **envious** of a colleague who recently got promoted.
Jung은 최근 승진한 동료를 envious했다.

▶ **관련 어휘**
　envy 통 부러워하다　　　　　　　　　　　enviable 혱 부러운, 선망의 대상이 되는

 900+
RANK
1413

acclaim [əˈkleɪm] ☆☆☆☆☆☆☆ ①·②·③·④·⑤·⑥·⑦

1 통 환호를 보내다

The documentary film was **acclaimed** as monumental by industry leaders.
그 다큐멘터리 영화는 업계 선두 주자들에게 기념비적이라고 acclaim을 받았다.

2 명 찬사, 호평
　　　　　　　　　　　　　　　　　　　　　····▶ critical acclaim: 비평가들의 호평
Caleb Bradley's new novel has received widespread critical **acclaim**.
Caleb Bradley의 새 소설은 널리 비평가의 acclaim을 받았다.

▶ **관련 어휘**
　acclaimed 혱 호평을 받고 있는　　　　　acclamation 명 환호, 갈채

▶ **핵심 기출 표현**
　critically acclaimed 비평가들의 극찬을 받은　　win/receive acclaim 호평[찬사]를 받다

▶ **파트 7 대체어 기출 표현: acclaim 찬사, 호평 → admiration 감탄, 존경**
　win public acclaim[admiration] for his performance 그의 공연에 대중의 acclaim[admiration]을 받다

combustible [kəmˈbʌstəbəl] ☆☆☆☆☆☆☆ ①-②-③-④-⑤-⑥-⑦

RANK 1414 900+

휑 불이 잘 붙는, 가연성인

Fire extinguishers must be kept anywhere **combustible** items are stored.

소화기는 combustible한 물건들이 보관되어 있는 모든 곳에 구비되어 있어야 한다.

;--▸ combustible item/material: 가연성 물질

---

transparent [trænˈspɛrənt] ★☆☆☆☆☆☆ ①-②-③-④-⑤-⑥-⑦

RANK 1415 900+

1 휑 투명한

Mr. Herzog keeps the recruiting process **transparent** by providing a detailed explanation for each hire.

Mr. Herzog는 각 신입사원에게 상세한 설명을 제공함으로써 채용 과정을 transparent하게 유지한다.

2 휑 명백한

The user manual was written in a **transparent** manner.

사용자 설명서는 transparent한 방식으로 작성되었다.

;--▸ in a transparent manner: 명백하게

▶ **관련 어휘**

transparency 휑 투명성; 명료성   **transparently** 円 투명하게, 솔직하게

---

trivial [ˈtrɪviəl] ☆☆☆☆☆☆☆ ①-②-③-④-⑤-⑥-⑦

RANK 1416 900+

휑 사소한, 하찮은

No matter how **trivial** they may seem, all accidents in the factory must be reported.

아무리 trivial해 보이더라도 공장 내의 모든 사고들은 보고되어야 한다.

▶ **관련 어휘**

trivially 円 하찮게, 평범하게

▶ **파트 7 대체어 기출 표현: trivial 사소한 → insignificant 하찮은**

worry about **trivial[insignificant]** matters trivial[insignificant]한 문제들로 걱정하다

---

refute [rɪˈfjuːt] ★☆☆☆☆☆☆ ①-②-③-④-⑤-⑥-⑦

RANK 1417 900+

휑 반박하다; 부인하다

Maybelle's Furniture has **refuted** the competitor's claim that its couches are unsuitable for children.

Maybelle's 가구는 자사의 소파가 아이들에게 적합하지 않다는 타 회사의 주장을 refute했다.

DAY 21
DAY 22
DAY 23
DAY 24
DAY 25
DAY 26
DAY 27
DAY 28
DAY 29
DAY 30

> **관련 어휘**
> refutation 몡 반박

👑900+
RANK
1418

procurement [prəˈkjʊrmənt] ☆☆☆☆☆☆☆ ①·②·③·④·⑤·⑥·⑦

몡 (물품 등의) 조달, 입수
The **procurement** of new office supplies has been delayed due to budget issues.
새로운 사무용품의 procurement는 예산문제로 지연되었다.

> **관련 어휘**
> procure 통 (어렵게) 구하다, 입수하다

👑900+
RANK
1419

scrutinize [ˈskruːtənaɪz] ☆☆☆☆☆☆☆ ①·②·③·④·⑤·⑥·⑦

통 면밀히 조사하다, 세심히 살피다
Every part manufactured in the factory is closely **scrutinized** by inspectors.
그 공장에서 제조된 모든 부품은 조사관들에 의해 면밀히 scrutinize된다.

> **관련 어휘**
> scrutiny 몡 정밀 조사, 철저한 검토

> **핵심 기출 표현**
> under scrutiny 조사 중인

👑900+
RANK
1420

stagnant [ˈstæɡnənt] ☆☆☆☆☆☆☆ ①·②·③·④·⑤·⑥·⑦

몡 침체된
 become stagnant: 침체되다
Sales of the Fitpro smartwatch became **stagnant** due to the release of its rival's product.
Fitpro의 스마트워치 판매는 경쟁사의 제품 출시로 인해 stagnant되었다.

👑900+
RANK
1421

remit [rɪˈmɪt] ☆☆☆☆☆☆☆ ①·②·③·④·⑤·⑥·⑦

통 송금하다
Your payments will be **remitted** via wire transfer.
귀하의 결제 대금이 온라인 이체로 remit될 것입니다.

> **관련 어휘**
> remittance 몡 송금(액)

👑900+
RANK 1422

superficial [ˌsuːpəˈfɪʃəl] ☆☆☆☆☆☆ ①-②-③-④-⑤-⑥-⑦

형 깊이 없는, 얕팍한; 표면적인
B&P Consultants recommends fundamental improvements instead of **superficial** changes.
B&P 자문 위원들은 superficial한 변화 대신 근본적인 개선을 권장한다.

▶ **관련 어휘 superficially** 閉 표면적으로, 피상적으로

👑900+
RANK 1423

gratify [ˈɡrætəfaɪ] ☆☆☆☆☆☆ ①-②-③-④-⑤-⑥-⑦

1 동 기쁘게 하다
Working with the world-renowned expert was highly **gratifying** for Karen.
세계적으로 유명한 전문가와 함께 일하는 것은 Karen을 매우 gratify하게 한다.

2 동 (욕구 등을) 충족시키다
Ms. Tanaka had to revise her proposal to **gratify the needs of** her clients.
Ms. Tanaka는 고객의 요구에 gratify하기 위해 자신의 제안서를 수정해야 했다.

 gratify the needs of (= gratify one's needs):
~의 요구를 충족시키다

👑800+
RANK 1424

arguably [ˈɑːrɡjuəbli] ☆☆☆☆☆☆ ①-②-③-④-⑤-⑥-⑦

閉 주장하건대, 거의 틀림없이
For most companies, innovation has **arguably** the most competitive value.
대부분 회사들에서는, 혁신이 arguably 가장 경쟁력 있는 가치를 가지고 있다.

▶ **관련 어휘**
arguable 형 1. 주장할 수 있는 2. 논쟁의 소지가 있는   **argue** 동 1. 언쟁을 하다 2. 주장하다

👑900+
RANK 1425

imminent [ˈɪmənənt] ☆☆☆☆☆☆ ①-②-③-④-⑤-⑥-⑦

형 임박한, 목전의
As the storm was **imminent**, all employees left the office early.
태풍이 imminent하여, 전 직원이 일찍 퇴근했다.

👑900+
RANK 1426

probation [proʊˈbeɪʃən] ☆☆☆☆☆☆ ①-②-③-④-⑤-⑥-⑦

명 수습 (기간)
place/put A on probation: A를 수습 기간에 두다 (→ A be placed/put on probation)
During the first three months of employment, all new hires are **placed on probation**.
입사하고 첫 3개월 동안 신입사원은 probation을 거친다.

▶ **관련 어휘**
probationary 휑 수습 중의; 시험적인   probationer 휑 견습생, 수습 직원

▶ **핵심 기출 표현** probation period 수습 기간

👑900+
RANK
1427

tangible [ˈtændʒəbəl] ☆☆☆☆☆☆ ①·②·③·④·⑤·⑥·⑦

휑 **분명히 실재하는; (회사 자산이) 유형의** ┈┈▶ tangible asset: 유형 자산
The majority of the company's **tangible** assets are in real estate.
회사의 tangible 자산 대다수가 부동산에 있다.

▶ **관련 어휘** intangible 휑 1. 뭐라고 꼬집어 말하기 힘든 2. (회사 자산이) 무형의

👑900+
RANK
1428

inauguration [ɪˌnɑːɡjəˈreɪʃən] ☆☆☆☆☆☆ ①·②·③·④·⑤·⑥·⑦

휑 **개시, 개통**
Boulder Art Museum is pleased to announce the **inauguration** of a free shuttle bus service.
Boulder 미술관은 무료 셔틀버스 서비스의 inauguration을 발표하게 되어 기쁩니다.

▶ **관련 어휘** inaugurate 통 취임하게 하다

▶ **핵심 기출 표현**
inauguration ceremony 출범식
inaugurate A as B A를 B로 취임하게 하다 (→ A be inaugurated as B)

👑900+
RANK
1429

flatter [ˈflætər] ★☆☆☆☆☆ ①·②·③·④·⑤·⑥·⑦

1 통 **아첨하다, 알랑거리다**
The finance director **flattered** the CEO in hopes to increase the annual budget.
재무이사는 연간 예산을 늘리려는 희망으로 CEO에게 flatter했다.

2 통 **(자기가 잘난 줄) 착각하다**
Alex **flatters** himself thinking that he is an exceptional writer.
Alex는 자신이 뛰어난 작가라고 생각하며 자기 자신에 대해 flatter한다.

👑900+
RANK
1430

compelling [kəmˈpelɪŋ] ☆☆☆☆☆☆ ①·②·③·④·⑤·⑥·⑦

1 휑 **눈을 뗄 수 없는, 강렬한**
The best-selling novel written by John Winters has a **compelling** storyline.
John Winters가 작성한 베스트셀러 소설은 줄거리가 compelling하다.

2 🔷 설득력 있는, 강력한

Charlotte's research paper contained detailed data and a **compelling** argument.
Charlotte의 연구 보고서는 상세한 데이터와 compelling한 주장을 담고 있다.

👑900+
RANK
1431

unbearable [ʌnˈberəbəl] ★☆☆☆☆☆☆ ①-②-③-④-⑤-⑥-⑦

🔷 참을 수 없는, 견딜 수 없는

Many patients find the wait before getting the results of their checkup almost **unbearable**.
많은 환자들은 검진 결과를 기다리는 것을 거의 unbearable하다고 느낀다.

▶ 관련 어휘
　🔷 **bearable** 🔷 참을 만한, 견딜 만한　　　　　**unbearably** 🔷 참을 수 없을 정도로

👑900+
RANK
1432

provisionally [prəˈvɪʒənəli] ☆☆☆☆☆☆☆ ①-②-③-④-⑤-⑥-⑦

🔷 임시로

Mr. Lesman has been **provisionally** appointed as CEO until a permanent candidate is selected.
Mr. Lesman은 상임 후보가 선택될 때까지 provisionally로 CEO에 임명되었다.

▶ 관련 어휘 **provisional** 🔷 임시의

▶ 파트 7 대체어 기출 표현: provisionally 잠정적으로 → temporarily 임시로
　an appointment **provisionally[temporarily]** arranged for next Monday
　provisionally[temporarily] 다음 주 월요일로 잡혀 있는 약속

👑900+
RANK
1433

cite [saɪt] ☆☆☆☆☆☆☆ ①-②-③-④-⑤-⑥-⑦

🔷 (이유, 예를) 들다; 인용하다　┈┈▶ cite A as B: A를 B(의 이유/예)로 들다 (→ A be cited as B)
Effective marketing was **cited** as the main reason for the recent increase in sales.
효과적인 마케팅이 최근의 판매 증가의 주된 이유로 cite되었다.

▶ 관련 어휘 **citation** 🔷 인용(문)

👑800+
RANK
1434

circulate [ˈsɜːkjəleɪt] ☆☆☆☆☆☆☆ ①-②-③-④-⑤-⑥-⑦

🔷 (신문, 잡지 등을) 돌리다; (정보 등을) 유포하다

The town council **circulated** flyers about the construction project.
시의회는 건설 프로젝트에 대한 전단을 circulate했다.

▶ 관련 어휘
circulation 몡 1. 유통 2. (신문, 잡지의) 판매 부수

▶ 핵심 기출 표현
circulation desk (도서관 등의) 대출대

800+ RANK 1435 abuse [əˈbjuːz] ☆☆☆☆☆☆☆ ①-②-③-④-⑤-⑥-⑦

1 몡 남용, 오용
The HR Department takes verbal **abuse** within the workplace very seriously.
인사부는 직장 내 언어 abuse를 매우 심각하게 받아들인다.

2 동 남용하다, 오용하다
The manager was let go for **abusing** his position to mistreat his team members.
그 매니저는 자신의 지위를 abuse해서 팀원들을 괴롭힌 것으로 해고됐다.

900+ RANK 1436 receptive [rɪˈseptɪv] ☆☆☆☆☆☆☆ ①-②-③-④-⑤-⑥-⑦

····▶ receptive to: ~에 수용적인
몡 (새로운 제안 등에) 수용적인, 선뜻 받아들이는
The marketing director was **receptive** to the idea of a social media campaign.
마케팅 이사는 소셜 미디어 캠페인이라는 생각에 receptive했다.

900+ RANK 1437 mediate [ˈmiːdieɪt] ☆☆☆☆☆☆☆ ①-②-③-④-⑤-⑥-⑦

동 중재하다, 조정하다 ···▶ mediate the debate/dispute between: ~간의 논의/논쟁을 중재하다
Professor Connor will **mediate** the debate between the two candidates.
Connor 교수가 두 후보자 간의 토론을 mediate할 것이다.

▶ 관련 어휘
mediation 몡 중재, 조정　　　　mediator 몡 중재인, 조정관

900+ RANK 1438 dispatch [dɪˈspætʃ] ☆☆☆☆☆☆☆ ①-②-③-④-⑤-⑥-⑦

동 보내다, 파견하다; 발송하다 몡 파견; 발송
We'll **dispatch** a professionally trained specialist to your home for cleaning services.
청소 서비스를 위해 저희는 전문적으로 연수를 받은 전문가를 고객님의 댁으로 dispatch할 것입니다.

outlet [ˈaʊtlet] ☆☆☆☆☆☆☆

①-②-③-④-⑤-⑥-⑦

1 명 할인점; 직판점

····▶ retail outlet: 소매점

Horaxu Apparel is looking for a store manager for its new retail **outlet**.
Horaxu 의류에서는 신규 소매 outlet의 매장 매니저를 찾고 있다.

2 명 콘센트

····▶ power outlet: 전기 콘센트

You can plug your laptop computer into this power **outlet**.
당신의 노트북 컴퓨터를 이 전기 outlet에 꽂아도 된다.

▶ 핵심 기출 표현
  news outlet 언론 매체   outlet store 염가 판매점

collision [kəˈlɪʒən] ☆☆☆☆☆☆☆

①-②-③-④-⑤-⑥-⑦

명 (사고나 의견 등의) 충돌, 부딪힘

Route 23 is currently closed due to a **collision**.
23번 도로는 collision으로 인해 현재 폐쇄되었다.

▶ 관련 어휘
  collide 통 충돌하다, 부딪히다
▶ 핵심 기출 표현
  in collision with ~와 대립하여

tedious [ˈti�·di·əs] ☆☆☆☆☆☆☆

①-②-③-④-⑤-⑥-⑦

형 지루한, 싫증나는

After months of **tedious** negotiations, the companies finally came to an agreement.
장기간의 tedious한 협상 후에 두 회사는 마침내 합의점에 이르렀다.

▶ 관련 어휘
  tediously 부 지루하게, 따분하게

stringent [ˈstrɪndʒənt] ☆☆☆☆☆☆☆

①-②-③-④-⑤-⑥-⑦

형 엄중한; 엄격한

····▶ stringent standards/regulations: 엄격한 기준/규정

Sunrise Corp. is known for its **stringent** safety standards.
Sunrise사는 stringent한 안전 규정으로 유명하다.

> **관련 어휘**
> **stringently** 및 가혹하게　　　　　　　　**stringency** 명 엄중함; 가혹함

900+
RANK
1443

manipulation [məˌnɪpjəˈleɪʃən] ★☆☆☆☆☆☆ ① · ② · ③ · ④ · ⑤ · ⑥ · ⑦

명 **조작, 속임수**
Akcu Studio can use photo **manipulation** techniques to make your images look more attractive.
Akcu 스튜디오는 귀하의 사진들을 더 매력적으로 보이게 하도록 사진 manipulation 기술을 사용할 수 있습니다.

> **관련 어휘**
> **manipulate** 통 (교묘하게) 조작하다, 조종하다

900+
RANK
1444

vigorous [ˈvɪɡərəs] ☆☆☆☆☆☆☆ ① · ② · ③ · ④ · ⑤ · ⑥ · ⑦

형 **활발한; 활기찬**
Vigorous campaigning efforts from the government helped reduce air pollution.
정부의 vigorous한 캠페인이 환경오염을 줄이는 데 도움이 되었다.

900+
RANK
1445

unmatched [ʌnˈmætʃt] ☆☆☆☆☆☆☆ ① · ② · ③ · ④ · ⑤ · ⑥ · ⑦

형 **(아무도) 필적할 수 없는, 타의 추종을 불허하는**
Because the quality of our products is **unmatched**, we export to 35 countries worldwide.
저희 상품의 질이 unmatched하기 때문에, 저희는 전세계 35개국에 수출합니다.

900+
RANK
1446

bond [bɑːnd] ☆☆☆☆☆☆☆ ① · ② · ③ · ④ · ⑤ · ⑥ · ⑦

1 명 **유대, 끈**　　　　　　　　　　:--▶ close bond: 긴밀한 유대감
The seminar will focus on developing closer **bonds** with coworkers.
세미나는 직장 동료간 더 긴밀한 bond를 발전시키는 것을 주로 다룹니다.

2 명 **채권; 담보 대출(금)**
Call Camford International Bank to learn more about our savings **bonds**.
저희 저축 bond들에 대해 더 알아보시려면 Camford 국제 은행으로 전화주세요.

3 명 **(법적) 합의, 계약**
Cora Morris signed a legal **bond** with Davidson Industries.
Cora Morris는 Davidson 산업과의 법률 bond에 서명했다.

RANK 1447 — **deprivation** [ˌdeprəˈveɪʃən] ☆☆☆☆☆☆☆ ①·②·③·④·⑤·⑥·⑦

📕 **박탈, 부족**

> ---→ sleep deprivation: 수면 부족

Feeling sleepy in the afternoon is usually a sign of sleep **deprivation**.

오후에 졸림을 느낀다는 것은 대개 수면 deprivation의 증세이다.

> ▶ **관련 어휘**
> deprive ⑧ 빼앗다
>
> ▶ **핵심 기출 표현**
> **deprive A of B** A에게서 B를 빼앗다 (→ A be deprived of B)

RANK 1448 — **shortcoming** [ˈʃɔːrtˌkʌmɪŋ] ★☆☆☆☆☆☆ ①·②·③·④·⑤·⑥·⑦

📕 **결점, 단점**

Ms. Thompson believed that the benefits of the new model outweighed its **shortcomings**.

Ms. Thompson은 새로운 모델의 이점이 shortcoming보다 크다고 생각했다.

RANK 1449 — **fierce** [fɪrs] ☆☆☆☆☆☆☆ ①·②·③·④·⑤·⑥·⑦

📙 **격렬한; 극심한** > ---→ fierce competition: 치열한 경쟁

Despite **fierce** competition, BF Engineering is widely acknowledged for its excellent service.

fierce한 경쟁에도 불구하고, BF엔지니어링은 우수한 서비스로 널리 알려져 있다.

> ▶ **핵심 기출 표현**
> **fierce debate** 치열한 논쟁   **fierce criticism** 거센 비난

RANK 1450 — **hinder** [ˈhɪndər] ☆☆☆☆☆☆☆ ①·②·③·④·⑤·⑥·⑦

📗 **방해하다, 저해하다**

The rescue efforts were **hindered** by the inclement weather.

구조를 위한 노력은 악천후로 인해 hinder되었다.

Speed Check-up

정답 p.586

다음의 한글 의미를 단서로 삼아 보기에서 알맞은 단어를 골라 넣으세요.

    ⓐ superficial   ⓑ arguably   ⓒ remitted   ⓓ stringent   ⓔ hindered

01 The rescue efforts were _____ by the inclement weather.
방해하다

02 B&P Consultants recommends fundamental improvements instead of _____ changes.
표면적인

03 Your payments will be _____ via wire transfer.
송금하다

04 Sunrise Corp. is known for its _____ safety standards.
엄중한

05 For most companies, innovation has _____ the most competitive value.
틀림없이

다음의 한글 해석과 의미가 같아지도록 보기에서 알맞은 단어를 골라 넣으세요.

    ⓐ vigorous   ⓑ gratifying   ⓒ scrutinized   ⓓ manuscripts   ⓔ imminent

06 As the storm was _____, all employees left the office early.
태풍이 임박하여, 전 직원이 일찍 퇴근했다.

07 Working with the world-renowned expert was highly _____ for Karen.
세계적으로 유명한 전문가와 함께 일하는 것은 Karen을 매우 기쁘게 했다.

08 Writers should edit their _____ carefully before submitting them.
작가는 자신의 원고를 제출하기 전에 신중하게 편집해야 한다.

09 _____ campaigning efforts from the government helped reduce air pollution.
정부의 활발한 캠페인이 환경오염을 줄이는 데 도움이 되었다.

10 Every part manufactured in the factory is closely _____ by inspectors.
그 공장에서 제조된 모든 부품들은 조사관들에 의해 꼼꼼히 점검된다.

문맥에 어울리는 단어를 보기에서 골라 넣으세요.

    ⓐ receptive   ⓑ acclaimed   ⓒ abuse   ⓓ stagnant   ⓔ provisionally

11 The marketing director was _____ to the idea of a social media campaign.

12 The documentary film was _____ as monumental by industry leaders.

13 The HR Department takes verbal _____ within the workplace very seriously.

14 Mr. Lesman has been _____ appointed as CEO until a permanent candidate is selected.

15 Sales of the Fitpro smartwatch became _____ due to the release of its rival's product.

의학 용어

기침이 좀 심하네 요즘 업무가 Strenuous해서 그런가···

쿠룩 쿠룩

나는 swiftly 낫기 위해 병원에 갔다

어서 병마를 repel 하자!

XX병원

의사 선생님은 말씀하셨다

급성 상기도염 이네요

더 ascertain 해볼 것도 없어요

네?

formidable한 병인가요? Outbreak의 원인은 뭐죠?

급성 상기도염?

나을 수는 있나요? bluntly 말씀해주세요! 전 inquisitive한 성격이라고요

환자분은···

감기 입니다···

급성 상기도염을 universally 감기라고 부르죠

네···

RANK 1451 intrigue [ɪnˈtriːg] ☆☆☆☆☆☆☆ ①-②-③-④-⑤-⑥-⑦

1 📖 강한 흥미를 불러일으키다

The audience was **intrigued** by Ms. Ingram's fresh approach to the topic.

관객들은 Ms. Ingram의 주제에 대한 새로운 접근법에 intrigue되었다.

2 📖 모의; 음모

Many employees were unaware of the **intrigues** and scandals that took place.

많은 직원들은 직장에서 일어난 intrigue와 스캔들에 대해 알지 못했다.

▶ **관련 어휘**
intriguing 🔲 아주 흥미로운

RANK 1452 formulate [ˈfɔːrmjəleɪt] ☆☆☆☆☆☆☆ ①-②-③-④-⑤-⑥-⑦

📖 (공들여) 만들어 내다

Jazz Liquid Detergents are specially **formulated** to fight against tough stains.

Jazz 액체 세제는 특히 강한 얼룩을 없애기 위해 특별히 formulate되었습니다.

▶ **관련 어휘**
formula 🔲 공식; 제조법

▶ **핵심 기출 표현**
specially formulated engine 특별 제작된 엔진

RANK 1453 viable [ˈvaɪəbəl] ☆☆☆☆☆☆☆ ①-②-③-④-⑤-⑥-⑦

🔲 실행 가능한, 성공할 수 있는 　;··▶ viable alternative: 가능한 대안

Manufacturers are looking for a **viable** alternative to plastic packaging.

제조업체들은 플라스틱 포장에 대한 viable한 대안을 찾고 있다.

RANK 1454 meticulously [məˈtɪkjələsli] ☆☆☆☆☆☆☆ ①-②-③-④-⑤-⑥-⑦

🔲 꼼꼼하게

Every department must **meticulously** plan its portion of the product launch.

모든 부서가 제품 출시를 위한 각자의 몫을 meticulously 계획해야 한다.

▶ **관련 어휘** meticulous 🔲 꼼꼼한, 세심한

▶ **파트 7 대체어 기출 표현: meticulously 꼼꼼하게 → thoroughly 철저하게**
meticulously[thoroughly] prepare for the meeting 회의 준비를 meticulously[thoroughly]하게 하다

RANK 1455 · 900+

obsolete [ˌɑːbsəlˈiːt] ☆☆☆☆☆☆☆   ①-②-③-④-⑤-⑥-⑦

혱 더 이상 쓸모가 없는, 구식의

Due to constant advances in technology, many devices are becoming **obsolete**.

끊임없는 기술 진보로, 많은 장비들이 obsolete 되어가고 있다.

;--▶ become obsolete: 쓸모 없게 되다

RANK 1456 · 900+

invigorated [ɪnˈvɪɡəˌeɪt] ☆☆☆☆☆☆☆   ①-②-③-④-⑤-⑥-⑦

혱 기운이 나는; 활성화된

Jogging every morning will leave you feeling **invigorated** and refreshed.

아침에 하는 조깅은 invigorated하고, 상쾌하게 해줄 것이다.

> ▣ 관련 어휘
> **invigorate** 툉 1. 기운 나게 하다 2. 활성화하다

RANK 1457 · 900+

redeemable [rɪˈdiːməbl] ☆☆☆☆☆☆☆   ①-②-③-④-⑤-⑥-⑦

혱 (현금이나 상품과) 교환할 수 있는

This coupon is **redeemable** for a large pizza at any Pizza Mac's.

이 쿠폰은 Pizza Mac's의 전 지점에서 라지 사이즈 피자와 redeemable하다.

> ▣ 관련 어휘
> **redeem** 툉 (현금이나 상품으로) 바꾸다, 교환하다
> To **redeem** this offer on our Web site, simply enter the offer code "Gordo's 2" on the order form.
> 우리 웹 사이트에서 이 제공품을 redeem하시려면, 주문서에 할인코드 'Gordo's 2'를 입력하시기만 하면 됩니다.
> **redemption** 몡 상환, 변제
>
> ▣ 핵심 기출 표현
> **redeemable coupon** 상품으로 교환 가능한 쿠폰   **redeem a coupon** 쿠폰을 상품으로 바꾸다

RANK 1458 · 900+

commemorate [kəˈmeməreɪt] ★☆☆☆☆☆   ①-②-③-④-⑤-⑥-⑦

툉 기념하다

A banquet was held in order to **commemorate** the 50th anniversary of Fortune Systems.

Fortune 시스템의 50주년을 commemorate하기 위해 연회가 개최되었다.

;--▶ commemorate an anniversary: 기념일을 축하하다

> ▣ 관련 어휘
> **commemorative** 혱 기념하는
>
> ▣ 핵심 기출 표현
> **commemorative plaque** 기념 명판

522

900+
RANK
1459

culminate [ˈkʌlməneɪt] ☆☆☆☆☆☆☆　①·②·③·④·⑤·⑥·⑦

팀 (~으로) 끝이 나다, 막을 내리다　┈┈▶ culminate in: 결국 ~으로 끝나다
Skyrocketing housing prices **culminated** in the passage of rent-control laws.
급등하는 주택 가격이 임대료 규제법의 통과로 culminate했다.

▷ **관련 어휘**
culmination 명 정점, 최고조　　　　　**culminating** 형 절정에 달하는

900+
RANK
1460

inherently [ɪnˈhɪrəntli] ☆☆☆☆☆☆☆　①·②·③·④·⑤·⑥·⑦

🔲 본질적으로; 선천적으로
Short-term stock market investments are **inherently** risky.
단기 주식시장 투자는 inherently 위험하다.

▷ **관련 어휘**
inherent 형 타고난; 내재하는

900+
RANK
1461

synthetic [sɪnˈθetɪk] ☆☆☆☆☆☆☆　①·②·③·④·⑤·⑥·⑦

🔲 합성의, 인조의　　　　　　　　┈┈▶ synthetic fabric/material: 합성 섬유/물질
Liam Apparel produces jackets using **synthetic** fabrics at unbeatable prices.
Liam 의류는 synthetic 섬유를 사용하여 최저 가격으로 재킷을 생산한다.

900+
RANK
1462

revoke [rɪˈvoʊk] ☆☆☆☆☆☆☆　①·②·③·④·⑤·⑥·⑦

팀 폐지하다, 철회하다
A contractor's license can be **revoked** for any violation of the law.
계약업체의 면허는 법을 위반했을 시 revoke될 수 있다.

900+
RANK
1463

impede [ɪmˈpiːd] ☆☆☆☆☆☆☆　①·②·③·④·⑤·⑥·⑦

팀 (진행을) 지연시키다, 방해하다
Roadwork along Highway 95 was **impeded** by the snowstorm.
95번 고속도로의 공사 작업이 눈보라로 impede되었다.

900+
RANK 1464

explicitly [ɪkˈsplɪsɪtli] ☆☆☆☆☆☆☆   ①-②-③-④-⑤-⑥-⑦

🔧 **명쾌하게, 분명하게**   ;--▶ explicit state: 분명히 언급하다, 명시하다
The staff handbook **explicitly states** that all employees must attend an annual training session.
직원 안내 책자에는 전 직원이 연례 교육 시간에 반드시 참석해야 한다고 explicitly 명시한다.

▶ **관련 어휘**
explicit 📙 1. (진술, 글 등이) 명쾌한 2. (사람이) 솔직한

900+
RANK 1465

improvise [ˈɪmprəvaɪz] ★☆☆☆☆☆☆   ①-②-③-④-⑤-⑥-⑦

1 📙 **(연설, 연주 등을) 즉흥적으로 하다**
Ms. McMaster had to **improvise** her presentation when the projector stopped working.
Ms. McMaster는 프로젝터가 작동을 멈췄을 때 발표를 improvise해야 했다.

2 📙 **(꼭 필요한 것이 없어서) 뭐든 있는 것으로 처리하다**
Ashley had to **improvise** when she was asked to give her speech without her notes.
Ashley는 메모 없이 연설을 하라고 요청 받았을 때 improvise해야했다.

800+
RANK 1466

outbreak [ˈaʊtbreɪk] ☆☆☆☆☆☆☆   ①-②-③-④-⑤-⑥-⑦

📗 **(사고, 질병 등의) 발생, 발발**   ;--▶ disease outbreak: 질병 발생
Travelers must get medical checks to prevent a disease **outbreak**.
여행자들은 질병 outbreak를 막기 위해 건강진단을 완료해야 한다.

900+
RANK 1467

envision [ɪnˈvɪʒən] ☆☆☆☆☆☆☆   ①-②-③-④-⑤-⑥-⑦

📙 **(앞으로 바라는 일을) 마음속에 그리다, 상상하다**
The company **envisions** expanding abroad within the end of the year.
회사는 연말 내로 해외진출을 envision한다.

900+
RANK 1468

universally [ˌjuːnəˈvɜːrsəli] ☆☆☆☆☆☆☆   ①-②-③-④-⑤-⑥-⑦

🔧 **일반적으로; 어디에서나**   ;--▶ universally recognizable: 어디에서나 알아볼 수 있는
The software uses icons which are **universally** recognizable, like scissors and disks.
그 소프트웨어는 가위나 디스크처럼 universally하게 알아볼 수 있는 아이콘을 사용한다.

▶ 관련 어휘
universal 휑 1. 일반적인 2. 보편적인

RANK 1469 900+

configuration [kənˌfigjəˈreɪʃən] ☆☆☆☆☆☆☆ ①-②-③-④-⑤-⑥-⑦

1 명 (컴퓨터) 환경 설정
Improper **configuration** is a common cause of poor performance in new computers.
부적절한 configuration은 새 컴퓨터의 조악한 성능의 공통된 원인이다.

2 명 배열, 배치
The Ray 2000 sound system is TIG Electronics' most popular **configuration**.
Ray 2000 사운드 시스템은 TIG 전자에서 가장 인기 있는 configuration이다.

▶ 관련 어휘
configure 통 (컴퓨터의) 환경을 설정하다

RANK 1470 900+

plummet [ˈplʌmɪt] ☆☆☆☆☆☆ ①-②-③-④-⑤-⑥-⑦

통 곤두박질치다, 급락하다 (= plunge)
Analysts expect Fovanx Co.'s stock prices to **plummet** after the merger.
분석가들은 Fovanx사의 주가가 합병 이후 plummet할 것으로 예상한다.

RANK 1471 900+

formidable [ˈfɔːrˈmɪdəbəl] ☆☆☆☆☆☆ ①-②-③-④-⑤-⑥-⑦

형 감당하기 힘든, 어마어마한   formidable challenge/opponent: 엄청난 도전/상대
Maintaining a large client base is a **formidable** challenge.
대규모 고객층을 유지하는 것은 formidable한 과제이다.

RANK 1472 900+

sparingly [ˈsperɪŋli] ☆☆☆☆☆☆ ①-②-③-④-⑤-⑥-⑦

뷰 아껴서, 절약하여
Technical terms should be used **sparingly** when communicating with customers.
고객들과 소통할 때는 전문용어를 sparingly하게 사용해야 한다.

▶ 관련 어휘
sparing 형 조금만 쓰는, 아끼는

👑900+
RANK 1473

inflict [ɪnˈflɪkt] ☆☆☆☆☆☆☆

①-②-③-④-⑤-⑥-⑦

图 (괴로움 등을) 가하다, 안기다
Fortunately, the damage **inflicted** by the storm was minor.
다행히도, 태풍으로 inflict된 손상은 경미했다.

👑900+
RANK 1474

strenuous [ˈstrenjuəs] ☆☆☆☆☆☆☆

①-②-③-④-⑤-⑥-⑦

图 몹시 힘든, 격렬한

┈┈▶ strenuous exercise/work:
몹시 힘든 운동/업무

The Pulse-AR8 allows athletes to monitor their pulse rates during **strenuous** exercise.
Pulse-AR8은 운동 선수들이 strenuous한 운동을 하는 동안 맥박수를 확인할 수 있도록 해준다.

👑900+
RANK 1475

incumbent [ɪnˈkʌmbənt] ☆☆☆☆☆☆☆

①-②-③-④-⑤-⑥-⑦

1 图 재임 중인
Only 10 percent of voters felt that the **incumbent** candidate won last night's debate.
유권자의 10퍼센트만이 incumbent인 후보자가 오늘 있었던 토론에서 이겼다고 생각했다.

2 图 재임자
The present **incumbent** will run again for presidential elections next year.
현 incumbent는 내년 대통령 선거에 다시 출마할 것이다.

👑900+
RANK 1476

disperse [dɪˈspɜːs] ☆☆☆☆☆☆☆

①-②-③-④-⑤-⑥-⑦

图 흩어지다, 해산하다
The reporters **dispersed** after the press agent canceled the interview with the film director.
언론홍보 담당자가 그 영화 감독과의 인터뷰를 취소한 뒤 기자들은 disperse했다.

👑900+
RANK 1477

depleted [dɪˈpliːtɪd] ☆☆☆☆☆☆☆

①-②-③-④-⑤-⑥-⑦

图 고갈된, 대폭 감소된
Care4Print will refill your **depleted** ink toner cartridges free of charge.
Care4Print는 귀하의 depleted한 잉크 토너 카트리지를 무료로 리필해 드릴 것입니다.

▶ **관련 어휘**
deplete 图 고갈시키다, 대폭 감소시키다　　　　　depletion 图 (자원 등의) 고갈, 소모

RANK 1478 · outright [ˌaʊtˈraɪt] ☆☆☆☆☆☆☆ ①-②-③-④-⑤-⑥-⑦

1 📖 완전한, 전면적인 ┈┈▶ outright ban: 전면 금지

The city government issued an **outright** ban on electric scooters.

시 정부는 전기 스쿠터의 outright한 금지를 발표했다.

2 📖 노골적인, 명백한 ┈┈▶ outright hostility/opposition: 노골적인 적대감/반대

Triton Fisheries treated its competitors with **outright** hostility.

Triton 양식장은 outright한 적개심을 갖고 경쟁업체들을 대했다.

RANK 1479 · assertively [əˈsɜːtɪvli] ☆☆☆☆☆☆☆ ①-②-③-④-⑤-⑥-⑦

📖 단정적으로, 확신을 가지고

Dr. Arians was impressed by how confidently and **assertively** the intern spoke.

Dr. Arians는 그 인턴이 자신 있고 assertively 말하는 것에 깊은 인상을 받았다.

▶ **관련 어휘**

assertive 📖 적극적인, 확신에 찬   **assert** 📖 (강하게) 주장하다

assertion 📖 1. 주장 2. (권리 등의) 행사

RANK 1480 · exploit [ɪkˈsplɔɪt] ☆☆☆☆☆☆☆ ①-②-③-④-⑤-⑥-⑦

📖 (부당하게) 이용하다, 착취하다 ┈┈▶ exploit an opportunity: 기회를 (부당하게) 이용하다

The Marketing Director **exploited** the opportunity to promote their new products.

마케팅 이사는 신상품 홍보 기회를 exploit했다.

RANK 1481 · vibrant [ˈvaɪbrənt] ☆☆☆☆☆☆☆ ①-②-③-④-⑤-⑥-⑦

1 📖 강렬한, 선명한

This summer's collection of dresses will come in more **vibrant** colors.

올해의 여름 신상품 드레스들은 더욱 vibrant한 색상들로 나올 것이다.

2 📖 활기찬, 생기가 넘치는

The young town of Richland Hills boasts a **vibrant** downtown area.

젊은 마을인 Richland Hills는 vibrant한 번화가를 자랑한다.

RANK 1482 — reconcile [ˈrekənsaɪl] ☆☆☆☆☆☆☆ ①·②·③·④·⑤·⑥·⑦

통 조화시키다; 화해시키다

The two sides failed to **reconcile** their differences but agreed to continue negotiations.
양측은 의견차를 reconcile하는 데 실패했지만 협상을 계속하기로 합의했다.

▷ 관련 어휘
reconciliation 명 조화, 화해

RANK 1483 — inception [ɪnˈsepʃən] ☆☆☆☆☆☆☆ ①·②·③·④·⑤·⑥·⑦

명 시작, 개시

Since its **inception** in 1981, Orewak has been at the forefront of computer development.
1981년 inception 이래, Orewak은 컴퓨터 개발의 선두에 있다.

▷ 관련 어휘
inceptive 형 시초의, 발단의

RANK 1484 — ascertain [ˌæsərˈteɪn] ☆☆☆☆☆☆☆ ①·②·③·④·⑤·⑥·⑦

통 알아내다, 확인하다   ┈▶ ascertain whether: ~인지 알아내다

Taehan Financial conducted a survey to **ascertain** whether a new product is marketable.
Taehan 금융은 신제품이 시장성이 있는지 ascertain하기 위해 설문 조사를 실시했다.

RANK 1485 — inquisitive [ɪnˈkwɪzətɪv] ☆☆☆☆☆☆☆ ①·②·③·④·⑤·⑥·⑦

형 꼬치꼬치 캐묻는; 호기심이 많은   ┈▶ inquisitive about: ~에 대해 꼬치꼬치 캐묻는

The reporter was very **inquisitive** about the new CEO's vision for the company's future.
그 기자는 회사의 미래에 대한 새 CEO의 비전에 대해 매우 inquisitive했다.

RANK 1486 — innate [ɪˈneɪt] ☆☆☆☆☆☆☆ ①·②·③·④·⑤·⑥·⑦

형 타고난, 선천적인

The musician had an **innate** sense of rhythm.
그 음악가는 리듬에 innate한 감각을 가지고 있었다.

900+
RANK 1487

pertinent [ˈpɜːtənənt] ☆☆☆☆☆☆☆ ①-②-③-④-⑤-⑥-⑦

⬛ 적절한, 관련 있는

All **pertinent** business travel documents must be given to Ms. Glover for approval.

모든 pertinent한 출장 서류는 승인을 위해 Ms. Glover에게 제출해야 한다.

> **▶ 관련 어휘** ·······▶ pertaining to: ~와 관련된 (= about)
> **pertain** 통 (특정한 상황에) 적용되다, 연관이 있다
> Regulations **pertaining** to environmental safety are in chapter five of the manual.
> 환경 관리 안전에 pertaining한 규정들은 안내 책자의 5장에 나와 있다.

> **▶ 핵심 기출 표현**
> **pertinent to** ~와 관련된 (= about)

> **▶ 파트 7 대체어 기출 표현: pertinent 관련 있는 → relevant 관련된**
> ask a number of **pertinent[relevant]** questions 여러 pertinent[relevant]한 질문들을 하다

900+
RANK 1488

relinquish [rɪˈlɪŋkwɪʃ] ☆☆☆☆☆☆☆ ①-②-③-④-⑤-⑥-⑦

⬛ (소유권 등을) 포기하다, 내주다

Mr. Slater recently **relinquished** his U.S. citizenship in order to avoid high tax rates.

Mr. Slater는 높은 세율을 피하기 위해 최근 미국 시민권을 relinquish했다.

> **▶ 관련 어휘**
> **relinquishment** 명 양도; 포기

> **▶ 핵심 기출 표현**
> **relinquish the position** 직위를 포기하다

900+
RANK 1489

discretion [dɪˈskreʃən] ★☆☆☆☆☆☆ ①-②-③-④-⑤-⑥-⑦

⬛ (자유) 재량(권)

;···▶ at one's discretion: ~의 재량에 따라

Dates listed in the agreement can be changed at the project manager's **discretion**.

동의서에 열거된 날짜들은 프로젝트 매니저의 discretion으로 변경될 수 있다.

> **▶ 관련 어휘**
> **discretionary** 형 자유 재량에 의한   **discreet** 형 신중한, 조심스러운
> **discreetly** 부 신중하게, 사려 깊게

> **▶ 핵심 기출 표현**
> **use / exercise discretion** 재량권을 행사하다

900+
RANK 1490

repel [rɪˈpel] ☆☆☆☆☆☆☆ ①-②-③-④-⑤-⑥-**⑦**

🔟 물리치다; 접근하지 못하게 하다
All of Viktori Apparel's jackets have been specially treated to **repel** water.
Viktori 의류의 모든 재킷에는 물을 repel하도록 특별 처리가 되어 있다.

> ▶ 관련 어휘
> **repellent** 웹 (물 등이) 스며들지 않게 하는 웹 방충제, 방수제

> ▶ 핵심 기출 표현
> **insect repellent** 방충제

900+
RANK 1491

dwindle [ˈdwɪndəl] ☆☆☆☆☆☆☆ ①-②-③-④-**⑤**-⑥-⑦

🔟 (점점) 줄어들다
The popularity of the Revon laptop **dwindled** after a few months.
Revon 노트북 컴퓨터의 인기는 몇 달 뒤 dwindle했다.

> ▶ 관련 어휘
> **dwindling** 웹 (점차) 줄어드는

900+
RANK 1492

exponential [ˌekspoʊˈnenʃəl] ☆☆☆☆☆☆☆ ①-②-③-④-⑤-⑥-**⑦**

🔟 (증가율이) 기하급수적인 ┈┈▶ exponential growth: 기하급수적인 성장
The company experienced **exponential** growth when it offered same-day delivery service.
그 회사는 당일 배송 서비스를 제공했을 때 exponential한 성장을 겪었다.

> ▶ 관련 어휘
> **exponentially** 웹 기하급수적으로

900+
RANK 1493

affluent [ˈæfluənt] ☆☆☆☆☆☆☆ ①-②-③-④-⑤-⑥-**⑦**

🔟 부유한, 잘 사는
The old factory site was turned into an **affluent** neighborhood.
그 낡은 공장 부지는 affluent한 동네로 바뀌었다.

👑900+
RANK 1494

lax [læks] ☆☆☆☆☆☆☆　　①-②-③-④-⑤-⑥-⑦

🔲 느슨한, 해이한

The CEO criticized the maintenance team about the **lax** security system.

┆--▶ lax security: 허술한 보안

CEO는 lax한 보안시스템에 대해 관리팀을 비난했다.

▶ **핵심 기출 표현**
lax morals 해이한 도덕성　　　　　　lax management 방만한 경영

👑900+
RANK 1495

chronicle [ˈkrɑːnɪkəl] ☆☆☆☆☆☆☆　　①-②-③-④-⑤-⑥-⑦

1 🔲 연대순으로 기록하다

The documentary film **chronicles** CEO Dagney Anwar's achievements at Bigapple Inc.

그 다큐멘터리 영화는 Bigapple사에서 CEO인 Dagney Anwar가 이룬 업적을 chronicle한다.

2 🔲 연대기

Sullivan Press recently published a **chronicle** of World War II.

┆--▶ chronicle of: ~의 연대기

Sullivan 언론사는 최근 2차 세계대전 chronicle을 출판했다.

👑900+
RANK 1496

swiftly [ˈswɪftli] ★☆☆☆☆☆☆　　①-②-③-④-⑤-⑥-⑦

🔲 신속히, 빨리 (= quickly, immediately)

PaceAuto repairs any vehicle **swiftly** and gets you back on the road fast.

PaceAuto는 어떤 종류의 차량이든 swiftly하게 수리하여 당신이 빨리 다시 운전대를 잡을 수 있게 해드립니다.

▶ **관련 어휘**
swift 휑 신속한, 재빠른

👑900+
RANK 1497

exquisite [ɪkˈskwɪzɪt] ☆☆☆☆☆☆☆　　①-②-③-④-⑤-⑥-⑦

🔲 매우 아름다운, 정교한

Paradis Atelier displays **exquisite** artwork from the 17th through the 19th centuries.

Paradis 아틀리에에는 17세기부터 19세기까지의 exquisite한 미술품을 전시한다.

RANK 1498

remunerative [rɪˈmjuːnəreɪtɪv] ★☆☆☆☆☆☆

혱 보수가 많은

Landry Consulting has a highly **remunerative** job opening for the right candidate.

Landry 컨설팅은 적합한 지원자를 대상으로 remunerative한 공석이 있습니다.

▶ 관련 어휘

remunerate 통 보수를 지불하다   remuneration 명 보수

RANK 1499

bluntly [ˈblʌntli] ☆☆☆☆☆☆☆

뷔 직설적으로   ;--▶ bluntly criticize: 직설적으로 비판하다

Mr. Pilmer is known for **bluntly** criticizing his coworkers' ideas during meetings.

Mr. Pilmer는 회의 때 동료 직원의 생각을 bluntly 비판하는 걸로 유명하다.

▶ 관련 어휘

blunt 혱 직설적인

RANK 1500

impeccable [ɪmˈpekəbəl] ☆☆☆☆☆☆☆

혱 흠 잡을 데 없는

Pomelo Bistro offers **impeccable** service and delicious food that is unmatched.

Pomelo 식당은 impeccable한 서비스와 타의 추종을 불허하는 맛있는 요리를 제공한다.

▶ 관련 어휘

impeccably 뷔 나무랄 데 없이, 완벽하게

Speed Check-up

정답 p.587

DAY 21
DAY 22
DAY 23
DAY 24
DAY 25
DAY 26
DAY 27
DAY 28
DAY 29
DAY 30

다음의 한글 의미를 단서로 삼아 보기에서 알맞은 단어를 골라 넣으세요.

ⓐ ascertain　　ⓑ improvise　　ⓒ meticulously　　ⓓ exquisite　　ⓔ explicitly

01 Paradis Atelier displays _____ artwork from the 17th through the 19th centuries.
　　　　　　　　　　　　　　　정교한

02 The staff handbook _____ states that all employees must attend an annual training session.
　　　　　　　　　　　　분명하게

03 Taehan Financial conducted a survey to _____ whether a new product is marketable.
　　　　　　　　　　　　　　　　　　　알아내다

04 Every department must _____ plan its portion of the product launch.
　　　　　　　　　　　　　　꼼꼼하게

05 Ms. McMaster had to _____ her presentation when the projector stopped working.
　　　　　　　　　　　즉흥적으로 하다

다음의 한글 해석과 의미가 같아지도록 보기에서 알맞은 단어를 골라 넣으세요.

ⓐ viable　　ⓑ impeded　　ⓒ dwindled　　ⓓ outright　　ⓔ redeemable

06 Roadwork along Highway 95 was _____ by the snowstorm.
95번 고속도로의 공사작업이 눈보라로 지연되었다.

07 This coupon is _____ for a large pizza at any Pizza Mac's.
이 쿠폰은 Pizza Mac의 전 지점에서 라지사이즈 피자로 교환할 수 있습니다.

08 The city government issued an _____ ban on electric scooters.
시 정부는 전기스쿠터의 전면 금지를 발표했다.

09 Manufacturers are looking for a _____ alternative to plastic packaging.
제조업체들은 플라스틱 포장에 대한 실행 가능한 대안을 찾고 있다.

10 The popularity of the Revon laptop _____ after a few months.
Revon 노트북의 인기는 몇 달 뒤 시들해졌다.

문맥에 어울리는 단어를 보기에서 골라 넣으세요.

ⓐ dispersed　　ⓑ swiftly　　ⓒ impeccable　　ⓓ pertinent　　ⓔ discretion

11 Pomelo Bistro offers _____ service and delicious food that is unmatched.

12 Dates listed in the agreement can be changed at the project manager's _____.

13 The reporters _____ after the press agent canceled the interview with the film director.

14 PaceAuto repairs any vehicle _____ and gets you back on the road fast.

15 All _____ business travel documents must be given to Ms. Glover for approval.

필수 기출
영숙어
300

001 **a couple of** 몇몇의, 두서 너의

John will be taking **a couple of** weeks off for vacation this summer.

John은 이번 여름 a couple of 주 동안 휴가를 갈 거에요.

002 **a lot of** 많은

Does the sales position require **a lot of** traveling?

영업직에 a lot of 출장이 필요한가요?

003 **a maximum of** 최고, 최대

The private dining room in the restaurant seats **a maximum of** 15 people.

그 식당의 개별 식사 공간에는 a maximum of 15명이 앉을 수 있다.

004 **a number of** 다수의, 많은

In my previous job, I organized **a number of** product launches.

이전 직장에서, 나는 a number of 제품 출시를 준비했다.

005 **a pair of** 한 짝의, 한 쌍의

Sarah bought **a pair of** boots at the new shopping mall.

Sarah는 새로 생긴 쇼핑몰에서 a pair of 부츠를 구입했다.

006 **a series of** 일련의

I'll be designing **a series of** new advertisements next week.

다음 주에 a series of 새로운 광고를 기획할 것이다.

007 **a wealth of** 풍부한

She has **a wealth of** experience in parks and recreation management.

그녀는 공원 및 휴양소 운영에 a wealth of 경험을 가지고 있다.

008 **account for**
① ~을 차지하다

Overseas visitors **account for** over 20 percent of our customers.

해외 방문객들이 우리 고객의 20퍼센트를 넘게 account for 한다.

② ~을 설명하다

The inclement weather may **account for** the slow Internet speed.

악천후가 느린 인터넷 속도를 account for 해 준다.

009 **adhere to** ~을 고수하다; ~을 준수하다

You must **adhere to** all of the terms of the agreement.

당신은 모든 계약 조건을 adhere to 해야 합니다.

010 **after all** 결국에는; 어쨌건

A suitable venue has been found, so the banquet will be held **after all**.

적당한 장소를 발견해서, 연회는 after all 열릴 것입니다.

011 **ahead of schedule** 예정보다 빨리

Will it be possible to finish the work **ahead of schedule**?

업무를 ahead of schedule 끝내는 게 가능할까요?

012 **all along** 내내, 죽, 처음부터

It was revealed that the company had financial problems **all along**.

회사에 all along 재정 문제가 있었음이 드러났다.

013 **all the way** 내내, 시종일관; 완전히, 다

Upper management supports the CEO's decision **all the way**.

고위 경영진은 CEO의 결정을 all the way 지지한다.

014 **allow for** ~을 감안하다[참작하다]

Allow for extra time when going to the airport during rush hour.

혼잡한 시간대에 공항에 갈 때는 추가 시간을 allow for 하세요.

015 **around the clock** 24시간 내내

The repair crew worked **around the clock** to fix the damaged road.

수리반은 손상된 도로를 복구하기 위해 around the clock 일했다.

016 **around the corner**
① 코앞으로 다가온, 목전에 있는

As the New Year is just **around the corner**, the store will hold a clearance sale.

새해가 around the corner해서, 상점은 창고정리 세일을 열 것이다.

536

② 길 모퉁이를 돌아

The medical center is right **around the corner** from here.

병원은 여기서 바로 around the corner에 있다.

017 as of ~부로[일자로]

Is it true that bus fares will be going up **as of** next month?

버스 요금이 다음 달 as of 오른다는 게 사실인가요?

018 as part of ~의 일환으로

As part of the new office policy, eating will not be allowed in work areas.

새로운 사무실 규정의 as part of, 작업 구역에서 식사하는 것은 허용되지 않습니다.

019 as scheduled 예정대로, 계획대로

The CEO meeting will take place next Tuesday **as scheduled**.

CEO 미팅은 as scheduled 다음주 화요일에 있을 것이다.

020 as soon as possible 최대한 빨리
(=ASAP)

Could you let us know of your decision **as soon as possible**?

as soon as possible 당신의 결정에 대해 알려주시겠어요?

021 as usual 평상시처럼, 늘 그렇듯이

As usual, I'll leave the bill with your receptionist in the front lobby.

as usual. 정문 로비에 있는 안내직원에게 청구서를 주고 가겠습니다.

022 as well 또한, 역시

I would like a glass of water and some ice **as well**, please.

물 한잔이랑 얼음 as well 주세요.

023 ask for ~을 요청하다

Did you **ask for** a discount when you bought the jacket?

재킷 살 때 할인을 ask for 했나요?

024 at a time 한 번에, 따로따로

What you're going to do is try 3 different food items one **at a time**.

당신이 할 일은 3가지 다른 식품을 at a time 하나씩 먹어보는 것입니다.

025 at all times 항상, 언제나

Safety goggles and protective gloves must be used **at all times** when handling dangerous materials.

위험한 물질을 다룰 때에는 보안경과 보호장갑을 at all times 착용해야 한다.

026 at any rate 어쨌든

The traffic is really bad right now–**at any rate**, I'm going to be a little late.

지금 차가 너무 막혀요. at any rate 저는 조금 늦을 거에요.

027 at last 마침내, 드디어

After several attempts, Bruce passed the driving test **at last**.

몇 번의 시도 후, Bruce는 at last 운전 면허 시험에 통과했다.

028 at least 적어도, 최소한

We go to the café **at least** three times a week.

저희는 at least 일주일에 3번 카페에 가요.

029 at once

① 즉시, 당장

The manager wants to see you in his office **at once**.

매니저가 자신의 사무실에서 당신을 at once 만나길 원해요.

② 동시에

The maintenance team is expected to complete many tasks **at once**.

유지보수팀은 at once에 많은 업무를 완료할 것으로 기대된다.

030 at present 현재는, 지금은

The supermarket chain has 10 store locations **at present**.

그 슈퍼마켓 체인은 at present 10개의 매장을 가지고 있다.

031 at the same time 동시에

We arrived at the meeting location **at the same time** as our clients.

우리는 고객들과 at the same time 회의장소에 도착했다.

032 based in ~에 본사를 둔

I am the operations manager of Hortman', a furniture store **based in** Austin.

저는 Austin에 based in한 가구점 Hortman'의 운영 매니저입니다.

033 based on ~에 근거하여

Wendy Belle's stories are **based on** her own experiences as the child of a musician and a scientist.

Wendy Belle의 이야기들은 음악가와 과학자의 자녀로서 그녀 개인의 경험에 based on한다.

034 be about to do 막 ~하려던 참이다

A package arrived for Andrew as he **was about to leave** the office.

Andrew가 사무실을 나서려고 be about to할 때, 그에게 소포가 도착했다.

035 be bound to do 틀림없이 ~할 것이다

The artist's painting **is bound to** be one of the main attractions.

그 화가의 그림은 주요 볼거리 중 하나가 될 것이 bound to한다.

036 be composed of ~로 구성되어 있다

The committee **is composed of** directors, the CFO, and the CEO.

위원회는 이사진, CFO, CEO로 be composed of 있다.

037 be comprised of ~으로 구성되다 [이루어지다]

The business course **is comprised of** eight lectures and two assignments.

경영 과정은 8개의 강의와 2개의 과제로 be comprised of된다.

038 be dependent on[upon] ~에 달려 있다; ~에 의존하다

The success of your business **is dependent on** many factors including quick responses to market change.

사업의 성공은 시장 변화에 빠르게 반응하는 것을 포함하여 많은 요인들에 be dependent on한다.

039 be in agreement 동의하다, 합의하다

Some of the meeting attendees were not in agreement with the proposal.

회의 참석자들 중 일부는 제안에 be in agreement하지 않았다.

040 be on track (어떤 결과를 얻기 위해) 착착 나아가다, 진행 중이다

The clothing company **is on track** to exceed its sales goals for this year.

그 의류 회사는 올해 매출 목표치를 넘기기 위해 be on track하고 있다.

041 be set to do ~하기로 예정되어 있다

DT Media **is set to sign** a merger agreement with NRG Manufacturing.

DT Media는 NRG 제조사와의 합병 계약에 서명하기로 be set to되어 있다.

042 be supposed to do ~할 예정이다, ~하기로 되어 있다

The applicants **are supposed to submit** their résumés by Friday.

지원자들은 금요일까지 이력서를 제출하기로 be supposed to되어 있다.

043 be sure to do 반드시 ~하다

Be sure to turn off your computer before leaving the office at the end of the day.

퇴근 시 사무실을 나서기 전 be sure to 컴퓨터를 꺼주세요.

044 be up to ~에 달려 있다

It **is up to** the manager to decide who to hire.

누구를 고용할 지 결정하는 것은 관리자에게 be up to한다.

045 bear in mind ~을 명심[유념]하다

All new business owners should **bear in mind** that success does not happen overnight.

모든 신규 사업가는 하루 아침에 성공하지 않는다는 것을 bear in mind 해야 한다.

046 behind schedule 예정보다 늦게

We're **behind schedule** on the project.

그 프로젝트가 behind schedule 되고 있어요.

047 belong to ~에 속하다, ~의 것이다

The laptop computer **belongs to** the

HR Department.
그 노트북은 인사부에 belong to한다.

048 beyond (one's) control 불가항력의
The sudden economic downturn was
beyond the company's control.
갑작스러운 경기 침체는 회사에겐 beyond control이
었다.

049 block off ~을 막다[차단하다]
Do you know which streets will
be blocked off for the regional
marathon?
어떤 도로가 지역 마라톤으로 block off되는지 아시나
요?

050 board up ~을 판자로 막다
Residents are advised to board
up the windows in their homes in
preparation for the storm.
주민들은 태풍에 대비해 집 창문을 board up하도록 권
고된다.

051 bottom line
① 핵심, 요점
The bottom line is that we need to
hire additional workers to serve more
customers.
bottom line은 우리가 더 많은 손님을 받으려면 추가
직원을 채용해야 한다는 것이다.

② 순이익
The executives were mainly interested
in ways to boost the bottom line.
경영진은 주로 bottom line을 증가시킬 방법에 관심을
보였다.

052 break ground 공사를 시작하다, 착공하다
The company will break ground on
its new headquarters building next
week.
회사는 다음 주 새로운 본사 건물을 break ground 할
것이다.

053 by means of ~을 통해, ~의 도움으로
New employees are selected by
means of an assessment test and
interviews.
신입사원들은 평가시험과 면접의 by means of로 선발
된다.

054 by oneself 혼자서
Susan presented the quarterly sales
report by herself.
Susan은 분기 매출 보고서를 by herself 발표했다.

055 by way of ~을 경유하여, ~을 통해
As there are no flights available, he
is coming by way of train.
이용 가능한 항공편이 없어서, 그는 기차로 by way of
해서 오고 있다.

056 carry out 수행하다
The institute received more funding
to carry out further research on
climate change.
협회는 기후 변화에 대한 연구를 더 carry out하기 위
해 더 많은 재정 지원을 받았다.

057 catch up 따라잡다
We'll help you with your projects so
that you can catch up with us.
당신이 저희를 catch up할 수 있도록 저희가 당신 프로
젝트를 도울게요.

058 check in 체크인하다, 투숙[탑승] 수속을
밟다
What time did you check in at the
hotel yesterday?
어제 몇 시에 호텔에 check in했나요?

059 check out
① 확인하다, 조사하다
Let's check out the new café across
the street.
길 건너 새로 생긴 카페를 check out 해봐요.

② (도서관에서 책을) 대출받다
I'd like to check out a book from
your Rare Books Collection.
희귀 도서 소장본에서 책 한 권을 check out하고 싶습
니다.

060 clock in[out] 출근[퇴근] 카드를 찍다
I worked late last night, and I
clocked out at 10P.M.
저는 어제 야근을 해서, 밤 10시에 clock out했어요.

061 close by 인근에, 가까이에 (=near by)
The hospital is **close by** and takes five minutes to get there by car.
그 병원은 close by에 있고 차로 5분 거리에 있어요.

062 come across ~을 우연히 발견하다[마주치다]
I applied for the editor position as soon as I **came across** your company's advertisement.
저는 귀사의 광고를 come across하자마자 그 편집자 자리에 지원했습니다.

063 come along 되어가다, 나아지다
How is the new product development **coming along**?
신제품 개발은 어떻게 come along하나요?

064 come by ~에 잠깐 들르다
The president of the company is going to **come by** our branch tomorrow.
사장님이 내일 저희 지점에 come by하실 거예요.

065 come close to 거의 ~할 뻔하다; ~에 육박하다
No other employee has **come close to** the results achieved by Ms. Singh.
직원들 중 그 누구도 Ms. Singh이 이뤄낸 성과에 come close to하지 않는다.

066 come in first/second/third ... 1/2/3위...를 하다
Clark **came in first** in the bike race.
Clark은 자전거 경주에서 come in first했다.

067 come up with ~을 생각해내다; 제안하다
Mr. Sugihara **came up with** several creative ideas for the advertising campaign.
Mr. Sugihara는 광고 캠페인에 대한 몇 가지 창의적인 아이디어를 come up with했다.

068 count ~ in ~을 (어떤 활동에) 포함시키다
Can I **count** you **in** for this weekend's fundraising event?
이번 주말 기금모금 행사에 당신을 count in 해도 될까요?

069 cut back 줄이다, 축소하다
We need to **cut back** on our travel expenses.
우리는 출장경비를 cut back해야 해요.

070 cut down 줄이다, 삭감하다
I'm trying to **cut down** on caffeine, so I'm not drinking coffee these days.
저는 카페인을 cut down하는 중이라서, 요즘 커피를 마시지 않아요.

071 cut to the chase 바로 본론으로 들어가다
Let's **cut to the chase** and discuss the main issue.
cut to the chase해서 주요 이슈에 대해 논의합시다.

072 deal with 다루다, 처리하다
Sales associates should be polite when they **deal with** customer complaints.
영업 사원은 고객 불평을 deal with할 때 정중해야 한다.

073 depend on[upon] ~에 달려 있다, ~에 좌우되다; ~에 의존하다
The flight's arrival time will **depend on** weather conditions.
항공기 도착 시간은 기상 상태에 depend on합니다.

074 dispose of ~을 처리하다[없애다]
You should not **dispose of** used batteries with your regular household waste.
사용한 건전지를 일반 가정 쓰레기와 함께 dispose of하면 안 된다.

075 do one's best[utmost] 최선을 다하다
The event organizers **did their best** to meet the guests' requests.
행사 준비자는 고객의 요구사항을 맞추기 위해 do their best했다.

076 draw up 만들다, 작성하다
I'm supposed to **draw up** a sales agreement for the new customer.
저는 신규 고객을 위한 영업 계약서를 draw up해야 합니다.

077 drop by[in] ~에 잠깐 들르다

Would you mind **dropping by** the office supplies store and picking up the items?

사무용품점에 drop by해서 물품을 가져다 주실 수 있나요?

078 due to do ~하기로 예정된

The construction of the west wing of the hospital is **due to be** finished next month.

그 병원의 서관 공사가 다음 달에 끝나기로 due to되어 있다.

079 end up 결국 (어떤 상황에) 처하게 되다

If your business model is flawed, you'll **end up** losing money.

당신의 사업 모델에 문제가 있으면, 당신은 돈을 잃는 상황에 end up하게 될 것이다.

080 fall behind ~에 뒤떨어지다, (기한, 목표 등을) 맞추지 못하다

Poor weather conditions have caused the construction project to **fall behind** schedule.

안 좋은 날씨 조건 때문에 프로젝트를 일정보다 fall behind하게 되었다.

081 fall into disrepair 황폐해지다

The historic theater, built a century ago, has **fallen into disrepair** over the years.

한 세기 전에 지어진 이 유서 깊은 극장은 지난 몇 년간 fall into disrepair해졌다.

082 fall off 떨어지다; 줄다

Domestic automobile sales have **fallen off** by 15 percent this year.

국내 자동차 판매는 올해 15퍼센트 fall off했다.

083 fall short of ~에 못 미치다

JM Corporation's earnings **fell** considerably **short of** its expectations.

JM사의 수익은 기대에 훨씬 fall short of했다.

084 fall under ~에 해당되다; ~의 관할 하에 있다

Allocating resources **falls under** the responsibility of a general manager.

085 fall within ~에 포함되다, ~의 범위에 들어가다

Keep in mind that the cost of business operations must **fall within** the budget constraints.

사업 운영비는 예산 범위에 fall within되어야 한다는 걸 명심하세요.

086 feel free to do 마음껏[언제든지] ~하다

Feel free to help yourself to a beverage while you wait.

기다리는 동안 음료를 feel free to 드세요.

087 figure out ~을 이해하다, 알아내다

I can't **figure out** this new e-mail system.

저는 이 새로운 이메일 시스템을 figure out하지 못 하겠어요.

088 fill in for ~을 대신하다

While Mr. Jefferies was in Macau, I had to **fill in for** him during the weekly meetings.

Mr. Jefferies가 마카오에 가 있는 동안, 주간 회의에서 내가 그를 fill in for해야 했다.

089 fill out/in ~을 작성하다[기입하다]

To register for the program, please **fill out** this application form.

프로그램에 등록하시려면, 이 지원서를 fill out해 주세요.

090 fill up ~을 가득 채우다

Let's go to lunch early as the café gets **filled up** very quickly with customers.

카페에 손님이 빠르게 fill up되니 점심 먹으러 일찍 갑시다.

091 find out 알아내다

How do I **find out** which terminal I should go to?

제가 어느 터미널로 가면 되는지 어떻게 find out하나요?

092 fit into ~에 꼭 들어맞다[어울리다]

Residents really like how the apartments **fit into** the surrounding landscape.

주민들은 얼마나 아파트가 주위 풍경에 fit into하는 지를 정말 마음에 들어 한다.

093 fly off the shelves 날개 돋친 듯 팔리다

Toys **flew off the shelves** during the Christmas sale.

크리스마스 세일 기간 동안 장난감이 fly off the shelves했다.

094 follow up 더 알아보다, 후속 조치를 취하다

It is important for job applicants to **follow up** with the recruiter after an interview.

구직자들이 면접 후 채용 담당자와 follow up하는 것은 중요하다.

095 for years to come 앞으로 몇 년간

This consumer trend will have an impact on the food service industry **for years to come**.

이 소비자 동향은 for years to come 식품 산업에 영향을 미칠 것이다.

096 free of charge 무료로 (= at no charge)

Shuttle bus service to the airport is offered **free of charge** to all hotel guests.

공항 셔틀버스 서비스는 모든 호텔 투숙객에게 free of charge로 제공된다.

097 from time to time 가끔, 이따금

The manager buys coffee for his employees **from time to time**.

관리자는 from time to time 직원들에게 커피를 사준다.

098 get around 돌아다니다

How do the company's regional sales representatives usually **get around**?

회사의 지역 영업사원들은 보통 어떻게 get around하나요?

099 get back to

① ~에게 나중에 다시 연락하다

I'll **get back to** you as soon as I get more information about it.

제가 더 알게 되는대로 당신에게 get back to할게요.

② ~로 돌아오다

We will **get back to** the meeting after a short break.

짧은 휴식 후에 회의로 get back to 하겠습니다.

100 get in the way of ~에게 방해가 되다, ~을 방해하다

Personal affairs sometimes **get in the way of** work.

개인 용무는 때로 업무에 get in the way합니다.

101 get[be, keep] in touch (전화, 이메일 등으로) 연락하다[연락하고 지내다]

You can use this number to **get in touch** with me if you have any questions.

질문이 있으시면 저와 get in touch하기 위해 이 번호를 사용하시면 됩니다.

102 get off 내리다, 하차하다

Tourists are **getting off** a bus.

관광객들이 버스에서 get off하고 있다.

103 get rid of ~을 처리하다, 없애다

Let's **get rid of** the old items.

오래된 물품들을 get rid of 합시다.

104 get the most out of ~을 최대한으로 활용하다

The museum provides guided tours for visitors who want to **get the most out of** their time.

박물관은 시간을 get the most out of 하려는 방문객들에게 가이드가 인솔하는 관람을 제공한다.

105 get to ~에 도착하다

It takes about 45 minutes to **get to** the airport from here.

여기서부터 공항에 get to하는데 약 45분 걸린다.

106 get to work 일하러 가다, 일을 시작하다

How long does it normally take you to **get to work**?

get to work하는데 보통 시간이 얼마나 걸리세요?

107 get underway (프로젝트 등을) 시작하다

The research project will **get underway** next week.

연구 프로젝트는 다음주에 get underway할 거예요.

108 get used to ~에 익숙해지다

I'm sure you will like the job once you **get used to** it.

그 일에 get used to하면 분명 좋아하게 될 거예요.

109 go ahead 진행하다; 시작하다

Should I **go ahead** and prepare the proposal?

제가 제안서를 go ahead해서 준비해야 하나요?

110 go out of business 폐업하다

The computer store **went out of business** last year.

그 컴퓨터 매장은 작년에 go out of business했어요.

111 go over 검토하다, 점검하다

Why don't we **go over** the sales projections one more time?

매출 추정치를 한 번 더 go over하는 게 어때요?

112 go through

① ~을 겪다, 거치다

The product has **gone through** quality testing and received a passing score.

그 제품은 품질검사를 go through해서 합격점을 받았다.

② ~을 검토하다

The CEO will **go through** your project proposal after the meeting.

CEO는 회의 후 당신의 프로젝트 제안서를 go through 할 것이다.

113 go with (제의 등을) 받아들이다; 선택하다

The daily special sounds good. I'll **go with** that.

오늘의 메뉴가 좋을 것 같네요. 그걸로 go with 할게요.

114 good for 유효한

This coupon is **good for** a free appetizer at any of our restaurant locations.

이 쿠폰으로 저희 식당 전 지점에서 무료 에피타이저가 good for합니다.

115 hand in 제출하다 (= submit)

When you finish the questionnaire, please **hand** it **in** to me.

설문지 작성을 마치면, 저에게 그것을 hand in해 주세요.

116 hand out 나누어 주다, 배포하다

A man is **handing out** some flyers.

남자가 전단지를 hand out하고 있다.

117 have no objection to ~에 이의가 없다

We **have no objection to** your suggestion.

저희는 당신의 제안에 have no objection to합니다.

118 have nothing to do with ~와 아무 관련이 없다

The computer problem actually **has nothing to do with** your Internet connection.

컴퓨터 문제는 인터넷 연결과는 have nothing to do with합니다.

119 have something to do with ~와 무언가 관련이 있다

The problem **has something to do with** your CPU.

그 문제는 CPU와 have something to do with합니다.

120 have yet to do 아직 ~하지 못했다

The committee **has yet to make** a decision on the issue.

위원회는 그 문제에 대해 have yet to 결정을 내리지 못했다.

121 heat up ~을 데우다

It takes much longer to **heat up** food in a conventional oven than in a microwave.

전자 레인지보다 오븐으로 음식을 heat up하는 게 시간이 훨씬 더 걸린다.

122 hold down ~을 잡고 누르다

A man is **holding down** a piece of paper.

남자가 종이 한 장을 hold down하고 있다.

123 hold off 미루다, 연기하다

I'm going to **hold off** on buying a new car until next year.

저는 새 차 구입을 내년까지 hold off할 거예요.

124 hold onto[on to] ~을 꼭 잡다
The man is **holding onto** a railing.
남자는 난간을 hold onto하고 있다.

125 hustle and bustle 북적거림, 북새통
I don't particularly enjoy the **hustle and bustle** of the city life.
나는 특히 도시생활의 hustle and bustle을 좋아하지 않는다.

126 in advance 미리, 사전에
Did you make a payment **in advance**?
지불을 in advance 했나요?

127 in any case[event] 어쨌든, 아무튼
I wasn't invited to the event, but **in any case**, I didn't have time to go.
저는 그 행사에 초대받지 않았지만, in any case, 갈 시간도 없었어요.

128 have in common 공통점이 있다
The president and the vice-president of the firm **have** a lot **in common**.
회사의 사장과 부사장은 have in common이 많다.

129 in full 전부, 빠짐없이
The balance on the invoice was paid **in full**.
청구서 잔액은 in full 지불되었다.

130 in good condition 상태가 좋은
It doesn't really matter as long as the desk is **in good condition**.
그 책상이 in good condition하기만 하다면 별로 상관없다.

131 in jeopardy 위험에 빠진, 위기에 처한
As a result of some bad investments, the company's future is **in jeopardy**.
일부 부실투자 결과, 회사의 미래가 in jeopardy해 있다.

132 in keeping with ~에 따라, ~에 맞추어
In keeping with our store policy, we will exchange or refund any defective products.
매장 정책에 in keeping with하여, 저희는 불량품을 교환 또는 환불해 드립니다.

133 in (dire) need of ~을 (절실히) 필요로 하는
Many college students are **in need of** financial assistance.
많은 대학생들이 재정 지원을 in need of 한다.

134 in no time 당장, 즉시
We'll have your order ready **in no time**.
당신의 주문을 in no time 준비하겠습니다.

135 in one's capacity as ~로서, ~의 자격으로
In his capacity as the personnel manager, he is primarily responsible for hiring workers.
인사 관리자 in his capacity as, 그는 직원 채용을 주로 담당한다.

136 in place ~을 위한 준비가 되어 있는
We need all the tables and chairs **in place** for the reception.
환영회를 위해 모든 테이블과 의자가 in place되어 있어야 해요.

137 in place of ~를 대신해서
Charles will be attending the workshop **in place of** Ryan.
Charles는 Ryan을 in place of하여 워크숍에 참석할 것이다.

138 in terms of ~의 관점에서
How does your new job compare to your previous one **in terms of** salary?
새로운 직장은 급여의 in terms of에서 이전 직장과 비교해 어떤가요?

139 in the company of ~와 함께
I am honored to be **in the company of** such distinguished guests.
저는 이렇게 귀빈 여러분들 in the company of 하게 되어 영광입니다.

140 in the heart of ~의 한가운데에
CNE Bank is located **in the heart of** the city.
CNE 은행은 그 도시의 in the heart of에 있다.

141 in the interest of ~을 위하여
In the interest of protecting our files, please lock your computer when you leave your seat.
파일 보호를 in the interest of, 자리를 비울 때에는 컴퓨터를 잠가주세요.

142 in the interim 그 사이에, 그 동안에
The new assistant starts next month, but in the interim, I'll have to schedule appointments myself.
새 비서는 다음달에 일을 시작하지만, in the interim에는 제가 직접 업무일정을 잡아야 할겁니다.

143 in the long run 결국에는
Regular car maintenance can save car owners money in the long run.
정기 차량보수는 in the long run 차량 소유자가 돈을 절약하게 해줍니다.

144 in time 시간 맞춰
We'll arrive at the station in time to catch the train.
우리는 기차를 타기 위해 in time에 역에 도착할 거에요.

145 in view of ~을 고려하여, ~때문에
In view of the fast-approaching deadline, we should work overtime as needed.
빠르게 다가오는 마감일, in view of, 우리는 필요한 경우 초과근무를 해야 한다.

146 in writing 서면으로
Any verbal agreements with the manufacturer should be confirmed in writing.
제조사와의 그 어떤 구두 계약도 in writing으로 공식화해야 한다.

147 keep an eye on ~을 계속 지켜보다
Could you keep an eye on my bag while I go use the restroom?
제가 화장실에 다녀올 동안 제 가방을 keep an eye on 해주시겠어요?

148 keep in mind ~을 염두에 두다
Please keep in mind that during construction, there will be some loud noise.
공사가 진행되는 동안 소음이 발생할 것이라는 걸 keep in mind해 주시기 바랍니다.

149 keep ~ on file ~을 파일로 보관하다
The employment agency will keep your records on file for three years.
채용 대행사에서는 당신의 기록을 3년간 keep on file할 것입니다.

150 keep to ~을 계속 따라 가다; 고수하다
Take caution when driving on the freeway and keep to the speed limit.
고속도로를 운전할 때는 주의를 기울이고 제한속도를 keep to하세요.

151 keep track of ~을 기록하다; 파악하다, 추적하다
Online bank statements will help customers keep track of their monthly spending more easily.
온라인 은행 내역서는 고객들이 월간 지출액을 더 쉽게 keep track of하는 데 도움이 될 것이다.

152 keep up with (뉴스, 유행 등을) 알다, 따라잡다
To keep up with latest industry trends, Gale subscribes to various magazines.
최신 산업 동향에 keep up with 하기 위해, Gale은 다양한 잡지를 구독한다.

153 lay off 해고하다
KC Corporation laid off some employees as part of its downsizing effort.
KC사는 인원감축 노력의 일환으로 일부 직원들을 lay off했다.

154 lead to ~로 이어지다
There are various strategies that can lead to the success of a business.
사업의 성공으로 lead to할 수 있는 다양한 전략이 있다.

155 line up 일렬로 세우다, 줄을 서다
Many customers were lining up in front of the store for the big sale.
많은 고객들이 대규모 세일로 가게 앞에 line up 하고 있었다.

156 lock out of (문을 잠가서)...가 ~에 못 들어가게 하다
I forgot my key card, so I was locked out of the office.

제가 출입증을 깜박해서, 사무실에 lock out of했어요.

157 log in[on] to ~에 접속하다
You need to enter your ID and password to **log in to** the company network.
회사 네트워크에 log in to 하려면 ID와 비밀번호를 입력해야 합니다.

158 look after ~을 돌보다[살피다]
Michael can't come because he has to **look after** his children on weekends.
Michael은 주말에 아이들을 look after해야 해서 올 수 없다.

159 look around 둘러보다
I came early because I'd like to **look around** and take a few photos.
저는 look around하고 사진을 몇 장 찍고 싶어서 일찍 왔어요.

160 look at ~을 보다
She is **looking at** some paintings in an art gallery.
그녀는 미술관에서 그림 몇 점을 look at하고 있다.

161 look for ~을 찾다
The manager is **looking for** a volunteer to tidy up the storage room.
관리자는 창고를 정리할 자원자를 look for하고 있다.

162 look forward to ~을 몹시 기다리다
We **look forward to** working with you in the near future.
저희는 조만간 귀하와 같이 일하기를 look forward to 합니다.

163 look into ~을 알아보다, 조사하다
He is **looking into** starting his own business.
그는 자기 사업을 시작하는 걸 look into 하고 있다.

164 look no further 멀리서 찾지 마라, 더 알아볼 필요가 없다
For the highest quality roofing service, **look no further** than Ace Roofing.
최고급 지붕 설치 서비스를 받으시려면, Ace Roofing말고는 look no further하세요.

165 look over ~을 검토하다
Why don't we **look over** the proposal this afternoon?
오늘 오후에 제안서를 look over하는 게 어때요?

166 look through ~을 살펴보다
He **looked through** the catalog but could not find the item he needed.
그는 카탈로그를 look through했지만 필요한 상품을 찾지 못했다.

167 look to (개선 방안을 찾으려고) ~을 고려하다
The company is **looking to** open another branch to accommodate its customers.
회사는 늘어나는 고객들을 수용하기 위해 또 다른 지점을 여는 것을 look to하고 있다.

168 look up (정보를) 찾아보다
Could you **look up** the client's contact information, please?
고객 연락처를 look up해 주시겠어요?

169 make a copy[photocopy] 복사하다
Please **make 10 copies** of this article.
이 기사를 10장 make a copy해주세요.

170 make good use of ~을 잘 활용하다
Efficient workers **make good use of** their time.
유능한 직원은 자신의 시간을 make good use of합니다.

171 make it (행사 등에) 가다, 참석하다
I can't **make it** to the company picnic as I have to attend a workshop.
저는 워크숍에 참석해야 해서 회사 야유회에 make it 할 수 없습니다.

172 make one's way to[toward] ~로 나아가다
After the show has ended, please **make your way toward** the exit in an orderly manner.
공연이 끝난 후에는 질서 있게 출입구로 make your way toward 해주시기 바랍니다.

173 make sense 의미가 통하다; 말이 되다
It doesn't **make sense** to hire more people when we already have enough employees.
이미 직원이 충분한데 사람을 더 뽑는 것은 make sense하지 않다.

174 make sure 반드시 ~하다, ~을 확인하다
Make sure to dress appropriately for the job interview.
면접에 알맞게 옷을 입도록 make sure 하십시오.

175 make up (for) (~을) 보상하다, 만회하다
What could I offer to **make up for** our mistake?
저희 실수를 make up for하기 위해 제가 무엇을 하면 될까요?

176 move up (일정 등을) 앞당기다
The company's awards ceremony has been **moved up** to December 20.
회사 시상식이 12월 20일로 move up되었습니다.

177 much to one's surprise 매우 놀랍게도
Much to her surprise, Ms. Nichols was named as the Employee of the Year.
Much to her surprise하게도, Ms. Nichols는 올해의 최우수 직원으로 지명되었다.

178 narrow down (선택 가능 범위를) 좁히다
We should **narrow down** the number of candidates for the job.
우리는 그 일자리에 대한 지원자수를 narrow down해야 해요.

179 on a first-come, first-served basis 선착순으로
Seats will be available **on a first-come, first-served basis**.
좌석은 on a first-come, first-served basis로 이용 가능합니다.

180 on behalf of ~를 대신[대표]하여
On behalf of the company and its employees, the president expressed gratitude to the sponsors.
회사와 직원들을 on behalf of하여, 사장이 후원자들에게 감사를 표했다.

181 on call (비상시를 위해) 대기 중인
Doctors in emergency rooms are **on call** 24 hours a day.
응급실 의사들은 하루 24시간 on call이다.

182 on hand (특히 도움을) 구할[얻을] 수 있는
There will be enough staff **on hand** to help out during the night shift.
야간 근무시간에 도움을 줄 수 있는 on hand한 직원들이 충분할 것이다.

183 on holiday 휴가 중에
Our manager is **on holiday**, and he'll be back in two weeks.
저희 매니저는 on holiday중이라, 2주 후에 돌아오실 거예요.

184 on one's own 혼자서, 혼자 힘으로
(=by oneself)
This task is too difficult for me to do **on my own**.
이 업무는 제가 on my own으로 하기엔 너무 어려워요.

185 on one's way to ~로 가는[오는] 중인
The deliveryperson is **on his way to** our building.
배송직원이 저희 건물로 on his way하는 중이에요.

186 on schedule 예정대로, 일정에 맞춰
We're still **on schedule** to finish the project by the deadline.
저희는 아직 on schedule하게 마감일까지 프로젝트를 마칠 수 있어요.

187 on time 정각에, 시간을 어기지 않고
Though the weather was poor, our plane arrived **on time**.
날씨는 안 좋았지만, 저희 비행기는 on time에 도착했어요.

188 once in a while 때로는, 이따금
I see my friends from high school **once in a while**.
저는 고등학교 때 친구들을 once in a while 봅니다.

189 other than ~외에
Does the restaurant sell anything **other than** pasta dishes?

그 레스토랑은 파스타 요리 other than 다른 걸 파나 요?

190 out of order 고장 난
The elevator in our head office is currently **out of order**.
우리 본사 엘리베이터가 현재 out of order이다.

191 out of stock 재고가 떨어진
I'm afraid the item you ordered is **out of stock**.
죄송하지만, 귀하께서 주문하신 상품이 out of stock입니다.

192 out of the question 불가능한, 의논해 봐야 소용없는
In our current financial situation, expanding our business is **out of the question**.
우리의 현재 재정 상황에서, 사업 확장은 out of the question이다.

193 out of town 다른 곳에 있는, 출장 중인
Jack is **out of town** on a business trip.
Jack은 출장으로 out of town에 있다.

194 over the counter 처방전 없이 살 수 있는
This medicine is sold **over the counter**, so you don't need a prescription.
이 약은 over the counter로 판매돼서 처방전이 필요하지 않습니다.

195 paid time off 유급 휴가
The longer you work for a company, the more **paid time off** you get.
회사에서 더 오래 일할수록, 더 많은 paid time off를 받는다.

196 parallel to ~와 평행으로, ~을 끼고
Scanlan Street runs **parallel to** Huber Road.
Scanlan가는 Huber로와 parallel to로 뻗어 있다.

197 pass ~ around (자료 등을) 돌리다
Please **pass** our new product **around** so that everyone can look at it upclose.
모두 가까이서 볼 수 있게 저희 신제품을 pass around 해주세요.

198 pay off
① 결실을 맺다; 성과를 내다
The marketing team's hard work **paid off** as the ad campaign was hugely successful.
광고 캠페인이 크게 성공하면서 마케팅팀의 노고가 pay off했다.

② 빚을 다 갚다
The young artist was able to **pay off** her student loans after her first exhibition.
젊은 화가는 첫 전시회 이후에 학자금 대출을 pay off 할 수 있었다.

199 pick up 가지러 가다; (차에) 태우러 가다
Would you prefer to **pick up** your order or have it delivered?
주문품을 pick up하시겠어요, 아니면 배송 받으시겠어요?

200 pick out 고르다, 선발하다
It took me a long time to **pick out** what to wear today.
오늘 무엇을 입을 지 pick out하는 데 시간이 많이 걸렸다.

201 plenty of 많은
We don't need to order the handbooks because there are **plenty of** those in the storage room.
창고에 안내서가 plenty of하게 있어서 주문할 필요가 없다.

202 plug in[into] 플러그를 꽂다, 전원을 연결하다
Plug the cord **into** the outlet, and then press the 'on' button.
콘센트에 코드를 plug into한 후, 'on' 버튼을 누르세요.

203 point out 지적하다, 언급하다
The manager **pointed out** several errors in the document prepared by the intern.
관리자는 인턴이 준비한 문서에서 몇 가지 오류를 point out했다.

204 proceed to ~로 가다[향하다]
Passengers for Flight TF47 should **proceed to** Gate C for boarding.

TF47 항공편 승객들은 탑승을 위해 C 게이트로 proceed to 해야 한다.

205 pull out of ~에서 손을 떼다, 철수하다
One of the parties **pulled out of** the agreement at the last minute.
당사자 중 한 쪽이 막판에 계약에서 pull out of했다.

206 push back (시간, 날짜를) 미루다
Due to other more urgent tasks, Mr. Park **pushed back** the deadline for the report.
다른 더 긴급한 업무로 인해, Mr. Park은 그 보고서 마감일을 push back했다.

207 push forward 밀고 나가다, 밀어붙이다
Despite shortage of funding, the organization **pushed forward** with the research.
자금 부족에도 불구하고, 그 기관은 연구를 push forward했다.

208 put a call through 전화를 연결하다
I'll **put** your **call through** to a technician now.
지금 기술자에게 put a call through해 드릴게요.

209 put aside 따로 남겨두다
Would you like me to **put aside** the item for you when it arrives?
물품이 도착하면 당신을 위해 put aside해 드릴까요?

210 put away 치우다
One of the men is **putting away** his laptop.
남자들 중 한 명이 그의 노트북을 put away하고 있다.

211 put off 미루다, 연기하다
The café has decided to **put off** remodeling its kitchen.
그 카페는 부엌 리모델링을 put off하기로 결정했다.

212 put on hold ~을 보류하다
The production of the hybrid vehicle has been temporarily **put on hold**.
하이브리드 자동차 생산이 일시적으로 put on hold되었다.

213 put together (이것저것 모아) 만들다, 준비하다

I can **put together** a list of our best-selling products.
제가 가장 잘 팔리는 제품 목록을 put together할 수 있어요.

214 put towards (비용의 일부를) 보태 주다
I don't have enough cash with me to **put towards** Cary's birthday cake.
저는 Cary의 생일 케이크에 put towards할 현금이 충분하지 않네요.

215 put up
① (안내문 등을) 게시하다
Could you **put up** this notice on the bulletin board for me?
게시판에 이 공지를 put up 해 주시겠어요?
② 세우다, 설치하다
Shelves are being **put up** next to a door.
선반들이 문 옆에 put up되고 있다.

216 quite a lot[bit] 꽤 많은, 상당한
There were **quite a lot** of people at the concert.
콘서트장에 quite a lot한 사람들이 있었다.

217 quite some[a long] time 한참 동안
I haven't been to a movie theater in **quite some time**.
저는 영화관에 안 간지 quite some time 됐어요.

218 rather than ~보다는[대신에]
Rather than meeting on Tuesday, we'll be meeting on Thursday at 11 A.M.
우리는 화요일에 만나는 rather than 목요일 오전 11시에 만날 것이다.

219 refer to 언급하다, 지칭하다, 참고하다
Please **refer to** the instruction manual before using the washing machine.
세탁기를 사용하기 전 사용 안내서를 refer to해 주시기 바랍니다.

220 right away 즉시, 곧바로
I'll send you the file you need **right away**.
제가 당신이 필요한 파일을 right away 보내드릴게요.

221 **roll out** ~을 출시하다
MP Tech plans to **roll out** its new line of products next month.
MP Tech는 다음 달 신상품 라인을 roll out할 계획이다.

222 **run into** ~을 우연히 만나다
I **ran into** my former colleague at the conference last week.
지난 주 콘퍼런스에서 옛 동료를 run into했다.

223 **run low** 고갈되다, 떨어져 가다
We're **running low** on fuel, so we'd better stop at the next gas station.
연료가 run low되어, 다음 주유소에 들러야겠어요.

224 **run out of** ~을 다 써버리다, ~이 없어지다
The copy machine has **run out of** paper.
복사기에 종이가 run out of되었어요.

225 **run through**
① ~을 빨리 살펴보다
Let's **run through** the guest list to make sure we haven't left out anyone.
빠트린 사람이 없는지 확인하기 위해 방문자 명단을 run through합시다.

② ~속으로 빠르게 퍼지다
Random thoughts kept **running through** the intern's mind during the training session.
교육 시간에 잡념이 인턴의 마음 속에서 계속 run through 했다.

226 **second to none** 최고의, 제일의
Woodland Farm's freshly-grown fruits and vegetables are **second to none**.
Woodland 농장에서 갓 재배한 과일과 야채는 second to none이다.

227 **set ~ apart** ~을 돋보이게 하다
Our exceptional customer service is what **sets** us **apart** from our competition.
우리의 뛰어난 고객 서비스는 우리를 경쟁사로부터 set apart하는 것입니다.

228 **set aside** ~을 따로 떼어두다, 챙겨두다
You should **set aside** some time everyday for exercise.
매일 운동할 시간을 set aside 해야 합니다.

229 **set forth** 제시하다, 발표하다
The recycling initiative was **set forth** by the city council.
시 의회가 재활용 계획을 set forth했다.

230 **set up**
① (장비 등을) 설치하다
He is **setting up** a ladder to climb up to the roof.
남자가 지붕에 올라가려고 사다리를 set up하고 있다.

② (계획 등을) 세우다
The office assistant **set up** a meeting to discuss the contracts.
사무 보조원은 계약서를 논의하기 위해서 회의를 set up 했다.

231 **shake hands** 악수하다
The businessmen are **shaking hands**.
기업가들이 shake hands하고 있다.

232 **shut down** 폐쇄하다, 멈추다
Due to the economic crisis, the company had to **shut down** its factories.
경제 위기로 인해, 회사는 공장을 shut down해야 했다.

233 **side by side** 나란히
Some people are sitting **side by side** on a bench.
몇몇 사람들이 벤치에 side by side 앉아 있다.

234 **sign up** 등록하다
I **signed up** to use this room for an editorial meeting at 2 o'clock today.
내가 오늘 2시에 있을 편집 회의 때 이 방을 사용하려고 sign up했었다.

235 **single out** ~을 선발하다, 지목하다
It is difficult to **single out** who contributed the most to the project.
누가 프로젝트에 가장 많이 기여했는지를 single out하는 것은 어렵다.

236 so far 지금까지 (=until now)
Twenty people have replied to our invitation **so far**.
so far 20명이 우리 초대에 답을 보냈다.

237 sold out 매진된, 품절된
The item you're looking for is **sold out**.
찾으시는 상품은 sold out입니다.

238 sort out 분류하다
Why don't you **sort out** the clothes you don't wear anymore and donate them?
더 이상 안 입는 옷을 sort out해서 기부하는 게 어때요?

239 speak highly of ~을 크게 칭찬하다
The marketing director **speaks highly of** her employees.
마케팅 이사는 자신의 직원들을 speak highly of한다.

240 stand out 눈에 띄다, 두드러지다
There is one applicant that **stands out** from the rest.
전체에서 stand out하는 지원자가 한 명 있다.

241 stay on the line 전화를 끊지 않고 기다리다
Please **stay on the line** while I transfer your call.
전화를 바꿔드리는 동안 stay on the line 해주세요.

242 step down (자리에서) 물러나다
Mr. Lebowski **stepped down** from his position as vice president.
Mr. Lebowski는 부사장직에서 step down했다.

243 step into (일 등을) 시작하다
Ken will **step into** his new role as team manager next month.
Ken은 다음 달 팀장으로 새로운 역할을 step into한다.

244 step out 나가다
Sarah just **stepped out** of the office to go to the mailroom.
Sarah는 우편실에 가려고 방금 사무실에서 step out했다.

245 stop by 잠시 들르다
Can you **stop by** my desk before you leave?
퇴근 전에 제 자리에 stop by해줄래요?

246 straighten up ~을 정리하다
Please **straighten up** the room before the guests arrive.
손님들이 도착하기 전에 방을 straighten up해 주세요.

247 stuck in traffic 교통이 정체된
I've been **stuck in traffic** for 30 minutes now.
지금 30분째 stuck in traffic되고 있어요.

248 take ~ into account [consideration] ~을 고려하다
When planning a construction project, you must **take into account** time lost due to poor weather condition.
건축 프로젝트를 계획할 때에는 반드시 악천후로 인해 손실되는 시간을 take into account해야 한다.

249 take a leave of absence 휴직하다
The senior editor will be **taking a leave of absence** due to personal circumstances.
편집장은 개인 사정으로 take a leave of absence할 것이다.

250 take a look at ~을 살펴보다
Would you mind **taking a look at** my presentation material?
제 발표 자료를 take a look at해 주시겠어요?

251 take advantage of ~을 이용하다, ~을 기회로 활용하다
Why don't you **take advantage of** this special offer by subscribing today?
오늘 구독 신청하시고 이 특별 할인을 take advantage of하시겠어요?

252 take care of ~을 처리하다
I'll **take care of** the expense reports right away.
제가 비용 보고서를 take care of할게요.

253 take charge of ~의 책임을 지다, ~의 담당을 맡다

Who will **take charge of** organizing this event?

이 행사준비를 누가 take charge of할 건가요?

254 **take effect** 시행되다, 발효되다

When will the tax increase **take effect**?

세금 인상이 언제 take effect되나요?

255 **take ~ for granted** ~을 당연하게 여기다

The employee who **took** his job **for granted** was quickly demoted.

업무를 take for granted했던 직원은 곧 좌천당했다.

256 **take notes** 메모하다, 필기하다

Did you **take notes** during the meeting?

회의 때 take notes했나요?

257 **take off**
① (옷을) 벗다

A man is **taking off** his jacket.

남자가 재킷을 take off하고 있다.

② (비행기 등이) 이륙하다

The flight to London will **take off** in 10 minutes.

London행 비행기가 10분 후에 take off 합니다.

③ (상품이나 아이디어 등이) 빠르게 인기를 얻다

Much to everyone's surprise, the American business **took off** in Vietnam.

놀랍게도, 미국계 회사는 베트남에서 take off 했다.

cf. **take 기간 off** (~의 기간 동안) 쉬다

Ms. Kim will be **taking** 10 days **off** after she completes this project.

Ms. Kim은 이 프로젝트를 끝내고 10일 동안 take off 할 것이다.

258 **take on** (일 등을) 맡다 (=assume)

Ms. Lau **took on** more responsibilities after her promotion to department head.

Ms. Lau는 부서장으로 승진한 후 더 많은 책임을 take on했다.

259 **take one's place** ~을 대신하다

Have they hired someone to take Joan's place?

Joan의 place를 take할 사람을 뽑았나요?

260 **take one's time** 서두르지 않고 하다, 천천히 하다

Be calm and **take your time** answering the interviewer's questions.

면접관의 질문에 답변할 때 침착하게 take your time 하세요.

261 **take out** 들어내다, 빼내다

I went to the dentist's to get a tooth **taken out**.

이를 take out하러 치과에 갔다.

262 **take over**
① (업무, 자리 등을) 인계 받다

When does Alice **take over** as director?

Alice가 언제 이사직을 take over 하나요?

② (기업 등을) 인수하다

The global conglomerate will **take over** Howell Studios.

세계적인 대기업이 Howell 스튜디오를 take over 할 것이다.

263 **take part in** ~에 참가하다

Patrick is not **taking part in** this year's conference.

Patrick은 올해 콘퍼런스에 take part in하지 않을 것이다.

264 **take place** (행사 등이) 열리다, 개최되다; (계획된 일이) 일어나다

Our company sports day is going to **take place** on September 3.

저희 회사 체육대회는 9월 3일에 take place할 거예요.

265 **take time** 시간이 걸리다

It **takes time** to become good at any job.

어떤 일이든 잘하게 되는 데는 take time하기 마련이다.

266 **take up** (시간, 공간을) 차지하다

The office furniture was **taking up** too much space in the work area.

그 사무용 가구는 업무 공간에서 너무 많은 자리를 take up하고 있었다.

267 tamper with (허락 없이 함부로) 손대다, 건드리다

Do not **tamper with** any of the equipment in the factory.

공장에 있는 그 어떤 장비도 tamper with하지 마세요.

268 tear down 철거하다 (=demolish)

The city will **tear down** the old building which has become a safety hazard.

시에서 안전상 위험하게 된 오래된 건물을 tear down 할 것이다.

269 that way 그렇게 하면, 그런 식으로

You won't be able to persuade the client **that way**.

당신은 that way 고객을 설득하지 못할 거예요.

270 throw away ~을 버리다

When we move our office, please **throw away** anything you don't need.

사무실을 이사할 때, 필요 없는 것은 모두 throw away 해주세요.

271 throw a party 파티를 열다

Heather is **throwing a party** to celebrate Joey's retirement.

Heather는 Joey의 퇴직을 기념하기 위해 throw a party할 것이다.

272 time and a half 1.5배의 지급, 50% 초과 근무 수당

You'll get paid **time and a half** for each overtime hour.

당신은 초과근무 시간당 time and a half를 지급받게 됩니다.

273 time off 일이 없는 시간, 일시적 중단

Employees sometimes take **time off** to relieve stress from work.

직원들은 때때로 업무 스트레스를 풀기 위해 time off를 갖는다.

274 to and from ~을 왕복하는

The hotel offers a shuttle service **to and from** the airport.

호텔에서 공항을 to and from하는 셔틀 서비스를 제공한다.

275 to date 지금까지

This project was the department's best work **to date**.

이 프로젝트는 그 부서에서 to date까지 맡았던 업무 중 가장 잘한 것이었다

276 to one's liking [taste, preference] ~의 취향[기호]에 맞는

Spicy food is not **to my liking**.

매운 음식은 to my liking하지 않는다.

277 to this end 이것을 위하여, 이것 때문에

We encourage our workers to further develop their skills, and **to this end**, we offer a variety of training courses.

저희는 직원들에게 기술을 더 개발토록 독려하며, to this end 다양한 교육 과정을 제공합니다.

278 together with ~와 함께; ~을 포함하여

The Online Department attended the media convention, **together with** the IT Department.

온라인팀은 IT부서와 together with하여 미디어 컨벤션에 참석했다.

279 touch up ~을 고치다, 손보다

Our studio uses the Picture Max 3000 software to **touch up** photos.

저희 스튜디오에서는 Picture Max 3000 소프트웨어를 사용해 사진들을 touch up합니다.

280 try out 시험적으로 사용해보다

You can **try out** the service and see how well it meets your needs.

서비스를 try out해보고 당신의 필요를 얼마나 잘 충족하는지 알아볼 수 있습니다.

281 turn around (경기 등이) 호전되다, 호전시키다

The new loan helped **turn around** the company's finances.

신규 대출은 회사의 재무 상태를 turn around하는 데에 도움이 되었다.

282 turn down ~을 거절하다

Anthony **turned down** a job offer from a competitor company.

Anthony는 경쟁사의 일자리 제안을 turn down했다.

283 turn over ~을 뒤집다

Don't **turn** the steak **over** too many times' while it's cooking.

조리하는 동안 스테이크를 너무 많이 turn over 하지 마세요.

284 turn on[off] (전원을) 켜다[끄다]

Some lights in the house have been **turned on**.

집에 조명 일부가 turn on되어 있다.

285 turn out ~인 것으로 밝혀지다

It **turned out** that the cause of the malfunction was a faulty part in the machine.

오작동 원인은 기계의 결함 있는 부품인 것으로 turn out되었다.

286 turn to (도움, 조언 등을 위해) ~에 의지하다

I have a few close friends I can **turn to** for advice.

저에게는 조언을 구하기 위해 turn to할 친한 친구들이 몇 명 있습니다.

287 turn up 나타나다; 도착하다

Has anything **turned up** in your search for an apartment?

아파트 검색에서 뭔가 turn up했나요?

288 24/7 (24 hours a day, 7 days a week) 1년 내내, 언제나

The convenience store is open 24/7.

편의점은 24/7 열려있다.

289 under the name of ~라는 이름으로, ~의 명칭으로

Her novels were written **under the name of** Scarlett.

그녀의 소설은 Scarlett이라는 under the name of로 쓰였다.

290 until further notice 추후 공지가 있을 때까지

Employees are asked not to use the cafeteria **until further notice**.

직원들은 until further notice까지 구내식당을 사용하지 말라는 요청을 받았다.

291 up in the air 아직 결정되지 않은

Whether the two firms will merge or not is **up in the air**.

두 회사가 합병을 할 지 안 할 지는 up in the air이다.

292 up to (최대) ~까지

All displayed items will be on sale for **up to** 20 percent off.

모든 진열품은 up to 20퍼센트까지 할인될 것이다.

293 used to do (과거 한때에) ~하곤 했다, (한때는) ~였다

Jason **used to play** the guitar in a rock band.

Jason은 한때 락밴드에서 기타를 치곤 used to했다.

294 wear and tear (일상적인 사용으로 인한) 마모

Car tires have to be replaced due to **wear and tear**.

자동차 타이어는 wear and tear로 인해 교체되어야 한다.

295 wear out (낡아서) 떨어지다, 못쓰게 되다, 닳다

Faye had to buy a new pair of shoes because her old ones were **worn out**.

Faye는 이전 신발이 wear out해서 새 신발을 사야 했다.

296 with a view to ~할 목적으로

The new policy has been made **with a view to** increase customer satisfaction.

새로운 정책은 고객 만족도를 높일 with a view to로 만들어졌다.

297 within reason 온당한 범위 내에서

On casual Fridays, employees are free to wear whatever they want, **within reason**.

격식없는 복장을 입는 금요일에 직원들은 within reason하게 원하는 것을 자유롭게 입을 수 있다.

298 word of mouth 입소문

The most effective form of advertising is by **word of mouth**.

가장 효과적인 홍보 수단은 word of mouth이다.

299 work out

① 운동하다

How often do you **work out** in a week?

일주일에 얼마나 자주 work out하시나요?

② 해결하다, (일이) 잘 풀리다

Geri will **work out** the details with our clients before the end of the day.

Geri는 오늘 퇴근 전에 고객사와 함께 세부사항을 work out 할 것이다.

③ 계산하다, 산출하다

Once Regina **works out** the total sales revenue, she will email us the figures.

Regina가 총 판매 수익을 work out하는 대로, 우리에게 그 수치를 이메일로 보내줄 것이다.

300 wrap up (회의나 합의 등을) 마무리 짓다

Does anyone have any questions before we **wrap up** today's meeting?

오늘 회의를 wrap up하기 전에 질문 있으신 분 계신가요?

필수 기출
연결어
200

전치사, 접속사, 접속부사를 연결어라고 한다. 토익 시험 파트 5, 6에서는
during(~동안에), while(~하는 동안에)와 같이 뜻은 똑같지만 during은 전치사이
고 while은 접속사임을 구분하여 빈칸이 전치사 자리인지, 접속사 자리인지를 파악
해서 선택하는 문제들이 많이 출제된다.

▶ **전치사**: 뒤에 명사를 데리고 부사구나 형용사구를 만든다. 빈칸 뒤에 명사나, 대명사
또는 동명사가 있는 경우에는 전치사가 들어갈 자리이다.

▶ **접속사**: 뒤에 절을 데리고 부사절, 명사절, 형용사절을 만든다. 빈칸 뒤에 [주어+동
사]의 절이 있으면 보기 중에서 접속사를 선택한다.

▶ **접속부사**: 접속부사는 구나 절을 이끄는 것이 아니라 단독으로 문장 전체를 수식하
는 역할을 한다. 빈칸 뒤에 아무 것도 없고 콤마(,)가 있다면 접속부사가 답이다.

001 about

① 전 ~에 관한

Writing utensils will be provided during the meeting, so you don't have to worry about bringing a pen.

회의 때 필기 도구가 제공되니, about 펜을 가져가는 것에 대해 걱정하지 않으셔도 됩니다.

② 부 약, ~쯤 (=around, approximately)

Markle Appliances distributed about 50 samples to its retailers.

Markle Appliances는 about 50개의 샘플을 소매상들에게 배포했다.

002 above

① 전 ~보다 위에 부 위에

Applicants must meet all the requirements listed above to apply for the position.

지원자들은 그 직무에 지원하려면 above 나열된 모든 요건을 갖춰야 한다.

② 전부 (~보다) 많은, ~이상으로

Temperatures this summer were above average, which led to a lower crop yield.

올해 여름은 기온이 above평균보다 높아서 저조한 작물 수확으로 이어졌다.

003 according to 전 ~에 따르면

According to the cashier, customers can receive an additional discount by answering a survey.

according to 계산원에 따르면, 고객들은 설문에 응해서 추가 할인을 받을 수 있다.

004 across

① 전 ~을 건너서[가로질러]

Banners are hanging across the street.

현수막들이 across거리를 가로질러 걸려 있다.

② 전 ~전체에 걸쳐

People from across the country visited the National Food Fair.

across 전국에서 온 사람들이 전국 식품 박람회를 방문했다.

005 after 전접 (순서/시간상) ~뒤에[후에]

After viewing the documentary, audience members are encouraged to stay for a discussion session.

after 다큐멘터리를 시청한 후, 관객들은 토론 시간을 위해 자리에 머무르도록 권장된다.

006 afterward(s) 부 나중에, 그 후에

Dylan will be able to visit the facility afterward if necessary.

필요 시 Dylan은 afterward 시설을 방문할 수 있을 것이다.

007 against

① 전 ~에 반대하여

Marketing professionals advise against blindly following consumer trends.

마케팅 전문가들은 against 맹목적으로 소비자 동향을 따르지 말라고 조언한다.

② 전 ~에 맞닿아

A ladder is leaning against a wall.

사다리가 against벽에 기대어 있다.

008 all through 전 ~동안 줄곧

Evansville Mall is open 24/7 all through the summer.

Evansville몰은 여름 all through 매일 24시간 문을 연다.

009 along 전 ~을 따라

A man is cycling along a body of water.

한 남자가 along 물가를 따라 자전거를 타고 있다.

010 along with 전 ~와 함께

Don't forget to print the sales report along with the budget proposal.

along with예산 제안서와 함께, 매출 보고서를 출력하는 걸 잊지 마세요.

011 alongside

① 전 ~와 함께

Alongside your résumé, please submit two letters of recommendation.

alongside이력서와 함께, 추천서 2부를 제출해 주시기 바랍니다.

② 전 ~옆에, 나란히

A woman is planting some flowers **alongside** a pathway.

여자가 alongside 보도를 따라 꽃을 심고 있다.

012 **although** 접 비록 ~이긴 하지만

The next annual Technology Expo will take place in January, **although** it is usually held in March.

although 기술 엑스포가 보통은 3월에 열리지만, 다음 연례 기술 엑스포는 1월에 개최될 것입니다.

013 **amid** 전 ~하는 중에[가운데]

The opera singer entered the stage **amid** much applause.

오페라 가수는 amid 많은 박수갈채를 받으며 무대에 등장했다.

014 **among** 전 ~중에, ~사이에

Attracting more than a billion viewers, the movie is now **among** the highest grossing movies of all time.

10억 명이 넘는 관객을 끌어 모은 그 영화는 이제 among 역대 최고 수익을 올린 영화들 중 하나다.

015 **and** 접 그리고

The director's presentation was recorded, **and** it can be viewed on the company's Web site.

이사님의 발표는 녹화되었다. and 그것은 회사 웹 사이트에서 볼 수 있다.

016 **apart from**

① 전 ~외에는, ~을 제외하고 (=aside from)

Apart from those on business trips, everyone must attend the accounting seminar.

apart from 출장 간 사람들을 제외하고, 모두 회계 세미나에 참석해야 한다.

② 전 ~뿐만 아니라

Apart from managing the company budget, Mr. Hawkins also takes care of staff payroll.

Mr. Hawkins는 apart from 회사 예산 관리 뿐만 아니라 직원 급여도 담당한다.

017 **around**

① 전 ~주위에, 둘레에

Some flowers have been planted **around** a fountain.

around 분수대 주위에 꽃이 심어져 있다.

② 부 약, ~쯤 (= about, approximately)

I'll meet you at the convenience store **around** 1 P.M.

around 오후 1시에 편의점에서 만나.

018 **as**

① 접 ~할 때, ~하면서

The director called Julia **as** she was packing up to leave.

as 이사는 나가려고 짐을 챙기면서 Julia에게 전화했다.

② 전 ~로서

As the CEO, Ms. Walton puts in more hours than anyone else in the company.

as CEO로서, Ms. Walton은 그 누구보다 회사에 더 많은 시간을 쏟는다.

019 **as a matter of fact** 표 사실은

As a matter of fact, I started working at this company exactly two months ago.

as a matter of fact, 저는 정확히 두 달 전에 이 회사에서 일하기 시작했어요.

020 **as before** 표 앞서와 같이

As before, only company-issued vehicles can be parked on the premises.

as before, 오직 회사 차량만이 회사 내에 주차될 수 있다.

021 **as far as**

① 접 ~하는 한

As far as I am concerned, only the executives need to attend the conference.

as far as 내가 아는 한, 간부들만 그 회의에 참석하면 된다.

② 표 ~까지 (멀리/많이)

Due to a traffic collision, the buses will be running only **as far as**

Wayside Station.
교통 사고로 인해, 버스는 as far as Wayside역까지만 운행할 것입니다.

022 as for 젠 ~에 대해서 말하자면
As for dessert, I would recommend the crème brûlée with fresh seasonal fruit.
as for 디저트에 관해서라면, 저는 신선한 계절 과일을 곁들인 크림브륄레를 추천 드립니다.

023 as if 젭 마치 ~인 것처럼 (=as though)
Actor Steve Jung brought his character to life as if he truly existed.
배우 Steve Jung은 as if 마치 실존하는 것처럼 자신의 역할에 생명을 불어넣었다.

024 as long as 젭 ~이기만 하면, ~하는 한은
You are qualified for a full refund as long as you have the receipt with you.
as long as 영수증을 소지하고 있기만 하다면, 전액 환불 받을 수 있습니다.

025 as of now 🔁 지금으로서는
As of now, we have no plans to open a new branch.
as of now, 저희는 신규 지점을 오픈할 계획이 없습니다.

026 as opposed to 젠 ~와는 대조적으로
The action movie attracted much attention, as opposed to the documentary film.
as opposed to 다큐멘터리 영화와 대조적으로, 액션 영화는 많은 관심을 받았다.

027 as soon as 젭 ~하자마자 (=once)
Our manager will inform us as soon as more information is made available.
as soon as 더 많은 정보가 들어오는 대로, 매니저가 저희에게 알려줄 거에요.

028 as though 젭 마치 ~인 것처럼 (=as if)
The park visitors will feel as though they have stepped into a rainforest.
공원 방문객은 as though 마치 열대 우림에 들어온 것처럼 느낄 것입니다.

029 as to 젠 ~에 관하여
Neither company has decided as to when to announce the merger.
양쪽 회사 모두 as to 언제 합병을 발표할 지에 관해 결정을 내리지 못하고 있다.

030 as well as 젭 ~뿐만 아니라
The instructors will be teaching private classes as well as group classes.
강사들은 as well as 그룹 수업뿐만 아니라 개별 수업도 할 것입니다.

031 aside from 젠 ~외에도; ~을 제외하고 (=apart from)
Aside from quality and price, customers focus on factors like comfort and usefulness.
고객들은 aside from 품질과 가격 외에도, 안락함이나 유용함 같은 요인에도 집중한다.

032 assuming (that) 젭 ~라면, ~라고 가정하면
Please update the Web site, assuming that you have not done so already.
assuming that 아직 하지 않았다면, 웹 사이트를 업데이트 해주시기 바랍니다.

033 at
① 젠 ~에(서) [장소]
The team meeting will take place at the 19th floor conference room.
부서 회의는 at 19층 회의실에서 열릴 것이다.

② 젠 ~에 [시각]
Logan will be leaving for the airport at 7 P.M.
Logan은 at 오후 7시에 공항으로 출발할 것이다.

034 at that time 🔁 그때에
Dr. Hughes will be available for consultation at that time.
Dr. Hughes는 at that time 상담 가능하십니다.

035 barring 젠 ~을 제외하고, ~이 없다면
Barring unforeseen circumstances, the project's deadline will be as

559

agreed.

barring예기치 못한 상황이 없다면, 프로젝트 마감일은 합의한 대로 될 것입니다.

036 because 젭 ~때문에

The shipment of books did not arrive on time **because** the delivery truck broke down.

because 배송트럭이 고장 나서, 서적 배송이 제때 도착하지 못했다.

037 because of 젭 ~때문에

Because of a tight deadline, the entire R&D Department had to work overtime.

because of 빠듯한 일정 때문에, R&D팀 전원이 초과 근무를 해야 했다.

038 before 젭젭 (위치/시간상) ~앞에[전에]

Before leaving for the day, please make sure to turn off your computer.

before 퇴근하기 전에, 반드시 컴퓨터를 꺼주시기 바랍니다.

039 behind 젭 (위치/시간상) ~뒤에

The shopping mall is located right **behind** a residential area.

쇼핑몰은 behind 주거지역 바로 뒤에 있다.

040 below 젭 ~보다 아래에

The answers should be written right **below** the questions.

정답은 below 문제 바로 아래에 작성되어야 한다.

041 beside 젭 ~옆에

There is a potted plant **beside** a stack of books.

beside 책 더미 옆에 화분이 한 개 있다.

042 besides

① 젭 ~외에도, ~뿐만 아니라

Besides beverages, snacks and desserts will also be provided.

besides 음료 외에, 간식 및 디저트도 제공됩니다.

② 튀 게다가

I can help you with that. **Besides**, I already finished all my tasks.

제가 그 문제에 대해 당신을 도울 수 있어요. besides, 저는 이미 제 일을 모두 끝냈어요.

043 between 젭 ~사이에 (두 개의 사이에)

The science museum will be closed **between** the hours of 12 and 1 P.M.

과학 박물관은 between 오후 12시에서 1시 사이에 문을 닫습니다.

044 beyond

① 젭 ~저편에, ~너머

The expressway extends **beyond** the mountains into Summersville.

고속도로는 beyond산 너머 Summersville로 이어진다.

② 젭 (특정한 시간을) 지나

The keynote speech will go **beyond** noon.

기조연설은 beyond 정오를 지나 계속될 것이다.

③ 젭 (능력이나 한계 등을) 넘어서는, ~할 수 없는

Shane took his car to an auto shop, but it was **beyond** repair.

Shane은 그의 차를 정비소에 가져갔지만, 그것은 beyond 수리를 할 수 없는 것이었다.

045 both A and B 젭 A, B 둘 다

The government plans to build a stadium that is for **both** sports games **and** music performances.

정부는 both스포츠경기 and 음악공연 둘 다를 위한 경기장을 지을 계획이다.

046 but 젭 그러나, 하지만

Lakeside Bank wants to broaden its market share, **but** it has no means to do so.

Lakeside 은행은 시장 점유율을 높이길 원한다. but 그렇게 할 방법이 없다.

047 but for 젭 ~이 없다면[없었다면]

Ms. Langston would have made it to the meeting on time **but for** a car accident.

Ms. Langston은 but for 차 사고가 없었다면 회의에 제 시간에 도착했을 것이다.

048 by

① 전 ~까지

The budget report should be finished by tomorrow afternoon.

예산 보고서는 by 내일 오후까지 마무리되어야 한다.

② 전 ~에 의해

Centennial Regional Airport is operated by Aurora Corp.

Centennial 지방 공항은 by Aurora사에 의해 운영한다.

049 by now 🔼 지금쯤에는, 지금쯤이면

Our client should have received the purchase confirmation by now.

by now 저희 고객이 구매 확인서를 받으셨을 겁니다.

050 by the time 접 ~할 때쯤에, ~할 때까지

The lunch order will be ready by the time the clients arrive at the restaurant.

점심 주문은 by the time 고객들이 식당에 도착할 때쯤 준비될 거예요.

051 concerning 전 ~에 관한, ~에 관련된

I am sending you this e-mail concerning the recent merger.

당신께 concerning 최근 합병에 관한 이메일을 보내드립니다.

052 considering 전접 ~을 고려하면

Considering how popular the movie will be, we should get there early.

considering 영화가 얼마나 인기 있을 지를 고려하면, 우리는 거기에 일찍 가야 한다.

053 depending on[upon] 전 ~에 따라

The business hours of Willis Dental varies depending on the location.

Willis 치과의 영업시간은 depending on 지점에 따라 다릅니다.

054 despite 전 ~에도 불구하고

Despite having started later than others, Xiaoping was the first person to complete the task.

despite 다른 사람들보다 늦게 시작했음에도 불구하고, Xiaoping은 그 업무를 완료한 첫 번째 사람이었다.

055 down 전 ~아래로 🔼 아래로

You have to go down a floor to get to the seminar.

세미나에 가려면 down 한 층 아래로 가야 해요.

056 due to 전 ~때문에

Unfortunately, some of our staff couldn't attend due to a scheduling conflict.

안타깝게도, 저희 직원 몇 명은 due to 일정이 겹쳐서 참석하지 못했습니다.

057 during 전 ~동안

During the sales promotion, company's profits increased dramatically.

판매 프로모션 기간 동안, 회사 수익이 엄청나게 증가했다.

058 each time S+V 접 매번 ~할 때마다

Make sure to log in each time you arrive at the office.

each time 사무실에 올 때마다 반드시 로그인해 주십시오.

059 either A or B 접 A나 B 둘 중 하나

All applicants must have either an undergraduate degree or two years of relevant work experience.

모든 지원자는 either 학사학위 or 2년의 관련 업무경험 중 하나가 있어야 합니다.

060 elsewhere 🔼 (어딘가) 다른 곳으로[에서]

Because the parking lot is closed, we have to find a spot elsewhere.

주차장이 닫혀있어서, 우리는 elsewhere 자리를 찾아야 한다.

061 even as 접 마침 ~할 때, ~하는 바로 그 때

Even as we were talking, Mr. Collins came into the meeting room.

even as 우리가 말하는 바로 그 때, Mr. Collins가 회의실로 들어왔다.

062 even if 접 ~라 하더라도

Even if you can't make it on time, you should still try to get here as soon as possible.

even if 제시간에 못 온다고 해도, 그래도 최대한 빨리 오려고 노력해야 합니다.

063 **even so** 🔁 그렇다 하더라도
Investing in a startup can be risky. **Even so,** many believe it is worth it.
신생 회사에 투자하는 것은 위험할 수 있다. even so, 많은 사람들은 그것이 가치 있는 일이라고 생각한다.

064 **even though** 쩹 비록 ~이긴 하지만
Even though Ms. Fisher has a day off, her client scheduled a mandatory meeting with her.
even though Ms. Fisher가 휴가지만, 그녀의 고객은 그녀와 필수 회의일정을 잡았다.

065 **except** 쩹 ~을 제외하고
The new dress code change will affect all employees **except** for the interns.
신규 복장규정 변경은 except 인턴을 제외하고 전 직원에게 영향을 미칠 것이다.

066 **excluding** 쩹 ~을 제외하고
Submissions to *New Science Journal* should be 4,000 words or shorter, **excluding** references.
〈New Science Journal〉에의 제출물은 excluding참고문헌을 제외하고 4,000자 이내여야 한다.

067 **far from**
① 쩹 ~에서 멀리
Dorothy lives **far from** the office and has to commute for around two hours.
Dorothy는 far from 사무실에서 멀리 살아서 2시간 정도 걸려 통근해야 한다.

② 🔁 ~와는 거리가 먼; 전혀 ~이 아닌
Tony is **far from** completing his sales report even though it is due today.
오늘이 마감이지만 Tony는 far from전혀 매출 보고서를 완료할 상황이 아니다.

068 **for**
① 쩹 ~을 위해; ~에 대해
Riverton Toy Company organized a fundraiser **for** Westwood Children's Hospital.
Riverton 장난감회사는 for Westwood 어린이 병원을

위한 기금 모금 행사를 마련했다.

② 쩹 ~동안
The annual Shelbyville Music Festival will take place **for** three days.
연례 Shelbyville 음악축제는 for 3일 동안 열립니다.

③ 쩹 (to부정사의 의미상 주어 앞에서) ~가
There is no need **for** us to get to the restaurant early.
for 우리가 식당에 일찍 갈 필요는 없다.

069 **for instance** 🔁 예를 들어
Passengers have to pay for extra services. **For instance,** checking in one piece of luggage costs $25.
승객은 추가 서비스에 대해 비용을 지불해야 한다. for instance, 수하물 한 개를 부치는 데 25달러의 비용이 든다.

070 **for this[that] reason** 🔁 이러한 [그러한] 까닭에
Perry's usually delivers their goods on time. **For this reason,** I was surprised when my shipment was delayed.
Perry's는 보통 시간에 맞춰 상품을 배송한다. for this reason, 나의 배송품이 지연됐을 때 깜짝 놀랐다.

071 **from**
① 쩹 ~부터
The train **from** Osaka will be arriving shortly.
from Osaka발 기차가 곧 도착합니다.

② 쩹 ~에서; ~에게서
Mr. Nunez received the Employee of the Month Award **from** the company president.
Mr. Nunez는 from회사 사장에게 이번 달 직원상을 받았다.

072 **furthermore** 🔁 더욱이, 뿐만 아니라
Edward is a great candidate for the job. **Furthermore,** he can start right away.
Edward는 그 직무에 훌륭한 후보이다. furthermore, 그는 바로 일을 시작할 수 있다.

073 given

① 전 ~을 고려해 볼 때

Given your past purchases, you may also enjoy these items.

given 당신의 과거 구매이력을 고려해 볼 때, 이 상품들도 마음에 드실 거에요.

② 형 (이미) 정해진; 특정한

All appointments must be set within the **given** time period.

모든 약속은 given 시간 내로 정해져야 한다.

074 given that 접 ~을 고려해 볼 때

Given that the project has been approved, the company must hire more researchers.

given that 프로젝트가 승인된 점을 고려해 볼 때, 회사는 더 많은 연구원을 고용해야만 한다.

075 hardly any 구 거의 ~없는

Because Ms. Wong had many meetings today, she had **hardly any** time to finish her lunch.

Ms. Wong은 오늘 회의가 많아서, 점심을 먹을 시간이 hardly any했다.

076 hereby 부 이로써, 이에 의하여

We **hereby** give Powell Electronics full authorization to enter our premises.

hereby 저희는 Powell 전자에 저희 구역에 출입할 수 있는 전체 권한을 드립니다.

077 however

① 부 하지만

We have enough volunteers. **However**, we still need to assign each of them appropriate tasks.

우리에겐 자원봉사자들이 충분합니다. however, 우리는 그들 각각에게 적합한 업무를 맡겨야 합니다.

② 접 아무리 ~해도, 아무리 ~일지라도

However difficult it is, we must complete the task on schedule.

however 그것이 아무리 어려워도, 우리는 일정에 맞춰 그 업무를 끝내야 한다.

078 if

① 접 만약 ~이면 (부사절 접속사)

If you have a chance, could you please look over my job application?

if 기회가 되시면 제 입사 지원서를 검토해주시겠어요?

② 접 ~인지(의 여부) (명사절 접속사)

Do you know **if** anyone has come by my office while I was gone?

if 제가 없는 동안 제 사무실에 누가 왔었는지 아시나요?

079 if any 구 만약에 있다면; 설사 있다손 치더라도

Problems with office equipment, **if any**, should be reported to the Maintenance Department.

사무기기 관련 문제는, if any, 관리부로 보고되어야 합니다.

080 if not 구 그렇지 않다면, (그게) 아니면

The products must be treated with care. **If not**, they may be damaged.

그 제품들은 세심하게 다뤄져야 한다. 그렇지 않으면 손상될 수도 있다.

081 if possible 구 가능하다면, 될 수 있으면

If possible, I would like to meet with the CEO and discuss the new company policies.

if possible, 저는 CEO를 만나 새로운 회사 정책에 대해 논의하고 싶습니다.

082 if so 구 만약 그렇다면

Are you new to the company? **If so**, you must attend the new hire orientation session.

신규입사자세요? if so, 신규 입사자 오리엔테이션에 참석해야 합니다.

083 in

① 전 ~안에 [공간]

Mr. Osborne will be staying **in** room 1206.

Mr. Osborne은 in 1206호실에 머무를 것이다.

② 전 ~에 [기간]

The new seminar series will take place **in** August.

새로운 세미나 시리즈는 in 8월에 개최될 것이다.

③ 전 ~후에, ~만에 [시간의 경과]
Mr. Bates will be back in a few minutes.
Mr. Bates는 in잠시 후에 돌아올 것이다.

084 **in a word** 분 한 마디로 (말해서)
"Will you be attending the conference?" "**In a word**, no."
"콘퍼런스에 참석하시나요?" "in a word, 아니요."

085 **in accordance with** 전 ~에 따라
The Central Bank controls interest rates **in accordance with** specific financial policies.
중앙은행은 in accordance with구체적인 금융 정책에 따라 이자율을 조정한다.

086 **in addition to** 전 ~에 더하여, ~외에
In addition to a competitive salary, the company offers benefits and incentives.
그 회사는 in addition to 높은 급여 외에 복지 혜택과 성과급을 제공한다.

087 **in addition** 분 덧붙여, 게다가
In addition, about 60 new teachers will be hired.
in addition, 약 60명의 신규 교사들이 채용될 것이다.

088 **in anticipation of** 전 ~을 예상하여
The kitchen must always be kept sanitary **in anticipation of** the quarterly inspection.
주방은 in anticipation of 분기별 점검을 예상하여 항상 위생적으로 유지되어야 합니다.

089 **in any case** 분 어쨌든
Our client meeting has been postponed. **In any case**, we still need to prepare for it today.
우리 고객 회의가 연기됐습니다. in any case, 그래도 우리는 오늘 그걸 준비해야 해요.

090 **in case (that)** 접 ~인 경우에 대비해서
In case (that) more guests join the luncheon, we prepared extra food.
in case 더 많은 고객이 오찬에 참석할 것에 대비해, 우리는 여분의 음식을 준비했다.

091 **in case of** 전 ~의 경우에는, ~이 발생할 때에는
In case of heavy rain, staff members may work remotely rather than coming in to the office.
in case of 폭우가 내릴 경우, 직원들은 사무실로 오는 대신 원격 근무를 할 수 있다.

092 **in celebration of** 전 ~을 축하하여
In celebration of JMC Electronics' 50th anniversary, we are offering huge discounts.
in celebration of JMC 전자의 50주년을 축하하여, 저희는 엄청난 할인을 제공해 드립니다.

093 **in compensation for** 전 ~의 보상으로
The government issues aid **in compensation for** unemployment.
정부는 실업에 in compensation for 지원을 발표했다.

094 **in compliance with** 전 ~을 준수하여, ~에 따라
The construction project on 36 Grapevine Road is **in compliance with** city ordinance.
Grapevine로 36번지의 건설 프로젝트는 in compliance with시 조례를 준수합니다.

095 **in conjunction with** 전 ~와 함께
The discount coupon cannot be used **in conjunction with** any other promotional offers.
이 쿠폰은 in conjunction with 다른 할인혜택과 함께 사용될 수 없습니다.

096 **in contrast to** 전 ~와 대조적으로
In contrast to the rising demand of electric vehicles, the market for fuel-run vehicles is diminishing.
in contrast to 증가하는 전기차 수요와 대조적으로, 연료구동 자동차 시장은 사라지고 있다.

097 **in exchange for** 전 ~와 교환으로, ~대신에
In exchange for your support, your name will be featured in our

564

broadcast.

in exchange for 지원해 주신 것에 대한 보답으로, 저희 방송에 귀하의 이름이 나올 것입니다.

098 **in fact** 🔡 사실은

Ms. Ansari is a great writer. **In fact**, she recently was awarded with the Woburn Prize for Distinguished Writers.

Ms. Ansari는 대단한 작가이다. in fact, 그녀는 최근 뛰어난 작가에게 주는 Woburn상을 받았다.

099 **in favor of** 🔡 ~에 찬성[지지]하여

City council members voted **in favor of** this proposal to help stimulate economic growth.

경제성장 활성화를 돕기 위해 시의회는 in favor of이 제안에 찬성하는 투표를 했다.

100 **in front of** 🔡 ~의 앞에

Boxes are stacked **in front of** the cabinet.

상자들이 in front of캐비닛 앞에 쌓여 있다.

101 **in honor of** 🔡 ~을 기념하여, ~에게 경의를 표하여

We will hold a banquet dinner **in honor of** our retiring employees.

in honor of은퇴하는 직원들을 하기 위해, 우리는 만찬 연회자리를 가질 것이다.

102 **in light of** 🔡 ~를 고려하여, ~에 비추어

In light of your recent experience at one of our stores, please complete our customer survey.

in light of 저희 매장에서의 최근 경험을 고려하여, 고객 설문조사를 작성해 주세요.

103 **in order that** 🔡 ~하기 위하여, ~할 수 있도록

In order that the carpets be installed properly, please remove all furniture beforehand.

in order that 카펫이 제대로 설치되도록, 미리 가구를 모두 치워주세요.

104 **in order to do** 🔡 ~하기 위하여, 하도록

In order to resolve this problem,

please visit our office at 159 Caldwell Avenue.

in order to 이 문제를 해결하기 위해, Caldwell로 159번지에 있는 저희 사무실을 방문해 주세요.

105 **in other words** 🔡 다시 말해서

Ms. Kim is not here yet. **In other words**, she is late again.

Ms. Kim은 아직 여기 없다. in other words, 그녀는 또 지각이다.

106 **in response** 🔡 이에 대응하여

After much complaint, the company decided to take down the controversial advertisement **in response**.

많은 항의가 있은 후, 회사는 in response 논란이 되는 광고를 내리기로 결정했다.

107 **in response to** 🔡 ~에 응하여

We decided to make more pastries **in response to** customer demand.

우리는 in response to고객의 요구에 응해 페이스트리를 더 많이 만들기로 결정했다.

108 **in spite of** 🔡 ~에도 불구하고

In spite of the recession, we managed to increase sales by 25 percent.

in spite of불경기에도 불구하고, 우리는 매출을 25퍼센트나 끌어올렸다.

109 **in that** 🔡 ~라는 점에서

The original prototype was impractical **in that** they could not be used for more than two hours.

초기 시제품은 in that 2시간 넘게 사용될 수 없다는 점에서 실용적이지 않았다.

110 **in the event of** 🔡 ~할 경우에는

In the event of late delivery, the cost will be reimbursed.

in the event of 지연 배송의 경우에는, 비용이 환불될 것입니다.

111 **in the meantime** 🔡 그 동안에

In the meantime, you could go to the library and use one of the computers there.

in the meantime, 당신은 도서관에 가서 그곳에 있는 컴퓨터를 사용할 수 있다.

112 in this[that] case 🔲 이러한[그러한] 경우에는

The baseball game may be canceled due to inclement weather. **In this case**, you will be fully refunded.

야구 경기는 악천후로 인해 취소될 수 있습니다. in this case, 전액 환불될 것입니다.

113 in turn

① 🔲 결국, 결과적으로

Our client doubled their usual order, so **in turn**, we had to hire more staff.

우리 고객이 평상시의 두 배를 주문해서, in turn, 우리는 직원을 더 채용해야 했다.

② 🔲 차례차례

The passengers boarded the bus **in turn**.

승객이 in turn 버스에 탑승했다.

114 inasmuch as 🔲 ~이므로; ~인 점을 고려하면

Hiring a part-time employee helped the HR team, **inasmuch as** they no longer had to work on weekends.

inasmuch as 더 이상 주말에 근무할 필요가 없어졌다는 점을 고려하면, 파트타임 직원을 채용한 것은 인사팀에 도움이 되었다.

115 including 🔲 ~을 포함하여

Our store sells recordings by many musicians, **including** Charmaine Lieu and Manny Dreyes.

저희 매장에서는 including Charmaine Lieu와 Manny Dreyes를 포함하여 많은 음악가의 음반을 판매합니다.

116 inside 🔲 ~안에, ~내부에; ~의 시간 내에 🔲 안에

We have some tables **inside** the restaurant, but we also offer outdoor seating.

inside 레스토랑 내부에 테이블 몇 개 있지만, 저희는 야외 자리를 제공합니다.

117 instead 🔲 그 대신

The vice president will not be attending the Thursday meeting but will join the one on Friday **instead**.

부사장은 목요일 회의에 참석하지 않으시지만 instead 금요일 회의에는 함께 하실 겁니다.

118 instead of 🔲 ~대신에

I would like to start my work day at 9:00 A.M. **instead of** 8:30 A.M.

저는 instead of 오전 8시 30분 대신 오전 9시에 업무를 시작하고 싶습니다.

119 into 🔲 ~안으로

Elisa will be moving **into** her new apartment in a few weeks.

Elisa는 몇 주 후 into 새 아파트로 이사할 것이다.

120 just as 🔲 꼭 ~처럼

The concert turned out to be **just as** good as I had hoped.

콘서트는 just as 딱 제가 기대했던 것처럼 좋았어요.

121 just in case 🔲 ~인 경우에 한해서 🔲 만약을 위해서

Ronnie ordered another shipment of plastic cups **just in case** we run out of stock.

Ronnie는 just in case 재고가 떨어지는 경우에 대비해 플라스틱 컵을 한번 더 주문했다

122 know if 🔲 ~인지 알다

Do you **know if** there is a place where I can store these supplies?

know if제가 이 물품들을 보관할 수 있는 장소가 있는지 아시나요?

123 like 🔲 ~와 같은, ~처럼 🔲 마치 ~인 것처럼

The conference will be held in Atlanta **like** last time.

회의는 like 지난번처럼 Atlanta에서 열릴 것이다

124 likewise 🔲 똑같이; 또한

You need to replace the filter once every two months, and **likewise** the ones downstairs.

2달에 한번씩 필터를 교체하셔야 합니다. 그리고 아래층에 있는 것도 likewise합니다.

125 moreover 📑 게다가, 더욱이

Our restaurant offers various dishes made from local ingredients. **Moreover**, our chef has been internationally acclaimed.

저희 레스토랑은 현지 재료로 만든 다양한 음식을 제공합니다. moreover 저희 요리사는 세계적으로 인정받는 분입니다.

126 namely 📑 즉, 다시 말해

Ms. Song has extensive experience in this field, **namely** over 20 years at the Monument Hotel.

Ms. Song은 이 분야에서, namely Monument 호텔에서 20년 넘게 폭넓은 경험을 가지고 있다.

127 near 📑 ~에서 가까이

Phillip works **near** his house, so it takes him only 10 minutes to get to work.

Phillip은 near 자신의 집 근처에서 일해서, 출근하는 데 10분밖에 걸리지 않는다.

128 neither A nor B 📑 A, B 둘 다 아닌

Neither Ms. Le **nor** Mr. Nguyen knew much about financial investments until recently.

neither Ms. Le nor Mr. Nguyen 중 그 누구도 최근까지 금융투자에 대해 많이 알지 못했다.

129 nevertheless 📑 그렇기는 하지만, 그럼에도 불구하고

Many people doubted us. **Nevertheless**, after being in business for two years, we have seen much success.

많은 사람들이 우리에 대해 확신하지 않았다. nevertheless, 업계에서 2년이 지난 후, 우리는 상당히 성공했다.

130 next to 📑 ~옆에

A vehicle is parked **next to** a sidewalk.

차량이 next to보도 옆에 주차되어 있다.

131 no later than 📑 늦어도 ~까지는

The required documents should be received by **no later than** 3 P.M.

필수 서류는 no later than 늦어도 오후 3시까지는 도착해야 합니다.

132 no more than 📑 단지 ~에 지나지 않는; 불과 ~일 뿐인

The reimbursement form will take **no more than** 30 minutes to complete.

환급양식을 작성하는데 no more than 30분 정도 걸릴 것입니다.

133 no sooner A than B 📑 A하자마자 B하다

No sooner had the package arrived **than** it began to snow.

no sooner 소포가 도착하자마자 than 눈이 내리기 시작했다

134 nonetheless 📑 그렇다 하더라도

We at Navy Lane keep our prices affordable. **Nonetheless**, our high-quality clothes are stylish and fashionable.

저희 Navy Lane은 가격을 합리적으로 유지합니다. nonetheless, 저희의 고품질 의류는 세련되고 유행을 따릅니다.

135 not until 📑 ~이후나 되어야 비로소

The new windows will **not** be installed **until** next Monday.

새 창문은 not until 다음주 월요일 이후에나 설치될 것이다.

136 notwithstanding 📑 ~에도 불구하고

Notwithstanding some initial technical issues, the movie premiere was successful.

notwithstanding 초기의 기술적 문제에도 불구하고, 영화 개봉은 성공적이었다.

137 not A but B 📑 A가 아니라 B

Mr. Croy works **not** as a professor **but** as a headmaster.

Mr. Croy는 not 교수가 아니라 but 교장으로 일한다

138 not only A but (also) B 📑 A 뿐만 아니라 B도

Ms. Ewert was **not only** an accomplished academic **but also** an engaging lecturer.

567

Ms. Ewert는 not only 기량이 뛰어난 교수일 뿐만 아니라, but also 매력적인 강연자이기도 했다.

139 now that 웹 ~이므로, ~이기 때문에
Now that the summer holiday is coming up, the sales clerks will receive a new schedule.
now that 여름 휴가철이 다가오고 있기에, 판매 직원들은 새로운 일정표를 받을 것이다.

140 of 웹 ~의
The number of customers who signed up for permanent membership has increased.
of 평생 회원권에 등록한 고객들의 수가 증가했다.

141 off
① 웹 ~에서 벗어나서
The employee break room is off the main corridor.
직원 휴게실은 off 중앙 계단에서 떨어져 있다.

② 웹 (근무일을) 쉬는
Sally is taking next Monday off to visit her family.
Sally는 가족들을 만나러 가기 위해 다음 주 월요일에 off할 것이다.

③ 웹 할인되어
During our seasonal sale, you can get up to 70 percent off the regular price.
계절세일 기간에는 off 정가에서 최고 70퍼센트까지 할인 받을 수 있다.

142 on
① 웹 ~위에 [위치]
Some passengers are getting on a bus.
몇몇 승객이 on 버스에 타고 있다.

② 웹 ~에 [요일, 날짜]
My dental appointment is on Wednesday.
제 치과 예약은 on 수요일에 있습니다.

③ 웹 ~에 관하여, ~에 대해
Mr. Choi has done extensive research on sustainable development.

Mr. Choi는 on 지속 가능한 개발에 관해 광범위한 연구를 해 왔다.

143 on account of 웹 ~때문에
Ben works out at the fitness center every other day on account of his health.
Ben은 on account of 건강 때문에 격일로 헬스장에서 운동한다.

144 on/under condition that 웹 ~을
조건으로 하여; 만약 ~라면
Olivia will sign the contract under condition that she works flexible hours.
Olivia는 under condition that 그녀가 자유 근무 시간으로 일한다면 계약서에 서명할 것이다.

145 on the contrary 웹 그와는 반대로
I found the documentary extremely informative. On the contrary, Rick found it irrelevant.
나는 다큐멘터리가 매우 유익하다고 여겼다. on the contrary, Rick은 그것이 무관하다고 생각했다.

146 on the other hand 웹 반면에, 다른
한편으로
Summer is a peak season to travel abroad. On the other hand, travel fares are very expensive.
여름은 해외 여행 성수기이다. on the other hand, 여행 요금은 매우 비싸다.

147 on top of
① 웹 ~의 위에
Some containers have been stacked on top of one another.
몇몇 컨테이너가 on top of 서로 서로의 위에 쌓여있다.

② 웹 ~뿐 아니라, ~외에
The merger will be beneficial for the company. And on top of that, it will lead to many new jobs in the area.
합병은 회사에 이익이 될 것이다. 그리고 on top of 그것뿐만 아니라, 지역 내 많은 새로운 일자리 창출로 이어질 것이다.

148 once

① 쩝 일단 ~하면

Once you fill out this form, you can submit it to me.

once 이 양식을 작성하면, 저에게 제출해 주세요.

② 쩝 ~하자마자 (=as soon as)

We will head to the airport **once** the taxi arrives.

once 택시가 도착하자마자 우리는 공항으로 갈 것이다.

149 only if 쩝 ~할 경우에만

Mr. Lance will increase the team budget **only if** absolutely necessary.

Mr. Lance는 only if 반드시 필요할 경우에만 부서 예산을 늘릴 것이다.

150 or 쩝 또는

Should we advertise our new product online **or** on billboards?

저희가 신제품을 온라인에 광고해야 할까요, or 옥외광고판에 해야 할까요?

151 or else 쩝 그렇지 않으면

You can download the document online **or else** visit our office for a copy.

문서를 온라인으로 다운로드 받거나 or else 저희 사무실에 방문해 사본을 받을 수 있습니다.

152 otherwise 튀 만약 그렇지 않으면; 그 외에는

The supplier failed to inform us about the delay. **Otherwise**, we would have canceled the order.

공급업자는 지연에 대해 우리에게 알리지 않았다. otherwise, 우리는 주문을 취소했을 것이다.

153 out 튀 밖에 있는; 자리에 없는 쩝 ~의 밖에

The department head is **out** for the day, but he will be back tomorrow.

부서장은 오늘 out이지만, 내일은 복귀할 것이다.

154 out of 쩝 ~의 밖으로

The marketing director stepped **out of** her office for a few minutes.

마케팅 이사는 잠시 out of 자신의 사무실 밖으로 나갔다.

155 outside 쩝 ~밖에, ~밖으로

Many companies are moving their offices just **outside** the city.

많은 회사들이 outside 도시 바로 밖으로 사무실을 옮기고 있다.

156 outside of 쩝 ~의 밖에

Queensland Amusement Park has just opened **outside of** Brisbane.

Queensland 놀이공원이 outside of Brisbane 외곽에 막 문을 열었다.

157 over

① 쩝 ~위에; ~이상 튀 ~이상

The project had to be postponed for now since it went **over** budget.

그 프로젝트는 over 예산을 초과했으므로 당분간 연기되어야 했다.

② 쩝 ~동안

Over the course of three days, the interns were trained on basic workplace skills.

over 3일 동안, 인턴은 기본 업무기술에 대한 교육을 받았다.

158 plus 쩝 ~외에; ~에 더하여 쩝 ~할 뿐 아니라 튀 게다가

The cost of marble floor tiles **plus** installation is $25,000.

plus설치를 포함하여 대리석 바닥 타일 가격은 2만 5천 달러이다.

159 prior to 쩝 ~전에, ~에 앞서

Minhee edited the exclusive interview **prior to** its publication.

Minhee는 prior to 출판 전에 독점 인터뷰를 편집했다.

160 provided/providing(that) 쩝 만약 ~라면

Customers may qualify for a full refund, **provided that** the price tag is still intact.

provided that 가격표가 훼손되지 않으면, 고객은 전액 환불을 받을 수 있다.

161 rather than 튀 ~보다는 (차라리), ~대신

Many consumers nowadays choose

to rent cars **rather than** purchasing them.

요즘에는 많은 소비자가 rather than 차를 구입하기보다는 렌트하는 것을 선택한다.

162 **regarding** 쩝 ~에 관하여

The project manager expressed his concerns **regarding** the tight deadline.

프로젝트 매니저는 regarding빠듯한 마감일에 관하여 우려를 표했다.

163 **regardless of** 쩝 ~에 상관없이, ~에 구애 받지 않고

Montoya Manufacturing expects to sell at least 20,000 units **regardless of** economic conditions.

Montoya 제조사는 regardless of경제상황에 상관없이 최소 2만 개의 제품을 판매할 것으로 예상하고 있다.

164 **see if** 🔳 ~인지 알아보다

Would you mind looking to **see if** Mr. Van Hoy will be available for an interview next Tuesday?

see if Mr. Van Hoy가 다음주 화요일에 면접을 볼 수 있는 지 알아봐 주실 수 있으신가요?

165 **seeing that** 쩝 ~인 것으로 보아

Seeing that the CEO is not here for the meeting, we might as well postpone it to a later time.

seeing that CEO가 오늘 회의에 오지 않은 것으로 봐서, 저희가 회의를 나중으로 연기하는 게 낫겠어요.

166 **similarly** 🔳 마찬가지로

Prices of linens are on a decline. **Similarly**, chiffon prices are dropping as well.

리넨 가격은 하락세이다. similarly, 쉬폰 가격도 떨어지고 있다.

167 **since**

① 쩝 ~때문에

My manager asked me to sign for her package **since** she will be out of the office.

since 매니저는 사무실에 없을 것이라서 나에게 자신의 소포를 수령하고 서명해 달라고 요청했다.

② 쩝쩝 ~이후로

Since starting at Proctor Pharmaceuticals, Ms. Roland has been through rigorous training.

since Proctor 제약회사에 입사한 이래, Ms. Roland 는 엄격한 교육을 받아왔다.

③ 🔳 그 이후로

Kelly began to work for Carnegie Medical Center in 2015 and has been there ever **since**.

Kelly는 2015년에 Carnegie 의료센터에서 일하기 시작해 since 계속 그곳에서 근무했다.

168 **so** 쩝 그래서, 그 결과

Our products are made to order, **so** they cannot be refunded.

저희 제품들은 주문 제작됩니다, so 환불될 수 없습니다.

169 **so that** 쩝 ~할 수 있도록

You should inform HR before you take days off, **so that** they can keep track of your vacation days.

so that 당신의 휴가를 기록할 수 있도록, 휴가를 쓰기 전에 인사팀에 알려야 합니다.

170 **so/such ~ that ...** 쩝 너무 ~해서 ...하다

Ms. Spier is **so** popular **that** her students sign up for months in advance to attend her class.

Ms. Spier는 so 너무 인기가 많아서 that 학생들이 그녀의 수업을 들으려고 몇 달 전에 미리 신청한다.

171 **such as** 쩝 ~와 같은

The hotel provides amenities **such as** unlimited WiFi access and 24-hour fitness center.

호텔은 such as 무제한 와이파이 이용과 24시간 헬스장 같은 편의시설을 제공합니다.

172 **thanks to** 쩝 ~덕분에, ~때문에

Thanks to its convenient location, Suffolk has many trading companies.

thanks to편리한 위치 덕분에, Suffolk에는 많은 무역회사가 있다.

173 **then** 🔳 그 다음에, 그리고 나서; 그러면; 그때

We will have our meeting at the office first. **Then**, we will have lunch.

우리는 우선 사무실에서 회의를 할 것입니다. then. 점심을 먹을 거예요.

174 thereafter 🔲 그 후에
Powell Financial started operating at Beresford ten years ago. Shortly **thereafter**, a second branch opened at Rosslyn.

Powell 금융은 10년 전 Beresford에서 영업을 시작했다. thereafter 얼마 지나지 않아 Rosslyn에 두 번째 지점을 열었다.

175 therefore 🔲 그러므로, 따라서
The shipment will not be ready until 6 P.M. **Therefore**, we will begin loading them tomorrow morning.

저녁 6시까지 수송품이 준비되지 않을 것이다. Therefore, 우리는 내일 아침에 그것들을 싣기 시작할 것이다.

176 though 🔲 ~이긴 하지만, ~인데도
Though the train was very convenient, I would have liked a more comfortable seat for this price.

though 기차는 매우 편리했지만, 더 편안한 좌석이라면 좋았을 것이다.

177 through 🔲 ~을 통해
I understand you now sell 5,000 bottles of water a month **through** local stores.

당신이 현재 through지역 상점을 통해 매달 5,000병의 물을 판매하는 것으로 알고 있습니다.

178 throughout
① 🔲 (장소) 전역에
Dent Accounting's headquarters is in Dallas, but it has branches **throughout** the country.

Dent 회계사무소의 본사는 Dallas에 있지만, throughout전국에 지점이 있습니다.

② 🔲 (기간) 내내
Summer intensive courses will be held **throughout** the day.

여름 집중 코스는 throughout 하루 종일 열릴 것이다.

179 thus
① 🔲 이와 같이, 이렇게 하여
We recommend that you visit the auto shop at least once a year, **thus**, ensuring that your car is running smoothly.

최소 일 년에 한 번 정비소를 방문하시길 권장 드리며, thus, 당신의 차량이 잘 작동하는지 확인할 수 있습니다.

② 🔲 따라서, 그러므로
Silver accessories discolor easily. **Thus**, wrap them in a soft cloth to prevent this.

은 액세서리는 쉽게 변색됩니다. thus, 이를 예방하기 위해 부드러운 천으로 감싸주세요.

180 to
① 🔲 ~에, ~로 [방향]
Hiro walked **to** the post office to mail a package.

Hiro는 소포를 부치러 to 우체국으로 걸어갔다.

② 🔲 ~에게 [대상]
The department manager recently spoke **to** Mr. Burgess about his promotion.

부서장은 최근 to Mr. Burgess에게 그의 승진에 대해 말했다.

181 toward
① 🔲 ~쪽으로, ~을 향하여 [방향]
Some people are rowing a boat **toward** a bridge.

몇몇 사람들이 toward 다리를 향해 배의 노를 젓고 있다.

② 🔲 ~무렵, ~쯤 [시간]
The research proposal will be ready **toward** the end of the month.

연구 제안서는 toward 월말쯤 준비될 것이다.

182 under
① 🔲 ~아래에 [위치]
A rug has been placed **under** a table.

러그가 under 테이블 아래에 놓여 있다.

② 🔲 ~미만의 [양, 나이]
Those traveling with children **under**

the age of three will be able to use express check-in.

under 3살 미만 아이와 함께 여행하는 사람들은 빠른 체크인을 이용할 수 있을 것이다.

③ 젠 ~아래에; ~중인 [영향]

The shopping mall has been **under** construction for the past 10 months.

쇼핑몰은 지난 10개월간 under 건설 중이다.

183 **underneath** 젠 ~아래에, ~안에

부 밑에, 아래쪽에(으로)

Mr. Bridges works directly **underneath** the vice president.

Mr. Bridges는 underneath 부사장 바로 밑에서 일한다.

184 **unless** 접 ~하지 않으면

The awards ceremony will be held outdoors, **unless** there is a chance of rain.

unless 비가 올 가능성이 없다면, 시상식은 야외에서 열릴 것이다.

185 **unlike** 젠 ~와 달리, ~와 다른

Unlike the previous edition, our smartwatch supports a wireless technology.

unlike이전 버전과는 달리, 저희 스마트워치는 무선 기술을 지원합니다.

186 **until** 젠접 ~까지

Even though Jack was supposed to give a speech at 2 P.M., he did not arrive at the hall **until** 2:15.

Jack은 2시에 연설을 할 예정이었지만, until 2시 15분까지 행사장에 도착하지 않았다.

187 **up** 젠 ~위에, ~위쪽에 부 위에, 위로

A woman is pushing a cart **up** a ramp.

여자가 up 경사로 위로 카트를 밀고 있다.

188 **upon** 젠 ~하는 대로, ~하자마자

An extra guest bed is available **upon** request.

추가 침대는 upon 요청 시 이용 가능합니다.

189 **when** 접 ~할 때

Please call me back **when** you have the chance.

when 시간 되실 때 저에게 전화주세요.

190 **whereas** 접 ~인 반면에, ~지만

Lawyers' salaries are on the rise, **whereas** paralegals' have fallen.

whereas 법률 보조원의 급여는 내려간 반면, 변호사의 급여는 오르고 있다.

191 **whether** 접 ~인지 아닌지, ~인지의 여부

Many experts are unsure of **whether** Fleming Industries and Templeton Electronics would go ahead with the merger.

많은 전문가들은 whether Fleming 산업과 Templeton 전자가 합병을 진행할 지 여부에 대해 확신하지 못한다.

192 **while**

① 접 ~하는 동안

Reserve the train tickets **while** the best seats are still available.

while 제일 좋은 좌석을 아직 구입할 수 있을 동안 기차표를 예매하세요.

② 접 ~인 데 반해, ~지만

While Antonio Malone is well-known for his documentaries, he is also an exceptional guitarist.

while Antonio Malone은 그의 다큐멘터리로 잘 알려져 있지만, 그는 뛰어난 기타 연주자이기도 하다

193 **with**

① 젠 ~와 (함께)

Ms. Geib organized a meeting **with** BC Enterprises.

Ms. Geib은 with BC기업과 회의자리를 마련했다.

② 젠 ~을 가진

Cherry Grove Marketing is looking for customer service representatives **with** 2 years of experience in the field.

Cherry Grove 마케팅은 with 2년의 업계 경험이 있는 고객 서비스 직원을 구하고 있다.

③ 젠 ~을 이용해서, ~로

The user experience of the app

was enhanced **with** a more modern design.
with보다 현대적인 디자인으로 앱의 사용자 경험이 향상되었다.

194 with[in] regard to 쥔 ~와 관련하여, ~에 대하여

There are many rumors **with regard to** the strike.
with regard to파업과 관련하여 소문이 무성하다.

195 with[in] reference to 쥔 ~와 관련하여

I am writing this e-mail **in reference to** the membership subscription.
저는 in reference to 회원구독과 관련하여 이 이메일을 드립니다.

196 with respect to 쥔 ~에 관하여

No decision has been made **with respect to** the company's possible move.
with respect to 회사의 이사 가능성에 관하여 어떤 결정도 나지 않았다.

197 with that said 🔲 그렇기는 하지만

Laserlight Performing Group has musicians and dancers with years of experience. **With that said**, we are always looking for new recruits.
Laserlight Performing 그룹에는 수년의 경력이 있는 음악가들과 댄서들이 있습니다. with that said, 저희는 항상 신입사원들을 모집합니다.

198 with the exception of 쥔 ~은 제외하고, ~외에는

Admission to the World Expo is free, **with the exception of** the closing event on October 23.
with the exception of 10월 23일에 있을 폐막식을 제외하고, 세계 엑스포 입장은 무료이다.

199 within 쥔 (특정 기간/거리/범위) 이내에

You can get a full refund if you return the item **within** 30 days of purchase.
within 구입 후 30일 이내에 반품하면 전액 환불 받을 수 있습니다.

200 yet 쥔 그렇지만, 하지만

The employees can enjoy the nature in the garden located on the roof, and **yet**, no one ever visits it.
직원들은 옥상에 있는 정원에서 자연을 즐길 수 있지만, yet, 아무도 가지 않는다.

필수 기출
구어체
표현

001	**Be my guest.**	019	**I don't have a preference.**
	(상대방의 부탁을 들어준다는 의미로) 그러세요.		전 특별히 선호하는 게 없어요.
002	**By all means.**	020	**I got it.**
	아무렴요., 그럼요.		이해했어요., 알겠어요.
003	**Buy one, get one free.**	021	**I got your back.**
	한 개를 구매하면, 한 개가 무료입니다.		제가 도와 드릴게요., 전 당신 편이에요.
004	**Can I ask you a favor?**	022	**I have no idea.**
	부탁 하나 드려도 될까요?		모르겠어요.
005	**Catch you later.**	023	**I haven't been told yet.**
	나중에 또 봐요.		아직 들은 게 없어요.
006	**Could be.**	024	**I haven't made up my mind.**
	그럴지도 모르죠.		아직 결정하지 못했어요.
007	**Count me in.**	025	**I see.**
	저도 끼워주세요.		그렇군요.
008	**Don't let me down.**	026	**I wish I could, but I can't.**
	절 실망시키지 마세요.		그러고 싶지만 안 되겠네요.
009	**Fair enough.**	027	**I wish I knew.**
	(생각이나 제안이) 괜찮네요., 좋네요.		저도 알고 싶네요.
010	**Give it a try.**	028	**I'd be happy to.**
	한 번 해 보세요.		기꺼이 할게요.
011	**Go ahead.**	029	**I'd like your input.**
	계속하세요.		당신의 의견을 듣고 싶어요.
012	**Got it.**	030	**I'd love to.**
	알겠어요.		(수락의 표현으로) 그러고 싶어요.
013	**Hang on.**	031	**I'd rather not.**
	잠시만요.		안 되겠는데요., 안 하는 게 낫겠어요.
014	**Here you go.**	032	**If possible.**
	(상대방에게 무언가를 주면서) 여기 있어요.		가능하다면.
015	**How's it going?**	033	**If you don't[wouldn't] mind.**
	요즘 어떠세요?, 요즘 어떻게 지내세요?		괜찮으시다면요.
016	**I bet.**	034	**I'll catch up with you.**
	(상대방의 말을 이해했다는 의미로) 왜 안 그랬겠어요.; (믿기 힘들다는 뜻으로) 설마요.		곧 뒤따라 갈게요.
017	**I can't make it.**	035	**I'll fill in for him.**
	저는 못 갈 것 같아요.		제가 그분 대신 할게요.
018	**I don't care.**	036	**I'll go with the overnight delivery.**
	상관 없어요.		익일 배송으로 할게요.

037	**I'll let you know.** 제가 알려드릴게요.	055	**Just one thing.** (추가로 얘기할 게 남았을 때) 하나만 더요.
038	**I'm glad I bumped into you.** 이렇게 우연히 마주치게 되어 기쁘네요.	056	**Keep me updated.** 진행 상황을 계속 알려주세요.
039	**I'm heading there now.** 지금 그리로 가는 중이에요.	057	**Let me figure it out.** 제가 확인해 볼게요.
040	**I'm in.** 저도 같이 할게요.	058	**Let me think about it.** 생각해 볼게요.
041	**I'm not following you.** 당신 말을 잘 이해 못하겠어요.	059	**Let's see.** 어디 한 번 보죠.
042	**I'm not sure.** 잘 모르겠네요.	060	**My pleasure.** 도움이 되어서 저도 기뻐요.
043	**I'm on it.** 제가 할게요., 제가 하고 있어요.	061	**My thoughts exactly.** 제 생각도 그래요.
044	**I'm on my way.** 지금 가는 중이에요.	062	**Never mind.** 신경 쓰지 마세요.
045	**I'm running late.** 저 늦을 것 같아요.	063	**No need.** 그러실 필요 없어요.
046	**It depends.** 상황에 따라 달라요.	064	**No problem.** (보통 부탁에 대한 수락으로) 그럼요.
047	**It doesn't matter.** 괜찮아요., 상관 없어요.	065	**No way.** 절대로 안 돼요., 싫어요.
048	**It slipped my mind.** 깜빡 잊어버렸어요.	066	**No worries.** (보통 고맙다는 말의 응답으로) 괜찮아요.
049	**It's been a while.** 정말 오랜만이네요.	067	**Not at all.** 별말씀을요.
050	**It's no bother.** 전혀 문제 없어요.	068	**Not that I know of.** 제가 알기론 아니에요.
051	**It's on me.** 제가 낼게요.	069	**Not yet.** 아직 아니에요., 아직 안 됐어요.
052	**It's still up in the air.** 아직 결정되지 않았어요.	070	**Of course.** 물론이죠.
053	**It's your call.** 그건 당신이 결정할 일이에요.	071	**One second.** 잠시만요.
054	**I've got to get going.** 저는 가봐야겠어요.	072	**Right on schedule.** 일정대로 진행되고 있어요.

073 Same here.
저도 마찬가지예요.

074 So is mine.
저도 그래요., 제 것도 그래요.

075 Something came up.
일이 좀 생겼어요.

076 Sounds good.
좋은 생각이네요.

077 Sounds interesting.
재미있겠는데요.

078 Sounds promising.
좋아 보이네요., 기대되네요.

079 Suit yourself.
마음대로 하세요., 좋을 대로 하세요.

080 Sure thing.
물론이죠.

081 Thanks for the reminder.
알려줘서 고마워요.

082 That happens.
그런 일도 있는 거죠.

083 That makes sense.
일리가 있네요.

084 That works for me.
저는 좋습니다.

085 That's a relief.
그거 다행이네요.

086 That's a thought.
그거 좋은 생각이네요.

087 That's odd.
그것 참 이상하네요.

088 That's too bad.
그것 참 안 됐네요., 그렇다니 유감이네요.

089 The sooner, the better.
빠를수록 좋아요.

090 Understood.
알겠습니다.

091 Wait and see.
기다려 봐요.

092 We'll see.
곧 알게 되겠죠.

093 Whatever you prefer.
좋으실 대로 하세요.

094 What's going on?
무슨 일이에요?, 무슨 일 있어요?

095 Who knows?
누가 알겠어요?

096 Why not?
(동의를 나타내어) 왜 아니겠어요?, 왜 안 되겠어요?

097 Will do.
알겠어요., 좋아요.

098 Yes, please.
네, 그렇게 해 주세요.

099 You bet.
물론이죠., 바로 그거예요.

100 You're in luck.
운이 좋으시네요.

정답 및 해석

Speed
Check-up

Day1

1. (C)	2. (A)	3. (B)	4. (D)	5. (E)
6. (E)	7. (C)	8. (A)	9. (B)	10. (D)
11. (D)	12. (E)	13. (A)	14. (B)	15. (C)

1 회의 관리자들은 참가자들이 세미나장 위치를 찾는 것을 기꺼이 도울 것이다.

2 배송상의 지연으로 인해 판촉 행사의 일정이 내일로 변경될 것이다.

3 Mr. Peabody는 창의적인 디자인으로 매우 존경 받는 건축가이다.

4 Gourmet 카페는 고객들에게 짧은 설문지를 작성해 달라고 요청했다.

5 예산요청 절차에 약간의 변화가 생겼다.

11 Ms. Reno는 신규 고객을 처리하기 위해 추가 양식을 주문했다.

12 그녀의 경험 부족에 대한 우려에도 불구하고, 회사는 Ms. McMann을 고용했다.

13 RTCA 제조사는 최근 새로운 휴가정책을 시행했다.

14 전자 파일에 어떻게 접속하면 되나요?

15 Mr. Doan은 직원들에게 성과 review 일정을 잡기 일주일 전에 통지할 것이다.

Day 2
P. 57

1. (D)	2. (E)	3. (A)	4. (B)	5. (C)
6. (E)	7. (D)	8. (A)	9. (C)	10. (B)
11. (D)	12. (E)	13. (A)	14. (B)	15. (C)

1 골동품들 대부분이 아직 상태가 좋다.

2 Dohi 갤러리에서 개최된 전시회는 50여 명의 예술가들의 그림들을 특징으로 했다.

3 Gainesville 마라톤 위원회는 올해 더 많은 참가자들을 끌기 희망한다.

4 이 배터리는 얼마나 지속될까요?

5 우리 회사 신차 오디오 시스템에 대해 상당히 많은 불만이 제기되었다.

11 호텔 셔틀버스는 매 15분마다 운행한다.

12 Genro Textiles의 제품은 최고 품질의 재료로 만들어졌다.

13 Mr. Zhang이 마감일을 연장해 줘서, 우리가 그 일을 완료할 충분한 시간이 있다.

14 Holidays 호텔 체인은 아시아시장으로 확장하는 것을 고려하고 있다.

15 그 투어그룹은 내일 오전 8시에 로비에서 만날 계획이다.

Day 3
P. 79

1. (C)	2. (B)	3. (A)	4. (D)	5. (E)
6. (B)	7. (A)	8. (E)	9. (D)	10. (C)
11. (E)	12. (A)	13. (C)	14. (B)	15. (D)

1 프로젝트 매니저는 자신의 팀이 기한을 맞출 것이라고 확신한다.

2 요청 시 워크숍 편성자들은 참가자들에게 교통편을 준비해줄 것이다.

3 제 주문을 처리하는 데 얼마나 걸리나요?

4 회사 의료보험정책은 연례 건강검진 비용을 포함한다.

5 우리는 지난 20년간 기술의 급속한 발전을 목격해왔다.

11 Ms. Falkor가 분실된 소포와 관련된 문제를 처리할 것입니다.

12 Tahea 리조트는 손님들이 머무는 동안 훌륭한 서비스를 받도록 보장한다.

13 인터넷 보안은 Mr. Montey의 전문 분야이다.

14 올해 맞춤형 가구에 대한 수요가 늘 것으로 예상된다.

15 Vanium 은행은 믿을 만하고 안전한 컴퓨터 네트워크를 갖추고 있다.

Day 4
P. 99

1. (C)	2. (E)	3. (D)	4. (A)	5. (B)
6. (C)	7. (A)	8. (B)	9. (E)	10. (D)
11. (C)	12. (D)	13. (E)	14. (B)	15. (A)

1 회사는 저렴한 가격의 제품 라인을 출시하여 시장에서 유리한 위치를 차지했다.

2 이번 주 말까지 수리 견적서를 보내주시겠어요?

3 Mr. Park은 거의 15년 간 경찰관으로 근무했다.

4 우리의 고객 서비스 직원들은 효과적인 의사 소통 기술을 이용하도록 요구 받는다.

5 제 전화에 신속히 답해 주셔서 감사 드립니다.

11 매년 직원의 성과를 인정하기 위해 상이 주어진다.

12 그 상점은 더 많은 고객들에 맞추어 휴가기간 동안 영업 시간을 연장할 것이다.

13 귀하의 임대료는 매월 첫 번째 영업일이 만기입니다.

14 안전 검사관은 직원들에게 오래된 아파트들을 점검하라고 지시했다.

15 Mildo 컨설팅은 금융자문업계의 선두 업체이다.

Day 5

1. (E)	2. (D)	3. (B)	4. (A)	5. (C)
6. (A)	7. (E)	8. (D)	9. (B)	10. (C)
11. (B)	12. (A)	13. (C)	14. (E)	15. (D)

1 집주인은 아파트의 월세에 대해 단호하다.

2 CFO는 회계 부서에 내년도 예산을 수정할 것을 요청했다.

3 Pidus 그룹은 유럽 시장에서의 확장 opportunity에 대해 기대하고 있다.

4 부서장은 부서의 월별 예산을 계속 파악하고 있어야 한다.

5 Kramben 패션은 최상의 품질의 옷을 경쟁력 있는 가격으로 제공하는 것을 자랑한다.

11 Dr. Talbert는 의학 분야에서의 뛰어난 공헌으로 상을 받았다.

12 상당한 노력의 결과로 사업이 빨리 확장되었다.

13 지역 업체들은 서로 협력하여 크게 혜택을 받을 수 있다.

14 Woody's 홈데코는 고객들에게 가구의 빠르고 안전한 배송을 보장한다.

15 현대의 디지털 카메라는 완전한 고화질로 동영상 촬영을 할 수 있다.

Day 6

P. 139

1. (B)	2. (E)	3. (C)	4. (D)	5. (A)
6. (C)	7. (E)	8. (A)	9. (D)	10. (B)
11. (E)	12. (A)	13. (C)	14. (B)	15. (D)

1 새 노트북의 첫 배송이 오늘 아침에 배달되었다.

2 Wattora 여행사는 적은 예산의 여행객들을 위한 여행 상품을 전문으로 하고 있다.

3 Kalopa 주식회사는 더 저렴한 대안을 찾기 위해 몇 개의 다른 판매업체를 고려 중이다.

4 그 식당의 음식은 맛있고, 가격이 합리적이다.

5 고정비를 낮추는 것이 반드시 더 높은 수익을 가져오는 것은 아니다.

11 생산적이기 위해, 직원들은 하루 동안 규칙적인 휴식시간을 취해야 한다.

12 박물관 방문객들은 반드시 입구에서 유효한 티켓을 제시해야 합니다.

13 Mr. Sharma는 음식 가판에서 일하는 것에 자원했다.

14 퇴근하기 전에 모든걸 회의실 밖으로 확실히 치우도록 하세요.

15 Ticrone 주식회사는 한해 판매목표를 달성했다.

Day 7

P. 157

1. (D)	2. (A)	3. (E)	4. (C)	5. (B)
6. (C)	7. (B)	8. (A)	9. (E)	10. (D)
11. (B)	12. (E)	13. (A)	14. (D)	15. (C)

1 마케팅팀은 이번 달 제품 출시가 순조롭게 진행되도록 열심히 일했다.

2 유감스럽게도, 이 상점에서 수표는 받아들여지는 지불 형태가 아닙니다.

3 이 제품은 제가 생각한 것보다 가격이 더 저렴해요.

4 건물 설계도가 시의 승인을 얻으면, 공사가 시작될 수 있다.

5 고객 선호도에 대한 광범위한 조사 후에 새로운 기능들이 추가되었다.

11 Penjat기업은 아주 다양한 산업용 및 가정용 세척제를 판매한다.

12 연간 예술제는 5천명 이상의 방문객을 그 도시로 끌어들였다.

13 그 도시는 아름다운 역사적 장소들로 매년 대략 5백만 명의 관광객을 끌어들인다.

14 워크숍에 참가하길 원하는 사람들은 신청서를 제출해야 한다.

15 귀하의 출장경비 상환 요청이 승인되었습니다.

Day 8

P. 175

1. (C)	2. (A)	3. (D)	4. (E)	5. (B)
6. (D)	7. (A)	8. (E)	9. (B)	10. (C)
11. (D)	12. (A)	13. (E)	14. (C)	15. (B)

1 실망스러운 판매 실적을 고려해 볼 때, Blimpty Juice 는 몇몇 지점들을 폐쇄하게 될 것이다

2 방문객들은 테마공원 입장 시에 유효한 티켓을 보여줘야 한다.

3 MicroTech와 Lystle사는 신제품 개발에 공동으로 작업할 것이다.

4 Southwestern 철로의 일시적 폐쇄는 홍수 때문이다.

5 Justin Harper는 뛰어난 디자인 작품으로 많은 상들을 받았다.

11 안전장비는 건설현장에서 일반적으로 필수이지만, 예외 가 있을 수도 있다.

12 전문 컨설턴트를 고용하는 걸 고려해 봤나요?

13 보수기간 동안 직원들은 사무실 출입이 허용되지 않을 것 이다.

14 우리는 어떤 차량도 손상되는걸 원하지 않는다.

15 Thandun로의 도로 보수작업이 출퇴근시간 동안 교통 혼잡을 야기했다.

Day 9 P. 193

1. (B)	2. (A)	3. (E)	4. (D)	5. (C)
6. (B)	7. (D)	8. (A)	9. (E)	10. (C)
11. (D)	12. (B)	13. (E)	14. (C)	15. (A)

1 이사회는 신임 최고 기술 책임자로 Edwin Moon을 임명했다.

2 무역 박람회에는 Texas주 전역의 기관들이 참여한다.

3 Ms. Smith는 IT 부서에서 뛰어난 실적을 보여 주었다.

4 매출은 국가가 경기침체에서 회복할 때 오를 것으로 기대된다.

5 우리 기관은 기술 진보에 기여한 연구를 수행한 직원들에게 감사를 표합니다.

11 관리자의 역할들 중 하나는 직원들 간 갈등을 해결하도록 돕는 것이다.

12 저희는 그 컴퓨터 모델을 더 이상 취급하지 않습니다.

13 연구원들은 위험한 화학물질을 다룰 때 극도로 주의해야 한다.

14 Pattack 조경회사는 주택과 사업체의 외관을 향상시키기 위해 혁신적인 방법들을 사용한다.

15 고객들에게 제품을 설명할 때 이 가이드를 참고하세요.

Day 10 P. 211

1. (E)	2. (A)	3. (B)	4. (C)	5. (D)
6. (B)	7. (D)	8. (C)	9. (E)	10. (A)
11. (C)	12. (A)	13. (B)	14. (E)	15. (D)

1 Mason 산업은 최근에 더 격식을 갖춘 복장 규정을 도입했다.

2 특별 할인이 고객님의 새 청구서에 반영될 것입니다.

3 쓰러진 나무가 도로를 막고 있으므로 운전자들께서는 Cherry가를 피해주시기 바랍니다.

4 영세업체가 세금 납부액을 줄이는 많은 방법들이 있다.

5 그 호텔은 단체 그룹에게 할인 숙박 요금을 제공한다.

11 오늘 발표를 하기 전 Mr. Patterson은 슬라이드에 있는 오류를 정정할 것이다.

12 당신 컴퓨터의 배터리가 제대로 작동하지 않아서 교체해야 합니다.

13 물건을 수령하시는 대로 납부해주셔야 합니다.

14 현대 미술박물관 방문객들은 전시품을 만지지 말라고 주의를 받는다.

15 실험 참가자들이 신제품이 제대로 작동하는지 판단할 것이다.

Day 11 P. 229

1. (D)	2. (C)	3. (A)	4. (B)	5. (E)
6. (B)	7. (A)	8. (C)	9. (D)	10. (E)
11. (B)	12. (E)	13. (D)	14. (C)	15. (A)

1 Dr. Romero는 의학적 용도를 위해 남미가 원산지인 식물을 연구한다.

2 히트한 영화, 〈Martin Family〉는 원래 Tomas Stein 이 쓴 소설이었다.

3 생산 관리자는 Louisville 공장의 모든 기계 장치를 점검하는 일을 책임지고 있다.

4 회의 장소로 가는 길이 회사 웹 사이트에 게시될 것입니다.

5 휴가 정책에 관한 질문은 직원 안내서를 참조해 주세요.

11 LX550 카메라렌즈는 초보 사진작가들을 위해 특별 설계되었다.

12 호텔 보안팀은 정기적으로 각 층을 모니터한다.

13 Tran 모터스는 합병 후 자동차를 세계적인 규모로 생산하기 시작했다.

14 고객 피드백은 제품 개발에 큰 영향을 미친다.

15 그 오래된 운동실은 사용하기에 적합하지 않다.

Day 12   P. 247

1. (C)	2. (B)	3. (A)	4. (D)	5. (E)
6. (E)	7. (B)	8. (A)	9. (C)	10. (D)
11. (D)	12. (A)	13. (C)	14. (E)	15. (B)

1 정규 방송은 야구 챔피언십이 끝난 뒤 내일 재개될 예정입니다.

2 HR 매니저는 Kim Barretto 이 정규직 직원이 되는 것에 반대했다.

3 Denver Accounting은 3년의 관련된 업무 경력이 있는 후보자를 찾고 있다.

4 Mr. Caldwell은 휴가철을 준비하기 위하여 시간제 계산원을 고용했다.

5 매니저는 마감일을 맞추기가 어려울 거라고 판단했다.

11 연례 보고서에는 내년 사업전망에 관한 철저한 분석이 포함되었다.

12 조경프로젝트는 계획에 따라 원활하게 진행 중입니다.

13 이사회는 PF화학과의 합병에 찬성하는 투표를 했다.

14 포장이 충분해 보였지만, 상품들은 배송 중 파손되었다.

15 커뮤니티센터는 일부 수업에 자금을 지원해 줄 후원자를 찾고 있다.

Day 13   P. 265

1. (E)	2. (D)	3. (B)	4. (C)	5. (A)
6. (B)	7. (D)	8. (A)	9. (C)	10. (E)
11. (B)	12. (C)	13. (D)	14. (A)	15. (E)

1 식당 종업원들은 불만이 있는 고객들을 바로 알아챌 수 있어야 한다.

2 콘서트 좌석은 Castillo Design 직원들에게만 할당될 것입니다.

3 경영진은 현재의 고객들로부터 더 많은 수익을 창출하기 위한 방법을 찾고 있다.

4 Wilfrico사는 장기근속 직원들에게 추가 휴가를 승인한다.

5 Mr. Sander의 카이로에서의 경험은 그를 우리 이집트 고객들을 위한 적합한 선택으로 만들어준다.

11 최근의 수리 덕분에, 그 레스토랑은 이제 200명의 손님을 수용할 수 있게 되었다.

12 배송은 현재 창고관리자의 감독하에 있다.

13 Belco 건설 프로젝트가 그 밖의 모든 임무들보다 우선한다.

14 CEO는 오직 회사의 가장 큰 고객들만을 위한 사적인 저녁식사자리를 마련했다.

15 호텔 로비가 더욱 현대적인 장식으로 개조되었다.

Day 14   P. 283

1. (C)	2. (D)	3. (A)	4. (E)	5. (B)
6. (A)	7. (D)	8. (E)	9. (B)	10. (C)
11. (E)	12. (D)	13. (A)	14. (B)	15. (C)

1 Rolando Norton은 자신의 널리 퍼진 인기로 꽤 쉽게 선거에서 승리했다.

2 CEO는 문제에 직면했을 때 재빠르게 반응해야 한다.

3 Ms. Palmer에게 전체 신입사원들 책자를 보내서, 그녀가 기록을 업데이트 할 수 있도록 해주세요.

4 지출 보고서는 영수증이 동반되지 않는 경우 승인되지 않을 것이다.

5 많은 고객들이 개인정보를 제출하는 것이 필요한 것인지 문의했다.

11 인턴십 기간 동안, 당신은 진료예약 일정 잡는 일을 주로 담당하게 될 거예요.

12 John Thompson은 남우주연상 후보에 올랐으나, 수상하지는 못했다.

13 그 컨설팅회사는 국제 금융시장을 확실하게 파악하고 있다.

14 월의 마지막 5일 동안 청구된 금액은 그 다음 달 청구서에 나타날 것이다.

15 저희는 회사에 대한 귀하의 지속적인 지원에 진심 어린 감사를 드리고 싶습니다.

Day 15   P. 301

1. (B)	2. (C)	3. (A)	4. (E)	5. (D)
6. (B)	7. (C)	8. (A)	9. (D)	10. (E)
11. (D)	12. (E)	13. (B)	14. (A)	15. (C)

1 많은 주민들은 도시의 현 건축법규에 대해 비판적이다.

2 추가 요금은 귀하의 회사 계좌에서 자동으로 공제될 것입니다.

3 CEO는 상품 설명에 만족했다.

4 부산에서 제주도까지 운항하는 페리 서비스가 보수 작업 때문에 일시적으로 중단될 것이다.

5 플래시가 작품에 손상을 줄 수 있으므로 사진 촬영을 삼가시기 바랍니다.

11 고객들은 가구 조립 설명서가 너무 복잡하다고 불평했다.

12 Everdale 아파트 건물은 43개의 다양한 크기의 세대들로 이루어져 있다.

13 공장이 다음 주 운영재개를 앞두고 대규모 보수공사를 겪을 것이다.

14 직원들은 자신의 근무시간 기록표가 정확하게 기입되었는지 확인해야 한다.

15 통신산업은 지난 20년간 빠르게 성장해왔다.

Day 16   P. 317

1. (C)	2. (E)	3. (A)	4. (B)	5. (D)
6. (E)	7. (B)	8. (C)	9. (A)	10. (D)
11. (E)	12. (A)	13. (D)	14. (B)	15. (C)

1 매출 수치는 회사 웹사이트에서 손쉽게 열람할 수 있다.

2 Ms. Blair의 발표가 가장 설득력 있었기 때문에 그녀의 팀이 계약을 따냈다.

3 기술지원 직원은 문의에 빠르게 답변하는 능력을 가지고 있어야 한다.

4 결혼식은 Horace 예배당에서 오후 2시에 시작될 것이다.

5 석탄 공장은 환경에 부정적으로 영향을 미쳤다.

11 그 유명 사업가는 자신의 성공담을 콘퍼런스 참가자들과 공유했다.

12 알려지지 않은 이유로, Ms. Liam은 철도 프로젝트에 대한 자신의 지지를 철회했다.

13 잠정 고객에게 상품을 시연하는 것은 종종 판매 계약으로 이어진다.

14 많은 부서들이 새로운 직원 안내서를 작성하는 데 관여했다.

15 모든 기밀 문서들은 처분하기 전에 파쇄되어야 한다.

Day 17   P. 333

1. (C)	2. (B)	3. (D)	4. (A)	5. (E)
6. (C)	7. (A)	8. (E)	9. (B)	10. (D)
11. (B)	12. (D)	13. (E)	14. (C)	15. (A)

1 모든 시골 지역 거주지에 새 오락 시설들이 제공될 것이다.

2 숙박객들은 투숙하는 동안 발생하는 모든 부수적인 비용을 책임질 것이다.

3 스테레오를 조립하기 전에, 모든 부품들이 상자에 포함되어 있는지 확인하세요.

4 관리직 후보자들은 다른 사람들을 이끄는 주도권을 보여줘야 한다.

5 관리자는 직원들이 자신의 잠재력을 충분히 활용할 수 있도록 도와줄 수 있어야 한다.

11 그 투자자들이 부동산을 구입하는 데 관심이 있었던 것은 분명했다.

12 부사장은 수익이 15퍼센트 올랐다는 소식을 듣고 아주 기뻐했다.

13 심화된 경쟁으로, 2분기 연이어 회사의 수익이 떨어졌다.

14 과학자들은 혈액검사를 통해서 질병을 발견하는 새로운 방법을 개발했다.

15 걷거나 자전거로 출근하는 직원들은 상품권으로 보상받을 것입니다.

Day 18   P. 349

1. (D)	2. (E)	3. (B)	4. (C)	5. (A)
6. (D)	7. (B)	8. (A)	9. (E)	10. (C)
11. (A)	12. (E)	13. (C)	14. (B)	15. (D)

1 많은 기업가들은 재임 중인 시장 후보자를 지지하고 있다.

2 점원의 업무 중 하나는 일일 주문 목록을 편집하는 것이다.

3 Ms. Tamond는 건물의 소유권을 자신의 딸에게 이전했다.

4 계약서는 간단하며, 세입자의 책임은 명확하다.

5 행사 일정은 잠정적인 것으로 간주되며 변경될 수 있다.

11 마케팅팀이 최근 맡은 프로젝트는 매우 도전적이다.

12 Greenco Remover는 잡초를 없애는 완벽한 해결책입니다.

13 새로운 급여시스템으로의 전환은 업무상의 지장 없이 순조롭게 진행됐다.

14 만약 문제가 생기면, 고객서비스센터로 전화해 도움을 요청하시기 바랍니다.

15 20주년 연례 LWS 회의에 여러분을 맞이하게 되어 영광입니다.

Day 19 P. 365

1. (E)	2. (D)	3. (C)	4. (A)	5. (B)
6. (C)	7. (B)	8. (A)	9. (E)	10. (D)
11. (D)	12. (E)	13. (B)	14. (A)	15. (C)

1 벽에 생긴 손상은 세입자에게 책임이 있다.

2 이사회는 Luzab Industries와의 합병이 수반하는 이해득실을 따져봐야 한다.

3 우리 제품의 늘어난 인기 덕분에, 매출이 이전 기록을 뛰어 넘었다.

4 영양사들은 식단을 비타민으로 보충하는 것을 권장한다.

5 그 업체는 올해 공장 개선을 위한 sufficient한 자금이 없었다.

11 Ms. Parker는 깜짝 송별회 장소를 실수로 폭로했다.

12 경매 수익금 전액은 Mclven 아동병원에 사용됩니다.

13 더 강한 압력에 견딜 수 있도록 저희는 이 벽을 보강할 것입니다.

14 현재 건설 중인 대형 경기장은 14만 명의 인원을 수용할 것이다.

15 도로건설로 인한 소음으로 몇몇 직원들로 하여금 업무에 집중하지 못하게 했다.

Day 20 P. 381

1. (C)	2. (A)	3. (E)	4. (B)	5. (D)
6. (E)	7. (A)	8. (C)	9. (D)	10. (B)
11. (D)	12. (C)	13. (A)	14. (B)	15. (E)

1 Rextech는 지난달 매출 증가를 보고했다.

2 두 세제는 조제법의 차이에도 불구하고 동등한 결과를 냈다.

3 광고주들은 서면 동의 없이 고객 사진을 사용할 수 없다.

4 새로운 보안 시스템은 직원들이 퇴근하면 활성화될 것이다.

5 모든 입주민들은 매달 말에 임차료와 함께 100달러의 고정적인 요금을 지불해야 한다.

11 열대 보호림에는 강우량이 풍부하다.

12 상점의 물품 위치는 소비자의 구매에 영향을 주려는 의도적인 시도이다.

13 발명가인 Dawood Khan은 이 기계의 첫 번째 버전을 설계한 것으로 공로를 인정받는다.

14 일부 정보가 기억나지 않으면, 상품 안내서를 참조해 주세요.

15 이 지역 내 대부분의 고급상점들은 부유층을 대상으로 한다.

Day 21 P. 397

1. (C)	2. (D)	3. (B)	4. (A)	5. (E)
6. (C)	7. (D)	8. (A)	9. (B)	10. (E)
11. (C)	12. (E)	13. (D)	14. (A)	15. (B)

1 Franhos 타워는 시청에 인접한 곳에 있다.

2 유일한 결점은 그 아파트가 주차공간을 제공하지 않는다는 것이다.

3 Gidecher사의 긍정적인 브랜드 이미지가 계약을 따내는 데 있어서 결정적인 요소였다.

4 먼지는 컴퓨터의 원활한 팬 작동을 간섭할 수 있다.

5 모든 관리자들은 회의에서 공유된 팀원들의 의견에 주의를 기울였다.

11 Ms. Carter는 다음 주에 영업이사직을 맡을 것으로 기대된다.

12 고객과의 저녁식사 경비는 인당 100달러로 제한된다.

13 부적절한 증빙 서류로 인해 주문 처리가 지연되었다.

14 수사를 통해 새로운 증거가 나왔는데, 이는 사건해결에 도움이 되었다.

15 점점 증가하는 부채에 대한 우려로, 시에서는 신규 공사 프로젝트를 중단하기로 결정했다.

Day 22 P. 413

1. (E)	2. (B)	3. (A)	4. (D)	5. (C)
6. (C)	7. (B)	8. (E)	9. (A)	10. (D)
11. (A)	12. (E)	13. (C)	14. (D)	15. (B)

1 모든 방문객들은 시설을 견학할 때 항상 보호용 장비를 착용해야 한다.

2 임원이 20분 늦게 도착해, 회의가 연장되었다.

3 오늘 세미나에서는 최적의 효율로 사업체를 운영하는 법에 대해 논의할 것입니다.

4 농부들은 연속적인 3년 동안 비가 많이 내리지 않아 걱정하고 있다.

5 종이와 잉크를 아끼기 위해, 직원들에게는 인쇄지 하루 사용 한도가 있다.

11 Milton 시설에서 제조된 모든 차량은 산업기준을 준수한다.

12 Mr. Bibbo는 Caltods 그룹과의 협상 감독을 담당한다.

13 사장은 운영비를 줄이는 것을 많이 강조했다.

14 Wixford 지점은 8월에 전반적으로 10퍼센트 매출 증가를 보고했다.

15 Gedum Clothing은 경쟁이 심한 의류업계에서 계속 우세하다.

Day 23   P. 429

1. (C)	2. (A)	3. (E)	4. (B)	5. (D)
6. (B)	7. (E)	8. (D)	9. (A)	10. (C)
11. (C)	12. (B)	13. (A)	14. (D)	15. (E)

1 Roger Fillmore의 가을 신상품이 Fashion Road의 최신호에서 두드러지게 특집으로 다뤄질 것이다.

2 대중매체는 Sorson사의 최근 성공을 대부분 신규 경영진의 덕분으로 여겼다.

3 안타깝게도, 신약 복용 후 그 환자의 건강은 악화되었다.

4 독자들은 Herald Magazine 기사들이 부주의하게 쓰여진 것에 대해 비난했다

5 근처 사업체들은 신규 열차노선이 가져올 인근지역의 고객들을 환영한다.

11 좋은 고객서비스는 모든 소매업에 있어 핵심이다.

12 물건을 잃어버리셨다면, 저희 분실물보관소를 방문해 주세요.

13 Worshville 창고는 시립 도서관으로 개조될 예정이다.

14 Edward는 해외에서 갓 교육을 마쳐서, 이 프로젝트에 새로운 관점을 제시할 것이다.

15 저희 기술자들이 정전의 원인을 알아내기 위해 일하고 있습니다.

Day 24   P. 445

1. (A)	2. (C)	3. (E)	4. (B)	5. (D)
6. (B)	7. (A)	8. (E)	9. (D)	10. (C)
11. (E)	12. (A)	13. (C)	14. (B)	15. (D)

1 어떤 작업자가 부주의하게 버튼을 잘못 눌러 창고가 정전되었다.

2 Stevens 감독은 최고의 공연자만을 뽑겠다는 그의 의도를 명확히 했다.

3 새로 나온 Glower 스킨 크림은 순유기농이고 인공의 원료가 전혀 들어가지 않습니다.

4 Fallguer Group의 보상체계는 그 산업의 최고의 인재들을 끄는 데 도움이 된다.

5 새로운 터널은 많은 출퇴근자들의 이동시간을 급격하게 줄여주었다.

11 회사를 운영함에 있어, 직원 개개인의 목표는 팀의 목표에 종속된다.

12 예비 조사는 추가 자료를 수집해야 할 필요가 있음을 암시한다.

13 Mr. Rogers는 회사가 DGJT 그룹에 인수될 것이라는 루머를 일축했다.

14 진행중인 보수작업으로 인해 철도 서비스가 중단됩니다.

15 스마트폰 가격이 최근 몇 년간 급등했다.

Day 25   P. 461

1. (E)	2. (D)	3. (C)	4. (B)	5. (A)
6. (B)	7. (C)	8. (A)	9. (E)	10. (D)
11. (D)	12. (C)	13. (B)	14. (A)	15. (E)

1 세대주들은 마모 되었다고 보여지는 카펫을 교체하도록 권장 받는다.

2 간절히 기다리던 소프트웨어 업데이트가 확실하게 분기 이익을 향상시킬 것이다.

3 고객 설문조사 결과를 사용하여, Dr. Chang은 현재 시장 동향에 대한 이해를 제공했다.

4 최근의 기술적 발전은 포장과정을 더욱 정교하게 만들었다.

5 비싸지 않은 전기 자동차의 도입은 공기오염을 완화하는 데 도움이 될 것이다.

11 사고 후 차량의 대부분이 온전한 상태였다.

12 Axe-Tex 점퍼의 주문이 최근 광고캠페인 이후 두드러지게 증가했다.

13 저희 서버를 검색하셔서 그 정보를 검색하실 수 있습니다.

14 Luxdow Group은 국내외 고객들에게 맞춤형 상담서비스를 제공한다.

15 안타깝게도 이 모델은 현재 저희 소프트웨어와 호환되지 않습니다.

Day 26
P. 475

1. (D)	2. (B)	3. (C)	4. (A)	5. (E)
6. (D)	7. (E)	8. (C)	9. (B)	10. (A)
11. (E)	12. (A)	13. (B)	14. (C)	15. (D)

1 Goldmax Traveler 회원들은 Worldex 항공사를 이용하면 마일리지를 모을 수 있다.

2 꼭 필요하지 않은 물품의 구매는 예산 삭감으로 인해 잠정적으로 연기될 것이다.

3 스케줄 혼란은 행사 기획자 측의 실수로 일어났다.

4 새 자동차 모델들은 오토바이와 동시에 공개될 것으로 기대된다.

5 HRC 마트는 경쟁 업체들과의 경쟁을 견디기 위해 전략을 수정하고 있다.

11 하이브리드 차의 높은 연비는 가스비 인상을 상쇄한다.

12 회사는 2년 내에 공사를 완료하기 위해 노력할 것이다.

13 CEO는 회사에 구조조정이 있을 거라고 암시했다.

14 보안 요원들은 저녁 내내 시설물의 정기적인 확인을 수행한다.

15 Mr. Gray가 그 문제에 대해 반대 관점을 표명할 것이다.

Day 27
P. 491

1. (C)	2. (E)	3. (D)	4. (A)	5. (B)
6. (E)	7. (A)	8. (B)	9. (C)	10. (D)
11. (C)	12. (B)	13. (E)	14. (D)	15. (A)

1 몇몇 차질에도 불구하고 그 팀은 시제품 디자인을 시간에 맞춰 끝냈다.

2 직원 부족이 생산팀의 마감일을 맞출 수 있는 능력을 방해했다.

3 정부는 임박한 건기 이전에 물 절약 계획을 시행했다.

4 관련 경험은 이 직책의 전제조건이다.

5 Chertos 배송은 국내에서 가장 신뢰할 수 있는 택배 서비스사가 되기를 염원한다

11 좋은 팀워크는 조직의 성공에 도움이 된다.

12 마케팅팀은 판매량을 늘리기 위한 새로운 계획을 구상했다.

13 귀하께서 전화로 받으신 견적과 청구서의 차이에 대해 사과 드립니다.

14 CEO는 그 프로젝트로 인한 이득이 리스크보다 크기 때문에 그것을 승인했다.

15 규칙적으로 운동하는 것은 심장질환의 위험성을 줄여준다.

Day 28
P. 505

1. (E)	2. (B)	3. (A)	4. (D)	5. (C)
6. (C)	7. (E)	8. (D)	9. (A)	10. (B)
11. (D)	12. (C)	13. (B)	14. (E)	15. (A)

1 공사는 허리케인으로 초래된 폭우로 인해 지연되었다.

2 공장의 시스템 점검은 생산성과 안전을 상당히 개선시켰다.

3 분기별 업적 평가를 실시하는 것은 직원의 가치를 가늠하는 완벽한 기준이다.

4 원자재 비용 상승은 불가피하게 더 높은 제품 가격으로 이어진다.

5 모범적인 직업 의식을 보이는 직원은 승진할 것이다.

11 공항에 방치된 채 남겨진 짐은 보안요원에 의해 치워질 것이다.

12 회사의 예산부족을 해결하기 위해 Ms. Chiu가 새로운 재무이사로 고용되었다.

13 Sinco사는 쇼핑단지를 건설하는 수익성 좋은 계약을 확보하고 싶어한다.

14 간편한 바퀴분리 시스템은 Weila Bikes의 두드러진 특징이다.

15 임원회의는 다양한 주제를 아우르며 2시간 동안 지속되었다.

Day 29
P. 519

1. (E)	2. (A)	3. (C)	4. (D)	5. (B)
6. (E)	7. (B)	8. (D)	9. (A)	10. (C)
11. (A)	12. (B)	13. (C)	14. (E)	15. (D)

1 구조 노력은 악천후로 인해 방해되었다.

2 B&P 자문 위원들은 표면적인 변화 대신 근본적인 개선을 권장한다.

3 귀하의 결제 대금은 온라인 이체로 송금될 것입니다.

4 Sunrise사는 엄중한 안전 규정으로 유명하다.

5 대부분 회사들에서는, 혁신이 틀림없이 가장 경쟁력 있는 가치를 가지고 있다.

11 마케팅 이사는 소셜미디어 캠페인이라는 아이디어에 수용적이었다.

12 그 다큐멘터리 영화는 업계 선두주자에게 기념비적이라고 찬사를 받았다.

13 인사부서는 직장 내 언어폭력을 매우 심각하게 받아들인다.

14 Mr. Lesman은 상임 후보가 선택되기 전까지 임시로 CEO에 임명되었다.

15 Fitpro의 스마트워치 판매는 경쟁사의 제품 출시로 인해 침체되었다.

Day 30

P. 533

1. (D)   2. (E)   3. (A)   4. (C)   5. (B)
6. (B)   7. (E)   8. (D)   9. (A)   10. (C)
11. (C)   12. (E)   13. (A)   14. (B)   15. (D)

1 Paradis Atelier는 17세기부터 19세기까지의 정교한 미술품을 전시한다.

2 직원 안내 책자에는 전 직원이 연례 교육 시간에 반드시 참석해야 한다고 분명하게 명시한다.

3 Taehan 금융은 신제품이 시장성이 있는지 알아내기 위해 설문 조사를 실시했다.

4 모든 부서가 제품 출시를 위한 각자의 몫을 꼼꼼하게 계획해야 한다.

5 Ms. McMaster는 프로젝터가 작동을 멈췄을 때 프레젠테이션을 즉흥적으로 해야 했다.

11 Pomelo Bistro는 흠잡을 데 없는 서비스와 타의 추종을 불허하는 맛있는 요리를 제공한다.

12 동의서에 열거된 날짜들은 프로젝트 매니저의 재량으로 변경될 수 있다.

13 언론홍보 담당자가 그 영화감독과의 인터뷰를 취소한 뒤 기자들은 해산했다.

14 PaceAuto는 어떤 종류의 차량이든 신속하게 수리하여 당신이 다시 운전대를 잡을 수 있게 해드립니다.

15 모든 관련 출장 서류는 승인을 위해 Ms. Glover에게 제출해야 한다.

INDEX

A

603

W

파고다 토익 VOCA 보카

VOCA

휴대용 미니 단어장

PAGODA Books

최신개정판

파고다 토익 VOCA

보카

휴대용 미니 단어장

PAGODA Books

A

- a batch of 한 무리의, 한 회분의
- a broad/wide range of 아주 다양한
- a collection of ~의 수집품[소장품]
- a combination of A and B A와 B의 조합[결합]
- a couple of 몇몇의, 두서 너의
- a diverse range of 다양한 범위의
- a diverse selection of 다양한
- a full range of 폭넓은
- a good wage 후한 임금
- a great/good deal of 많은, 다량의
- a large/huge volume of 많은, 다량의
- a lot of 많은
- a majority of 다수의
- a maximum of 최고, 최대
- a notable feature 중요한 특징
- a number of 다수의, 많은
- a pair of 한 짝의, 한 쌍의
- a pitcher of water 물 한 주전자
- a range of 다양한
- a reduced price 할인가
- a resignation letter 사직서
- a retail price 소매가
- a round of applause 한 차례의 박수 갈채
- a selection of 엄선된
- a series of 일련의
- a shortage of ~의 부족
- a step forward 일보 전진
- a summary of ~에 대한 요약(본)
- A take priority over B A가 B보다 더 중요하다, A가 B보다 우선하다
- a variety of 다양한, 여러 가지의
- a vested interest 기득권
- a warm reception 따뜻한 환영[대접]
- a warm/hospital welcome 따뜻한 환영
- a wealth of 풍부한
- a welcome addition to ~에 환영 받는 것[사람]
- a wholesale price 도매가
- a wide array of 다양한, 다수의
- a wide range of 폭넓은, 광범위한
- a wide selection of 다양한, 폭넓은 .
- a wide variety of 매우 다양한
- a willingness to do 기꺼이 ~하려는 마음
- a wise decision 현명한[신중한] 결정
- abandon 图 버리다, 포기하다
- abide by (법률, 계약 등을) 따르다
- ability 图 능력
- ability to do ~을 할 수 있는 능력
- able 图 ~할 수 있는; 능력 있는
- abolish 图 (법률, 제도 등을) 폐지하다
- abolishment 图 폐지
- about 图 ~에 관한 图 약, ~쯤 (=around, approximately)
- above 图图 1. (~보다) 위에 2. (~보다) 많은, ~이상으로
- above normal 평균 이상으로 (반 below normal 평균 이하로)
- above/below average 평균 이상/이하
- above/beyond one's expectations ~의 기대 이상으로
- abridged 图 요약된
- abroad 图 해외에(서), 해외로
- abrupt 图 갑작스런, 돌연한
- abruptly 图 갑자기, 뜻밖에
- absence 图 1. 결근; 부재 2. 없음, 결핍
- absent 图 1. 결근한 2. 부재한, 없는
- absentee 图 결석자, 결근자
- absentee vote 부재자 투표
- absenteeism 图 (합당한 사유가 없는) 잦은 결근
- absolute 图 완전한, 확실한
- absolutely 图 전적으로, 틀림없이
- absolutely free of charge 완전 무료로
- absorb 图 흡수하다, 빨아들이다
- absorbent 图 흡수력이 좋은, 잘 빨아들이는
- abstain from ~을 삼가다[그만두다]
- abstract 图 개요 图 추출하다; (책 등을) 요약하다 图 추상적인
- abundance 图 풍부(함)
- abundant 图 풍부한
- abundantly 图 풍부하게
- abuse 图 남용, 오용 图 남용하다, 오용하다
- accelerate 图 가속화하다; 속도를 높이다
- acceleration 图 가속(도)
- accept 图 수용하다, 받아들이다
- accept a position 직책을 수락하다
- accept responsibility for ~에 대한 책임을 인정하다
- acceptable 图 수용할 수 있는, 용인되는
- acceptance 图 수락; 승인
- access 图 접근 (권한); 접속 图 접근하다; 이용하다
- access code 접속 코드
- access to ~에의 접근 (권한)
- accessibility 图 접근[이용] 가능성
- accessible 图 접근[이용] 가능한
- accessory 图 부대용품, 액세서리
- accident 图 사고
- accidental 图 우연한, 돌발적인
- accidentally 图 우연히, 실수로

□□ acclaim 图 환호를 보내다 图 찬사, 호평

□□ acclaimed 图 호평을 받고 있는

□□ acclamation 图 환호, 갈채

□□ accommodate 图 1. 공간을 제공하다, 인원을 수용하다 2. (의견 등을) 수용하다

□□ accommodation 图 1. 숙소 2. (-s) 숙박 시설

□□ accompany 图 1. (사람과) 동행하다, 동반하다 2. (일, 현상 등이) 동반되다, 딸려오다

□□ accomplish 图 완수하다, 성취하다

□□ accomplished 图 기량이 뛰어난; 재주가 많은

□□ accomplishment 图 업적, 공적

□□ accordance 图 일치, 조화

□□ according to 图 ~에 따르면

□□ accordingly 图 그에 맞춰, 그에 부응해서

□□ account 图 1. (은행) 계좌; (이용) 계정 2. 설명, 기술

□□ account for 1. ~을 차지하다 2. ~을 설명하다 3. ~의 이유가 되다

□□ account information 계좌 정보

□□ account payable 지급 계정, 외상 매입금

□□ accountability 图 책임, 의무

□□ accountable 图 책임이 있는

□□ accountant 图 회계사, 회계 담당자

□□ accounting 图 회계 (업무)

□□ accounting responsibilities 회계 직무

□□ accrue 图 증가하다, 축적하다

□□ accumulate 图 모으다; 적립하다

□□ accumulation 图 축적, 누적

□□ accuracy 图 정확(도)

□□ accurate 图 정확한; 정밀한

□□ accurately 图 정확히, 정밀하게

□□ accusation 图 고발, 기소; 혐의

□□ accuse 图 고발하다, 혐의를 제기하다

□□ accustomed 图 ~에 익숙한

□□ achieve 图 달성하다, 성취하다

□□ achieve one's goal 목표를 달성하다

□□ achievement 图 달성, 업적

□□ achiever 图 크게 성공한 사람

□□ acid 图 산성의

□□ acknowledge 图 1. 인정하다 2. (물건을) 받았음을 알리다

□□ acknowledge one's contribution ~의 공헌을 인정하다

□□ acknowledge receipt of ~을 받았음을 알리다

□□ acknowledgement 图 1. 인정 2. 답신

□□ acoustic 图 전자 장치를 쓰지 않는

□□ acquaint 图 익히다, 숙지하다

□□ acquaint A with B A에게 B를 숙지시키다

□□ acquaintance 图 아는 사람, 지인

□□ acquire 图 1. 얻다; 획득하다, 취득하다 2. (기업 등을) 인수하다

□□ acquire expertise 전문 지식을 습득하다

□□ acquisition 图 1. 획득, 매입(한 물건) 2. (기업) 인수

□□ across 图 1. ~을 건너서[가로질러] 2. ~전체에 걸쳐

□□ act 图 (특정한) 행동을 하다; 역할을 하다 图 1. (특정한) 행동, 행위 2. 법률; (연극 등의) 막

□□ act as ~로서의 역할을 하다

□□ activate 图 활성화하다

□□ activate a system 시스템을 가동하다

□□ activate an account 계좌를 활성화하다

□□ activation 图 활성화; 작동

□□ active 图 활동적인, 적극적인

□□ actively 图 활발히, 적극적으로

□□ activity 图 (특별한 목적의) 활동

□□ actually 图 사실은, 실제로

□□ acute 图 1. 극심한 2. (질병이) 급성의

□□ adapt 图 1. (새로운 용도에) 맞추다, 조정하다 2. (새로운 환경에) 적응하다

□□ adapt to ~에 적응하다

□□ adaptability 图 적응성; 융통성

□□ adaptable 图 적응할 수 있는

□□ add 图 추가하다, 더하다

□□ add A to B A를 B에 추가하다

□□ addition 图 추가(된 것)

□□ additional 图 추가의

□□ additional fee 추가 요금

□□ additional information 추가 정보

□□ additionally 图 추가적으로

□□ address 图 1. (문제, 상황 등을) 다루다, 고심하다 2. (~앞으로) 보내다 3. 연설하다 图 주소

□□ address a problem 문제를 처리하다

□□ address an issue 쟁점을 거론하다

□□ adept 图 능숙한

□□ adequate 图 (특정 목적이나 필요에) 충분한, 적절한

□□ adequately 图 충분히, 적절히

□□ adhere to ~을 고수하다

□□ adhesive 图 접착제

□□ adjacent 图 인접한, 가까운

□□ adjacent to ~에 인접한

□□ adjacently 图 인접하여

□□ adjoining 图 서로 접해 있는

□□ adjourn 图 (회의 등을) 중단하다, 휴회하다

□□ adjust 图 1. 조정하다, 조절하다 2. 적응하다

□□ adjust A to B A를 B에 맞추다

□□ adjust to ~에 적응하다

□□ adjustable 图 조정 가능한

□□ adjustment 图 1. 수정, 조정 2. 적응

□□ administer 图 관리하다, 운영하다

□□ administration 图 관리[행정] (업무)

□□ administrative 图 관리상의, 행정상의

3

□□ **administrative officer** 행정관		□□ **aesthetically** 튀 심미적으로, 미학적으로

administrative officer 행정관
administrative staff 행정 직원
administrator 명 관리자, 행정인
admission 명 입장; 입학
admission fee 입장료
admission to ~의 입장
admit (that)절 that 이하를 인정하다
admit 동 (마지못해) 인정하다
admit doing ~한 것을 인정하다
admit to (doing) (~한 것을) 인정하다
admittedly 튀 인정하건대
adolescent 명 청소년
adopt 동 채택하다
adoption 명 채택
adorn 동 꾸미다, 장식하다
advance 명 진전, 발전 동 진보하다, 증진되다 형 사전의
advance in ~의 발전
advance notice 사전 통고, 예고
advance reservation 사전 예약
advanced 형 선진의; 고급의
advanced degree 석박사 학위
advanced technology 첨단 기술
advancement 명 승진, 출세
advantage 명 이점, 장점
advantage over ~보다 유리한 점/위치
adventure 명 모험, 모험심
adverse 형 불리한, 부정적인
adverse effect 역효과, 부작용
adverse weather 악천후
adversely 튀 불리하게, 반대로
adversely affect ~에 부정적으로 영향을 미치다
adversity 명 역경, 고난
advertise 동 광고하다
advertisement 명 광고 (=ad)
advertiser 명 광고주
advertising 명 광고 (행위); 광고업
advertising agency 광고 대행사
advertising[marketing] campaign
광고[마케팅] 캠페인
advice 명 조언, 충고
advisable 형 권할 만한, 바람직한
advise 동 조언하다, 권고하다
advise A on B A에게 B에 대해 조언하다
advise A to do A에게 ~하라고 조언하다
advisor 명 고문, 조언자
advisory 형 자문의, 고문의
advocacy 명 지지, 옹호; 변호
advocate 명 지지자; 변호인 동 지지하다

aesthetically 튀 심미적으로, 미학적으로
affect 동 영향을 미치다
affiliate 동 제휴하다; 연계하다 명 계열사
affiliation 명 제휴, 가맹
affix 동 붙이다, 부착하다
affix A to B A를 B에 붙이다
affluent 형 부유한, 잘 사는
afford 동 (~을 살) 여유가 되다, 형편이 되다
affordability 명 감당할 수 있는 비용
affordable 형 (가격이) 알맞은; 입수 가능한
after 전접 (순서/시간상) ~뒤에[후에]
after all 결국에는; 어쨌건
afterward 튀 (그) 후에, 나중에
again 튀 다시, 한 번 더
against 전 1. ~에 반대하여 2. ~에 맞닿아
agency 명 대행사, 대리점
agenda 명 의제, 안건
agent 명 대리인, 에이전트
aggressive 형 적극적인, 공격적인
aggressively 튀 적극적으로, 공격적으로
agree 동 동의하다
agree on/to + 사물 ~에 동의하다
agree with + 사람 ~에게 동의하다
agreeable 형 1. 기분 좋은 2. 선뜻 동의하는
agreeably 튀 1. 기분 좋게; 선뜻 동의하여 2. 좋은 곳에
agreement 명 1. 계약(서) (= contract) 2. 동의, 합의
agricultural 형 농업의
agriculture 명 농업
ahead of schedule 일정보다 빨리
aid 명 1. 지원, 도움 2. 보조 기구[자료] 동 돕다
aim 명 목표, 목적 동 목표하다
aim of ~의 목표[목적]
aim to do ~할 작정이다
air 동 방송하다 명 공기; 분위기
air mail 항공 우편
airfare 명 항공료
airtight 형 밀폐된
aisle 명 통로
aisle seat 통로 쪽 좌석 (반 window seat 창가 쪽 좌석)
alert 형 방심하지 않는; 경계하는 동 주의를 환기시키다 명 경계경보; 알림 메시지
all along 내내, 죽
all of a sudden 갑자기 (= all at once)
all the time 내내, 줄곧
all the way 내내, 시종일관; 완전히, 다
all through ~동안 줄곧
all-around 형 전반에 걸친; 전면적인
allege 동 혐의를 제기하다

alleged 형 (증거 없이) 주장된	among 전 ~중에, ~사이에
allegedly 부 전해진 바에 의하면, 이른바	amount 명 양; 액수 통 총액이 ~에 달하다
allergic reaction 알레르기 반응	amount due 지불해야 할 금액
alleviate 통 완화하다	amount per serving 1회 제공량
alleviate concerns 걱정을 누그러뜨리다	amount to (총액이) ~에 달하다
alleviate traffic congestion 교통 체증을 완화하다	ample 형 충분한, 풍부한
alleviation 명 경감, 완화	amplifier 명 앰프, 증폭기
alliance 명 동맹, 연합	an advocate of ~의 지지자
allocate 통 할당하다, 배정하다	an alternative to ~에 대한 대안
allocate A for B B를 위해 A를 할당하다	an amount of 상당한 (양의) ~
allocate A to B A를 B에게 배정하다	an assortment of 다양한, 여러 가지의
allocation 명 할당(량)	an endeavor to do ~하려는 노력
allot 통 할당하다, 배당하다	an enormous amount of 엄청난 양의 ~
allotment 명 할당(량)	analysis 명 분석
allow 통 허락하다, 허용하다	analyst 명 분석가
allow A to do A가 ~하도록 허용하다	analyze 통 분석하다
allow for ~을 감안하다[참작하다]	ancient 형 고대의
allowance 명 1. 수당, 지급액 2. 허용량	and 접 그리고
all-time high 사상 최고치 반 all-time low 사상 최저치	anniversary 명 기념일
allure 통 꾀다, 유혹하다	announce (to 사람) that절 (~에게) ...을 발표하다
all-weather 형 전천후의	announce 통 발표하다, 알리다
almost 부 거의	announcement 명 발표, 안내
along 전 ~을 따라	annual 형 연례의, 매년의
along with ~와 함께	annual budget 연간 예산
alongside 전 1. ~와 함께, 2. ~옆에, 나란히	annual checkup 연례 건강 검진
already 부 이미, 벌써	annual leave 연차 휴가
also 부 또한, 역시	annual salary 연봉
alter 통 바꾸다, 고치다	annually 부 일 년에 한 번
alteration 명 변화, 개조	anonymous 형 익명의
alternate 형 번갈아 나오는 통 번갈아 나오다	anonymously 부 익명으로
alternative 명 대안; 대체품 형 대체 가능한, 대안이 되는	antibiotic 명 항생제
alternative flight 대체 항공편	anticipate (that)절 that 이하를 예상하다
alternative venue 대체할 장소	anticipate 통 예상하다; 기대하다
alternatively 부 그 대신에, 그렇지 않으면	anticipated 형 기대하던
although 접 비록 ~이긴 하지만	anticipated result/outcome 예상되는 결과
alumni 명 졸업생들	anticipation 명 예상, 기대
always 부 언제나, 항상	antique 형 골동품인 명 골동품
amazed 형 놀란	anxious 형 1. 불안해하는, 염려하는 2. 간절히 바라는, 열망하는
amazing 형 (감탄할 만큼) 놀라운	
amazingly 부 1. 놀랄 만큼 2. 놀랍게도	anxious about ~에 대해 불안해하는
ambiance 명 환경; (장소 등의) 분위기	anxious for ~을 간절히 바라는
ambition 명 야망, 포부	anxious to do ~하기를 간절히 바라는
ambitious 형 야심 찬	apart from 1. ~외에는, ~을 제외하고 (=aside from) 2. ~뿐만 아니라
ambitiously 부 야심 차게	
amend 통 (법률이나 계약서 조항 등을) 개정하다, 수정하다	apologize 통 사과하다
amendment 명 (법률이나 계약서 조항 등의) 개정, 수정	apologize for ~에 대해 사과하다
amenity 명 생활 편의 시설, 오락 시설	apologize to ~에게 사과하다
amid 전 ~하는 중에[가운데]	apology 명 사과

apparel 명 의류; 의복	**arbitrarily** 부 독단적으로; 제멋대로
apparent 형 분명한, 누가 봐도 알 수 있는	**arbitrary** 형 임의의, 제멋대로인
apparently 부 보아 하니, 듣자 하니	**arbitration** 명 중재
appeal 명 관심을 끌다; 호소하다	**arch** 명 아치형 구조물 동 아치 모양을 하다
appeal to ~에게 호소하다[어필하다]	**archaeologist** 명 고고학자
appealing 형 매력적인, 흥미로운	**architect** 명 건축가
appear 동 1. 나타나다; 나오다 2. ~인 것 같다	**architecture** 명 1. 건축(학) 2. 건축 양식
appearance 명 1. 겉모습, 외모 2. 출현; 등장, 출연	**archive** 명 (-s) 기록 보관소 동 (파일 등을) 보관하다
appetite 명 식욕, 욕구	**archway** 명 아치 길; 아치형 입구
appetizing 형 구미를 당기는, 식욕을 돋우는	**area** 명 1. 지역; (특정) 구역 2. (특정) 분야, 부문
applaud 동 박수를 치다(=clap)	**area of expertise** 전문 분야
applause 명 박수	**arguable** 형 1. 주장할 수 있는 2. 논쟁의 소지가 있는
appliance 명 (가정용) 기기	**arguably** 부 주장하건대, 거의 틀림없이
applicable 형 해당되는, 적용되는	**argue** 동 1. 언쟁을 하다 2. 주장하다
applicant 명 지원자, 신청자	**argumentative** 형 따지기 좋아하는, 시비를 거는
application 명 1. 신청(서); 지원(서) 2. 응용 (프로그램), 어플리케이션	**arise** 동 생기다, 발생하다
application form 지원서, 신청서	**arise from** ~에서 발생하다[일어나다]
application materials 지원 서류	**arm** 명 팔
apply 동 1. 지원하다, 신청하다 2. 적용하다 3. 바르다	**around** 전 ~주위에, 둘레에 부 약, ~쯤 (= about, approximately)
apply for ~에 지원하다	**around the clock** 24시간 내내
apply to ~에 적용하다	**around the corner** 1. 코앞으로 다가온, 목전에 있는 2. 길 모퉁이를 돌아
appoint 동 임명하다, 지명하다	**arrange** 동 1. 마련하다, (일을) 처리하다 2. 정리하다, 배열하다
appoint A as B A를 B로 임명하다	**arrange a meeting** 회의 일정을 잡다
appointment 명 1. 약속, 예약 2. 임명, 지명	**arrange an interview** 면접 일정을 잡다
appointment with ~와의 약속	**arrange transportation** 교통편을 마련해주다
appraisal 명 평가; 감정	**arrangement** 명 준비, 마련; 배열, 배치
appraise 동 평가하다; 감정하다	**array** 명 무리, 모음; 배열 동 배열하다, 배치하다
appraiser 명 (부동산) 감정평가사	**arrival** 명 도착
appreciate 동 1. 고마워하다; 환영하다 2. 진가를 알아보다, 인정하다	**arrive** 동 도착하다
appreciation 명 1. 감사 2. 감상	**arrive on time** 제 시간에 도착하다
appreciative 형 고마워 하는	**arrive punctually** 시간 맞춰 도착하다
apprehensible 형 이해할 수 있는	**article** 명 기사, 글
apprehension 명 우려, 불안	**articulate** 동 분명히 표현하다
apprehensive 형 걱정되는, 불안한	**artificial** 형 인공의; 인위적인
apprehensive about/of ~에 대해 불안해 하는	**artificial flavor** 인공 감미료
apprentice 명 수습생	**artificial ingredients** 인공 원료
apprenticeship 명 1. 수습 기간 2. 수습직	**artificial intelligence** 인공 지능 (= AI)
approach 명 접근, 접근법 동 다가가다, 접근하다	**artisan** 명 장인, 기능 보유자
appropriate 형 적절한	**artwork** 명 미술품
appropriate for ~에 적절한	**as** 접 ~할 때, ~하면서 전 ~로서
appropriately 부 적절하게, 알맞게	**as a consequence of** ~의 결과로, ~때문에
approval 명 (계획, 요청에 대한) 승인 (반 disapproval 반대)	**as a consequence** 결과적으로 (= in consequence)
approve 동 1. 승인하다 2. 찬성하다	**as a matter of fact** 사실은
approximately 부 대략	**as a result of** ~의 결과로
apron 명 앞치마	**as a result** 결과적으로
aptitude 명 소질, 적성	

☐☐ **as a reward (for)** (~에 대한) 보상으로
☐☐ **as a token of appreciation** 감사의 표시로
☐☐ **as before** 이전과 같이
☐☐ **as far as** ~하는 한 ~까지 (멀리/많이)
☐☐ **as for** ~에 대해서 말하자면
☐☐ **as if** 마치 ~인 것처럼 (=as though)
☐☐ **as long as** ~하는 한은, ~이기만 하면
☐☐ **as necessary** 필요에 따라
☐☐ **as of** ~부로[일자로]
☐☐ **as of now** 지금으로서는
☐☐ **as opposed to** ~와는 대조적으로
☐☐ **as part of** ~의 일환으로
☐☐ **as scheduled** 예정대로, 계획대로
☐☐ **as soon as** ~하자마자
☐☐ **as soon as possible** 최대한 빨리 (=ASAP)
☐☐ **as specified** 명시된 대로
☐☐ **as though** 마치 ~인 것처럼 (=as if)
☐☐ **as to** ~에 관하여
☐☐ **as usual** 평상시처럼, 늘 그렇듯이
☐☐ **as well as** ~뿐만 아니라
☐☐ **as well** 또한, 역시
☐☐ **ascend** 동 올라가다
☐☐ **ascertain** 동 알아내다, 확인하다
☐☐ **ascertain whether**절 ~인지 알아내다
☐☐ **ashamed** 형 부끄러운
☐☐ **aside from** 전 ~외에는, ~을 제외하고 (=apart from)
☐☐ **ask for** ~을 요청하다
☐☐ **aspect** 명 측면; 양상
☐☐ **aspect of** ~의 측면
☐☐ **aspiration** 명 열망, 포부
☐☐ **aspire** 동 열망하다, 염원하다
☐☐ **aspire to** ~을 열망하다
☐☐ **aspire to be/do** ~이 되기를/~을 하기를 열망하다
☐☐ **aspiring** 형 장차 ~가 되려는
☐☐ **assemble** 동 1. 조립하다 2. 모이다, 모으다
☐☐ **assembly** 명 1. 조립 2. 집회, 모임
☐☐ **assembly process** 조립 공정
☐☐ **assent** 동 찬성하다 명 찬성, 승인
☐☐ **assent to** ~에 찬성하다
☐☐ **assert** 동 (강하게) 주장하다
☐☐ **assertion** 명 1. 주장 2. (권리 등의) 행사
☐☐ **assertive** 형 적극적인, 확신에 찬
☐☐ **assertively** 부 단정적으로, 확신을 가지고
☐☐ **assess** 동 평가하다
☐☐ **assessment** 명 평가
☐☐ **asset** 명 자산, 재산
☐☐ **asset to** ~의 자산
☐☐ **assign** 동 (일, 책임 등을) 맡기다, 배정하다

☐☐ **assign A to B** A를 B에 배정하다
☐☐ **assigned** 형 할당된
☐☐ **assigned seat[seating]** 지정석
☐☐ **assignment** 명 과제, 임무
☐☐ **assist** 동 돕다, 지원하다
☐☐ **assistance** 명 도움, 지원
☐☐ **assistant** 명 조수, 보조원
☐☐ **associate** 동 연관 짓다, 결부시키다 명 (직장) 동료
☐☐ **associated** 형 1. 관련된 2. 연합의, 조합의
☐☐ **associated materials** 관련 자료
☐☐ **association** 명 1. 협회 2. 연계; 유대 (관계)
☐☐ **association with** ~와의 유대 관계
☐☐ **assort** 동 분류하다, 구분하다
☐☐ **assorted** 형 여러 가지의, 갖은
☐☐ **assortment** 명 (같은 종류의) 모음, 조합
☐☐ **assume (that)**절 that 이하를 추정하다
☐☐ **assume** 동 1. 추정하다 2. (책임을) 맡다
☐☐ **assume the role/responsibility of** ~의 역할/책임을 맡다
☐☐ **assuming (that)** 접 ~라고 가정하여
☐☐ **assumption** 명 1. 추정 2. (권력, 책임의) 인수
☐☐ **assurance** 명 확언, 장담
☐☐ **assure** 동 장담하다, 확언하다
☐☐ **assure A of B** A에게 B를 보장하다
☐☐ **assure A that**절 A에게 that 이하를 보장하다
☐☐ **assured** 형 1. 자신감 있는 2. 확실한
☐☐ **assuredly** 부 분명히, 틀림없이
☐☐ **astonish** 동 깜짝 놀라게 하다
☐☐ **astonishing** 형 정말 놀라운, 믿기 힘든
☐☐ **astonishingly** 부 놀랍게도; 몹시
☐☐ **astounding** 형 경악스러운, 믿기 어려운
☐☐ **at** 전 1. ~에(서) [장소] 2. ~에 [시간]
☐☐ **at a ~ pace** ~한 페이스로[속도로]
☐☐ **at a discount** 할인하여
☐☐ **at a distance of** ~의 거리에
☐☐ **at a modest price** 염가로
☐☐ **at a rapid pace** 빠른 속도로[걸음으로]
☐☐ **at a rate of** ~의 비율로
☐☐ **at a reasonable price** 적당한 가격으로
☐☐ **at a reduced price** 할인된 가격으로
☐☐ **at a steady rate** 일정한 비율로
☐☐ **at a time** 한 번에, 따로따로
☐☐ **at all times** 항상, 언제나
☐☐ **at an affordable price** 적당한 가격에
☐☐ **at any moment** 언제 어느 때라도, 금방이라도
☐☐ **at any rate** 어쨌든
☐☐ **at competitive prices** 경쟁력 있는 가격으로, 저렴한 가격으로

□□ **at full capacity** 풀가동 중인
□□ **at last** 마침내, 드디어
□□ **at least** 적어도, 최소한
□□ **at no extra charge** 추가 요금 없이
□□ **at once** 1. 즉시, 당장 2. 동시에
□□ **at one's convenience** ~가 편한 때에
□□ **at one's discretion** ~의 재량에 따라
□□ **at one's earliest convenience** 형편 닿는 대로, 되도록 빨리
□□ **at one's expense** ~의 부담으로
□□ **at one's own pace** 자신만의 페이스로
□□ **at optimal efficiency** 최적의 효율로
□□ **at present** 현재는, 지금은
□□ **at that time** 그때에
□□ **at the cost of** ~의 비용을 지불하여
□□ **at the edge of** ~의 끝에/가장자리에
□□ **at the last minute** 막바지에, 임박해서
□□ **at the moment** 지금 (= now)
□□ **at the same time** 동시에
□□ **at 시각 + sharp** ~시 정각에
□□ **at/in the forefront of** ~의 선두에
□□ **athlete** 명 운동선수
□□ **athletic** 형 운동 경기의, 체육의
□□ **atmosphere** 명 1. 분위기, 기운 2. (지구의) 대기; 공기
□□ **atrium** 명 중앙 홀
□□ **attach** 통 1. 첨부하다 2. 붙이다 (반 detach 떼어내다)
□□ **attach A to B** A를 B에 붙이다
□□ **attached** 형 첨부된
□□ **Attached is the contract.** 계약서가 첨부되어 있습니다.
□□ **attachment** 명 1. (이메일의) 첨부 파일 2. 부가물, 부착물
□□ **attain** 통 이루다, 획득하다
□□ **attainable** 형 달성할 수 있는
□□ **attainment** 명 달성
□□ **attempt** 명 시도 통 시도하다, 애써 해보다
□□ **attempt to do** ~하려고 시도하다
□□ **attend** 통 1. 참석하다 2. 주의를 기울이다
□□ **attend to** 1. ~에 주의를 기울이다 2. ~을 처리하다[돌보다]
□□ **attend + 장소** ~에 참석하다
□□ **attendance** 명 참석; 참석률, 참석자 수
□□ **attendance record** 출석 기록
□□ **attendant** 명 종업원, 안내원
□□ **attendee** 명 참석자
□□ **attention** 명 1. 주의, 주목 2. 관심 감 (안내방송에서) 알립니다, 주목하세요
□□ **attention to detail** 세부사항에 관심을 기울이는 것
□□ **attentive** 형 주의를 기울이는; 배려하는
□□ **attentive to** ~에 주의를 기울이는
□□ **attentively** 부 조심스럽게; 정중히

□□ **attentiveness** 명 조심성, 신중함
□□ **attest** 통 증명하다, 입증하다
□□ **attic** 명 다락(방)
□□ **attire** 명 복장, 의상
□□ **attitude** 명 태도, 자세
□□ **attorney** 명 변호사
□□ **attract** 통 (어디로) 끌어들이다; (마음을) 끌다
□□ **attraction** 명 1. (관광) 명소 2. 매력
□□ **attractive** 형 매력적인
□□ **attribute** 통 ~의 덕분으로 여기다; ~의 탓으로 돌리다 명 자질, 속성
□□ **attribute A to B** A를 B 덕분으로 여기다
□□ **auction** 명 경매 통 경매로 팔다
□□ **audience** 명 청중, 관중
□□ **audiovisual equipment** 시청각 장비
□□ **audit** 명 회계 감사 통 회계 감사하다
□□ **audition** 명 (가수, 배우 등의) 오디션 통 오디션을 보다, 오디션에 참가하다
□□ **audition for** ~을 위해 오디션을 보다
□□ **auditor** 명 회계 감사관
□□ **authentic** 형 진품인; 진짜인
□□ **authentically** 부 확실하게; 진정으로
□□ **authenticate** 통 진짜임을 증명하다
□□ **author** 명 저자, 작가
□□ **authority** 명 1. 권한 2. (-s) 당국 3. 권위자
□□ **authority on** (특정 분야의) 권위자
□□ **authority over** ~에 대한 권한
□□ **authorization** 명 (공식적인) 허가, 인가
□□ **authorize** 통 인가하다, 권한을 부여하다
□□ **authorized** 형 1. 공인된, 인정받은 2. 권한을 부여 받은
□□ **authorized dealership** 공식 대리점
□□ **authorized service center** 공인 서비스 센터
□□ **autobiography** 명 자서전
□□ **autograph** 명 사인 통 사인을 해주다
□□ **automate** 통 자동화하다
□□ **automated** 형 자동화된, 자동의
□□ **automatic** 형 (기계가) 자동의
□□ **automatic teller machine (= ATM)** 현금 자동 인출기
□□ **automatical** 형 자동적인
□□ **automatically** 부 자동적으로, 기계적으로
□□ **automobile** 명 자동차
□□ **automotive** 형 자동차의
□□ **availability** 명 이용 가능성; 유효성
□□ **available** 형 1. 이용할 수 있는 2. 시간이 되는
□□ **available exclusively to** ~만 이용할 수 있는
□□ **average** 형 평균의; 보통의, 일반적인 명 평균, 보통 수준 통 평균 ~이 되다
□□ **aviation** 명 항공

□□ avid 형 열렬한
□□ avoid 동 피하다; 방지하다
□□ avoid doing ~하는 것을 피하다
□□ await 동 기다리다
□□ awaited 형 기다리던
□□ award 동 (상을) 수여하다 명 상
□□ awards ceremony 시상식
□□ award-winning 상을 받은, 수상 경력이 있는
□□ aware 형 ~을 알고 있는
□□ awareness 명 의식, 관심
□□ away 부 (시간적, 공간적으로) 떨어져, 떨어진 곳에
□□ awning 명 차양, 비[해] 가리개

B

□□ bachelor's degree 학사 학위
□□ back order (재고가 없어) 지연된 주문; 이월 주문하다
□□ background 명 (학력, 이력 등 개인의) 배경
□□ background knowledge 배경 지식
□□ backpack 명 배낭 동 배낭을 지고 걷다
□□ backup 명 지원, 예비
□□ backyard 명 뒤뜰, 뒷마당
□□ badly 부 몹시, 심하게
□□ baggage allowance 수하물 허용 한도
□□ baggage claim (공항의) 수하물 찾는 곳
□□ baked goods 제빵류
□□ balance 명 1. 잔액, 잔고 2. 균형 동 균형을 잡다
□□ balance due (지불해야 할) 차감 잔액
□□ balanced 형 균형 잡힌, 안정된
□□ balcony 명 발코니
□□ ballot 명 무기명 투표; 투표 용지
□□ ban 동 금지하다
□□ banister 명 난간
□□ bank 명 둑, 제방
□□ bank account 은행 계좌
□□ bankrupt 형 파산한 동 파산시키다
□□ bankruptcy 파산, 부도
□□ banner 명 현수막
□□ banquet 명 연회, 만찬
□□ bare 형 아무것도 안 덮인, 맨-
□□ barely 부 간신히, 거의 ~없이
□□ bargain 명 싸게 사는 물건, 할인
□□ bargain on ~을 기대하다
□□ bargain over ~에 대해 흥정하다
□□ barrier 명 장벽, 장애물
□□ barring 전 ~을 제외하고, ~이 없다면
□□ barter 동 물물교환하다 명 물물교환

□□ base 명 1. 기초, 토대 2. 맨 아래 부분
□□ based in ~에 본사를 둔
□□ based on ~에 근거하여
□□ basic 형 기본적인; 필수적인
□□ basically 부 기본적으로
□□ basis 명 1. 기준 2. 근거, 이유
□□ basket 명 바구니
□□ batch 명 무리, 묶음; 한 회분
□□ be able to do ~할 수 있다
□□ be about to do 막 ~하려던 참이다
□□ be abundant in ~이 풍부하다
□□ be accompanied by ~을 동반하다
□□ be accountable for ~에 대해 책임이 있다
□□ be accustomed to (doing) ~(하는 데)에 익숙하다
□□ be advanced to ~로 승진하다
□□ be affected by ~의 영향을 받다
□□ be aimed at ~을 겨냥하다
□□ be amazed at ~에 놀라다
□□ be apparent that절 that 이하가 분명하다
□□ be appreciative of ~에 감사하다
□□ be assigned A A를 배정 받다
□□ be associated with ~와 관련되다
□□ be at an advantage 유리한 위치에 있다
□□ be available for ~이 이용 가능하다
□□ be available to do ~할 시간이 있다
□□ be awarded (a prize) (상금을) 수상하다
□□ be aware of ~을 알고 있다
□□ be aware that절 that 이하를 알고 있다
□□ be back to normal 원래대로[정상으로] 돌아가다
□□ be based in ~에 본사를 두다
□□ be based on ~에 기초하다, ~을 근거로 하다
□□ be bound to do 틀림없이 ~할 것이다
□□ be capable of ~을 할 수 있다
□□ be committed to ~하는 데 헌신적이다
□□ be composed of ~로 구성되어 있다
□□ be comprised of ~으로 구성되다[이루어지다]
□□ be concerned with ~와 관련이 있다
□□ be confident that절 that 이하를 확신하다
□□ be connected with ~와 관련이 있다
□□ be conscious of ~을 자각하다[알고 있다]
□□ be considered for the internship
　　인턴 사원으로 고려되다
□□ be consistent in doing ~하는 데 있어서 한결같다
□□ be content with ~에 만족하다
□□ be cordially invited 진심으로 초대하다
□□ be covered with ~으로 덮여 있다
□□ be credited with ~로 인정 받다
□□ be critical of ~에 대해 비판적이다

9

☐☐ **be dedicated to** ~에 전념하다
☐☐ **be dependent on[upon]** ~에 의존하다
☐☐ **be devoted to** ~에 헌신적이다
☐☐ **be disappointed with** ~에 실망하다
☐☐ **be due to do** ~할 예정이다
☐☐ **be eager to do** ~하기를 간절히 바라다
☐☐ **be eligible to do** ~할 자격이 있다
☐☐ **be entered into a raffle** 추첨에 응모되다
☐☐ **be entitled to** ~에 대한 자격이 있다
☐☐ **be entitled to do** ~할 자격이 있다
☐☐ **be equipped with** ~을 갖추고 있다
☐☐ **be exempt from** ~을 면제받다
☐☐ **be exposed to** ~에 노출되다
☐☐ **be faced with** ~에 직면하다
☐☐ **be filled to capacity** 가득 차 있다
☐☐ **be focused on** ~에 중점을 두다
☐☐ **be forced to do** 어쩔 수 없이 ~하다
☐☐ **be free of** ~이 없다; ~에서 자유롭다
☐☐ **be full of** ~으로 가득하다
☐☐ **be headquartered in** ~에 본부[본사]를 두다
☐☐ **be ideal for** ~에 이상적이다
☐☐ **be impressed with** ~으로 감명 받다
☐☐ **be in agreement** 동의하다
☐☐ **be in attendance** 참석하다 (=attend)
☐☐ **be inclusive of** ~을 포함하다
☐☐ **be indicative of** ~을 나타내다
☐☐ **be intended for** ~을 위해 의도되다
☐☐ **be intent on/upon** ~에 전념하다
☐☐ **be involved in** ~에 개입되다[연루되다]
☐☐ **be knowledgeable about** ~을 잘 알고 있다
☐☐ **be liable for** ~에 대한 책임이 있다
☐☐ **be liable to do** ~하기 쉽다
☐☐ **be licensed to do** ~하도록 허가 받다
☐☐ **be likely to do** ~할 것 같다
☐☐ **be limited to** ~로 제한되다
☐☐ **be lined up** 줄 서다
☐☐ **be mindful of** 명사/that절 ~을 염두에 두다
☐☐ **Be my guest.** (상대방의 부탁을 들어준다는 의미로) 그러세요.
☐☐ **be notable for** ~으로 유명하다
☐☐ **be obliged to do** 어쩔 수 없이 ~하다
☐☐ **be of service to** ~에게 유용하다[도움이 되다]
☐☐ **be on track** (어떤 결과를 얻기 위해) 착착 나아가다, 진행 중이다
☐☐ **be packed with** ~로 가득 차다
☐☐ **be pleased to do** ~하게 되어 기쁘다
☐☐ **be pleased with** ~에 기뻐하다
☐☐ **be positive (that)절** that 이하에 긍정적이다

☐☐ **be promoted to** ~로 승진하다
☐☐ **be proud of** ~을 자랑스러워하다
☐☐ **be proud to do** ~하게 되어 자랑스럽다
☐☐ **be reflective of** ~을 반영하다
☐☐ **be reliant on[upon]** ~에 의존하다
☐☐ **be reminded to do** ~할 것을 잊지 않도록 주의 받다
☐☐ **be requested to do** ~하도록 요청 받다
☐☐ **be required for** ~에 필수적이다
☐☐ **be required to do** ~하는 데 필수적이다
☐☐ **be responsible for** ~을 담당하다
☐☐ **be responsible to** ~에게 보고할 의무가 있는
☐☐ **be responsive to** ~에 반응하다
☐☐ **be satisfied with** ~에 만족하다
☐☐ **be scheduled for** ~로 예정되어 있다
☐☐ **be scheduled to do** ~할 예정이다
☐☐ **be seated across from each other** 마주보고 앉아 있다
☐☐ **be seated next to each other** 나란히 앉아 있다
☐☐ **be separated by** ~으로 분류되다
☐☐ **be set to do** ~하기로 예정되다
☐☐ **be short on/of** ~이 부족하다
☐☐ **be skilled in/at** ~에 능숙하다
☐☐ **be stocked with** ~으로 채워지다
☐☐ **be subject to** ~의 대상이 되다
☐☐ **be suitable for** ~에 적합하다
☐☐ **be superior to** ~보다 우수하다
☐☐ **be supposed to do** ~할 예정이다, ~하기로 되어 있다
☐☐ **be sure to do** 반드시 ~하다
☐☐ **be surrounded by** ~으로 둘러싸이다
☐☐ **be temporarily suspended** 잠정 중단되다
☐☐ **be unable to do** ~할 수 없다
☐☐ **be uncertain about** ~에 대해 확신이 없다
☐☐ **be unwilling to do** ~하기를 꺼리다
☐☐ **be up to** ~에 달려 있다
☐☐ **be valid for** 기간 ~동안 유효하다
☐☐ **be vulnerable to** ~에 취약하다
☐☐ **be willing to do** 기꺼이 ~하다
☐☐ **bear** 통 1. (책임 등을) 떠맡다, 감당하다 2. 참다, 견디다
☐☐ **bear in mind** ~을 명심[유념]하다
☐☐ **bearable** 형 참을 만한, 견딜 만한
☐☐ **because** 접 ~때문에
☐☐ **because of** 전 ~때문에
☐☐ **become available** (정보 등이) 제공되다
☐☐ **become obsolete** 쓸모 없게 되다
☐☐ **become stagnant** 침체되다
☐☐ **before** 전접 (위치/시간상) ~앞에[전에]
☐☐ **beforehand** 부 사전에, 미리
☐☐ **begin** 통 시작하다

□□ beginner 명 초보자, 초심자
□□ beginning 명 시작, 출발
□□ behave 동 행동하다
□□ behavior 명 행동, 처신
□□ behind 전 (위치/시간상) ~뒤에
□□ behind schedule 예정보다 늦게
□□ belong to ~에 속하다, ~의 것이다
□□ belongings 명 소지품; 소유물
□□ below 전 (~보다) 아래에
□□ belt loop (바지의) 벨트 고리
□□ bend 동 굽히다, 구부리다
□□ beneficial 형 유익한, 이로운
□□ beneficial to ~에 이로운
□□ beneficiary 명 수혜자
□□ benefit 명 혜택, 이득 동 혜택을 주다[받다]
□□ benefit from ~로부터 혜택을 얻다
□□ beside 전 ~옆에
□□ besides 전 ~외에도, ~뿐만 아니라 부 게다가
□□ better 형 더 좋은 (good의 비교급) 부 더 잘 (well의 비교급)
□□ between 전 (둘) 사이에
□□ beverage 명 음료
□□ bewilder 동 어리둥절하게 만들다
□□ bewildering 형 어리둥절하게 만드는
□□ beyond (one's) control 불가항력의
□□ beyond 전 1. ~저편에, ~너머 2. (특정한 시간을) 지나 3. (능력이나 한계 등을) 넘어서는, ~할 수 없는
□□ beyond description 이루 말할 수 없는
□□ beyond repair 수리할 수 없는
□□ bias 명 편견, 선입견 동 편견[선입견]을 갖게 하다
□□ biased 형 편향된, 선입견이 있는
□□ bicyclist 명 자전거를 타는 사람
□□ bid 명 입찰, 응찰 동 입찰하다, 응찰하다
□□ bid for ~에 입찰하다
□□ bidder 명 입찰자
□□ bidding 명 1. 입찰 2. 가격 제시, 호가
□□ bilateral 형 쌍방의, 양쪽의
□□ bilingual 형 2개 국어를 하는
□□ bill 명 1. 청구서, 고지서 2. 법안
□□ billing 명 청구서 발부
□□ billing statement 대금 청구서
□□ bin 명 (저장용) 통; 쓰레기통
□□ biodegradable 형 자연분해성의
□□ biography 명 전기
□□ blanket 명 담요
□□ bleach 동 표백하다 명 표백제
□□ blemish 명 티, 흠 동 흠집을 내다
□□ blend 동 섞다, 혼합하다 명 혼합

□□ blend A with B A를 B와 섞다
□□ blend in with ~와 조화를 이루다
□□ blind 명 블라인드
□□ block 동 막다, 차단하다 명 (도로로 구분되는) 구역, 블록
□□ block off ~을 막다[차단하다]
□□ blueprint 명 청사진
□□ blunt 형 직설적인
□□ bluntly 부 직설적으로
□□ bluntly criticize 직설적으로 비판하다
□□ blurred 형 흐릿한, 희미한
□□ blurry 형 흐릿한
□□ board 명 1. 이사회, 위원회 2. 게시판; ―판 동 탑승하다
□□ board meeting 이사회 (회의)
□□ board of directors 이사회
□□ board up ~을 판자로 막다
□□ boarding pass (여객기의) 탑승권
□□ boardroom 명 이사회실
□□ boast 동 뽐내다, 자랑하다
□□ bold 형 1. (선, 색 등이) 선명한 2. (행동이) 대담한
□□ bold move 과감한 조치
□□ boldly 부 대담하게; 뻔뻔스럽게
□□ bolster 동 북돋우다, 강화하다
□□ bond 명 1. 유대, 끈 2. 채권; 담보 대출(금) 3. (법적) 합의, 계약
□□ bonus 명 보너스, 상여금
□□ book 동 예약하다
□□ bookcase 명 책장, 책꽂이
□□ booking 명 예약
□□ bookkeeper 명 경리 사원
□□ booklet 명 소책자
□□ bookshelf 명 책꽂이 복 bookshelves
□□ boom 명 (사업, 경제의) 붐, 호황
□□ boost 동 신장시키다, 북돋우다 명 증가; 부양책
□□ boost in ~의 증가 (= increase in)
□□ boost morale 사기를 진작시키다
□□ boost sales figures 매출액을 늘리다
□□ booth 명 부스, (칸막이를 한) 공간
□□ border 명 국경, 경계; 가장자리 동 (국경, 경계를) 접하다
□□ borrow 동 빌리다
□□ borrow A from B B에게서 A를 빌리다
□□ botanic 형 식물의
□□ both A and B A, B 둘 다
□□ bother 동 괴롭히다; 귀찮게 하다
□□ bottle 명 병 동 병에 담다
□□ bottling machine ~을 병에 담는 기계
□□ bottom 명 맨 아래
□□ bottom line 1. 핵심, 요점 2. 순이익
□□ bound 형 1. (해야 할) 의무가 있는 2. ~할 가능성이 큰 3. ~행의, ~로 향하는

☐☐ **bound for** ~행의	☐☐ **broadly** 凰 대략, 대략적으로
☐☐ **boundary** 명 경계(선)	☐☐ **brochure** 명 안내책자
☐☐ **boundary between** ~간의 경계(선)	☐☐ **broken** 형 고장 난, 깨진
☐☐ **bountiful** 형 1. 많은, 풍부한 2. 너그러운	☐☐ **brokerage** 명 중개업; 중개 수수료
☐☐ **boutique hotel** 비즈니스 호텔, 중소 호텔	☐☐ **broom** 명 빗자루
☐☐ **bow** 동 (머리를 숙여) 인사하다	☐☐ **broomstick** 명 (대가 긴) 빗자루
☐☐ **bowl** 명 접시, 사발	☐☐ **browse** 동 훑어보다; 둘러보다
☐☐ **box office** 매표소	☐☐ **brush** 명 붓, 솔 동 솔질(비질, 칫솔질)을 하다
☐☐ **brainstorm** 동 브레인스토밍하다 (여러 사람이 모여 자유롭게 자기 생각을 공유하다)	☐☐ **bucket** 명 양동이
☐☐ **brainstorming** 명 브레인스토밍	☐☐ **budget** 명 예산 동 예산을 세우다
☐☐ **branch (office)** 지점, 지사	☐☐ **budget constraint** 예산 제약
☐☐ **branch** 명 1. 지사, 분점 2. 나뭇가지	☐☐ **budget deficit** 예산 부족
☐☐ **branch manager** 지점장	☐☐ **budget surplus** 예산 흑자
☐☐ **brand awareness** 브랜드 인지도	☐☐ **budgetary** 형 예산의
☐☐ **branding** 명 브랜드 제고 작업	☐☐ **build** 동 1. (관계 등을) 쌓다, 구축하다 2. (건물을) 짓다, 건설하다
☐☐ **brand-new** 형 새로 나온, 신품의	☐☐ **build a relationship (with)** (~와) 관계를 구축하다
☐☐ **brass** 명 놋쇠 (제품)	☐☐ **build a reputation** 명성을 얻다
☐☐ **breach** 명 위반 동 (계약 등을) 위반하다	☐☐ **building expansion** 건물 확장
☐☐ **breach of the contract** 계약의 위반	☐☐ **building material** 건축 자재
☐☐ **break** 명 1. 휴식 (시간) 2. 중단 동 깨다, 부수다; 고장나다, 부서지다	☐☐ **building permit** 건축 허가증
☐☐ **break a contract** 계약을 파기하다	☐☐ **bulk** 명 많은 양, 큰 규모
☐☐ **break a record** 기록을 경신하다	☐☐ **bulk order** 대량 주문
☐☐ **break down** 고장 나다	☐☐ **bulky** 형 부피가 큰, 커서 옮기기 힘든
☐☐ **break ground** 공사를 시작하다, 착공하다	☐☐ **bulletin board** 게시판
☐☐ **break off into groups** 그룹별로 나누다	☐☐ **burdensome** 형 부담스러운, 힘든
☐☐ **breakage** 명 파손, 파손된 물건	☐☐ **bury** 동 묻다, 매장하다
☐☐ **breakdown** 명 1. 고장, 실패 2. 분류, 구분	☐☐ **bush** 명 관목, 덤불
☐☐ **breaking news** 뉴스 속보	☐☐ **business** 명 1. 사업, 비즈니스 2. 사업체(회사, 가게 등)
☐☐ **breakthrough** 명 돌파구	☐☐ **business acquaintance of** ~와 사업상 아는 사이
☐☐ **breathtaking** 형 숨이 멎는 듯한	☐☐ **business card** 명함
☐☐ **breathtaking view** 숨이 멎을 듯한 광경	☐☐ **business casual** 캐주얼 업무 복장
☐☐ **brew** 동 (커피를) 끓이다; (맥주를) 양조하다	☐☐ **business contacts** 사업상 아는 사람[회사]
☐☐ **brick** 명 벽돌	☐☐ **business day** 영업일
☐☐ **bridge a gap (between)** (~간의) 간극/차이를 메우다	☐☐ **business district** 비즈니스[업무 중심] 지구
☐☐ **brief** 형 1. (말, 글이) 간단한 2. (시간이) 짧은, 잠깐의 동 ~에게 간단히 보고하다	☐☐ **business hours** 영업 시간
☐☐ **brief A on B** A에게 B에 대해 보고하다	☐☐ **business practice** 사업 관행
☐☐ **briefcase** 명 서류가방	☐☐ **business trip** 출장
☐☐ **briefly** 凰 잠시; 간단히	☐☐ **business/commercial/financial/shopping district** 사업/상업/금융/쇼핑 지구
☐☐ **bring** 동 가져오다, 데려오다	☐☐ **but** 접 그러나, 하지만
☐☐ **bring ~ to a halt** ~을 중단시키다	☐☐ **but for** ~이 없다면[없었다면]
☐☐ **bring about** 초래하다, 야기하다	☐☐ **buy** 동 사다, 구입하다
☐☐ **brisk** 형 1. (행동이) 발빠른; (사업이) 활발한 2. (날씨가 차갑지만) 상쾌한	☐☐ **Buy one, get one free** 한 개 구매 시 한 개 무료
☐☐ **broad** 형 폭넓은	☐☐ **by** 전 1. ~까지 2. ~에 의해
☐☐ **broadcast** 동 방송하다 명 방송	☐☐ **By all means.** 아무렴요, 그럼요.
☐☐ **broaden** 동 넓히다, 확대하다	☐☐ **by any standard(s)** 누가 보아도, 어떤 기준으로 봐도
	☐☐ **by courier** 택배로

12

□□ **by means of** ~을 통해, ~의 도움으로
□□ **by negligence** 부주의로
□□ **by now** 지금쯤에는, 지금쯤이면
□□ **by oneself** 혼자서
□□ **by post** 우편으로
□□ **by the time** ~할 때쯤에, ~할 때까지
□□ **by way of** ~을 경유하여, ~을 통해

C

□□ **cabinet** 명 보관함, 캐비닛
□□ **capable of** ~을 할 수 있는
□□ **cafeteria** 명 구내식당, 카페테리아
□□ **calculate** 동 계산하다, 산출하다
□□ **calculator** 명 계산기
□□ **calendar** 명 달력, 일정표
□□ **caliber** 명 역량, 자질
□□ **calibrate** 동 (계기 등에) 눈금을 매기다
□□ **calibration** 명 측정; (계기의) 눈금
□□ **call** 동 전화하다 명 1. 전화 2. 결정, 판단
□□ **call a meeting** 회의를 소집하다
□□ **call attention to** ~에 대해 주의를 환기시키다
□□ **call for assistance** 도움을 요청하다
□□ **call off** 취소하다, 중지하다
□□ **call volume** 통화량
□□ **callback** 명 (2차 면접 등을 위한) 재통보
□□ **calories** 명 칼로리, 열량
□□ **campaign** 명 캠페인, 운동 동 캠페인을 벌이다
□□ **Can I ask you a favor?** 부탁 하나 드려도 될까요?
□□ **canal** 명 운하, 수로
□□ **cancel** 동 취소하다, 무효로 하다
□□ **cancellation** 명 취소, 무효
□□ **candid** 형 솔직한
□□ **candidate** 명 후보자, 지원자
□□ **canopy** 명 차양
□□ **canvas** 명 캔버스 천; 유화
□□ **capability** 명 능력, 역량
□□ **capable** 형 1. ~을 할 수 있는 2. 유능한
□□ **capacity** 명 1. 용량; 수용력 2. 능력
□□ **capacity to do** ~하기 위한 능력
□□ **capital** 명 자본금, 자금
□□ **capital investment** 자본 출자, 설비 투자
□□ **capitalize** 동 1. 자본화하다, 출자하다 2. 대문자로 쓰다
□□ **captivate** 동 ~의 마음을 사로잡다
□□ **capture** 동 포획하다, 점유하다 명 포획, 억류
□□ **car exhaust** 자동차 배기 가스
□□ **cardboard box** 판지 상자

□□ **cardholder** 명 카드 소지자
□□ **care** 명 1. 돌봄 2. 주의
□□ **care for** ~을 좋아하다, 돌보다
□□ **career** 명 1. 직업; 직장 생활 2. 경력, 사회생활
□□ **career fair** 취업 박람회
□□ **career move** 전직, 직업 전환
□□ **careful** 형 조심하는, 주의 깊은
□□ **carefully** 부 주의하여, 신중히
□□ **carefully examine** 면밀히 조사하다
□□ **carefully screen** 면밀히 가려내다
□□ **careless** 형 부주의한, 경솔한
□□ **carelessly** 부 부주의하게, 경솔하게
□□ **carelessness** 명 부주의함
□□ **cargo** 명 화물
□□ **carousel** 명 (공항의) 수하물 컨베이어 벨트
□□ **carpet** 명 카펫 동 카펫을 깔다
□□ **carpool** 명 카풀[승용차 함께 타기] 동 카풀을 하다
□□ **carrier** 명 1. 항공사, 운송회사 2. 운반하는 것[사람]
□□ **carrousel** 명 (공항의) 수하물 컨베이어 벨트
□□ **carry** 동 1. 지니다, 가지고 다니다 2. 나르다, 들고 가다
3. (물건을) 취급하다
□□ **carry out research** 연구를 수행하다
□□ **carry out** 수행하다
□□ **carry-on item** 기내 반입 가능한 물건
□□ **carry-on luggage** 기내용 수화물
□□ **cart** 명 카트, 손수레
□□ **carton** 명 갑, 통, 상자
□□ **case** 명 1. 용기, 통 2. 경우; 사례
□□ **cash** 명 현금
□□ **cash register** 계산대
□□ **cash reward** 보상금, 사례금
□□ **cashier** 명 계산원
□□ **cast** 동 (그림자를) 드리우다 명 (영화, 연극의) 출연자들
□□ **cast a shadow** 그림자를 드리우다
□□ **cast a vote/ballot** 투표를 하다
□□ **cast-iron** 형 1. 주철로 만든 2. 틀림없는, 확실한
□□ **casual** 형 평상시의, 격식을 차리지 않는 명 평상복
□□ **casually** 부 간편하게; 약식으로
□□ **catalog** 명 카탈로그, 목록
□□ **catch up** 따라잡다
□□ **Catch you later.** 나중에 또 봐요.
□□ **category** 명 범주, 카테고리
□□ **cater** 동 음식을 공급하다
□□ **cater for** ~에 음식을 공급하다
□□ **cater to** ~을 만족시키다
□□ **caterer** 명 출장 연회 업체
□□ **catering** 명 출장 연회; 음식 공급
□□ **catering company** 음식 공급 업체

☐☐ catering service 출장 연회 서비스
☐☐ cause 통 ~을 야기하다 명 원인
☐☐ caution 명 조심, 주의 통 주의를 주다
☐☐ cautious 형 조심스러운, 신중한
☐☐ cautiously 부 조심스럽게, 신중하게
☐☐ cautiously optimistic 조심스럽게 낙관하는
☐☐ cease 통 그치다, 중단시키다
☐☐ ceiling 명 천장
☐☐ celebrate 통 기념하다, 축하하다
☐☐ celebrate one's accomplishments
　　　 ~의 업적을 축하하다
☐☐ celebration 명 기념[축하] 행사; 기념[축하]
☐☐ celebrity 명 유명 인사
☐☐ cement 명 시멘트
☐☐ censorship 명 검열
☐☐ ceramic 명 도자기
☐☐ ceremony 명 식, 의식
☐☐ certain (that)절 that 이하를 확신하는
☐☐ certain 형 1. 확실한; 확신하는 2. 어떤 3. 어느 정도의, 약간의
☐☐ certainly 부 틀림없이, 분명히
☐☐ certificate 명 증서, 증명서; 자격증
☐☐ certification 명 증명 (행위); 증명서 교부
☐☐ certify 통 1. (서면으로) 증명하다 2. 자격증을 교부하다
☐☐ chain 명 (사슬의) 체인; (상점 등의) 체인(점) 통 체인으로 묶다[매다]
☐☐ chair 명 의자
☐☐ chairperson 명 의장
☐☐ challenge 명 도전 통 도전하다
☐☐ challenging 형 도전적인, 힘든
☐☐ challenging project 힘든 프로젝트
☐☐ chamber music 실내악
☐☐ Chamber of Commerce 상공 회의소
☐☐ champion 명 챔피언, 대회 우승자
☐☐ chance 명 1. 가능성(=possibility) 2. 기회(=opportunity)
☐☐ chance of ~ing ~할 가능성
☐☐ chance to do ~할 기회
☐☐ change 통 변하다; 변경하다 명 변화; 변경
☐☐ change in ~의 변화
☐☐ character 명 (책, 영화 등의) 등장 인물
☐☐ characteristic 명 특징 형 특유의
☐☐ characterize 통 ~의 특징이 되다; ~의 특징을 나타내다
☐☐ charge 통 (요금을) 부과하다, 청구하다 명 1. 요금 2. 책임, 담당
☐☐ charger 명 충전기
☐☐ charitable 형 자선을 베푸는; 너그러운
☐☐ charitable contribution 자선 기부금
☐☐ charity 명 자선 (단체)
☐☐ charity auction 자선 경매

☐☐ charity drive 자선 모금 활동
☐☐ charity event 자선 행사
☐☐ chart 명 도표, 차트
☐☐ check 통 확인하다, 점검하다 명 1. 확인, 점검 2. 수표
☐☐ check in 체크인하다, 투숙[탑승] 수속을 밟다
☐☐ check out 1. 확인하다, 조사하다 2. (도서관에서 책을) 대출 받다
☐☐ check-in counter 수속 창구
☐☐ checkout counter 계산대
☐☐ checkup 명 (신체 등의) 검사, 건강 진단
☐☐ cheer 통 응원하다, 환호하다 명 환호(성)
☐☐ chef 명 요리사, 주방장
☐☐ chemical 형 화학의, 화학적인 명 화학 물질
☐☐ chief 형 (직급상) 가장 높은, 최고위의 형 주된
☐☐ chief editor 편집장
☐☐ chief executive officer [CEO] 최고 경영자
☐☐ chief financial officer [CFO] 최고 재무 책임자
☐☐ chiefly 부 주로
☐☐ chlorine 명 염소
☐☐ choice 명 선택; 선택권
☐☐ choir 명 합창단
☐☐ cholesterol 명 콜레스테롤
☐☐ choose 통 선택하다, 고르다
☐☐ chronic 형 (병이) 만성적인
☐☐ chronicle 통 연대순으로 기록하다 명 연대기
☐☐ chronicle of ~의 연대기
☐☐ circuit 명 1. (전기) 회로 2. 순환(로)
☐☐ circulate 통 (신문, 잡지 등을) 돌리다; (정보 등을) 유포하다
☐☐ circulation 명 1. 유통 2. (신문, 잡지의) 판매 부수
☐☐ circulation desk (도서관 등의) 대출대
☐☐ circumstance 명 환경, 상황
☐☐ citation 명 인용(문)
☐☐ cite 통 (이유, 예를) 들다; 인용하다
☐☐ cite A as B A를 B(의 이유/예)로 들다
☐☐ city council 시의회
☐☐ city[town] hall 시청
☐☐ cityscape 명 (특히 사진 속의) 도시 경관
☐☐ claim (that)절 that 이하를 주장하다
☐☐ claim 통 주장하다; 요구하다 명 (보상금 등의) 청구; 주장
☐☐ clap 통 박수 치다
☐☐ clarification 명 설명, 해명
☐☐ clarification of/on ~의/~에 대한 해명
☐☐ clarify 통 명확하게 하다, 분명히 말하다
☐☐ classically 부 고전적으로; 관행에 따라서
☐☐ classification 명 분류; 유형, 범주
☐☐ classified 형 주제별로 분류된
☐☐ classified ad 항목별 광고
☐☐ classify 통 분류하다, 구분하다

☐☐ classify A as B A를 B로 분류하다	☐☐ coincidence 몡 1. 우연의 일치 2. (의견 등의) 일치
☐☐ clean 혱 깨끗한 됭 닦다, 청소하다	☐☐ coincident 혱 (장소나 시간이) 일치하는
☐☐ cleaning solution 세정액	☐☐ coincidental 혱 우연의, 우연의 일치인
☐☐ cleanliness 몡 청결	☐☐ coincidentally 뮝 1. 우연히 2. 동시 발생으로
☐☐ clear 됭 1. (깨끗이) 치우다 2. 승인하다; 승인을 얻다 혱 분명한, 명확한; (날씨가) 맑은	☐☐ collaborate 됭 협력하다, 공동으로 작업하다
☐☐ clearance 몡 1. (재고) 정리 2. 승인, 허가	☐☐ collaborate on ~에 대해 협력하다.
☐☐ clearance sale 창고 정리 세일	☐☐ collaborate with ~와 협력하다
☐☐ clearly 뮝 분명히, 알기 쉽게; 또렷하게	☐☐ collaboration 몡 공동 작업(물)
☐☐ clearly visible 또렷하게 보이는	☐☐ collaborative 혱 공동의
☐☐ clerical 혱 사무직의	☐☐ collaborative effort 공동의 노력
☐☐ clerk 몡 (가게의) 점원; (회사의) 사무원	☐☐ collaboratively 뮝 협력하여
☐☐ client 몡 고객; 의뢰인	☐☐ collapse 됭 붕괴되다 몡 붕괴
☐☐ client retention 고객 유지	☐☐ collar 몡 (옷의) 칼라, 깃
☐☐ client/customer base 고객층	☐☐ collateral 몡 담보물 혱 부수적인
☐☐ clientele 몡 모든 고객들[의뢰인들]	☐☐ colleague 몡 동료
☐☐ climb 됭 오르다, 올라가다 몡 증가, 상승	☐☐ collect 됭 모으다, 수집하다
☐☐ climb the career ladder 출세가도를 달리다	☐☐ collect A from B B로부터 A를 수집하다
☐☐ clinical 혱 임상의	☐☐ collection 몡 1. 수집, 수집품 2. (사람, 물건들의) 무리, 더미 3. 신상품류, 컬렉션
☐☐ clinical procedure 임상 절차	
☐☐ clock 몡 (벽이나 실내에 두는) 시계 됭 (시간을) 기록하다	☐☐ collective 혱 집단의; 공동의
☐☐ clock in[out] 출근[퇴근] 카드를 찍다	☐☐ collective effort 공동의 노력
☐☐ clog 됭 막히다	☐☐ collide 됭 충돌하다, 부딪치다
☐☐ close 혱 가까운; 친밀한 됭 (문 등을) 닫다	☐☐ collision 몡 (사고나 의견 등의) 충돌, 부딪힘
☐☐ close bond 긴밀한 유대감	☐☐ column 몡 1. 기둥 2. 정기기고란, 칼럼 3. 세로줄
☐☐ close by 인근에, 가까이에	☐☐ combination 몡 결합, 조합
☐☐ close down 폐쇄하다, 폐업하다	☐☐ combine 됭 결합하다
☐☐ close to ~가까이에	☐☐ combine A with B [A and B] A와 B를 결합하다
☐☐ closed 혱 문을 닫은, 폐쇄된	☐☐ combined 혱 결합된, 합동의
☐☐ closely 뮝 면밀하게, 주의 깊게	☐☐ combined efforts 결합된 노력
☐☐ closely examine 면밀하게 조사하다	☐☐ combined experience 종합 경력
☐☐ closely monitor 면밀하게 감시하다	☐☐ combustible 혱 불이 잘 붙는, 가연성인
☐☐ closet 몡 벽장	☐☐ combustible items/materials 가연성 물질
☐☐ closing 혱 (어떤 일을) 마무리 짓는	☐☐ come across ~을 우연히 발견하다[마주치다]
☐☐ closure 몡 폐쇄	☐☐ come along 되어가다, 나아지다
☐☐ closure of ~의 폐쇄	☐☐ come by ~에 잠깐 들르다
☐☐ cloth 몡 옷감, 천	☐☐ come close to 거의 ~할 뻔하다; ~에 육박하다
☐☐ clothes 몡 옷	☐☐ come in first/second/third 1/2/3위...를 하다
☐☐ clothing 몡 옷	☐☐ come to a halt 정지하다, 멈추다
☐☐ co-author 몡 공저자, 공동 집필자	☐☐ come up with ~을 생각해내다; 제안하다
☐☐ code 몡 1. 암호, 부호, 코드 2. 법규, 규정	☐☐ come[go] into effect 시행되다, 발효되다
☐☐ coffee mug 커피 머그잔	☐☐ comfort 몡 편안함, 안락함
☐☐ coherent 혱 일관성 있는, 논리 정연한	☐☐ comfortable 혱 편한, 편안한
☐☐ coherently 뮝 일관성 있게, 조리 있게	☐☐ comfortably 뮝 편안하게; 수월하게
☐☐ co-host 몡 공동 사회자 됭 공동 사회를 보다	☐☐ coming 혱 다가오는; 다음의
☐☐ coincide 됭 1. (둘 이상의 일이) 동시에 일어나다 2. (생각, 의견 등이) 일치하다	☐☐ command 몡 1. 명령(어); 지휘 2. (언어) 구사력 됭 명령하다
☐☐ coincide with 1. ~와 동시에 일어나다 2. (의견이) 일치하다	☐☐ commemorate 됭 기념하다
	☐☐ commemorate an anniversary 기념일을 축하하다

- commemorative 형 기념하는
- commemorative plaque 기념 명판
- commence 통 시작되다
- commencement 명 1. 시작, 개시 2. 졸업식
- commend 통 칭찬하다
- commendable 형 칭찬받을 만한
- commensurate 형 (~에) 어울리는, 상응하는
- commensurate with ~에 상응하는[어울리는]
- comment 명 논평, 언급 통 논평하다, 견해를 밝히다
- comment on/about 1. ~에 대해 말하다 2. ~에 대한 견해
- comment that절 that 이하를 논평하다
- commentary 명 실황 방송; 해설
- commerce 명 상업; 무역
- commercial 형 상업의, 상업적인 명 광고 (방송)
- commercial advertisement 상업 광고
- commercial break (프로그램 사이에 들어가는) 광고 시간
- commercial district 상업 지역
- commercial enterprise 영리 기업
- commercial property 상업 용지
- commission 명 1. 수수료, 커미션 2. 위원회
- commit 통 약속하다; 전념하다
- commitment 명 1. 전념, 헌신 2. 약속한 일; 책무
- commitment to ~에 대한 헌신
- committed 형 전념하는; 헌신적인
- committee 명 위원회
- commodity 명 상품, 물품
- common 형 흔한, 공동의, 공통의
- common issue 흔히 일어나는 문제
- commonly 부 흔히, 보통
- commonplace 형 아주 흔한, 진부한 명 흔한 일
- communicate 통 소통하다, 대화를 나누다
- communication 명 1. 의사소통, 연락 2. (-s) 통신
- community 명 주민, 지역 사회
- community center 주민센터
- community festival 지역축제
- community park 근린공원
- commute 통 통근하다 명 통근
- commuter 명 통근자
- compact 형 1. (일반 제품보다) 소형의, 간편한 2. (공간이) 작은 3. 조밀한, 촘촘한
- companion 명 동반자, 친구
- company benefits (급여 이외의) 혜택, 수당
- company logo 회사 로고
- company retreat 회사 단합대회[워크숍]
- company-wide 회사 전반의, 전사적인
- comparable 형 비슷한, 비교할 만한
- comparable to ~에 필적하는
- compare 통 비교하다
- compare A with B A를 B와 비교하다
- compared to ~와 비교해서
- comparison 명 비교
- compartment 명 (물건 보관용) 짐칸
- compatibility 명 호환성
- compatible 형 호환이 되는
- compatible with ~와 호환이 되는
- compelling 형 1. 눈을 뗄 수 없는, 강렬한 2. 설득력 있는, 강력한
- compensate 통 보상하다; 보상금을 주다
- compensate A for B A에게 B에 대해 보상하다
- compensate for ~을 보상하다
- compensation 명 보상(금)
- compensation package (급여와 복리후생 포함) 보수
- compensatory 형 보상의, 배상의
- compete 통 경쟁하다
- compete against ~에 맞서 경쟁하다
- compete for ~을 위해 경쟁하다
- compete with ~와 경쟁하다
- competence 명 유능함, 능숙함
- competent 형 유능한, 능숙한
- competing demand 경쟁적인 수요
- competing firm 경쟁사
- competition 명 경쟁; 대회
- competitive 형 경쟁력 있는; 경쟁하는
- competitive edge/advantage 경쟁 우위
- competitor 명 경쟁자, 경쟁업체
- compilation 명 편집, 편찬(물); 모음집
- compile 통 (여러 자료들을) 엮다, 편집하다
- complacent 형 자기만족적인, 현실에 안주하는
- complain 통 불평하다, 항의하다
- complain about ~에 대해 불평하다
- complaint 명 불만, 항의
- complaint about ~에 대한 불만
- complaint form 불만 신고서
- complement 통 보완하다
- complementary 형 상호 보완적인
- complete 통 1. 완료하다, 끝내다(=finish) 2. (서식을) 작성하다(=fill out) 형 완벽한; 완료된
- complete a questionnaire 설문을 작성하다
- complete with ~이 완비된[갖춰진]
- completely 부 완전히, 전적으로
- completion 명 완성, 완료
- compliance 명 준수
- compliant 형 준수하는; 따르는
- complicate 통 복잡하게 하다
- complicated 형 복잡한, 까다로운

- complicated process 복잡한 절차
- complication 명 1. (더 복잡하게 만드는) 문제 2. 합병증
- compliment 명 칭찬 통 칭찬하다
- complimentary 형 1. 무료의 2. 칭찬하는
- comply 통 따르다, 준수하다
- comply with ~을 따르다
- component 명 (구성) 요소, 부품
- compose 통 1. 구성하다 2. 작곡하다
- composer 명 작곡가
- composition 명 구성
- compost 통 퇴비를 만들다 명 퇴비
- comprehend 통 (충분히) 이해하다
- comprehensible 형 이해할 수 있는
- comprehensive 형 포괄적인, 종합적인
- comprehensively 부 완전히, 철저하게
- compromise 통 타협하다, 절충하다 명 타협, 절충
- compulsorily 부 강제적으로
- compulsory 형 의무적인, 필수의
- conceive 통 (생각, 계획 등을) 마음속으로 품다, 상상하다
- concentrate 통 집중하다, 전념하다
- concentrate on ~에 집중하다
- concentrated 형 집중적인, 결연한
- concentrated effort 집중적인 노력
- concentration 명 집중; 농도
- concern 명 우려, 걱정 통 1. ~을 걱정스럽게 하다 2. 관련이 있다
- concern about/over ~에 대한 우려[걱정]
- concerned 형 걱정하는, 염려하는
- concerning 전 ~에 관한, ~에 관련된
- concerted 형 합심한, 결연한
- concession 명 1. 양보, 양해 2. (건물 내) 영업 장소; 영업권
- concession stand 구내 매점
- concierge 명 1. (건물의) 수위, 관리인 2. (호텔의) 안내원
- concierge service 안내원 서비스; 심부름 대행업
- conclude 통 1. 결론을 내리다 2. 끝내다; 끝내다
- conclude that절 that 이하로 결론을 내리다
- conclude with ~을 하는 것으로 끝나다
- concluding remarks 결론, 맺음말
- conclusion 명 결론
- conclusive 형 결정적인, 확실한
- condense 통 (글이나 정보를) 압축하다, 요약하다
- condensed 형 간결한, 요약한
- condition 명 1. 상태; 건강 상태 2. (요구/전제) 조건 3. (-s) 환경; 날씨
- conditional 형 조건부의
- conduce 통 공헌하다, 이바지하다
- conducive 형 ~에 좋은[도움이 되는]
- conducive to ~에 좋은[도움이 되는]

- conduct 통 (특정 활동을) 하다
- conduct a search 검색하다, 찾다
- conduct a seminar 세미나를 열다
- conduct a survey 설문 조사를 하다
- conduct an inspection 검사를 실시하다
- conduct an investigation 조사하다
- conduct market research 시장 조사를 하다
- conductor 명 안내원; 지휘자
- confectioner 명 제과점; 제과점 주인
- confer 통 1. 상의하다 2. (상, 자격 등을) 수여하다, 부여하다
- conference 명 (며칠 간의 대규모) 회의, 학회
- conference room 명 회의실
- confess 통 자백하다; 고백하다
- confidence 명 자신감, 신뢰
- confidence in ~에 대한 확신[자신감]
- confident 형 자신감 있는; 확신하는
- confident about ~에 대해 확신하는
- confidential 형 비밀의, 기밀의
- confidential document 기밀 서류
- confidential information 기밀 정보
- confidentiality 명 비밀, 비밀리
- configuration 명 1. (컴퓨터) 환경 설정 2. 배열, 배치
- configure 통 (컴퓨터의) 환경을 설정하다
- confine 통 1. 국한시키다 2. (폐쇄된 곳에) 넣다, 가두다
- confirm 통 확인해 주다; 확정하다, 공식화 하다
- confirm a reservation 예약을 확인하다
- confirmation 명 확인, 확증
- confirmative 형 확증적인
- confiscate 통 몰수하다, 압수하다
- confiscation 명 몰수, 압수
- conflict 명 충돌; 갈등 통 충돌하다, 상충하다
- conflict with ~와 상충되다
- conform 통 (규칙, 법 등을) 따르다
- conform to ~을 따르다
- confront 통 (곤란한 상황에) 맞서다, 부딪히다
- confuse 통 혼란스럽게 만들다
- confused 형 혼란스러워 하는
- confusing 형 혼란스럽게 하는
- confusion 명 혼동, 혼란
- confusion about/regarding/concerning/over ~에 대한 혼동
- congenial 형 마음이 통하는
- congest 통 혼잡하게 하다; 정체시키다
- congestion 명 (장소에서의) 혼잡
- conglomerate 명 거대 복합 기업, 대기업
- congratulate 통 축하하다
- congratulate A on B B에 대해 A를 축하하다
- congratulations 명 축하 감 축하해요!

□□ **conjunction** 명 (사건 등의) 결합
□□ **connect** 통 1. 잇다, 연결하다 2. (온라인에) 접속하다
□□ **connected** 형 관련이 있는
□□ **connecting** 형 연결하는
□□ **connecting flight** 연결 항공편
□□ **connection** 명 1. 관련성 2. 연결, 접속 3. 인맥
□□ **conscious** 형 의식하는, 자각하는
□□ **consecutive** 형 연이은
□□ **consecutively** 부 연속해서
□□ **consensus** 명 의견 일치, 여론
□□ **consent** 명 동의, 허락 통 동의하다, 허락하다
□□ **consent to** ~에 동의하다
□□ **consequence** 명 결과; 중요함
□□ **consequently** 부 그 결과, 따라서
□□ **conservation** 명 보존, 보호
□□ **conservative** 형 보수적인
□□ **conservatory** 명 온실
□□ **conserve** 통 아끼다; 보존하다
□□ **consider** 통 고려하다, 간주하다
□□ **consider doing** ~하는 것을 고려하다
□□ **considerable** 형 상당한, 많은
□□ **considerable effort** 상당한 노력
□□ **considerably** 부 상당히, 많이
□□ **considerate** 형 사려 깊은, 배려하는
□□ **considerate of** ~에 대해 사려 깊은
□□ **consideration** 명 고려 (사항)
□□ **considering** 전접 ~을 고려하면
□□ **consignment** 명 탁송(물), 배송(물)
□□ **consist** 통 ~으로 이루어져 있다
□□ **consist of** ~로 구성되다
□□ **consistency** 명 한결같음, 일관성
□□ **consistent** 형 일관된, 한결같은
□□ **consistent in** ~에 있어서 한결같은
□□ **consistent with** ~와 일치하는
□□ **consistently** 부 일관되게, 한결같이
□□ **consolidate** 통 강화하다; 통합하다
□□ **consolidated** 형 통합된
□□ **consolidation** 명 1. 합병 2. 강화
□□ **consortium** 명 컨소시엄, 협력단
□□ **conspicuously** 부 눈에 띄게, 두드러지게
□□ **constant** 형 끊임없는; 거듭되는
□□ **constantly** 부 끊임없이; 계속해서
□□ **constitute** 통 ~을 구성하다[이루다]
□□ **constitution** 명 1. 헌법 2. 구조 3. 설립
□□ **constraint** 명 제약; 통제
□□ **construct** 통 1. 건설하다 2. 구성하다
□□ **construction** 명 건설, 공사
□□ **construction site** 공사장, 건설 현장

□□ **constructive** 형 건설적인
□□ **consult** 통 1. 상담하다; 상의하다 2. 찾아보다, 참고하다
□□ **consult a manual** 설명서를 참조하다
□□ **consult with** ~와 상의하다
□□ **consultant** 명 상담가, 자문 위원
□□ **consultation** 명 협의, 상의; 진찰
□□ **consume** 통 소비하다
□□ **consumer** 명 소비자
□□ **consumer trends** 소비자 동향
□□ **consumption** 명 소비
□□ **contact** 통 연락하다 명 연락, 접촉
□□ **contact information** 연락처
□□ **contact person** 연락할 수 있는 사람, 담당 직원
□□ **contagious** 형 전염되는, 전염성의
□□ **contain** 통 ~을 포함하고 있다, ~이 들어 있다
□□ **container** 명 그릇, 용기; (화물 수송용) 컨테이너
□□ **contaminate** 통 오염시키다
□□ **contamination** 명 오염; 더러움
□□ **contemporarily** 부 동시대에
□□ **contemporary** 형 동시대의; 현대의
□□ **contemporary art** 현대 미술
□□ **contend** 통 주장하다, 겨루다
□□ **contend for** (~을 얻으려고) 겨루다
□□ **contend with** (해결해야 할 문제들로) 씨름하다
□□ **content** 명 내용, 내용물 형 만족스러운
□□ **contention** 명 논쟁; 주장
□□ **contestant** 명 (대회의) 참가자
□□ **context** 명 맥락, 문맥
□□ **contingency** 명 뜻밖의 일, 비상 사태
□□ **contingency plan** 비상 계획
□□ **contingent** 형 (~의) 여부에 따라, (~을) 조건으로 하는
□□ **contingent on/upon** ~의 여부에 따라, ~을 조건으로 하는
□□ **continual** 형 1. (거듭) 반복되는 2. 끊임없는 (=continuous)
□□ **continually** 부 계속해서(=continuously); 되풀이해서
□□ **continue** 통 계속되다
□□ **continue to do/doing** 계속 ~하다
□□ **continuity** 명 지속성; 연속성
□□ **contract** 명 계약(서)
□□ **contract A out (to B)** (B에게) A를 도급을 주다[맡기다]
□□ **contract amendment** 계약 수정
□□ **contractor** 명 도급 업자[업체], 계약자
□□ **contradict** 통 부인하다, 반박하다
□□ **contrarily** 부 이에 반하여
□□ **contrary** 형 (~와는) 다른, 반대되는
□□ **contrary to** ~에 반하여, ~와 달리
□□ **contrast** 명 대조, 차이 통 대조하다; 대조를 보이다

□□ **contribute** 통 1. 기여하다 2. 기부하다 3. 기고하다
□□ **contribute to** ~에 기여하다
□□ **contribution** 명 1. 기여, 공헌 2. 기부(금)
□□ **contributor** 명 기고자; 기여자
□□ **contributor to** ~의 기고재[기여자]
□□ **contrive** 통 용케 ~하다; 성사시키다
□□ **control** 명 통제(력) 통 통제하다; 조절하다
□□ **controversial** 형 논란이 많은
□□ **controversy** 명 논란
□□ **controversy over/about** ~에 대한 논쟁
□□ **convene** 통 1. 회합하다, 모이다 2. (회의 등을) 소집하다
□□ **convene a meeting** 회의를 소집하다
□□ **convenience** 명 편의, 편리
□□ **convenient** 형 편리한; 가까운
□□ **convenient location** 편리한 위치
□□ **conveniently** 부 편리하게, 편리한 곳에
□□ **conveniently located** 편리한 곳에 위치해 있는
□□ **convention** 명 대회, 협의회
□□ **conventional** 형 관습적인, 관례적인
□□ **conversely** 부 정반대로, 역으로
□□ **conversion** 명 전환, 개조
□□ **convert** 통 전환하다, 개조하다
□□ **convert A into B** A를 B로 전환하다
□□ **converter** 명 변환기, 전환 장치
□□ **convey** 통 (감정, 생각 등을) 전달하다, 전하다
□□ **conveyor belt** 컨베이어 벨트
□□ **convince** 통 납득시키다; 설득하다
□□ **convince A of B** A에게 B를 납득시키다
□□ **convince A that절** A에게 that 이하를 납득시키다
□□ **convinced** 형 확신하는
□□ **convincing** 형 (주장, 설명 등이) 설득력 있는
□□ **cook** 통 요리하다 명 요리사
□□ **cookbook** 명 요리책
□□ **cooking** 명 요리, 음식 준비
□□ **cooking appliance** 요리 도구
□□ **cooperate** 통 협력하다, 협조하다
□□ **cooperate on** ~에 대해 협력하다
□□ **cooperate with** ~와 협력하다
□□ **cooperation** 명 협력; 협조
□□ **cooperatively** 부 협력하여
□□ **coordinate** 통 편성하다, 조직화하다; 조정하다
□□ **coordination** 명 조직(화); 조정
□□ **coordinator** 명 조정자, 코디네이터
□□ **cope** 통 대처하다, 대응하다
□□ **cope with** ~에 대처하다
□□ **copier** 복사기(= photocopier, copy machine)
□□ **copper tubing** 동관
□□ **copy** 통 복사하다 명 복사; (책, 신문 등의) 한 부

□□ **copy room** 복사실
□□ **copying paper** 복사용지
□□ **copyright** 명 저작권, 판권
□□ **cordial** 형 화기애애한, 다정한
□□ **cordially** 부 진심으로, 정중하게
□□ **corner** 명 모서리, 모퉁이
□□ **corporate** 형 기업의, 회사의
□□ **corporate restructuring** 회사 구조조정
□□ **corporation** 명 기업, 법인
□□ **correct** 통 바로잡다, 정정하다 형 맞는, 정확한
□□ **correction** 명 정정, 수정
□□ **correctly** 부 바르게, 정확하게
□□ **correlation** 명 연관성, 상관관계
□□ **correspond** 통 1. 일치하다, 부합하다 2. 해당하다
□□ **correspond to/with** ~와 일치하다; ~에 해당하다
□□ **correspondence** 명 서신, 편지
□□ **correspondent** 명 통신원, 특파원
□□ **corridor** 명 1. 복도, 통로 2. 회랑 지대 (주요 도로나 강을 따라 나 있는 좁고 긴 땅)
□□ **corrosion** 명 부식
□□ **cost** 명 비용 통 (~의 비용이) 들다
□□ **cost analysis** 비용 분석
□□ **cost estimate** 비용 견적서
□□ **cost less** 비용이 덜 들다
□□ **cost overrun** 비용 초과
□□ **cost reduction** 비용 절감
□□ **costly** 형 많은 비용이 드는
□□ **costly project** 많은 비용이 드는 프로젝트
□□ **costume** 명 (특정 시대나 무대의) 의상, 복장
□□ **cotton** 명 목화, 면직물
□□ **Could be.** 그럴지도 모르죠.
□□ **count ~ in** ~을 (어떤 활동에) 포함시키다
□□ **Count me in.** 저도 끼워주세요.
□□ **counter** 명 계산대; 판매대; 조리대
□□ **counterfeit** 명 모조품, 가짜 형 위조의
□□ **counteroffer** 명 (더 나은 방향의) 수정 제안
□□ **counterpart** 명 상대, 대응 관계에 있는 사람[것]
□□ **countertop** 명 조리대
□□ **courier** 명 배달원; 택배사
□□ **courteous** 형 공손한, 정중한
□□ **courtesy** 명 공손함, 정중함 형 (서비스 등이) 무료의
□□ **courtesy bus** 무료 운행 버스
□□ **courthouse** 명 정부 청사, 법원 청사
□□ **courtyard** 명 뜰, 마당
□□ **cover** 통 1. 덮다, 씌우다 2. (충분한 돈을) 대다; (보험으로) 보장하다 3. (자리를 비운 사람의 일을) 대신하다 4. 취재하다
□□ **cover letter** 자기소개서
□□ **coverage** 명 1. (미디어상의) 보도, 방송 2. (정보의) 범위; (보험의 보장) 범위

☐☐ **covering** 명 덮개. ~을 덮는 막
☐☐ **coworker** 명 동료, 협력자
☐☐ **crack** 동 갈라지다, 금이 가다 명 금, 균열
☐☐ **craft** 명 (수)공예 동 공예품을 만들다; 공들여 만들다
☐☐ **crate** 명 (나무) 상자
☐☐ **create** 동 (새롭게) 만들다, 창조하다
☐☐ **creation** 명 창조, 창작
☐☐ **creative** 형 창조적인, 창의적인
☐☐ **creativity** 명 독창력, 창조력
☐☐ **credential** 명 훌륭한 경력[학력]; 자격증
☐☐ **credibility** 명 신뢰성
☐☐ **credible** 형 신뢰할 수 있는
☐☐ **credit** 동 1. ~의 공으로 인정하다 2. 입금하다; 적립하다
　　 명 신용 (거래); 입금 (내역); 칭찬, 인정
☐☐ **credit A to B[B with A]** A를 B에 입금하다
☐☐ **credit A with B** B를 A의 공으로 여기다
☐☐ **credit card statement** 신용카드 내역서
☐☐ **credit card** 신용카드
☐☐ **creditor** 명 채권자
☐☐ **crew** 명 작업팀; 승무원 (전원)
☐☐ **crisp** 형 (이미지 등이) 산뜻한
☐☐ **criteria** 명 기준, 표준 (criterion의 복수형)
☐☐ **critic** 명 비평가
☐☐ **critical** 형 1. 중대한, 대단히 중요한 2. 비판적인, 비난하는
☐☐ **critical acclaim** 비평가들의 호평
☐☐ **critically acclaimed** 비평가들의 극찬을 받은
☐☐ **criticize** 동 비판하다; 비평하다
☐☐ **criticize A for (doing) B** B(한 것)에 대해 A를 비판하다
☐☐ **critique** 동 비평하다 명 비평글, 평론
☐☐ **crop** 명 농작물; 수확량 동 경작하다
☐☐ **cross** 동 가로지르다, (가로질러) 건너다
☐☐ **cross-cultural** 형 여러 문화가 혼재된
☐☐ **crosswalk** 명 횡단보도
☐☐ **crowd** 명 군중, 무리
☐☐ **crowded** 형 (사람들이) 붐비는, 복잡한
☐☐ **crowded with** ~로 붐비는[가득찬]
☐☐ **crucial** 형 중대한, 결정적인
☐☐ **cuisine** 명 요리(법)
☐☐ **culinary** 형 요리의, 음식의
☐☐ **culminate** 동 (~으로) 끝이 나다, 막을 내리다
☐☐ **culminate in** 결국 ~으로 끝나다
☐☐ **culminating** 형 절정에 달하는
☐☐ **culmination** 명 정점, 최고조
☐☐ **cultivate** 동 1. (관계를) 구축하다 2. 경작하다
☐☐ **cultivation** 명 1. (관계) 구축; (기술의) 함양 2. 경작; 재배
☐☐ **cupboard** 명 찬장
☐☐ **curb** 동 억제하다, 제한하다 명 연석, 도로 경계석
☐☐ **curious** 형 궁금한, 호기심이 많은

☐☐ **currency** 명 통화, 화폐
☐☐ **current** 형 현재의, 지금의
☐☐ **currently** 부 현재, 지금
☐☐ **curriculum** 명 교과과정
☐☐ **curriculum vitae** 명 이력서 (= CV)
☐☐ **curtail** 동 축소시키다, 단축시키다
☐☐ **curtain** 명 커튼
☐☐ **cushion** 명 쿠션
☐☐ **custodial** 형 구금의
☐☐ **custom** 명 관습; 습관 형 주문 제작한, 맞춤의
☐☐ **customarily** 부 관례상; 습관적으로
☐☐ **customary** 형 관례적인; 습관적인
☐☐ **customer** 명 고객, 손님
☐☐ **customer behavior** 소비자 행동
☐☐ **customer complaints** 고객 불만
☐☐ **customer concerns** 고객이 갖는 우려
☐☐ **customer loyalty** 고객 충성도
☐☐ **customer satisfaction** 고객 만족
☐☐ **customer testimonial** 고객 추천 글
☐☐ **customize** 동 주문 제작하다
☐☐ **customized** 형 개개인의 요구에 맞춘 (=custom)
☐☐ **custom-made** 형 주문 제작한
☐☐ **customs** 명 세관
☐☐ **customs clearance** 통관 절차
☐☐ **customs office** 세관 (사무소)
☐☐ **customs regulations** 세관 규정
☐☐ **cut** 동 1. 자르다 2. 줄이다, 삭감하다
☐☐ **cut back** 줄이다, 축소하다
☐☐ **cut down** 줄이다, 삭감하다
☐☐ **cut the budget** 예산을 삭감하다
☐☐ **cut to the chase** 바로 본론으로 들어가다
☐☐ **cutting-edge** 형 최신의, 최첨단의

D

☐☐ **daily** 형 매일의, 일상적인
☐☐ **daily business** 일상 업무
☐☐ **daily routine** 일상 업무, 일과
☐☐ **dairy section** 유제품 코너
☐☐ **damage** 명 손상, 피해 동 손상을 주다, 피해를 입히다
☐☐ **damage to** ~의 손상[피해]
☐☐ **damaged** 형 파손된; 하자가 생긴
☐☐ **damp** 형 축축한, 눅눅한
☐☐ **deactivate** 동 (작동, 작용 등을) 정지시키다, 비활성화시
　　 키다
☐☐ **deadline** 명 기한, 마감 일자
☐☐ **deadline for** ~의 마감일
☐☐ **deadlock** 명 (협상의) 교착 상태

deal 명 1. 거래, 합의 2. (a good/great ~) 많은; 많이	**defend** 통 옹호하다, 변호하다; 방어하다
deal with 다루다, 처리하다	**defer** 통 미루다, 연기하다
dealer 명 (특정 상품을 거래하는) 딜러, 중개인	**deficient** 형 1. 부족한 2. 결함이 있는
dealership 명 대리점, 영업소	**deficit** 명 적자; 부족액
debate 통 논의하다 명 논의	**define** 통 정의하다; 규정하다
debit card 직불카드, 체크카드	**definite** 형 분명한, 확실한
debrief 통 (수행한 임무에 대해) 보고를 듣다	**definitely** 부 분명히; 확실히
debris 명 잔해; 쓰레기	**definition** 명 정의, 의미
debt 명 빚, 부채	**definitive** 형 최종적인, 확정적인
decade 명 10년	**deforested** 형 벌채된
decent 형 (수준, 질이) 괜찮은	**defy** 통 (설명, 묘사 등이) 거의 불가능하다
decide 통 결정하다	**defy description** 이루 다 말할 수 없다
decide to do ~을 하기로 결정하다	**degree** 명 1. 학위 2. 정도
decidedly 부 확실히, 분명히	**delay** 통 지연시키다; 연기하다 명 지연; 연기
decision 명 결정	**delay in** ~의 지연
decision to do ~을 하려는 결정	**delegate** 명 대표자 통 (권한 등을) 위임하다
decisive 형 1. 결정적인 2. 결단력 있는	**delegate A to B** A를 B에게 위임하다
deck 명 1. (배의) 갑판 2. 덱(정원에 휴식용으로 만들어 놓은 곳)	**delegation** 명 1. 대표단 2. (권한의) 위임
declaration 명 1. 선언, 발표 2. 신고서	**delete** 통 지우다, 삭제하다
declare 통 선언하다; (세금 등을) 신고하다	**deliberate** 형 의도적인, 고의의; 신중한 통 심사숙고하다
declare bankruptcy 파산 선고를 하다	**deliberate attempt** 계획적인 시도
declare that절 that 이하를 선언하다	**deliberate effort** 신중한 노력
decline 명 감소, 하락 통 1. 감소하다 2. 거절하다	**deliberation** 명 숙고; 신중함
decline in ~의 감소	**delicacy** 명 1. 섬세함 2. (특정 지역의) 진미, 별미
decline the invitation 초대를 거절하다	**delicate** 형 섬세한; 민감한, 정교한
declining 형 기우는, 쇠퇴하는	**delicate issue** 민감한 사안, 중대한 문제
decompose 통 분해되다, 부패되다	**delicatessen** 명 수입식품가게
decorate 통 꾸미다, 장식하다	**delicious** 형 맛있는
decorate A with B A를 B로 장식하다	**delighted** 형 아주 기뻐하는
decoration 명 장식(품)	**delinquent** 형 연체된, 체납된
decorative 형 장식용의	**deliver** 통 1. 배달하다 2. (연설, 강연 등을) 하다
decrease 통 감소하다; 감소시키다 명 감소, 하락	**delivery** 명 1. 배달(품) 2. (연설 등의) 전달, 발표
decrease in ~의 감소	**delivery/shipping service** 배송 서비스
dedicate 통 바치다, 전념하다	**demand** 명 수요; 요구 통 요구하다
dedicated 형 전념하는, 헌신적인	**demand for** ~에 대한 수요[요구]
dedicated employees 헌신적인 직원들	**demand that S+(should)+동사원형:** S가 ~할 것을 요구하다
dedication 명 전념, 헌신	
dedication to ~에 대한 헌신	**demanding** 형 1. (일이) 힘든 2. (사람이) 까다로운, 요구가 많은
deduct 통 공제하다, 제하다	
deduct A from B B에서 A를 공제하다	**demographic** 형 인구 (통계)학의
deduction 명 공제(액)	**demolish** 통 철거하다, 허물다
deem 통 ~로 여기다	**demonstrate** 통 1. 시연하다, 설명하다 2. 입증하다
deepen 통 (감정, 느낌을) 깊어지게 하다	**demonstration** 명 (시범) 설명
default 명 1. 채무 불이행 2. (컴퓨터) 디폴트	**dense** 형 밀집한, 빽빽한
defeat 통 패배시키다 명 패배	**densely** 부 밀집하여, 빽빽하게
defect 명 결함	**densely populated** 인구가 밀집한
defective 형 결함이 있는	**dent** 명 움푹 들어간[찌그러진] 곳
defective/faulty products 결함 있는 제품, 불량품	**dental** 형 치아의, 치과의

☐☐ deny 图 부인하다	☐☐ detailed 图 상세한
☐☐ depart 图 떠나다, 출발하다	☐☐ detailed description 상세한 설명/묘사
☐☐ depart for ~로 출발하다	☐☐ detailed information 상세한 정보
☐☐ depart from ~에서 출발하다	☐☐ detailing 图 세부 장식
☐☐ department 图 부서; 학과	☐☐ detect 图 감지하다, 발견하다
☐☐ departure 图 떠남, 출발	☐☐ detection 图 탐지, 발견
☐☐ departure date 출발일 (반 arrival date 도착일)	☐☐ detector 图 탐지기
☐☐ depend on[upon] ~에 달려 있다, 좌우되다	☐☐ detergent 图 세제
☐☐ dependable 图 믿을 수 있는	☐☐ deteriorate 图 악화되다, 더 나빠지다
☐☐ dependent 图 의존하는, 의존적인	☐☐ deterioration 图 악화, (가치의) 하락
☐☐ depending on/upon ~에 따라	☐☐ determination 图 (공식적인) 결정
☐☐ depict 图 그리다, 묘사하다	☐☐ determine 图 1. 알아내다, 밝히다 2. (공식적으로) 결정하다
☐☐ depiction 图 묘사, 서술	☐☐ determine the cause of ~의 원인을 알아내다
☐☐ deplete 图 고갈시키다, 대폭 감소시키다	☐☐ determined 图 1. 단단히 결심한 2. 단호한
☐☐ depleted 图 고갈된, 대폭 감소된	☐☐ detour 图 우회로, 둘러 가는 길
☐☐ depletion 图 (자원 등의) 고갈, 소모	☐☐ detrimental 图 해로운
☐☐ deposit 图 보증금, 착수금 图 1. 예금하다; 보증금을 걸다 2. (귀중품을 안전한 장소에) 맡기다	☐☐ devastate 图 황폐하게 하다
☐☐ deposit slip 입금 전표 (반 withdrawal slip 출금 전표)	☐☐ develop 图 개발하다; 발전시키다
☐☐ depot 图 (대규모) 창고	☐☐ developer 图 개발자[업체]
☐☐ depreciation 图 가치 하락, 가격의 저하	☐☐ development 图 개발; 발전
☐☐ depress 图 우울하게 하다; 침체시키다	☐☐ development in ~의 발전
☐☐ depression 图 우울증, 우울함	☐☐ deviation 图 일탈, 탈선
☐☐ deprivation 图 박탈, 부족	☐☐ device 图 (특정 작업을 위해 고안된) 기구, 장치
☐☐ deprive 图 빼앗다	☐☐ devise 图 고안하다
☐☐ deprive A of B A에게서 B를 빼앗다	☐☐ devote 图 바치다, 쏟다
☐☐ derive 图 끌어내다, 얻다	☐☐ devoted 图 헌신적인
☐☐ derive A from B B에서 A를 끌어내다	☐☐ diagnose 图 진단하다
☐☐ descend 图 내려가다, 내려오다	☐☐ diagnosis 图 진단
☐☐ describe 图 서술하다, 묘사하다	☐☐ diagnostic 图 진단의
☐☐ description 图 서술, 묘사	☐☐ diet 图 식습관; 다이어트
☐☐ descriptive 图 서술하는, 묘사하는	☐☐ dietary 图 규정식의; 식이 요법의 图 규정식
☐☐ deserve 图 ~을 받을 만하다, ~할 자격이 있다	☐☐ differ 图 다르다
☐☐ deserved 图 (상, 벌, 보상 등이) 응당한	☐☐ differ from ~와 다르다
☐☐ design 图 설계하다; 고안하다 图 디자인; 설계도	☐☐ differ in ~면에서 다르다
☐☐ designate 图 1. 지정하다 2. 지명하다	☐☐ difference 图 차이, 차액
☐☐ designated 图 지정된	☐☐ differentiate A from B [between A and B] A를 B와 구별하다
☐☐ designated area 지정 구역	☐☐ different 图 다른; 다양한
☐☐ designated for ~을 위해 지정된	☐☐ differentiate 图 구별하다; 차별화하다
☐☐ designation 图 1. 지정 2. 지명	☐☐ difficulty 图 어려움, 곤란
☐☐ desirable 图 바람직한, 호감이 가는	☐☐ dig 图 (구멍을) 파다
☐☐ desirable attribute 가치 있는 자질	☐☐ digit 图 숫자
☐☐ desire 图 욕구, 바람 图 바라다	☐☐ dignitary 图 고위 관리
☐☐ desired 图 바랐던, 희망했던	☐☐ diligent 图 근면한, 성실한
☐☐ despite 图 ~에도 불구하고	☐☐ diligently 图 부지런히, 열심히
☐☐ destination 图 목적지, 도착지	☐☐ dim 图 (빛의 밝기를) 낮추다 图 어두운, 흐릿한
☐☐ detach 图 떼어내다	☐☐ dimension 图 1. 크기; 치수 2. 관점, 측면
☐☐ detail 图 세부, 세부사항 图 상세히 열거하다	☐☐ diminish 图 줄어들다; 약해지다

dine 통 식사를 하다	discuss 통 논의하다, 토론하다
dine with ~와 식사를 하다	discussion 명 논의, 상의
diner 명 1. 식당 손님 2. 작은 식당	discussion on/about ~에 대한 논의
dining 명 식사; 정찬	disease 명 질병
dining establishment 식당	disease outbreak 질병 발생
dip 통 (액체에) 담그다, 적시다	disembark 통 (배, 비행기에서) 내리다
diploma 명 졸업장; 수료증	dish 명 1. 접시 2. 요리
direct 통 1. 지시하다, 감독하다 2. (길 등을) 알려 주다, 안내하다; 교통 정리하다 형 1. 직접적인 2. 직행의	dismiss 통 1. (고려할 가치가 없다고) 일축하다; (소송을) 기각하다 2. 해고하다
direct A to B A를 B로 안내하다	dismiss A from B A를 B에서 해고하다
direct A to do A에게 ~하라고 지시하다	dismissal 명 1. 일축; (소송의) 기각 2. 해고
direct flight (항공기) 직항편	dispatch 통 보내다, 파견하다; 발송하다 명 파견; 발송
direction 명 (-s) 1. 지시, 명령 2. 방향	dispenser 명 (펌프, 단추 등을 눌러 안의 내용물을 뽑아 쓸 수 있게 만든) 용기, 통
directly 부 곧장; 바로	
directly across from ~바로 맞은 편에	disperse 통 흩어지다, 해산하다
directly after ~한 직후에	display 통 진열하다, 전시하다
director 명 이사, 책임자	display case 명 진열대
directory 명 (이름, 주소가 나열된) 책자; 목록	disposable 형 일회용의, 처분할 수 있는
dirt 명 흙; 먼지	disposable income 가처분 소득
disable 통 망가뜨리다	disposable product 일회용 제품
disagree 통 의견이 다르다, 동의하지 않다	disposal 명 처리, 폐기
disappear 통 사라지다	dispose of ~을 처리하다[없애다]
disappoint 통 실망시키다	disputable 형 논란의 여지가 있는
disappointed 형 실망한	dispute 명 분쟁; 논쟁 통 반박하다, 이의를 제기하다
disappointing 형 실망스러운, 기대에 못 미치는	dispute between ~간의 분쟁
disappointment 명 실망	dispute over ~에 관한 분쟁
disaster 명 재난, 재해	dispute with ~와의 분쟁
discard 통 버리다, 폐기하다	disregard 통 무시하다 명 무시
discharge 통 1. 해고하다 2. 방출하다 3. (임무 등을) 이행하다	disregard for/of ~의 무시
	disrupt 통 방해하다, 지장을 주다
disclose 통 밝히다, 폭로하다	disruption 명 지장; 중단, 두절
discolor 통 변색시키다; 빛깔이 바라다	disruption to ~의 중단[지장]
discomfort 명 불편, 가벼운 통증	disruptive 형 지장을 주는
discontinue 통 중단하다	dissatisfaction 명 불만
discount 명 할인 통 할인하다, 할인해서 팔다	dissatisfied 형 불만스러워 하는
discount on ~에 대한 할인	dissipate 통 2. 소멸하다 2. (시간, 돈 등을) 낭비하다
discounted 형 할인된	distance 명 거리
discourage 통 좌절시키다, ~하지 못하게 하다	distinct 형 뚜렷한, 분명한
discourage A from doing A가 ~하지 못하게 하다	distinction 명 1. 차이, 대조 2. 뛰어남, 탁월함
discouraged 형 낙담한	distinctive 형 독특한
discouragement 명 낙담, 좌절	distinctively 부 독특하게
discouraging 형 낙담시키는	distinguish 통 구별 짓다, 차이를 보이다
discreet 형 신중한, 조심스러운	distinguish A from B A를 B와 구별하다
discreetly 부 신중하게, 사려 깊게	distinguish between A and B A와 B를 구별하다
discrepancy 명 차이, 불일치	distinguished 형 1. 유명한, 성공한 2. 위엄 있는
discrepant 형 서로 어긋나는, 앞뒤가 안 맞는	distinguishable 형 구별할 수 있는
discretion 명 (자유) 재량(권); 신중함	distract 통 (주의를) 산만하게 하다, 딴 데로 돌리다
discretionary 형 자유재량에 의한	distract A from B A를 B로부터 (주의를) 분산시키다

distracted 형 (정신이) 산만해진

distracting 형 (정신을) 산만하게 하는

distraction 명 집중을 방해하는 것

distribute 통 1. 배부하다 (=hand out) 2. (상품을) 유통시키다

distribute A to B A를 B에게 배부하다

distribution 명 1. 배부, 배포 2. 유통

distributor 명 배급 업재[회사]

district 명 (특정한 특징을 갖는) 지구, 구역

disturb 통 (일 등을) 방해하다

disturbance 명 방해; 소란

disturbed 형 불안해 하는

disturbing 형 불안감을 주는

diverse 형 다양한

diversification 명 다각화; 다양화

diversify 통 다각화하다, 다양화하다

diversity 명 1. 다양성 2. 포괄성

divert 통 방향을 바꾸다, 전환하다

divert A to B A의 방향을 B로 바꾸다

divide 통 나누다, 가르다

divide A into B A를 B로 나누다

dividend 명 배당금

division 명 1. (조직의) 부서, 부문 2. 분할; 분배

do business with ~와 거래하다

do one's best[utmost] 최선을 다하다

dock 명 부두 통 (배를) 부두에 대다

document 명 서류, 문서 통 (내용을 상세히) 기록하다

documentary 명 다큐멘터리, 기록물

documentation 명 증빙 서류

domestic 형 국내의; 가정(용)의

domestic flight 국내선

domestic market 국내 시장

domestically 부 국내에서; 가정적으로

dominant 형 우세한, 지배적인

dominate 통 지배하다, 두드러지는 특징이 되다

donate 통 기부하다

donation 명 기부(금), 기증

donor 명 기부자, 기증자

Don't let me down. 절 실망시키지 마세요.

doorway 명 출입구

double 통 두 배로 되다[만들다] 형 두 배의 명 두 배

double in size 규모 면에서 두 배가 되다

double the size of ~의 규모를 두 배로 늘리다

double-check 통 재확인하다

doubt 명 의심, 의문 통 의심하다, 의문을 갖다

doubtful 형 의심스러운, 확신이 없는

down 전부 ~아래로

down payment 계약금, 착수금

downsize 통 (인력, 규모 등을) 줄이다, 구조조정하다

downstairs 부 아래층으로, 아래층에서 명 아래층

downtown 형 시내의 부 시내[로]

downtown area 도심 지역

draft 명 (원고의) 초안 통 초안을 작성하다

drain 통 (물, 액체가) 빠지다 명 배수관

drainage 명 배수; 배수 시설

dramatic 형 극적인, 멋진; 급격한

dramatic increase 급격한 증가

dramatic scenery 멋진 경치

dramatically 부 극적으로, 급격하게

drape 통 장식하다

drastic 형 과감한; 급격한

drastic change 급격한 변화

drastically 부 과감하게; 급격하게

draw 통 1. (관심 등을) 끌다 2. 이용하다; 도출하다

draw a comparison (between A and B) (A와 B를) 비교하다

draw an entry 응모권을 추첨하다

draw customers 고객을 유치하다

draw on ~을 이용하다[의지하다]

draw up 만들다, 작성하다

drawback 명 결점, 문제점

drawer 명 서랍

drawing 명 1. 그림, 소묘

drawstring 명 (가방, 바지 등을) 졸라매는 끈

dress 명 드레스, 의복 통 옷을 차려 입다, 옷차림을 하다

dress casually 평상복 차림으로 입다

drink 통 마시다 명 음료

drive 통 (차를) 몰다, 운전하다 명 1. 자동차 주행, 드라이브 2. (조직적인) 운동

driver 명 운전자, 기사

driver's license 운전 면허증

driving 명 운전(방식)

drop 명 하락, 감소 통 1. 떨어지다, 떨어뜨리다 2. (가는 길에) 내려주다, 갖다 주다

drop by[in] ~에 잠깐 들르다

drop in ~의 감소

drop off 가져다 주다; (가는 길에) 놓고 가다

drought 명 가뭄

dry 통 마르다, 말리다 형 마른, 건조한

due 명 1. ~하기로 되어 있는 2. 지불 기일이 된, 만기가 된 명 (-s) 회비, 내야 할 돈

due date 만기일

due for ~하기로 되어 있는, ~할 예정인

due to ~때문에

due to do ~하기로 예정된

dull 형 칙칙한, 윤기 없는

24

duplicate 형 (다른 무엇과) 똑같은; 사본의 명 사본 동 복사하다, 복제하다

duplicate order 중복 주문

durability 명 내구성, 내구력

durable 형 내구성이 있는, 오래가는 (= strong/solid/sturdy/sustainable)

duration 명 지속; (지속되는) 기간

during 전 ~동안

dust 명 (흙)먼지 동 (먼지 등을) 털어내다

dustpan 명 쓰레받기

dusty 형 먼지투성이인

duty 명 직무, 업무; 의무 명 (주로 수입품에 매기는) 세금

duty roster 업무 배정표

duty-free 형 면세의

dwell 동 살다, 거주하다

dwindle 동 (점점) 줄어들다

dwindling 형 (점차) 줄어드는

dysfunction 명 기능 장애; 역기능

E

each time S+V 매번 ~할 때마다

eager 형 열렬한, 열심인

eagerly 부 열심히, 간절히

eagerly awaited 간절히 기다려 온

eagerness 명 열의, 열망

earlier than expected 예상보다 일찍

early 형 (시간상) 이른, 초기의 부 (시간상) 일찍, 초기에

early booking discount 조기 예약 할인

early retirement 조기 퇴직

earn 동 벌다, 얻다

earnings 명 소득, 수입

earnings growth 연간 성장률

earth-friendly 형 환경 친화적인

ease 명 쉬움, 용이함 동 용이하게 하다

easel 명 이젤, 칠판대

easily 부 쉽게

easily/readily accessible to
~에 쉽게/바로 접근할 수 있는

easy 형 쉬운, 용이한

easy to do ~하기 쉬운

easy to follow 따라 하기 쉬운

easy-to-follow instructions 따라 하기 쉬운 설명(서)

easy-to-use 사용하기 쉬운

eating habit 식습관

eco-conscious 환경에 관심이 많은

eco-friendly 친환경적인

ecological 형 생태계의; 생태학의

ecology 명 생태(계); 생태학

economic 형 경제의

economic fluctuations 경기 변동

economic forecast 경제 전망

economic prosperity 경제적 번영

economical 형 경제적인; 실속 있는

economize 동 절약하다, 아끼다

ecosystem 명 생태계

edge 명 1. 가장자리, 모서리 2. (약간의) 우위, 유리함

edible 형 먹을 수 있는, 식용의 (반 inedible 먹을 수 없는, 못 먹는)

edit 동 편집하다

edition 명 (출간 형태/횟수를 나타내는) 판; (시리즈 물의) 호[회]

editor 명 편집자

editorial 형 편집의 명 사설

educated 형 교육 받은

education 명 교육

educational 형 교육의, 교육적인

educational background 학력

educational material 교육 자료

effect 명 영향, 효과

effective 형 1. 효과적인 2. (법률, 규정이) 시행되는, 발효되는

effective + 시점 ~부로 발효되는

effective immediately 즉시 발효되어

effectively 부 효과적으로; 실질적으로

effectiveness 명 유효성

efficiency 명 효율(성), 능률

efficient 형 효율적인; 능률적인

efficiently 부 효율적으로, 능률적으로

effort 명 노력

effortlessly 부 힘들이지 않고, 쉽게

either A or B 접 A나 B 둘 중 하나

elaborate 형 정교한

elderly 형 연세가 드신 (the elderly 어르신들)

elect 동 선출하다

electric wire 전선

electrical cord 전선 (= power cord)

electronic 형 (장치가) 전자의; 온라인상의

electronically 부 전자적으로; 온라인으로

electronics 명 1. 전자 공학[기술] 2. 전자 제품

elegant 형 우아한, 품격 있는

elegant restaurant 격조 높은 식당

element 명 요소, 성분

elementary 형 초급의, 입문의

elevate 동 올리다; 증가시키다

elicit 동 (정보나 반응을) 끌어내다

eligibility 명 적임, 적격

□□ eligible 형 자격이 있는	□□ enclose 통 1. 동봉하다 2. 에워싸다
□□ eligible for ~에 자격이 있는	□□ enclosed 형 동봉된
□□ eliminate 통 제거하다, 없애다	□□ enclosed form 동봉된 서식
□□ eloquent 형 유창한, 연설을 잘 하는	□□ enclosure 명 (편지나 이메일에) 동봉된 것; 동물원 재중
□□ eloquent speech 유창한 연설	□□ encompass 통 1. (많은 것을) 포함하다, 아우르다 2. 에워싸다
□□ eloquently 부 유창하게	
□□ elsewhere 부 (어딘가) 다른 곳으로	□□ encounter 통 (난관에) 맞닥뜨리다, 부딪히다
□□ embark 통 1. (배에) 승선하다 2. (사업 등에) 착수하다, 시작하다	□□ encourage 통 권장하다, 장려하다
	□□ encourage A to do A에게 ~하도록 장려하다
□□ embark on/upon ~에 착수하다	□□ encouragement 명 격려, 장려
□□ embarkation 명 승선, 탑승	□□ encouraging 형 격려하는; 용기를 북돋아주는
□□ embarrassed 형 어색한, 당황스러운	□□ encrypt 통 (정보를) 암호화하다
□□ embrace 통 1. (생각, 제의 등을) 받아들이다, 수용하다 2. 포괄하다, 아우르다	□□ encryption 명 암호화
	□□ end up 결국 (어떤 상황에) 처하게 되다
□□ embraceable 형 껴안을 수 있는, 받아들일 수 있는	□□ endanger 통 위험에 빠뜨리다, 위태롭게 하다
□□ embracement 명 수락, 받아들임	□□ endangered 형 멸종 위기에 처한
□□ embroider 통 수를 놓다, 자수하다	□□ endangered species 멸종 위기에 처한 종
□□ emerge 통 드러나다, 알려지다	□□ endeavor 명 노력, 시도 통 노력하다, 시도하다
□□ emerge as ~로서 부상하다[두각을 나타내다]	□□ endeavor to do ~하려고 노력하다
□□ emerge from ~에서 나오다[모습을 드러내다]	□□ endorse 통 1. (공개적으로) 지지하다 2. (유명인이 특정 상품을) 홍보하다 3. (수표에) 이서하다
□□ emergency 명 비상 (사태)	
□□ emergency room 응급실	□□ endorsement 명 1. 지지 2. 홍보
□□ emerging 형 최근 생겨난; 떠오르는	□□ endurance 명 인내(력), 참을성
□□ emerging market 부상하는 시장	□□ endure 통 참다, 견디다
□□ emission 명 1. 배출(물) 2. 배기가스	□□ energetic 형 활동적인, 정력적인
□□ emphasis 명 강조	□□ energetically 부 활동적으로, 정력적으로
□□ emphasis on ~에 대한 강조	□□ energy conservation 에너지 절약
□□ emphasize 통 강조하다	□□ energy efficiency 에너지 효율성
□□ emphatic 형 1. (분명히) 강조하는 2. 단호한	□□ energy-efficient 에너지 효율이 좋은
□□ emphatic about ~에 대해 단호한	□□ enforce 통 (법률 등을) 집행하다, 시행하다
□□ employ 통 1. 고용하다 2. (기술, 정보 등을) 쓰다, 이용하다	□□ enforcement 명 시행, 집행
	□□ engage 통 관여하다; 종사하다
□□ employee 명 직원	□□ engage in ~에 관여하다[종사하다] (= be engaged in)
□□ employee orientation 직원 오리엔테이션	□□ engagement 명 (업무상의) 약속; (약속시간을 정해서 하는) 업무
□□ employee productivity 직원 생산성	
□□ employee retention 직원[인재] 유지	□□ engaging 형 호감이 가는, 매력적인
□□ employee turnover (rate) 직원 이직률	□□ engine 명 엔진
□□ employer 명 고용주	□□ engineer 명 기술자, 엔지니어 통 (설계해서) 제작하다
□□ employment 명 고용; 취업	□□ engineering 명 공학 (기술)
□□ employment agency 직업 소개소	□□ engrave 통 (글자, 문양 등을) 새기다
□□ employment contract 고용 계약	□□ engrave A with B A에 B를 새겨 넣다
□□ employment offer 고용 제의	□□ engraved 형 새겨진
□□ employment rate 취업률	□□ enhance 통 향상시키다
□□ empower 통 권한을 주다	□□ enhanced 형 강화된
□□ empty 통 비우다 형 비어 있는	□□ enhancement 명 향상, 증대
□□ enable 통 ~을 가능하게 하다	□□ enjoy 통 즐기다, 즐거운 시간을 보내다
□□ enable A to do A로 하여금 ~하는 것을 가능하게 하다	□□ enjoyable 형 즐거운
	□□ enjoyment 명 즐거움; 흥미거리
□□ enactment 명 법률 제정, 입법	□□ enlarge 통 확대하다, 확장하다
□□ encircle 통 (둥글게) 둘러싸다	

26

- enlargement 명 확대, 확장
- enlighten 동 계몽하다
- enlightening 형 계몽적인; 깨우치는
- enlightenment 명 계몽
- enormous 형 거대한, 막대한
- enormously 부 엄청나게, 대단히
- enough 형 충분한 부 충분히
- enroll 동 등록하다, (이름을) 명부에 올리다
- enroll in ~에 등록하다
- enrollment 명 등록, 등록자 수
- enrollment fee 등록비
- enrollment in ~의 등록
- ensure (that)절 that 이하를 확실히 하다
- ensure 동 보장하다, 반드시 ~하게 하다
- entail 동 수반하다 (= involve)
- enter 동 1. 들어가다 2. 입력하다
- enter into a contract 계약을 체결하다
- enterprise 명 1. 기업, 회사 2. (모험성) 대규모 사업
- entertain 동 1. 즐겁게 해주다 2. 접대하다
- entertaining 형 재미있는, 즐거움을 주는
- entertainment 명 1. 오락 2. 접대
- enthusiasm 명 열정, 열의
- enthusiast 명 열렬한 팬[지지자]
- enthusiastic 형 열렬한, 열광적인
- enthusiastically 부 열렬하게, 열광적으로
- entire 형 전체의, 온
- entirely 부 전적으로, 완전히
- entirely refundable 전액 환불 가능한
- entitle 동 자격을 주다, 권리를 주다
- entitlement 명 자격, 권리
- entrance 명 입구
- entrance fee 입장료
- entrant 명 출전자, 참가자
- entrée 명 주요리
- entrepreneur 명 사업가, 기업가
- entrepreneurship 명 기업가 정신; 기업가 능력
- entry 명 1. 입장, 출입 2. 출품작; 응모권 3. 참가, 출전
- entry-level 입문용의; (일자리가) 말단인
- entryway 명 건물 입구의 통로
- envelope 명 봉투
- enviable 형 부러운, 선망의 대상이 되는
- envious 형 부러워하는, 선망하는
- envious of ~을 부러워하는
- environment 명 환경
- environmental 형 환경의, 환경과 관련된
- environmental pollution 환경 오염
- environmentally 부 환경적으로
- environmentally friendly 친환경적인
  (= eco-friendly)
- environmentally-responsible 환경에 책임감을 갖는
- envision 동 (앞으로 바라는 일을) 마음속에 그리다, 상상하다
- envy 동 부러워하다
- equal 형 동일한; 동등한 동 맞먹다, 필적하다
- equal to ~와 동일한
- equally 부 똑같이, 동일하게
- equip 동 장비를 갖추다
- equipment 명 장비; 설비
- equipment malfunction 장비 오작동
- equivalent 형 동등한, 맞먹는 명 ~에 상당하는 것, 등가물
- equivalent of ~의 등가물
- equivalent to ~와 동등한; ~에 상당하는 것
- era 명 시대
- erect 동 1. 똑바로 세우다 2. 건립하다
- ergonomic 형 인체 공학적인
- errand 명 일, 심부름
- error 명 실수, 오류
- escalate 동 1. 확대시키다 2. 악화시키다
- escort 동 호위하다, 에스코트하다
- especially 부 특히, 특별히
- essence 명 본질, 정수
- essential 형 필수적인; 본질적인
- essential to/for ~에 있어서 필수적인
- essentially 부 기본적으로, 본질적으로
- establish 동 1. 설립하다 2. (지위, 관계 등을) 확고히 하다, 수립하다
- established 형 인정받는, 확고히 자리를 잡은
- established customer base 확립된 고객 기반
- established procedures 확립된 절차
- establishment 명 1. 기관, 시설(물) 2. 설립, 수립
- esteem 동 1. (대단히) 존경하다 2. ~라고 생각하다 명 (대단히) 존경
- estimate (that)절 that 이하를 추정하다[추산하다]
- estimate 명 1. 견적서 2. 추정(치), 추산 동 추정하다, 추산하다
- estimate A at B A를 B로 추산하다
- estimated 형 견적의; 추정된
- estimated date 추정일
- eternal 형 영원한, 끊임없는
- ethical 형 윤리적인
- ethically 부 윤리적으로
- evacuate 동 대피시키다, 피난하다
- evacuation 명 대피, 피난
- evaluate 동 평가하다
- evaluation 명 평가
- evaluator 명 평가자
- even 부 1. (심지어) ~도[조차] 2. (비교급을 강조하여) 훨씬 형 고른; 균등한
- even as 마침 ~할 때, ~하는 바로 그 때

| | even if 웹 ~라 하더라도 | | | exclude 통 제외하다, 배제하다 |

even if 웹 ~라 하더라도
even so 그렇다 하더라도
even though 그렇다 하더라도
evenly 튀 고르게; 균등하게
event 圀 행사
eventful 톙 다사다난한, 파란만장한
eventual 톙 궁극적인, 최종적인
eventually 튀 결국, 끝내
ever 튀 1. 언제든, 한번이라도 2. 언제나, 항상
everywhere 튀 모든 곳에, 어디나
evidence 圀 증거, 증언
evident 톙 분명한, 눈에 띄는
evidently 튀 분명히
evolution 圀 진화; 발전
evolve 통 (점진적으로) 발달하다, 진화하다
evolve from ~에서 진전되다
evolve into ~로 진전되다
exact 톙 정확한, 정밀한
exactly 튀 정확하게
exaggerate 통 과장하다
exaggerated 톙 과장된, 부풀린
exaggeration 圀 과장
examination 圀 조사, 검토
examine 통 1. 조사하다, 검토하다 2. 검사하다, 진찰하다
excavation 圀 발굴
exceed 통 넘다, 초과하다
exceed a budget 예산을 초과하다
excel 통 뛰어나다, 탁월하다
excel in/at ~에 뛰어나다
excellence 圀 뛰어남, 탁월함
excellent 톙 훌륭한, 탁월한
except 쩝 ~을 제외하고
exception 圀 예외
exception to ~에서의 예외
exceptional 톙 이례적일 정도로 우수한
exceptional performance 뛰어난 성과
exceptional rate 특별 요금
exceptionally 튀 유난히, 특별히
excess 圀 1. 과도, 과잉 2. 초과(량)
excessive 톙 지나친, 과도한
excessively 튀 지나치게
exchange 통 교환하다; 맞바꾸다 圀 교환; 환전
exchange A for B A를 B로 교환하다
exchange a purchase 구매품을 교환하다
exchange rate 환율
excited 톙 흥분된
excitement 圀 흥분, 신남
exciting 톙 신나는, 흥미진진한

exclude 통 제외하다, 배제하다
exclude A from B B에서 A를 제외하다
excluding 쩝 ~을 제외하고
exclusion 圀 제외, 배제
exclusive 톙 독점적인, 전용의
exclusive access 독점적 이용
exclusive right 독점권
exclusively 튀 독점적으로, 오직 ~만이
excursion 圀 (단체로 짧게 가는) 여행
excuse 통 1. 용서하다; 변명하다 2. 면제해 주다 圀 변명; 구실
excuse A from (doing) B A에게 B(하는 것)을 면제해 주다
execute 통 실행하다, 수행하다
executive 圀 간부, 임원 톙 경영의, 운영의
executive board 이사회
exemplary 톙 모범적인, 본보기가 되는
exemplify 통 전형적인 예가 되다; 예를 들다
exempt 톙 (~이) 면제되는 통 면제하다
exempt A from B A를 B에서 면제해주다
exemption 圀 면제; (세금) 공제(액)
exercise 통 운동하다
exercise caution 주의를 하다
exercise equipment 운동 장비
exercise one's rights ~의 권리를 행사하다
exercise restraint 자제하다, 삼가다
exhaust 통 기진맥진하게 하다; 다 써 버리다 圀 (차량의) 배기가스
exhausted 톙 기진맥진한, 진이 다 빠진
exhausting 톙 기진맥진하게 하는, 진을 빼는
exhaustive 톙 철저한, 완전한
exhibit 통 전시하다 圀 전시품
exhibition 圀 전시; 전시회
exhibition hall 전시회장
exhilarating 톙 아주 신나는
exist 통 존재하다
existence 圀 존재, 실재
existing 톙 기존의; 현재 사용되는
existing customers 기존의 고객들
existing products 기존의 제품들
exit 통 나가다, 떠나다 圀 출구
exotic 톙 이국적인; 외국의
expand 통 확대하다, 확장시키다
expand into ~로 확대하다
expansion 圀 확대, 확장
expansion project 확장 계획
expansive 톙 포괄적인, 광범위한
expect 통 예상하다, 기대하다
expect A to do A가 ~할 것을 예상하다

- ☐☐ expectation 명 예상, 기대
- ☐☐ expedite 동 더 신속히 처리하다
- ☐☐ expedited 형 촉진된
- ☐☐ expedited shipping 빠른 배송
- ☐☐ expedition 명 탐험, 여행
- ☐☐ expenditure 명 지출; 경비
- ☐☐ expense 명 비용
- ☐☐ expense report 경비 보고서
- ☐☐ expensive 형 비싼
- ☐☐ experience 명 경험, 경력 동 겪다, 경험하다
- ☐☐ experience in ~에서의 경험
- ☐☐ experienced 형 경험이 많은
- ☐☐ experienced worker 숙련된 근로자
- ☐☐ experiment 명 실험 동 실험하다
- ☐☐ experiment with ~을 실행하다
- ☐☐ experimental 형 실험적인
- ☐☐ expert 명 전문가 형 전문적인; 숙련된
- ☐☐ expertise 명 전문 지식[기술]
- ☐☐ expertise in ~에서의 전문 지식
- ☐☐ expiration 명 만기, 만료
- ☐☐ expiration date 만기일, 만료일
- ☐☐ expire 동 (기간이) 끝나다, 만료되다
- ☐☐ expired 형 만료된, 기한이 지난
- ☐☐ explain 동 설명하다
- ☐☐ explain A to B A를 B에게 설명하다
- ☐☐ explanation 명 해명; 설명
- ☐☐ explicit 형 1. (진술, 글 등이) 명쾌한 2. (사람이) 솔직한
- ☐☐ explicitly 부 명쾌하게, 분명하게
- ☐☐ explicitly state 분명히 언급하다, 명시하다
- ☐☐ exploit 동 (부당하게) 이용하다, 착취하다
- ☐☐ exploit an opportunity (부당하게) 기회를 이용하다
- ☐☐ exploration 명 1. 탐구 2. 탐험, 탐사
- ☐☐ explore 동 1. 탐구하다, 분석하다 2. 탐험하다; 답사하다
- ☐☐ exponential 형 (증가율이) 기하급수적인
- ☐☐ exponential growth 기하급수적인 성장
- ☐☐ exponentially 부 기하급수적으로
- ☐☐ export 명 수출 동 수출하다
- ☐☐ expose 동 노출시키다, 드러내다
- ☐☐ expose A to B A를 B에 노출시키다
- ☐☐ exposition 명 1. 전시회, 박람회 2. (상세한) 설명, 해설
- ☐☐ exposure 명 노출
- ☐☐ exposure to ~에의 노출
- ☐☐ express 동 표현하다 형 급행의; 신속한
- ☐☐ express concern 우려를 표하다
- ☐☐ express delivery 빠른 배송
- ☐☐ express interest 관심을 표하다
- ☐☐ express mail service 속달 우편 서비스
- ☐☐ express mail 특급 우편

- ☐☐ express one's gratitude for/to ~에 대해/~에게 감사를 표하다
- ☐☐ expressly 부 분명히, 명확히
- ☐☐ exquisite 형 매우 아름다운, 정교한
- ☐☐ extend 동 1. (더 길게, 크게) 연장하다 2. (사업 등을) 확대하다 3. (초대, 환영 등을) 하다, 베풀다
- ☐☐ extend an invitation 초대하다, 초대장을 보내다
- ☐☐ extended warranty 연장 보증
- ☐☐ extension 명 1. 연장; 확대 2. 내선, 구내전화
- ☐☐ extension code 연장 코드
- ☐☐ extension number 내선 번호
- ☐☐ extensive 형 대규모의; 폭넓은
- ☐☐ extensive experience in ~에서의 폭넓은 경험
- ☐☐ extensive knowledge/experience of ~에 대한 폭넓은 지식/경험
- ☐☐ extent 명 정도, 규모
- ☐☐ extent of ~의 정도/규모
- ☐☐ exterior 명 외부 형 외부의; 옥외의
- ☐☐ external 형 외부의; 대외적인 (반 internal 형 내부의)
- ☐☐ externally 부 외부에서, 외부적으로 (반 internally 내부에서, 내부으로)
- ☐☐ extinction 명 멸종, 소멸
- ☐☐ extinguish 동 (불을) 끄다; 없애다
- ☐☐ extra 형 추가의 (= additional)
- ☐☐ extra incentives 추가 장려금
- ☐☐ extract 명 발췌(문); 추출물 동 발췌하다; 추출하다
- ☐☐ extract from ~로부터의 발췌(문)/추출물
- ☐☐ extraordinarily 부 엄청나게, 이례적으로
- ☐☐ extraordinary 형 기이한, 놀라운
- ☐☐ extreme 형 극도의; 심각한
- ☐☐ extremely 부 극도로, 극히
- ☐☐ extremely successful 대단히 성공적인
- ☐☐ eye-catching 형 눈길을 끄는

F

- ☐☐ fabric 명 직물, 천
- ☐☐ fabricate 동 날조하다, 조작하다
- ☐☐ fabulous 형 기막히게 좋은; 굉장한
- ☐☐ façade 명 (건물의) 정면, 앞면
- ☐☐ face 동 1. (상황에) 직면하다 2. ~을 마주보다, 향하다
- ☐☐ face away from each other 서로 다른 곳을 보다
- ☐☐ face each other 서로 마주보다
- ☐☐ face/encounter resistance 저항에 직면하다
- ☐☐ face-to-face 대면하는, 마주보는
- ☐☐ facilitate 동 용이하게 하다, 촉진시키다
- ☐☐ facilitator 명 조력자, 협력자
- ☐☐ facility 명 시설, 기관

☐☐ **factor** 몡 요인, (조건이 되는) 요소 통 고려하다, 감안하다

☐☐ **factor ~ in[into]** ~을 고려하다

☐☐ **factory** 몡 공장

☐☐ **faculty** 몡 1. (대학의) 교직원 2. (특정한) 능력

☐☐ **fade** 통 (색깔이) 바래다, 희미해지다

☐☐ **fail** 통 실패하다, ~하지 못하다

☐☐ **fail to do** ~하는 데 실패하다, ~하지 못하다

☐☐ **failure** 몡 1. 실패 2. 고장

☐☐ **failure to do** ~의 실패, ~하지 못함

☐☐ **fair** 몡 박람회, 설명회 혱 공정한

☐☐ **Fair enough.** (생각이나 제안이) 괜찮네요., 좋네요.

☐☐ **fairground** 몡 축제 마당; 품평회장

☐☐ **fairly** 뿐 상당히, 꽤

☐☐ **fall** 통 1. 쓰러지다, 넘어지다 2. 떨어지다

☐☐ **fall behind** ~에 뒤떨어지다, (기한, 목표 등을) 맞추지 못하다

☐☐ **fall into disrepair** 황폐해지다

☐☐ **fall off** 떨어지다; 줄다

☐☐ **fall short of** ~에 못 미치다

☐☐ **fall short of** ~에 못 미치다

☐☐ **fall under** ~에 해당되다; ~의 관할 하에 있다

☐☐ **fall within** ~에 포함되다, ~의 범위에 들어가다

☐☐ **fame** 몡 명성

☐☐ **familiar** 혱 익숙한, 친숙한

☐☐ **familiar with** ~에 익숙한, 친숙한

☐☐ **familiarity** 몡 익숙함, 친숙함

☐☐ **familiarize** 통 익숙하게 하다

☐☐ **familiarize oneself with** ~에 정통하다, ~을 잘 알고 있다

☐☐ **family-owned** 가족 경영의

☐☐ **famous** 혱 유명한

☐☐ **famous for** ~로 유명한

☐☐ **fantastic** 혱 기막히게 좋은, 환상적인

☐☐ **far from** 1. ~에서 멀리 2. ~와는 거리가 먼; 전혀 ~이 아닌

☐☐ **fare** 몡 (교통) 요금, 운임

☐☐ **farewell** 몡 작별 (인사)

☐☐ **farewell gathering** 송별회

☐☐ **farming** 몡 농업, 농사

☐☐ **fascinate** 통 마음을 사로잡다, 매료시키다

☐☐ **fascinated** 혱 마음을 빼앗긴, 매료된

☐☐ **fascinating** 혱 매우 흥미로운; 매력적인

☐☐ **fast** 혱 빠른; 빨리 하는

☐☐ **fasten** 통 매다, 고정시키다

☐☐ **fast-paced** 혱 (이야기 등이) 빨리 진행되는

☐☐ **fatigue** 몡 피로

☐☐ **faucet** 몡 수도꼭지

☐☐ **favor** 몡 호의; 지지, 찬성 통 지지하다, 찬성하다

☐☐ **favorable** 혱 1. 호의적인; 찬성하는 2. 유리한

☐☐ **favorable review** 호평

☐☐ **favorably** 뿐 1. 호의적으로 2. 유리하게

☐☐ **favorite** 혱 마음에 드는, 매우 좋아하는

☐☐ **feasibility** 몡 실행 가능성

☐☐ **feasible** 혱 실현 가능한

☐☐ **feasible plan/idea** 실현 가능한 계획/생각

☐☐ **feasibly** 뿐 실행할 수 있게

☐☐ **feature** 통 ~을 특징으로 삼다, ~를 특별히 포함하다; ~을 특집으로 다루다 몡 특징; (신문, TV 등의) 특집

☐☐ **fee** 몡 수수료; 요금

☐☐ **fee waiver** 수수료 면제

☐☐ **feedback** 몡 피드백, 반응

☐☐ **feedback from** ~에게서 받은 피드백

☐☐ **feedback on** ~에 대한 피드백

☐☐ **feel free to do** 마음껏[언제든지] ~하다

☐☐ **fence** 몡 울타리 통 울타리를 치다

☐☐ **fertilization** 몡 (토질의) 비옥화

☐☐ **fervid** 혱 열렬한

☐☐ **festivity** 몡 축제 행사

☐☐ **fever** 몡 열, 열병

☐☐ **fiber optic cable** 광(섬유) 케이블

☐☐ **fiction** 몡 소설, 허구

☐☐ **field** 몡 1. 분야 2. 들판

☐☐ **fierce** 혱 격렬한; 극심한

☐☐ **fierce competition** 치열한 경쟁

☐☐ **fierce criticism** 거센 비난

☐☐ **fierce debate** 열띤 논쟁

☐☐ **figure (that)절** that 이하일 거라고 생각하다

☐☐ **figure** 몡 1. 수치, 숫자 2. 인물 통 (~일 거라고) 생각하다, 판단하다

☐☐ **figure out** ~을 이해하다, 알아내다; 계산하다

☐☐ **file** 몡 파일, 서류철 통 1. (문서 등을) 보관하다, 철하다 2. (소송, 불만 등을) 제기하다, 제출하다

☐☐ **file a complaint** 불만을 제기하다

☐☐ **file a lawsuit** 소송을 걸다, 고소하다

☐☐ **file a petition** 탄원서를 제출하다

☐☐ **file for bankruptcy** 파산 신청을 하다

☐☐ **file[filing] cabinet** 문서 보관함

☐☐ **fill** 통 채우다

☐☐ **fill a prescription** 약을 조제하다

☐☐ **fill a vacancy** 결원을 채우다

☐☐ **fill in for** ~을 대신하다

☐☐ **fill out/in** ~을 작성하다

☐☐ **fill up** ~을 가득 채우다

☐☐ **fill up** ~을 가득 채우다

☐☐ **filled with** ~로 가득 찬

☐☐ **filling material** 충전재 (= filler)

☐☐ **final** 혱 마지막의, 최종의 몡 결승전

☐☐ **final product** 완제품

☐☐ final version 최종안
☐☐ finalist 명 결승전 출전자
☐☐ finalization 명 마무리; 최종 승인
☐☐ finalize 동 마무리 짓다, 완결하다
☐☐ finalize a proposal 제안서를 완성하다
☐☐ finally 부 마침내; (순서상) 마지막으로
☐☐ finance 명 자금; 재무 동 자금을 대다
☐☐ financial 형 금융의, 재정의
☐☐ financial advisor 재정 고문
☐☐ financial aid 학자금 지원
☐☐ financial constrain 재정적 제약
☐☐ financial grant 재정 보조금
☐☐ financial health 재정 건전성
☐☐ financial history 금융 거래 실적
☐☐ financial incentives 금전적인 혜택
☐☐ financial service 금융 서비스
☐☐ financial setback 재정 악화
☐☐ financial statement 재무제표
☐☐ financial support 재정 지원
☐☐ financially 부 재정적으로, 재정상
☐☐ find 동 1. 찾다, 발견하다 2. 알게 되다
☐☐ find out 알아내다
☐☐ findings 명 조사[연구] 결과
☐☐ fine 명 벌금 형 1. 좋은 2. 섬세한; 미세한
☐☐ fine dust 미세 먼지
☐☐ fine-tune 세밀하게 조정하다
☐☐ finish 동 끝내다, 마무리하다 명 (광택제 등의) 마감 칠
☐☐ fireplace 명 벽난로
☐☐ firm 명 회사 형 단단한; 확고한
☐☐ firmly 부 단호히, 확고히
☐☐ first aid 응급 처치
☐☐ first draft 초안, 초고
☐☐ firsthand 부 직접, 바로 형 직접의
☐☐ first-timer 명 (무언가를) 처음으로 해보는 사람
☐☐ fiscal 형 회계의, 국가 재정의
☐☐ fiscal year 회계 연도 (= financial year)
☐☐ fish 동 낚시하다 명 물고기
☐☐ fit 동 ~에 꼭 맞다, 어울리다 형 적합한, 어울리는 명 ~하게 어울리는 것; 어울림
☐☐ fit for/to do ~에/~하기에 적합한
☐☐ fit into ~에 꼭 들어맞다[어울리다]
☐☐ fitness 명 (신체적) 건강, 신체 단련
☐☐ fitness center 헬스장, 피트니스 센터
☐☐ fitting 명 (작은) 부품 형 어울리는, 적합한
☐☐ fitting room 탈의실
☐☐ fix 동 고치다, 수리하다
☐☐ flagpole 명 깃대
☐☐ flagship store (체인점의) 본점, 주력 상점

☐☐ flair 명 (타고난) 재주; 솜씨
☐☐ flammable 형 가연성의, 불에 잘 타는
☐☐ flash 동 깜빡이다
☐☐ flat rate 고정 요금, 정액 요금
☐☐ flatter 동 1. 아첨하다, 알랑거리다 2. (자기가 잘난 줄) 착각하다
☐☐ flavor 명 맛; 양념
☐☐ flavorful 형 맛 좋은, 풍미 있는
☐☐ flaw 명 결함
☐☐ flawed 형 흠이 있는
☐☐ flawless 형 흠이 없는, 나무랄 데 없는
☐☐ flexibility 명 유연함; 융통성
☐☐ flexible 형 융통성 있는; 유연한
☐☐ flexible working hours 탄력 근무제 (= flextime)
☐☐ flextime 명 근무 시간 자유 선택제
☐☐ flicker 동 (불이) 깜박거리다
☐☐ flip 동 (버튼 등을) 누르다, 돌리다; 젖히다
☐☐ float 동 (물에) 뜨다, 띄우다
☐☐ flock 명 떼, 무리 동 떼 지어 가다
☐☐ floor 명 1. 바닥 2. (건물의) 층
☐☐ floor plan (건물의) 평면도
☐☐ flooring 명 바닥재
☐☐ floral arrangement 꽃꽂이
☐☐ flourish 동 번창하다; 잘 자라다
☐☐ flourish in ~에서 번창하다[잘 자라다]
☐☐ flourishing 형 번창하는; 무성한
☐☐ flower arrangement 명 꽃꽂이
☐☐ fluctuate 동 변동[등락]을 거듭하다
☐☐ fluctuation 명 변동, 오르내림
☐☐ fluctuation in ~의 변동
☐☐ fluent 형 유창한
☐☐ fluently 부 유창하게
☐☐ fluid 명 액체, 유동체
☐☐ fly off the shelves 날개 돋친 듯 팔리다
☐☐ flyer 명 (안내용) 전단
☐☐ foam 명 발포 고무; 거품 제재
☐☐ focus 동 집중하다, 초점을 맞추다 명 초점; 주목
☐☐ focus A on B A를 B에 집중시키다
☐☐ focus on ~에 집중하다
☐☐ fold 동 접다
☐☐ folder 명 서류철, 폴더
☐☐ follow 동 1. (충고, 지시 등을) 따르다 2. (과정 등을) 따라가다, 계속 다루다
☐☐ follow up (on) (~에 대한) 후속조치를 하다
☐☐ follow up 더 알아보다, 후속 조치를 취하다
☐☐ following 형 그 다음의 명 다음, 아래 전 ~후에
☐☐ food critic 음식 비평가
☐☐ food processing 식품 가공

food station 푸드코트

foothold 명 (성공의) 발판, 기반

footpath 명 오솔길

footrest 명 발판

footstep 명 발자국; 발소리

footwear 명 신발(류)

for 전 1. ~을 위해; ~에 대해 2. ~동안 3. (to부정사의 의미상 주어 앞에서) ~가

for five consecutive years 5년 연속으로

for further details 더 자세한 내용을 위해

for instance 예를 들어

for one's continued support ~의 지속적인 성원에 대해

for the purpose of ~의 목적으로, ~을 위해

for this[that] reason 이러한[그러한] 까닭에

for three successive years 3년 연속

for years to come 앞으로 몇 년간

for your convenience 당신의 편의를 위해

for/in the foreseeable future 가까운 미래에

forbid 동 금지하다

force 명 힘, 세력 동 강요하다, 억지로 ~하다

forceful 형 단호한; 강력한

forcefully 부 격렬하게

forecast 명 예측, 예보 동 예측하다, 예보하다

forefront 명 맨 앞, 선두; 가장 중요한 위치

foremost 형 가장 중요한, 맨 앞의

forerunner 명 선구자, 전신

foresee 동 예견하다

foreseeable 형 예측할 수 있는

forestry 명 삼림 관리

forfeit 동 몰수하다 명 벌금; 몰수품

forgery 명 위조된 물건

forget 동 잊다, 잊어버리다

forget to do (앞으로) ~할 것을 잊다 cf. forget doing (과거에) ~했던 것을 잊다

forgetful 형 잘 잊어 먹는, 건망증이 있는

forgettable 형 쉽게 잊혀질, 특별할 것 없는 (반 unforgettable 형 잊지 못할)

forklift 명 지게차

form 명 1. 서식 2. 방식, 형태 동 구성하다, 형성시키다

form of payment 지불 방식

formal 형 1. 공식적인, 정식의 2. 격식을 차린; 형식적인

formally 부 공식적으로, 정식으로

former 형 이전의

formerly 부 이전에, 예전에

formidable 형 감당하기 힘든, 어마어마한

formidable challenge/opponent 엄청난 도전/상대

formula 명 공식; 제조법

formulate 동 (공들여) 만들어 내다

fortunate 형 운 좋은, 다행인

fortunately 부 다행스럽게도, 운 좋게도

fortune 명 운, 행운

forum 명 토론회, 포럼

forward 동 보내다, 전달하다 부 (위치나 시간상) 앞으로

forward A to B A를 B에게 전달하다

fossil fuel 화석 연료

foster 동 육성하다; 조성하다

found 동 설립하다

foundation 명 1. (건물의) 기초, 토대 2. (조직의) 설립, 창립 3. 재단

founder 명 설립자

fountain 명 분수대

foyer 명 (극장, 호텔 안의) 로비

fraction 명 부분, 일부

fragile 형 부서지기 쉬운; 취약한

frame 명 틀, 액자 동 틀[액자]에 넣다, 테를 두르다

free 형 1. 무료의 2. ~이 없는

free admission 무료 입장

free of charge 무료로 (= at no charge/cost)

free shipping/delivery 무료 배송

freedom 명 자유

freely 부 1. 자유롭게 2. 기꺼이

freezer 명 냉동고

freight 명 화물, 화물 운송

frequency 명 1. 빈도 2. 주파수

frequent 형 잦은, 빈번한

frequent flyer (비행기의) 단골 고객

frequently 부 자주, 흔히

frequently asked questions (=FAQ) 자주 묻는 질문

fresh 형 신선한

freshness 명 생생함

friendly 형 1. 친절한, 우호적인 2. ~친화적인, ~에 해가 안 되는

from 전 1. ~부터 2. ~에서; ~에게서

from a ~ perspective ~인 관점에서

from a distance 멀리서

from time to time 가끔, 이따금

frost 동 (케이크에) 당분 막을 입히다

frosting 명 (케이크에) 설탕을 입힘

frustrate 동 좌절시키다, 방해하다

frustrated 형 불만스러워 하는, 좌절감을 느끼는

frustrating 형 불만스러운, 좌절감을 주는

fuel 명 연료 동 연료를 공급하다

fuel gauge 연료계

fuel-efficient 저연비의, 연료 효율이 좋은

fulfill 동 1. (조건 등을) 충족하다 2. (의무, 약속 등을) 수행하다, 실행하다

☐☐ **fulfill one's promise** 약속을 이행하다

☐☐ **fulfill/meet/satisfy/fill a requirement** 필요 조건을 충족하다

☐☐ **fulfillment** 뗑 이행, 수행

☐☐ **full** 뼹 1. 완전한 2. ~으로 가득한

☐☐ **full refund** 전액 환불

☐☐ **full-time employee** 정규직 직원

☐☐ **full-time employment** 상근, 정규직

☐☐ **full-time job** 정규직, 상근직

☐☐ **fully** 뛩 완전히, 충분히

☐☐ **fully functional** 제 기능을 다하는

☐☐ **fully-furnished** 내부 인테리어가 완비된

☐☐ **function** 뙁 (제대로) 기능하다, 작동하다 뗑 1. 기능 2. 행사, 의식

☐☐ **function properly** 제대로 작동하다

☐☐ **functional** 뼹 1. 기능적인 2. 작동하는

☐☐ **functionality** 뗑 기능성

☐☐ **fund** 뗑 자금, 기금 뙁 자금을 대다

☐☐ **fundamental** 뼹 근본적인; 핵심적인

☐☐ **fundamental to** ~에 핵심적인[필수적인]

☐☐ **fundamentally** 뛩 근본적으로, 기본적으로

☐☐ **funding** 뗑 자금 (제공), 재정 지원

☐☐ **fundraiser** 뗑 모금 행사

☐☐ **fundraising** 뗑뼹 모금 활동(의), 자금 조달(의)

☐☐ **fundraising effort** 모금 운동

☐☐ **fundraising event** 모금 행사

☐☐ **furnace** 뗑 용광로

☐☐ **furnished** 뼹 가구가 비치된

☐☐ **furnishings** 뗑 가구, 비품

☐☐ **furniture** 뗑 가구

☐☐ **further** 뼹 더 이상의, 추가의 뛩 더 (멀리/나아가)

☐☐ **further information** 자세한 정보

☐☐ **further one's career** 경력을 발전시키다

☐☐ **furthermore** 뛩 더욱이, 뿐만 아니라

G

☐☐ **gain** 뙁 (이익, 혜택을) 얻다 뗑 증가; 이익

☐☐ **gain a favorable position** 유리한 위치를 점하다

☐☐ **gain access to** ~에 접근하다

☐☐ **gain credibility** 신뢰를 얻다

☐☐ **gain/gather momentum** 탄력이 붙다, 추진력을 얻다

☐☐ **gala** 뗑 경축 행사

☐☐ **gallery** 뗑 미술관, 화랑

☐☐ **gap** 뗑 격차, 차이 뗑 틈, 공백

☐☐ **garage** 뗑 차고, 주차장

☐☐ **garment** 뗑 옷, 의복

☐☐ **garner** 뙁 (정보, 지지 등을) 얻다, 모으다

☐☐ **garnish** 뙁 (요리에) 고명을 얹다

☐☐ **gasket** 뗑 개스킷, 마개

☐☐ **gate** 뗑 대문; 출입구

☐☐ **gather** 뙁 1. (정보를) 모으다, 수집하다 2. (사람들이[을]) 모이다[모으다]

☐☐ **gather information** 정보를 수집하다

☐☐ **gathering** 뗑 1. 모임 2. 수집

☐☐ **gauge** 뙁 판단하다, 알아내다; 측정하다 뗑 1. (평가, 판단 등의) 기준 2. 게이지, 측정기

☐☐ **gear** 뗑 (특정 활동을 위한) 장비, 복장

☐☐ **geared** 뼹 (~에 맞도록) 설계된

☐☐ **geared to/towards** ~에 맞게 설계된

☐☐ **gee** 깝 1. (놀람, 감탄) 야, 와 2. (짜증) 에이, 이런

☐☐ **general** 뼹 일반적인, 보통의

☐☐ **general consensus** 일반적인 여론

☐☐ **generally** 뛩 일반적으로; 대개, 보통

☐☐ **generate** 뙁 발생시키다, 만들어 내다

☐☐ **generate a profit** 수익을 창출하다

☐☐ **generate interest** 관심을 불러일으키다

☐☐ **generate profits** 수익을 창출하다

☐☐ **generation** 뗑 1. (전기, 열 등의) 발생 2. 세대

☐☐ **generator** 뗑 발전기

☐☐ **generosity** 뗑 관대함, 너그러움

☐☐ **generous** 뼹 관대한, 너그러운

☐☐ **generously** 뛩 관대하게, 아낌없이

☐☐ **gently** 뛩 다정하게, 부드럽게

☐☐ **genuine** 뼹 진짜의, 진품의

☐☐ **genuinely** 뛩 진정으로; 순수하게

☐☐ **geographic** 뼹 지리적인, 지형의

☐☐ **geology** 뗑 지질학

☐☐ **gesture** 뙁 손짓[몸짓]을 하다

☐☐ **get a loan** 대출을 받다

☐☐ **get a precise measurement** 정확한 측정치를 얻다

☐☐ **get around** 돌아다니다

☐☐ **get back to** 1. ~에게 나중에 다시 연락하다 2. ~로 돌아 오다

☐☐ **get close** 가까워지다

☐☐ **get excited** 기뻐하다, 신이 나다

☐☐ **get feedback** 피드백을 받다

☐☐ **get in the way of** ~에게 방해가 되다, ~을 방해하다

☐☐ **get off** 내리다, 하차하다

☐☐ **get rid of** ~을 처리하다, 없애다

☐☐ **get the most of** ~을 최대한으로 활용하다

☐☐ **get to** ~에 도착하다

☐☐ **get to work** 일하러 가다, 일을 시작하다

☐☐ **get underway** (프로젝트 등을) 시작하다

☐☐ **get used to** ~에 익숙해지다

☐☐ **get[be, keep] in touch** (전화, 이메일 등으로) 연락하다[연락하고 지내다]

- gift certificate 상품권
- gift wrap 선물용으로 포장하다
- gifted 혱 재능이 있는
- give 통 주다
- give ~ a ride ~를 태워 주다
- give 5 days' notice 5일 전에 통보하다
- give a demonstration 시연하다
- give a description 기술하다, 묘사하다
- give a presentation 발표하다
- give an approval for ~에 대해 승인해 주다
- give applause 박수갈채를 보내다
- give assurance 보증하다
- give directions 방향을 알려주다; 지시하다
- Give it a try. 한 번 해 보세요.
- give/provide feedback 피드백을 주다
- giveaway 명 증정품, 경품
- given 젠 ~을 고려해 볼 때 혱 (이미) 정해진
- given that 젭 ~을 고려해 볼 때
- glace at ~을 휙 보다
- glacier 명 빙하
- glance 통 흘깃 보다
- glass 명 유리잔
- glass container 유리 용기
- glasses 명 안경 (cf. sunglasses 명 선글라스)
- glitch 명 작은 문제[결함]
- global recession 세계적 불황
- glove 명 장갑
- glowing 혱 극찬하는
- glue 통 (접착제로) 붙이다
- go ahead 진행하다; 시작하다
- Go ahead. 계속하세요.
- go on a trip 여행 가다
- go out of business 폐업하다
- go over 검토하다, 점검하다
- go through 1. ~을 겪다, 거치다 2. ~을 검토하다
- go through customs 세관을 통과하다
- go up 올라가다 (빤 go down 내려가다)
- go with (제의 등을) 받아들이다; 선택하다
- good 혱 좋은; 유효한
- good for 유효한
- goodwill 명 친선, 호의
- gorgeous 혱 아주 멋진
- Got it. 알겠어요.
- gourmet 명 미식가
- government 명 정부
- government expenditure 정부 지출
- government grant 정부 보조금
- government/city officials 정부/시 관계자[공무원]

- grace period 유예 기간
- gradual 혱 점진적인, 서서히 일어나는
- gradually 부 서서히
- graduate 명 (대학) 졸업자 통 졸업하다
- graduate degree 석사 학위
- graduation 명 졸업
- grand opening 개장, 개점
- grant 명 보조금 통 (공식적으로) 승인하다
- grant permission 허가하다
- grasp 통 1. 꽉 잡다, 움켜잡다 2. 이해하다, 파악하다 명 이해, 파악; 꽉 쥐기; (확실한) 통제
- grass 명 풀, 잔디
- grateful (that)절 that 이하를 고마워 하는
- grateful 혱 고마워하는, 감사하는
- grateful for 사물: ~에 감사하는
- grateful to 사람: ~에게 감사하는
- gratify 통 1. 기쁘게 하다 2. (욕구 등을) 충족시키다
- gratify the needs of (= gratify one's needs) ~의 요구를 충족시키다
- gratitude 명 감사, 고마움
- greasy 혱 기름이 많이 묻은; 기름을 많이 쓴
- great 혱 대단한, 엄청난
- greatly 부 크게, 대단히
- greenery 명 녹색 나뭇잎, 화초
- greet 통 인사하다(= bow)
- greeter 명 손님을 맞이하는 사람
- grill 명 그릴 통 그릴에 굽다
- grind 통 (잘게) 갈다, 빻다
- groceries 명 식료품
- grocery store 명 식료품점
- gross income 총 소득, 총 수입
- ground 명 땅, 토양; 지면
- ground floor 명 1층
- groundbreaking 혱 획기적인
- ground-breaking ceremony 기공식, 착공식
- grow 통 자라다, 성장하다; 증가하다
- grow exponentially 기하급수적으로 증가하다
- grow rapidly 빠르게 성장하다
- grow steadily 꾸준히 성장하다
- growing speculation 커져가는 추측
- growth 명 성장, 증가
- growth in ~에서의 성장
- growth of ~의 성장
- growth rate 성장률
- guarantee 통 보장하다; 품질을 보증하다 명 품질 보증서
- guarantee of ~에 대한 보장
- guest 명 손님, 하객(= visitor)
- guest list 하객 명부, 방명록

□□ **guest speaker** 초청 연사
□□ **guidance** 명 (경력자에 의한) 지도
□□ **guide** 명 1. 안내(서) 2. (여행) 안내인
□□ **guided tour** 안내원이 딸린 관광
□□ **guideline** 명 지침, 가이드라인
□□ **guidelines on/for** ~에 대한 지침
□□ **gymnastics** 명 체조

H

□□ **habit** 명 습관
□□ **habitat** 명 서식지
□□ **habitually** 부 습관적으로
□□ **hail** 동 묘사하다, 일컫다
□□ **hair salon** 미용실
□□ **hairnet** 명 머리에 쓰는 망
□□ **hallway** 명 복도(= corridor)
□□ **halt** 명 멈춤, 중단 동 멈추다, 중단시키다
□□ **haltingly** 부 머뭇거리며
□□ **hammer** 명 망치 동 망치질하다
□□ **hamper** 동 방해하다
□□ **hand** 동 건네다(= pass) 명 손
□□ **hand in** 제출하다
□□ **hand out** 나누어 주다, 배포하다
□□ **handbook** 명 안내서
□□ **handcrafted** 형 수공예품인
□□ **handheld** 형 손바닥 크기의; 손에 들고 쓰는
□□ **handle** 동 1. 다루다, 처리하다 2. (상품을) 취급하다 명 1. 조직, 처리 2. 손잡이
□□ **handle with care** 취급 주의
□□ **handling** 명 취급, 처리
□□ **handout** 명 유인물, 배포 자료
□□ **handrail** 명 난간
□□ **hands-on** 형 직접 해보는
□□ **hang** 동 걸다, 매달다
□□ **Hang on.** 잠시만요.
□□ **happen** 동 일어나다, 발생하다
□□ **harbor** 명 항구, 항만
□□ **hardly** 부 거의 ~아니다
□□ **hardly any** 거의 ~없는
□□ **hardly ever** 좀처럼 ~하지 않다
□□ **hardware** 명 철물; 기재, 장비
□□ **hardware store** 철물점
□□ **harm** 명 해, 피해 동 해를 끼치다, 손상시키다
□□ **harmful** 형 해로운
□□ **harmful ingredients** 유해 성분
□□ **harmless** 형 해가 없는, 무해한
□□ **harness** 동 (동력원으로) 이용하다, 활용하다

□□ **harsh** 형 가혹한, 혹독한
□□ **hassle-free** 형 편리한
□□ **hat** 명 (챙이 있는) 모자
□□ **have ~ in mind** ~을 염두에 두다
□□ **have a competitive edge over** ~보다 경쟁 우위에 있다
□□ **have a monopoly on** ~에 대한 독점권을 가지다
□□ **have access to** ~을 이용[출입]할 수 있다
□□ **have an adverse effect on** ~에 역효과를 갖다
□□ **have an affiliation with** ~와 제휴를 맺다
□□ **have an effect on** ~에 영향을 미치다
□□ **have an impact on** ~에 영향을 주다
□□ **have an influence on** ~에 영향을 끼치다
□□ **have an obligation to do** ~할 의무가 있다
□□ **have every intention of doing** ~할 의향이 충분히 있다
□□ **have implications for** ~에 영향을 미치다
□□ **have in common** 공통점이 있다
□□ **have no intention of doing** ~할 의도가 전혀 없다
□□ **have no objection to** ~에 이의가 없다
□□ **have no obligation to do** ~할 의무가 없다
□□ **have no option but to do** ~하는 수 밖에 없다
□□ **have no reservation about** ~에 관한 이의가 없다
□□ **have nothing to do with** ~와 아무 관련이 없다
□□ **have respect for** ~에 대한 존경심을 갖다
□□ **have something to do with** ~와 무언가 관련이 있다
□□ **have the authority to do** ~을 할 권한이 있다
□□ **have trouble doing** ~하는 데 어려움을 겪다
□□ **have trouble with** ~으로 애를 먹다
□□ **have yet to do** 아직 ~하지 못하다
□□ **hazard** 명 위험
□□ **head** 동 1. (특정 방향으로) 가다, 향하다 2. 선두에 서다; ~을 이끌다 명 (단체, 조직의) 책임자
□□ **head back to** ~로 되돌아가다
□□ **head out** ~으로 향하다
□□ **headphone** 명 헤드폰
□□ **headquarter** 명 (-s) 본사 형 (-ed) ~에 본부[본사]를 두고 있는
□□ **health** 명 건강; 건전성
□□ **health assessment** 건강 진단
□□ **health insurance** 건강 보험
□□ **healthcare** 명 건강 관리; 의료
□□ **health-conscious** 건강을 의식하는
□□ **healthful** 형 건강에 좋은
□□ **healthy** 형 건강한, 건강에 좋은
□□ **hearing aid** 보청기
□□ **hearty** 형 따뜻한, 다정한
□□ **heat up** ~을 데우다
□□ **heavily** 부 (양, 정도가) 아주 많이, 심하게

□□ **heavily rely on** ~에 지나치게 의존하다
□□ **heavy** 형 1. (양, 정도가) 많은, 심한 2. 무거운, 육중한
□□ **heavy call volumes** 아주 많은 통화량
□□ **heavy equipment** 중장비
□□ **heavy machinery** 중장비
□□ **heavy-duty** 형 튼튼한
□□ **hectic** 형 정신 없이 바쁜
□□ **height** 명 (사물의) 높이; (사람의) 키, 신장
□□ **help (to) do** ~하는 것을 돕다
□□ **help** 동 돕다 명 도움, 지원
□□ **help A (to) do** A가 ~하는 것을 돕다
□□ **helpful** 형 도움이 되는
□□ **Here you go.** (상대방에게 무언가를 주면서) 여기 있어요.
□□ **hereby** 부 이로써, 이에 의하여
□□ **heritage** 명 문화 유산
□□ **hesitant** 형 주저하는, 망설이는
□□ **hesitate** 동 주저하다, 망설이다
□□ **hesitation** 명 주저, 망설임
□□ **high** 형 높은 부 높이
□□ **high-end** 고급의
□□ **highest priority** 최우선 순위
□□ **highlight** 동 강조하다; 강조하여 표시하다 명 가장 흥미로운 부분, 하이라이트
□□ **highlight of** ~의 하이라이트
□□ **highly** 부 매우, 크게, 대단히
□□ **highly competitive** 매우 경쟁이 심한
□□ **highly paid** 고액의 급여를 받는
□□ **highly qualified** 충분한 자격을 갖춘
□□ **highly recommended** 적극 추천되는
□□ **highly respected** 매우 존경 받는
□□ **highly skilled** 고도로 숙련된
□□ **highly/strongly recommend** 강력 추천하다
□□ **high-profile** 형 세간의 이목을 끄는
□□ **high-quality** 형 고급의
□□ **highway** 명 고속도로
□□ **hinder** 동 방해하다, 저해하다
□□ **hinge** 명 경첩
□□ **hire** 동 1. 고용하다 2. (단기간) 대여하다 명 신입 사원
□□ **hiring** 명 고용
□□ **hiring decision** 채용 결정
□□ **historic** 형 역사적으로 중요한, 역사에 남을 만한
□□ **historic site** 유적지
□□ **historical** 형 역사의, 역사와 관련된
□□ **history** 명 역사
□□ **hold** 동 1. (행사 등을) 열다, 개최하다 2. 쥐다, 잡다 3. 수용하다; 견디다, 지탱하다
□□ **hold A accountable for B** A에게 B에 대한 책임을 지우다
□□ **hold A with respect** A를 존경하다

□□ **hold down** ~을 잡고 누르다
□□ **hold off** 미루다, 연기하다
□□ **hold onto a railing** 난간을 잡다
□□ **hold onto[on to]** 1. ~을 꼭 잡다 2. ~을 고수하다[보유하다]
□□ **holder** 명 소유자, 소지자
□□ **holdup** 명 연기; 정지; 교통 체증
□□ **hole** 명 구멍
□□ **holiday** 명 휴가, 휴일
□□ **homemade** 형 집에서 만든, 손으로 만든
□□ **honor** 동 예우하다; 영예를 주다; (약속 등을) 이행하다 명 명예; 존경
□□ **honorable** 형 명예로운, 영광스러운
□□ **honoree** 명 수상자; 수상작
□□ **hook** 명 걸이, 고리
□□ **hope (that)절** 1. that 이하를 바라다 2. that 이하의 희망
□□ **hope** 동 바라다, 희망하다 명 희망, 기대
□□ **hope to do** ~하기를 바라다
□□ **hopeful** 형 희망에 찬, 기대하는
□□ **hopefully** 부 바라건대; 희망을 갖고
□□ **horizontal** 형 수평의, 가로의
□□ **horn** 명 나팔
□□ **hose** 명 호스 동 호스로 물을 뿌리다
□□ **hospitable** 형 1. 환대하는, 친절한 2. (기후, 환경이) 쾌적한
□□ **hospitality** 명 환대; 접대
□□ **hospitality industry** 접객업
□□ **host** 동 (행사를) 주최하다; (프로그램을) 진행하다 명 (행사의) 주최자; (프로그램) 진행자
□□ **host an event** 행사를 주최하다
□□ **hostile** 형 적대적인
□□ **hotline** 명 상담 전화; 직통 전화
□□ **house** 동 거처를 제공하다, 보관[수용]하다
□□ **house wares** 명 가정[주방]용품
□□ **household** 명 1. (한 집에 사는 사람들을 일컫는) 가정 2. 형 가정(용)의
□□ **household appliances** 가전 제품
□□ **housing** 명 주택; 주택 공급
□□ **housing mortgage (loan)** 주택 담보 대출
□□ **however** 부 1. 하지만 2. 아무리 ~해도
□□ **How's it going?** 요즘 어떠세요?, 요즘 어떻게 지내세요?
□□ **huge** 형 엄청난, 거대한
□□ **hugely** 부 엄청나게, 거대하게
□□ **human resources** 인적 자원
□□ **humble** 형 1. 겸손한 2. 미천한, 보잘것없는
□□ **hurdle** 명 장애물, 난관
□□ **hustle and bustle** 북적거림, 북새통
□□ **hypothesis** 명 가설

I

☐☐ **I bet.** (상대방의 말을 이해했다는 의미로) 왜 안 그랬겠어요.; (믿기 힘들다는 뜻으로) 설마요.

☐☐ **I can't make it.** 저는 못 갈 것 같아요.

☐☐ **I don't care.** 상관 없어요.

☐☐ **I don't have a preference.** 전 특별히 선호하는 게 없어요.

☐☐ **I doubt it.** 그렇진 않을 거예요.

☐☐ **I got it.** 이해했어요. 알겠어요.

☐☐ **I got your back.** 제가 도와 드릴게요., 전 당신 편이에요.

☐☐ **I have no idea.** 모르겠어요.

☐☐ **I haven't been told yet.** 아직 들은 게 없어요.

☐☐ **I haven't made up my mind.** 아직 결정하지 못했어요.

☐☐ **I see.** 그렇군요.

☐☐ **I suppose so.** 그럴 것 같아요.

☐☐ **I wish I could, but I can't.** 그러고 싶지만 안 되겠네요.

☐☐ **I wish I knew.** 저도 알고 싶네요.

☐☐ **I'd be happy to.** 기꺼이 할게요.

☐☐ **I'd like your input.** 당신의 의견을 듣고 싶어요.

☐☐ **I'd love to.** (수락의 표현으로) 그러고 싶어요.

☐☐ **I'd rather not.** 안 되겠는데요., 안 하는 게 낫겠어요.

☐☐ **idea** 명 발상, 생각

☐☐ **ideal** 형 이상적인, 가장 알맞은

☐☐ **ideal place** 이상적인 장소

☐☐ **ideal venue for** ~을 위한 이상적인 장소

☐☐ **ideally** 부 이상적으로; 원칙적으로

☐☐ **identical** 형 동일한, 똑같은

☐☐ **identically** 부 동일하게, 똑같이

☐☐ **identification** 명 신분 증명(서), 신원 확인

☐☐ **identification card** 신분증

☐☐ **identify** 동 (신원 등을) 확인하다

☐☐ **identity** 명 신원, 정체

☐☐ **idle** 형 1. (기계, 공장 등이) 가동되지 않는, 놀고 있는 2. (사람들이) 게으른, 나태한

☐☐ **idly** 부 한가하게

☐☐ **if** 접 1. 만약 ~이면 2. ~인지(의 여부)

☐☐ **if any** 만약에 있다면; 설사 있다손 치더라도

☐☐ **if necessary** 필요하면

☐☐ **if not** 그렇지 않다면, (그게) 아니면

☐☐ **if possible** 가능하다면, 될 수 있으면

☐☐ **if so** 만약 그렇다면

☐☐ **If you don't[wouldn't] mind.** 괜찮으시다면요.

☐☐ **ignorance** 명 무지, 무식

☐☐ **ignorant** 형 무지한, 무식한

☐☐ **ignore** 동 무시하다; 못 본 척하다

☐☐ **I'll catch up with you.** 곧 뒤따라 갈게요.

☐☐ **I'll fill in for him.** 제가 그분 대신 할게요.

☐☐ **I'll go with the overnight delivery.** 익일 배송으로 할게요.

☐☐ **I'll let you know.** 제가 알려드릴게요.

☐☐ **illegal** 형 불법적인

☐☐ **illegally** 부 불법적으로

☐☐ **illegible** 형 읽기 어려운, 판독이 안 되는

☐☐ **illegibly** 부 읽기 어렵게

☐☐ **illuminate** 동 비추다, 밝히다

☐☐ **illustrate** 동 1. (삽화, 실례 등을 이용하여) 설명하다 2. (책 등에) 삽화를 넣다[이용하다]

☐☐ **illustration** 명 삽화, 도해

☐☐ **illustrator** 명 삽화가

☐☐ **I'm glad I bumped into you.** 이렇게 우연히 마주치게 되어 기쁘네요.

☐☐ **I'm heading there now.** 지금 그리로 가는 중이에요.

☐☐ **I'm in.** 저도 낄게요.

☐☐ **I'm not following you.** 당신 말을 잘 이해 못하겠어요.

☐☐ **I'm not sure.** 잘 모르겠어요.

☐☐ **I'm on it.** 제가 할게요., 제가 하고 있어요.

☐☐ **I'm on my way.** 지금 가는 중이에요.

☐☐ **I'm running late.** 저 늦을 것 같아요.

☐☐ **imaginary** 형 상상에만 존재하는, 가상의

☐☐ **imaginative** 형 상상력이 풍부한, 창의적인

☐☐ **immediate** 형 1. 즉각적인; 당면한 2. (관계 등이) 가장 가까운, 직속의

☐☐ **immediate supervisor** 직속 상사

☐☐ **immediately** 부 즉시, 바로

☐☐ **immediately after** ~한 직후에

☐☐ **immediately before** ~하기 직전에

☐☐ **immediately upon arrival** 도착 즉시

☐☐ **immense** 형 엄청난, 어마어마한

☐☐ **immensely** 부 엄청나게, 대단히

☐☐ **immensity** 명 엄청남, 방대함

☐☐ **immigration** 명 1. 이주, 이민 2. 출입국 관리소

☐☐ **imminent** 형 임박한, 목전의

☐☐ **immobile** 형 움직이지 않는, 움직이지 못하는

☐☐ **immune** 형 면역의

☐☐ **impact** 명 영향, 충격 동 영향을 주다

☐☐ **impair** 동 손상시키다, 약화시키다

☐☐ **impeccable** 형 흠 잡을 데 없는

☐☐ **impeccably** 부 나무랄 데 없이, 완벽하게

☐☐ **impede** 동 (진행을) 지연시키다, 방해하다

☐☐ **impending** 형 곧 닥칠, 임박한

☐☐ **imperative** 형 반드시 해야 하는

☐☐ **impermeable** 형 (액체나 기체를) 통과시키지 않는, 불침투성의

☐☐ **implement** 동 시행하다

☐☐ **implement a plan** 계획을 실행하다

□□ **implement measures** 조치를 취하다

□□ **implementation** 명 이행, 실행

□□ **implication** 명 1. (초래할 수 있는) 영향, 결과 2. 암시, 함축

□□ **implication that절** that 이하의 암시

□□ **imply** 통 넌지시 나타내다, 암시하다

□□ **import** 명 수입 통 수입하다

□□ **impose** 통 1. (세금, 벌금 등을) 부과하다 2. (새 법률, 세금 등을) 도입하다

□□ **impose A on B** A를 B에 부과하다

□□ **imposing** 형 인상적인; 눈길을 끄는

□□ **impractical** 형 터무니없는, 비현실적인

□□ **impress** 통 깊은 인상을 주다

□□ **impressed** 형 감명 받은

□□ **impression** 명 인상, 느낌; 감동

□□ **impressive** 형 인상적인, 감명 깊은

□□ **imprint** 통 새기다, 인쇄하다

□□ **improbable** 형 있을 것 같지 않은

□□ **improper** 형 부적절한; 부당한

□□ **improperly** 부 적절치 않게

□□ **improve** 통 개선되다, 개선하다

□□ **improved** 형 개선된, 향상된

□□ **improvement** 명 개선, 향상; 개선 공사

□□ **improvement in** ~의 개선[향상]

□□ **improvisation** 명 (연주 등을) 즉석에서 하기

□□ **improvise** 통 1. (연설, 연주 등을) 즉흥적으로 하다 2. (꼭 필요한 것이 없어서) 뭐든 있는 것으로 처리하다

□□ **in (dire) need of** ~을 (절실히) 필요로 하는

□□ **in (more) detail** (더) 상세히

□□ **in** 전 1. ~안에 [공간] 2. ~에 [기간] 3. ~후에, ~만에 [시간의 경과]

□□ **in a moment** 곧, 바로

□□ **in a row** 1. 한 줄로 2. 잇달아, 연이어

□□ **in a timely fashion** 시기 적절하게

□□ **in a timely manner** 시기 적절하게

□□ **in a transparent manner** 명백하게

□□ **in a word** 한 마디로 (말해서)

□□ **in accordance with** ~에 따라

□□ **in accordance with guidelines** 지침에 따라

□□ **in account with** ~에 계좌가 있는, ~와 신용 거래가 있는

□□ **in addition** 덧붙여, 게다가

□□ **in addition to** ~에 더하여, ~외에

□□ **in advance of** ~보다 앞서

□□ **in advance** 미리, 사전에

□□ **in alphabetical/numerical order** 알파벳/번호 순으로

□□ **in an effort to do** ~하기 위한 노력의 일환으로

□□ **in anticipation of** ~을 예상하여

□□ **in any case** 어쨌든

□□ **in any case[event]** 어쨌든, 아무튼

□□ **in any way possible** 가능한 어떻게든

□□ **in appreciation of** ~에 감사하여

□□ **in association with** 1. ~와 공동으로 2. ~에 관련하여

□□ **in brief** 간단히 말해서

□□ **in bulk** 대량으로

□□ **in case** ~인 경우에 대비해서

□□ **in case of** ~의 경우에는, ~이 발생할 때에는

□□ **in case of an emergency** 비상시에

□□ **in celebration of** ~을 축하하여

□□ **in celebration of** ~를 축하하여

□□ **in charge of** ~을 책임지는[담당하는]

□□ **in collision with** ~와 대립하여

□□ **in combination with** ~와 결합하여

□□ **in comfort** 편안하게

□□ **in common** 공동으로

□□ **in comparison with** ~와 비교하여

□□ **in compensation for** ~의 보상으로

□□ **in compliance with** ~을 준수하여, ~에 따라

□□ **in conclusion** 끝으로, 마지막으로

□□ **in confusion** 당황하여, 어리둥절하여

□□ **in conjunction with** ~와 함께

□□ **in consultation with** ~와 협의하여

□□ **in contrast to** ~와 대조적으로

□□ **in cooperation with** ~와 협력하여

□□ **in dispute** 논쟁 중인

□□ **in duplicate** 2부로

□□ **in effect** (법, 규정 등이) 시행 중인

□□ **in error** 잘못하여, 실수로

□□ **in excess of** ~을 초과하여

□□ **in exchange for** ~대신에, ~와 교환으로

□□ **in exchange** 그 대신; 답례로

□□ **in fact** 사실은

□□ **in favor of** ~에 찬성[지지]하여

□□ **in front of** 전 ~의 앞에

□□ **in full** 전부, 빠짐없이

□□ **in general** 보통, 대개

□□ **in good condition** 상태가 좋은

□□ **in honor of** ~을 기념하여, ~에게 경의를 표하여

□□ **in jeopardy** 위험에 빠진, 위기에 처한

□□ **in keeping with** ~에 따라, ~에 맞추어

□□ **in length** 길이는, 길이에서

□□ **in light of** ~에 비추어, ~를 고려하여

□□ **in moderation** 적당히

□□ **in no time** 당장, 즉시

□□ **in numerical order** 번호 순서대로

□□ **in observance of** ~을 준수하여

□□ **in one's absence** ~의 부재 시에

□□ **in one's capacity as** ~로서, ~의 자격으로

in one's excitement ~가 흥분하여

in order that ~하기 위하여, ~할 수 있도록

in order to do ~하기 위하여

in order 제대로 된, 적법한

in other words 다시 말해서

in part 부분적으로는, 어느 정도는

in particular 특히, 특별히

in partnership with ~와 제휴하여

in phases 단계적으로

in place ~을 위한 준비가 되어 있는

in place of ~를 대신해서

in preparation for ~에 대비하여

in private 다른 사람이 없는 데서

in proximity to ~에 근접하여

in recognition of ~을 인정하여

in residence 전속의, 상주하는

in response 이에 대응하여

in response to ~에 응하여

in result 그 결과, 결과적으로

in reverse order 역순으로

in rows 줄지어, 여러 줄로 늘어서

in sequence 차례대로

in spite of 전 ~에도 불구하고

in stages 단계적으로

in stock 재고로 있는

in succession 연속해서

in summary 요약하면

in terms of ~의 관점에서

in that ~라는 점에서, ~이므로

in the absence of ~의 부재로, ~이 없을 때에

in the company of ~와 함께

in the event of ~할 경우에는

in the foreseeable future 가까운 미래에

in the heart of ~의 한가운데에

in the interest of ~을 위하여

in the interim 그 사이에, 그 동안에

in the long run 결국에는

in the meantime 부 그 동안에

in the process of ~하는 과정에서

in the proximity of ~의 부근에

in the vicinity of ~의 부근에[의]

in this[that] case 이러한[그러한] 경우에는

in time 시간 맞춰

in times of prosperity 번영기에

in turn 1. 결국, 결과적으로 2. 차례차례

in use 사용 중인

in view of ~을 고려하여, ~때문에

in violation of ~을 위반하여

in writing 서면으로

in/with reference to ~와 관련하여

in[during] transit 수송 중에

inaccessible 형 접근[이용]하기 어려운

inaccurate 형 부정확한, 오류가 있는

inadvertent 형 고의가 아닌, 부주의한

inadvertently 부 무심코, 부주의로

inasmuch as 접 ~이므로; ~인 점을 고려하면

inaugural 형 처음의, 첫

inaugurate 동 취임하게 하다

inaugurate A as B A를 B로 취임하게 하다

inauguration 명 개시, 개통

inauguration ceremony 출범식

incentive 명 장려금, 상여금

inception 명 시작, 개시

inceptive 형 시초의, 발단의

incidental 형 부수적인

incidental expenses 부대 비용, 잡비

incidentally 부 1. 우연히 2. 그런데, 그건 그렇고

inclement 형 (날씨가) 궂은, 좋지 않은

inclement weather 악천후

inclination 명 성향, 경향

incline 동 (마음이) ~쪽으로 기울다 명 경사(면)

incline to do ~하려는 쪽으로 기울다

inclined 형 1. (마음이) 내키는 2. ~하는 경향이 있는

include 동 포함하다

include A in/on B A를 B에 포함하다

include doing ~한 것을 포함하다

including 전 ~을 포함하여

inclusive 형 1. (가격에) 일체의 경비가 포함된 2. 포괄적인

income 명 소득, 수입

incomplete 형 불완전한, 미완성의

inconsistency 명 불일치, 모순

inconvenience 명 불편, 애로 동 불편하게 하다

incorporate 동 1. 포함시키다; 통합하다 2. (법인을) 설립하다

incorporate A into B A를 B에 포함시키다

incorporated 형 주식회사 (= Inc.)

incorporation 명 1. 법인 2. 결합; 혼합

incorrect 형 부정확한, 맞지 않는

increase 동 증가하다; 증가[인상]시키다 명 증가, 인상

increase in ~의 증가

increasing 형 증가하는

increasing market pressure 커져가는 시장 압력

increasingly 부 점점 더

increasingly popular 인기가 날로 높아지는

incredibly 부 믿을 수 없을 정도로

increment 명 1. (수량의) 증가 2. (정기적인) 임금 인상

□□ incremental 형 증가하는		□□ informational 형 정보의, 정보를 제공하는
□□ incrementally 부 증가하여		□□ informative 형 유용한 정보를 주는, 유익한
□□ incumbent 형 재임 중인 명 재임자		□□ informed 형 잘[많이] 아는
□□ incur 동 (손실이나 비용을) 초래하다, 발생시키다		□□ informed decision 잘 알고 내린 결정
□□ incur an extra fee 초과 비용이 발생하다		□□ infrastructure 명 사회 기반 시설
□□ indeed 부 정말, 확실히		□□ infringe 동 (법규를) 위반하다; (권리 등을) 침해하다
□□ independent 형 독립된, 독자적인		□□ infringement 명 (법규) 위반; (권리 등의) 침해
□□ independently 부 독립하여, 자주적으로		□□ infuriate 동 극도로 화나게 하다
□□ in-depth 형 철저하고 상세한, 면밀한		□□ infusion 명 투입; 주입
□□ indicate (that)절 that 이하를 나타내다		□□ ingenuity 명 기발한 재주, 독창성
□□ indicate 동 1. 나타내다 2. 가리키다, 표시하다		□□ ingredient 명 (요리의) 재료, 성분
□□ indication 명 암시, 조짐		□□ inhabitant 명 (특정 지역의) 주민
□□ indicative 형 ~을 나타내는		□□ inherent 형 타고난; 내재하는
□□ indicator 명 1. 지표, 지수 2. 계기, 장치		□□ inherently 부 본질적으로; 선천적으로
□□ indicator of ~의 지표		□□ inherit 동 상속받다, 물려받다
□□ indigenous 형 (어느 지역) 원산의		□□ inhibit 동 억제하다, 저해하다
□□ individual 형 개개의; 1인용의 명 개인		□□ in-house 형 (회사) 내부의
□□ individualize 동 개개의 요구에 맞추다		□□ initial 형 처음의, 초기의 명 이름의 첫 글자
□□ individually 부 개별적으로		□□ initially 부 처음에
□□ indoors 부 실내에서, 실내로		□□ initiate 동 개시하다, 착수하다
□□ induce 동 유도하다; 유발하다, 초래하다		□□ initiation 명 시작, 개시
□□ induction 명 인도, 유도		□□ initiative 명 1. (문제 해결이나 목적 달성을 위한) 계획
□□ indulge 동 (욕구 등을) 채우다, 탐닉하다; 즐기다		2. 결단력; 주도권
□□ indulge in ~을 즐기다[마음껏 하다]		□□ injure 동 부상을 입히다; 손상시키다
□□ industrial innovation 산업 기술 혁신		□□ innate 형 타고난, 선천적인
□□ industrious 형 근면한		□□ inner city 도심 지역
□□ industry 명 산업, 업(계)		□□ innovate 동 혁신하다
□□ inevitable 형 불가피한, 피할 수 없는		□□ innovation 명 혁신
□□ inevitably 부 불가피하게, 필연적으로		□□ innovative 형 혁신적인
□□ inexpensive 형 비싸지 않은		□□ input 명 조언; 투입
□□ inexperienced 형 경험이 부족한, 미숙한		□□ inquire 동 문의하다, 알아보다
□□ infect 동 감염시키다		□□ inquire about ~에 대해 문의하다
□□ inferior 형 (~보다) 못한, 떨어지는		□□ inquiry 명 문의, 질문
□□ inflation 명 인플레이션; 물가 상승률		□□ inquiry about ~에 관한 문의
□□ inflation rate 물가 상승률		□□ inquisitive 형 꼬치꼬치 캐묻는; 호기심이 많은
□□ inflict 동 (괴로움 등을) 가하다, 안기다		□□ inquisitive about ~에 대해 꼬치꼬치 캐묻는
□□ influence 명 영향, 영향력 동 영향을 미치다		□□ insect repellent 방충제
□□ influence on/over ~에 대한 영향		□□ insert 동 끼우다, 삽입하다
□□ influential 형 영향력 있는, 영향력이 큰		□□ insert A into B A를 B에 끼우다[삽입하다]
□□ influx 명 유입, 쇄도		□□ insertion 명 삽입, 끼워 넣기; 삽입물
□□ influx of ~의 유입		□□ inside 전부 안에, 내부에
□□ inform 동 알리다, 통지하다		□□ insight 명 통찰력; 이해, 간파
□□ inform A of 명사/that절 A에게 ~을 알리다		□□ insight into ~에 대한 통찰력
□□ informal 형 비격식적인; 일상적인		□□ insightful 형 통찰력 있는
□□ information 명 정보, 안내		□□ insist 동 고집하다, 주장하다
□□ information booth 안내소		□□ inspect 동 점검하다, 검사하다
□□ information packet 안내집		□□ inspection 명 조사, 점검
□□ information session 설명회		□□ inspector 명 조사관, 검사관

□□ inspiration 圐 영감, 영감을 주는 대상	□□ interact 圐 교류하다; 상호 작용을 하다
□□ inspiration for ~에 대한 영감	□□ interact with ~와 교류하다
□□ inspire 圐 영감을 주다; 고무시키다	□□ interaction 圐 상호 작용
□□ install 圐 설치하다	□□ interactive 圐 상호적인, 상호작용을 하는
□□ installation 圐 설치, 설비	□□ intercept 圐 (중간에) 가로막다, 가로채다
□□ installation charge 설치비	□□ intercom 圐 구내 전화[방송]
□□ installment 圐 할부(금)	□□ interest 圐 1. 관심 2. 이자 3. 이해관계
□□ instant 圐 즉각적인	□□ interest in ~에 대한 관심[흥미]
□□ instantly 圐 즉시, 즉각	□□ interest rate 금리, 이율
□□ instead 圐 그 대신	□□ interested 圐 관심이 있는
□□ instead of 圐 ~대신에	□□ interested in ~에 관심이 있는
□□ institute 圐 기관, 협회 圐 (제도나 정책 등을) 도입하다	□□ interesting 圐 재미있는, 흥미로운
□□ instruct 圐 지시하다; (정보를) 전달하다	□□ interfere 圐 간섭하다, 방해하다
□□ instruction 圐 지시, 설명(서)	□□ interfere with ~을 방해하다
□□ instruction[user's] manual 사용 설명서	□□ interference 圐 간섭, 방해
□□ instructional 圐 교육적인	□□ intermediate 圐 중간의; 중급의 圐 중급자
□□ instructive 圐 유익한	□□ intermission 圐 중간 휴식 시간
□□ instructor 圐 강사	□□ intermittent 圐 간헐적인
□□ instrument 圐 1. 기구; 계기 2. 악기	□□ internal 圐 내부의
□□ instrumental 圐 (어떤 일을 하는 데) 중요한, 도움이 되는	□□ international 圐 국제적인
□□ insulation 圐 절연[단열/방음] 처리(용 자재)	□□ international flight 국제선
□□ insurance 圐 보험; 보험료; 보험금	□□ international shipment 해외 배송
□□ insurance claim 보험금 청구	□□ internationally 圐 국제적으로
□□ insurance company 보험사	□□ internet coverage 인터넷 연결 범위
□□ insurance coverage 의료보험	□□ Internet provider 인터넷 서비스 공급 업체
□□ insurance policy 보험 증권[증서]	□□ internship 圐 인턴 사원 근무 (기간), 인턴직
□□ insure 圐 보험에 들다	□□ interoffice 圐 부서 간의, 사내의
□□ insured 圐 보험에 가입된	□□ interpersonal skills 대인 관계 능력
□□ intact 圐 (손상되지 않고) 온전한	□□ interrupt 圐 중단시키다, 방해하다
□□ intangible 圐 1. 뭐라고 꼬집어 말하기 힘든 2. (회사 자산이) 무형의	□□ interruption 圐 중단, 방해
□□ integral 圐 필수적인; (필요한 것이 모두 갖춰져) 완전한	□□ intersection 圐 교차로
□□ integrate 圐 통합시키다[되다]	□□ intervene 圐 개입하다, 끼어들다
□□ integration 圐 통합	□□ intervention 圐 중재, 간섭
□□ intellect 圐 지적 능력	□□ interview 圐 면접, 인터뷰 圐 면접을 보다, 인터뷰를 하다
□□ intellectual 圐 지적인, 교육을 많이 받은	□□ interviewee 圐 면접자
□□ intellectual property (rights) 지적 재산(권)	□□ interviewer 圐 면접관
□□ intellectually 圐 지적으로	□□ intimately 圐 친밀하게; 직접적으로
□□ intend 圐 의도하다, (~하려고) 생각하다	□□ into 圐 ~안으로
□□ intend to do ~할 생각이다	□□ intrigue 圐 강한 흥미를 불러일으키다 圐 모의; 음모
□□ intensify 圐 심해지다, 격렬해지다	□□ intriguing 圐 아주 흥미로운
□□ intensive 圐 집중적인	□□ introduce 圐 소개하다; 도입하다
□□ intensively 圐 집중적으로	□□ introduction 圐 1. 소개 2. 도입
□□ intent 圐 몰두하는, 열중하는 圐 의도	□□ introductory 圐 1. 소개용의, 출시 기념을 위한 2. 입문자들을 위한
□□ intention 圐 의도; 목적	□□ intuitive 圐 직관에 의한, 직관력이 있는
□□ intentional 圐 의도적인	□□ invalid 圐 무효한, 효력이 없는
□□ intentionally 圐 의도적으로	□□ invaluable 圐 귀중한, 매우 유용한
□□ intently 圐 몰두하여, 오로지	□□ invent 圐 발명하다

- invention 명 발명, 고안
- invention of ~의 발명
- inventor 명 발명가
- inventory 명 재고(품), 물품 목록
- inventory check 재고 조사
- invest 통 투자하다
- invest in ~에 투자하다
- investigate 통 조사하다
- investigation 명 조사, 수사
- investigation of/into ~의 조사
- investigator 명 조사관
- investment 명 투자
- invigorate 통 1. 기운 나게 하다 2. 활성화하다
- invigorated 형 기운이 나는; 활성화된
- invitation 명 초대(장)
- invite 통 1. 초대하다 2. (정식으로) 요청하다
- invite A to do A에게 ~하도록 요청하다
- inviting 형 매력적인
- invitingly 부 매력적으로
- invoice 명 송장, 청구서
- involve 통 관련짓다, 수반하다
- involved 형 관여하는, 관련된
- iron 명 1. 철, 쇠 2. 다리미 통 다리미질을 하다
- ironing 명 다리미질
- irrelevant 형 무관한, 상관없는
- issuance 명 지급, 발행
- issue 명 1. 사안; 문제 2. (정기 간행물의) 호; 발행 통 발표하다; 발급하다
- issue a statement 성명서를 발표하다
- It depends. 상황에 따라 달라요.
- It doesn't matter. 괜찮아요., 상관 없어요.
- It is advisable to do ~하는 것이 바람직하다
- It is common (for A) to do (A가) ~하는 것은 흔한 일이다
- It is crucial (that)절 that 이하가 대단히 중요하다
- It is illegal (for A) to do (A가) ~하는 것은 불법이다
- It is imperative that S + (should) + 동사원형 S가 반드시 ~해야 한다
- It is mandatory that절/to do that that 이하가/~하는 것이 의무이다
- It is possible to do ~하는 것이 가능하다
- It is vital that절 that 이하가 필수적이다
- It slipped my mind. 깜빡 잊어버렸어요.
- item 명 물건; 상품
- itinerary 명 여행 일정표
- It's been a while. 정말 오랜만이네요.
- It's no bother. 전혀 문제 없어요.
- It's on me. 제가 낼게요.
- It's still up in the air. 아직 결정되지 않았어요.

- It's your call. 그건 당신이 결정할 일이에요.
- I've got to get going. 저는 가봐야겠어요.

J

- janitorial 형 (건물) 관리인의
- jar 명 병, 단지
- jeopardy 명 위험
- jewelry 명 보석류, 장신구
- job applicant 구직자
- job description 직무 기술서
- job fair 취업 설명회
- job offer 일자리 제의
- job opening 공석(= job vacancy)
- job placement 취업 알선
- job posting 채용 공고
- join 통 함께 하다; 입사하다; 가입하다
- join a club 동호회에 가입하다
- join a company 회사에 입사하다
- joint 형 공동의, 합동의
- joint statement 공동 성명
- joint venture 합작 투자 사업
- jointly 부 공동으로
- journal 명 잡지, 간행물
- journalism 명 저널리즘(기사거리를 모으고 기사를 쓰는 일)
- journalist 명 기자, 언론인
- judge 명 심사위원 통 (~로 미루어) 판단하다
- judgment 명 판단; 심판
- judging committee 심사위원단
- judging from ~으로 판단하건데, ~으로 미루어 보아
- junction 명 1. 교차로 2. 합류 지점
- junk mail 정크 메일 (광고물 등)
- jury 명 심사위원단; 배심원단
- just as 꼭 ~처럼
- just in case ~인 경우에 한해서; 만약을 위해서
- Just one thing. (추가로 얘기할 게 남았을 때) 하나만 더요.
- just 단지, 오직
- justification 명 타당한 이유, 명분
- justification for (doing) ~(을 하는 것)에 대한 타당한 이유
- justify 통 정당화하다, 타당함을 보여 주다

K

- kayak 명 카약
- keen 형 1. ~을 열망하는 2. 열정적인, 열렬한
- keen to do 간절히 ~하고 싶은

☐☐ keep 동 계속하다, 유지하다
☐☐ keep ~ on file ~을 파일로 보관하다
☐☐ keep an eye on ~을 계속 지켜보다
☐☐ Keep me updated. 진행 상황을 계속 알려주세요.
☐☐ keep private 비밀로 해두다
☐☐ keep to ~을 계속 따라 가다; 고수하다
☐☐ keep track of ~을 기록하다; 파악하다, 추적하다
☐☐ keep up with (뉴스, 유행 등을) 알다, 따라잡다
☐☐ keep/bear ~ in mind ~을 염두에 두다
☐☐ key 명 열쇠; 비결, 실마리 형 가장 중요한
☐☐ key factor 주 요인
☐☐ key to ~의 열쇠[비결]
☐☐ keyboard 명 키보드
☐☐ keynote 명 (책, 연설 등의) 기조, 주안점
☐☐ keynote speaker 기조 연설가
☐☐ keynote speech[address] 기조 연설
☐☐ kickoff 명 시작, 개시
☐☐ kiosk 명 키오스크, 매점, 부스
☐☐ kitchen cabinet 부엌 찬장
☐☐ kneel 동 무릎을 꿇다
☐☐ know if ~인지 알다
☐☐ knowledge 명 지식
☐☐ knowledge of ~의 지식
☐☐ knowledgeable 형 아는 것이 많은, 많이 아는
☐☐ known 형 (사람들에게) 알려진
☐☐ known for ~로 유명한

L

☐☐ lab 명 연구실 (= laboratory)
☐☐ lab coat 실험실 가운
☐☐ label 명 (상품의 정보가 담긴) 표, 라벨 동 상표를 붙이다
☐☐ labor 명 노동, 근로
☐☐ labor cost 인건비
☐☐ labor dispute 노동 쟁의
☐☐ laboratory equipment 실험실 장비
☐☐ lack 명 부족, 결핍 동 ~이 부족하다
☐☐ lack of ~의 부족[결핍]
☐☐ ladder 명 사다리
☐☐ lag behind ~보다 뒤처지다, 뒤떨어지다
☐☐ lamp 명 램프, 등
☐☐ lamppost 명 가로등 기둥
☐☐ land 명 육지, 땅 동 착륙하다 동 (선망의 자리나 직장 등을) 차지하다, 획득하다
☐☐ landfill 명 쓰레기 매립지
☐☐ landlord 명 집주인, 임대주
☐☐ landmark 명 랜드마크, 주요 지형지물
☐☐ landscape 명 풍경; 풍경화

☐☐ landscaping 명 조경
☐☐ lane 명 차선
☐☐ lapse 명 실수, 과실 동 (효력이) 소멸되다
☐☐ lapse in ~의 실수
☐☐ laptop 명 노트북 컴퓨터 (= laptop computer)
☐☐ large 형 (규모가) 큰; (양이) 많은
☐☐ large enough 충분히 큰
☐☐ largely 부 주로, 대체로
☐☐ largely due to 주로 ~때문에
☐☐ last 동 지속되다 형 마지막의; 지난 부 마지막으로
☐☐ lasting 형 지속적인
☐☐ last-minute 형 마지막 순간의, 막판의
☐☐ late 형 늦은 부 늦게
☐☐ late fee 연체료
☐☐ late payment 체납
☐☐ lately 부 최근에, 얼마 전에
☐☐ later 부 나중에, 후에 형 뒤의, 나중의
☐☐ later + 특정 시점 특정 시점 말에[끝 무렵에]
☐☐ later today 오늘 늦게[오후 무렵에]
☐☐ latest 형 최신의, 최근의
☐☐ latter 형 (둘 중에) 후자의; 후반의
☐☐ launch 동 시작하다, 출시하다 명 개시; 출시
☐☐ launch a new product 신제품을 출시하다
☐☐ launch an investigation into ~의 조사를 착수하다
☐☐ laundry 명 세탁물
☐☐ lavish 형 풍성한, 호화로운
☐☐ law enforcement 법 집행
☐☐ law firm 법률 사무소
☐☐ lawn 명 잔디
☐☐ lawn mower 명 잔디 깎는 기계, 예초기
☐☐ lawsuit 명 소송, 고소
☐☐ lawyer 명 변호사
☐☐ lax 형 느슨한, 해이한
☐☐ lax management 방만한 경영
☐☐ lax morals 해이한 도덕성
☐☐ lax security 허술한 보안
☐☐ lay off 해고하다
☐☐ layoff 명 해고, 휴직
☐☐ layout 명 (책, 건물 등의) 배치, 레이아웃
☐☐ layover 명 경유지, 중도하차
☐☐ lead 동 이끌다, 안내하다 명 선두; 우세; 납
☐☐ lead to ~로 이어지다
☐☐ leader 명 지도자, 대표
☐☐ leadership 명 1. 지도력 2. 지도부
☐☐ leadership ability 지도력
☐☐ leading 형 선두의; 가장 중요한
☐☐ leading company 선두 기업
☐☐ leak 명 새는 곳; 누출 동 (액체나 기체가) 새다

- [ ] [ ] **lean** 통 기대다, 기울이다
- [ ] [ ] **lean against**: ~에 기대다
- [ ] [ ] **lease** 명 임대차 계약 통 임대하다, 임차하다
- [ ] [ ] **leave** 통 1. 떠나다, 출발하다 2. 남겨두다; ~인 채로 두다 명 휴가
- [ ] [ ] **leave for** ~로 떠나다
- [ ] [ ] **leave no room for** ~에 대한 여지를 남기지 않다
- [ ] [ ] **leave of absence** 휴가, 결근
- [ ] [ ] **lecture** 명 강의
- [ ] [ ] **ledge** 명 선반
- [ ] [ ] **left unattended** 방치된
- [ ] [ ] **leg room** (좌석 앞에) 다리를 뻗을 수 있는 공간
- [ ] [ ] **legacy** 명 유산
- [ ] [ ] **legal** 형 1. 법률과 관련된 2. 합법적인
- [ ] [ ] **legal aid** 법률 지원
- [ ] [ ] **legal dispute** 법률적 분쟁
- [ ] [ ] **legalize** 통 합법화하다
- [ ] [ ] **legally** 부 합법적으로
- [ ] [ ] **legislate** 통 법률을 제정하다
- [ ] [ ] **legislation** 명 제정법; 법률의 제정
- [ ] [ ] **legislative** 형 입법의
- [ ] [ ] **legislature** 명 입법기관
- [ ] [ ] **leisure** 명 여가
- [ ] [ ] **leisurely** 형 한가한, 여유로운
- [ ] [ ] **lend** 통 빌려주다
- [ ] [ ] **lend A to B** A를 B에게 빌려주다
- [ ] [ ] **length** 명 길이; (무엇이 계속되는 긴) 시간, 기간
- [ ] [ ] **length of service** 근무 기간
- [ ] [ ] **lengthen** 통 길게 하다, 늘리다
- [ ] [ ] **lengthy** 형 너무 긴, 장황한
- [ ] [ ] **lengthy discussion** 장시간의 논의
- [ ] [ ] **lenient** 형 관대한
- [ ] [ ] **less** 형 더 적은 부 더 적게, 덜
- [ ] [ ] **lessen** 통 줄다, 줄이다
- [ ] [ ] **Let me figure it out.** 제가 확인해 볼게요.
- [ ] [ ] **Let me think about it.** 생각해 볼게요.
- [ ] [ ] **Let's see.** 어디 한 번 보죠.
- [ ] [ ] **lettering** 명 글자 (쓰기)
- [ ] [ ] **level** 명 정도, 수준; 단계 통 평평하게 하다
- [ ] [ ] **level off** 잠잠해지다, 안정되다
- [ ] [ ] **liability** 명 1. (법적) 책임 2. 부채
- [ ] [ ] **liable** 형 1. (법적인) 책임이 있는 2. ~할 것 같은; ~하기 쉬운
- [ ] [ ] **liaison** 명 (두 조직, 부서 간의) 연락 (담당자)
- [ ] [ ] **liaison office/officer** 연락 사무소/담당자
- [ ] [ ] **librarian** 명 (도서관) 사서
- [ ] [ ] **library patrons** 도서관 이용자들
- [ ] [ ] **license** 명 면허증; 사용권 통 (공식적으로) 허가하다
- [ ] [ ] **lid** 명 뚜껑

- [ ] [ ] **lie** 통 놓여 있다
- [ ] [ ] **life span** 명 수명
- [ ] [ ] **lifesaver** 명 구세주
- [ ] [ ] **lifetime employment** 종신 고용
- [ ] [ ] **lifetime warranty** 평생 보증
- [ ] [ ] **lift** 통 (위로) 들어올리다
- [ ] [ ] **light** 명 빛, 전등 통 불을 켜다
- [ ] [ ] **light bulb** 전구
- [ ] [ ] **light fixture** 조명기구
- [ ] [ ] **like** 전 ~와 같은, ~처럼
- [ ] [ ] **likelihood** 명 (어떤 일이 일어날) 가능성
- [ ] [ ] **likely (that)**절 that 이하일 것 같은
- [ ] [ ] **likely** 형 ~할 것 같은, ~할 것으로 예상되는
- [ ] [ ] **likewise** 부 똑같이; 또한
- [ ] [ ] **limestone** 명 석회석
- [ ] [ ] **limit** 명 제한; 한계; (장소의) 경계 통 제한하다
- [ ] [ ] **limitation** 명 제한(하는 행위나 과정)
- [ ] [ ] **limited** 형 제한된, 한정된
- [ ] [ ] **limited space** 제한된 공간
- [ ] [ ] **limited time** 제한 시간
- [ ] [ ] **line** 명 1. (상품의) 종류 2. 선; 루트 통 줄을 세우다, ~을 따라 늘어서다
- [ ] [ ] **line up** 일렬로 세우다, 줄을 서다
- [ ] [ ] **linger** 통 (오랫동안) 계속되다, 머물다
- [ ] [ ] **lingering** 형 오래 가는, 오래 끄는
- [ ] [ ] **lingering concern** 계속되는 걱정
- [ ] [ ] **lingering doubts** 자꾸만 드는 의심
- [ ] [ ] **liquid** 명 액체 형 액상의
- [ ] [ ] **liquidate** 통 (사업체를) 청산하다, 매각하다
- [ ] [ ] **liquidity** 명 (자금의) 유동성, 환금성
- [ ] [ ] **list** 명 목록, 명단 통 목록을 작성하다, 열거하다
- [ ] [ ] **listing** 명 목록, 명단
- [ ] [ ] **literature** 명 문학
- [ ] [ ] **little** 형 1. (크기, 정도 등이) 작은 2. 거의 없는
- [ ] [ ] **live** 통 살다, 거주하다 형 1. 살아 있는 2. 생방송의
- [ ] [ ] **live coverage** 생중계, 실황 보도
- [ ] [ ] **live up to** ~에 부응하다
- [ ] [ ] **lively** 형 생기 넘치는, 활발한
- [ ] [ ] **load** 통 (짐을) 싣다, 적재하다
- [ ] [ ] **loading dock/area** 짐 싣는 곳
- [ ] [ ] **loan** 명 대출(금) 통 빌려주다, 대출해주다
- [ ] [ ] **local** 형 (특정) 지역의, 현지의 명 (-s) 주민, 현지인
- [ ] [ ] **local community** 지역 사회
- [ ] [ ] **local specialty** 지역 특산물
- [ ] [ ] **locale** 명 (사건 등의) 현장
- [ ] [ ] **locally** 부 위치상으로
- [ ] [ ] **locate** 통 1. ~의 위치를 찾아내다 2. (보통 수동태로) 위치해 있다

□□ located 휑 (~에) 위치한
□□ location 명 장소, 위치; 지점
□□ lock 명 자물쇠 통 잠그다
□□ lock out of (문이 잠겨서) ~에 못 들어가다
□□ locker 명 로커, 개인 물품 보관함
□□ lodging 명 임시 숙소, 숙박 시설
□□ log 통 (일지 등에) 기록하다
□□ log in[on] to ~에 접속하다
□□ logical 휑 타당한; 논리적인
□□ logistics 명 1. (대규모) 실행 계획 2. 물류
□□ long-/short-term 장기의/단기의
□□ long-awaited 휑 오래 기다리던, 고대했던
□□ longer-lasting batteries 더 오래가는 배터리
□□ long-haul 휑 (수송이) 장거리의
□□ long-lasting 오래 가는
□□ long-standing 휑 오래된, 여러 해에 걸친
□□ look after ~을 돌보다[살피다]
□□ look around 둘러보다
□□ look at ~을 보다
□□ look for ~을 찾다
□□ look forward to ~을 고대하다
□□ look into ~을 알아보다, 조사하다
□□ look no further 멀리서 찾지 마라, 더 알아볼 필요가 없다
□□ look over ~을 검토하다
□□ look through ~을 살펴보다
□□ look to (개선 방안을 찾으려고) ~을 고려하다
□□ look up (정보를) 찾아보다
□□ loose 휑 헐거워진, 느슨한 통 느슨하게 하다
□□ loosely 븟 느슨하게, 헐겁게
□□ lose 통 잃다, 잃어버리다
□□ lose credibility 신뢰를 잃다
□□ loss 명 손실, 손실액 명 분실
□□ lost 휑 1. 잃어버린, 분실된 2. 길을 잃은
□□ lost and found 분실물 보관소
□□ lost item 분실물
□□ lost property 분실물
□□ loud 휑 시끄러운
□□ loudly 븟 시끄럽게, 큰 소리로
□□ lounge 명 휴게실, 라운지
□□ low 휑 낮은
□□ lower 통 낮추다, 내리다 휑 더 낮은
□□ lower the pressure 압력을 낮추다
□□ loyal 휑 충성스러운
□□ loyal customer 단골 고객
□□ loyalty 명 충성(도)
□□ loyalty to ~에 대한 충성(도)
□□ lucrative 휑 수익성이 좋은
□□ lucrative business 수익성 있는 사업

□□ lucrative market 수익성 있는 시장
□□ lucratively 븟 유리하게, 이익이 생겨
□□ luggage 명 짐, 수하물 (= baggage)
□□ luncheon 명 오찬
□□ lure 통 꾀다, 유인하다
□□ lush 휑 1. 무성한, 우거진 2. 멋진, 비싸 보이는
□□ luxurious 휑 호화로운
□□ luxuriously 븟 사치스럽게
□□ luxury 명 호화로움, 사치

M

□□ machine 명 기계, 기구
□□ machinery 명 기계류, 장치
□□ made-to-order 맞춤의, 주문품의
□□ magnetically 븟 자기장으로, 자석으로
□□ magnificence 명 1. 웅장함, 장엄함 2. 훌륭함
□□ magnificent 휑 감명 깊은, 훌륭한
□□ magnificently 븟 훌륭히; 장대하게
□□ magnitude 명 (엄청난) 규모, 중요도
□□ mail 명 우편물; 우편 제도[서비스] 통 우편으로 보내다
□□ mailing 명 (우편물) 발송
□□ mailing address 우편 주소
□□ main 휑 주된, 주요한
□□ main entrance 정문, 현관
□□ mainly 븟 주로, 대개
□□ maintain 통 유지하다
□□ maintenance 명 (점검, 보수 등의) 유지
□□ maintenance crew 정비팀
□□ major 휑 주된, 주요한 명 전공 통 (in) ~를 전공하다
    (빤 minor 휑 중요하지 않은; 경미한 명 부전공 통 (in)
    ~를 부전공하다)
□□ major in ~을 전공하다
□□ majority 명 다수, 가장 많은 수 (빤 minority 소수)
□□ make a comment 논평하다
□□ make a commitment to ~에 헌신하다
□□ make a complaint 불평하다
□□ make a compromise 타협하다
□□ make a concession 양보하다
□□ make a copy[photocopy] 복사하다
□□ make a decision 결정을 내리다
□□ make a difference 차별화하다; 영향을 주다
□□ make a good impression on ~에게 좋은 인상을
    주다
□□ make a last-minute change to ~을 막판에 변경
    하다
□□ make a note of ~을 노트에 적다[써 놓다]
□□ make a payment 돈을 지불하다

☐☐ **make a pledge to do** ~하기로 맹세하다	☐☐ **map** 명 지도 동 지도를 그리다
☐☐ **make A possible** A를 가능하게 하다	☐☐ **mar** 동 손상시키다, 망치다
☐☐ **make a purchase** 구매하다	☐☐ **marble** 명 대리석
☐☐ **make a recommendation** 추천하다	☐☐ **margin** 명 여백; 차이, 여지
☐☐ **make a request** 요청하다	☐☐ **marginal** 형 미미한, 중요치 않은
☐☐ **make a reservation** 예약하다	☐☐ **marginally** 부 아주 조금, 미미하게
☐☐ **make a withdrawal** 인출하다 (= withdraw)	☐☐ **mark** 동 1. 기념하다, 축하하다 2. (기호 등으로) 표시하다
☐☐ **make amends** 보상해주다	명 표시; 자국
☐☐ **make an announcement** 공표하다	☐☐ **markdown** 명 가격 인하
☐☐ **make an appearance** 출연하다	☐☐ **marked** 형 두드러진, 뚜렷한
☐☐ **make an effort** 노력하다, 애쓰다	☐☐ **markedly** 부 두드러지게, 뚜렷하게
☐☐ **make an exception** 예외로 하다	☐☐ **market** 명 시장 동 (상품을 시장에) 내놓다
☐☐ **make an impact on** ~에 영향을 미치다	☐☐ **market analysis** 시장 분석
☐☐ **make arrangement to do[for]**	☐☐ **market performance** 시장(에서의) 성과
~할[~에 대한] 준비를 하다	☐☐ **market prediction** 시장 예측
☐☐ **make clear** 명료하게 하다	☐☐ **market share** 시장 점유율
☐☐ **make complimentary remarks** 칭찬하다	☐☐ **market stall** 노점(상)
☐☐ **make good use of** ~을 잘 활용하다	☐☐ **marketability** 명 시장성
☐☐ **make it** (행사 등에) 가다, 참석하다	☐☐ **marketable** 형 시장성이 있는, 잘 팔리는
☐☐ **make it a habit to do** ~하는 것을 습관화하다	☐☐ **marketing** 명 마케팅
☐☐ **make one's way to(toward)** ~로 나아가다	☐☐ **marketplace** 명 시장
☐☐ **make over** 명 (개선을 위한) 단장	☐☐ **martial art** 명 무술
☐☐ **make progress** 진보하다	☐☐ **massive** 형 거대한, 엄청난
☐☐ **make revisions to a contract** 계약서를 수정하다	☐☐ **mastermind** 명 배후 인물, 주모자 동 (뒤에서) 지휘하다, 조종하다
☐☐ **make sense** 의미가 통하다; 말이 되다	
☐☐ **make sure** 반드시 ~하다, ~을 확인하다	☐☐ **mastermind behind** ~의 배후 인물
☐☐ **make up (for)** (~을) 보상하다, 만회하다	☐☐ **masterpiece** 명 걸작, 명작
☐☐ **make use of** ~을 사용하다	☐☐ **match** 동 어울리다; 일치하다 명 경기, 시합
☐☐ **malfunction** 명 고장; 오작동 동 제대로 작동하지 않다	☐☐ **material** 명 1. 재료 2. 자료
☐☐ **manage** 동 관리하다; 용케 해내다	☐☐ **matter** 명 문제, 사안 동 중요하다; 문제가 되다
☐☐ **manage to do** ~을 겨우 해내다	☐☐ **mature** 형 분별 있는; 성숙한
☐☐ **management** 명 1. 경영진 2. 경영, 관리	☐☐ **maximize** 동 극대화하다, 최대한 활용하다
☐☐ **managerial** 형 관리의, 경영의	☐☐ **meadow** 명 목초지
☐☐ **managerial experience** 관리 경험	☐☐ **meal** 명 식사, 끼니
☐☐ **managerial position** 관리직	☐☐ **meal preference** 선호하는 메뉴
☐☐ **mandate** 명 권한; 명령 동 권한을 주다; 명령하다	☐☐ **means** 명 수단, 방법
☐☐ **mandatory** 형 의무적인, 필수의	☐☐ **means of** ~의 수단[방법]
☐☐ **mandatory meeting** 의무적으로 참석해야 하는 회의	☐☐ **measure** 명 1. 조치, 방안 2. 재다, 측정하다
☐☐ **maneuver** 동 조종하다, 움직이다 명 책략, 술책	☐☐ **measure up to** ~에 부응하다[달하다]
☐☐ **manipulate** 동 (교묘하게) 조작하다, 조종하다	☐☐ **measurement** 명 측정; 치수
☐☐ **manipulation** 명 조작, 속임수	☐☐ **mechanic** 명 (차량) 정비공
☐☐ **manner** 명 1. (일의) 방식 2. (사람의) 태도, 예의	☐☐ **media coverage** 언론 보도
☐☐ **manual** 명 설명서 형 손으로 하는; 수동의	☐☐ **mediate** 동 중재하다, 조정하다
☐☐ **manually** 부 손으로, 수동으로	☐☐ **mediate the debate/dispute between**
☐☐ **manufacture** 동 제조하다	~간의 논의/논쟁을 중재하다
☐☐ **manufacturer** 명 제조업체	☐☐ **mediation** 명 중재, 조정
☐☐ **manufacturing** 명 제조; 제조업 형 제조의	☐☐ **mediator** 명 중재인, 조정관
☐☐ **manuscript** 명 원고, 사본	☐☐ **medical** 형 의료의; 의학의
	☐☐ **medical condition** 질병

☐☐ medical coverage 의료 혜택	☐☐ meticulous 웹 꼼꼼한, 세심한
☐☐ medical personnel 의료진	☐☐ meticulously 🔤 꼼꼼하게
☐☐ medical practice 의료 업무[영업]	☐☐ metropolitan 웹 대도시의
☐☐ medication 웹 약	☐☐ microorganism 웹 미생물
☐☐ medicine 웹 1. 의학, 의술 2. 약, 약물	☐☐ microphone 웹 마이크
☐☐ mediocre 웹 평범한, 보통의	☐☐ microscope 웹 현미경
☐☐ meet 🔤 만나다 🔤 (필요 등을) 충족시키다; (기한 등을) 지키다	☐☐ microwave 웹 전자레인지
☐☐ meet a deadline 기한을 맞추다	☐☐ migration 웹 (대규모) 이주, 이동
☐☐ meet customer demand 소비자의 요구를 충족시키다	☐☐ milestone 웹 획기적인 사건
☐☐ meet one's expectations ~의 기대를 충족하다	☐☐ mind 웹 마음, 정신 🔤 언짢아하다, 꺼리다
☐☐ meet one's needs ~의 요구를 충족시키다	☐☐ mindful 웹 ~을 염두에 두는, ~에 유념하는
☐☐ meet requirements 요건을 충족시키다	☐☐ mine 웹 광산 🔤 채굴하다
☐☐ meeting 웹 회의	☐☐ mingle 🔤 섞이다, 어우러지다
☐☐ meeting agenda 회의 안건[의제]	☐☐ minimize 🔤 최소화하다
☐☐ meeting minutes 회의록	☐☐ minimum 웹 최소한의 웹 최소한도
☐☐ melt 🔤 녹다, 녹이다	☐☐ minor 웹 사소한, 별로 중요치 않은
☐☐ member 웹 회원; 일원	☐☐ minor errors/difficulties 사소한 문제/어려움
☐☐ membership 웹 회원권, 회원 자격	☐☐ minutes 웹 회의록
☐☐ membership dues 회비	☐☐ miscellaneous 웹 (종류가) 잡다한, 이것저것의
☐☐ memoirs 웹 (유명인의) 회고록	☐☐ miscommunication 웹 의사소통 오류
☐☐ memorable 웹 기억할 만한, 기억에 남는	☐☐ misdirect 🔤 잘못 이용하다
☐☐ memorial 웹 기념비 웹 (돌아가신 분을) 기리기 위한, 추도의	☐☐ miserable 웹 비참하게[우울하게] 만드는
☐☐ memorize 🔤 암기하다	☐☐ misfortune 웹 불운, 불행
☐☐ memory 웹 기억; 추억	☐☐ mishandle 🔤 잘못 다루다
☐☐ mental 웹 정신의	☐☐ misleading 웹 오해의 소지가 있는
☐☐ mentee 웹 멘티 (멘토에게 조언이나 상담을 받는 자)	☐☐ misplace 🔤 (제자리에 두지 않아) 찾지 못하다
☐☐ mention (that)절 that 이하를 말하다	☐☐ missing 웹 1. 없어진, 분실된 2. 빠진, 누락된
☐☐ mention 🔤 (간단히) 말하다, 언급하다	☐☐ missing baggage/luggage 분실 수하물
☐☐ mention A to B A를 B에게 말하다	☐☐ mission 웹 임무
☐☐ mentioned above/below 위에/아래에 언급된	☐☐ misspell 🔤 철자를 잘못 쓰다, 철자가 틀리다
☐☐ mentor 웹 멘토 (조언과 도움을 주는 유경험자, 선배)	☐☐ mistake 웹 잘못, 실수 🔤 오해하다, 잘못 판단하다
☐☐ menu 웹 메뉴	☐☐ mistakenly 🔤 잘못하여, 실수로
☐☐ merchandise 웹 상품, 물품 🔤 (물품을) 판매하다	☐☐ mix-up 웹 (실수로 인한) 혼동
☐☐ merchant 웹 (판매) 상인	☐☐ mobile 웹 이동하는, 이동식의
☐☐ merge 🔤 합병하다	☐☐ mock-up 웹 (실물 크기의) 모형
☐☐ merge with ~와 합병하다	☐☐ model 웹 (상품의) 모델, 디자인
☐☐ merger 웹 (업체 간) 합병	☐☐ moderate 웹 보통의, 중간의 🔤 1. 완화하다 2. 사회를 보다, 조정하다
☐☐ merger A with B A와 B가 합병하다	☐☐ moderate increase/growth 어느 정도의 증가/성장
☐☐ merger with ~와의 합병	☐☐ moderately 🔤 중간 정도로, 적당히; 알맞게
☐☐ mergers and acquisitions 기업 인수 합병 (=M&A)	☐☐ moderately priced 가격이 적당히 매겨진
☐☐ merit 웹 장점, 가치 있는 요소	☐☐ moderator 웹 중재자; (토론의) 사회자
☐☐ mess 웹 엉망인 상태	☐☐ modern 웹 현대의
☐☐ metaphor 웹 은유, 비유	☐☐ modest 웹 대단치 않은, 보통의 웹 겸손한
☐☐ method 웹 방법	☐☐ modestly 🔤 겸손하게, 얌전하게
☐☐ method for (doing) ~을 (하기) 위한 방법	☐☐ modesty 웹 1. 겸손함 2. 보통 정도임
☐☐ method of ~의 방법	☐☐ modification 웹 수정, 변경
	☐☐ modify 🔤 수정하다, 변경하다

- [ ] [ ] **moment** 명 잠시, 순간
- [ ] [ ] **momentarily** 부 잠깐, 곧
- [ ] [ ] **momentary** 형 순간적인, 잠깐의
- [ ] [ ] **momentous** 형 중대한
- [ ] [ ] **momentum** 명 탄력, 가속도; 여세
- [ ] [ ] **monetary** 형 통화의, 화폐의
- [ ] [ ] **monetary compensation** 금전적인 배상
- [ ] [ ] **monetary donation** 금전적 기부
- [ ] [ ] **money-back guarantee** 환불 보증
- [ ] [ ] **monitor** 동 추적 관찰하다; 감시하다 명 화면, 모니터 (=screen)
- [ ] [ ] **monopolize** 동 독점하다
- [ ] [ ] **monopoly** 명 독점, 전매
- [ ] [ ] **monthly statement** 월간 명세서
- [ ] [ ] **mood** 명 기분, 분위기
- [ ] [ ] **mop** 명 대걸레 동 대걸레질하다
- [ ] [ ] **moral** 형 도덕적인, 도의적인
- [ ] [ ] **morale** 명 사기, 의욕
- [ ] [ ] **more quickly than ever** 어느 때보다 더 빨리
- [ ] [ ] **more than enough** 너무 많은
- [ ] [ ] **moreover** 부 게다가, 더욱이
- [ ] [ ] **morning/evening/night shift** 오전/저녁/야간 교대 근무[조]
- [ ] [ ] **mortgage** 명 대출, 융자
- [ ] [ ] **mortgage loan** (주택, 토지 등의) 담보 대출
- [ ] [ ] **mostly** 부 주로; 일반적으로
- [ ] [ ] **motivate** 동 동기를 부여하다
- [ ] [ ] **motivated** 형 동기가 부여된, 의욕을 가진
- [ ] [ ] **motivation** 명 동기 부여; 자극
- [ ] [ ] **mount** 동 1. 끼우다, 고정시키다 2. (서서히) 증가하다; 올라 가다
- [ ] [ ] **mountain peak** 산봉우리
- [ ] [ ] **mounting** 형 점점 증가하는, 커져가는
- [ ] [ ] **mounting pressure** 증가하는 압력
- [ ] [ ] **move** 동 이동하다, 옮기다
- [ ] [ ] **move forward** 앞으로 이동하다, 전진하다
- [ ] [ ] **move up** (일정 등을) 앞당기다
- [ ] [ ] **mow** 동 (잔디를) 깎다, 베다
- [ ] [ ] **much to one's surprise** 매우 놀랍게도
- [ ] [ ] **mug** 명 머그잔
- [ ] [ ] **multiple** 형 다수의, 다양한
- [ ] [ ] **mundane** 형 따분한, 일상적인
- [ ] [ ] **municipal** 형 시[군]의; 지방 자치제의
- [ ] [ ] **mural** 명 벽화
- [ ] [ ] **music stand** 악보대
- [ ] [ ] **musical instrument** 악기
- [ ] [ ] **musical performance** 음악 공연
- [ ] [ ] **musicianship** 명 음악적 기교
- [ ] [ ] **must-see** 명 꼭 보아야 할 것

- [ ] [ ] **mutual** 형 서로의, 상호간의
- [ ] [ ] **mutual acquaintance** 서로 잘 아는 사이
- [ ] [ ] **mutuality** 명 상호 관계
- [ ] [ ] **mutually** 부 서로, 상호간에
- [ ] [ ] **mutually beneficial** 상호 이득인
- [ ] [ ] **My pleasure.** 도움이 되어서 저도 기뻐요.
- [ ] [ ] **My thoughts exactly.** 제 생각도 그래요.

N

- [ ] [ ] **nail** 명 못 동 못으로 박다
- [ ] [ ] **name** 명 이름 동 (자리, 직책에) 지명하다, 임명하다
- [ ] [ ] **name A as B** A를 B로 임명하다
- [ ] [ ] **namely** 부 즉, 다시 말해
- [ ] [ ] **napkin** 명 냅킨
- [ ] [ ] **narrow** 형 좁은 동 좁히다; 좁아지다
- [ ] [ ] **narrow A down to B** A를 B의 범위로 좁히다
- [ ] [ ] **narrow down** (선택 가능 범위를) 좁히다
- [ ] [ ] **narrowly** 부 1. 가까스로, 간신히 2. 면밀히, 주의 깊게
- [ ] [ ] **national holiday** 국경일
- [ ] [ ] **nationwide** 형 전국적인 부 전국적으로
- [ ] [ ] **native** 형 (사람이) ~출신의; (동/식물이) ~원산의 명 현지인; ~출신인 사람
- [ ] [ ] **native to** ~가 원산지인
- [ ] [ ] **natural** 형 1. 자연의, 천연의 2. 타고난, 천부적인
- [ ] [ ] **natural habitat** 자연 서식지
- [ ] [ ] **natural ingredients** 천연 재료
- [ ] [ ] **natural resources** 천연 자원
- [ ] [ ] **naturally** 부 물론, 당연히
- [ ] [ ] **nature** 명 본질, 본성
- [ ] [ ] **nature reserve** 자연 보호 구역
- [ ] [ ] **navigate** 동 (인터넷, 웹사이트를) 돌아다니다
- [ ] [ ] **near** 전 ~에서 가까이
- [ ] [ ] **nearby** 형 인근의, 가까운 곳의 부 인근에, 가까운 곳에
- [ ] [ ] **nearly** 부 거의(=almost)
- [ ] [ ] **neatly** 부 깔끔하게
- [ ] [ ] **necessarily** 부 반드시; 어쩔 수 없이
- [ ] [ ] **necessary** 형 필요한
- [ ] [ ] **necessary for** ~을 위해 필요한
- [ ] [ ] **necessary to do** ~할 필요가 있는
- [ ] [ ] **necessitate** 동 ~을 필요하게 만들다
- [ ] [ ] **necessity** 명 필요성
- [ ] [ ] **need** 명 (-s) 요구, 필요 동 필요로 하다
- [ ] [ ] **need to do** ~할 필요가 있다, ~해야 한다
- [ ] [ ] **needlessly** 부 불필요하게
- [ ] [ ] **needlessly to say** 말할 필요도 없이
- [ ] [ ] **negative** 형 부정적인
- [ ] [ ] **neglect** 동 방치하다, 등한시하다

neglectful 혱 태만한	not necessarily 반드시 ~한 것은 아닌
negligence 몡 부주의; 과실	not only A but (also) B 쩝 A 뿐만 아니라 B도
negotiate 통 협상하다, 교섭하다	Not that I know of. 제가 알기론 아니에요.
negotiation 몡 협상, 교섭	not until ~이후나 되어야 비로소
negotiator 몡 협상가, 교섭자	Not yet. 아직 아니에요., 아직 안 됐어요.
neighborhood 몡 근처, 이웃	notable 혱 주목할 만한; 유명한
neither A nor B A, B 둘 다 아닌	notably 휌 특히; 현저히, 뚜렷이
net profit 순이익	note 몡 메모, 쪽지 통 주목하다, 주의하다; 언급하다
networking event 사교모임 행사	notebook 몡 노트북 컴퓨터; 노트
neutral 혱 중립적인, 중립의	noteworthy 혱 주목할 만한, 괄목할 만한
neutral color 무채색	notice 몡 통지; 안내문 통 주목하다, 알아차리다
neutrality 몡 중립	noticeable 혱 뚜렷한, 분명한
never 휌 결코[절대로] ~않다	noticeably 휌 두드러지게, 현저히
Never mind. 신경 쓰지 마세요.	notification 몡 알림, 통지
nevertheless 휌 그렇기는 하지만, 그럼에도 불구하고	notify 통 (~에게) 알리다, 통지하다
news outlet 언론 매체	notify A of 명사/that절 A에게 ~을 통지하다
newsletter 몡 소식지; 사보	notwithstanding 쩐 ~에도 불구하고
newsstand 몡 신문 판매대	nourish 통 1. 영양분을 공급하다 2. 장려하다
next 혱 다음의, 옆의 휌 그 다음에	novel 몡 소설 혱 새로운, 신기한
next to 쩐 ~옆에	novice 몡 초보자
nice 혱 좋은, 멋진	now that 쩝 ~이므로, ~이기 때문에
niche 몡 (시장의) 틈새	nuisance 몡 골칫거리
no entry 출입 금지	numerical 혱 수의, 수와 관련된
no later than 늦어도 ~까지는	numerous 혱 많은
no more than 단지 ~에 지나지 않는; 불과 ~일 뿐인	nutrition 몡 영양
No need. 그러실 필요 없어요.	nutrition information 영양 정보
No problem. (보통 부탁에 대한 수락으로) 그럼요.	nutritional value 영양적 가치
no sooner A than B A하자마자 B하다	nutritionist 몡 영양사
no utilities included 공과금은 포함되지 않습니다	nutritious 혱 영양가 있는
No way. 절대로 안 돼요., 싫어요.	
No worries. (보통 고맙다는 말의 응답으로) 괜찮아요.	**O**
noise 몡 소음	
noisy 혱 시끄러운	obedience 몡 복종
nominal 혱 명목상의, 이름뿐인	obey 통 (지시에) 따르다, 복종하다
nominate 통 지명하다; 임명하다	object 통 반대하다 몡 물건, 대상
nominate A for/as B (수상자, 지위 등) A로 B를 지명하다	object to ~에 반대하다
nomination 몡 지명, 추천, 임명	objection 몡 이의, 반대
nominee 몡 지명된 사람, 후보	objective 몡 목적, 목표 혱 객관적인 (반 subjective 혱 주관적인)
nonetheless 휌 그렇다 하더라도	objectivity 몡 객관성
nonmember 몡 비회원	obligation 몡 의무, 해야 할 일
non-profit 비영리적인	obligatory 혱 의무적인
nonstandard 혱 비표준적인, 규격 외의	oblige 통 부득이 ~하게 하다, 강요하다
non-toxic 혱 무독성의	oblige A to do A로 하여금 어쩔 수 없이 ~하게 하다
normal 혱 보통의, 평범한 몡 보통, 평균	observance 몡 (법규 등의) 준수
normally 휌 보통(은)	observant 혱 1. 준수하는 2. 관찰력 있는
not A but B A가 아니라 B	observation 몡 관찰, 주시
Not at all. 별말씀을요.	observe 통 1. 준수하다 2. 관찰하다, 주시하다

49

☐☐ observe safety regulations 안전 수칙을 준수하다	☐☐ on a weekly[monthly] basis 주[월] 단위로
☐☐ obsolete 형 더 이상 쓸모가 없는, 구식의	☐☐ on account of 전 ~때문에
☐☐ obstacle 명 장애(물)	☐☐ on an as-needed basis 필요에 따라
☐☐ obstruct 동 막다, 방해하다	☐☐ on average 평균적으로
☐☐ obstruction 명 1. 방해, 차단 2. 방해물	☐☐ on behalf of ~를 대신[대표]하여
☐☐ obtain 동 얻다, 구하다	☐☐ on call (비상시를 위해) 대기 중인
☐☐ obvious 형 분명한, 명백한	☐☐ on clearance 점포 정리 세일할 때
☐☐ obviously 부 분명히, 명백하게	☐☐ on duty 근무 중인
☐☐ occasion 명 1. (어떤 일이 일어나는) 때, 경우 2. 행사	☐☐ on hand (특히 도움을) 구할[얻을] 수 있는
☐☐ occasional 형 가끔의	☐☐ on hold 기다리게 하는; 보류된
☐☐ occasionally 부 가끔, 때때로	☐☐ on holiday 휴가 중에
☐☐ occupancy 명 1. (건물, 토지 등의) 사용 2. 점유율	☐☐ on installment 할부로
☐☐ occupant 명 (주택, 건물 등의) 입주자, 임차인	☐☐ on leave 휴가 중인
☐☐ occupation 명 직업	☐☐ on one's own initiative 자발적으로, 솔선하여
☐☐ occupied 형 사용 중인	☐☐ on one's own 혼자서, 혼자 힘으로
☐☐ occupy 동 (방, 건물을) 사용하다, 거주하다	☐☐ on one's way ~로 가는[오는] 중인
☐☐ occur 동 일어나다, 발생하다	☐☐ on one's way home 집으로 가는 길에
☐☐ occurrence 명 발생, 발생하는 것	☐☐ on prescription 처방(전)에 따라
☐☐ odometer 명 (자동차의) 주행 기록계	☐☐ on purpose 고의로, 일부러
☐☐ odor 명 냄새, 악취	☐☐ on sale 할인[세일] 중인
☐☐ of 전 ~의	☐☐ on schedule 예정대로, 일정에 맞춰
☐☐ Of course. 물론이죠.	☐☐ on the agenda 안건에 있는, 의제에 올라 있는
☐☐ of critical importance 매우 중요한	☐☐ on the basis of ~에 근거하여, ~을 기반으로
☐☐ of one's choice ~가 선택한	☐☐ on the contrary ~와는 반대로
☐☐ off 전 ~에서 벗어나서 부 1. (근무 일을) 쉬는 2. 할인되어	☐☐ on the other hand 반면에, 다른 한편으로
☐☐ offend 동 불쾌하게 하다, 기분 상하게 하다	☐☐ on the premises 구내에서, 부지 내에서
☐☐ offer 동 제공하다; 제의하다 명 1. 제의, 제안 2. (짧은 기간 동안의) 할인	☐☐ on the recommendation of ~의 추천에 따라
	☐☐ on the wane 줄어들고 있는, 기우는 중인
☐☐ offer A B [B to A] A에게 B를 제공하다	☐☐ on the way 도중에
☐☐ offering 명 (이용하도록) 제공된 것	☐☐ on time 정각에, 시간을 어기지 않고
☐☐ office directory 사무실 안내판	☐☐ on top of 1. ~의 위에 2. ~뿐 아니라, ~외에
☐☐ office layout 사무실 배치도	☐☐ on tour 여행 중에
☐☐ office supplies 사무용품	☐☐ on track 제대로 진행되고 있는
☐☐ official 형 공(식)적인; 공무상의 명 (고위) 공무원, 관리	☐☐ on/under condition that ~을 조건으로 하여; 만약 ~라면
☐☐ official invitation 공식 초대장	
☐☐ officially 부 공식적으로	☐☐ on/upon arrival 도착하자마자
☐☐ officiate 동 직무를 수행하다; (행사 등의) 사회를 보다	☐☐ on-call 형 대기 중인, 긴급 대기의
☐☐ off-script 형 스크립트에서 벗어난	☐☐ once 접 1. 일단 ~하면 2. ~하자마자 부 1. (과거의) 한 때 2. 한 번
☐☐ offset 동 상쇄하다	
☐☐ often 부 자주, 흔히	☐☐ once in a while 때로는, 이따금
☐☐ omission 명 누락; 생략	☐☐ One second. 잠시만요.
☐☐ omit 동 누락시키다; 생략하다	☐☐ one-month trial 한 달 시험 사용
☐☐ on 전 1. ~위에 [위치] 2. ~에 [요일, 날짜] 3. ~에 관하여, ~에 대해	☐☐ one-on-one 형부 1대 1의[로]
	☐☐ one's intent to do ~하겠다는 ...의 의도
☐☐ on a case-by-case basis 사례별로	☐☐ ongoing 형 계속 진행 중인
☐☐ on a first-come, first-served basis 선착순으로	☐☐ online archive 온라인 자료실
☐☐ on a large scale 대규모로	☐☐ only 형 유일한, 오직 ~만의 부 오직, 단지
☐☐ on a regular basis 정기적으로	☐☐ only if 접 ~할 경우에만

☐☐ on-site 형 현장의, 현지의

☐☐ on-site inspection 현장 점검

☐☐ on-the-job experience 실무 경력

☐☐ open 형 열려 있는 통 열다

☐☐ open house 1. (방문객을 맞이하는) 오픈 하우스 2. (주택 구매를 위해 둘러볼 수 있게 하는) 공개일

☐☐ open to the public 대중에게 개방된

☐☐ open-air market 야외 시장

☐☐ opening 명 1. 빈자리, 공석 2. 개점, 개장

☐☐ opening ceremony 개업식[개회식]

☐☐ openly 부 터놓고, 솔직하게

☐☐ openness 명 솔직함, 열린 마음

☐☐ operate 통 작동시키다, 작동하다

☐☐ operate machinery 기계장치를 작동시키다

☐☐ operating hours 운영 시간

☐☐ operation 명 1. 운영; 사업체 2. 작동, 운용 3. 수술

☐☐ operational 형 1. 가동할 준비가 된 2. 운영상의

☐☐ operative 형 가동되는

☐☐ opponent 명 상대방; 반대자

☐☐ opportunity 명 기회

☐☐ opportunity for ~의 기회

☐☐ opportunity to do ~할 기회

☐☐ oppose 통 반대하다

☐☐ opposing 형 대립하는, 서로 겨루는

☐☐ opposing point of view 대립하는 관점

☐☐ opposite 형 다른 편의, 건너편의 전 반대편에, 맞은편에

☐☐ opposition 명 반대(측)

☐☐ opposition to ~에 대한 반대

☐☐ opt 통 택하다

☐☐ opt to do ~하기로 택하다

☐☐ optimal 형 최적의, 최선의

☐☐ optimal performance 최적의 성능

☐☐ optimist 명 낙관론자

☐☐ optimistic 형 낙관적인, 낙관하는

☐☐ optimistic about ~에 낙관하는

☐☐ optimize 통 최적화하다

☐☐ option 명 선택(권), 옵션

☐☐ option for ~에 대한 선택권[옵션]

☐☐ option of doing ~을 하는 선택권[옵션]

☐☐ optional 형 선택적인

☐☐ or 접 또는

☐☐ or else 그렇지 않으면

☐☐ order 명 1. 주문(품); 지시 2. 순서 통 주문하다

☐☐ organic 형 유기농의

☐☐ organically 부 유기 재배로

☐☐ organization 명 조직, 기관, 단체

☐☐ organizational 형 조직의

☐☐ organize 통 준비하다, 조직하다

☐☐ organize an event 행사를 준비하다

☐☐ organize one's thoughts 생각을 정리하다

☐☐ organized 형 정리된, 조직화된

☐☐ organizing committee 조직 위원회

☐☐ orientation 명 오리엔테이션, 예비 교육

☐☐ orientation session 오리엔테이션 시간

☐☐ origin 명 기원; 출신, 태생

☐☐ original 형 1. 본래의 2. 독창적인

☐☐ original receipt 원본 영수증

☐☐ originality 명 독창성

☐☐ originally 부 원래, 본래

☐☐ ornamental 형 장식용의

☐☐ ornate 형 화려하게 장식된

☐☐ other than ~외에

☐☐ otherwise 부 1. 달리 (= differently) 2. 그렇지 않으면 (= if not)

☐☐ out 부전 밖에 있는; 자리에 없는

☐☐ out of ~의 밖으로

☐☐ out of order 고장 난

☐☐ out of place 제자리에 없는; 부적절한

☐☐ out of stock 재고가 떨어진

☐☐ out of the question 불가능한, 의논해 봐야 소용없는

☐☐ out of town 다른 곳에 있는, 출장 중인

☐☐ outbreak 명 (사고, 질병 등의) 발생, 발발

☐☐ outcome 명 결과

☐☐ outdated 형 구식인, 시대에 뒤떨어진

☐☐ outdated equipment 낡은 장비

☐☐ outdoor 형 옥외의, 야외의

☐☐ outerwear 명 겉옷

☐☐ outfit 명 의복, 장비 통 (복장, 장비를) 갖추어 주다

☐☐ outfit A with B A에게 B를 갖추어주다

☐☐ outfitter 명 야외 활동 장비 파는 곳, 캠핑용품점

☐☐ outgoing 형 1. (밖으로) 나가는 2. (자리를) 물러나는 3. 외향적인, 사교적인

☐☐ outgoing mail 발신 우편물

☐☐ outgoing personality 외향적인 성격

☐☐ outgrow 통 ~보다 더 커지다[많아지다]

☐☐ outing 명 여행, 야유회

☐☐ outlay 명 경비, 지출

☐☐ outlet 명 1. 할인점; 직판점 2. 콘센트

☐☐ outlet store 염가 판매점

☐☐ outline 통 개요를 서술하다; 윤곽을 나타내다 명 개요; 윤곽

☐☐ outline of ~의 개요

☐☐ outlook 명 1. 전망 2. 관점

☐☐ outlook on ~에 대한 관점

☐☐ out-of-date 형 구식의

☐☐ outpace 통 앞지르다, 앞서다

☐☐ output 명 생산량, 산출량

outreach 명 봉사[지원] 활동	overwhelming success 엄청난 성공, 대성공
outright 형 1. 완전한, 전면적인 2. 노골적인, 명백한	overwhelmingly 부 압도적으로
outright ban 전면 금지	owe 통 빚지다, 신세 지다
outright hostility/opposition 노골적인 적대감/반대	owe A B (= owe B to A) A에게 B만큼을 빚지다
outsell 통 ~보다 더 많이 팔다	own 통 소유하다 형 ~자신의
outside 전 밖에	owner 명 소유주
outside of ~의 밖에	ownership 명 소유(권)
outskirts 명 변두리, 교외	
outspoken 형 거침없이 말하는	
outstanding 형 1. 뛰어난, 두드러진 2. 미지불된, 아직 처리되지 않은	**P**
outstanding balance 미지불 잔액, 체불 잔고	pace 명 1. (움직임이나 일의) 속도 2. 걸음; 보폭
outstanding performance 탁월한 실적	pack 통 1. (짐을) 싸다 2. 포장하다 3. 가득 채우다 명 묶음, 꾸러미
outweigh 통 ~을 능가하다, ~보다 더 크다	package 명 (포장용) 상자; 포장물 통 포장하다
oven 명 오븐	packaging 명 포장; 포장재
over 전 1. ~위에; ~이상 2. ~동안	packet 명 1. 소포, 꾸러미 2. (상품 포장용) 통, 곽
over the counter 처방전 없이 살 수 있는	packing method 포장 방법
overage 명 과잉 공급	paddle 명 (보트의) 노 통 노를 젓다
overall 형 전반적인, 전체의 부 전반적으로, 전부	page 명 쪽, 페이지 통 페이지를 넘기다
overbooking 명 초과 예약	paid time off 유급 휴가
overcharge 통 과다 청구하다	paint 통 페인트를 칠하다 명 페인트
overcome 통 극복하다	paint brush 페인트 붓
overcrowding 명 과밀, 초만원	painting 명 (물감으로 그린) 그림
overdue 형 (지불, 반납 등의) 기한이 지난	pair 명 짝, 한 쌍 통 (둘씩) 짝을 짓다
overestimate 통 과대 평가하다	palpable 형 감지할 수 있는, 뚜렷한
overhaul 명 점검, 정비 통 점검하다, 정비하다	pamphlet 명 팸플릿
overhead bin (여객기 좌석 위의) 짐칸	pan 명 (얕은) 냄비, 팬
overhead compartment 머리 위 짐칸	panel 명 전문가 집단, 패널
overhead rack (머리 위) 선반	panic 명 공황 (상태)
overlook 통 1. 바라보다, 내려다 보다 2. 간과하다, 못 보고 넘어가다	paper 명 1. 종이 2. 신문(= newspaper)
overly 부 너무; 몹시	parade 명 퍼레이드, 가두행진
overnight 부 밤사이에 형 야간의	parallel to ~와 평행으로, ~을 끼고
overnight delivery 당일 배송	paramount 형 가장 중요한, 최고의
overpriced 형 지나치게 비싼	pardon 통 (~에 대해) 용서하다
overqualified 형 필요 이상의 자격을 갖춘	park 통 주차하다 명 공원
overseas 형 해외의 부 해외에[로]	park ranger 공원 경비원
oversee 통 감독하다, 관리하다	parking 명 주차 (공간)
oversight 명 실수, 간과	parking attendant 주차 요원
overstaffed 형 인원 과잉의	parking lot[garage] 주차장
overtime 명 초과 근무, 야근	parking permit 주차 허가증
overtime allowance 초과 근무 수당	parking regulations 주차 규정
overtime rate 초과 근무 수당	part 명 1. 일부; 부분 2. (-s) 부품
overuse 통 남용하다	part of ~의 부분/일부
overview 명 개관, 개요	partial 형 부분적인; 불완전한
overview of ~의 개요	partially 부 부분적으로; 불완전하게
overwhelmed 형 압도된	participant 명 참가자
overwhelming 형 압도적인, 엄청난	participate 통 참가하다
	participate in ~에 참가하다 (= take part in)

☐☐ **participation** 명 참가
☐☐ **particle** 명 (아주 작은) 입자, 조각
☐☐ **particular** 형 특별한, 특정한 명 (-s) 세부 사항; 서면 정보
☐☐ **particularly** 부 특히
☐☐ **partition** 명 칸막이, 파티션
☐☐ **partly** 부 부분적으로, 어느 정도
☐☐ **partner** 명 동업자, (사업) 파트너 통 제휴하다, 파트너가 되다
☐☐ **partner with** ~와 제휴하다[협력하다]
☐☐ **partnership** 명 동업자[파트너] 관계
☐☐ **party** 1. 단체, 일행; 당사자 2. 파티
☐☐ **pass** 명 출입증; 탑승권 통 1. 지나가다; 통과하다 2. 건네주다, 넘겨주다
☐☐ **pass ~ around** (자료 등을) 돌리다
☐☐ **pass on A to B** A를 B에게 넘겨주다
☐☐ **passenger** 명 승객
☐☐ **passion** 명 열정
☐☐ **passion for** ~에 대한 열정
☐☐ **passionate** 형 열정을 보이는; 열렬한
☐☐ **past** 형 지난, 지나간 전 (시간, 위치, 장소 등) ~을 지나서 명 과거
☐☐ **patent** 명 특허(권) 통 특허를 받다
☐☐ **patented** 형 특허 받은
☐☐ **path** 명 (작은) 길
☐☐ **pathway** 명 좁은 길; 경로
☐☐ **patience** 명 인내심; 참을성
☐☐ **patient** 형 인내심 있는 명 환자
☐☐ **patient with** ~에 참을성이 있는
☐☐ **patiently** 부 참을성 있게, 끈기 있게
☐☐ **patio** 명 파티오, 집 뒤쪽에 있는 테라스
☐☐ **patron** 명 1. 후원자 2. (상점, 식당 등의) 고객
☐☐ **patronage** 명 후원; (고객의) 애용
☐☐ **patronize** 통 (상점, 식당 등을) 애용하다; 후원하다
☐☐ **pave** 통 도로를 포장하다
☐☐ **pavement** 명 (포장) 도로
☐☐ **pavilion** 명 가설 건물, 임시 구조물
☐☐ **pay** 통 지불하다 명 급료, 보수
☐☐ **pay attention to** ~에 주목하다[주의를 기울이다]
☐☐ **pay for** 대금을 지불하다
☐☐ **pay off** 1. 결실을 맺다; 성과를 내다 2. 빚을 다 갚다
☐☐ **pay raise** 임금 인상
☐☐ **pay stub** 급여 명세서(=pay slip)
☐☐ **payable** 형 지불해야 하는
☐☐ **paycheck** 명 급료 (지불 수표)
☐☐ **payment** 명 결제, 지불(금)
☐☐ **payment for** ~에 대한 지불
☐☐ **payment option** 결제 방식
☐☐ **payment plan** 요금제
☐☐ **payroll** 명 급여 지급, 급여 대상자 명단

☐☐ **peaceful** 형 평화로운, 평화적인
☐☐ **peak** 형 가장 붐비는, 성수기의 명 정점, 최고조; (산의) 정상 통 절정에 달하다
☐☐ **peak hours** 가장 붐비는 시간, 피크 시간
☐☐ **peak season** 성수기 (반 off-season 비수기)
☐☐ **pedestrian** 명 보행자
☐☐ **penalty** 명 벌금, 위약금
☐☐ **pending** 형 1. 미결의, 계류 중인 2. 곧 있을, 임박한
☐☐ **pension** 명 연금
☐☐ **pension scheme/plan** 연금 제도
☐☐ **percent** 명 퍼센트, 백분
☐☐ **percentage** 명 1. (수익의) 일부 2. (백분율로 나타낸) 비율
☐☐ **percentage of** ~의 일부
☐☐ **perception** 명 자각; 인식
☐☐ **perch** 통 (끝에) 걸터앉다
☐☐ **perfect** 형 완벽한 통 완벽하게 하다
☐☐ **perfect location** 완벽한 위치
☐☐ **perfectly** 부 완전히, 완벽하게
☐☐ **perform** 통 1. (일, 과제 등을) 수행하다 2. 공연하다
☐☐ **performance** 명 1. 실적, 성과 2. 공연; 연기, 연주 3. (기기 등의) 성능
☐☐ **performance appraisals** 실적 평가, 고과
☐☐ **performance evaluations** 성과 평가
☐☐ **performance of a product** 제품의 성능
☐☐ **performance review** 인사 고과
☐☐ **performer** 명 연기자, 연주자
☐☐ **period** 명 기간
☐☐ **periodic** 형 주기적인
☐☐ **periodical** 명 정기 간행물, 잡지
☐☐ **periodically** 부 주기적으로, 정기적으로
☐☐ **perishable** 형 (식품이) 잘 상하는
☐☐ **perishables** 명 잘 상하는 식품
☐☐ **perk** 명 (급료 이외의) 특전
☐☐ **permanent** 형 영구적인
☐☐ **permanent position[job]** 정규직
☐☐ **permanently** 부 영구적으로
☐☐ **permissible** 형 허용되는
☐☐ **permission** 명 허가
☐☐ **permit** 통 허용하다 명 허가증
☐☐ **permit A to do** A가 ~하도록 허용하다
☐☐ **perpetual** 형 끊임없이 계속되는
☐☐ **perishable items/goods** 상하기 쉬운 제품
☐☐ **persist** 통 (집요하게) 계속되다, 지속되다
☐☐ **persist in** ~을 고집하다
☐☐ **persistence** 명 끈기, 고집; 지속됨
☐☐ **persistent** 형 1. 끈질긴, 집요한 2. 끊임없이 지속되는
☐☐ **persistently** 부 끈덕지게, 고집스레
☐☐ **personal** 형 개인의, 개인적인

personal belongings 개인 물품
personal check 개인 수표
personal information 개인 정보
personality 명 성격; 개성
personality trait 성격 특성
personalized 형 개인의 필요에 맞춘
personally 부 개인적으로; 직접
personnel 명 1. 인사과 2. 직원들
personnel department/team 인사부/팀
perspective 명 관점, 시각
perspective on ~에 대한 관점
persuadable 형 설득이 되기 쉬운
persuade 동 설득하다
persuade A to do A가 ~하도록 설득하다
persuasive 형 설득력 있는
persuasive argument 설득력 있는 주장
persuasive evidence 설득력 있는 증거
pertain 동 (특정한 상황에) 적용되다, 연관이 있다
pertain to ~와 관계되다[연관이 있다]
pertinent 형 적절한, 관련 있는
pertinent to ~와 관련된
petition 명 탄원(서), 청원(서) 동 탄원하다, 청원하다
petitioner 명 (법률적 처리의) 신청인
petrol 명 휘발유
pharmaceutical 형 제약의, 약학의
pharmaceutical company 제약 회사
pharmacist 명 약사
pharmacy 명 약국
phase 명 단계; 국면
phase in/out ~을 단계적으로 도입/중단하다
phenomenal 형 경이적인, 감탄스러운
philanthropic 형 인정 많은, 인자한
photo identification 사진이 부착된 신분증
photocopy 동 복사하다
photograph 명 사진 (= photo, picture) 동 ~의 사진을 찍다
photographer 명 사진작가, 사진사
photographic 형 사진의
physical 형 육체의, 신체의
physician 명 내과 의사
pick 동 (과일 등을) 따다
pick out 고르다, 선발하다
pick up a package 소포를 찾아가다
pick up 가지러 가다; (차에) 태우러 가다
picture frame 액자
picturesque 형 그림 같이 아름다운, 생생한
pier 명 부두, 잔교
pile 명 포개 놓은 것, 더미 동 쌓다, 포개다

pillow 명 베개
pilot program 시범 프로그램
pioneer 명 개척자
pitch 명 홍보, 권유; 정점
place 명 장소; 자리 동 1. 놓다, 두다 2. (주문, 지시 등을) 하다
place a ban on ~에 대해 금지하다
place A on standby A를 대기 상태로 두다
place an advertisement in ~에 광고를 싣다
place an emphasis on ~에 중점을 두다
place an order 주문하다
place/put A on probation A를 수습 기간에 두다
placement 명 취업 알선; 배치
plan 동 계획하다, 계획을 세우다 명 1. 계획 2. 설계도, 도면
plan to do ~할 계획을 세우다
plank 명 널빤지, 판자
planning 명 계획 세우기, 기획
plant 동 심다 명 식물
plantar 형 발바닥의
plastic bag 비닐 봉지
plate 명 접시, 그릇
platform 명 승강장, 플랫폼
platter 명 모듬 요리; 큰 서빙용 접시
play 동 경기를 하다, 시합하다 명 시합
play a pivotal[crucial] role in ~에서 중요한 역할을 하다
play a role as ~로서 역할을 하다
play an important role in ~에 있어서 중요한 역할을 하다
play/lay stress on ~에 중점을 두다
playground 명 놀이터, 운동장
playwright 명 각본가, 드라마 작가
plaza 명 광장
pleasant 형 쾌적한, 즐거운
pleasantly 부 즐겁게, 유쾌하게
pleased 형 기쁜, 기뻐하는
pleasing 형 즐거운, 기분 좋은
pleasure 명 기쁨, 즐거움
pledge 동 맹세하다, 서약하다 명 맹세, 서약
pledge to do ~하기로 맹세하다
plentiful 형 풍부한
plenty of 많은
plot 명 구성, 줄거리 동 구성을 짜다
plug in ~을 플러그에 꽂다
plug in(into) 플러그를 꽂다, 전원을 연결하다
plumbing 명 배관
plummet 동 곤두박질치다, 급락하다 (= plunge)
plus 전 ~뿐 아니라, ~도 또한 접 더욱이, 게다가
podium 명 연단

point 통 가리키다; 지적하다 명 1. 요점, 의견 2. 점수	post 통 (안내문 등을) 게시하다 명 1. 우편(물) 2. 직책, 일자리
point at/to ~을 가리키다	postage 명 우편 요금, 우송료
point out 지적하다, 언급하다	poster 명 포스터, 벽보
pointed 형 1. (말이) 날카로운 2. (끝이) 뾰족한	posting 명 인터넷 게시글
pole 명 기둥, 막대기	postpone 통 연기하다, 미루다
policy 명 1. 정책, 방침 2. 보험 증권	postponement 명 연기
policyholder 명 보험 계약자	postsecondary 형 고등학교 이후 교육의
policymaker 정책 입안자	posture 명 자세, 태도
polish 통 (윤이 나도록) 닦다, 광을 내다	pot 명 (깊은) 냄비
polite 형 공손한, 예의 바른	potential 형 잠재적인 명 잠재력; 가능성
politely 부 공손히, 예의 바르게	potential candidate 잠재적 후보자
political figure 정계 인물, 정치적 인물	potential client 잠재 고객
politician 명 정치인	potential risk 잠재적인 위험 요인
poll 명 여론 조사; 투표	potentially 부 잠재적으로; 어쩌면
pollutant 명 오염물질	potted plant 화분
pollute 통 오염시키다	pour 통 붓다, 따르다
pollution 명 오염, 공해	power 명 1. 힘; 세력, 권력 2. 전기; 동력 통 동력을 공급하다
poor turnout 저조한 투표율	power code 전기 코드
poor 형 좋지 못한, 안 좋은	power failure 정전
poorly 부 저조하게, 형편없이	power line 전선
popular 형 인기 있는	power outage 정전
popular with ~에게 인기 있는	power outlet 전기 콘센트
popularity 명 인기	power plant 발전소
population 명 인구	powerful 형 1. 강력한 2. 영향력 있는
port 명 1. 항구 (시설) 2. 포트(컴퓨터 접속 단자)	power-saving 절전형의
portable 형 휴대가 쉬운, 휴대용의	practical 형 현실적인; 실용적인
portfolio 명 1. 작품집, 포트폴리오 2. (상품이나 서비스의) 목록, 범위	practice 명 1. 연습, 실습; 실행, 실천 2. 관행, 관례 3. (전문직 종사자의) 업무, 영업
portion 명 부분, 일부 통 나누다, 분배하다	pragmatic 형 실용적인
portrait 명 초상화, 인물 사진	praise 명 칭찬 통 칭찬하다
portray 통 그리다, 묘사하다	praise A for B B에 대해 A를 칭찬하다
pose 통 1. (문제 등을) 제기하다 2. 포즈를 취하다	precaution 명 예방 조치, 예방책
pose a problem 문제를 일으키다	precede 통 ~에 앞서다, 선행하다
pose a risk 위험을 끼치다, 해가 되다	precedent 명 선례; 전례
pose a threat 위협이 되다	preceding 형 (시간, 장소가) 이전의, 바로 앞의
pose for ~을 위해 포즈를 취하다	preceding year 전년도
position 명 자리, 직책 통 (~에) 두다, 배치하다	precise 형 정확한
positive 형 긍정적인	precisely 부 정확하게
positive about ~에 긍정적인	preclude 통 못하게 하다, 불가능하게 하다
positive of ~을 확신하는	preclude A from (doing) B A가 B(하는 것)을 못하게 하다
positive/negative feedback 긍정적인/부정적인 피드백	preclusion 명 제외; 방해
possess 통 소유하다, 소지하다	preclusive 형 제외하는; 방해하는
possession 명 소유	predict 통 예상하다, 예측하다
possessive 형 소유의	predictable 형 예측 가능한
possibility 명 가능성	prediction 명 예측, 예견
possible 형 가능한	predominant 형 1. 우세한, 지배적인 2. 두드러진, 뚜렷한
possibly 부 아마	prefer 통 선호하다, ~을 더 좋아하다

□□ **prefer A to B** B보다 A를 선호하다	□□ **presume** 동 추정하다
□□ **preferably** 부 오히려, 가급적이면	□□ **prevail** 동 만연하다, 팽배하다
□□ **preference** 명 선호(도)	□□ **prevalence** 명 널리 퍼짐, 유행
□□ **preference for** ~에 대한 선호(도)	□□ **prevalent** 형 만연한, 널리 퍼져 있는
□□ **preferred** 형 선호되는, 우선의	□□ **prevent** 동 막다, 예방하다
□□ **preferred means** 선호되는 수단	□□ **prevent A from doing** A가 ~하는 것을 막다
□□ **preliminary** 형 예비의 명 예비 단계; 예선전	□□ **prevention** 명 예방
□□ **preliminary interview** 사전 인터뷰	□□ **preventive** 형 예방을 위한
□□ **preliminary survey/research** 예비 조사	□□ **preventive measure** 예방책
□□ **premature** 형 너무 이른, 시기상조의	□□ **preview** 명 시사회
□□ **premier** 형 최고의, 제1의	□□ **previous** 형 이전의; 바로 앞의
□□ **premiere** 명 (영화의) 개봉, (연극의) 초연	□□ **previous experience** 이전의 경험[경력]
□□ **premises** 명 (건물이 딸린) 부지, 구내	□□ **previously** 부 이전에
□□ **premium** 형 고급의 명 보험료; 할증료	□□ **price** 명 1. 가격 2. 대가 동 가격을 매기다
□□ **prepaid** 형 선불의	□□ **price quote[quotation]** 가격 견적
□□ **preparation** 명 준비, 대비	□□ **price range** 가격대
□□ **prepare** 동 준비하다; 대비하다	□□ **price tag** 가격표
□□ **prepare for** ~을 준비하다, ~에 대비하다	□□ **priced** 형 가격이 매겨진
□□ **prepared** 형 (~할) 준비가 된	□□ **pricing** 명 가격 책정
□□ **prerequisite** 명 전제 조건	□□ **pride** 명 자랑스러움, 자부심
□□ **prerequisite for** ~의 전제 조건	□□ **primarily** 부 주로
□□ **prescribe** 동 처방하다; 처방전을 쓰다	□□ **primary** 형 주된, 주요한
□□ **prescribe medicine** 약을 처방하다	□□ **principal** 형 주요한, 주된
□□ **prescription** 명 처방(전); 처방된 약	□□ **principle** 명 원칙; 원리
□□ **preselect** 동 미리 정하다	□□ **print ad** 지면 광고
□□ **presence** 명 1. 존재(감); 입지 2. 출석	□□ **printing shop** 인쇄소
□□ **present** 동 1. 제시하다 2. 발표하다; (프로그램을) 진행하다 형 출석한, 참석한; 현재의 명 선물	□□ **prior** 형 이전의, (~보다) 우선하는
	□□ **prior experience** 이전 경험[경력]
□□ **present A with B [B to A]** A에게 B를 제공하다	□□ **prior to** 전 ~전에, ~에 앞서
□□ **present an award** 상을 수여하다	□□ **prioritize** 동 우선순위를 매기다; 우선적으로 처리하다
□□ **presentation** 명 발표, 프레젠테이션	□□ **priority** 명 우선(권), 우선 사항
□□ **presently** 부 현재, 지금	□□ **priority seating** 우대석
□□ **preservation** 명 보존, 보호	□□ **privacy** 명 사생활, 프라이버시
□□ **preservative** 명 방부제	□□ **private** 형 1. 사적인; 개인적인 2. 민간의, 민영의
□□ **preserve** 동 지키다, 보존하다 명 보호 구역, 수렵 금지 구역	□□ **private collection** 개인 소장품
	□□ **private sector** 민간 부문
□□ **preside** 동 (회의 등을) 주재하다	□□ **privatization** 명 민영화, 사유화
□□ **preside over** ~의 사회를 보다	□□ **privatize** 동 민영화하다
□□ **presold** 형 사전 판매된	□□ **privilege** 명 특권; 특혜
□□ **press** 동 누르다 명 언론	□□ **prize** 명 상, 상금
□□ **press conference** 기자 회견	□□ **probability** 명 개연성
□□ **press credential** 기자증	□□ **probable** 형 있음직한, 개연성 있는
□□ **press release** 공식 발표, 보도 자료	□□ **probably** 부 아마
□□ **pressing** 형 긴급한	□□ **probation** 명 수습 (기간)
□□ **pressure** 명 압박, 압력	□□ **probationary** 형 수습중의; 시험적인
□□ **prestige** 명 위신, 명망	□□ **probationary period** 수습 기간
□□ **prestigious** 형 일류의, 명망 있는	□□ **probationer** 명 견습생, 수습 직원
□□ **presumably** 부 아마, 짐작하건대	□□ **problem** 명 문제

56

problem with ~에 대한 문제	prohibit A from doing A가 ~하는 것을 금지하다
procedural 혱 절차상의	project 혱 과제, 프로젝트 통 (규모, 비용 등을) 예상하다, 추정하다
procedure 혱 절차, 방법	
proceed 통 (계속) 진행하다, 진행되다	projected 혱 예상된
proceed to ~로 가다[향하다]	projection 혱 (비용, 규모, 양 등의) 예상, 추정
proceed with ~을 (계속) 진행하다	projector 혱 영사기, 프로젝터
proceedings 혱 1. 소송 절차 2. 행사 3. 회의록	proliferation 혱 확산
proceeds 혱 수익금	prolong 통 늘리다, 연장하다
proceeds from ~의 수익금	prolonged 혱 오래 계속되는, 장기적인
process 혱 과정, 절차 통 처리하다; 가공하다	prominent 혱 1. 두드러진; 눈에 잘 띄는 2. 유명한; 중요한
processing 혱 처리; 가공	prominently 분 1. 두드러지게, 현저히 2. 눈에 잘 띄게
proclaim 통 선언하다, 선포하다	promise 통 약속하다
procrastinate 통 미루다, 질질 끌다	promising 혱 유망한, 촉망되는
procure 통 (어렵게) 구하다, 입수하다	promising candidates 유망한 후보자들
procurement 혱 (물품 등의) 조달, 입수	promote 통 1. 홍보하다; 촉진시키다 2. 승진시키다
produce 통 생산하다 혱 농산물	promotion 혱 1. 홍보 (활동) 2. 승진
product 혱 제품	promotional 혱 홍보의
product demonstration 제품 시연	promotional code (할인, 경품 등의) 쿠폰 번호
product development 제품 개발	promotional offers 판촉 할인 상품
product line 상품군	prompt 혱 즉각적인; 신속한 통 촉발시키다; 유도하다
product manual 제품 설명서	prompt attention to ~에 대한 즉각적인 관심
production 혱 생산(량)	promptly 분 1. 신속히, 지체 없이 2. 제 시간에
production cost 생산 비용	promptly after ~한 직후에
production requirements 생산 요건	promptly at + 시각 ~시 정각에
production schedule 생산 일정	promptly before ~하기 직전에
productive 혱 생산적인	proof 혱 증거, 증명
productivity 혱 생산성	proofread 통 교정을 보다
profession 혱 직업, 직종	prop 통 (받침대 등으로) 받치다 혱 지주, 받침대
professional 혱 전문직 종사자, 전문가 혱 전문적인; 전문가의	propel 통 나아가게 하다, (특정 방향으로) 몰고 가다
professional demeanor 전문가다운 품행	proper 혱 적절한, 제대로 된
professionalism 혱 전문성	properly 분 제대로, 적절하게
professionally 분 전문적으로	property 혱 1. 건물 2. 부동산; 재산
proficiency 혱 숙달, 능숙	property developer 부동산 개발업자
proficiency in ~의 능숙함	property value 부동산 가치
proficient 혱 능숙한	proponent 혱 지지자
proficient in ~에 능숙한	proportion 혱 (전체의) 부분, (전체에서 차지하는) 비율
profile 통 프로필을 작성하다 혱 개요, 프로필	proportional 혱 (~에) 비례하는
profit 혱 수익, 이윤 통 이익을 내다	proposal 혱 제안, 제안서
profit from ~에서 이익을 내다	propose 통 제안하다
profit margin 순이익, 이윤 폭	propose doing ~할 것을 제안하다
profitability 혱 수익성	proposed 혱 제안된
profitable 혱 수익성이 있는	proposed budget 예산안 (= budget plan)
profound 혱 깊은, 심오한	proposed merger 합병안
program 혱 프로그램 통 프로그램을 짜다	proprietary 혱 1. 등록 상표가 붙은 2. 소유주의
progress 혱 진전, 진척 통 진전을 보이다; 진행하다	proprietor 혱 (사업체 등의) 소유주
progressive 혱 1. 진보적인 2. 점진적인	prospect 혱 1. 가망; 예상 2. (-s) 전망
prohibit 통 금지하다	prospective 혱 장래의, 유망한
	prospective buyer 장래 구매자

□□ prospective client 장래 고객
□□ prosper 통 번영하다, 번창하다
□□ prosperity 명 번영, 번창
□□ prosperous 형 번창한, 번창한
□□ protect 통 보호하다
□□ protection 명 보호
□□ protective 형 보호하는, 보호용의
□□ protective gear[equipment] 보호 장비
□□ protein 명 단백질
□□ protocol 명 (조약의) 초안, 원안
□□ prototype 명 시제품, 원형
□□ proud 형 자랑스러워하는
□□ proudly 부 자랑스럽게
□□ prove 통 1. 입증하다, 증명하다 2. (~로) 판명되다
□□ provide 통 제공하다
□□ provide A with B A에게 B를 제공하다
□□ provide B for/to A A에게 B를 제공하다
□□ provide for ~에 대비하다
□□ provide full coverage of ~의 전액 보장을 제공하다
□□ provide support 지지하다, 지원하다
□□ provide the firmest grip 가장 단단한 접지력을 제공하다
□□ provider 명 공급자, 공급업체
□□ providing/provided (that) 접 만약 ~라면
□□ provision 명 1. 공급, 제공 2. (법률 문서 등의) 조항, 단서
□□ provisional 형 임시의
□□ provisionally 부 임시로
□□ provoke 통 화나게 하다; 유발하다
□□ proximity 명 가까움, 근접
□□ proxy 명 대리(권); 대리인
□□ pruning 명 가지 치기
□□ public 명 대중 형 대중의
□□ public expenditure 공공 지출
□□ public holiday 공휴일
□□ public relations (=PR) 명 홍보(활동)
□□ public transportation/transit 대중 교통
□□ publication 명 출판, 발행
□□ publicity 명 홍보; 매스컴의 관심
□□ publicize 통 (대중에게) 알리다, 홍보하다
□□ publish 통 출판하다
□□ pull 통 끌다, 당기다
□□ pull out of ~에서 손을 떼다, 철수하다
□□ punctual 형 시간을 엄수하는
□□ punctuality 명 시간 엄수; 정확함
□□ punctually 부 시간을 엄수하여; 정각에
□□ punish 통 처벌하다
□□ purchase 통 구매하다 명 구매(품)
□□ purchasing 명 구매 (행위)

□□ purchasing department 구매부
□□ pure 형 (다른 것이 섞이지 않은) 순수한
□□ purify 통 정화하다
□□ purpose 명 목적, 의도
□□ purpose of ~의 목적
□□ purposely 부 고의로, 일부러
□□ purse 명 (특히 여성용) 지갑
□□ pursue 통 추구하다, 계속해 나가다
□□ pursuit 명 추구, 이행
□□ push 통 밀다, 밀어붙이다
□□ push back (시간, 날짜를) 미루다
□□ push forward 밀고 나가다, 밀어붙이다
□□ put 통 두다, 놓다
□□ put a call through 전화를 연결하다
□□ put aside 따로 남겨두다
□□ put away 치우다
□□ put in a bid for ~에 입찰하다
□□ put off 미루다, 연기하다
□□ put on hold ~을 보류하다
□□ put together (이것저것 모아) 만들다, 준비하다
□□ put towards (비용의 일부를) 보태 주다
□□ put up 1. (안내문 등을) 게시하다 2. 세우다, 설치하다

Q

□□ qualification 명 자격(증)
□□ qualifications for ~에 대한 자격
□□ qualified 형 자격이 있는
□□ qualified applicant 자격을 갖춘 지원자
□□ qualified for ~에 자격이 있는
□□ qualified to do ~할 자격이 있는
□□ qualify 통 자격(증)을 얻다; 자격이 있다
□□ qualify for ~의 자격을 얻다
□□ quality 명 (품)질; 양질 형 고급의, 양질의
□□ quality control 품질 관리
□□ quality standards 품질 기준
□□ quality work 양질의 작업
□□ quarter 명 분기; 4분의 1
□□ quarterly 형 분기별의
□□ quarterly report 분기 보고서
□□ query 명 문의 통 문의하다
□□ query related to/about/regarding/ concerning ~에 관한 문의
□□ query whether절 whether 이하의 여부를 문의하다
□□ question 명 질문(=query); 문제 통 이의를 제기하다
□□ questionable 형 의심스러운, 미심쩍은
□□ questionnaire 명 설문지
□□ queue 명 줄, 대기 행렬 통 대기시키다

- [ ] [ ] **quick** 형 빠른, 신속한
- [ ] [ ] **quickly** 부 빨리, 곧
- [ ] [ ] **quietly** 부 조용히; 침착하게
- [ ] [ ] **quite** 부 꽤, 상당히
- [ ] [ ] **quite a lot[bit]** 꽤 많은, 상당한
- [ ] [ ] **quite some[a long] time** 한참 동안
- [ ] [ ] **quota** 명 한도, 할당(량)
- [ ] [ ] **quotation (= quote)** 명 1. 견적 2. 시세 3. 인용
- [ ] [ ] **quote** 1. 통 견적을 내다 명 견적 2. 통 인용하다 명 인용

R

- [ ] [ ] **race** 명 경주, 달리기
- [ ] [ ] **rack** 명 거치대, 걸이
- [ ] [ ] **radical** 형 철저한; 근본적인
- [ ] [ ] **radically** 부 철저히; 근본적으로
- [ ] [ ] **radically change/transform** 완전히 바꿔 놓다
- [ ] [ ] **radically different** 근본적으로 다른
- [ ] [ ] **radio broadcast** 라디오 방송
- [ ] [ ] **radius** 명 반경, 범위
- [ ] [ ] **raffle** 명 경품 추첨
- [ ] [ ] **railing** 명 난간
- [ ] [ ] **railroad track** 기차 선로
- [ ] [ ] **rain check** 우천 교환권
- [ ] [ ] **rain date** (우천 등으로 인한) 연기 날짜
- [ ] [ ] **raise** 통 1. 올리다, 인상하다 2. (자금, 사람을) 모으다 3. (무엇을 위로) 들어올리다 명 임금 인상(=rise)
- [ ] [ ] **raise awareness of** ~에 대한 인식을 높이다
- [ ] [ ] **rake** 통 갈퀴로 모으다 명 갈퀴
- [ ] [ ] **rally** 명 집회, 대회
- [ ] [ ] **ramp** 명 경사로
- [ ] [ ] **random** 형 무작위의, 임의로 하는
- [ ] [ ] **randomly** 부 임의로, 무작위로
- [ ] [ ] **range** 명 범위; 다양성 통 (범위가 ~에) 이르다
- [ ] [ ] **range from A to B** 범위가 A에서 B에 이르다
- [ ] [ ] **rank** 명 계급, 순위 통 등급을 매기다
- [ ] [ ] **rapid** 형 빠른, 신속한
- [ ] [ ] **rapid growth** 빠른 성장
- [ ] [ ] **rapidly** 부 빠르게, 신속히
- [ ] [ ] **rapids** 명 (강의) 급류
- [ ] [ ] **rapport** 명 (친밀한) 관계
- [ ] [ ] **rare** 형 드문, 희귀한
- [ ] [ ] **rarely** 부 드물게, 좀처럼 ~하지 않는
- [ ] [ ] **rate** 명 1. 요금 2. 비율, ~율 통 평가하다; 등급을 매기다
- [ ] [ ] **rate A as B** A를 B로 평가하다
- [ ] [ ] **rather** 부 1. 꽤, 상당히 2. 오히려, 차라리
- [ ] [ ] **rather A than B** B(하기) 보다는 A(하다)
- [ ] [ ] **rather than** ~보다는 (차라리)

- [ ] [ ] **ratify** 통 재가하다, 허가하다
- [ ] [ ] **rating** 명 순위, 평가, 등급
- [ ] [ ] **rationale** 명 (특정한 결정이나 행동 등의) 이유, 근거
- [ ] [ ] **rave** 통 격찬하다, 극찬하다
- [ ] [ ] **raw material** 원자재, 원료
- [ ] [ ] **reach** 1. ~에 이르다, 도달하다 2. 연락하다 3. (손, 팔을) 뻗다, 내밀다
- [ ] [ ] **reach a conclusion** 결론에 이르다
- [ ] [ ] **reach a consensus on** ~에 대해 합의를 보다
- [ ] [ ] **reach a financial goal** 재무 목표에 이르다
- [ ] [ ] **reach an agreement** 합의에 이르다
- [ ] [ ] **reach for** ~을 잡으려고 손을 뻗다
- [ ] [ ] **reach/come to a compromise** 타협을 보다
- [ ] [ ] **reach/come to an agreement** 합의에 이르다
- [ ] [ ] **react** 통 반응하다, 반응을 보이다
- [ ] [ ] **react to** ~에 반응하다
- [ ] [ ] **reaction** 명 반응
- [ ] [ ] **reaction to** ~에 대한 반응
- [ ] [ ] **read** 통 읽다
- [ ] [ ] **reader** 명 독자
- [ ] [ ] **readership** 명 독자 수, 독자 층
- [ ] [ ] **readily** 부 1. 손쉽게 (= easily) 2. 선뜻, 기꺼이 (= willingly)
- [ ] [ ] **readily accessible** 쉽게 접속[접근]할 수 있는
- [ ] [ ] **readily available** 쉽게 이용할 수 있는
- [ ] [ ] **reading** 명 독서, 읽기; 낭송회
- [ ] [ ] **ready** 형 준비가 된
- [ ] [ ] **real estate** 명 부동산
- [ ] [ ] **real estate agency** 부동산 중개소
- [ ] [ ] **real estate agent** 부동산 중개인
- [ ] [ ] **realistic** 형 현실적인, 현실성 있는
- [ ] [ ] **realistically** 부 현실적으로 (말해서)
- [ ] [ ] **rear** 형 뒤쪽의
- [ ] [ ] **reason** 명 이유, 까닭
- [ ] [ ] **reason for** ~에 대한 이유
- [ ] [ ] **reasonable** 형 합리적인, 합당한
- [ ] [ ] **reasonably** 부 상당히, 꽤; 합리적으로
- [ ] [ ] **reasonably priced** 합리적인 가격의
- [ ] [ ] **reassure** 통 안심시키다
- [ ] [ ] **rebate** 명 1. (초과 지불금의) 환불 2. 할인, 리베이트
- [ ] [ ] **rebound** 명 (가격 등의) 반등, 회복 통 (가격 등이) 반등하다
- [ ] [ ] **recall** 1. 기억해 내다, 상기하다 2. (결함이 있는 제품을) 회수하다, 리콜하다 명 회수, 리콜
- [ ] [ ] **receipt** 명 영수증 명 수령, 인수
- [ ] [ ] **receive** 통 받다, 받아들이다
- [ ] [ ] **receiving and routing** 수신-발신
- [ ] [ ] **recent** 형 최근의
- [ ] [ ] **recently** 부 최근에
- [ ] [ ] **receptacle** 명 그릇, 용기

- **reception** 명 1. 접수처 2. 환영(회) 3. (라디오, 전화 등의) 수신 상태
- **receptionist** 명 접수 담당자
- **receptive** 형 (새로운 제안 등에) 수용적인, 선뜻 받아들이는
- **receptive to** ~에 수용적인
- **recession** 명 불경기, 불황
- **recharge** 동 충전하다
- **recharging station** (전기차 등의) 충전소
- **recipe** 명 조리법, 요리법
- **recipient** 명 받는 사람, 수령인
- **reciprocal** 형 상호간의
- **recital** 명 발표회, 연주회
- **recite** 동 낭송하다, 낭독하다
- **recognition** 명 인정; 인식
- **recognize** 동 1. (공로 등을) 인정하다 2. 알아보다
- **recognized** 형 인정된, 알려진
- **recollection** 명 기억(하는 내용)
- **recommend** 동 권하다; 추천하다
- **recommend doing** ~할 것을 추천하다
- **recommendation** 명 권고; 추천(서)
- **recommendation letter** 추천서
- **reconcile** 동 조화시키다; 화해시키다
- **reconciliation** 명 조화, 화해
- **reconfiguration** 명 구조 변경
- **record** 명 기록 동 기록하다; 녹음[녹화]하다 형 기록적인
- **record profits** 기록적인 수익
- **record-breaking** 신기록을 수립한
- **recording** 명 녹음, 녹화
- **recover** 동 (정상의 상태로) 회복하다; (손실 등을) 되찾다
- **recover from** ~에서 회복하다
- **recovery** 명 회복
- **recreation** 명 레크리에이션, 오락
- **recreational** 형 레크리에이션의, 오락의
- **recruit** 동 모집하다, 뽑다 명 신입 사원
- **recruiter** 명 (인력을) 모집하는 사람, 리크루터
- **recruitment** 명 신규 모집, 채용
- **rectify** 동 잘못된 것을 바로잡다
- **recurrent** 형 되풀이되는, 반복되는
- **recurring** 형 되풀이하여 발생하는
- **recycle** 동 재활용하다
- **recycling** 명 재활용
- **recycling initiative** 재활용 계획
- **recycling program** 재활용 프로그램
- **redeem** 동 (현금이나 상품으로) 바꾸다, 교환하다
- **redeem a coupon** 쿠폰을 상품으로 바꾸다
- **redeemable** 형 (현금이나 상품과) 교환할 수 있는
- **redeemable coupon** 상품으로 교환 가능한 쿠폰
- **redemption** 명 상환, 변제

- **redevelop** 동 재개발하다
- **redirect** 동 다시 보내다[전송하다]
- **reduce** 동 줄이다, 축소하다
- **reduction** 명 감소, 축소
- **reduction in** ~의 감소
- **refer** 동 1. (~에게) 알아보도록 하다 2. 참조하게 하다 3. 위탁하다, 맡기다
- **refer to** 언급하다, 지칭하다, 참고하다
- **reference** 명 1. 참고, 참조 2. 추천서
- **reference letter** 추천서 (= a letter of reference)
- **reference number** 조회 번호
- **referral** 명 소개(업체), 위탁(업체)
- **refill** 동 다시 채우다, 리필하다
- **refinish** 동 표면을 다시 끝손질하다
- **reflect** 동 1. 나타내다, 반영하다 2. 비추다; 반사하다
- **reflection** 명 1. (거울 등에 비친) 상, 모습 2. 반사 3. 반영
- **reflective** 형 1. ~을 반영하는 2. (빛, 열을) 반사하는
- **refrain** 동 자제하다, 삼가다
- **refrain from** ~을 자제하다
- **refreshing** 형 신선한, 상쾌하게 하는
- **refreshments** 명 다과
- **refrigerate** 동 냉장고에 보관하다, 냉장하다
- **refrigeration** 명 냉장, 냉각
- **refrigerator** 명 냉장고
- **refund** 명 환불, 환불금 동 환불하다
- **refund on** ~에 대한 환불
- **refund policy** 환불 정책
- **refundable** 형 환불 가능한
- **refurbish** 동 새로 꾸미다, 재단장하다
- **refurbished** 형 새로 꾸며진, 재단장한
- **refurbishment** 명 재단장; 개조
- **refusal** 명 거절, 거부
- **refuse** 동 거절하다, 거부하다
- **refuse to do** ~하는 것을 거절하다
- **refutation** 명 반박
- **refute** 동 반박하다; 부인하다
- **regain** 동 되찾다, 회복하다
- **regard** 동 간주하다, 여기다
- **regard A as B** A를 B로 간주하다
- **regarding** 전 ~에 관하여
- **regardless of** 전 ~에 상관없이, ~에 구애 받지 않고
- **regional** 형 지역의, 지방의
- **regionally** 부 지역적으로
- **register** 동 1. 등록하다; 신청하다 2. (수치 등을) 기록하다, 나타내다 명 계산대
- **register for** ~에 등록하다
- **registered** 형 등록한; 등기의
- **registration** 명 등록, 접수

☐☐ **registration fee** 등록비
☐☐ **registration form** 신청서
☐☐ **registration rate** 등록률
☐☐ **regretful** 혱 유감스러워 하는
☐☐ **regrettable** 혱 유감스러운
☐☐ **regrettably** 흼 유감스럽게(도)
☐☐ **regular** 혱 정기적인, 규칙적인
☐☐ **regular customer** 단골 고객
☐☐ **regular delivery** 일반 배송
☐☐ **regular income** 고정 수입
☐☐ **regular maintenance** 정기 보수
☐☐ **regular meeting** 정기 회의/모임
☐☐ **regular working hours** 정규 근무 시간
☐☐ **regularity** 몡 규칙성
☐☐ **regularly** 흼 정기적으로, 규칙적으로
☐☐ **regulate** 됭 규제하다, 단속하다
☐☐ **regulation** 몡 규정; 규제
☐☐ **reimburse** 됭 상환하다, 변제하다
☐☐ **reimburse A for B** A에게 B만큼의 비용을 변제하다
☐☐ **reimbursement** 몡 상환, 변제
☐☐ **reimbursement request** 환급 요청
☐☐ **reinforce** 됭 강화하다, 보강하다
☐☐ **reinforcement** 몡 강화
☐☐ **reject** 됭 거절하다, 거부하다
☐☐ **related** 혱 1. (~에) 관련된 2. 친척의
☐☐ **related[relating] to** ~와 관련된
☐☐ **relationship** 몡 관계 (= relations)
☐☐ **relative** 혱 비교상의, 상대적인
☐☐ **relatively** 흼 비교적
☐☐ **relatively lenient** 상대적으로 관대한
☐☐ **relax** 됭 휴식을 취하다
☐☐ **relay** 됭 1. (정보 등을 받아서) 전달하다 2. (텔레비전, 라디오로) 중계하다
☐☐ **release** 됭 공개하다, 출시하다 몡 공개, 출시; 개봉; 발간, 발매
☐☐ **release date** 출시일
☐☐ **relegate** 됭 격하시키다; 강등시키다
☐☐ **relevance** 몡 관련성, 타당성
☐☐ **relevant** 혱 관련 있는, 적절한
☐☐ **relevant information** 관련 정보
☐☐ **relevant to** ~에 관련된 (뺀 irrelevant to ~와 무관한)
☐☐ **reliability** 몡 신뢰성
☐☐ **reliable** 혱 믿을 만한; 신뢰할 수 있는
☐☐ **reliable service** 믿을 수 있는 서비스
☐☐ **reliable source** 믿을 수 있는 소식통
☐☐ **reliance** 몡 의존, 의지
☐☐ **reliance on** ~에 대한 의존
☐☐ **reliant** 혱 의존하는, 의지하는

☐☐ **relief** 몡 1. 완화, 경감 2. 안도, 안심
☐☐ **relieve** 됭 1. 완화하다 2. 안도하게 하다, 덜어 주다
☐☐ **relieve stress** 스트레스를 풀다
☐☐ **relieve traffic congestion** 교통 혼잡을 완화하다
☐☐ **relieved** 혱 안도하는, 다행으로 여기는
☐☐ **relieved to do** ~하게 되어 안도하는
☐☐ **relinquish** 됭 (소유권 등을) 포기하다, 내주다
☐☐ **relinquish the position** 직위를 포기하다
☐☐ **relinquishment** 몡 양도; 포기
☐☐ **relocate** 됭 이전하다, 이동하다
☐☐ **relocate to** ~로 이전하다[옮기다]
☐☐ **relocation** 몡 이전, 이주
☐☐ **reluctant** 혱 꺼리는, 주저하는
☐☐ **reluctant to do** ~하기를 꺼리는
☐☐ **reluctantly** 흼 마지못해서, 꺼려하여
☐☐ **rely** 됭 의존하다; 신뢰하다
☐☐ **rely heavily on** ~에 크게 의존하다
☐☐ **rely on** ~에 의존하다
☐☐ **rely solely on** 오로지 ~에만 의존하다
☐☐ **remain** 됭 1. 여전히 ~이다 2. 남아 있다
☐☐ **remain anonymous** 익명으로 하다
☐☐ **remain in effect** 여전히 유효하다
☐☐ **remain intact** 온전한 상태를 유지하다
☐☐ **remain optimistic** (상황을) 낙관하다
☐☐ **remain profitable** 여전히 수익성이 있다
☐☐ **remain the same** 동일한 상태를 유지하다
☐☐ **remainder** 몡 나머지
☐☐ **remainder of** ~의 나머지
☐☐ **remaining** 혱 남아 있는, 남은
☐☐ **remark** 됭 언급하다, 논평하다 몡 발언, 논평
☐☐ **remark on/about/regarding/concerning** ~에 대한 논평
☐☐ **remark on/upon** ~에 대한 의견을 말하다
☐☐ **remarkable** 혱 놀랄 만한, 주목할 만한
☐☐ **remarkably** 흼 두드러지게, 매우
☐☐ **remedy** 됭 바로잡다, 교정하다 몡 1. 처리 방안, 해결책 2. 치료(약)
☐☐ **remind** 됭 상기시키다, 다시 한 번 알려주다
☐☐ **remind A of 명사/that절** A에게 ...을 상기시키다
☐☐ **remind A to do** A에게 ...하라고 알려주다
☐☐ **reminder** 몡 상기시키는 것, 메모
☐☐ **remit** 됭 송금하다
☐☐ **remittance** 몡 송금(액)
☐☐ **remnant** 몡 나머지, 남은 부분
☐☐ **remodel** 됭 개보수하다, 리모델링하다
☐☐ **remodeling** 몡 주택 개보수, 리모델링
☐☐ **remote** 혱 1. 먼; 외진 2. 원격의
☐☐ **remotely** 흼 멀리서, 원격으로

☐☐ **removable** 형 제거할 수 있는, 뗄 수 있는	☐☐ **reporter** 명 기자, 리포터
☐☐ **removal** 명 1. 제거 2. 이사	☐☐ **reposition** 통 ~의 위치를 바꾸다, 다른 장소로 옮기다
☐☐ **remove** 통 1. 치우다; 없애다 2. 꺼내다	☐☐ **repository** 명 (대량) 저장소, 보관소
☐☐ **remove A from B** B에서 A를 꺼내다[제거하다]	☐☐ **represent** 통 1. 대표하다 2. 나타내다
☐☐ **remunerate** 통 보수를 지불하다	☐☐ **representative** 명 담당자; 대표 형 (특정 단체를) 대표하는
☐☐ **remuneration** 명 보수	
☐☐ **remunerative** 형 보수가 많은	☐☐ **representative of** ~을 대표하는
☐☐ **render** 통 1. (어떤 상태가) 되게 하다 (= make) 2. (공식적으로) 제출하다	☐☐ **reproduction** 명 복사, 복제
	☐☐ **reputable** 형 평판이 좋은
☐☐ **renew** 통 갱신하다, 연장하다; 다시 새롭게 하다	☐☐ **reputation** 명 평판, 명성
☐☐ **renew a contract** 계약을 갱신하다	☐☐ **request** 명 요청 통 요청하다
☐☐ **renew a subscription** 구독을 갱신하다	☐☐ **request A to do** A에게 ~하도록 요청하다
☐☐ **renewable** 형 갱신[연장] 가능한; 재생 가능한	☐☐ **request for** ~에 대한 요청
☐☐ **renewable energy** (태양열, 풍력 등) 재생 가능 에너지	☐☐ **request that + 주어 + 동사원형:** ~가 ...해줄 것을 요청하다
☐☐ **renewal** 명 1. 갱신, 기한 연장 2. 재개(발)	☐☐ **require** 통 요구하다, 필요로 하다
☐☐ **renewal project** 재개발 프로젝트	☐☐ **require A to do** A가 ~할 것을 요구하다
☐☐ **renovate** 통 개조하다, 보수하다	☐☐ **required** 형 필수의
☐☐ **renovation** 명 개조, 보수	☐☐ **requirement** 명 필요조건, 요건
☐☐ **renowned** 형 유명한, 저명한	☐☐ **requirement for** ~의 요건
☐☐ **renowned for** ~로 유명한	☐☐ **reschedule** 통 일정을 변경하다
☐☐ **rent** 명 집세, 임차료 통 임차하다, 임대하다	☐☐ **reschedule the appointment** 약속 날짜를 변경하다
☐☐ **rent for/on** ~에 대한 집세	☐☐ **research** 명 (연구) 조사
☐☐ **rental** 명 임대[임차], 대여	☐☐ **research and development** 연구 개발 (= R&D)
☐☐ **rental agreement** 임대 계약(서)	☐☐ **research on** ~에 대한 (연구) 조사
☐☐ **reorganization** 명 재편성, 개편	☐☐ **reseller** 명 재판매업자
☐☐ **reorganize** 통 재조직하다, 재편성하다	☐☐ **resemblance** 명 닮음, 유사함
☐☐ **repair** 통 수리하다, 보수하다 명 수리, 보수	☐☐ **resemble** 통 닮다
☐☐ **repair work** 보수 공사	☐☐ **reservation** 명 1. 예약 2. 의구심, 거리낌
☐☐ **repeat** 통 반복하다	☐☐ **reserve** 통 1. (자리 등을) 예약하다 2. (권한 등을) 갖다, 보유하다 3. (판단 등을) 보류하다, 유보하다
☐☐ **repeated** 형 반복되는	
☐☐ **repeatedly** 부 반복적으로	☐☐ **reserve judgment** 판단을 보류하다
☐☐ **repel** 통 물리치다; 접근하지 못하게 하다	☐☐ **reserve the right to do** ~할 권리를 보유하다
☐☐ **repellent** 형 (물 등이) 스며들지 않게 하는 명 방충제, 방수제	☐☐ **reserved** 형 예약된; 지정된
	☐☐ **reserved parking** 지정 주차
☐☐ **repetition** 명 반복	☐☐ **reside** 통 살다, 거주하다
☐☐ **repetitive** 형 반복적인, 반복되는	☐☐ **reside in** ~에 거주하다
☐☐ **replace** 통 교체하다; 대신하다	☐☐ **residence** 명 주택, 거주지
☐☐ **replace A with B** A를 B로 교체하다	☐☐ **resident** 명 주민, 거주자
☐☐ **replacement** 명 1. 교체(품) 2. 후임자	☐☐ **residential** 형 주택지의; 거주하기 좋은
☐☐ **replacement unit/part** 교체 부품	☐☐ **residential area** 주거 지역
☐☐ **replenish** 통 다시 채우다, 보충하다	☐☐ **residue** 명 잔여물, 잔류물
☐☐ **replica** 명 모형, 복제품	☐☐ **resign** 통 사임하다, 물러나다
☐☐ **reply** 통 대답하다; 답장을 보내다 명 대답; 답장	☐☐ **resign from** ~에서 물러나다
☐☐ **reply to** ~에 회신하다	☐☐ **resignation** 명 사직(서)
☐☐ **report** 명 보고서 통 보고하다; 발표하다	☐☐ **resilient** 형 탄력 있는; 회복력 있는
☐☐ **report directly to** ~에게 직접 보고하다	☐☐ **resist** 통 저항하다
☐☐ **report to** 사람 ~의 지시를 받다	☐☐ **resistance** 명 저항, 반대
☐☐ **reportedly** 부 보도에 따르면, 알려진 바에 따르면	☐☐ **resistant** 형 저항력 있는, ~에 잘 견디는[강한]

☐☐ **resistant to** ~에 잘 견디는

☐☐ **resolution** 명 1. 해결; 결의안 2. 결단력; 결심 3. (화면, 프린터 등의) 해상도

☐☐ **resolve** 동 1. (문제 등을) 해결하다 2. (굳게) 다짐하다, 결심하다

☐☐ **resolve the issue/problem** 문제를 해결하다

☐☐ **resolve to do** ~하기로 결심하다

☐☐ **resource** 명 자원, 재원; (목적을 이루는 데 필요한) 재료

☐☐ **resourceful** 형 자원이 풍부한

☐☐ **respect** 명 존경, 존중 동 존경하다, 존중하다

☐☐ **respect for** ~에 대한 존경(심)

☐☐ **respected** 형 높이 평가되는; 훌륭한

☐☐ **respectful** 형 정중한, 공손한

☐☐ **respectfully** 부 정중하게, 공손하게

☐☐ **respective** 형 각각의

☐☐ **respectively** 부 각각, 제각기

☐☐ **respond** 동 응답하다, 반응하다

☐☐ **respond to** ~에 답하다

☐☐ **respondent** 명 응답자

☐☐ **response** 명 응답, 회신

☐☐ **responsibility** 명 책임; 직무

☐☐ **responsible** 형 담당하는, 책임이 있는

☐☐ **responsibly** 부 책임감 있게

☐☐ **responsive** 형 반응하는; 호응하는

☐☐ **rest** 명 1. 나머지 2. 휴식 동 쉬다; (~에) 기대다

☐☐ **Rest assured that**절 that 이하를 믿어도 된다

☐☐ **restless** 형 가만히 못 있는; 제대로 쉬지 못하는

☐☐ **restock** 동 다시 채우다; 보충하다

☐☐ **restoration** 명 복구, 복원

☐☐ **restore** 동 회복시키다, 복구하다

☐☐ **restore A to B** A를 B의 상태로 복구하다

☐☐ **restraint** 명 1. 규제, 통제 2. (움직임을 제한하는) 안전장치

☐☐ **restrict** 동 제한하다, 한정하다

☐☐ **restrict A to B** A를 B로 제한하다

☐☐ **restricted** 형 제한된, 한정된

☐☐ **restriction** 명 제한, 규제

☐☐ **restrictive** 형 제한하는

☐☐ **restructure** 동 구조 조정하다

☐☐ **result** 명 결과 동 초래하다; 발생하다

☐☐ **result from** ~이 원인이다, ~으로부터 비롯되다

☐☐ **result in** ~을 초래하다

☐☐ **result of** ~의 결과

☐☐ **resume** 동 재개하다[되다], 다시 시작하다[되다]

☐☐ **résumé** 명 이력서

☐☐ **resurface** 동 (도로를) 재포장하다

☐☐ **resurfacing** 명 (도로) 재포장

☐☐ **retail** 명 소매 동 소매하다

☐☐ **retail outlet** 소매점

☐☐ **retailer** 명 소매상, 소매업자

☐☐ **retain** 동 (계속) 유지하다, 보유하다

☐☐ **retainable** 형 보유할 수 있는

☐☐ **retention** 명 보유, 유지

☐☐ **retire** 동 은퇴하다, 퇴직하다

☐☐ **retire from** ~에서 은퇴하다

☐☐ **retiree** 명 은퇴자, 퇴직자

☐☐ **retirement** 명 은퇴, 퇴직

☐☐ **retirement party[celebration, ceremony]** 은퇴 행사

☐☐ **retirement plan** 퇴직자 연금 제도

☐☐ **retreat** 동 후퇴하다, 철수하다 명 휴양(소)

☐☐ **retrieval** 명 1. 회수 2. (정보의) 검색

☐☐ **retrieve** 동 1. 되찾아오다, 회수하다; 수습하다 2. (정보를) 검색하다

☐☐ **retroactive** 형 (법률 등의 효력이) 소급하는

☐☐ **return** 동 1. 돌아오다 2. 반납하다, 반품하다 명 귀환; 반납; 수익

☐☐ **return from** ~에서 돌아오다 (cf. return to ~로 돌아오다)

☐☐ **return policy** 반품 정책

☐☐ **reusable** 형 재사용할 수 있는

☐☐ **reveal (that)**절 that 이하를 드러내다

☐☐ **reveal** 동 드러내다, 밝히다

☐☐ **reveal A (to B)** A를 (B에게) 누설하다

☐☐ **revenue** 명 수입, 수익

☐☐ **revenue sources** 수입원

☐☐ **reverse** 동 (결정, 순서 등을) 뒤집다, 뒤바꾸다 형 정반대의 명 정반대

☐☐ **reversible** 형 1. 양면 겸용의 2. (원래대로) 되돌릴 수 있는

☐☐ **revert** 동 (본래의 상태로) 되돌아가다, 복귀하다

☐☐ **revert to** ~로 되돌아가다

☐☐ **review** 동 1. 검토하다 2. 논평[평가]하다, 평가하다 명 검토; 논평[비평], 평가

☐☐ **review a proposal** 제안서를 검토하다

☐☐ **review a résumé** 이력서를 검토하다

☐☐ **review thoroughly** 철저하게 검토하다

☐☐ **reviewable** 형 논평[비평]할 수 있는

☐☐ **reviewer** 명 논평[비평]하는 사람

☐☐ **revise** 동 변경하다, 수정하다

☐☐ **revised** 형 수정된, 개정된

☐☐ **revised edition** 개정판

☐☐ **revised work schedule** 수정된 업무 일정

☐☐ **revision** 명 수정, 변경

☐☐ **revisit** 동 1. (어떤 아이디어나 주제에 대해) 다시 논의하다 2. (오랜 시간 후에) 다시 방문하다

☐☐ **revitalize** 동 재활성화시키다, 새 활력을 주다

☐☐ **revoke** 동 폐지하다, 철회하다

☐☐ **revolutionary** 형 혁신적인, 획기적인

□□ **revolutionize** 동 혁신을 일으키다

□□ **revolve** 동 돌다, 회전하다

□□ **reward** 명 보상(금), 사례(금) 동 보상하다, 사례하다

□□ **reward A with/for B** B로/에 대해 A에게 보상하다

□□ **rewarding** 형 보람 있는

□□ **rewire** 동 (건물, 설비 등의) 전선을 갈다

□□ **ride** 동 타다, 몰다 명 태워 주기, 타고 가기

□□ **ridership** 명 (교통수단의) 이용자 수, 승객 수

□□ **ridge** 명 길게 솟은 부분, 산등성이

□□ **right** 명 권리 형 옳은; 알맞은

□□ **right away** 즉시, 곧바로

□□ **Right on schedule.** 일정대로 진행되고 있어요.

□□ **right to do** ~할 권리

□□ **rightly** 형 당연히, 마땅히

□□ **rigid** 형 엄격한, 융통성 없는

□□ **rigorous** 형 엄격한, 철저한

□□ **rigorous training** 엄격한 교육

□□ **rigorously** 부 엄격하게

□□ **ring** 동 1. 전화하다 2. (종이) 울리다 명 (종)소리

□□ **rise** 동 오르다, 증가하다 명 증가, 상승

□□ **rise in** ~의 증가

□□ **rising** 형 오르는, 증가하는

□□ **risk** 명 위험

□□ **risky** 형 위험한

□□ **risky to do** ~하는 것이 위험한

□□ **robust** 형 원기 왕성한; 튼튼한, 강력한

□□ **role** 명 역할; 배역

□□ **roll** 동 굴리다, 돌리다

□□ **roll out** ~을 출시하다

□□ **roll up** ~을 (돌돌) 말다

□□ **roof** 명 지붕

□□ **roofing** 명 지붕 공사, 지붕 재료

□□ **room rate** 객실 요금

□□ **roomy** 형 널찍한

□□ **rope** 명 밧줄

□□ **rotate** 동 1. 교대로 일하다; 교대 근무를 하다 2. 회전하다, 회전시키다

□□ **rotation** 명 교대; 회전

□□ **rough** 형 1. 개략적인 2. 거친; 고르지 않은

□□ **roughly** 부 대략, 거의 (= approximately)

□□ **route** 명 경로, 루트

□□ **routine** 형 일상적인, 정기적인 명 일상적인 일; 규칙적으로 하는 일

□□ **routine maintenance work** 정기 보수 작업

□□ **routinely** 부 일상적으로; 관례대로

□□ **row** 명 열, 줄 동 노를 젓다

□□ **row after row of** 줄지어 늘어선

□□ **RSVP** (초대장에서) 회답 주시기 바랍니다.

□□ **rug** 명 깔개

□□ **rugged** 형 (사람이) 단호한; (물건이) 튼튼한

□□ **ruin** 명 붕괴, 몰락

□□ **ruins** 명 잔해, 유적

□□ **run** 동 운영하다, 경영하다 형 (교통편이) 운행하다, 다니다

□□ **run a business** 사업을 하다

□□ **run a risk of** ~의 위험이 있다

□□ **run into** ~을 우연히 만나다

□□ **run low** 고갈되다, 떨어져 가다

□□ **run out of** ~을 다 써버리다, ~이 없어지다

□□ **run short of** ~이 부족하다

□□ **run through** 1. ~을 빨리 살펴보다 2. ~속으로 빠르게 퍼지다

□□ **runner** 명 (경주에 참가한) 주자

□□ **run-through** 명 (연극, 공연의) 예행연습, 리허설

□□ **runway** 명 활주로

□□ **rural** 형 시골의, 지방의

□□ **rush** 부 (급하게) 서두르다

□□ **rush hour** 혼잡 시간대, 러시아워

□□ **rush to do** 서둘러 ~하다

□□ **rust** 명 녹 동 녹슬다

□□ **rustic** 형 소박한, 투박한

S

□□ **sacrifice** 동 희생하다

□□ **safe** 형 안전한

□□ **safeguard** 동 보호하다 명 보호 장치

□□ **safely** 부 안전하게

□□ **safety** 명 안전

□□ **safety gear[equipment]** 안전 장비

□□ **safety glasses** 명 보호 안경

□□ **safety gloves** 보호장갑

□□ **safety guidelines** 안전 지침

□□ **safety helmet** 안전모

□□ **safety precautions** 안전 예방 조치

□□ **safety regulations** 안전 규정

□□ **safety rules** 안전 수칙

□□ **safety standards** 안전 기준

□□ **safety vest** 보호조끼

□□ **sail** 동 항해하다 명 돛

□□ **salary** 명 급여, 월급

□□ **salary expectation** 희망 급여

□□ **salary increment** 임금 인상

□□ **salary raise/rise** 급여 인상

□□ **sale** 명 판매; 세일[할인 판매] 명 (-s) 매출액, 판매량 명 (-s) 영업(부)

- sales figures 매출액, 판매량
- sales goal 매출 목표
- sales performance[result] 매출 실적
- sales report 영업 보고서
- sales representative 영업 사원
- sales target 매출 목표
- sales team 영업팀
- salesperson 명 영업사원
- salon 명 (미용실, 의상실 등의) 상점
- Same here. 저도 마찬가지예요.
- sample 명 견본품, 샘플 동 맛보다, 시식하다
- sand 명 모래
- sanitary 형 위생의
- satisfaction 명 만족
- satisfactory 형 만족스러운
- satisfied 형 만족스러워 하는
- satisfy 동 만족하게 하다, 충족시키다
- save 동 (돈을) 절약하다; 저축하다
- saving 명 절약
- savings 명 저축한 돈, 예금
- savings account 보통 예금 계좌
- savings bank 저축 은행
- savor 동 맛보다, 음미하다 명 (특유의) 맛, 풍미
- savvy 형 상식 있는 명 지식, 상식
- saw 동 톱질하다 명 톱
- saw 명 톱
- scaffolding 명 (공사장의) 비계
- scale 명 1. 규모, 범위 2. 저울
- scale back (규모를) 축소하다
- scarce 형 부족한, 드문
- scarcely 부 겨우, 간신히
- scarcity 명 부족, 결핍
- scarf 명 스카프
- scarp 명 급경사, 벼랑
- scatter 동 (흩)뿌리다
- scene 명 장면, 광경; 풍경
- scenery 명 경치, 풍경
- scenic 형 경치가 좋은
- scenic view 아름다운 경관, 멋진 전망
- scent 명 냄새, 향기
- schedule 동 일정을 세우다 명 일정, 스케줄
- scheduled 형 예정된
- scheduling conflict 겹치는 일정
- scholar 명 학자; 장학생
- scholarship 명 장학금
- scoop 명 한 숟갈 동 (큰 숟갈로) 뜨다, 파다
- scooter 명 스쿠터, 소형 오토바이
- scope 명 1. (다루는) 범위 2. (무엇을 할 수 있는) 기회, 여지

- scope for ~의 여지
- scope of ~의 범위
- scope of work 직무 범위
- score 명 득점, 스코어
- scores of inquiries 수십 건의 문의
- scrape 동 긁다, 긁어 내다 명 긁힌 상처
- screen 동 1. (적절한지) 가려내다, 확인하다 2. (영화를) 상영하다, 방영하다 명 화면, 스크린
- screening 명 1. 상영, 방영 2. 검사, 심사
- script 명 대본, 원고
- scrutinize 동 면밀히 조사하다, 세심히 살피다
- scrutiny 명 정밀 조사, 철저한 검토
- sculpture 명 조각품
- seal 명 직인; 보증해 주는 표시 동 봉인하다
- seam 명 이음매, 접합선
- search 동 검색하다, 살펴보다 명 검색
- search for ~을 찾다
- season 명 계절, 주기
- seasonal 형 계절적인, 계절에 따라 다른
- seasonal change 계절적 변화
- seasonal demand 계절에 따른 수요
- seasonal ingredients 제철 재료
- seasonal variation 계절에 따른 차이
- seasonally 부 계절에 따라; 정기적으로
- seasoning 명 양념, 조미료
- seat 동 앉다, 앉히다 (=sit) 명 자리, 좌석
- seating 명 자리, 좌석
- seating a plan 좌석 배치도
- seating capacity 좌석수; 수용 능력
- seating plan 좌석 배치도
- second to none 최고의, 제일의
- secondary market 제2시장, 유통시장
- secondhand 형 1. 중고의 2. 전해 들은
- secret 형 비밀의; 은밀한
- sector 명 부문, 분야
- secure 형 안전한; 안정감 있는 동 1. 획득하다, 확보하다 2. (단단히) 고정시키다, 잡아 매다
- secure a contract 계약을 따내다
- securely 부 안전하게, 단단히
- securely fastened 단단히 묶인
- security 명 보안, 경비
- security code 보안 코드
- security/safety measures 보안/안전 조치
- see if ~인지 알아보다
- seed 명 씨(앗)
- seeing that ~인 것으로 보아
- seek 동 1. 찾다; 구하다 2. 시도하다, 노력하다
- seek an experienced administrator 경험 많은 관리자를 찾다

seek to do ~하려고 시도하다

seek/solicit arbitration 중재를 요청하다

seeker 명 ~을 (추)구하는 사람

seemingly 부 외견상으로, 겉보기에는

segment 명 부분

seize 동 붙잡다, 움켜잡다

seize an opportunity 기회를 잡다

seldom 부 좀처럼 ~않는

select 동 선택하다 형 엄선된

selection 명 선택, 선발

selective 형 1. 선택적인 2. 조심해서 고르는, 까다로운

seminar 명 토론회, 세미나

senior 명 상급자 형 상급의

sense 명 감각; 지각

sensible 형 1. 합리적인 2. 실용적인

sensitive 형 민감한; 세심한

sensitive information 민감한[중요한] 정보

sensitive to ~에 민감한

sensitively 부 민감하게, 예민하게

separate 형 별도의, 분리된 동 분리하다, 나누다

separate A from B A와 B를 분리하다

separately 부 따로따로, 별도로

sequel 명 (책, 영화 등의) 속편

sequel to ~의 속편

sequence 명 1. 순서, 차례 2. 연속적인 일들

sequential 형 순차적인

series 명 연속; 시리즈

serious 형 진지한, 심각한

seriously 부 진지하게, 심각하게

serve 동 1. (음식을) 제공하다, 차리다 2. 근무하다

serve as ~로서 역할을 하다, ~로 근무하다

serve as the foundation for ~을 위한 토대가 되다

server 명 (식당에서) 서빙하는 사람; (컴퓨터의) 서버

service 명 1. 서비스 2. (오랜 기간의) 근무 동 (차량, 기계를) 점검하다, 정비하다

service representatives 고객 서비스 직원

service station 명 주유소

service window 명 서비스 창구

servicing 명 (차량, 기계의) 정비

serving 명 1인분

session 명 (특정 활동을 위한) 시간, 세션

set 명 세트 동 1. 상을 차리다 2. (기기 등을) 맞추다

set ~ apart ~을 돋보이게 하다

set aside ~을 따로 떼어두다, 챙겨두다

set forth 제시하다, 발표하다

set up 세우다, 설치하다

set up 설치하다

setback 명 차질; 역행

setting 명 1. (어떤 일이 일어나는) 환경; 배경 2. (기계 장치 등을 조절하는) 설정, 세팅

settle 동 1. 해결하다; 결정하다 2. 정착하다

settle down (한 곳에 자리 잡고) 정착하다

settle in (집, 직장 등에) 적응하다

settle on (생각 끝에) ~을 정하다

settled 형 1. 안정적인, 안정된 2. 자리를 잡은

settlement 명 1. (공식적인) 합의 2. (분쟁 등의) 해결

several 형 몇몇의

severance 명 고용 계약 해지, 해고

severe 형 심각한; 엄격한

severe weather conditions 심각한 기상 조건, 악천후

severely 부 심하게; 엄하게

sew 동 바느질하다

sewing machine 명 재봉틀

shade 동 그늘지게 하다 명 그늘

shake hands 악수하다

shallow 형 얕은; 피상적인

shape 명 모양, 상태; 체형

share 동 공유하다, 나누다

shareholder 명 주주

sharp 형 1. (변화 등이) 급격한 2. 예리한, 날카로운 부 정각 (특정 시간 표현 뒤에 사용)

sharpen 동 1. 날카롭게 하다 2. 분명히 하다

sharply 부 1. (증감이) 급격히 2. 날카롭게

shatter 동 산산조각 나다

shed 명 헛간; 창고

sheer 형 1. 순전한 2. 매우 가파른

shelf 명 선반 [복] shelves

shelter 명 (노숙자 등을 위한) 쉼터; 보호소

shelving unit 선반

shift 명 1. 교대 근무; 교대조 2. (위치, 입장, 방향의) 변화 동 옮기다; 바꾸다

shine 동 빛나다, 반짝이다 명 윤기; 광택

ship 동 배송하다 명 배, 선박

shipment 명 배송(품)

shipping 명 1. 선박 2. 배송 (활동)

shipping charge 배송료

shipping details 배송 정보

shock-resistant 충격에 견디는

shop 명 가게, 상점 동 사다, 쇼핑하다

shopkeeper 명 가게 주인

shore 명 기슭, 해안

shoreline 명 물가, 해안가

short 형 짧은; 부족한 부 ~이 부족하여

shortage 명 부족

shortcoming 명 결점, 단점

shorten 동 줄이다, 짧게 하다

shortly 부 곧, 얼마 안 되어

66

□□ **shortly after** ~한 직후에
□□ **shortly before** ~하기 직전에
□□ **shovel** 명 삽 동 삽질하다
□□ **show** 동 보여주다
□□ **show up** 나타나다; 드러내 보이다
□□ **showcase** 동 (공개적으로) 소개하다; 전시하다
□□ **showing** 명 1. (영화) 상영 2. 실적; 실력 발휘
□□ **showroom** 명 전시실
□□ **shred** 동 (갈가리) 자르다[찢다]; (문서를) 파기하다
□□ **shrink** 동 줄어들다
□□ **shut down** 폐쇄하다, 멈추다
□□ **sick leave** 병가
□□ **side by side** 나란히
□□ **siding** 명 (건물) 외장용 자재
□□ **sightseeing** 명 관광
□□ **sign** 동 1. 서명하다 2. 계약하다 명 간판, 표지판 (= signpost)
□□ **sign a contract** 계약을 맺다
□□ **sign a petition** 탄원서에 서명하다
□□ **sign an agreement** 계약하다
□□ **sign up** 등록하다
□□ **signature** 명 서명 형 대표적인
□□ **signature dish** 대표 요리
□□ **significance** 명 중요성
□□ **significant** 형 중요한, 의미 있는 명 중요성
□□ **significantly** 부 상당히, 크게
□□ **signify** 동 의미하다, 나타내다
□□ **signs of wear** 마모의 징후[흔적]
□□ **silverware** 명 은제품, 은식기류
□□ **similar** 형 비슷한, 유사한
□□ **similar in** ~면에서 비슷한
□□ **similar to** ~와 비슷한
□□ **similarity** 명 유사성, 닮음
□□ **similarly** 부 마찬가지로
□□ **simple** 형 간단한, 쉬운
□□ **simplicity** 명 간단함, 평이함
□□ **simplification** 명 단순화, 간소화
□□ **simplify** 동 간소화하다, 간단하게 하다
□□ **simply** 부 1. 그냥, 그저 2. 간단히, 평이하게
□□ **simulate** 동 모의 실험하다, 시뮬레이션하다
□□ **simultaneous** 형 동시의
□□ **simultaneously** 부 동시에, 일제히
□□ **simultaneously with** ~와 동시에
□□ **since** 접 ~때문에 접전 ~이후로 부 그 이후로
□□ **sincere** 형 진심 어린, 진실된
□□ **sincere thanks/gratitude** 진심 어린 감사
□□ **sincerely** 부 진심으로
□□ **sincerely apologize** 진심으로 사과하다

□□ **single** 형 단 하나의, 단일의
□□ **single out** ~을 선발하다, 지목하다
□□ **sink** 명 (부엌의) 싱크대, 개수대
□□ **sip** 동 홀짝이다, 조금씩 마시다
□□ **sit** 동 앉다; 앉아 있다
□□ **site** 1. 현장, 부지 2. (인터넷) 사이트
□□ **situate** 동 (어떤 위치에) 두다, 위치시키다
□□ **situation** 명 1. 상황, 환경 2. (건물, 지역의) 위치
□□ **sizable** 형 상당히 큰
□□ **size** 명 크기, 규모 동 크기를 표시하다
□□ **skeptical** 형 회의적인, 의심 많은
□□ **skeptical about** ~에 대해 회의적인
□□ **skeptically** 부 회의적으로
□□ **sketch** 동 스케치하다; 개요를 제시하다 명 스케치; 개요
□□ **skill** 명 솜씨, 기량
□□ **skilled** 형 숙련된, 노련한
□□ **skillfully** 부 솜씨 있게, 교묘하게
□□ **sleek** 형 (모양이) 매끈한, 날렵한
□□ **sleep deprivation** 수면 부족
□□ **sleeve** 명 소매
□□ **slide** 명 (영사기의) 슬라이드 동 미끄러지다
□□ **slight** 형 약간의, 조금의
□□ **slightly** 부 약간, 조금
□□ **slip** 명 1. (작은) 실수 2. (종이) 조각 3. 미끄러짐
□□ **slippery** 형 미끄러운
□□ **slope** 명 경사면
□□ **slot** 명 1. (무엇을 꽂을 수 있는) 구멍 2. (명단, 프로그램 등에 들어가는) 자리, 틈
□□ **slow** 형 느린
□□ **slowdown** 명 (속도, 활동의) 둔화
□□ **sluggishness** 명 게으름, 나태
□□ **slump** 동 급감하다, 폭락하다
□□ **smooth** 형 부드러운, 순조로운
□□ **smoothly** 부 부드럽게, 순조롭게
□□ **snack** 명 간식
□□ **snap** 동 사진을 찍다
□□ **so** 접 그래서, 그 결과
□□ **so far** 지금까지 (=until now)
□□ **So is mine.** 저도 그래요., 제 것도 그래요.
□□ **so that** 동 ~할 수 있도록
□□ **so/such ~ that ...** 너무 ~해서 ...하다
□□ **soak** 동 푹 담그다; 흠뻑 적시다
□□ **soar** 동 치솟다, 급등하다
□□ **soaring** 명 치솟는, 급상승하는
□□ **social media** 명 소셜 미디어
□□ **social networking site** 명 커뮤니티형 웹사이트 (=SNS)
□□ **socialize** 동 (사람들과) 사귀다, 어울리다

society 명 1. 사회 2. 협회, 단체	speak highly of ~을 크게 칭찬하다
sodium 명 나트륨	speak[talk] about ~에 관하여 얘기하다
soil 명 흙, 토양	speak[talk] to/with ~와 얘기하다
sojourn 명 체류	speaker 명 연설자, 발표자
solar energy 명 태양열 에너지	speaking engagement 강연 약속
solar panel 명 태양 전지판	special 형 특별한 명 특별 상품; 특집 방송; 특별 할인가
sold out 매진된, 품절된	special deal 특가 상품, 특별 할인
solder 동 납땜하다 명 납땜	specialist 명 전문가
sole 명 (구두의) 밑창	specialization 명 전문화
solely 부 오로지; 단독으로	specialize 동 ~을 전문으로 하다; ~을 전공하다
solicit 동 간청하다, 요청하다	specialize in ~을 전문으로 하다, ~을 전공하다
solicit donations 기부금을 요청하다	specialized 형 전문화된, 전문적인
solicitation 명 간청	specially 부 특별히, 특히
solid 형 1. 단단한; 확고한 2. 다른 색이 섞이지 않은	specially formulated engine 특별 제작된 엔진
solidify 동 확고히 하다	specialty 명 1. 전문, 전공 2. 특선; 특산품
solidity 명 견고함, 확실함	specific 형 1. 구체적인 2. 특정한
solitary 형 1. 혼자 하는[있기를 좋아하는] 2. 단 하나의	specifically 부 특별히; 분명히
solution 명 1. 해법, 해결책 2. 용액	specification 명 설명서, 사양
solution to ~에 대한 해결책	specifics 명 세부 내용
solve 동 풀다, 해결하다	specified 형 명시된
Something comes up. 일이 좀 생겼어요.	specify 동 (구체적으로) 명시하다
sometimes 부 가끔, 때때로	specimen 명 견본, 샘플; 표본
somewhat 부 어느 정도, 약간	spectacular 형 장관을 이루는, 극적인
soon 부 곧, 이내	spectator 명 관중
soon-to-open 곧 개점할	speculate 동 1. 추측하다, 짐작하다 2. 투기하다
soothe 동 달래다, 진정시키다	speculation 명 추측, (어림)짐작 명 투기
sophisticated 형 1. 정교한, 복잡한 2. 세련된, 교양 있는	spend 동 (돈을) 쓰다; (시간을) 보내다; (에너지, 노력 등을) 들이다
sorbet 명 (디저트용) 셔벗	
sort 동 분류하다 명 종류, 유형	spend A doing B B하는 데 A를 쓰다
sort out 분류하다	spend A on B B에 A를 쓰다
sound 동 ~인 것 같다, ~처럼 들리다 명 소리, 음향 형 건전한; 타당한	spending 명 지출, 소비
	spice 명 양념, 향신료 동 양념을 치다
Sounds good. 좋은 생각이네요.	spike 명 급증, 급등
Sounds interesting. 재미있겠는데요.	spill 동 흐르다, 쏟다
Sounds promising. 좋아 보이네요., 기대되네요.	spillage 명 흘림, 엎지름
source 명 원천; (자료의) 출처 명 소식통, 정보원	splash 동 (물 등을) 끼얹다, 튀기다
source of/for ~의 원천	split 동 나누다, 쪼개다
souvenir 명 기념품	spoil 동 망치다, 못쓰게 만들다
souvenir shop 기념품 가게	spokesperson 명 대변인
space 명 공간, 자리 동 (일정한) 간격을 두다	sponsor 동 (행사 등을) 후원하다; 주관하다 명 후원자, 후원업체
spacious 형 (공간이) 넓은, 널찍한	
span 명 1. 시간, 기간 2. (포괄적인) 범위 동 가로지르다	sponsorship 명 후원, 협찬
spare 형 남는, 여분의 동 (시간, 돈 등을) 할애하다, 내다	sporadic 형 산발적인
sparing 형 조금만 쓰는, 아끼는	sporting event 명 스포츠 행사
sparingly 부 절약하여, 아껴서	spot 명 (특정한) 곳, 장소 동 발견하다, 알아채다
sparsely 부 드문드문, 희박하게	spray 동 뿌리다, 살포하다 명 분무(기)
speak 동 말하다, 얘기하다	spread 동 펼치다; 퍼뜨리다
speak clearly 분명하게 말하다	sprinkle 동 뿌리다, 살포하다

☐☐ **stability** 몡 안정(성)	☐☐ **stay** 통 머물다; 계속 남아 있다 몡 방문
☐☐ **stabilize** 통 안정되다; 안정시키다	☐☐ **stay on the line** 전화를 끊지 않고 기다리다
☐☐ **stable** 혱 안정된, 안정적인	☐☐ **stay within budget** 예산 범위 내에서 하다
☐☐ **stack** 통 쌓다 몡 더미	☐☐ **stay/keep in contact with** ~와 계속 연락하고 지내다
☐☐ **stadium** 몡 경기장(=arena)	☐☐ **stay/remain intact** 온전한 상태를 유지하다
☐☐ **staff** 몡 직원 통 직원을 제공하다, 직원으로 일하다	☐☐ **steadfast** 혱 변함없는
☐☐ **staffing** 몡 직원 채용	☐☐ **steadily** 튀 꾸준히, 건실하게
☐☐ **stage** 몡 1. 단계, 시기 2. 무대	☐☐ **steady** 혱 꾸준한; 안정된
☐☐ **stagehand** 몡 무대 담당자	☐☐ **steel** 몡 강철
☐☐ **stagnant** 혱 침체된	☐☐ **steep** 혱 가파른; 급격한 혱 (가격이) 너무 비싼, (요구가) 터무니없는
☐☐ **stain** 몡 얼룩 통 얼룩지게 하다, 착색하다	
☐☐ **staircase** 몡 계단	☐☐ **steep price** 터무니 없이 비싼 가격
☐☐ **stairs** 몡 계단	☐☐ **steep slope** 급경사
☐☐ **stairway** 몡 계단	☐☐ **steer** 통 조종하다, 몰다, (특정 방향으로) 움직이다
☐☐ **stakeholder** 몡 이해 당사지, 주주	☐☐ **steering wheel** 몡 (차량의) 운전대
☐☐ **stall** 몡 가판대. 좌판	☐☐ **step** 몡 1. (-s) 계단 2. 단계; 조치 통 (발설음을) 떼다
☐☐ **stamp** 몡 우표; 도장 통 1. (도장을) 찍다 2. (발을) 구르다	☐☐ **step down** (자리에서) 물러나다
☐☐ **stand** 몡 1. 견디다, 이겨 내다 2. 서다; 서 있다 몡 가판대; ~(세움)대	☐☐ **step into** (일 등을) 시작하다
	☐☐ **step out** ~에서 나가다
☐☐ **stand in for** ~을 대신하다	☐☐ **stepladder** 몡 발판 사다리
☐☐ **stand out** 눈에 띄다, 두드러지다	☐☐ **sterilize** 통 살균하다, 소독하다
☐☐ **stand the test of time** 오랜 세월이 지나도 건재하다	☐☐ **stick to** 1. ~를 계속하다 2. 고수하다
☐☐ **stand up for** ~을 지지하다[옹호하다]	☐☐ **still** 튀 여전히, 아직도
☐☐ **standard** 몡 기준, 표준 혱 보통의; 표준 규격에 맞춘	☐☐ **stimulate** 통 자극하다, 활성화시키다
☐☐ **standard of/for** ~의 기준	☐☐ **stimulation** 몡 자극, 격려
☐☐ **standardize** 통 표준화하다	☐☐ **stipulate** 통 규정하다, 명기하다
☐☐ **standardized** 혱 표준화된	☐☐ **stipulation** 몡 조항; 약정
☐☐ **standing** 혱 고정적인, 상설의	☐☐ **stir** 통 젓다, 섞다
☐☐ **standing charge** (가스/전기/수도 요금 등) 고정 비용	☐☐ **stitch** 몡 바늘땀 통 바느질하다
☐☐ **standing room** (경기장, 극장 등의) 입석, 설 수 있는 자리	☐☐ **stock** 몡 (상점의) 재고(품) 몡 주식 통 (판매할 상품을) 갖추다; 채우다
☐☐ **staple** 통 스테이플러로 고정하다 몡 (한 국가의) 주요 산물 혱 주된, 주요한	☐☐ **stock the shelf** 선반에 물건을 채우다
	☐☐ **stockroom** 몡 (상점, 사무실 등의 물품 보관용) 창고
☐☐ **star** 통 주연을 맡다 몡 주연	☐☐ **stool** 몡 (등받이 없는) 의자
☐☐ **stare** 통 빤히 쳐다보다, 응시하다	☐☐ **stop by** 잠시 들르다
☐☐ **stare at** ~을 응시하다	☐☐ **stopover** 몡 단기 체류
☐☐ **state** 통 진술하다 몡 1. 상태 2. 나라; 주(州)	☐☐ **stoppage** 몡 (조업, 경기의) 중단
☐☐ **state explicitly** 분명하게 말하다	☐☐ **stopper** 몡 (병의) 마개
☐☐ **statement** 몡 1. 입출금 내역서 2. 성명(서), 진술(서)	☐☐ **storage** 몡 저장, 보관
☐☐ **state-of-the-art** 혱 최신식의, 최신 기술의	☐☐ **storage capacity** 저장 용량
☐☐ **state-of-the-art equipment** 최신식 장비	☐☐ **storage rack** 저장대
☐☐ **stationery** 몡 문구류	☐☐ **storage space** 저장 공간
☐☐ **statistic** 몡 통계 자료	☐☐ **store** 통 저장하다, 보관하다 몡 상점
☐☐ **statistical** 혱 통계적인, 통계에 근거한	☐☐ **store credit** (현금처럼 사용할 수 있는) 적립 포인트
☐☐ **statistical analysis** 통계 분석	☐☐ **stove** 몡 스토브, 난로
☐☐ **statistically** 튀 통계상으로	☐☐ **straighten up** ~을 정리하다
☐☐ **statistics** 몡 통계 (자료); 통계학	☐☐ **straightforward** 혱 간단한, 쉬운
☐☐ **statue** 몡 조각(품)	☐☐ **strain** 통 혹사하다, 무리하게 사용하다
☐☐ **status** 몡 1. (진행 과정상의) 상황, 상태 2. (사회적) 지위, 신분	

☐☐ strange 혱 이상한	☐☐ subject 몡 (논의의) 주제, 대상 혱 ~의 대상이 되는
☐☐ strategic 혱 전략적인	☐☐ subjective 혱 주관적인
☐☐ strategic location 전략적 위치	☐☐ submerge 통 물 속에 넣다[잠그다]
☐☐ strategically 閏 전략적으로	☐☐ submission 몡 제출(물)
☐☐ strategy 몡 전략	☐☐ submit 통 제출하다
☐☐ stream 몡 흐름, 연속 통 계속 흐르다	☐☐ submit a proposal 제안서를 제출하다
☐☐ streamline 통 간소화하다, 능률화하다	☐☐ submit A to B A를 B에게 제출하다
☐☐ strength 몡 힘, 세기, 강점	☐☐ subordinate 혱 부하 직원, 하급자 (멘 superior 상관,
☐☐ strengthen 통 강화하다	상급자) 혱 부차적인; 종속된
☐☐ strenuous 혱 몹시 힘든, 격렬한	☐☐ subordinate to ~에 종속된
☐☐ strenuous exercise/work 몹시 힘든 운동/업무	☐☐ subscribe 통 구독하다; 가입하다
☐☐ stress 몡 1. 스트레스; 압박 2. 중점, 강조 통 강조하다	☐☐ subscribe to ~을 구독하다
☐☐ stress that절 that 이하를 강조하다	☐☐ subscriber 몡 구독자; 가입자
☐☐ stretch 톹 (어떤 지역에 걸쳐) 뻗어 있다, 이어지다	☐☐ subscription 몡 구독(료); 가입
몡 (길게 뻗은) 구간, 지역	☐☐ subscription to ~의 구독(료)
☐☐ strew 통 흩뿌리다, 흩뿌려져 있다	☐☐ subsequence 몡 다음(임)
☐☐ strict 혱 엄격한	☐☐ subsequent 혱 그 다음의, 차후의
☐☐ strict with ~에게 엄격한	☐☐ subsequent to ~뒤에[다음에]
☐☐ strictly 閏 엄격하게	☐☐ subsequently 閏 그 뒤에, 나중에
☐☐ strictly prohibited 엄격히 금지된	☐☐ subsidiary 몡 자회사 혱 부수적인
☐☐ strife 몡 갈등, 불화	☐☐ subsidize 통 보조금을 주다
☐☐ strike 몡 파업 통 파업하다	☐☐ subsidy 몡 보조금, 장려금
☐☐ string 몡 끈, 줄 통 (끈이나 줄로) 묶다	☐☐ substantial 혱 (양, 가치 등이) 상당한
☐☐ stringency 몡 엄중함; 가혹함	☐☐ substantial amount 상당한 양
☐☐ stringent 혱 가혹한; 긴박한	☐☐ substantial increase 상당한 증가
☐☐ stringent standards/regulations 엄격한 기준/규정	☐☐ substantially 閏 상당히, 충분히
☐☐ stringently 閏 가혹하게	☐☐ substantiate 통 입증하다
☐☐ strip 몡 (가느다란) 조각	☐☐ substitute 몡 대리자; 대용품 통 대신하다; 대용하다
☐☐ stripe 몡 줄무늬	☐☐ substitute B for A A를 B로 대체하다 (= substitute
☐☐ strive 통 있는 힘을 다해 노력하다, 분투하다	A with B)
☐☐ strive for ~을 위해 노력하다	☐☐ substitute for ~의 대용품[대체제]
☐☐ strive to do ~하려고 노력하다	☐☐ substitution 몡 대리, 대용
☐☐ stroll 통 거닐다, 산책하다	☐☐ subtle 혱 1. 미묘한 2. 교묘한 3. 절묘한
☐☐ strong 혱 강한, 센	☐☐ suburb 몡 교외
☐☐ strongly 閏 강하게, 튼튼하게	☐☐ suburban 혱 교외의
☐☐ structure 몡 구조(물), 건축물	☐☐ succeed 통 1. 성공하다 2. 뒤를 잇다
☐☐ struggle 통 고군 분투하다, 발버둥 치다	☐☐ succeed in ~ing ~하는 데 성공하다
☐☐ stub 몡 (표 등에서 한 쪽을 떼고) 남은 부분	☐☐ succeeding 혱 계속되는, 다음의
☐☐ stubborn 혱 1. 고집스러운, 완강한 2. 없애기 힘든, 고질적인	☐☐ success 몡 성공, 성공작
☐☐ stuck in traffic 교통이 정체된	☐☐ successful 혱 성공적인
☐☐ study 통 1. 공부하다 2. 유심히 살피다 몡 공부, 연구, 학습	☐☐ successful applicant 선발된 지원자, 합격자
☐☐ stunned 혱 큰 감동을 받은; 기절한	☐☐ successful candidate 당선자, 합격자
☐☐ stunning 혱 너무나 멋진	☐☐ successfully 閏 성공적으로
☐☐ stunning view 너무나 멋진 전망	☐☐ succession 몡 연속; 승계
☐☐ sturdy 혱 튼튼한, 견고한	☐☐ successive 혱 연속적인, 잇따른
☐☐ style 몡 1. (옷, 외형 등의) 스타일 2. 방식	☐☐ succinct 혱 간결한
☐☐ stylish 혱 세련된, 우아한	☐☐ succinctly 閏 간결하게
☐☐ subcontract 통 하청을 주다 몡 하청 계약	☐☐ such as 예를 들어, ~와 같은

70

- [ ] [ ] **sudden** 형 갑작스러운
- [ ] [ ] **suddenly** 부 갑자기
- [ ] [ ] **sue** 동 고소하다, 소송을 제기하다
- [ ] [ ] **suffer** 동 시달리다; 고통 받다
- [ ] [ ] **suffer from** ~로 고통 받다
- [ ] [ ] **sufficient** 형 충분한
- [ ] [ ] **sufficiently** 부 충분히, (~하기에) 충분할 만큼
- [ ] [ ] **suggest** 동 1. 제안하다 2. 암시하다
- [ ] [ ] **suggestion** 명 1. 제안, 제의 2. 시사, 암시
- [ ] [ ] **suit** 동 ~에 적합하다, 어울리다 명 정장(= formal clothing)
- [ ] [ ] **suit the needs** 요구를 만족시키다
- [ ] [ ] **Suit yourself.** 마음대로 하세요., 좋을 대로 하세요.
- [ ] [ ] **suitable** 형 적합한, 적절한
- [ ] [ ] **suitably** 부 적합하게, 적절하게
- [ ] [ ] **suitcase** 명 여행가방
- [ ] [ ] **suite** 명 스위트룸(몇 개의 방으로 구성된 공간)
- [ ] [ ] **summarize** 동 요약하다
- [ ] [ ] **summary** 명 요약, 개요
- [ ] [ ] **sunlit** 형 햇빛이 비치는[드는]
- [ ] [ ] **superb** 형 최고의, 최상의
- [ ] [ ] **superbly** 부 훌륭하게, 기가 막히게
- [ ] [ ] **superficial** 형 깊이 없는, 얄팍한; 표면적인
- [ ] [ ] **superficially** 부 표면적으로, 피상적으로
- [ ] [ ] **superior** 형 (~보다 더) 우수한, 우월한
- [ ] [ ] **superiority** 명 우월성; 우세
- [ ] [ ] **supervise** 동 감독하다
- [ ] [ ] **supervision** 명 감독, 관리
- [ ] [ ] **supervisor** 명 감독관, 관리자
- [ ] [ ] **supervisory** 형 감독의, 관리의
- [ ] [ ] **supervisory role** 감독직
- [ ] [ ] **supplement** 명 (보충물), 보조재; (책의) 부록 동 보충하다, 추가하다
- [ ] [ ] **supplement facts** 영양 성분표
- [ ] [ ] **supplementary** 형 보충의, 추가의
- [ ] [ ] **supplier** 명 공급자, 공급업체
- [ ] [ ] **supply** 동 공급하다 명 1. 공급(량) 2. (-ies) (재료, 소모품, 비품 등의) 물자, 용품
- [ ] [ ] **supply A with B** A에게 B를 공급하다
- [ ] [ ] **supply B to A** A에게 B를 공급하다
- [ ] [ ] **supply room** 비품실
- [ ] [ ] **support** 동 지지하다, 지원하다 명 지지, 지원
- [ ] [ ] **supporter** 명 지지자, 후원자
- [ ] [ ] **suppose (that)절** that 이하를 가정하다
- [ ] [ ] **suppose** 동 추측하다, 가정하다
- [ ] [ ] **supposedly** 부 추정상, 아마
- [ ] [ ] **surcharge** 명 추가 요금
- [ ] [ ] **Sure thing.** 물론이죠.
- [ ] [ ] **surely** 부 확실히, 분명히

- [ ] [ ] **surface** 명 표면 동 (도로를) 포장하다
- [ ] [ ] **surface mail** 보통 우편
- [ ] [ ] **surge** 명 급증, 급등 동 급증하다, 급등하다
- [ ] [ ] **surge in** ~의 급증
- [ ] [ ] **surgeon** 명 외과 의사
- [ ] [ ] **surgical** 형 수술의, 외과의
- [ ] [ ] **surpass** 동 능가하다, 뛰어넘다
- [ ] [ ] **surpass initial expectations** 당초 예상을 뛰어넘다
- [ ] [ ] **surpassing** 형 뛰어난, 탁월한
- [ ] [ ] **surplus** 명 과잉; 흑자 형 과잉의, 잉여의
- [ ] [ ] **surplus fund** 잉여 자금
- [ ] [ ] **surplus of** ~의 과잉
- [ ] [ ] **surprised** 형 놀란
- [ ] [ ] **surrender** 동 1. 항복하다 2. (권리 등을) 포기하다 명 항복
- [ ] [ ] **surround** 동 둘러싸다, 에워싸다
- [ ] [ ] **surrounding** 형 주위의, 인근의
- [ ] [ ] **surrounding area** 인근 지역
- [ ] [ ] **surroundings** 명 환경
- [ ] [ ] **survey** 명 (설문) 조사 동 (설문) 조사하다
- [ ] [ ] **susceptible** 형 민감한; 예민한
- [ ] [ ] **susceptible to** ~에 민감한
- [ ] [ ] **suspect** 동 의심하다, 수상쩍어 하다 명 용의자
- [ ] [ ] **suspend** 동 1. 보류하다, 중단하다 2. 매달다, 걸다
- [ ] [ ] **suspension** 명 연기, 보류
- [ ] [ ] **sustain** 동 1. 지속시키다 2. (무게를) 견디다, 지탱하다
- [ ] [ ] **sustainability** 명 지속 가능성
- [ ] [ ] **sustainable** 형 (오랫동안) 지속 가능한
- [ ] [ ] **swap** 동 바꾸다; 교대로 하다
- [ ] [ ] **sweep** 동 (빗자루로) 쓸다
- [ ] [ ] **swift** 형 신속한, 재빠른
- [ ] [ ] **swiftly** 부 신속히, 빨리 (=quickly, immediately)
- [ ] [ ] **swing** 명 (의견, 상황 등의) 변화, 선회
- [ ] [ ] **switch** 동 바꾸다, 전환하다
- [ ] [ ] **symmetrically** 부 대칭적으로, 균형이 잡혀
- [ ] [ ] **symposium** 명 심포지엄, 학술 토론회
- [ ] [ ] **symptom** 명 증상
- [ ] [ ] **synchronization** 명 동시에 하기; 동기화
- [ ] [ ] **synergy** 명 시너지 효과, 동반 상승 효과
- [ ] [ ] **synthesis** 명 1. 종합, 통합 2. 합성
- [ ] [ ] **synthetic** 형 합성한, 인조의
- [ ] [ ] **synthetic fabric/material** 합성 섬유/물질
- [ ] [ ] **systematically** 부 체계적으로

T

- [ ] [ ] **tablecloth** 명 식탁보
- [ ] [ ] **tablet** 명 알약
- [ ] [ ] **tactic** 명 전략, 작전

tag 명 꼬리표, 태그 동 꼬리표를 붙이다

tailor 동 (특정한 목적에) 맞추다 명 재단사

tailor A to/for A를 ~에 맞추다

tailored 형 맞춤의; 잘 맞도록 만든

take ~ for granted ~을 당연하게 여기다

take ~ into account[consideration] ~을 고려하다

take a detour 우회하다

take A for granted A를 당연하게 여기다

take a leave of absence 휴직하다

take a look at ~을 살펴보다

take A seriously A를 진지하게 받아들이다

take advantage of ~을 이용하다, ~을 기회로 활용하다

take apart 분해하다

take care of ~을 처리하다

take charge of ~의 책임을 지다

take effect 시행되다, 발효되다

take inventory of ~을 상세히 조사하다

take longer than anticipated 예상보다 오래 걸리다

take measures 조치를 취하다, 대책을 강구하다

take notes 메모하다, 필기하다

take off 1. (옷을) 벗다 2. (비행기 등이) 이륙하다 3. (상품이나 아이디어 등이) 빠르게 인기를 얻다

take on (일 등을) 맡다 (=assume)

take one's place ~을 대신하다

take one's time 서두르지 않고 하다, 천천히 하다

take out a loan 대출을 받다

take out 들어내다, 빼내다

take over 1. (업무, 자리 등을) 인계 받다 2. (기업 등을) 인수하다

take part in ~에 참가하다

take place (행사 등이) 열리다

take precautions 예방 조치를 취하다

take pride in ~을 자랑하다

take time 시간이 걸리다

take up (시간, 공간을) 차지하다

takeover 명 기업 인수

talent 명 1. 재주, 재능 2. 재능 있는 사람(들)

talented 형 (타고난) 재능이 있는

talk 동 얘기하다, 논의하다 명 대화; 연설, 강연

tally 동 (기록을) 집계하다; 총계를 내다

tamper with (허락 없이 함부로) 손대다, 건드리다

tangible 형 분명히 실재하는; (회사 자산이) 유형의

tangible asset 유형 자산

tap 명 수도꼭지 동 가볍게 두드리다

target 명 목표; 대상 동 목표로 삼다, 겨냥하다

target customer 목표[대상] 고객

tariff 명 관세

task 명 일, 과제

taste 명 맛 동 맛보다

tastefully 부 멋있게, 고상하게

tax 명 세금 동 과세하다

taxation 명 조세; 과세제도

tax-free 면세의

teaching credential 교사 자격증

tear 동 찢다, 뜯다

tear down 철거하다 (=demolish)

technical 형 과학 기술의; 기술적인

technical assistance 기술 지원

technical issue 기술적인 문제

technical support 기술 지원(팀)

technically 부 1. 기술적으로 2. 엄밀히 말하면

technician 명 기술자, 기사

technique 명 기법; 기술

technological 형 (과학) 기술의

technology 명 (과학) 기술

tedious 형 지루한, 싫증나는

tediously 부 지루하게, 따분하게

television commercial 텔레비전 광고

teller 명 은행 창구 직원

temperature 명 온도, 기온

template 명 견본, 본보기

temporarily 부 임시로, 일시적으로

temporarily out of stock 일시 품절인

temporary 형 임시의, 일시적인

temporary position 비정규직, 계약직

temporary worker 임시[계약] 직원

tenable 형 (공격, 비판으로부터) 쉽게 옹호할 수 있는 반 untenable 방어될 수 없는

tenant 명 세입자, 임차인

tend 동 (~하는) 경향이 있다, (~을) 하기 쉽다

tend to do ~하는 경향이 있다

tendency 명 1. 성향 2. 경향, 추세

tender 형 1. 음식이 연한 2. 다정한, 상냥한

tentative 형 잠정적인, 임시의

tentative schedule 임시 일정

tentatively 부 1. 잠정적으로 2. 실험적으로

tentatively rescheduled 일정이 잠정 변경된

tenure 명 재임 기간

term 명 1. (-s) (계약 등의) 조건 2. (지속되는 특정한) 기간 3. 용어

terminal 명 1. 종점, 종착역, 터미널 2. (컴퓨터) 단말기

terminate 동 1. 끝내다, 종료하다 2. (버스, 기차가) 종점에 닿다

termination 명 종료

terms and conditions (계약) 조건

terrain 명 지형, 지역

terribly 부 몹시, 너무나

- terrific 형 아주 좋은, 훌륭한
- test 명 시험, 테스트 통 시험하다, 테스트하다
- test tube 명 시험관
- testimonial 명 1. (품질에 대한) 추천의 글 2. (이전 고용주의) 추천서
- text 명 글
- textile 명 직물; 섬유 (산업)
- texture 명 감촉, 질감
- Thanks for the reminder. 알려줘서 고마워요.
- thanks to 전 ~덕분에, ~때문에
- That happens. 그런 일도 있는 거죠.
- That makes sense. 일리가 있네요.
- that way 그렇게 하면, 그런 식으로
- that way 그렇게 하면; 그와 같이
- That works for me. 저는 좋습니다.
- That's a relief. 그거 다행이네요.
- That's a thought. 그거 좋은 생각이네요.
- That's odd. 그것 참 이상하네요.
- That's too bad. 그것 참 안 됐네요., 그렇다니 유감이네요.
- the following day 그 다음 날
- the lower pressure 더 낮은 압력
- the majority of ~의 대다수
- the proportion of A to B A와 B의 비율
- the sequence of events 일련의 사건들
- the single largest + 명사 단일 ~로는 가장 큰
- The sooner, the better. 빠를수록 좋아요.
- the widest selection of 가장 선택의 폭이 넓은
- the/소유격 + whole 전체의 ~
- theatergoer 명 극장에 자주 가는 사람
- then 부 그 다음에, 그리고 나서
- There is speculation that절 that 이하라는 추측이 있다
- thereafter 부 그 후에
- therefore 부 그러므로, 따라서
- thermostat 명 온도 조절 장치
- thorough 형 철저한; 빈틈없는
- thoroughly 부 철저히; 완전히
- thoroughly review 철저하게 검토하다
- though 접 ~이긴 하지만, ~인데도
- thought 명 생각
- thoughtful 형 사려 깊은; 친절한
- thoughtfully 부 생각이 깊게; 친절하게
- threaten 통 협박하다, 위협하다
- three-dimensional 형 3D의, 입체적인
- thrifty 형 검소한, 절약하는
- thrilled 형 아주 흥분한[신이 난]
- thrilled to do ~하게 되어 아주 기쁜
- thrive 통 번창하다, 잘 자라다

- thriving 형 1. 번창하는 2. 잘 자라는
- through 전 ~을 통해
- throughout 전 1. (장소) 전역에 2. (기간) 내내
- throw a party 파티를 열다
- throw away ~을 버리다
- thus 부 1. 이와 같이, 이렇게 하여 2. 따라서, 그러므로
- ticket holder 티켓 소지자
- ticketing 명 매표, 발권
- tidy 통 정돈하다, 정리하다 형 깔끔한, 잘 정돈된
- tie 통 묶다, 매다 명 동점, 무승부
- tight 형 1. 빡빡한, 빠듯한 2. (고정된 상태가) 단단한; (옷이) 꽉 조이는
- tight schedule 꽉 찬 일정
- tightly 부 단단히, 꽉
- time and a half 1.5배의 지급, 50% 초과 근무 수당
- time constraint 시간 제약
- time management 시간 관리
- time off 일이 없는 시간, 일시적 중단
- time sheet 명 근무 시간 기록표
- time slot (프로그램, 방송 등의) 시간대
- time-consuming 형 (많은) 시간이 걸리는
- timely 형 시기 적절한, 때맞춘
- time-off 명 휴식; 일시적 중단
- tip 명 1. 조언, 정보 2. 팁, 봉사료 3. (뾰족한) 끝
- title 통 제목을 붙이다
- to 전 1. ~에, ~로 [방향] 2. ~에게 [대상]
- to a certain extent/degree 어느 정도는
- to a later date 후일로
- to an absolute minimum 완전 최소로
- to and from ~을 왕복하는
- to be fair 공정하게 말하자면
- to date 지금까지
- to one's liking[taste, preference] ~의 취향[기호]에 맞는
- to one's satisfaction ~가 마음에 들도록
- to some extent 어느 정도까지, 얼마간
- to summarize 요약하자면
- to this end 이것을 위하여, 이것 때문에
- toe-tapping 발끝을 까딱거리게 만드는, 경쾌한
- together with ~와 함께; ~을 포함하여
- tolerant 형 관대한, 아량 있는
- tolerate 통 용인하다, 참고 견디다
- toll collection 통행료 징수
- toll-free number 수신자 부담 전화
- too 부 1. 너무 2. ~도 또한
- tool 명 연장, 공구, 도구
- tool belt 공구벨트
- tool box 명 공구함

□□ **top** 명 맨 위, 꼭대기, 정상 형 맨 위의, 최고의
□□ **top priority** 최우선권
□□ **top-notch** 형 최고의, 아주 뛰어난
□□ **torn** 형 찢어진, 구멍 난
□□ **total** 형 총, 전체의 명 합계, 총액 동 총 ~가 되다
□□ **totally** 부 완전히, 전적으로
□□ **touch up** ~을 고치다, 손보다
□□ **tour** 명 여행; 견학, 방문
□□ **tour of** ~의 여행
□□ **tourism** 명 관광업
□□ **tourist** 명 관광객
□□ **tourist attraction** 관광 명소
□□ **tout** 동 장점을 내세우다, (제품, 서비스를) 광고하다
□□ **tow (tow truck)** 동 (차량을) 견인하다
□□ **toward** 전 1. ~쪽으로, ~을 향하여 [방향] 2. ~무렵, ~쯤 [시간]
□□ **toxic** 형 유독성의
□□ **trace** 동 추적하다, 따라가다 명 자취, 흔적
□□ **track** 동 추적하다 명 길; 선로; 경주로; (음악의) 한 곡
□□ **tracker** 명 추적 장치
□□ **trade** 명 거래, 무역 동 거래하다; 사업을 하다
□□ **trade show[fair, expo, conference]** 무역 박람회
□□ **trademark** 명 상표
□□ **trading** 명 상거래, 영업
□□ **tradition** 명 전통
□□ **traditional** 형 전통의; 전통을 따르는
□□ **traditionally** 부 전통적으로
□□ **traffic** 명 교통(량)
□□ **traffic congestion** 교통 혼잡
□□ **traffic light** 명 신호등
□□ **trail** 명 1. 자국, 흔적 2. 오솔길, 산길
□□ **trail map** 길 안내도
□□ **trailer** 명 트레일러
□□ **trailhead** 명 등산로 시작점, (길의) 기점
□□ **train** 동 교육하다, 훈련시키다
□□ **trainer** 명 훈련시키는 사람, 트레이너
□□ **training** 명 교육, 훈련
□□ **training material** 교육 자료
□□ **training seminar** 교육 세미나
□□ **training session** 연수회, 교육
□□ **trait** 명 (성격상의) 특성
□□ **transact** 동 거래하다
□□ **transaction** 명 거래, 매매 명 처리 (과정)
□□ **transaction record** 거래 내역
□□ **transaction type** 거래 유형
□□ **transatlantic** 형 대서양 횡단의
□□ **transfer** 동 1. 전근 가다 2. 옮기다, 이전하다 명 이동; 이체; 전근; 환승

□□ **transfer A to B** A를 B로 옮기다
□□ **transfer to** ~로 옮기다
□□ **transferable** 형 이동[양도] 가능한
□□ **transform** 동 변형시키다; 완전히 바꿔 놓다
□□ **transformation** 명 변화, 탈바꿈
□□ **transit** 명 수송, 운송; 교통 체계
□□ **transit authorities** 교통 당국
□□ **transition** 명 (다른 상태로의) 이행, 전환
□□ **transition to** ~로의 이행[전환]
□□ **transitional** 형 과도기의, 변천하는
□□ **transitional period** 과도기
□□ **translate** 동 번역하다, 통역하다
□□ **translation** 명 번역, 번역물
□□ **translator** 명 번역가
□□ **translucent** 형 반투명한
□□ **transmission** 명 1. 전송, 송신 2. 전염, 전파
□□ **transmit** 동 1. 전송하다; 송신하다 2. 전염시키다
□□ **transmit A to B** A를 B에 보내다
□□ **transparency** 명 투명성; 명료성
□□ **transparent** 형 1. 투명한 2. 명백한
□□ **transparently** 부 투명하게; 솔직하게
□□ **transport** 동 수송하다, 실어 나르다 명 수송 (수단)
□□ **transportation** 명 수송 (수단)
□□ **trash** 명 쓰레기
□□ **travel** 동 여행하다, 이동하다 명 여행, 이동
□□ **travel agency** 여행사
□□ **travel agent** 여행사 직원
□□ **travel destination** 여행지
□□ **travel expense claim** 여비 청구서
□□ **travel expense** 여행 경비
□□ **travel itinerary** 여행 일정표
□□ **tray** 명 (납작한) 상자; 쟁반
□□ **treat** 동 1. 다루다, 취급하다 2. 치료하다 명 (특별한) 대접; 선물
□□ **treat A with respect** A를 공손히 대하다
□□ **treatment** 명 1. 치료, 처치 2. 대우, 처우
□□ **trek** 명 트래킹 동 오래 걷다, 트래킹을 하다
□□ **tremendous** 형 엄청난, 굉장한
□□ **tremendously** 부 엄청나게
□□ **trend** 명 경향, 동향
□□ **trend-setting** 형 유행을 선도하는
□□ **trespass** 동 무단 침입하다 명 무단 침입
□□ **trial** 명 1. 시험, 실험 2. 재판, 공판
□□ **trial run** 시험 가동, 시운전
□□ **trial subscription** 시험 구독
□□ **trim** 동 다듬다, 손질하다
□□ **trip** 명 여행 동 1. 여행하다 2. 발을 헛디디다
□□ **trivial** 형 사소한, 하찮은

□□ **trivially** 튄 하찮게; 평범하게

□□ **trouble** 몡 문제, 곤란; (기계 등의) 고장 튐 애 먹이다, 귀찮게 하다

□□ **troubleshooting** 몡 고장의 수리

□□ **troupe** 몡 공연단, 극단

□□ **trousers** 몡 바지

□□ **trust** 몡 신뢰 튐 신뢰하다

□□ **trustworthy** 톙 믿을 수 있는

□□ **try** 튐 1. 해보다, 시도하다 2. 시험 삼아 써 보다

□□ **try on** 입어 보다

□□ **try out** 시험적으로 사용해보다

□□ **tuition** 몡 수업(료)

□□ **tuition fee** 수업료

□□ **tune** 튐 1. (채널을) 맞추다 2. 조율하다; 조정하다

□□ **tune into** ~로 채널을 맞추다

□□ **tune up** (차의 엔진이나 악기 등을) 조정하다, 조율하다

□□ **tuning** 몡 조율; 조정

□□ **turn around** (경기 등이) 호전되다

□□ **turn down** ~을 거절하다

□□ **turn on[off]** (전원을) 켜다[끄다]

□□ **turn out** ~인 것으로 밝혀지다

□□ **turn over** ~을 뒤집다

□□ **turn to** (도움, 조언 등을 위해) ~에 의지하다

□□ **turn up** 나타나다; 도착하다

□□ **turnout** 몡 1. (행사의) 참가자 수 2. (선거의) 투표자 수, 투표율

□□ **turnover** 몡 1. (직원) 이직률 2. 총매상고, 매출액

□□ **tutorial** 몡 사용 지침서; 개별 지도 시간

□□ **twist** 몡 전환, 전개

□□ **24/7 (24 hours a day, 7 days a week)** 1년 내내, 언제나

□□ **type** 튐 (컴퓨터로) 타자 치다

□□ **typical** 톙 보통의, 일반적인

□□ **typically** 튄 보통, 일반적으로

U

□□ **ultimate** 톙 궁극적인, 최후의

□□ **ultimate goal/objective/aim** 궁극적인 목표

□□ **ultimately** 튄 결국, 궁극적으로

□□ **unable** 톙 ~할 수 없는

□□ **unanimous** 톙 만장일치의, 모두 의견이 같은

□□ **unanimous support** 만장 일치의 지지

□□ **unanimously** 튄 만장일치로

□□ **unassuming** 톙 잘난 체하지 않는

□□ **unattended** 톙 방치된, 내버려둔

□□ **unauthorized** 톙 권한이 없는, 인가 받지 않은

□□ **unauthorized use** 무단 사용

□□ **unavailable** 톙 1. 이용할 수 없는 2. 시간이 안 되는

□□ **unavoidable** 톙 불가피한, 어쩔 수 없는

□□ **unbearable** 톙 참을 수 없는, 견딜 수 없는

□□ **unbearably** 튄 참을 수 없을 정도로

□□ **unbeatable** 톙 타의 추종을 불허하는

□□ **unbiased** 편견 없는

□□ **uncertain** 톙 1. 확신이 없는 2. 불확실한

□□ **uncertainty** 몡 불확실성

□□ **unclaimed** 톙 주인이 나타나지 않는

□□ **unclutter** 튐 정돈하다, 어지른 것을 치우다

□□ **uncomfortable** 톙 불편한

□□ **uncomfortably** 튄 불편하게, 언짢게

□□ **unconventional** 톙 인습에 얽매이지 않는; 색다른

□□ **uncover** 튐 1. (비밀 등을) 알아내다 2. 덮개를 열다

□□ **undeniable** 톙 부인할 수 없는, 명백한

□□ **under** 쩐 1. ~아래의 [위치] 2. ~미만의 [양, 나이] 3. ~아래에; ~중인 [영향]

□□ **under ~ circumstance** ~한 상황에서

□□ **under construction** 공사 중인

□□ **under development** 개발 중인

□□ **under investigation** 조사 중인

□□ **under one's leadership** ~의 지도 하에

□□ **under pressure** 압박[압력]을 받는

□□ **under repair** 수리 중인

□□ **under scrutiny** 조사 중인

□□ **under the direction of** ~의 지휘 아래

□□ **under the name of** ~라는 이름으로, ~의 명칭으로

□□ **under the supervision of** ~의 감독 하에

□□ **under the terms of** ~의 (계약) 조건에 따라

□□ **under warranty** 보증 기간 중인

□□ **undercharge** 튐 (실수로) 과소 청구하다

□□ **underestimate** 튐 1. 과소평가하다 2. (비용 등을) 너무 적게 잡다

□□ **undergo** 튐 (변화를) 겪다, 받다

□□ **undergo an inspection** 점검을 받다

□□ **undergo improvement** 개선을 거치다

□□ **undergo renovations** 보수 공사를 하다

□□ **undergraduate** 톙 학부생, 대학생

□□ **underneath** 쩐튄 아래에, 안에

□□ **undersell** 튐 (경쟁사보다) 싸게 팔다

□□ **understaffed** 톙 인원이 부족한 (=short-staffed)

□□ **understand** 튐 이해하다, 알다

□□ **understandable** 톙 1. 이해하기 쉬운 2. 정상적인, 당연한

□□ **understanding** 몡 이해(심) 톙 이해심 있는

□□ **understanding of** ~의 이해

□□ **Understood.** 알겠어요.

□□ **undertake** 튐 (책임을 맡아서) 착수하다

□□ **underway** 톙 진행 중인

75

□□ **undisclosed** 형 밝혀지지 않은, 비밀에 부쳐진

□□ **undoubted** 형 의심할 여지가 없는

□□ **undoubtedly** 부 의심할 여지없이

□□ **unemployment rate** 실업률

□□ **uneven** 형 고르지 않은, 울퉁불퉁한

□□ **unexpected** 형 뜻밖의, 예상 밖의

□□ **unexpected delays** 예상치 못한 지연

□□ **unexpectedly** 부 뜻밖에, 예상외로

□□ **unfavorable** 형 호의적이 아닌; 불리한

□□ **unfold** 동 펴다, 펼치다

□□ **unforeseen** 형 예측하지 못한, 뜻밖의

□□ **unforeseen circumstance** 예상치 못한 상황

□□ **unforeseen consequence** 예기치 못한 결과

□□ **unfortunate** 형 운이 없는, 불행한

□□ **unfortunately** 부 불행하게도, 유감스럽게도

□□ **uniform** 명 유니폼

□□ **unimaginative** 형 상상력이 부족한

□□ **union** 명 1. 조합, 협회 2. 연합 3. 통합

□□ **unique** 형 독특한; 아주 특별한

□□ **unit** 명 1. 구성 단위; (상품의) 단위[한 개] 2. (아파트 등 공동 주택 내의) 한 가구

□□ **unit price** 단가

□□ **universal** 형 1. 일반적인 2. 보편적인

□□ **universally** 부 일반적으로; 어디에서나

□□ **universally recognizable** 어디에서나 알아볼 수 있는

□□ **unless** 접 ~하지 않으면

□□ **unless otherwise instructed** 별도로 지시 받지 않는다면

□□ **unless otherwise** 달리 ~하지 않으면

□□ **unlike** 전 ~와 달리, ~와 다른

□□ **unlimited** 형 무제한의 (반 limited 제한된)

□□ **unlimited access** 무제한 이용

□□ **unload** 동 (짐을) 내리다

□□ **unmatched** 형 (아무도) 필적할 수 없는, 타의 추종을 불허하는

□□ **unmistakable** 형 오해의 여지가 없는; 틀림없는

□□ **unnoticeable** 형 눈에 띄지 않는

□□ **unobstructed** 형 방해 받지 않은

□□ **unpack** 동 (짐을) 풀다

□□ **unprecedented** 형 전례 없는

□□ **unrivaled** 형 경쟁자가 없는, 비길 데 없는

□□ **unsatisfactory** 형 불만인

□□ **unstable** 형 불안정한

□□ **unsurpassed** 형 유례 없는, 타의 추종을 불허하는

□□ **untapped** 형 아직 손대지 않은

□□ **until** 전접 ~까지

□□ **until further notice** 추후 공지가 있을 때까지

□□ **unused** 형 사용하지 않는

□□ **unused condition** 미사용 상태

□□ **unusual** 형 특이한, 드문

□□ **unusually** 부 1. 대단히, 몹시 2. 특이하게, 평소와 달리

□□ **unveil** 동 공개하다, 발표하다

□□ **unveiling** 명 첫 공개; 제막식

□□ **unwanted** 형 원치 않는

□□ **unwavering** 형 변함없는, 확고한

□□ **unwavering commitment** 변함없는 헌신

□□ **up** 전부 위에, 위쪽에

□□ **up front** 선불로

□□ **(up) for sale** 팔려고 내놓은

□□ **up in the air** 아직 결정되지 않은

□□ **up to** (최대) ~까지

□□ **up-and-coming** 형 떠오르는

□□ **upcoming** 형 다가오는, 곧 있을(= forthcoming)

□□ **upcoming event** 다가오는 행사

□□ **update** 동 업데이트하다, 갱신하다 명 최신판

□□ **update an inventory** 재고 목록을 업데이트하다

□□ **updated** 형 최신의, 업데이트된

□□ **updated version** 최신 버전

□□ **upgrade** 동 개선하다, 업그레이드하다

□□ **uphold** 동 (법, 원칙 등을) 옹호하다

□□ **upholster** 동 (소파 등에) 천[덮개]를 씌우다

□□ **upholstery** 명 (소파 등의) 덮개, 커버; 천[덮개]를 씌우는 일

□□ **upload** 동 (컴퓨터에) 업로드하다

□□ **upon** 전 ~하는 대로, ~하자마자

□□ **upon completion (of ~)** (~이) 완료되면, 완료되는 대로

□□ **upon receipt of** ~을 받는 대로

□□ **upon request** 요청 시에

□□ **upright** 형 똑바로 세워 둔

□□ **upscale** 형 (수입이나 사회적 지위가) 평균 이상의; 부유층의 명 고소득층, 부유층

□□ **upstairs** 부 위층으로, 위층에서 명 위층

□□ **upswing** 명 호전, 상승

□□ **up-to-date** 형 최신의, 최신식의

□□ **urban** 형 도시의, 도심지의

□□ **urge** 동 촉구하다, 강력히 권고하다

□□ **urge A to do** A에게 ~하라고 촉구하다

□□ **urgency** 명 긴급(한 일)

□□ **urgent** 형 긴급한, 시급한

□□ **urgently** 부 급히

□□ **usage** 명 사용(량)

□□ **use** 동 사용하다, 이용하다 명 사용, 이용

□□ **use caution** 조심하다

□□ **use/exercise discretion** 재량권을 행사하다

□□ **use-by date** 사용기한

□□ **used** 형 중고의

□□ **used to do** (과거의 한때) ~하곤 했다

□□ **useful** 형 유용한, 도움이 되는

□□ **useful for** ~에 유용한

□□ **usefulness** 명 유용성; 사용 가능성

□□ **user-friendly** 형 사용하기 쉬운

□□ **usher** 명 (좌석 등의) 안내원

□□ **usually** 부 보통, 대개

□□ **utensil** 명 (가정용) 요리 기구

□□ **utility** 명 1. (=ies) (수도, 전기, 가스 등의) 공익사업
2. 유용성

□□ **utility bill** (전기, 가스, 수도) 공과금 (= utilities)

□□ **utilization** 명 활용, 이용

□□ **utilize** 통 활용하다, 이용하다

□□ **utmost** 형 최고의; 극도의 명 최대한도

V

□□ **vacancy** 명 1. 결원, 공석 2. (호텔 등의) 빈 방

□□ **vacant** 형 비어 있는; 공석의

□□ **vacate** 통 비우다, 떠나다

□□ **vaccinate** 통 예방 접종하다

□□ **vaccination** 명 백신[예방] 접종

□□ **vacuum** 통 진공청소기로 청소하다

□□ **vague** 형 애매한; 흐릿한

□□ **vaguely** 부 애매하게; 흐릿하게

□□ **valid** 형 유효한, 타당한

□□ **valid identification** 유효한 신분증

□□ **valid receipt** 유효한 영수증

□□ **validate** 통 입증하다; 인증하다

□□ **validity** 명 유효성

□□ **valuable** 형 소중한, 가치가 큰

□□ **valuables** 명 귀중품

□□ **value** 명 가치; 중요성 통 1. 소중하게 여기다 2. (가치를)
평가하다

□□ **value A at B** A를 B(의 가치)로 평가하다

□□ **valued** 형 1. 평가된 2. 소중한

□□ **variable** 형 1. 변동이 심한 2. 변화를 줄 수 있는

□□ **variety** 명 1. 여러 가지 2. 다양성 3. 품종, 종류

□□ **various** 형 여러 가지의, 다양한

□□ **vary** 통 서로 다르다; 다양하다

□□ **vary from A to B** A에서 B까지 다양하다

□□ **vase** 명 꽃병

□□ **vast** 형 어마어마한, 방대한

□□ **vastly** 부 대단히, 엄청나게

□□ **vegetarian** 명 채식주의자

□□ **vehicle** 명 차량, 탈것

□□ **vend** 통 팔다

□□ **vending machine** 명 자판기

□□ **vendor** 명 행상인, 노점상 명 (특정 제품의) 판매 회사

□□ **ventilate** 통 환기하다

□□ **ventilation** 명 환기, 통풍

□□ **venture** 명 벤처 (사업); (사업상의) 모험

□□ **venue** 명 (회담, 경기, 콘서트 등의) 장소

□□ **venue for** ~의 장소

□□ **verifiable** 형 입증할 수 있는

□□ **verifiable evidence** 입증 가능한 증거

□□ **verification** 명 확인; 입증

□□ **verify** 통 확인하다; 입증하다

□□ **verifying document** 입증 서류

□□ **versatile** 형 (물건이) 다용도의, 다목적의 형 (사람이)
다재 다능한

□□ **vertical** 형 수직의, 세로의

□□ **very** 부 매우, 정말 형 바로 그; (장소, 시간의 강조로) 맨,
가장

□□ **vessel** 명 선박, 배

□□ **veterinarian** 명 수의사

□□ **viable** 형 실행 가능한, 성공할 수 있는

□□ **viable alternative** 가능한 대안

□□ **vibrant** 형 1. 강렬한, 선명한 2. 활기찬, 생기가 넘치는

□□ **vibrate** 통 진동하다, 떨리다

□□ **vibration** 명 떨림, 흔들림, 진동

□□ **vice-president** 명 (회사 내) 부사장

□□ **vicinity** 명 (~의) 부근, 인근

□□ **victim** 명 피해자, 희생자

□□ **videoconference** 명 화상 회의

□□ **view** 통 1. 보다 2. (~라고) 여기다, 생각하다 명 1. 경관, 전
망, 시야 2. 견해, 관점

□□ **viewer** 명 1. 시청자 2. 뷰어(슬라이드 장치)

□□ **viewpoint** 명 (어떤 주제에 대한) 관점, 시각

□□ **vigilance** 명 1. 경계, 조심 2. 각성 (상태)

□□ **vigilant** 형 경계하는, 방심하지 않는

□□ **vigorous** 형 활발한; 활기찬

□□ **village** 명 마을

□□ **violate** 통 위반하다, 어기다

□□ **violation** 명 위반; 침해

□□ **virtual** 형 1. 사실상의, 거의 ~과 다름없는 2. (컴퓨터를 이
용한) 가상의

□□ **virtually** 부 1. 사실상, 거의 2. (컴퓨터를 이용하여) 가상으
로

□□ **virtually identical** 거의 동일한

□□ **virtually impossible** 거의 불가능한

□□ **visibility** 명 1. 시계 2. 가시성, 눈에 잘 보임

□□ **visible** 형 1. 가시적인, 뚜렷한 2. (눈에) 보이는, 알아볼 수
있는

□□ **visible from** ~에서 보이는

□□ **vision** 명 시력; 시야

□□ **visit** 통 방문하다 명 방문

□□ **visitation** 명 1. 방문 2. 시찰, 감찰

□□ **visitor** 명 방문객

visitor pass 방문객 출입증
visual 혱 시각의, (눈으로) 보는
visual aid 시각 보조 자료
vital 혱 필수적인
vivid 혱 생생한; 선명한
voice 몡 1. (말로) 나타내다 2. 목소리, 음성
voice concern 우려를 표명하다
volatile 혱 변덕스러운; 불안정한
volume 몡 1. 용량, 양 2. 음량 3. (시리즈물의) 책, 권
volume of ~의 양
voluntarily 뷔 자발적으로, 자진해서 ([반]
involuntarily 뷔 본의 아니게, 부지불식간에)
voluntary 혱 자발적인; 자원해서 하는
volunteer 몡 자원 봉사자 통 자원하다
volunteer to do ~하려고 자원하다
vote 통 투표하다; (투표로) 선출하다 몡 투표(권)
vote against ~에 반대하여 투표하다
vote for/in favor of ~을 지지하여 투표하다
voter 몡 투표자, 유권자
voucher 몡 상품권, 쿠폰
voyage 몡 항해, 여행
vulnerable 혱 (~에) 취약한

W

wage 몡 임금, 급여
wage increase 급여 인상
wagon 몡 마차
Wait and see. 기다려 봐요.
waiter/waitress 남/여 종업원
waiting area 몡 대기실
waive 통 (권리 등을) 포기하다; 면제해 주다
waive a fee 수수료를 면제하다
waiver 몡 (권리 등의) 포기; 포기 서류
wake-up call 몡 모닝콜
walk 통 걷다, 걸어가다 몡 걷기, 산책
walkway 몡 인도 (cf. hallway, entryway)
wall 몡 벽, 담장
wallet 몡 지갑
wallpaper 몡 벽지
wane 통 약해지다, 줄어들다
wanted 혱 (직원) 구함
warehouse 몡 창고
warn 통 경고하다, 주의를 주다
warn A about B A에게 B에 대해 경고하다
warn A to do A에게 ~하도록 경고하다
warn against ~하지 말라고 경고하다
warning 몡 경고(문), 주의

warrant 통 정당하게[타당하게] 만들다
warranty 몡 품질 보증서
warranty service 보증 서비스
wary 혱 경계하는, 조심하는
wash 통 씻다, 세척하다
waste 몡 1. 낭비 2. 쓰레기 통 낭비하다, 허비하다
waste disposal 폐기물 처리
wasteful 혱 낭비하는; 비경제적인
wasteful of ~의 낭비가 심한
wastefully 뷔 헛되게, 낭비되게
watch 몡 손목시계 통 보다; 주의하다
water 몡 물 통 물을 주다
water pressure 수압
water usage 물 사용량
watering can 몡 물뿌리개
water-saving 절수의
waterway 몡 수로
wave 몡 물결, 파도
way 몡 1. 방법, 방식 2. 길
way above/beyond 훨씬 위쪽에/넘어서
way ahead/behind 훨씬 앞에/뒤에
way to do ~하려는 방식
weaken 통 약화시키다; 약해지다
wealth 몡 1. 부, 재산 2. 풍부한 양, 다량
wear 몡 마모, (많이 사용되어) 닳음 통 1. 닳다, 해어지다
2. 입고 있다, 착용하다
wear and tear (일상적인 사용으로 인한) 마모
wear out (낡아서) 떨어지다, 못쓰게 되다
weather conditions 기상 상태
weather forecast 일기 예보
weather outlook 일기 예보
weed 몡 잡초
week 몡 주, 일주일
weeklong 혱 일주일 간 계속되는
weekly 혱 매주의, 주간의 뷔 매주 몡 주간지
weigh 통 1. (결정을 내리기 전에) 따져 보다, 저울질하다
2. 무게를 재다, 무게가 ~이다
weight 몡 무게, 체중
welcome 통 환영하다 혱 환영 받는 몡 환영
welcome party 환영회
welcome reception 환영식
weld 몡 용접 통 용접하다
welfare 몡 복지
well 뷔 1. 잘, 좋게 2. 아주, 훨씬 갑 글쎄; 저; 음
We'll see. 곧 알게 되겠죠.
well-being 몡 행복, 웰빙
well-deserved 충분한 자격이 있는
wellness 몡 건강(함)

78

☐☐ **well-prepared** 잘 준비된
☐☐ **well-rounded** 다방면의; 균형이 잡힌
☐☐ **well-suited** 휑 적절한
☐☐ **what percentage of** ~중 얼마의 비율
☐☐ **Whatever you prefer.** 좋으실 대로 하세요.
☐☐ **What's going on?** 무슨 일이에요?, 무슨 일 있어요?
☐☐ **wheelbarrow** 명 외바퀴 손수레
☐☐ **when** 접 ~할 때
☐☐ **whereas** 접 반면에
☐☐ **whether** 접 ~인지 아닌지, ~인지의 여부
☐☐ **while** 접 1. ~하는 동안 2. ~인 데 반해
☐☐ **whiteboard** 명 (흰색) 칠판, 화이트보드
☐☐ **Who knows?** 누가 알겠어요?
☐☐ **whole** 휑 전체의, 모든 명 ~의 전체[전부]
☐☐ **wholesale** 휑 도매의, 대량의
☐☐ **wholesaler** 명 도매업자
☐☐ **wholesome** 휑 건강에 좋은; 유익한
☐☐ **Why not?** (동의를 나타내어) 왜 아니겠어요?, 왜 안 되겠어요?
☐☐ **wide** 휑 다양한, 폭넓은
☐☐ **widely** 뷔 널리, 폭넓게
☐☐ **widely publicized** 널리 알려진
☐☐ **widen** 동 넓히다
☐☐ **widening** 명 확장
☐☐ **wide-scale** 휑 광범위한, 대규모의
☐☐ **widespread** 휑 광범위한, 널리 퍼진
☐☐ **widespread speculation** 널리 퍼진 추측
☐☐ **width** 명 폭, 너비
☐☐ **wilderness** 명 황야, 황무지
☐☐ **wildlife** 명 야생 동물
☐☐ **wildlife conservation** 야생 동물 보호
☐☐ **wildlife habitat** 야생 동물 서식지
☐☐ **wildlife preserve/refuge** 야생 동물 보호 구역
☐☐ **Will do.** 알겠어요., 좋아요.
☐☐ **willing** 휑 기꺼이 ~하는, ~에 반대하지 않는
☐☐ **willingly** 뷔 기꺼이, 자진해서
☐☐ **willingness** 명 기꺼이 하는 마음
☐☐ **win a bid** 입찰을 따내다
☐☐ **win a contract** 계약을 따내다
☐☐ **win an award** 상을 타다
☐☐ **win/receive acclaim** 호평[찬사]를 받다
☐☐ **wind** 동 구불구불 돌다
☐☐ **window pane** 창유리
☐☐ **windowsill** 명 창턱
☐☐ **winning entry** 수상작
☐☐ **wipe** 동 (먼지, 물기 등을) 닦다
☐☐ **wise** 휑 현명한, 지혜로운
☐☐ **wisely** 뷔 현명하게(도), 지혜롭게(도)

☐☐ **with (the utmost) care** (극도로) 주의하여
☐☐ **with** 전 1. ~와 (함께) 2. ~을 가진 3. ~을 이용해서, ~로
☐☐ **with a view to** ~할 목적으로
☐☐ **with caution** 조심하여, 신중히
☐☐ **with ease** 쉽게, 용이하게
☐☐ **with emphasis** 강조하여, 힘주어
☐☐ **with intent to do** ~할 목적으로
☐☐ **with pride** 자랑스럽게
☐☐ **with respect to** ~에 관하여
☐☐ **with respect** 존경하여
☐☐ **with that said** 그렇기는 하지만
☐☐ **with the aim of** ~을 목표로
☐☐ **with the exception of** ~은 제외하고, ~외에는
☐☐ **with[in] reference to** ~와 관련하여
☐☐ **with[in] regard to** ~와 관련하여, ~에 대하여
☐☐ **withdraw** 동 1. (돈을) 인출하다 2. 철회하다; 중단하다
☐☐ **withdraw one's support** ~의 지지를 철회하다
☐☐ **withdrawal** 명 1. 인출 2. 철회; 중단
☐☐ **withhold** 동 ~을 주지 않다, 보류하다
☐☐ **within** 전 (특정 기간/거리/범위) 이내에
☐☐ **within five business days** 영업일 기준 5일 이내에
☐☐ **within five days of purchase** 구매 후 5일 이내에
☐☐ **within reason** 온당한 범위 내에서
☐☐ **within walking distance** 걸어갈 만한 거리에 있는
☐☐ **without a doubt** 의심할 여지 없이, 틀림 없이
☐☐ **without delay** 지체 없이, 곧바로
☐☐ **without exception** 예외 없이
☐☐ **without prior authorization** 사전 승인 없이
☐☐ **without reservation** 주저 없이
☐☐ **withstand** 동 견디다, 이겨 내다
☐☐ **wonder** 동 궁금해하다
☐☐ **wooden** 휑 나무로 만든, 나무로 된
☐☐ **wooden board** 널빤지
☐☐ **word of mouth** 입소문
☐☐ **work** 동 1. 일하다 2. (기계가) 작동하다 명 3. 업무, 작업; 직업, 직장 4. 작품
☐☐ **work area** 작업장
☐☐ **work as** ~으로 일하다
☐☐ **work atmosphere** 업무 환경
☐☐ **work collaboratively** 협력하여 일하다
☐☐ **work crew** 작업반
☐☐ **work environment** 작업 환경
☐☐ **work ethic** 직업 윤리; 근면
☐☐ **work experience** 근무 경력
☐☐ **work extended hours** 연장 근무하다
☐☐ **work from home** 재택 근무하다 (= telecommute)
☐☐ **work history** 이력
☐☐ **work in rotation** 교대로 일하다

□□ **work one's way up** (회사에서) 승진하다

□□ **work out** 1. 운동하다 2. 해결하다, (일이) 잘 풀리다 3. 계산하다, 산출하다

□□ **work outfit** 작업복

□□ **work overtime** 야근하다

□□ **work properly** 제대로 작동하다

□□ **work setting** 근무 환경

□□ **work shift** 근무 교대

□□ **worker** 명 근로자

□□ **workforce** 명 1. (모든) 직원, 노동자 2. 노동력

□□ **working conditions** 근로 조건

□□ **working habit** 업무 습관

□□ **working order** (기계 등이) 정상적인 상태

□□ **work-life balance** 일과 삶의 균형, 워라밸

□□ **workload** 명 업무량, 작업량

□□ **workout** 명 운동

□□ **workplace safety** 작업장 안전

□□ **workshop** 명 연수회, 워크숍

□□ **workspace** 명 업무 공간

□□ **workstation** 명 워크스테이션 (직장에서 직원 한 명에게 부여되는 자리)

□□ **worth** 형 ~의 가치가 있는 명 가치

□□ **worth + 돈** (얼마)의 가치가 있는

□□ **worth doing** ~할 가치가 있는

□□ **worthwhile** 형 가치 있는, 보람 있는

□□ **worthy** 형 ~을 받을 만한

□□ **Would you mind doing ~?** ~해도 될까요?

□□ **wrap** 동 싸다, 포장하다

□□ **wrap up** (회의나 합의 등을) 마무리 짓다

□□ **wrinkle** 명 주름 동 주름을 잡다, 주름이 지다

□□ **write** 동 쓰다, 집필하다

□□ **written consent** 서면 동의

□□ **written permission** 서면 허가

Z

□□ **zip** 동 1. 지퍼를 채우다 2. 파일을 압축하다

Y

□□ **yard** 명 마당, 뜰

□□ **year-round** 형 연중 계속되는

□□ **Yes, please.** 네, 그렇게 해 주세요.

□□ **yet** 접 그렇지만, 하지만

□□ **yield** 동 생산하다, 산출하다; (결과, 수익 등을 내다 명 산출(량), 총수익

□□ **yield a result** 결과를 내다

□□ **You are cordially invited to ~.** 당신을 ~에 진심 어린 마음으로 초대합니다.

□□ **You bet.** 물론이죠, 바로 그거예요.

□□ **You're in luck.** 운이 좋으시네요.